[明]张居正 著

張居正全集

【一】

经部

书经直解

四书直解 上

长江出版传媒

崇文書局

图书在版编目（CIP）数据

张居正全集 /（明）张居正著．-- 武汉 ：崇文书局，2022.4

ISBN 978-7-5403-6349-9

Ⅰ．①张… Ⅱ．①张… Ⅲ．①张居正（1525-1582）一文集 Ⅳ．① Z424.8

中国版本图书馆 CIP 数据核字（2022）第 047118 号

责任编辑：高 娟
责任校对：董 颖
责任印刷：李佳超

张居正全集
Zhang Ju Zheng Quan ji

策　　划：万文社
出版发行：长江出版传媒 | 崇文书局
地　　址：武汉市雄楚大街 268 号 C 座 11 层
电　　话：(027)87677133　邮政编码：430070
印　　刷：北京飞帆印刷有限公司
开　　本：675㎜×966㎜　1/16
印　　张：248.5
字　　数：3 042 千字
版　　次：2022 年 4 月第 1 版
印　　次：2022 年 7 月第 1 次印刷
定　　价：398.00 元（全六册）

出版说明

一、《张居正全集》是目前为止收录被称为“救时宰相”的明代政治家、思想家、文学家张居正现存著述最为全面的古籍整理项目，按照经史子集四部分类，根据新时期国家古籍整理规范，参考许逸民先生的《古籍整理释例》，进行精心标点和校勘而成，并附录了有关张居正的研究资料。

二、张居正，字叔大，初名白圭，号太岳。十二岁时应荆州府试，成秀才，知府李士翱改“白圭”为“居正”。明朝湖广行省荆州府江陵县（今湖北江陵）人。父文明，秀才，数次乡试，均未中。居正于嘉靖四年乙酉（一五二五）五月初三日出生。五岁入学读书，十二岁中秀才，十六岁中举人，二十三岁成进士，选为翰林院庶吉士。二十五岁授翰林院编修。三十岁返江陵养病，三十三岁复出。三十六岁任右春坊右中允，管国子监司业事。四十三岁以吏部左侍郎兼东阁大学士入阁，旋晋礼部尚书兼武英殿大学士。四十八岁任内阁首辅，万历十年壬午（一五八二）六月二十日去世，享年五十八岁。在内阁十六年，任首辅整十年。卒谥文忠。这是居正一生简要的履历。

三、张居正一生著述极夥，除自著诗文外，另外署其撰著、修纂、校注、评说者，有《书经直解》十三卷、《四书直解》二十七卷、《通鉴直解》二十八卷、《历朝鉴纲论抄》十二卷、《大明世宗肃皇帝实录》五百六十六卷、《大明穆宗庄皇帝实录》七十卷、《帝鉴图说》不分卷、

《帝鉴直解》二卷、《大明会典》一百八十卷、《大阅录》二卷、《大阅图说》一卷、《兴都承天府志》二十卷、《女诫直解》一卷，以及《贞观政要解》《大宝箴注》《谟训类编》等等，卷帙繁富。乃至有伪托其辑注、校订者如《周易直解》《诗经直解》《武经直解》多种。此次整理，凡收录《书经直解》《四书直解》《通鉴直解》《帝鉴图说》《女诫直解》及诗文集《太岳集》六种，另外汇辑编选部分研究资料，并附《周易直解》《诗经直解》二种。虽仍可略事辑佚工作，但大致规模已具，名之曰全集。以下谨就收录各书底本情况作一简单介绍。

（一）《书经直解》，首署“少师兼太子太师、吏部尚书、中极殿大学士臣张居正等谨案”。现存明万历元年刻本、明崇祯九年马士奇澹宁居刻本以及明末大业堂刻本等。此次整理，以明万历元年刻本为底本，以明崇祯九年马士奇澹宁居刻本为主校本。

（二）《四书直解》，又题《张阁老经筵四书直解》《重刻内府原板张阁老经筵四书直解指南》《经筵四书直解指南》《四书集注阐微直解》等，署“中极殿大学士泰岳张居正辑著”，或“太岳张居正著”。有明万历元年司礼监刻本、明万历三十九年闽建书林易斋詹亮刻本、明崇祯九年顾宗孟刻本、清顺治元年春秀堂刻本、清康熙十六年修齐堂刻本、清乾隆三十一年金间玉树堂刻本，等等。此次整理，以司礼监刻本为底本，参校明詹亮刻本、清康熙刻本等。

（三）《通鉴直解》，署“江陵张居正辑著”，有明万历间刻本、明崇祯四年钱塘高兆麟刻本、明崇祯六年书林王小瞻刻本、明末陈长卿刻本、明末豹变斋刻本、清刻本等。此次整理，以明崇祯四年钱塘高兆麟刻本为底本，参校明末陈长卿刻本。

（四）《帝鉴图说》，有明万历三十二年金濂刻本、明天启二年刻本、清纯忠堂刻本、清光绪六年点石斋石印本等。此次整理，以清纯忠堂刻本为底本，参校明万历三十二年金濂刻本等。

（五）《女诫直解》，原系明刻本《张太岳文集》卷十一，清光绪红藤碧树山馆刻本则置卷四十六。此次整理，以红藤碧树山馆刻本为底本，以明刻本为参校本，将其从诗文集中独立出来。

（六）《张太岳集》，明张嗣修、张懋修等编，有明万历四十年绣谷唐国达刻本，原题《新刻张太岳先生诗文集》，分诗六卷、文十四卷、书牍十五卷、奏疏十一卷，附《行实》一卷，共四十七卷。此有清江陵邓氏翻刻本。清道光间，陶澍校勘重印，将原序另编一卷，总计四十八卷。光绪间田桢重编，改变明刻本结构次序，题《张文忠公全集》，有红藤碧树山馆刻本。凡奏疏十三卷、书牍十五卷、文十一卷、诗六卷、《女诫直解》一卷，并附录二卷，共四十八卷。此次整理，以红藤碧树山馆刻本为底本，以明刻本为主校本，共有正文四十五卷（《女诫直解》作为独立一书），而原附录二卷，略为增补一二，改题《张居正资料选编》附后，不分卷。

（七）《周易直解》，有清初文治堂刻本，原署"江陵张泰岳先生订定，武林陈枚简侯甫辑，缪树胤德深甫参"。所谓张居正"订定"，恐系伪托。至于日本江户时代千钟堂须原屋茂兵卫刻本径作"明张居正撰"，改题为《易经直解》，或别有所据。此次根据文治堂本整理点校。

（八）《诗经直解》，原题《新镌张阁老进呈经筵诗经直解》，署"中极殿大学士泰岳张居正辑著"，有明末清初刻本。侯美珍教授考证，此书乃抄袭《明朝张柱国发刻骆会魁家传葩经讲意金石节奏》重刻者，并非张居正辑著。（详《北京师范大学藏〈新镌张阁老进呈经筵诗经直解〉辑著者与其书性质辨析》，《中国典籍与文化论丛》，2018 年 12 月。）以上二书，因长期被误以为是张居正直解《四书五经》之作，故仍附录以为参考。

四、作为明朝历史乃至中国历史上著名的改革家，张居正的学问以阳明学为根基，是阳明学在特定时期下的躬行践履，他为自己的事业付出了毕生精力，以身许国，鞠躬尽瘁，死而后已。居正的一生，可称尽性致命，这是每个人可以终身追求的儒家精神，也是居正用精彩却短暂的生命之光留给后世最大的价值。本全集对其现存著述的全面收录和出版，必将产生极大的社会效益，并有助于推动相关学术研究，亦有益于普通国学研习者。

五、《张居正全集》的整理出版，得到了福建师范大学图书馆陈旭东先生的很大帮助，也离不开各位参与者的辛苦劳动，在此谨致谢忱。

张居正全集总目录

目录

卷八

卷九

卷十

卷十一

卷十二

卷十三

四书直解 上

大学

中庸

论语

书经直解

李志阳　点校

卷一

虞书

虞，是帝舜有天下之号。这书共有五篇，都是虞舜时史官所作，以记当时之事者，故总谓之《虞书》。

尧典

尧，是唐尧。典，是典籍。这第一篇典籍，载唐尧的事，所以谓之《尧典》。

曰若稽古帝尧，曰放勋。钦、明、文、思、安安，允恭克让，光被四表，格于上下。

曰若，是发语之辞。稽，是考。放，是至。勋，是功业。钦，是敬。明，是通明。文，是文章。思，是思虑。安安，是无所勉强。允，是实。克，是能。格，是至。

史臣说：稽考古时帝尧，他的功业极其广大，无一处不到，所以谓之放勋。然尧之有此大业者，以其有盛德为之本耳。论他的德性，钦敬而不轻忽，通明而不昏昧，文章著见，思虑深远，这四德又都出于自然，安而又安，不待勉强。其德性之美如此。所以行出来恭敬，是着实恭敬，无一些虚伪；行出来谦让，真能谦让，无一些起矫强。尧有这等盛德，所以光辉发见于外者，极其显著。凡东西南北四海之外，无不被及；上天下地之间，无不充塞，此正所谓放勋也。

克明俊德，以亲九族；九族既睦，平章百姓；百姓昭明，协和万邦；黎民於变时雍。

俊德，是大德，即上文所谓“钦、明、文、思、安安，允恭克让”便是。亲，是亲爱。睦，是和睦。平，是均。章，是明。协字，解做合字。於，是叹美词。变，是变恶为善。时字，解做是字。雍，是和。

史臣承上文叙放勋的实事，说道：德性在人，万理咸备，本自峻大，但为私欲昏蔽，所以小了。惟尧能明其大德，浑然天理，不为私欲所蔽。大德既明，则身无不修，而万化之本立矣。由是推此德去亲爱自家的九族，那九族每就亲爱和睦，没有乖争。一家都齐了，又推此德去普教那畿内的百姓，那百姓每就感动兴起，个个晓道理，没有昏昧。一国都治了，又推此德去合和那万国之民，那黎民也就变恶为善，雍雍然成醇美之俗，天下都平了。一家齐，是勋放于家矣；一国治，是勋放于国矣；天下平，是勋放于天下矣。然则四表岂有不被，而上下岂有不格者乎？所谓放勋之实如此。

乃命羲、和，钦若昊天，历象日月星辰，敬授人时。

乃字，接着前面说。羲氏、和氏，是掌管天文的官。若，是顺。昊，是广大的意思。历，是历书。象，是观天的器具。

史臣前面既称述尧的功德，此以下是叙尧的政事，就接着说，帝尧当时命羲氏、和氏二人掌管推步天文，分付他两个说：日月星辰，运行于昊天，有一定的度数；布列于昊天，有一定的位次。你须要加意敬谨，顺其自然之理，不可怠忽违背，妄意穿凿。把那推算的历书，与观天的象器，推验那日月星辰的度数、位次，不可分毫差错，然后造为历书。历造成了，又要一心敬谨，颁行天下，授与有司，使天下的人都依这历本上说话，及时干那农桑等事，庶不失先后早晚之宜也。盖君道莫大于敬天勤民，故尧特以治历明时为首务如此。

分命羲仲，宅嵎夷，曰旸谷。寅宾出日，平秩东作。日中，星鸟，以殷仲春。厥民析，鸟兽孳尾。

羲仲，是官名。宅，是居。旸谷，是所居官次之名。寅，是敬。宾，是以礼相接，如宾客一般。平，是均平。秩，是次序。日中，是春分昼夜相停。星鸟，是南方朱鸟七宿。殷字，解做中字。析，是分散。孳，是生。尾，是交接。

帝尧总命羲和造历既成，犹恐推步有差，又命四个官分管四时，以考验之。

这一节是命官专管春时的事。帝尧分命羲仲，使他居于嵎夷东表之地，其官次之名叫做旸谷。于春分初出之日，以敬礼而宾接之，记那日影的尺寸。凡春月岁功方兴，所当作起的事，则均平而秩序之，颁布以授于民。又必考之春分昼日的晷度，果是五十刻与夜相停否；考之春分初昏之时，果是南方朱鸟七宿适当午位否。这两件相合了，可见仲春为阳气之中矣。又验之于民，先时冬寒，民皆聚于室内，到春时都散处在外，可以验其气之温。又验之于物，鸟兽到这时节，也都孳尾生育，可以验其气之和。以上都是考验历书上春月的节候，惟恐有差也。

申命羲叔，宅南交。平秩南讹，敬致。日永，星火，以正仲夏。厥民因，鸟兽希革。

申，是重。羲叔，是官名。南交，是南方交趾之地。南交下当有“曰明都”三字。讹，是变化的意思。星火，是东方苍龙七宿中大火心星。因，是因春之析。希，是少。革，是更易。

这一节是命官专管夏时的事。帝尧重命羲叔，使他居于南方交趾之地。其官次之名，叫做明都。凡夏月时物长盛，谈变化的事，都均次其先后之宜，授与有司。当夏至日午时，敬以伺日，记那日影的长短。又必考之于日，夏至昼间，果六十刻为最长否；考之于星，大火心宿，夏至初昏果见于正南否。这两件相合了，可见仲夏得正阳之气矣。又验之于民，春时已是分散居住了，此时天气愈热，越发分散居住。又验之于物，那鸟兽的毛都希疏变易，亦以气愈热故也。以上都是考验历书上夏月的节候，惟恐有差也。

分命和仲，宅西，曰昧谷。寅饯纳日，平秩西成。宵中，星虚，以殷仲秋。厥民夷，鸟兽毛毨。

和仲，是官名。饯，是送。西成，是秋间谈成就的事。虚，是北方玄武七宿中之虚星。夷，是平。毨，是鲜好。

这一节是命官专管秋时的事。帝尧分命和仲，使他居于西极之地。其官次之名，叫做昧谷。于秋分将入之日，以敬礼而饯送之，记那日影的尺寸。凡秋月物成之时，所当成就的事，都均平而秩序之，颁布以授于民。又必考之秋分夜间的晷度，果是五十刻与昼相停否；考之秋分初昏之时，果是虚星适当午位否。这两件相合，可见仲秋为阴气之中矣。又验之于民，先是夏间民皆苦于炎热，到此时则暑退而人气舒平。又验之于物，鸟兽到这时节，毛羽也都更生一番，润泽鲜好。以上都是考验历书上秋月的节候，惟恐有差也。

申命和叔，宅朔方，曰幽都。平在朔易。日短，星昴，以正仲冬；厥民隩，鸟兽氄毛。

和叔，是官名。在字，解做察字。朔易，是冬间谈改易的事。昴，是西方白虎七宿中之昴星。隩，是室中深奥的去处。氄毛，是耎毳细毛。

这一节是命官专管冬时的事。帝尧又重命和叔，使他居北方之地。其官次之，名叫做幽都。凡冬月岁功臣已毕，所当变旧为新的事，都均平而审察之，以授与有司。又必考之于日，冬至昼间果是四十刻为最短否；考之于星，冬至初昏果是昴宿见于正南否。这两件相合，可见仲冬得正阴之气矣。又验之于民，此时天气寒冱，都聚居于深室之内。又验之于物，那鸟兽每都生出耎毳细毛，以自温适，亦以气寒故也。以上都是考验那历书上冬月的节候，惟恐有差也。

夫帝尧既总命羲和造历，又分命四臣考验，敬天勤民之心可谓切矣。然其大要，曰寅宾、曰寅饯、曰敬致，其为钦若之心则一也；曰平秩、曰平在，其为敬授之心则一也。何莫而不本于一钦之所运用哉！观《尧典》者，求其心法可也。

帝曰：“咨！汝羲暨和，期三百有六旬有六日，以闰月定四时成岁。允厘百工，庶绩咸熙。”

咨，是嗟叹。期，是天运一周。厘，是治。工，是官。庶绩，是众功。熙，是广。

帝尧既命羲、和造历，分时考验，至此又告之说道："嗟！汝羲氏及和氏，既受命造历，当知置闰之法。盖每岁有十二月，每月有三十日，是三百六十日者，一岁之常数也。使气朔皆合此数，何消置闰？但天运一周，与日相会，而二十四气完备，叫做一期。这一期之数，凡三百又六旬又六日。以一岁三百六十的常数较之，多五日有零了，是为气盈。盈者，言有余也。又月与日会，每不彀三十日，一岁有六个月小尽。以一岁三百六十日的常数较之，又少五日有零，是为朔虚。虚者，言不足也。合气盈、朔虚两项之数，每岁常余出十日，至三岁共余出三十日，若不设个闰月以归其余，则这余日又占过一月，岁岁那移，久而愈差矣。所以必须以此余日，置为闰月，三岁一闰，五岁再闰，十九岁七闰，使盈虚消息，气朔分齐，然后春夏秋冬四时之节候不差，而岁功以成也。造历既成，颁行天下，以信治百官，使百官每有所遵守。凡春而东作，夏而南讹，秋而西成，冬而朔易，以至庆赏刑威等事，莫不以时举行，而众功自然熙广矣。"

帝曰："畴咨若时登庸？"放齐曰："胤子朱启明。"帝曰："吁！嚚讼可乎？"

畴，是谁。咨，是访问。庸，是用。放齐，是臣名。胤子朱，是尧之嗣子丹朱。启，是开。吁，是叹其不然的意思。嚚，是言不忠信。讼，是争辩。

帝尧问群臣说："谁为我访求能顺时为治的人？我将登用他。"当时有臣放齐对说："帝之嗣子丹朱，他的心性开通明哲，可以登用。"尧叹其不然，说："丹朱为人，口不道忠信之言，好与人争辩曲直；他的聪明都用在不好的去处。此等的人必不能顺时为治，岂可登用乎？"

帝曰："畴咨若予采？"驩兜曰："都！共工方鸠僝功。"帝曰："吁！静言庸违，象恭滔天。"

采，是事。驩兜，是臣名。都，是叹美词。共工，是官名。方字，解做且字。鸠，是聚。僝，是见。违，是背。象恭，是外貌恭敬。滔天二字，先儒疑有差误，汉儒孔氏解作其心傲狠若漫天的意思。

帝尧又问群臣说：“谁为我访求能顺成事务的人？我将用他。”当时有臣驩兜叹美说道：“见今有那共工官，方且集聚事务，著见其功，帝若用之，将来必能顺事可知。”帝尧叹其不然，说道：“共工为人，居常无事，舌辩能言，到用着时，与其所言全然违背，不相照应，外面矫饰恭敬的模样，中心其实傲狠滔天。似这等变诈无有实心的人，如何靠得他顺成事务乎？”

以上两节，见帝尧知人之明。夫君道在乎知人，而知人最为难事，非知其才能之难，乃知其心术之难也。胤子朱之才，共工之功，若可登用矣，尧独察其心术之邪慝而舍之。盖由常日与群臣相接，听其议论，考其行事，故知之深如此。

帝曰：“咨！四岳：汤汤洪水方割，荡荡怀山襄陵，浩浩滔天。下民其咨，有能俾乂？”佥曰：“於！鲧哉。”帝曰：“吁！咈哉。方命圮族。”岳曰：“异哉！试可乃已。”帝曰：“往，钦哉！”九载，绩用弗成。

汤汤，是水盛的模样。割字，解做害字。荡荡，是水广的模样。怀，是包其四面。襄，是驾出其上。地之大阜，叫做陵。俾，是使。乂，是治。帝尧访问四岳大臣说：“如今天下汤汤的大水横流，为民之害。那水荡荡然广大，将高山的四面都包了，又驾出于大陵之上，其势浩浩然泛溢，若漫天的一般。今此下民不得安居粒食，皆困苦嗟怨。汝诸臣中，有能除患救民者，我将任之以治水之事。”于是四岳与所领诸侯在朝者，同词叹美说：“当今之时，能治水者其惟伯鲧哉！”

方命，是违背上令。圮，是败。族，是类。帝尧因四岳荐鲧，乃叹息而甚不然其言，说道：“咈哉！鲧之为人，悻戾自用，违背上命，又与众不和，伤害同类，这等的人岂堪用哉！”

异，是已废而强举的意思。四岳以伯鲧有才，故又强举之说：“今廷臣之才，实未有过于鲧者，不若姑试其可而用之，但取他能治水而已，不必求其全也。”尧因四岳之强举，不得已而用之，又戒之说：“汝往，当敬慎之哉！”既而九载考绩，鲧卒不能成治水之功。

夫方命圮族，尧知鲧之不可用，可谓知人之智矣。既知之而复用之者何？盖陷溺之民不可以坐视，此又急于救民之仁也。然伯鲧卒无成功，可见无德的人虽有才能，终不能济国家之事。用人者不可不审也。

帝曰:“咨！四岳：朕在位七十载，汝能庸命巽朕位？”岳曰:“否德忝帝位。”曰:“明明扬侧陋。”师锡帝曰:“有鳏在下，曰虞舜。”帝曰:“俞，予闻。如何？”岳曰:“瞽子。父顽，母嚚，象傲。克谐以孝，烝烝乂，不格奸。”帝曰:“我其试哉！女于时，观厥刑于二女。”厘降二女于妫汭，嫔于虞。帝曰:“钦哉！”

巽，是逊让。否德，解做不德。明明，上明字是显用，下明字是指在显位的说。扬，是荐举。侧陋，是微贱之人。师，是众。锡，是与。鳏，是无妻的。烝，是进。乂，是治。格，是至。刑，是法则的意思。厘，是整理。降，是下嫁。汭，是地名。嫔，是为妇。

帝尧欲以天下与贤，而未得其人，乃访问于四岳，说:“我在帝位已七十载矣，年力衰倦，不胜烦劳。汝四岳若能用我的命令，我将让汝以天子之位。”四岳对说:“帝位至重，惟有德者可以当之。我的德不称，恐忝辱了帝位。”帝尧说:“汝既不肯自当，可为我旁求有德之人。如已在显位的，汝当明显之；有在侧陋微贱的，也当荐扬之。惟贤是举，贵贱不必拘也。”于是四岳众臣同辞与尧说:“若是求之于侧陋中，倒有个鳏居在下位的人，叫做虞舜，其德可以居此帝位。”尧即应而然之说:“我也曾闻此人，但未知其德果是何如？”四岳对说:“虞舜是瞽者之子。其父则顽愚，其继母则嚚诈，继母所生之弟名象，又傲慢不恭。这三人常谋欲害舜，舜却能谐和之以孝道，积诚感动，使他每都进进以善自治。父母渐化而为慈，弟渐化而为顺，不至于大为奸恶。夫舜处人伦之变，而不失其常如此，非盛德而能之乎？”尧说:“即舜之处父母兄弟者，固足以见其德矣。我还试验他，把我二女娥皇、女英，都与他为妻，又看他处夫妇之间，所以为法则于二女者何如。”于是治装下嫁二女于妫汭之地，使为妇于虞氏之家。尧又念这二女是天子的女，今嫁于微贱之匹夫，恐生骄慢，故训戒之说:“钦哉！”教他恭敬以尽妇道，善事舅姑，不可慢也。其后二女果能遵尧之命，化舜之德。尧乃以舜为真贤，竟举帝位让之焉。

舜典

舜，是虞舜。这一篇书，载帝舜的事绩，所以叫做《舜典》。

曰若稽古帝舜，曰重华协于帝。濬哲文明，温恭允塞，玄德升闻，乃命以位。

华，是光华。协，是合。帝，指帝尧说。濬，是深。哲，是智。文，是有文理。明，是心里通明。温，是和粹。恭，是恭敬。允，是信。塞，是实。玄德，是幽潜之德。升闻，是上闻。

史臣说：稽考古昔帝舜，继帝尧之后。帝尧的盛德显著，既有光华。帝舜之德又有光华，与帝尧相合。然其德何如？盖常人之有智者或失之浅露，明者或过于伺察。惟舜之智，神机默运，不可测识，乃沉深而有智，与那浅露的不同；舜之明，虚灵内照，自有经纬，乃文理而光明，与那伺察的不同。常人恭以持己者，或过于严峻；实以待人者，或出于矫饰。惟舜则和粹而恭敬，其恭也蔼然可亲，而无严峻之形；诚信而笃实，其实也表里如一，而无矫饰之意。夫“浚哲文明”，就与尧之“钦明文思安安”一般；“温恭允塞”，就与尧之“允恭克让”一般，信乎“重华协于帝”也。舜既有这四者幽潜之德，是以身虽在畎亩之中，而令闻已上达于帝尧。尧乃先命以司徒、百揆、四岳的职位，而终禅以天下焉。

慎徽五典，五典克从。纳于百揆，百揆时叙。宾于四门，四门穆穆。纳于大麓，烈风雷雨弗迷。

徽，是美。五典，是父子、君臣、夫妇、长幼、朋友，五常之道。百揆，是官名。凡百庶政都经他揆度，故名为百揆。四门，是四方诸侯来朝之门。穆穆，是和顺的意思。麓，是山脚。烈，是迅猛。迷，是错乱。

尧将禅位于舜，先试之以事，以观其才德何如。初使他为司徒之官，职掌五典。舜则小心敬畏，以美其教化。由是父子从其亲，君臣从其义，夫妇从其别，长幼从其序，朋友从其信，人人皆顺从，无违教者。又使他为百揆之官，统领庶务。舜则以时整理。由是礼乐刑政，纪纲法度，件件都修举，无废弛者。又使他兼四岳之官，宾礼四方来朝的诸侯。舜则以礼感化。由是四方诸侯都穆穆然雍容和顺，无乖戾者。当洪水为灾，尧又使舜入山林中相视高下。适遇着猛风雷雨，舜则神色自若，初不惊惧迷乱，这又见他度量过人处。夫尧将难事历历试舜，而舜之盛德无所不宜如此，所以举天下而付之也。

帝曰："格，汝舜。询事考言，乃言厎可绩，三载。汝陟帝位。"舜让于德，弗嗣。

格，是来。询，是谋。乃字，解做汝字。厎，是致。陟，是升。

帝尧试舜之后，欲禅以帝位，乃呼而命之说道："来，汝舜，汝于前日登庸之初，我曾历历谋汝以司徒、百揆、四岳等事，以考其敷奏之言，其后试验之行事，则见汝之言皆致可有功，随用随效，于今已有三年之久矣。夫观其言行之相符，则其谋皆由于素定；观其久暂之一致，则其事非出于强为。汝之德，真可以付托天下。今当代我升于帝位可也。"舜犹以己德有愧，欲逊让于有德之人，不敢承嗣帝位焉。夫尧以天下与舜，而舜又以天下让贤，圣人至公无我之心于此可见。

正月上日，受终于文祖。

上日，是初一日。文祖，是尧的始祖。

舜既不肯嗣位，而尧之命又难以终辞，于是但受摄位之命，替尧权管国事。乃以正月初一日，告于文祖之庙。尧自此终了帝位之事，而舜承受之矣。必于正月初一日者，正始也；必告文祖者，尊祖也。

在璿玑玉衡，以齐七政。

在字，解做察字。璿，是美珠。玑，是观天之器，以珠饰之，故名璿玑。衡，是玑上的管子，横施于玑上，周旋运转，窥测周天的度数。以玉为之，故名玉衡。齐，是考验。七政，是日、月与金、木、水、火、土五星。其运行于天，有迟速顺逆，随时布令，著见灾祥，如人君之有政事一般，故名七政。

帝舜摄位之初，未遑他务，首先整顿那观天的器具，察视璿玑玉衡，考验日月五星的躔度，将以定天时，授人事，而成天下之务焉。盖帝王致治之道，莫大于敬天勤民。故帝尧即位，即"命羲、和，钦若昊天"；帝舜受摄，即"在璿玑玉衡，以齐七政"。其敬天勤民之心，先后一揆也。

肆类于上帝，禋于六宗，望于山川，遍于群神。

肆字，解作遂字。类、禋、望，都是祭名。类，是比类。郊天有常礼，今虽不是郊祀的时节，而其礼与之相类，故谓之类。禋，是精诚。宗，是尊。四时、寒暑、日、月、星、水旱，这六者皆礼所当尊，故谓之六宗。望，是望而祭之。遍，是周遍。

舜既受终观象，遂以摄位告于上下神祇。其行祭告昊天上帝之礼，则与郊祀的礼仪一般，无敢简略。其行四时、寒暑、日、月、星辰、水旱这六样的祭礼，则皆精意致享，无敢怠忽。天下名山大川，五岳四渎之属，其神远在各处，不能亲至其地，则随其方向，遥望而祭之，无有不备。丘陵坟衍，及历代帝王圣贤之类，有功于民，载在祀典者，则一一周遍祭告，无有所遗。盖人君一身，乃是天地百神之主，故舜于摄位之初，首举祀典如此。

辑五瑞，既月乃日，觐四岳群牧，班瑞于群后。

辑，是敛。五瑞，是五等诸侯所执以为信的，公执桓圭、侯执信圭、伯执躬圭、子执谷璧、男执蒲璧。既，是尽。四岳，是四方诸侯。群牧，是九州牧伯。群后，就指四岳、群牧说。

帝舜摄位之初，于正月内，先征召天下公、侯、伯、子、男五等诸侯，将他所执的圭璧，都取来辨验。盖诸侯始封，天子授他圭璧以为瑞信，至来朝时，乃合符于天子而验其真伪也。到正月尽间，则四方诸侯，九州牧伯，渐次有至者矣。远近不同，到有先后，舜则每日使他随到随见，不必取齐。盖人少陆续相见，则接待之礼既得周全，询问政务又得详尽矣。既见之后，还将那五瑞依旧班赐与他。盖诸侯所执圭璧前日皆受之于尧，今舜敛而班之，使知天下既归于舜，这圭璧便是舜之所授。所以与天下正始，以示更新之意也。

岁二月，东巡守。至于岱宗，柴；望秩于山川。肆觐东后，协时月

正日，同律度量衡。修五礼，五玉、三帛、二生、一死贽，如五器，卒乃复。五月南巡守，至于南岳，如岱礼。八月西巡守，至于西岳，如初。十有一月朔巡守，至于北岳，如西礼。归，格于艺祖，用特。

秩，是祭祀中牲币祝号之次第。五玉，即上文所谓五瑞。三帛，是诸侯世子以下所执的币帛，有纁、玄、黄三样。二生，是卿大夫所执的羔与雁。一死，是士所执的雉鸟。格，是至。艺祖，是始祖。特，是止用牛一只，叫做特牲。

舜摄位之初，四方诸侯来朝已毕，遂举行巡守之礼。是年二月，先往东方巡守，至于东岳泰山之下，燔柴祭天以告至，望秩以祀东方之名山大川。遂就此地，接见东方的诸侯。因察侯国中时候之早晚，月令之大小，与夫日辰之甲乙，比羲、和所颁布的历书何如；有不合的，就责他改正，务使同奉朝廷的正朔。又审验侯国中律吕之高下清浊，丈尺之长短，斗斛之大小，权衡之轻重，比朝廷所降的规则何如；有不同的，也就责他改正，务使同遵朝廷的制度。又修明吉、凶、军、宾、嘉之五礼，不使废坠，使天下的风俗无不同。至于诸侯朝见的，各执五玉、三帛、二生、一死以为贽。既修五礼，又将五礼中所用的器具，各处要一一相同，不许彼此异制，使天下的礼器无不一。此数事皆了毕，乃转而回还。至五月的时节，又往南方巡守，到南岳衡山之下，朝见南方的诸侯。凡告天、祀神、一正朔、考制度、同风俗等事，都与巡守东岳的礼一般。至八月时节，又往西方巡守，到西岳华山之下，其礼与初时所行的一般。至十一月时节，又往北方巡守，到北岳恒山之下，其礼也与巡守西方时所行的一般。巡守既毕，于是回还京师，亲到艺祖之庙，用一牛祭祀，而以巡守事完告之。盖人君之于祖宗，事死如事生，凡出时必告行，返时必告归，礼当如此。夫虞舜以一岁之间，遍巡四岳，当时国不称费，民不告劳者，盖古时仪卫不多，凡事简省。至于后世，一巡一幸，千骑云从，供亿浩繁，而万民骚动，巡守之礼，殆不可复矣。

五载一巡守，群后四朝。敷奏以言，明试以功，车服以庸。

敷奏，是陈奏。试，是考验。庸，是有功于民。

舜既举行朝觐巡守之礼，遂立为定制。每五年之间，天子以一年巡守，遍到四岳，与诸侯相见。诸侯以四年次第来朝。天子巡守后之次年，东方诸侯来朝；又次年，南方诸侯来朝；又次年，西方诸侯来朝；又次年，北方诸侯来朝。四方诸侯都已朝毕了，又次年，则天子复出巡守。当诸侯来朝之时，都着他把在国所行的政事，一一敷陈奏闻于上。犹恐他说的虽好，而所行或不尽然，又明白考验其治国之功绩，果是实否。若真能修举职业，有功于民，则赐他路车章服以旌异之，使善者愈有所劝，而不善者亦知所勉。五年之间，巡守朝觐，殆无虚岁。古之君臣，皆劳身勤民如此。故上无不究之泽，而下无不达之情也。

肇十有二州，封十有二山，浚川。

肇，是始。封，是表。浚，是开导。

先时天下只有冀、兖、青、徐、荆、扬、豫、梁、雍，九州。至舜即位，因冀、青二州地方太广，政教难周，于是始分冀州以东恒山之地为并州，其东北医无间之地为幽州，又分青州东北辽东等处为营州。添此三州，通前九州，共成十二州，所以均疆域而通政教也。既分了十二州，又于每州之内，各择其一山之高大者封表之，以为一州之镇。如冀州则表霍山，兖州则表泰山之类，所以定望祭而攀瞻仰也。又浚导十二州之川，凡水道稍有不利者，即一一开通，不使壅塞。此时虽洪水已平，而犹以修举水利为急务，盖思患预防之意也。

象以典刑，流宥五刑，鞭作官刑，扑作教刑，金作赎刑。眚灾肆赦，怙终贼刑。钦哉，钦哉！惟刑之恤哉！

象，是如天垂象以示人。典字，解作常字。刑，是墨、劓、剕、宫、大辟五样刑法。流，是迁徙远方。宥，是宽宥。眚，是过误。灾，是不幸。肆，是释放。怙，是倚恃。终，是再犯。贼，是杀。恤，是怜悯的意思。

帝舜设为墨、劓、剕、宫、大辟五样常刑，明示天下，如日月星辰垂象一般，使人晓然皆知，不敢冒犯。所以待罪恶之重者，若虽犯在五刑，而情有可疑者，则发遣去远方以宽宥之，此重中有轻者也。五刑之外，又以皮作鞭，用为官府之刑，惩治吏胥；竹片、荆条二物名为扑，用为学校之刑，责治生徒。所以待罪之轻者，其或罪在可议，例难加刑者，则许他以黄金纳官，赎免其罪，此又轻中极轻者也。此五者，皆制法之条理，法之正也。若是犯罪之人，有偶然差误，出于无心的；有遭逢不幸，陷于有过的，这两项情有可原，则径从释放，赦免其罪。若是依倚势力，敢于作恶；或不改前非，至于屡犯的，这两项情甚可恶，则依律治罪，或杀或刑，不准宥赎。这两句是用法之权衡，法外之意也。夫舜之制刑，轻重取舍，错综斟酌，极其谨慎，敬而又敬者，果何心哉？惟念夫死者不可复生，刑者不可再续，故虽兢业戒慎，犹以为不能尽得天下之情，深恐刑罚一或失当，则必滥及于无辜。其哀矜怜恤之仁，常寓于法制之内，所以又说“钦哉，钦哉！惟刑之恤哉！”盖刑罚以禁恶，乃圣人不得已之意，而钦恤以慎刑，尤圣人不忍人之心。以此为心，岂有刑罚不中者哉！

流共工于幽州，放驩兜于崇山，窜三苗于三危，殛鲧于羽山，四罪而天下咸服。

流，是发遣。放，是安置。窜，是驱逐。殛，是拘囚。共工、驩兜，是二臣名。三苗，是南蛮之君。鲧，是崇伯。幽州、崇山、三危、羽山，是四面极边的去处。

舜之用刑，虽以好生为心，宽恤为念，然于有罪之人亦不容不诛也。当时之臣，若共工、驩兜，二人相助为恶；三苗之君，恃险为乱，不服王化；伯鲧方命圮族，治水无功：天下之人谓之四凶。当尧之时，未及诛戮，及舜摄位，以此四人者稔恶不悛，罪在不宥，乃发遣共工于北边之幽州，安置驩兜于南边之崇山，驱逐三苗之君于西裔之三危，拘囚崇伯鲧于东裔之羽山。这四个凶人都是天下人心之所共恶者，舜为天下除害，各因其罪而罪之。故天下之人皆以舜为刑当其罪，无不心悦而诚服也。夫人君治天下，大要在赏罚两件，必至公至当，才能服人。前面说“明试以功，车服以庸”，是记舜赏当共功。此言“四罪而天下咸服”，是记舜罚当其罪。

二十有八载，帝乃徂落。百姓如丧考妣三载，四海遏密八音。

帝，是帝尧。徂，是升。落，是降。人死，则魂升于天，魄降于地，故叫做徂落。遏，是绝。密，是静。八音，是金、石、丝、竹、匏、土、革、木，八件音乐。

舜摄位至二十又八年，帝尧乃崩。畿内的百姓哀痛深切，就如居自家父母之丧一般，至于三年之久。四海的人民亦皆不忍作乐，绝静了八音。盖帝尧圣德广大，恩泽隆厚，所以人心思慕之深至于如此。

月正元日，舜格于文祖。

月正，就是正月。元日是初一日。格是至。文祖是帝尧的始祖，已见上文。

先时舜受终于文祖，不过是替帝尧摄得天子之事，至尧崩之后，舜服三年丧既毕，天下之人都来归舜，不容逊避。舜于是以除丧之明年正月初一日，复至文祖庙祭告，才即天子位焉。必以月正元日者，盖月正乃一岁之始，元日又一月之始，人君即位改元，必与天下更始，故取岁月之首以重其事也。

上一节是记尧之终，此一节是记舜之始。

询于四岳，辟四门，明四目，达四聪。

舜既告庙即位，首先召见四岳大臣，访问他治天下的道理。以人君为治，第一件是进用贤才，然贤才或隐于山林，或屈在下位，朝廷未必尽知。于是大开那进贤的门路，使四方但有德行，有才能的，皆得以进用，而无闭塞阻当之虞。又以人君一身聪明有限，天下事岂能尽见，岂得尽闻。于是明四方之目，达四方之聪，以天下之耳目，为上之耳目，使人人眼里但有所见，耳里但有所闻的事情，都许直言来告，而无遮隔壅塞之弊。夫“辟四门”，则贤才无不进；“明四目，达四聪”，则下情无不通。帝舜之励精图治如此。

咨十有二牧曰：“食哉惟时，柔远能迩，惇德允元，而难任人，蛮夷率服。”

牧，是养民之官。柔，是宽以抚之。能，是要他驯习于教化的意思。惇，是厚。德，是有德的人。允，是信。元，是仁厚的人。难，是拒绝。任人，是包藏凶恶的人。

帝舜既分天下为十二州，每州设官牧养百姓，于是呼十二州之牧而告之说："牧民之道，当使民足食，而足食之道，在不违农时。必须轻徭薄赋，禁止兴作，使民皆得以尽力于农亩之事，然后民食可得而足也。民食既足，教化可兴。一州之民，有在远方的，则当宽以抚之，使乐于归戴；有在近处的，则当驯而习之，使入于礼法。人有德行的，则亲厚之；有存心仁厚的，则信任之，使得以助我之治。若那深情厚貌、包藏凶恶的人，则须深恶痛绝，使不得幸进，以贻害于民。尔十二牧，若于这几件处置各得其宜，则不但中国之人皆顺其治，虽远而蛮夷外国之人，慕我治化，亦相率而服从矣。"夫安民之道，固在于知人用贤。然天下事，众君子成之而不足，一小人坏之而有余。所以帝舜之命十二牧，既说"惇德允元"，教他亲信君子，又说个"难任人"，教他提防小人。圣人之远虑如此，万世图治者所当深念也。

舜曰："咨四岳，有能奋庸熙帝之载，使宅百揆，亮采惠畴？"佥曰："伯禹作司空。"帝曰："俞。"咨禹："汝平水土，惟时懋哉！"禹拜稽首，让于稷、契暨皋陶。帝曰："俞！汝往哉！"

奋，是起。熙，是广。帝，指帝尧。载，是事。宅，是居。亮，是明。惠，是顺。畴，是类。懋，是勉。

帝舜咨访四岳说："今之天下，乃帝尧之天下；今之事功，乃帝尧之事功。尔在朝之臣，有能奋起事功，熙广帝尧之事者，我将使他居百揆之位，以明亮庶事，使件件各得其宜；因以顺成庶类，使物物各遂其性。此辅弼重任，不知何人可以当之？"于是四岳及所领诸侯，一同举荐说："今有伯禹，见做司空之官，可居此任。"帝舜素知禹贤，即以群臣之举为然，而咨以命禹说："汝为司空，能平水土，今命汝仍以旧官，兼行百揆之事，当勉励不怠，以成亮采惠畴之功可也。"禹闻帝舜之命，不敢自任，乃拜下稽首，让于稷、契及皋陶，说："此三人皆有才德，可居百揆之任。"帝舜以此三人固贤，而禹功冠群臣，自宜首用，故但然其举，不听其让，说："百揆重任，非汝不可，汝其往就职事哉！"人主之务，莫先于择相。故帝舜即位之初，首发百揆之命。而当时诸臣济济相让之美，千古之下，犹可以想见焉。

帝曰："弃，黎民阻饥，汝后稷，播时百谷。"

弃，是后稷的名。阻，是困阨。后，是君。弃以功受封于邰，为邰君，而居稷官，故谓之后稷。播，是布种。谷非一种，故谓之百谷。

弃自幼年，便好耕种。帝尧时已命为后稷，教民播谷。至是帝舜因禹之让，乃申命之说："洪水初平，地利未能尽兴，天下人民还有阨于饥饿，不得饱食的。今命汝仍为后稷之官，任养民之职，教百姓每因天时之早晚，顺地势之燥湿，以播种此百谷，使人人都得饱食，而无阻饥之患，于以终汝后稷之事，可也。"

帝曰："契，百姓不亲，五品不逊，汝作司徒，敬敷五教在宽。"

亲，是亲睦。五品，是君臣、父子、夫妇、长幼、朋友，五伦中的名位等级。逊，是顺。司徒，是掌教化之官。敷，是宣布。五教，即是五品之教。宽，是从容不迫。

契在帝尧时，已作司徒。至是帝舜因禹之让，亦申命之说："今天下百姓每多不相亲爱，五伦的品节也多不逊顺，我甚忧之。今命汝仍为司徒之官，任教民之职。汝必用心敬谨，以宣布五品之教，使人知所遵守，不可少有怠忽，而又必从容宽裕，以待民之渐化，不可过于急迫，于以终汝司徒之事，可也。"盖人君之治天下，以养民教民二者为急务。故帝舜命相之后，即于后稷司徒之命惓惓焉。然必先稷而次司徒者，盖衣食既足，而后教化可兴，亦王道之序也。

帝曰："皋陶，蛮夷猾夏，寇贼奸宄，汝作士。五刑有服，五服三就；五流有宅，五宅三居。惟明克允。"

猾，是乱。夏，是中国文明之地。劫人的叫做寇，杀人的叫做贼。奸宄，是阴谋为恶的人，在外的叫做奸，在内的叫做宄。士，是士师，掌刑之官。服，是服其罪。宅，是居止。

帝舜因禹让及皋陶，亦申命之说："如今四方蛮夷猾乱中国，中国之人乘机作恶，有为寇为贼的，有为奸为宄的，其为生民之害多矣。汝皋陶旧为士师之官，今命汝仍居此职，凡寇贼奸宄，罪恶不可宥者，当治以墨、劓、剕、宫、大辟五等之刑，使服其罪。然刑虽有五，而服则有三等之就。惟死刑弃之于市，宫刑则下蚕室，余刑亦就屏处，不使误而至死。于寇贼奸宄，罪有可议者，则制五等流刑以宅之。然流虽有五，而宅但为三等之居。惟大罪投诸四裔，次则九州之外，次则千里之外，各有远近不同。汝之且刑，必致其明察，凡轻重远近之间，不使少有差错，乃能刑当其罪，而人无不信服也。”夫民教之不从，乃可加以刑罚。观舜命官治刑在教民之后，可见用刑非圣人之得已也。

帝曰：“畴若予工？”佥曰：“垂哉！”帝曰：“俞。”咨垂：“汝共工。”垂拜稽首，让于殳、斨暨伯与。帝曰：“俞，往哉！汝谐。”

若，是顺理整治的意思。垂，是臣名。共工，是官名，专管理工作的事。殳、斨、伯与，是三个臣名。谐，是和。

帝舜问于廷臣说：“谁能依顺那物理，整治我百工之事者，我将任用之。”群臣同辞对说：“有臣名垂者，其人有巧思，可当此任。”帝舜遂以群臣之举为然，而咨以命垂说：“汝当做共工之官，顺治百工，以整理兴作之事。”垂乃下拜稽首，让于殳、斨及伯与，说：“这三人皆有才能堪居此任。”帝舜以此三人虽贤，终不及垂，故但然其言，不许其让，而命之说：“共工之任，非汝不足以当之。汝其往任此职，以谐和百工之事，可也。”夫共工之职，在九官之中虽若稍轻，然舜亦必咨访责成，不肯轻授如此。盖圣人为官择人之心，不以崇卑而有间也。

帝曰：“畴若予上下草木鸟兽？”佥曰：“益哉！”帝曰：“俞。”咨益：“汝作朕虞。”益拜稽首，让于朱、虎、熊、罴。帝曰：“俞，往哉！汝谐。”

上，是山林。下，是泽薮。益，是臣名。虞，是掌山泽的官。朱、虎、熊、罴，是四个臣名。

帝舜又咨访廷臣说：“人君一身为万物之主。山林川泽之间，有草木，有鸟兽，虽是天地所生之物，而撙节爱养以遂其生者，亦人君之责也。汝群臣谁能为我顺而治之，取之以时，用之以节，使上而山林，下而泽薮，凡草木鸟兽无不各遂生育者，我将用之。”群臣同辞对说：“在廷之臣，惟伯益可当此任哉！”帝舜以群臣所举为然，遂咨益而命之说：“汝当作我虞人之官，掌此山泽，以顺草木鸟兽之性。”伯益闻命，下拜稽首，推让于朱、虎、熊、罴，说此四臣皆可使居虞人之职。帝舜虽然其言，不听其让，仍命伯益说："山泽之事，惟汝为能。汝其往任此职，谐和其事，可也。"

帝曰："咨四岳，有能典朕三礼？"佥曰："伯夷。"帝曰："俞。"咨伯："汝作秩宗，夙夜惟寅，直哉惟清。"伯拜稽首，让于夔、龙。帝曰："俞！往，钦哉！"

三礼，是祀天神、享人鬼、祭地祇，三件大礼。秩宗，是主叙次百神之官。夙，是早。寅，是敬畏。直，是心无私曲。清，是洁净。夔、龙，是二臣名。

帝舜咨访四岳说："国之大事在祀，谁能为我掌管祀天神、享人鬼、祭地祇之礼者，我将任而用之。"四岳与群臣同辞对说："如帝所求，惟有伯夷，可当此任。"帝舜然其所举，乃嗟叹呼伯夷而命之说："汝当作我秩宗之官，管奉祀天神、地祇、人鬼。必须每日之间，无论早晚，一惟致其敬畏，不可少有怠忽，使方寸之间常存正直，则自然心地洁清，无物欲之污染。这等方可以交于神明，而主三礼之事。"伯夷闻命，拜下稽首，而让于夔、龙，说此二人皆可任典礼之职。帝舜以二臣虽贤，不及伯夷，故但然其言，不听其让，说："典礼重任，非汝不足以当之。汝其往任此官，致其钦敬，以典三礼，无失寅清之道，可也。"夫礼主于敬，而事神之本在心。人君是天地百神之主，自已敬谨正直，清心寡欲，既无不尽，而掌礼之官亦必能体此心，乃可感格神明。观帝舜命伯夷典礼，待丁宁告戒之如此，则其平日治心之功又可知矣。

帝曰："夔，命汝典乐，教胄子。直而温，宽而栗，刚而无虐，简而无傲。诗言志，歌永言，声依永，律和声。八音克谐，无相夺伦，神人以和。"夔曰："於！予击石拊石，百兽率舞。"

典乐，是掌乐之官。胄子，是长子，自天子之太子以至公卿大夫之嫡子皆是。温，是和厚。栗，是庄敬。志，是心之所向。永，是吟咏。声，是五声。律，是十二律。伦，是伦序。石，是石磬。击，是重敲。拊，是轻敲。

帝舜因伯夷以典乐让夔，遂呼夔而命之说："养人性情，莫善于乐。今天子之太子，与公卿大夫之嫡子，将来都有天下国家的责任，不可不素教而豫养之。我今命汝作掌乐之官，教训那胄子，时常把乐与他讲习，以涵养其德性，变化其气质。且如人性气直遂者，或欠和厚，须教他直而又温；性气宽缓者，或欠庄敬，须教他宽而又栗，使其无不及之偏；刚劲的人，易至于刻虐，须教他刚而无虐；简略的人，易至于傲慢，须教他简而无傲，使其无大过之病。庶几胄子之德悉底于中和，他日任天下国家之事，自无不当矣。然作乐之道何如？盖乐音之起，生于人心者也。凡人心有所向，必形于言辞而为诗，是诗所以言其志也。取那诗辞来歌咏，便有长短的节奏，是歌所以永其言也。节奏既有长短，那声韵便有高下清浊不同，宫、商、角、徵、羽五声都依那歌咏上出来，所以说声依永。声韵既有高下清浊，但未必其能和，又必取那十二律之管来调和之，律吕相间，损益相生，以叶五声，然后高下清浊之节才能成文而不乱，所以说律和声。人声既和了，乃将这歌声播之于金、石、丝、竹、匏、土、革、木之间而为乐，则八音皆能谐和而不相侵乱，失其伦序。由是荐之郊庙，则神无不和；奏之朝廷，则人无不和。盖以和感和，自然之理也。以此而教胄子，岂有不感化者哉！"舜之命夔如此。夔因举声乐感通之妙，以见其果能和神人之意，说道："八音之中，惟石声最难谐和。我曾于磬之大者，重敲之以发越其声；磬之小者，轻敲之以悠扬其韵，而石声无不和。但见那百兽闻之，亦跄跄然相率而鼓舞。"异类且能感动，而况其他乎？帝之所谓"神人以和"者，信矣。

帝曰："龙，朕堲谗说殄行，震惊朕师。命汝作纳言，夙夜出纳朕命，惟允。"

龙，是臣名。堲，是疾恶。谗说，是小人谗间之言。殄，是绝。师字，解做众字。纳言，是官名。允，是当。

帝舜因伯夷让龙，遂呼龙命之说："我最疾恶那小人，造为谗间之言，以是为非，以非为是，贤的却说做不肖，不肖的却说做贤，伤绝善人君子所行之事，使不得安其位、行其志。他那谗言，能颠倒邪正，惑乱人心，变易黑白，惊动众听，其为治道之害不小，不可不防闲而禁绝之。今命汝作纳言之官。汝于早夜之间，出纳我之命令，必须仔细详审。或将我的言语宣布于下，必用心审察停当，果无矫伪蒙蔽之私，方才传出，有不当的，还要执奏；或将下边的言语奏闻于我，亦必用心审察停当，果无希合巧佞之奸，方才进上，有不当的，也要斟酌。如此，则出纳之间，所言皆合于理，矫伪者既无所托，邪僻者亦无自进，而谗说不得行矣。”夫以帝舜明目达聪于上，百僚师师协恭于下，宜若无谗邪之说得以行于其间。而其命官之词，犹必惓惓若此者，盖邪正消长之机，天下之安危所系，防微杜渐，虽圣人不敢忽也。

帝曰：“咨！汝二十有二人，钦哉！惟时亮天工。”

二十二人，是指前面所命四岳、九官、十二牧。亮，是辅相显明的意思。天工，是天事。

帝舜既分命诸臣各任其职，至此又嗟叹而总告之说：“咨！汝等二十有二人，职任虽有不同，然所理者，都是上天的事。盖天生民而以治理托之于君，君不能独理而委之于臣，苟有一事怠慢，一时忽略，则天工必致废缺矣。汝等都要常持一个敬谨的心，勤修职业，以辅相明亮上天之事。做四岳的，要敬谨以进贤才，通壅蔽；做九官的，要敬谨以典礼典乐，明刑敷政，教养万民，顺遂百物；做十二牧的，要敬谨以足民食、安远近，使上天之事一一修明，无有废坠，则我代天理物之责，亦庶几克尽矣。汝等可不勉哉！”

三载考绩，三考，黜陟幽明。庶绩咸熙。分北三苗。

考，是稽考。绩，是政绩。三考，是九年。黜，是罢斥。陟，是升用。幽，是无功的。明，是有功的。庶绩，是众功。熙，是广。分比，是分别其善恶。

帝舜命官分治之后，即立考课黜陟之法。令百官每三年任满，即稽考他在任有无功绩，以验其职事之勤惰。三年一考，六年再考，待至九年满日，然后通考其在任事绩，大行赏罚。惰而无功者，罢黜之；勤而有功者，升用之。考绩于三载，固不失于太宽；黜陟于九载，又不至于太严，赏罚大明，名实不爽。所以那时朝廷之上政治清明，官府之中职务精核，群臣各修其业，众功无不熙广。虽乍臣乍叛如三苗者，亦得以考其善恶而分别之，善者择而留之，恶者窜而去之，无复向日之负固梗化者，亦因朝廷处置得宜，自然心诚畏服故也。

舜生三十征庸，三十在位，五十载陟方乃死。

征，是召。陟方，是升遐。

史臣于《舜典》篇终总叙说：帝舜生三十年，尧起召于畎亩之中而登用之。后来历试三年，居摄二十八年，通共又三十年，方才即帝位。在位又五十年，乃升遐而崩。计其寿，凡百有一十岁。孔子说：有大德者，必得其位，必得其寿。舜起匹夫而为天子，是得位；年百余岁而后崩，是得寿。然本之有浚哲文明，温恭允塞之德耳。观史臣所记与孔子之言，欲法尧舜者，可不以修德为务哉！

卷二

大禹谟

谟，是谋议。这一篇是史臣记大禹所陈告于帝舜的谋议，故名为《大禹谟》。

曰若稽古大禹，曰文命，敷于四海，祇承于帝。

曰若，是发语辞。文命，是文德教命。敷，是布。祇，是敬。帝，指帝舜。

史臣稽考古时大禹，说禹为舜臣，治水成功，其文德教命既已东渐、西被、南暨、北及，敷布于四海之内，于是陈其谟谋议论以敬承于帝舜，欲其保治于无穷。盖好问好察，兢兢保治者，帝舜之心也。禹之开陈善道，正是敬承帝舜之美意尔。

曰:“后克艰厥后，臣克艰厥臣，政乃乂，黎民敏德。”

此以下是大禹所陈之谟。

后，是君。克，是能。艰字，解做难字。乂，是治。敏，是速。

大禹说:“人君以一身总理庶政，统治万民，其道最为难尽；人臣受国家委任，有辅政长民之责，其道亦为难尽。必须为君者真能知君道之难，兢兢然夙夜戒惧，务尽那为君的道理，不敢有一时怠忽；为臣者真能知臣道之难，亦兢兢然夙夜戒惧，务尽那为臣的职业，不敢有一事苟且。这等样上下交修，然后朝廷的政事得以整饬修举，而无坏乱之弊；天下的人民亦皆从上之令，速化于善，而不容自已也。若使为君与臣者不知其难，而视为容易，或徒知其难，而不能自勉，则其政事必至于废弛，民心必至于涣散，而何政乂民化之有？是可见治乱安危之机，只在君臣一念敬忽之间耳。可不戒哉！”

帝曰：“俞！允若兹，嘉言罔攸伏，野无遗贤，万邦咸宁；稽于众，舍己从人；不虐无告，不废困穷：惟帝时克。”

允，是信。兹字，指君臣克艰说。嘉言，是善言。伏，是隐伏。稽，是考。众，指臣民说。无告，是民之鳏寡孤独，无处告诉者。困穷，是士之困苦贫贱，穷而未遇者。帝，指帝尧。

帝舜闻禹陈克艰之谟，即应许之说道：“汝谓君臣克艰，则政事修治，而黎民感化，斯言诚然也。但为君臣者，患不能耳。若信能尽此克艰之道，夙夜祗慎，而上下交修，将见闻博而壅蔽通，凡有嘉谋嘉猷可以补益治道者，皆得自献于上，而无有隐伏于下者矣；四门辟而群贤进，凡有怀才抱德可以分理庶职者，皆得效用于时，而无有遗弃在野者矣。贤才聚于上，而膏泽下于民，虽万邦之广，万民之众，亦莫不蒙被恩德，安居乐业，而无有一夫之不获者矣。君臣克艰之效，至于如此，然此岂易致哉！必须稽考于众，旁求博采，于人之言有善者，即舍己之短，以从人之善，初无有一毫系吝的意思。夫然后人乐告以善，而嘉言罔伏也。又必广询民瘼，有鳏寡孤独，无处告诉的，一一周恤保爱，不忍虐害。夫然后德泽远被，而万邦咸宁也。又必博求贤哲，虽困苦贫贱，穷而在下的，一一推举拔用，不至废弃。夫然后多士毕集，而野无遗贤也。然此惟帝尧能之。”观于衢室之访，是“稽众舍己”也；其咨之叹，是“不虐无告”也；侧陋之扬，是“不废困穷”也，所以说“惟帝时克”。夫舜于克艰之事，不敢自谓曰能，而一以归诸尧，则舜之克艰于此亦可见矣。

益曰：“都！帝德广运，乃圣乃神，乃武乃文。皇天眷命，奄有四海，为天下君。”

都，是叹美辞。帝，是帝尧。广，是广大。运，是运行。眷，是眷顾。奄，是尽。

帝舜既以克艰之事归之于尧，伯益遂从而称赞之，说道：“美哉帝尧之德，广大而无外，且运行而不息。所以变化之妙，有不可以一端形容者。自其德出于自然，而无所勉强，乃谓之圣；自其圣妙于无迹，而莫能测度，乃谓之神；自其刚毅能断、凛然可畏者而言之，又何其武也；自其英华宣著、焕乎有章者而言之，又何其文也。将以为圣，而又见其神；将以为武，而又见其文。帝尧之德，可谓极盛而无以加矣。是以皇天眷顾其德，保佑命之，使他尽有四海之地，尺地莫非其有；为天下之君，一民莫非其臣焉。夫尧以盛德得天如此，则所谓克艰厥后者，信乎为尧之能事也。”

禹曰：“惠迪吉，从逆凶，惟影响。”

惠，是顺。迪，是道。逆，是违背道理。

禹因伯益赞美帝尧之言，遂发明天人感应之理，说道：“凡人行事若能顺着道理，天必降之以福，诸凡吉庆的事都集于其身；若或违背道理而行，则天必降之以殃，诸凡凶祸的事都集于其身，就如影之随形，响之应声一般，断断乎其不差谬。故帝尧有广运之德，斯受皇天之眷，正所谓惠迪吉也。天人感应之理，岂不昭昭然哉！”

益曰：“吁，戒哉！儆戒无虞，罔失法度。罔游于逸，罔淫于乐。任贤勿贰，去邪勿疑。疑谋勿成，百志惟熙。罔违道以干百姓之誉，罔咈百姓以从己之欲。无怠无荒，四夷来王。”

无虞，是无可忧虞之事。罔字、勿字都是禁止的意思。逸，是安逸。淫，是过。谋，是谋为。百志，是说凡百谋虑。熙，是光明。咈，是咈逆。王，是四夷君长来朝之名。

伯益闻禹陈克艰惠迪之谟，将推广其意以告帝舜，恐其听之未审，故先嗟叹说道：“天位至重，保守为难，帝其戒之哉！如今四方虽是太平，无可忧虞的事，然乱每生于极治，而变常发于不虞。当这时节，正要常常儆戒，为制保邦之计，不可自谓治安，便忘敬畏也。然所当儆戒者何事？盖承平日久，法度易至于废弛，必须修明振举，使人知所遵守，不可失坠。太平无事，人情易流于逸乐，必须愈加勤励，不可游于安逸，淫于宴乐。贤人君子既知其可用，须一心信任他，不可以小人间之。憸邪小人既知其当去，须决于屏斥，不可少有迟疑。凡谋为的事务，心里或有疑惑未安的，这叫做疑谋，切不可苟且成就。凡百志虑，必要正大光明，理顺而心安者，然后可成之。至于刑赏予夺，都有个公正的道理，不可违背了正理，而屈法徇情以求百姓的称誉。凡人好恶从违都有个本然的公心，不可咈了天下人的公心，而任情好恶以遂一己之私欲。自此以上八件，都是当儆戒的事。人君若能朝夕以此为戒，内而无怠于心，无一念之不儆戒；外而无荒于事，无一事之不儆戒，则治道益隆，太平可保，不但中国之民服从而已，虽远方四夷在荒服之外者，亦莫不闻风向化，稽首而来朝矣。儆戒无虞，其效如此。"

禹曰："於，帝念哉！德惟善政，政在养民。水、火、金、木、土、谷，惟修；正德、利用、厚生，惟和。九功，惟叙，九叙，惟歌。戒之用休，董之用威，劝之以九歌，俾勿坏。"

於，是叹辞。叙，是顺。戒，是晓喻。休，是美。董，是督责。

大禹因伯益陈儆戒之言，遂叹美之而告帝舜说："伯益所陈儆戒无虞的言语，于君德治道甚有关系，帝当留神思念之，不可忽也。盖为人君者固贵乎有德，然所谓德者，非徒存诸心而已。惟当见之于行事之间，使政无不善，才是实德。而所谓政者，又非徒为法制禁令而已。在乎为百姓每兴利造福，使民无不安，才是善政。然所谓养民之政何如？彼水、火、金、木、土、谷这六件，都是天地自然之利，民生日用之不可缺者。但其中容有太过不足处，必须一一为之整理，或相制以泄其过，或相助以补其不足，使六者无不修。六者既修，民生始遂，不可逸居而无教。于是教他明伦理，修礼义，以正其德；教他作什器，通货财，以利其用；又教他勤生业，节用度，以厚其生。将这三件事一一为之区画，行之各得其宜，处之各当其理，使三者无不和合。这六者与三者，总叫做九功。今既已修和，则养民之政莫不各有成功，一顺其自然之理，而不至于错乱矣。九功既叙，则民皆利其利而乐其乐，莫不形之于歌咏之间矣。然始勤终怠，人之常情，安养既久，怠荒易作，则已成之功，能保其久而不废乎？故当有以激励之。于那百姓每有勤于府事的，则以善言奖励他的好处，使其知所勉；有怠于府事的，则以刑罚督责而惩戒之，使其知所畏。然又恐事出于勉强者，或不能久，故复劝之以九歌。就把百姓每前日歌咏之言，协之律吕，播之声音，用之乡人，用之邦国，以劝相之；使百姓每欢欣鼓舞，趋事赴功，修者常修，和者常和，前日之成功得以永久而不至废坏，则养民之政，斯其曲成而不遗矣。凡此皆保治之道，帝之所当深念者也。”夫养民之政，至于惟叙惟歌，即伯益所谓“无虞”也，而必保其治于勿坏，即伯益所谓“儆戒”也。禹、益之言，其互相发明如此。

帝曰：“俞！地平天成，六府三事允治，万世永赖，时乃功。”

六府，即是上面说的水、火、金、木、土、谷，这六件乃财用所自出，所以叫做六府。三事，即是正德、利用、厚生，这三件乃人事所当为，所以叫做三事。乃字，解做汝字。

帝舜因大禹陈说养民之政，遂应而许之，说道：“汝谓政在养民，而今日已成之功，当保之于勿坏，这言语说的极是。但保治固我所当为，而成治实汝所由致。往时洪水为灾，天地皆失其职，万民不得其所。如今水土既皆平治，上天亦得以成遂其生物之功。于是水、火、金、木、土、谷六府相资为用，信无一件之不修；正德、利用、厚生三事各当其理，信无一件之不和，而养民之政成矣。不但今日之民，蒙被其利，虽万世之后，犹将赖之。这都是汝治水经理的功绩，非他人所能与也。夫天下事，成之甚难，而坏之甚易，我岂不思所以保之哉！”

帝曰：“格，汝禹！朕宅帝位三十有三载，耄期倦于勤。汝惟不怠，总朕师。”

格，是来。宅，是居。人生九十岁叫做耄，一百岁叫做期。总，是率。师字，解作众字。

帝舜既推美大禹之功，遂呼而命之说：“来，汝禹，听我之言。我从受尧禅，居此帝位三十有三载，年九十有三岁，过于耄而及于期，血气已衰，倦于勤劳之事。汝当朝夕勉力不怠，以总率我之臣民，替我管理天下。”这是帝舜命禹摄位之意，亦若尧之命舜，曰“格，汝舜！汝陟帝位”也。

禹曰：“朕德罔克，民不依。皋陶迈种德，德乃降，黎民怀之。帝念哉！念兹在兹，释兹在兹，名言兹在兹，允出兹在兹。惟帝念功。”

朕，是禹自称，古时上下通得称朕。迈，是勇往力行的意思。种字，解做布字。降，是下。怀，是感念。八个兹字都指皋陶说。释，是舍。

大禹因舜命他摄位，不敢自当，乃让与皋陶，说道："摄位重事，须是有德为民心所归者，乃可当之。我的德浅薄，民不依归，岂能胜此重任。群臣中，惟皋陶能勇往力行以布其德。他的恩德下及于民，被其泽者甚众，黎民皆感戴而怀服之。命之摄位，斯为允当。帝欲为天下得人，当以此人为念，不可忘也。我尝思念堪此重任的，惟在于皋陶。如今要舍了他，别求个人，在朝之臣并未见有过于皋陶者。我不但提名在口，显然称道的，在于皋陶，实是发自本心。所深信而诚服者，亦惟在于皋陶，反覆思之，终无可易。惟帝深念其功，而使之摄位，必有以副帝之托，而不孤天下之望也。"夫摄位，重事也，而禹之推让皋陶，谆切恳至如此。盖圣人之心，惟欲为天下得人而已，岂有一毫私己之念哉！

帝曰："皋陶！惟兹臣庶，罔或干予正。汝作士，明于五刑，以弼五教，期于予治。刑期于无刑，民协于中，时乃功。懋哉！"

干，是犯。正，是政令。弼字，解做辅字。期，是期望。懋，是勉。

帝舜因大禹以摄位让皋陶，遂呼皋陶而称美之，说道："人君之为治，固有政令以正人之不正，但不能使人皆不犯。惟此臣民众庶，都循理守法，无或有干犯我之政令者，这是何故？盖由汝作士师之官，能明于墨、劓、剕、宫、大辟五等刑法，轻重出入，一一精当不差，使人皆畏刑远罪，以辅助那君臣、父子、夫妇、长幼、朋友五伦之教，不至于玩弛而不行，期望我至于化行俗美之治而后已。故始初百姓不亲，五品不逊，虽不免于用刑，然汝之心，岂忍于残民之生哉！只是要刑一人，而千万人惧，使人人皆迁善改过，至于无刑之可用，而后其心始慰也。所以民皆感化，相亲相让，合于中道，无有越礼犯分之人，自然不陷于刑辟。而向之期于无刑者，今果遂其所愿矣。凡此皆汝明刑弼教之所致，乃汝之功绩，我之所深念也。汝当于此益加懋勉，无替此心，始终如一可也。"

皋陶曰："帝德罔愆。临下以简，御众以宽。罚弗及嗣，赏延于世。宥过无大，刑故无小。罪疑惟轻，功疑惟重。与其杀不辜，宁失不经。好

生之德洽于民心，兹用不犯于有司。”

愆，是过差。嗣，是子嗣。世，是后世的子孙。宥，是赦免。过，是误犯。故，是故犯。不辜，是无罪的人。不经，是不合于常法。

皋陶因舜美其功，乃归功于舜，说：“民协于中，非臣之功，皆本于帝德所致耳。盖帝之德尽善尽美，无一毫过差。且如为人上者，或烦苛琐碎，则下人便无以自容。而帝之临下，则平易简静，无有烦琐的气象。统御众人者，若性太急躁，则众人易致扰乱。而帝之御众，则从容宽裕，无有急促的意思。罚那有罪的人，惟止他本身，更不累及他子孙。至于赏那有功的人，则不止他本身，必与之爵土，以远及其后世。人有陷于不知而误犯刑宪的，是无心之过也，每量情以恕之，其罪虽大，亦从宽宥。若有明知而故犯法的，是有心作恶也，则尽法以治之，其罪虽小，亦不轻恕。其原情定罪，或有可重可轻，在疑似之间者，惟从轻以处之，而常过于宽。至若论功行赏，或有可轻可重，在疑似之间者，则从重以赏之，而常过于厚。又有一等罪人，法可以杀，可以无杀；杀之则彼似无罪，不杀则我为失刑。帝则以为与其枉杀了无罪的人，害其性命，宁可姑全其生，使我自认失刑之责。这等仁爱忠厚之至，真与天地好生之德一般。帝有此德，流衍洋溢，渐涵浸渍，深入于民心。天下之人无不爱慕感悦，兴起于善，自不干犯有司的法度。岂待臣之明刑弼教，而后能成协中之治哉！”

帝曰：“俾予从欲以治，四方风动，惟乃之休。”

俾，是使。风动，是说德教感民，如风之动物一般。

帝舜因皋陶称颂其德，又申言以归美于皋陶，说道：“民不犯法，上不用刑，此固我心所愿欲者，而未必其能遂也。今也我欲民不犯法，而民果不犯；我欲上不用刑，而刑果不用，使我得遂其所愿，以臻于至治，教化流行而四达，就如风之鼓动万物，无远无近，莫不靡然顺从者，皆由汝能明五刑以弼五教。故民莫不从上之化，至于若是耳。这是汝之休美，有不可得而辞者。使非汝，则我好生之念虽切，亦何能遽洽于民哉！”然皋陶虽明刑，使不遇帝舜之君，则其志岂能尽行？故天下后世，不多皋陶之功，而多帝舜之能任贤也。

帝曰："来，禹！降水儆予。成允成功，惟汝贤。克勤于邦，克俭于家，不自满假，惟汝贤。汝惟不矜，天下莫与汝争能；汝惟不伐，天下莫与汝争功。予懋乃德，嘉乃丕绩。天之历数在汝躬，汝终陟元后。

降水，即是洪水。允字，解做信字。满，是自足。假，是宽假。懋，是茂盛。嘉，是称美。丕绩，是大功。乃字，解做汝字。历数，是帝王相承的次序，如历书岁时节气，先后有序的一般，所以叫做历数。陟，是升。

帝舜虽称美皋陶之功，而摄位之命，终当归之于禹，故又申前意以命之，说："来，汝禹！昔日洪水为灾，逆行泛滥，乃天示儆戒于我。当是时，汝尝奏说，这洪水当如何浚决，当如何疏导。后来见汝行事，一一都如其所言，信而有征。到如今果然地平天成，府事允治，而大功克就。此惟汝之贤，在廷诸臣皆不能及也。然常人于功成之后，未免有满足自恕之心。汝虽为朝廷立了许多的功绩，然观汝之在国，则荒度土功，敷布文教，一念祗承，孜孜焉未常少息；观汝之在家，则菲饮食，恶衣服，卑宫室，凡事省约，兢兢然未尝少纵，且自视歉然，日惟不足，初无有一毫盈满之心、宽假之意。此亦惟汝之贤，在廷诸臣皆不能及也。然汝虽不自矜夸其能，而其能之实有不可掩者，天下的人自然敬服，谁来与汝争能？汝虽不自张大其功，而其功之实有不可掩者，天下的人自然推让，谁来与汝争功？夫汝德冠群伦、功盖天下如此，我因此懋汝之盛德，嘉汝之大功，知天命人心咸归于汝，帝王相承的次序决定在于汝之身而不能外。汝日后终当升此大君之位，以为天下臣民之主。今日总师之命，岂可得而辞哉！"

"人心惟危，道心惟微。惟精惟一，允执厥中。

危，是危殆。微，是微妙。

舜将传位于禹，遂授他治天下的心法，说道："人只是一个心，但其发于形气之私的，叫做人心；发于义理之正的，叫做道心。如耳欲听声音，目欲视美色，又如顺着意的便喜，逆着意的便怒，这都是人心。此心一发，若无义理以节制之，便流于邪恶而不可止，岂不危哉？如当听而听，当视而视，当喜而喜，当怒而怒，各中其节，这便是道心。这道心，人皆有之，但为私欲所蔽，才觉发见又昏昧了，所以微妙而难见耳。人心、道心二者，杂于方寸之间，若不知辨别，则危者愈危，微者愈微，天理之公卒无以胜夫人欲之私矣。所以治心者，要于吾心念虑萌动的时节，就精以察之，看是人心，看是道心，分别明白，不使混杂。既精察了，就要克去了人心，专一守着道心，使常为一身之主，而不为私欲所摇夺。夫既察之精，而又守之一，则方寸之间纯是天理，凡百事为然合着正当的道理，无有太过不及之差，而信能执其中矣。"盖天下之治，皆本于心，而端本之学，正心为要。故舜之命禹，叮咛告戒如此。先儒说，这十六个字，开万世心学之源。道统之传，实自此始，为君者不可不知。

"无稽之言勿听，弗询之谋勿庸。

稽，是考证。询，是咨访。庸字，解做用字。

上文帝舜既授禹以存心出治之本，此又以听言处事之要告之，说道："人君听人的言语，必其言之历历有据，本于古人之格言，则听之可也。若无所考证，驾空悬虚说出来的，这是无稽之言。若听了这样言语，必然淆乱国是，妨害政事，法宜绝之以勿听焉。人君用人之谋画，必其谋之曾经咨访，合于众论之同然，则用之可也。若是不加咨访，独任己见，发出来的，这是弗询之谋。若用了这般谋画，必然拂逆人情，违背公论，汝宜拒之以勿用焉。"此二者，听言处事之要也。夫舜明目达聪，用人之善，如恐不及，乃亦有不听之言，不用之谋，何也？盖公听并观，所以来天下之善；审察辨别，所以求事理之中。若徒知听言之为美，自己全无权衡主宰，一概都要见之施行，则将至于议论纷纭，可否淆乱。其败谋偾事，与拒谏遂非者，为害一而已矣。故人君为治，固贵于用言，尤贵于能断。

"可爱非君？可畏非民？众非元后何戴？后非众罔与守邦。钦哉！慎乃有位，敬修其可愿！四海困穷，天禄永终！惟口出好兴戎。朕言不再。"

位，是君位。可愿，是人心所同欲的道理。好，是善。戎，是兵。

帝舜命禹摄位，既反覆教戒之，至此又深儆之，说道："君之与民，分虽相悬，而道实相须。彼人君至尊，人但知其可畏也，自我观之，天下之可爱者，岂非君乎？人民至微，人皆以为可忽也，自我观之，天下之可畏者，岂非民乎？如何见得君之可爱？盖天下百姓至众，皆仰赖着大君在上为之统御，才安其生。若无君，则众皆涣散而无主。饥寒困苦者，谁与赈救？相争相害者，谁与管理？将何所仰戴乎？此君之所以可爱也。如何见得民之可畏？盖人君以一身而统驭万邦，全赖着众百姓归依拥护，才安其位。若无民，则一人孤立于上。要财用，谁来供给？要役使，谁与出力？将何以守邦乎？此民之所以可畏也。然则人君居此可爱之位，治此可畏之民，其可不敬之哉！必兢兢业业，慎守其所居之位，敬修其所可愿欲之理。凡存于心、发于政者，务使有善而无恶，有可欲而无可恶，然后人心永戴，而天位常安也。苟不能修行善道，所行的事都咈了百姓之心，使四海人民困苦穷极，不得其所，则向时戴后者将转为怨嗟，向时守邦者将转为离叛。人心既失，天命难保，人君所受于天之禄，亦永绝而不可复享矣。岂不深可畏哉？”舜之告禹，至此尽矣，犹恐禹之固辞也，又说道：“言发于口，利害所关。或生出好事，也因这言语；或兴起戎兵，也因这言语。言不可苟如此。今我命汝之言，盖已详审而不苟矣，岂容更有他说。汝当受命以摄位，勿复辞避也。”夫以禹之盛德，岂不能守其禄位者？而舜犹谆谆警戒之如此，圣人忧勤惕厉之心于此可见。

禹曰：“枚卜功臣，惟吉之从。”帝曰：“禹，官占，惟先蔽志，昆命于元龟。朕志先定，询谋佥同，鬼神其依，龟筮协从，卜不习吉。”禹拜稽首，固辞。帝曰：“毋，惟汝谐。”

枚卜，是历举而卜之。官占，是掌占卜之官。蔽，是决断。昆字，解做后字。佥，是众。依，是顺。龟，是灼龟观兆。筮，是揲蓍起卦。协，是合。习字，解做重字。毋，是禁止之辞。

禹承帝舜摄位之命，恳辞不获，乃不得已而求决于神，说道：“摄位大事，不可专主于人谋。今在廷之臣，有功者甚多，请一一卜之于龟，视其卜之吉者而命之可也。”帝舜说：“阙有大疑，固用卜以决之。然占卜之法，必先断定其志之所向，或可或否，自家心里先有个主张了，然后命之于大龟，灼而卜之，以验其吉凶。今我命汝摄位之志，已先定于心，无所疑惑，而询谋于众人，亦同以为然，无有异议，是人心同矣。夫鬼神之祸福，亦视人心之向背何如。今人心既无不归属于汝，就是鬼神也定是依顺，龟筮也定然协从矣，又何用取群臣而枚卜之乎？且占卜之法，一得吉兆，不必再卜。今鬼神既依，龟筮又从，就如已行占卜了一般，又何须重卜以求吉乎？”禹到这时节，理尽词穷，无可解说，但拜下稽首至地，恳切逊避，以示终不敢当之意。帝舜因禁止之，说道:“摄位之命，惟汝相应，汝不必屡屡固辞，以违神人之意也。”

正月朔旦，受命于神宗，率百官，若帝之初。

朔旦，是初一日。神宗，是尧的庙号。帝，指舜帝说。

帝舜命禹摄位，叮咛恳切。禹既不得终辞，乃以正月初一日，受摄位之命于帝尧之庙。盖舜之天下，原是帝尧所传，今舜以天下传禹而禹受之，则不得不祭告于尧。在舜则告其终，在禹则告其始也。既行受命之礼，由是总率百官，摄行庶政，与天下更始，就与帝舜始初受尧之命摄位行事一般。盖尧、舜、禹相授受一道，故其事亦无不同如此。

帝曰:“咨，禹！惟时有苗弗率，汝徂征。”禹乃会群后，誓于师，曰:“济济有众，咸听朕命。蠢兹有苗，昏迷不恭，侮慢自贤，反道败德；君子在野，小人在位；民弃不保，天降之咎。肆予以尔众士，奉辞伐罪。尔尚一乃心力，其克有勋。”

徂，是往。群后，是众诸侯。誓，是行军时告戒众人的说话。济济，是众盛齐整的模样。肆字，解做故字。

当舜之时，有苗之君负固不服。舜乃命禹率师征之，先嗟叹以命之，说道:“方今天下薄海内外，皆已无虞。惟是止有苗之君，不循我的教命，稔恶不悛，罪不可赦。汝当躬率六师，往正其罪。”禹承帝命，乃征召众诸侯以兵来会。遂誓戒之，说道:“济济然尔众，都来听我的命令。今有顽蠢无知的有苗之君，昏暗迷惑不知恭敬，侮慢他人，自以为贤，反背正道而不由。凡所行的，都是无道之事，败坏常德而不修。凡所行的，都是失德之事。怀才抱德的君子，本所当用也，却乃摈斥疏远，而使之在野；谗佞凶恶的小人，本所当远也，却乃亲信任用，而使之在位。用舍颠倒，政事乖谬。由是下失民心，弃之而不保；上失天心，降之以罪咎。有苗之罪，为天人所共弃如此。帝乃命我征之，故我以尔众士，奉帝之命，以讨伐有苗之罪。众将士每，务要一汝之心，同以奉辞伐罪为念，不可少有疑贰；齐汝之力，同以奉辞伐罪为事，不可少有退缩。然后战无不胜，攻无不取，而能成除暴安民之功也。汝众将士，可不勉哉！”

三旬，苗民逆命。益赞于禹曰：“惟德动天，无远弗届。满招损，谦受益，时乃天道。帝初于历山，往于田，日号泣于旻天、于父母，负罪引慝，祗载见瞽瞍，夔夔斋慄，瞽亦允若。至诚感神，矧兹有苗。”禹拜昌言，曰：“俞！”班师振旅。帝乃诞敷文德，舞干羽于两阶。七旬，有苗格。

赞，是助。届，是至。帝，是帝舜。历山，是地名。旻，是仁覆悯下的意思。天心怜悯下民，所以叫做旻天。慝字，解做恶字。祗，是敬。载，是事。斋，是庄敬。慄，是战慄。夔夔，是斋慄的模样。允，是信。若，是顺。诚，是诚能感物的意思。昌言，是盛大德之言。班，是还。振字，与整字同意。诞字，解做大字。敷，是布。干，是楯；羽，是羽旄，都是大乐中舞者所执。两阶，是东西两阶。格，是至。

禹征有苗，兵临其国，已三十日，而苗民犹恃顽负险，违逆命令，未肯服从。当时伯益随禹出征，见师旅久劳于外，欲劝禹罢兵，乃赞助一言于禹，说道：“苗民之顽，与其加以威，不若化之以德。盖惟德可以感动天心，虽是冲漠无朕，至为高远，而此德之所昭升，实无远而不到，比之用威尚力，自不同也。大凡人志气盈满者，必招损伤；谦虚自处者，定受利益，这个乃天道之自然。如日中则昃，月盈则亏，就是满招损的道理；阳消必长，阴微必盛，就是谦受益的道理，乃一定而不可易者也。知天道之自然，则今日之事，惟当谦以修德，而不可自满以伐人矣。昔帝舜初在微贱之时，曾耕于历山而往于田。此时他的父亲瞽瞍，惑于后妻少子之言，常欲害帝。帝自以不得父母的欢心，悲怨思慕，日日呼旻天而号泣，又呼父母而号泣。虽是他父母不慈，然帝之心只说父母岂有不是处，还是我为子的孝道未尽，皆自认以为己罪，自引以为己恶，不敢有一毫归咎父母之心，只是敬修他为子之事。在瞽瞍面前，夔夔然庄敬战慄，愈加恭谨，不敢少懈。瞽瞍虽愚，被他孝心感动了，也欢喜信顺，化而为慈矣。夫瞽瞍，父也，尚可以孝感。今有苗虽顽民也，独不可以德化之乎？然不但人心可以诚感，便是鬼神至幽，无形与声，若能致其诚敬以事之，则鬼神亦将感通，洋洋乎来格、来享矣。今苗民虽顽，亦人类也，又岂有不可以诚感者乎？诚能绥之以文德，而怀之以至诚。彼苗民者，将不威而自服矣，又何必勤兵于远哉？”夫伯益劝禹罢兵修德，真可谓盛德之言矣！故禹即拜而受之，深以其言为是，就依他的言语，班师整旅，以归京师。帝舜亦有感于伯益之言，于是弛其威武，大布其文命德教，而不复以苗民之顺逆为念。这时节，朝廷清晏，恬然无事，惟有那执干楯的与那执羽旄的，雍雍然相与舞于东西两阶之间而已。但见德化所被，无远弗届。从禹班师之后，才七十日，而有苗已回心向化，群然来格。伯益修德之言，至是验矣。夫苗民一也，以兵临之则不服，以德威之而即来，可见服远之道，惟在内治之修。而虞廷雍容太和之景象，千古之下，犹可想见焉。

皋陶谟

谟，是谋议。这一篇书是史臣记皋陶所陈告于帝舜的谋议，故名为《皋陶谟》。

曰若稽古皋陶曰：“允迪厥德，谟明弼谐。”禹曰：“俞！如何？”皋陶曰：“都！慎厥身修，思永。惇叙九族，庶明励翼，迩可远在兹。”禹拜昌言，曰：“俞！”

曰若，是发语辞。允迪，是实践。谟，是陈说道理。明，是明尽。弼，是救正过失。谐，是可否相济的意思。思永，是思虑长远。惇，是厚。庶明，是众贤人。励翼，是勉励辅佐。迩，指家国。远，指天下。

史臣说，稽考古时，皋陶曾陈谟于帝舜，说道：“人君不患臣言不尽，惟患己德之未修。为君者，诚能躬行实践以修其德，真真实实的要做圣君，无一毫虚假、间断，则其臣知君必乐于闻善，而所以为之谋者，有知必言，有言必尽，启心相告，无有隐匿而不明者矣。又知君必乐于闻过，而所以弼其失者，一俞一吁，一可一否，同心共济，无有畏忌而不谐者矣。若人君不能修德，或修德而未实，则臣下不免望风顺旨，欲进一言，恐君未必能听；欲谏一事，恐君未必能容，尚何谟明弼谐之有哉！然则人君欲臣下之尽言，不可不自勉以为纳忠之地也。”当时大禹同在帝前，有味皋陶之言，深叹以为然，又问：“迪德之义，其详如何？”皋陶对说：“美哉汝之问也。彼人君一身，乃万化之原，必兢兢业业，谨慎以修其身。凡一言一动，皆深思远虑，务求至当，为长久之计，不敢轻易苟且，取便于目前。这才是允迪厥德。由是自身而推之家，则九族之亲属，化于其德，莫不以恩相厚，以礼相序，而家可齐矣；自身而推之国，则群臣之明哲者，感于其德，莫不勉励以辅佐之，而国可治矣。不特如此，又自家国之近，可达天下之远，使天下无不平者，亦在此修身思永上推之耳，岂有他哉！”禹以皋陶所陈，为盛德之言，遂屈己而拜之，说道：“汝言甚是，真为君者之所当知也。”大抵天下国家之本在身，故皋陶陈谟，必始于修身。《大学》说“自天子以至于庶人，壹是皆以修身为本”，亦此意也。

皋陶曰：“都！在知人，在安民。”禹曰：“吁！咸若时，惟帝其难之。知人则哲，能官人。安民则惠，黎民怀之。能哲而惠，何忧乎驩兜，何迁乎有苗，何畏乎巧言令色孔壬？”

都，是叹词。吁，是叹而未深然之词。时字解做是字，指知人安民说。帝指帝尧。官人是用人。驩兜是尧时的凶人。迁，是窜徙。有苗是恃险为乱之国。巧言令色孔壬，是外面好其言，善其色，内里却大包藏着奸恶的人。

皋陶既陈修齐治平之谟，复推广其未尽之旨，先叹美说道：“人君为治之道，其大者只有两件：一在于知人，一在于安民。盖人之才德有大小，心术有邪正，若知之不明，则用舍失当，何以任众职而兴事功？所以要知人。万邦黎庶，皆赖大君为主，若安之无道，则民心离散，何以固根本而奠邦家？所以要安民。”禹闻皋陶之言，因嗟叹而未深然之，说道：“如汝所言，既要知人，又要安民，这两件都兼举而无歉，不但寻常的人，便是帝尧之圣，犹且难之。盖人藏其心不可测度，知之固未易也。若使为君的，果能于人之贤否，一一都鉴别不差，则睿智所照，将与日月而并明，何哲如之？以是而用人，必能使才称其职，德称其位矣。岂有不宜者乎？天下之广，兆民之众，安之固未易也。若使为君的，果能于天下的人，都使之各得其所，则恩泽所及，将与雨露而同润，何惠如之？由是万邦黎庶，必皆爱之如父母，戴之为元后矣。岂有不怀者乎？夫为人君者，患不能知人安民，故不善之人，皆足以害吾之治而可虑。若既能哲以知人，而又能惠以安民，二者兼尽如此，将见众贤集于朝，百姓和于野，人心丕变，邦本辑宁。这时节就有党恶如驩兜者，也都改行从善了，何足忧乎？有昏迷如有苗者，也都感化归服了，何必迁乎？有好言善色、大包藏奸恶的人，也都变狡诈而为诚实了，又何足畏乎？智仁功用之大，至于如此，虽圣如帝尧犹且难之，帝岂可以易而视之哉？”禹之此言，盖欲帝舜深思其难，而求尽其道也。

皋陶曰:“都！亦行有九德。亦言其人有德。”乃言曰:“载采采。”禹曰:“何？”皋陶曰:“宽而栗，柔而立，愿而恭，乱而敬，扰而毅，直而温，简而廉，刚而塞，彊而义。彰厥有常，吉哉！

亦字，解做总字。载字，解做行字。采，是事。重言采采，是说某事某事。栗，是严密。愿，是谨厚。乱字，解做治字。扰，是驯顺。毅，是果断。廉，是有分辨。塞，是笃实。彰，是著。吉，是善。

皋陶将推衍知人之谟，先叹美说道:“人才固未易知，而观人亦自有法。彼人之才性中和而不偏者，皆谓之德。总言此德之见诸行事者，凡有九件。人必有此九德，才叫做贤人。然人固以有德为贤，而德又以有据为实。总言其人之有德者，不可徒徇其虚名，亦不可徒观其外貌，必须指他所行的某事某事以为证验，则事皆有据，而名实不爽，自不患于人之难知矣。”禹因问九德之目何如。皋陶遂悉数之，说:“凡人之宽洪者，或流于纵弛。惟宽而又能庄严整肃，则宽得其中，而不过于宽，这是一德。柔和者，或流于颓靡。惟柔而又能卓然自立，则柔得其中，而不过于柔，这又是一德。谨厚者，或过于鄙朴。惟愿而又能恭而中礼，则愿得其中，而不失之野，这又是一德。有治才者，多失之骄傲。惟有才而又能敬以接人，则才得其中，而不方于众，这又是一德。驯顺者，或失之优柔。惟驯而又能果毅有为，则顺得其中，而不至于无断，这又是一德。劲直者，或过于峭厉。惟直而又且温和可亲，则直得其中，而不伤于太峻，这又是一德。简易者，或过于坦率。惟简而又有廉隅分辨，则简得其中，而不流于太简，这又是一德。刚明者，或出于矫激。惟刚而又能悃愊信实，则刚得其中，而不至于过刚，这又是一德。彊勇者，多任乎血气。惟彊而又皆合乎义理，则彊得其中，而非血气勇矣，这又是一德。所谓九德之目如此。人能于此九者，或独擅乎一长，或兼备乎众美，都彰著于行事之间，而灼然可见，又且始终如一，有常而不变，斯其为成德之吉士哉！人君欲知臣下之贤否，但验之于行事之间，看他偏与不偏；初时说好的，到后来看他变与不变，则下无遁情，而知人之哲得矣。"

"日宣三德，夙夜浚明有家。日严祗敬六德，亮采有邦。翕受敷施，九德咸事，俊乂在官。百僚师师，百工惟时，抚于五辰，庶绩其凝。

宣，是著。浚字，解做治字。严，是畏。亮，是明。采，是事。有家，是大夫的职任。有邦，是诸侯的职任。翕，是合。敷，是布。施，是用。才过千人的叫做俊，才过百人的叫做乂。抚，是顺。五辰，是木火土金水五行分旺于四时，谓之五辰。凝字，解做成字。

皋陶说："人之于九德，不必其尽备，而但贵于有常。如九德之中，有了三件，又能加日新之功以扩充此德，而使之益著，此三德之有常者也。这等的人，若使他为大夫而有家，必能夙夜匪懈以治其家，而有家之事无不明治矣！如九德之中，有了六件，又能加日谨之功以敬修此德，而使之益固，此六德之有常者也。这等的人，若使他为诸侯而有邦，必能克勤无怠以治其邦，而有邦之事无不明治矣！夫德之有常者，多寡不同，而皆宜于用如此。人君若能合而受之，但凡有德之士，都搜罗收取将来，分布而用之于百官有司之任，或为大臣，或为小臣，量材授职，无有不当。将见四方之人，闻知朝廷用人得宜如此，都愿出而效其才能，以任国家之事。凡大而千人之俊，小而百人之乂，莫不在官任使，而无有遗佚在野者。朝廷之上，所用的既都是贤才，将见百官每志同道合，彼此相师：我有善，他便取法于我；他有善，我便取法于他。有同寅协恭之美，而无媢嫉妒忌之私。凡百官所任的职务，亦皆及时干办，不至失误，都顺着天时以修人事。如春属木，则布德施惠，以顺木之辰；夏属火，则劳民劝农，以顺火之辰；秋属金，则禁暴诛慢，以顺金之辰；冬属水，则盖藏敛聚，以顺水之辰；土寄旺于四时，则修四时之令，以顺土之辰。由是各样的功绩都有成效，如礼乐刑政工虞教养之类，莫不一一修明振举，而无复有废坠怠弛之患矣。”夫人君能知人而善用之，则贤才进而治功成如此。然则知人之功用，其所系岂小小哉！

“无教逸欲有邦，兢兢业业，一日二日万几。无旷庶官，天工人其代之。

无，是禁止辞。教，是上行下效的意思。有邦，是有国的诸侯。几，是事之几微。旷字，解做废字。天工，是上天付与君臣同干的事。

皋陶说：“人君一身，乃臣下的表率，若安逸纵欲，则那有邦的诸侯也都仿效，怠惰奢侈了。这恰似教导他逸欲一般。为人君者，岂可如此？必须兢兢然戒谨，业业然危惧，务以勤俭率先天下。所以然者何也？盖人君统理天下，一日二日之间，虽若至近，而事几之来，便有万端。若不能时时审察于几微，一有差错，则悔之无及矣！此所以不可不兢业也。然天子能以一心察天下之几，不能以一身兼天下之务，故分其职于庶官。若庶官用非其才，便旷废了职业。为人君者，岂可如此？必须选择贤能以充其职，使不至于虚旷。所以然者何也？盖庶官所治的事，本是上天的事。天不能自为，而付之人君；君不能独为，而付之庶官。是庶官乃是替天行事的。苟一官旷，则一事废矣。此庶官之所以不可旷也。夫敦勤俭以率诸侯，则知人之本以端；择贤能以任众职，则知人之道克尽矣。”

“天叙有典，敕我五典五惇哉！天秩有礼，自我五礼有庸哉！同寅协恭和衷哉！天命有德，五服五章哉！天讨有罪，五刑五用哉！政事懋哉懋哉！

叙，是伦叙。敕，是正。五典，是五常之道。惇，是厚。秩，是尊卑贵贱之品秩。庸，是常。衷，指典礼之具于人心者说。有德，是所行遵乎典礼的人。有罪，是所行者背乎典礼的人。五章，是五等章服：公服衮冕九章，侯伯服惊冕七章，子男服毳冕五章，孤服绨冕三章，乡大夫服玄冕一章。章字，解做显字。懋，是勉。

皋陶陈安民之事，说道：“天生君臣、父子、夫妇、长幼、朋友之伦，即有亲、义、序、别、信之典。这五典乃天所叙的，本自敦厚，但人情因物有迁，则厚者有时而薄。故立之教条，以敕正我五典，使君臣有义，父子有亲，夫妇有别，长幼有序，朋友有信，各相惇厚，不至于偷薄者，其责则在于君。天生君臣、父子、夫妇、长幼、朋友之伦，即有尊卑贵贱等级隆杀之礼。这五礼乃天所秩的，本自有常，但人情怠弃则废礼，用之不能久。故著为法式，以用我五礼，使尊卑有分，贵贱有等，各循常度，不相紊乱者，其责则在于君。然君固主此典礼者，臣则辅此典礼者，必须同其寅畏，无一些忽易，协其恭敬，无一些怠荒，上下一心，融会流通，以和民之衷，使人心感化，五典无不惇，五礼无不庸，而后可也。这是教以化之，所以安民于典礼者如此。夫典礼之叙秩，既皆出于天，则人之所行有遵乎典礼者，便是天所眷命者也。但天不能自显扬他，人君代天常善，则有五等之服以章显之，因其德之大小，以为命服之尊卑，使善人知所劝。所行有背乎典礼者，便是天所诛讨者也。但天不能自惩治他，人君代天罚恶，则用五等之刑以惩戒之，因其罪之大小，以为刑法之轻重，使恶人知所惧。这命德讨罪两件，乃是朝廷的大政事，君主之于上，臣用之于下，岂可轻忽之哉！必当勉力不怠，以修明其政事。有德的必赏，务合乎天命之公；有罪的必刑，务合乎天讨之正，而后可也。这是政以治之，所以安民于命讨者又如此。”

“天聪明，自我民聪明；天明畏，自我民明威。达于上下，敬哉有土。”

明，是显扬那为善的人。畏，是刑威那为恶的人，威字与畏字通用。上是天，下是民。有土，是有国之君。

皋陶既以典礼命讨陈安民之谟，因发明天人合一之理，以见所以不可不安民之意，说道：“天道至神，以其聪，则于人之善恶无所不闻；以其明，则于人之善恶无所不见。然天无耳目以视听，何以于人之善恶无不见闻？盖天无视听，而以百姓之视听为视听。但百姓每所闻的，便是天闻了；百姓每所见的，便是天见了。所以说，‘天聪明，自我民聪明’。天道至公，凡为善的人，必降之福以显明之；为恶的人，必降之以畏惧之。然天无心于好恶，何以能加祸福于人如是显应？盖天无好恶，而以民心之好恶为好恶。但百姓每所公好的，便是天之所福；百姓每所公恶的，便是天之所祸。所以说，‘天明畏，自我民明威’。夫天在于上，民在于下，高卑虽甚悬绝，而一理贯通，上下无间，人心之所在，即天理之所在也。人君有民人社稷之寄，知所以奉天者，岂可忽民而不敬哉！必须兢兢业业，常存敬畏，凡惇典庸礼、命德讨罪，皆求不拂乎民心，则上天秩叙命讨之意无不钦承，而人君奉天安民之道亦庶乎克尽矣。苟一有不敬，则于民心必有违拂。拂民，即逆天矣。天其可逆乎哉？此有土者之所以不可不敬也。”皋陶前面陈知人之谟，而终之以兢业；此陈安民之谟，而终之以敬。可见用人行政，虽各有其事，而皆本于一心之敬以图之，万世人君所当深念也。

皋陶曰：“朕言惠，可厎行。”禹曰：“俞！乃言厎可绩。”皋陶曰：“予未有知，思曰赞赞襄哉！”

惠，是顺理。厎，是致。乃字，解做汝字。思曰的曰字，当作日字。赞，是助。襄，是成。

皋陶既陈知人安民之谟，因望帝舜力行其言，说道：“我之所言知人安民两事，似皆顺于治理，傥可致之施行，则不徒托诸空言矣。”禹与皋陶，同此心者，遂应许之，说道：“汝之所言，诚为当理，若致之于行，必有成功。行汝知人之谟，则贤才必聚于朝；行汝安民之谟，则庶民必安于野。其有益于治道，信非浅浅也。”皋陶谦说：“行之有功，我固未敢预知，但我之心，惟思日日赞助于帝，有怀必吐，有言必尽，期以共成帝之治功而已。”大抵天下事非言之难，惟行之难。故皋陶于陈谟之终，而勉舜以力行；禹因而赞扬之，亦不必其言之出于己。大臣责难陈善之忠，同寅协恭之美，于此皆可见矣。

益稷

益、稷是二臣名。这一篇书，也都是帝舜与大禹、皋陶讲论治道的说话。因篇首禹称益、稷二人佐其成功，故以“益稷”名篇。

帝曰：“来！禹，汝亦昌言。”禹拜曰：“都！帝，予何言？予思日孜孜。”皋陶曰：“吁！如何？”禹曰：“洪水滔天，浩浩怀山襄陵，下民昏垫。予乘四载，随山刊木，暨益奏庶鲜食。予决九川，距四海，浚畎浍距

川。暨稷播，奏庶艰食、鲜食。懋迁有无化居。烝民乃粒，万邦作乂。”皋陶曰：“俞！师汝昌言。”

昌言，是盛德之言。孜孜，是勉力不怠的意思。垫，是沉溺。四载，是水乘舟，陆乘车，泥乘輴，山乘樏。刊，是除。奏，是进。鸟兽鱼鳖之肉，叫做鲜食。九川，是九州之川。距，是至。浚，是疏通。畎、浍都是田间的水道。播，是耕种。艰食，是难得之食。此时播种初兴，五谷难得，故叫做艰食。懋，是勉。化居，是变化所居积的货物。粒，是米食。作乂，是兴起治功。

当时禹与皋陶同在帝舜之前，帝舜因皋陶陈谟有契于心，遂呼禹来前，命他说道：“皋陶所陈知人安民之谟，深切于治道，有益于民生，真是盛德的好言语。汝与皋陶，同心辅治者，若有善言，亦当告我，不可隐也。”禹拜而叹美，称帝说道：“皋陶所陈知人安民之谟，人君治天下的道理，已说尽了，我更何所言乎？我惟思今日天下虽已治安，然艰难之念易忘，平成之功难保，自今以往，当终日孜孜然勉力不怠，以尽其所当为的事功，不敢以已治而忘乱，已安而忘危也。”皋陶因禹之言，遂叹而问说：“所谓孜孜者如何？”禹乃追述先年治水本末之详，以见今日当孜孜保治的意思，说道：“往时洪水泛滥，势若漫天，浩浩然广大无涯，把高山的四面都包了，驾出于冈陵之上，那下民都昏迷沉溺不能聊生。我于时仰承帝命，任治水之责，乃乘着四载，以跋涉山川，践行险阻。遇水则乘舟，遇陆地则乘车，遇泥泞去处则乘輴，遇上山则乘樏。这时节平地皆水，功无所施，乃循山而行，相度地势，遇有树木蔽塞则斫伐之以通道路，然后治水之功可以渐加。又因此时水土未平，民无所食，我乃与伯益教民网罟渔猎，进众鸟兽鱼鳖之肉于民，权使他食之以充饥。于是先开导九川之水，使各至于海，而大者有所归；次疏通畎浍之水，使各至于川，而小者有所洩。此时水势渐平，田亩可辨，我乃与稷相看高阜处，教民播种五谷。但田地久荒，耕种方始，粒食尚为难得。故一面教民树艺五谷，进之以艰食；一面仍令民采取鸟兽鱼鳖，兼进之以鲜食。及至水土尽平，山林川泽之利皆兴，四方商贾来往通利，乃懋勉其民，使他各迁其土产所有，往那缺少的去处，互相交易，变化其所居积的货物，彼此相通，以济匮乏。然后天下之民皆得粒食，不消更进鲜食。从此得以立纲纪，施政教，而万邦兴起治功焉。当时天下未平，百姓困穷，我等承帝之命，君臣同忧，历了许多艰难辛苦，才得平定。岂可以今日之治安，而遂忘前日之艰苦乎？我所以思日孜孜者，正欲共保太平于无穷耳。”皋陶一闻其言，即深然之，说道：“汝之言，安不忘危，治不忘乱，真是盛德的言语。凡我君臣，当以为师法，孜孜保守，不可忽也。”

禹曰：“都！帝，慎乃在位。”帝曰：“俞！”禹曰：“安汝止，惟几惟康；其弼直，惟动丕应。徯志以昭受上帝，天其申命用休。”

止，是至善之所在。两个惟字，都解做思字。几，是事几发动处。康，是事体安稳处。弼，是辅弼之臣。丕字，解做大字。徯，是等待的意思。申，是重。休，是美。

大禹前面既极言致治之难，此又告舜以保治之道，先叹美而称帝，说道：“天位至重，保之甚难，帝当兢兢业业，谨慎重以居是位可也。”帝舜一闻其言，即应以为然。于是禹推广慎位之事以告之说：“人心至灵，一事一物莫不各有个至善所当止的道理，只为私欲动摇，始有不得其所止者。帝当绝去私欲，涵养道心，将这一心常安放在天理上，而不为外物所摇。这是安于所止，以立应事之本的工夫。然存之于静者，或不能不失之于动。又当于念虑才发之时，即仔细研审，看他善与不善，必其念念皆善，然后施行，否则宁止而不为。及事务将成之际，又再三省察，看他安与不安，必其事事安稳，然后成就，否则不妨于更改。这是审于几康，以尽处事之要的工夫。然使朝无直臣，则人主或不闻其过，又必左右辅弼之臣，皆务尽其绳愆纠谬之职。如君心有未正，则直言以格其非；国事有未当，则直言以救其失。然后君无过举，而庶事获康也。夫曰安止，曰几康，既密其功于己；曰弼直，又资其辅于人。人己交修，以尽慎位之道如此，则念念事事都合乎天理，顺乎人心矣。将见以此而措之于政事，则是惟无动，一遇有所动作，如政令之施，纪纲之布，则天下之民莫不敬信，翕然丕应，固有预先等待我于未举意之先者矣。其下而得民为何如？以此而显然受命于上帝，则皇天重重眷命与之以休美之福，殆有愈久而愈隆者矣。其上而得天为何如？夫天人交孚，则君位益固，前日之治功，真可常保于无穷矣。帝欲慎位，可不念哉！”

帝曰："吁！臣哉邻哉，邻哉臣哉！"禹曰："俞！"

邻，是亲近辅助的意思。

帝舜闻禹弼直之言，有感于心，遂叹说："汝谓人君安于所止，审于几康，而尤必赖辅弼之臣直言规正，可见臣职之所系甚重矣。然则今之列职于朝廷者，虽是我的臣子，其实乃我之邻哉。左右夹持，诚不可以一日缺者也。我今欲赖四邻以自辅助，不必他求，亦惟在尔诸臣哉！上下相资，诚不可以势分言者也。"舜之反覆咏叹如此，其责望于禹之意深矣。禹因帝言有契于心，遂应而承之曰："俞！"盖深信夫君臣之道，相须以成，而以臣邻之义自任矣。夫大禹丁宁于安止几康之戒，所以责难于君，而帝即俞之；帝舜反覆咏叹臣邻之托，所以委重于臣，而禹即然之。君臣之间，明良合德，诚为千载一时矣。岂非万世为君臣者所当法哉！

帝曰："臣作朕股肱耳目。予欲左右有民，汝翼。予欲宣力四方，汝为。予欲观古人之象：日、月、星辰、山、龙、华虫，作会；宗彝、藻、火、粉米、黼、黻，绨绣，以五采彰施于五色作服，汝明。予欲闻六律、五声、八音，在治忽，以出纳五言，汝听。

股肱，即是手足。左右，是扶持的意思。翼，是辅翼。华虫，是雉鸟。会是绘画。宗彝，是宗庙中酒尊，上面画虎蜼二兽。藻，是水草。粉米，是白米。黼，其形如斧。黻，其形如亚字。绨绣，是刺绣。五采，是五样华采物料，所以染色者，如蓝淀、丹沙、粉、墨之类。在字，解做察字。忽，是荒忽不治的意思。自上达下叫做出，自下达上叫做纳。五言，是诗歌叶于五声的。

帝舜详叙臣所以为邻之义以命大禹，说道："君臣之分，虽有尊卑，而上下相须，实同一体，君必资臣以为助。如人有元首，必资手足以为运行，耳目以为视听，是臣乃我之股肱耳目也。然何以见之？盖人君之治，以政教礼乐为先。我尝忧民性之未复，要扶持教导斯民，使无一人不归于善，而不能以自遂也。必赖汝为臣的辅助赞襄以化之，然后能遂我教民之心。我尝忧民生之未厚，要宣布政令于四方，使无一人不得其所，而不能以自为也。必赖汝为臣的设施措置以安之，然后能遂我养民之心。这等看来，臣岂不是我之股肱乎？衣裳之制，创自古人，我今要观看那古人衣裳的形象，稍加损益，取日、月、星辰、山、龙、华虫六件，绘画于上衣，取宗彝、藻、火、粉米、黼、黻六件，刺绣于下裳。其画与绣，都把五采之物，杂施于缯帛之间以为五色，做成朝祭的衣服。这是礼制所系，不可不慎，而我不能以自明也。必赖汝为臣的为我明其大小尊卑之等，使礼达而分定焉。声音之道，与政相通。我今要听闻那六律、五声、八音之所奏，以察治乱。或其声和以乐欤，则知政事之修治；或其声怨以怒欤，则知政事之荒忽。其听与察，把朝廷所出的歌咏，民间所纳的歌谣，凡叶于五声的，都播之于律吕之间以为乐章，验他和与不知。这是政治所关，不可不审，而我不能以自听也。必赖汝为臣的为我听其乖和得失之分，使乐和而政成焉。这等看来，臣岂不是我之耳目乎？”夫帝舜之命禹，既曰“臣哉邻哉”，可见其君臣相亲，而至于忘势；又曰“股肱耳目”，可见其君臣一体，而至于忘形。其引喻愈切，而责望愈至矣。

“予违，汝弼。汝无面从，退有后言。钦四邻。

违，是违悖道理。弼，是匡正。面从，是当面顺从。后言，是背后议论。四邻，是股肱耳目之职。

帝舜既以股肱耳目发明臣邻之义，至此又责望于禹，说道：“我为天子，一日二日，便有万几，岂能一一皆当？但有违悖道理处，汝当尽言匡正，明白开陈，使我得闻而改之，这方是弼直之道。若当我面前，唯唯诺诺，顺从以为是，及退至背后，却乃私下议论以为不是，岂大臣事君之道哉！汝切不可如此。须知汝乃我之四邻，股肱耳目，共成一体，安危治乱，无不相关。使君有违而不能弼之，则将安用臣邻为哉。汝宜兢兢业业，精白乃心，务思弼我之违，以敬尔四邻之职可也。”帝舜之所以责望于禹者如此，其求助之意可谓切矣。

“庶顽谗说，若不在时，侯以明之，挞以记之，书用识哉，欲并生哉。工以纳言，时而飏之，格则承之、庸之，否则威之。”

庶顽，是众顽愚的人。谗说，是谗谮害人的言语。时字，解做是字，指忠直说。侯，是射箭的把子。明，是试验。挞，是用刑杖责罚。书，是簿籍。识，是记其过。工，是掌乐之官。飏，是宣扬。格，是改过从善。

承字，解做荐字。庸是用。

帝舜命禹说："忠直之道，汝固当自尽于己矣。然人心不同，彼群臣中，岂无那众顽愚好兴造谗言，诬害善类，不在此忠直之列者？这等的人，甚为治道之害，然亦未可以遽绝之也。必先用射侯以明验之。盖射以观德，若是心里不正，其射必不能多中。以此验之，则邪正可辨矣。若知其果是顽谗的人，必须用刑杖责罚他，使他人儆惧不忘；又立个簿籍，把他过恶都写在簿籍上记着，使他羞愧无已。若此者果何为哉？我的意思，只是要他惩创悔悟，变顽谗而为忠直，庶得与忠直者并生于天地之间，而不为盛世之弃人耳。夫教之如此，可谓至矣，但未知其果能率教与否。又必命掌乐之官，将他所进纳的言语，播之于乐，时时宣扬之。察其言已和平，则能改过可知；其言犹乖戾，则过之不改可知。若果能变顽谗而为忠直，就当荐之用之，虽进诸股肱耳目之任亦不为过，不必追究其既往矣。若至此而尚不能改，则是稔恶不悛，终为顽谗而已，然后用刑罚以威治之。若迸诸四夷，或寘之重典，使不得终肆其恶，以伤害善良。盖彼即自外于生成，虽欲其并生，不可得矣。"尝观舜之命龙有曰："朕堲谗说殄行，震惊朕师。"则顽谗之人，乃舜之所深恶者，而犹不忍遽置于法，必待其教之不改而后刑焉。此其好生之德，所以能洽于民，而卒致无刑之治也欤！

禹曰："俞哉！帝光天之下，至于海隅苍生，万邦黎献，共惟帝臣。惟帝时举，敷纳以言，明庶以功，车服以庸。谁敢不让，敢不敬应？帝不时，敷同日奏，罔功。

俞哉，是未尽然之辞。光，是德之光辉。苍生，是黎民。黎献，是黎民中的贤者。敷纳，是下陈上纳。庶字，当作试字。让，是相让而勉于为善。敷同，是朋比欺罔的意思。奏字，解做进字。

禹因帝舜欲用刑以威顽谗，其心未尽以为然，故先应个"俞哉"，说道："帝之所言固是，但我之意以为，庶顽谗说，与其惩之以威，不若化之以德。诚使帝之盛德，光辉照著，广被天下，以至于海隅之远，苍生之众无不在其照临之中，将见德辉所及，人人瞻仰，那万邦黎庶中，有素负忠直而为贤者，莫不感慕兴起，都愿出来辅佐圣君，为帝股肱耳目之臣。

这时节，惟帝举而用之耳。然举用之道何如？彼贤者始进而立朝，必有自献的言语，则使他各陈所见，而听纳之以观其蕴。及其既进而效职，各有表见的事功，则就他本等职业上，一一而明试之以考其成。其中有功绩彰著，与他当初敷陈的说话不相违背的，则锡之车马章服以厚其报。夫即修德以致贤，而又能考成以核实，则精神所感，人皆化之。不特贤者济济相让，便是不贤的人，也都更相劝勉，而消其忌贤嫉能之私矣。谁敢不让乎？不特贤者秉德陈力以应其上，便是不贤的人，也都精白一心，而化为直己效忠之人矣。敢有不敬应者乎？信乎德之所感，甚于威之所加也。帝若不能以德用贤，而徒任刑以为治，则上无感人动物之诚，而下怀苟且畏避之虑，即今所用之臣，方且彼此扶同，朋比欺罔，日进于无功矣。岂特庶顽谗说为可虑哉！由此观之，则尚德之与用威，其得失判然矣。"

"无若丹朱傲，惟慢游是好，傲虐是作，罔昼夜頟頟，罔水行舟。朋淫于家，用殄厥世。予创若时，娶于涂山，辛壬癸甲。启呱呱而泣，予弗子，惟荒度土功。弼成五服，至于五千，州十有二师。外薄四海，咸建五长，各迪有功。苗顽弗即工，帝其念哉！"帝曰："迪朕德，时乃功，惟叙。皋陶方祗厥叙，方施象刑，惟明。"

无，是禁戒之辞。罔字，解做无字。頟頟，是不休息的模样。殄，是绝。世，是世代相传的基业。涂山，是国名。启，是禹之子。呱呱，是小儿啼哭声。荒，是大。度，是相度。师、长都是官名。薄，是迫近。即字，解做就字。

禹既勉舜以明德，又进戒说："为人君者，当勤于修德，不可如尧子丹朱之骄傲。丹朱之不肖，虽是多端，而傲之一字尤为众恶之本。盖傲心一逞，肆然无忌，所以惟怠慢逸游是好，惟傲狠暴虐是作，无昼无夜，只是去荒淫纵欲，頟頟然不知休息。所干的事，通不顺道理，譬如在无水地上行船的一般。又朋比众小人，与他淫乱于家，不理国事。因此不得继尧的天下，把他祖宗世代相传的基业，一旦殄绝了。此所谓前人之覆辙也。我因此深以为戒，兢兢业业勤修其职，不敢有一毫怠傲的心。初娶涂山氏之女为妻，成婚之后，只在家住了辛壬癸甲四日，就出去治水。及后生子启，呱呱而泣，我亦不暇顾念。惟以水土未平，奔走四方，大相度那平治水土之功。及水土既平，则疆域可定。乃因其地之远近，辅帝以成五服之制，把王畿千里之地，每边五百里画为甸服，其外为侯服，又外为绥服，又外为要服、荒服，每服五百里，东西南北相至，各成五千里。疆域既定，则官职可建。乃于九州之内，每州选立十二人以为之师，使他佐州牧以纠诸侯；九州之外，迫近四海的去处，各建立五人以为之长，使他率蕃夷以卫中国。夫始而拯溺救民，不敢有一日之求安，既而疆理经制，不敢有一事之苟且。凡若此者，亦惟恐此心少懈，将驯致于丹朱之傲游耳。如今内而十二师侯牧，外而五长蕃夷，各遵行朝廷的德教，治功虽已成就，然那有苗之国，负险恃顽，不肯就工，犹为盛世之累。帝其念之哉！未可以天下既平，而遂生怠荒之念也。”帝舜因禹之戒，复答其意说：“如今四海之内，都遵行我的德教者，实由汝禹由治水而弼服，由弼服而建官，功有次叙，故教化广被，而四方底宁。虽有苗民之顽慢，皋陶方且敬承汝之功叙，而施五等之象刑，以弼教辅德。且其用刑轻重得宜，明白当罪，可以畏服乎人。夫刑既明于中国，威自及于外夷，苗民或庶几其可化耳。岂可专恃德教，而尽废刑威哉！”大抵德者出治之本，刑者辅治之具，虽帝舜为君，禹、皋为佐，有不能废者。但以好生之心，而行其钦恤之意，则自然天下无冤，而民协于中矣。若曰尧、舜之世惟尚德而不尚刑，则虞廷士师之官可以无设，而皋陶明刑之功不得与禹、稷并美矣。此图治者之所当知。

夔曰：“戛击鸣球、搏拊琴瑟以咏。祖考来格。虞宾在位，群后德让。下管鼗鼓，合止柷敔，笙镛以间，鸟兽跄跄。箫韶九成，凤皇来仪。”

戛，是轻敲。击，是重敲。鸣球，是玉磬。搏，是重弹。拊，是轻弹。咏，是歌咏。虞宾，是丹朱，因他是帝尧之后，待以殊礼，为虞廷之宾客，故叫做虞宾。群后，是助祭的诸侯。下，是堂下。鼗鼓，是有柄的小鼓，两旁有耳，持其柄摇之，则两耳自击而成声。柷，形如方桶，以木为之，撞之有声。敔，形如伏虎，背上有刺，刷其刺而有声。这两件，皆所以节乐者。镛，是大钟。间是相参的意思。跄跄，是舞动的模样。箫韶，是舜乐的总名。九成，是九奏。仪，是容仪。

当时帝舜作大韶之乐，后夔为乐官，因述其声乐感通之妙，以告于舜说道:“乐作于宗庙之中,在堂上,石音则有鸣球,丝音则有琴瑟。我曾戛击鸣球,搏拊琴瑟,合着那堂上歌咏之声,使乐声与人声相应,但见那乐音和畅,无感不通。幽而为神,则祖考之灵,来格来享,如在乎其上;明而为人,则帝尧之后作宾于虞者,来在助祭之位,与众诸侯每都雍雍肃肃,以德相让焉。乐之作于堂上者如此。在堂下,竹音有管,革音有鼗鼓。乐初作时,击柷以合其声;乐既终时,栎敔以止其奏。又匏音有笙,金音有镛。把这几件乐器或吹或击,与堂上的鸣球、琴瑟之乐更迭而作,各尽其条理之妙,但见太和所感,无微不入,虽冥然无知如鸟兽者,闻此乐声亦跄跄然相率而舞动焉。乐之作于堂下者如此。合堂上堂下之乐,自一奏乐以至于九奏,谓之九成,则乐之始终备矣。但见至和之极,感通益神,虽世所希有如凤凰者,亦来舞于殿庭之间而有容仪焉。”夫以韶乐感通之妙,至于如此,虽由于乐声之和,而孰非本于帝德之所致哉!

夔曰:“於!予击石拊石,百兽率舞,庶尹允谐。”

於,是发语辞。重敲叫做击,轻敲叫做拊。石,是石磬。庶尹,是众官之长。谐,是和。

夔又重言韶乐感通之妙,说道:“八音之中,惟石最为难和,而乐之条理以磬声终焉。我于石磬之大者,重敲之以发其声;石磬之小者,轻敲之以审其韵。但见其清越悠扬而锵然可听,石声和矣。石声既和,则八音皆无不和,而乐之条理备矣。由是以其声之和,而动其气之和,故百兽闻之,皆相率而抃舞;以其音之和,而动其心之和,故庶尹闻之,皆诚信而克谐。”其感人动物之神如此,又孰非帝德之所致哉!史臣记禹、皋陈谟终篇,而以夔言继之,正以见当时治定功成,礼备乐和,千载而下,犹可以想其太平之气象也。

帝庸作歌曰:“敕天之命,惟时惟几。”乃歌曰:“股肱喜哉!元首起哉!百工熙哉!”皋陶拜手稽首,飏言曰:“念哉!率作兴事,慎乃宪,钦哉!屡省乃成,钦哉!”乃赓载歌曰:“元首明哉!股肱良哉!庶事康哉!”又歌曰:“元首丛脞哉!股肱惰哉!万事堕哉!”帝拜曰:“俞,往钦哉!”

敕，是戒。几，是事之微。股肱，以比臣下；元首，以比君上，是君臣一体的意思。熙，是广。飏言，是大声疾言。宪，是法度。屡，是数。省，是稽考。赓，是续。载，是成。丛脞，是因循怠弛，凡事都矬下了，不能修举的意思。堕，是废坏。

帝舜之时，天下既已治安，犹恐君臣之间，怠荒易作，乃用作歌以相儆戒。先述其作歌之意说道:“天命无常，至为可畏。今虽治定功成，礼备乐和，然理乱安危之机，每相为倚伏。必须兢兢业业，常存敬畏，虽一时之顷、一事之微亦不敢怠忽，庶乎天命可以常保也。”乃歌说:“为臣的，若能欢忻踊跃，喜于乘时而图几，则人君的治功有不兴起者哉！百官的事务有不熙广者哉！”这是帝舜作歌，而以保治之事责之于臣者如此。皋陶将欲赓歌，而先述其意，乃拜手稽首，大声说道:“帝欲敕天保治，其思念之哉！夫人君一身，乃群臣之表，若不有以倡率之，则臣下何所观感？必须以励精图治之心，总率群臣，使他每都勤修职业，以兴起朝廷的事功。但锐于兴事者，其弊或至于纷更，又当谨守成法，率由旧章，不可轻信喜事之人，有所更改。此帝所当敬念者也。夫既率之以兴事，而又戒之以守法，则百工之事，固无不起矣。然不有以考验之，则锐于始者，或怠于终；言之善者，或行不逮。又必日省月试，数数稽考其成功，看他果能兴事与否，然后惰者警，勤者劝，而无诞谩欺罔之弊。此又帝所当敬念者也。”皋陶既述其赓歌之意，乃遂续成其歌，说道:“君位乎上，若能明于任官，而率作考成之有要，则小大之臣咸怀忠良，而国家之事岂不妥帖停当哉！”又歌说:“为人上者若不能励精率作，而安于怠荒放佚，将朝廷的政务堆集而不能整理，纪纲矬下而不能振举，则为股肱之臣者，亦皆苟且偷惰，因循旷职，而国家之事岂不懈弛而废坏哉！”这是皋陶以保治之道责之于君者如此。帝舜闻皋陶之言，既拜以致其敬，又俞而然其言，说道:“自今以往，我君臣当上下一心，敬谨以保天命哉！”大抵致治固难，保治尤难。盖乱每生于极治，而患常发于不虞。故虞廷君臣，当治定功成之后，交相儆戒。君以喜起熙哉望之于臣，臣以率作兴事责之于君，兢兢焉惟恐慌怠荒之或作，而政事之废弛也。夫以虞舜为君，禹、皋为佐，而犹不忘戒惧如此，况其他乎？此万世为君为臣者所当深念也。

卷三

夏书

夏，是大禹有天下之号。这书纪夏家一代的事迹，故叫做《夏书》。共四篇。

禹贡

贡，是贡赋。这一篇，史臣记大禹平水土，定贡赋，及经理天下的事。独以贡名篇者，水土平而后贡赋定，特举其成功而言也。

禹敷土，随山刊木，奠高山大川。

这一节是总记大禹治水之要。

敷，是分。刊，是除。奠，是定。

史臣说：当时洪水横流，泛滥于天下，九州的区域都不辨了。禹受命治水，乃先分别土地，以为冀、兖、青、徐、扬、荆、豫、梁、雍之九州。然后知某州最下，治之宜先；某州最高，治之宜后，可以随地而施功矣。凡水都发源于山，只为山势阻塞、道路不通，所以有怀襄之害。禹乃随山而行，相其便宜，又除去了障蔽的树木，以通其道路。然后知某水为某山所壅，必须开凿；某山为某水所出，必须浚治，可以因势而利导矣。九州既分，又须立各州的表识，以为之纪纲。禹乃定其山之高者、川之大者，与做一州之疆界。如某处有某山，便可寻众山之脉络；某水在某处，便可寻众水之脉络，而导山导水之功，皆可举矣。禹之治水，大要不出此三件，故总揭而言之如此。

冀州。

此以下是分记九州治水之成功。

冀州，即是今北直隶、山西、河北等处，及辽东义州卫迤西地方。

当尧之时，水为民患者莫甚于河，而冀州乃河水所经，又帝都所在，故禹受命治水，先从此起。不言疆界者，冀州三面抵河，观兖、豫、雍三州所至，便自可见，亦所以尊京师，示王者无外之意也。

既载壶口，治梁及岐。

篇中凡既字都是既已成功之词。载字解做始字，言禹治水施功，实始于此。壶口、梁、岐，都是山名。壶口山，旧志在河东郡北屈县东南，即今山西平阳府吉州。梁山，旧志在离石县，即今山西太原府石州。岐山，旧志在汾州介休县，今在汾州孝义县西。

冀州之水，以河为大。壶口山，乃河水冲激的去处，禹始初便去治他，所以杀河势也。梁、岐二山，乃河水经流的去处，禹便治梁而及于岐，所以开河道也。于是冀州无河水之患矣。

既修太原，至于岳阳。

修，是修整前面的工程。地广而平叫做原。太原，即今山西太原府地方。岳，是太岳，即今山西霍州之霍山。山南叫做阳，岳阳是太岳之南。

冀州之水，其次莫大于汾。汾水出于太原，经于太岳，鲧尝治之，功未成就。禹则因其功而修之，先治太原，以浚汾水之源，从此至于太岳之南，中间诸山无不修治，以导汾水之流。由是顺流入河，而冀州无汾水之患矣。

覃怀厎绩，至于衡漳。

覃怀，是地名，即今河南怀庆府地方。厎绩，是成功。衡漳，是水名。漳水有二：一出山西乐平县之少山，叫做清漳；一出山西长子县发鸠山，叫做浊漳。二水合流横入于河，故总叫做衡漳。

覃怀在涞、淇二水之间，往时洪水泛滥，平地皆水，致功为难。及河汾既治，禹功可施，然后覃怀之地，致有平治之功，而无垫溺之患。以至于衡漳所经，凡是平地，也都厎绩，与覃怀一般。盖至是而冀州之土无不平矣。

厥土惟白壤。

土性柔软不成块的叫做壤。

水患既平，则土复其常，必须辨其色性，然后可以教民稼穑而制其贡赋。故辨冀州之土，其色则白，其性则壤，一州之土虽未必尽然，而白壤者居多，故以白壤名之。

厥赋惟上上错，厥田惟中中。

赋，是田土上起的税粮。错，是间杂不等的意思。盖地力有厚薄，年岁有丰凶，遇着成熟的年，便照常额；遇着凶岁或地土有抛荒的去处，使从宽赋，所以税粮多寡不等，这叫做错。

禹因土宜既辨，地利可兴，遂将九州的田赋，总较其多寡肥瘠，分为九等。于是定冀州之赋，则居上上为第一等，而或地力年份不同，则间出第二等；定冀州之田，则居中中而为第五等。先言赋而后言田者，京师是天子所自治，场圃园田之类各有钱粮，非尽出于田也。赋高于田四等者，地广而人稠，生之者众也。

恒、卫既从，大陆既作。

恒、卫是二水名。恒水出今真定府曲阳县，旧时东流合滱水，今西南流至行唐县入滋水。卫水出今真定府灵寿县，东入滹沱河。从，是顺着正道。大陆，即今顺德府及赵州深州地方。作，是耕治。

冀州水患既除，由是恒、卫之水各须其正道，大陆之地皆可以耕作，而冀州之土无有不平者矣。这二项成功最迟，故纪于田赋之后。

岛夷皮服。

岛夷，是冀州东北海岛之夷，属于中国者。

畿内之地，出赋已多，故不制其贡。独有海岛属夷，每年进贡，止用皮服，一以示羁縻之义，一以明不贵异物也。

夹右碣石入于河。

夹右，是挟在右边。碣石，是山名，旧志在北平郡西南河口之地，即今永平府之南，后来渐没于海。

冀州东西南三面临河，贡赋转运都可直达，惟北方诸水皆不与河通，故贡赋之来必自北海入河，南向西转。那碣石之山，在河口海滨，正是他右手转湾的去处，却似挟他在右边的一般，所以说“夹右碣石入于河”。入河，则达帝都矣。

以上都是经理冀州的事。

济、河惟兖州。

此以下每州都标个疆界，所谓奠高山大川也。

禹定兖州的境界，东南跨过济水，西北直到大河，这地方都属兖州。如今北直隶大名府，及景州、沧州、山东东昌府及德州、武定、滨州、济宁、曹州等处都是。

九河既道。

九河，是徒骇、太史、马颊、覆鬴、胡苏、简洁、钩盘、鬲津八条支河，并河之正派，总为九河。禹时在今河间府沧州一带地方，后来黄河南徙，故道都湮没了。道，是顺其道。

河水自大陆以北，到兖州地方，其势愈大，为害愈甚。禹乃疏其正派、分其支流以为九河，使都入海，不复漫流为害矣。

雷夏既泽。

雷夏，是泽名，旧志在济阴郡城阳县西北，今山东濮州雷泽城就是。水有蓄聚叫做泽。

方河水横流而入于泽，泽不能受，也都泛滥奔溃。今九河既治，故雷夏亦能蓄水成泽，不至于溢出而为患。盖凡水之止者，无不治矣。

灉、沮会同。

灉、沮是二水名，自河出者为灉，自济出者为沮。会同，是合流为一。

方河水泛滥之时，灉沮小水，也都散漫。今九河既治，故灉沮二水，合流为一，如诸侯会同以朝天子的一般。盖凡水之流者，无不治矣。

桑土既蚕，是降丘宅土。

桑土，是宜栽桑树的地土。蚕，是养蚕。降，是下。丘，是高地。宅，是居。土，是平地。

兖州水患最甚，凡是宜桑之土，都渰没了。今水落土干，桑树渐盛，可以养蚕而取丝矣。往时兖州之民，都往高处避水。今桑土既蚕，由是都从丘陵下来，居于平地，不苦于卑湿矣。兖州之土无不平，于此可验。

厥土黑坟，厥草惟繇，厥木惟条。

坟，是土脉高起的模样。繇，是茂。条，是长。

兖州水患既平，土宜可辨。故辨其色则纯黑，性则坟起。土性既复，地利可兴。故其草则繇而蕃茂，其木则条而长盛。盖兖州居河济下流，水未平，则为卑湿，于草木不宜；水既平，则为沃衍，于草木最宜，故特举以为证也。徐、扬二州言草木，亦是此意。

厥田惟中下，厥赋贞，作十有三载乃同。

贞，是正。作，是耕治。同，是同于他州。

禹定兖州之田，则居中下为第六等，其赋则是最薄的正额，为第九等。不曰下下而曰贞者，君天下者以薄赋为正也。这地土且便不起科，必待耕治，十有三年，生理尽复，然后使同他州办纳税粮。盖兖州当河下流，被害尤剧，今水患虽已平治而生理尚是艰难，故特加宽恤。圣人爱民之仁如此。

厥贡漆、丝，厥篚织文。

贡，是下献于上。田里出的税粮叫做赋，地方产的物件叫做贡。篚是竹筐之类。织文，是织成文采的币帛。

禹既定田赋之等，又制贡物之宜。兖州厥木惟条，其树多漆，则使之贡漆；桑土既蚕，其地多丝，则使之贡丝；至于织成文采的币帛，乃丝中之贵重者，则又使之盛于筐篚以入贡焉。盖漆所以制器，用丝与织文所以备章服，皆国用之不可阙者，故因其所有而取之。

浮于济、漯，达于河。

水中行船叫做浮。济、漯，是二水名。济水，旧志出河东郡垣曲县王屋山东南，今在河南怀庆府济源县，西至温县南入河。漯水，是河之支流。

禹因济、漯二水皆可通河，故定兖州之贡道。或去济水近便的，则浮舟于济以达于河；或去漯水近便的，则浮舟于漯以达于河。达河，则达帝都矣。

以上都是经理兖州的事。

海、岱惟青州。

这是定青州的境界。

岱，是泰山，在今山东济南府泰安州。

禹既分了青州，遂定其境界。东北跨大海，西南到泰山，这地方都属青州，即今山东济南、青州、登州、莱州四府与辽东之广宁、沈阳、开原、盖州诸卫都是。

嵎夷既略。

嵎夷，是地名，在今山东登州府。《尧典》说“宅嵎夷”，就是此地。略，是制为经界的意思。

嵎夷在青州极东迫近大海，地方最远，施功为难。今水患尽去，可以正疆界，画沟涂，而其地皆已经略矣。远地如此，则近者可知。是青州之土无不平也。

潍、淄其道。

潍、淄是二水名。潍水，出今山东青州府莒州箕屋山，北至莱州府昌邑县入海。淄水，出今山东济南府莱芜县原山，东至青州府寿光县入济。

青州有潍、淄二水，向尝泛溢，今则潍水入海，淄水入济，各循其故道矣。是青州之水无不平也。青州地虽卑下，然去海甚近，水易归壑，又不当众流之冲，故用功简省于他州如此。

厥土白坟，海滨广斥。

滨，是水边。广，是广阔。斥，是斥卤，其土味咸，可以煎盐的去处。

禹辨青州之土有二样：在平地，则其色洁白，其性坟起；在海滨，则一望广阔，又斥卤而咸。先辨其土宜，而后可定贡赋也。

厥田惟上下，厥赋中上。

青州之田居上下，较之九州为第三等；赋居中上，较之九州为第四等。

厥贡盐、絺，海物惟错；岱畎丝、枲、铅、松、怪石；莱夷作牧，厥篚檿丝。

盐，是咸土煎成的。絺，是细葛。错，是杂，海物非但一种，故叫做错。畎，是山谷。枲，是麻。铅，是黑锡。怪石，是怪异之石。莱夷，是莱山住的夷人，即今莱州府地方。牧，是畜牧。檿，是山桑。

禹定青州之贡，有一州通出的，有各处所产的。如盐与细葛，并杂出的海物，皆服食燕享所需，此通一州之贡也。如岱山之谷所出，有丝与枲，可以为衣服；又有铅与松木、怪石，可以为器械、屋宇；莱山夷人牧放的去处，出那山桑之丝，最是坚韧，可为琴瑟之弦、缯帛之用者，则盛于筐篚以入贡。此随地所出之贡也。

浮于汶，达于济。

汶，是水名，出莱芜县原山之南，西南至汶上县入济。

禹定青州之贡道，以汶水去济最近。而济水与河相通，则使浮舟于汶，由西南达于济。达济则达河，而帝都可至矣。不言达河者，因前兖州已言"浮于济、漯，达于河"故也。

以上都是经理青州的事。

海、岱及淮惟徐州。

这是定徐州的境界。

禹既分了徐州，遂定其境界。东至大海，北至泰山，南至淮水，这地方都属徐州，即今山东兖州府南直隶徐、泗、宿、海、邳等州都是。夫七州疆界，都只举其二，至此独载其三边者，盖止说海、岱，便与前面的青州相同，止说淮、海，便与后面的扬州相同，必须说海、岱及淮，才见得是徐州的疆界。

淮、沂其乂，蒙、羽其艺。

淮、沂是二水名。淮水，出今河南南阳府桐柏县，东至淮安府地方入海。沂水，出今山东青州府沂水县，西南至邳州入泗。乂，是治。蒙、羽是二山名。蒙山，在今山东兖州府费县。羽山，在今海州赣榆县。艺是耕种。

徐州之水，淮、沂为大，往时都泛滥逆流。自禹功既施，则淮入于海，沂入于泗，而二水皆得其治矣。至于蒙、羽二山，向为淮、沂所包，今水患既去，地利可兴，而皆得以种艺矣。淮、沂治，则凡水之流者可知；蒙、羽艺，则凡地之高者可知。

大野既猪，东原厎平。

大野，是泽名，在今兖州府钜野县。猪，是停蓄而复流。东原是地名，即今兖州府东平州地方。

徐州之泽有大野，是济水横绝的去处，往时不免溃决。自禹功既施，于是大野始能容受众流，有蓄有泄，而既猪矣。至于东原之地，是大野环抱的去处，为济水所经，今则水患尽去，而已厎于平矣。大野猪，则凡水之止者可知；东原平，则凡地之平者可知。于此见徐州水土无不平治也。

厥土赤埴坟，草木渐包。

埴，是黏腻。渐，是进长。包，是丛生。徐州水患既平，由是辨其土宜，其色则赤，其性则黏腻而坟起，其草木亦渐而进长，包而丛生矣。

厥田惟上中，厥赋中中。

徐州之田，较九州则居上中，为第二等，其土厚故也；其赋较九州则居中中，为第五等，人工尚稀故也。

厥贡惟土五色，羽畎夏翟，峄阳孤桐，泗滨浮磬，淮夷蠙珠暨鱼，厥篚玄纤缟。

羽畎，是羽山之谷。夏翟，是五色的雉鸟。峄阳，是峄山之南，在今邳州。孤桐，是特生的桐树。浮磬，是石浮水边，可以为磬的。蠙，是出珠的蚌。币赤黑色叫做玄。缯帛黑经白纬叫做纤，纯白的叫做缟。

禹定徐州之贡，也有一州通出的，又有各处所产的。如土有五色者，可以建大社封诸侯，则制以为贡，此一州之所出者也。如羽山之谷，出五色的雉鸟，其羽可以为旌旄；峄山之南，出向阳特生的桐树，其材可以为琴瑟；泗水之傍，浮出的石，制之为磬，可以备乐器；淮夷之地，有珠及鱼，可以为服饰而供祭品。这几处所有，都着他入贡。至于玄色之币，可以为冠及齐祭之服；黑经白纬之纤，纯白之缟可以为去凶即吉之服，亦淮夷之所有者，又使之盛于筐篚而入贡焉。此皆随地所出者也。

浮于淮、泗，达于河。

泗，是水名，出今兖州府泗水县陪尾山，以其四泉并发，故叫做泗水，南至邳州地方入淮。

禹定徐州之贡道，必先浮舟于淮，由淮以入于泗，自泗而上，则或由灉水以达河，或由泲水以达河，而帝都可至矣。盖泗水虽不与河通，然西流有灉水出于河而入于泗，上流有泲水入于河而合于泗，故由灉由泲，皆可以达河也。

以上都是经理徐州的事。

淮、海惟扬州。

这是定扬州的境界。

禹既分了扬州，遂定其境界。北面至淮，东南二面直到大海，这地方都属扬州，即今南直隶、江西、浙江、福建及广东南雄、韶州、潮州、惠州、广州五府都是。

彭蠡既猪，阳鸟攸居。

彭蠡是泽名，旧志在豫章郡彭泽县，即今江西鄱阳湖，在饶州、南康二府地方。阳鸟，是雁。雁九月飞向南，那时日行南陆，正月飞向北，那时日行北陆，以其随着日阳，所以叫做阳鸟。居，是止。

彭蠡会众水之流，跨三州之地，往时泛滥，平治最难。今禹功既施，乃能停蓄而且流通，不复有横决之患，其水边洲渚亦皆厎平，于是随阳之雁都得其所栖止，而各遂其性矣。

三江既入，震泽厎定。

三江，是松江、娄江、东江，在今南直隶苏州、松江二府地方。入，是入海。震泽，是泽名，即今苏州府吴县西南太湖，以其震动而难定，故叫做震泽。

震泽纳三吴之水，而三江在其下流。往时三江未曾疏通，所以震泽泛涨，不能安定。自禹功既施，则三江之水都顺流入海，而得其所归。于是震泽之水亦有所蓄泄，至于安定，而不复震荡矣。盖扬州之水，西莫大于彭蠡，东莫大于震泽，今二水既治，则众水可知。故特举此以见扬州之成功也。

筿簜既敷，厥草惟夭，厥木惟乔，厥土惟涂泥。

筿，是箭竹。簜，是大竹。敷字，解做布字。夭，是少长的模样。乔，是高。涂泥，是泞湿。

扬州水土既平，由是物得遂其生，而土性为可辨。筿簜之竹都布满而发生，其草则和夭夭而长盛，其木则乔然而高竦。其地卑湿，故其土皆是涂泥。不言色者，其色杂也。

厥田惟下下，厥赋下上、上错。

上错，是间或进上一等。

扬州之土涂泥，地最瘠薄，故其田则居下下，为第九等；其所出之赋则居下上，为第七等；间或年份不同，又进上第六等，以其人功渐修故也。

厥贡惟金三品，瑶、琨、筱，齿、革、羽、毛惟木。岛夷卉服，厥篚织贝。厥包橘、柚，锡贡。

金三品，是金、银、铜三样。瑶、琨，都是似玉的好石。齿，是象牙。革，是犀兕等兽的皮。羽，是鸟羽。毛，是兽毛。木，是大木。岛夷，是东南海岛之夷，即今日本琉球诸国。卉服，是用草织成的服，如葛布、蕉布之类。贝，是海中甲虫，其背有文的。织贝，是织成贝文的锦。橘、柚是二果名，本是一种，橘小而柚大。锡贡，是与之诏命而后贡。

禹制扬州之贡物，有常年进纳的，有暂时取用的。如金、银、铜这三样可以资国用，瑶、琨似玉之石可以为礼器，篆竹可以为箭，簜竹可以为笛管，象之齿、犀兕之革可以为车甲，鸟羽、兽毛可以饰旌旄，大木可以备栋梁器械，都是一州所有的，故制以为一州之贡。若海岛之夷，所贡的是织成的草服，盛于筐篚的是织成贝文的美锦，这惟岛夷所有，故制以为一方之贡。凡此皆常岁之贡也。至于贡物中用包裹的，则有橘、有柚，然亦非岁贡之常，必待朝廷有祭祀宴享之事，锡与诏命索取这果，方才贡来，初不以口腹之故烦劳百姓。此暂时之贡也。

沿于江、海，达于淮、泗。

顺流而下叫做沿。

禹定扬州之贡道，起初沿江而下，入于大海，又自海而达于淮、泗，由是由灉、沛以达河，而帝都可至矣。盖禹时江、淮未通，故必由海而后可以通淮。不言达河者，因徐州已言“浮于淮、泗，达于河”故也。

以上都是经理扬州的事。

荆及衡阳惟荆州。

这是定荆州的疆界。

荆山，旧志在南郡临沮县北，即今湖广襄阳府南漳县。衡，是南岳衡山，旧志在长沙国湘南县，即今衡州府衡山县。阳，是山南。

禹既分了荆州，遂定其境界。北抵荆山，南尽衡山之阳，这地方都属荆州，即今湖广及广西桂林、平乐、梧州三府、河南信阳州、广东连州都是。不言衡山而必言衡阳者，见荆州之南境，不但至于衡山，而且包乎山之南也。

江、汉朝宗于海。

江、汉，是二水名。诸侯朝见天子叫做朝宗。

江、汉二水都发源于梁州，至荆州合流，其势愈大。禹既因其势而导之，由是二水顺流东下，望海而趋，无复停滞，就似诸侯往京师朝见的一般。荆州去海尚远，而遽言明朝宗于海者，以禹功既施，知其势所必至也。

九江孔殷。

九江，是沅、渐、元、辰、叙、酉、澧、资、湘九水聚会的去处，即洞庭湖，在今湖广岳州府巴陵县地方。孔，是甚。殷，是正。

九江，乃江水之所经也。江、汉既治，于是九江之水各顺其流而合于洞庭，水道甚得其正，而无横决之患矣。

沱、潜既道。

沱、潜，是二水名。江水分出的叫做沱，汉水分出的叫做潜。沱水，在今湖广荆州府枝江县。潜水，在今承天府潜江县。沱、潜，乃江、汉之支流也。江、汉既治，于是沱、潜二水亦皆各循其道，而无逆流之患矣。

云土梦作乂。

云、梦，是二泽名。云泽，在江北，即今湖广承天、德安二府，及沔阳州等处。梦泽，在江南，即今湖广江夏、华容等处。土，是土见。作乂，是耕治。

往时江汉诸水未平，云、梦之间都彼渰没。今水患既去，于是云泽之地都见了干土，梦泽之地都可以耕治。盖云泽地卑，水落稍迟，故人工晚；梦泽地高，水落在先，故人工早也。

厥土惟涂泥，厥田惟下中，厥赋上下。

下中，是第八等。上下，是第三等。

荆州土性涂泥，与扬州同，所以田之等第只高得扬州一等。而其赋乃出第三等者，以其地方既阔而人工又修也。

厥贡羽、毛、齿、革，惟金三品，杶干、栝、柏，砺、砥、砮、丹。惟箘、簵、楛，三邦厎贡。厥名包匦菁茅，厥篚玄纁玑组，九江纳锡大龟。

羽、毛、齿、革，金三品，已解，见“扬州”。杶、栝、柏，是三样木名。杶木可作弓干，故叫做杶干。砺、砥，都是磨刀的石。砮，是石箭镞。丹，是丹砂。箘、簵，是竹名。楛，是木名。这竹木都可以为箭。三邦，是地名。匦是匣。菁茅是草名。祭祀时，则束茅于地以缩奠酒。纁，是浅绛色。玑，是不圆的珠。组，是丝带。纳锡，是纳与朝廷。龟一尺二寸的，叫做大龟。

荆州之贡，有羽、毛，齿、革，有金、银、铜，又有杶干、柏与砺、砥、砮镞、丹砂，这都是通一州所出的。又有箘、簵二竹及楛木，惟出于三邦者为有名，则专令三邦致贡，而不责于他处。又有菁茅则包而又匣之，所以重祭祀之用，而不敢轻忽。又有玄、纁二色之币，及珠玑组绶，可为服饰者，则入之于篚焉。至于九江所出大龟，可以占卜，若偶得之，即纳与朝廷。以其物不常有，故不制为常贡也。

浮于江、沱、潜、汉，逾于洛，至于南河。

逾，是过。凡水道不通，从陆路搬过，叫做逾。洛，是水名。南河，是冀州南界之河。

荆州之贡道，先浮舟于江、沱，以入潜、汉。汉水与洛水不通，又从陆路过于洛，然后由洛而至于南河。达河，则达帝都矣。

以上都是经理荆州的事。

荆、河惟豫州。

这是定豫州的境界。

荆，即是荆州之荆山。

禹既分了豫州，遂定其境界。西南至荆山，北至大河，这地方都属豫州，即今河南之开封、河南、南阳、归德、汝宁五府及南直隶颍、亳二州，湖南均、随二州，山东曹州都是。

伊、洛、瀍、涧既入于河。

伊、洛、瀍、涧是四水名。伊水，旧志出上洛县熊耳山，在今陕西西安府商州地方，至河南府洛阳县入洛。洛水，旧志出洛南县冢岭山，亦在今商州，至河南府巩县入河。瀍水，旧志出河南郡谷城县北山，在今洛阳县地方，至河南府偃师县入洛。涧水，旧志出弘农郡新安县，即今河南府渑池县，至本府新安县入洛。

豫州之川有四，曰伊、洛、瀍、涧，四水相敌，向尝横流。今则伊、瀍、涧三水各入于洛，与洛水合流而入于河。盖豫州之川无不治矣。

荥波既猪，导菏泽，被孟猪。

荥、波、菏泽、孟猪，是四水名。荥水，在今河南开封府荥泽县地方。波水，旧志出娄涿山，北流入谷水，在今河南府永宁县地方。菏泽，旧志在济阴郡定陶县，即今山东兖州府曹州。孟猪，在梁国睢阳县，即今河南归德府虞城县。被，是余波所及。

豫州之泽亦有四，曰荥、波、菏泽、孟猪，往时尝有泛滥之患。今荥、波二泽，既有蓄泄，又导菏泽之余波以入于孟猪，而孟猪亦能容受。盖豫州之泽无不治矣。

厥土惟壤，下土坟垆。

壤，解见“冀州”。坟，解见“兖州”。垆，是疏。

豫州之土，在高处的，其性柔细；在低处的，其性坟起而疏松。不言色者，其色杂也。

厥田惟中上，厥赋错上中。

豫州之田，居中上为第四等。其赋居上中，为第二等，而年份不同，间出第一等。赋高于田者，亦以人功修也。

厥贡漆、枲、絺、纻，厥篚纤、纩，锡贡磬错。

漆，解见“兖州”。枲、絺，解见“青州”。纻，是苧麻，其皮可绩以布。纤，解见“徐州”。纩，是细绵。磬错，是治磬的错刀。

豫州之贡，有漆、有枲及絺、纻等布。其入篚者，有黑经白纬之纤，与精细之纩。其待锡命而后贡者，有治磬之错。盖磬错非常用之物，故不制为常贡也。

浮于洛，达于河。

豫州去冀州最近，以河为界。其入贡之道，东境径自入河，西境则浮于洛而达于河。达河，则达帝都矣。

以上都是经理豫州的事。

华阳、黑水惟梁州。

这是定梁州的境界。

华，是西岳华山，在今陕西西安府华阴县。黑水，旧志出张掖郡鸡山，在今陕西肃州卫地方，流入南海。

禹既分了梁州，遂定其境界。东至华山之南，西至黑水，这地方都属梁州，即今四川、云南及陕西之汉中府、阶州皆是。

岷、嶓既艺。

岷、嶓，是二山名。岷山，旧志在蜀郡湔氐道西徼外，即今四川成都府茂州。嶓冢山，旧志在陇西郡氐道县及西县，即今陕西巩昌府秦州，并汉汉中府沔县地方。

岷、嶓二山，乃江、汉发源的去处，自禹功既施，于是泛滥之患尽去，而稼穑之功可兴。二山之间，其地皆可种艺。岷、嶓艺，则江汉之上源治矣。

沱、潜既道。

这沱、潜二水，是江、汉别流之在梁州者，与荆州的不同。梁州之沱有二：其一，旧志在蜀郡郫县，即今四川成都府郫县，西流入江；其一，旧志在蜀郡汶江县，即今成都府灌县，东流入江。潜亦有二：其一，旧志在巴郡宕渠县，即今四川顺庆府渠县，西南流入江；其一，旧志在汉中郡安阳县，即今陕西汉中府洋县，西南入汉。

沱、潜二水，乃江汉分出的支流，禹都加浚治，于是二水各有所归，或入于江，或入于汉，而无不顺其道焉。沱、潜道，则江汉之下流治矣。

蔡、蒙旅平。

蔡、蒙，是二山名。蔡山，在今四川雅州。蒙山，在今雅州名山县。旅，是祭山之名。

蔡、蒙二山之间，沫水经流，其势漂疾，向尝为患。今水土既平，于是遂行旅祭之礼焉。二山平，则凡土之高者无不治矣。

和夷厎绩。

和夷，是地名，在今雅州地方。厎绩，与“覃怀厎绩”同。

言和夷地平而险远，尚以水患，难于成功，今则可以经略，可以耕治，而亦致有功绩焉。“和夷厎绩”，则凡地之平者无不治矣。

厥土青黎。

黎字，解做黑字。

言梁州之土，其色青黑。不言性者，其性杂也。

厥田惟下上，厥赋下中三错。

三错，是三等样间杂。梁州之田，居下上为第七等。其赋本居下中，为第八等，间或一年进而为第七等，间或一年降而为第九等，共有三等。盖地力之厚薄不同，而年岁之丰凶亦异，所以随时制赋，不遽定为常额也。

厥贡璆、铁、银、镂、砮、磬，熊、罴、狐、狸织皮。

璆，是玉名。镂，是刚铁可以刻镂的。磬，是石磬。熊、罴、狐、狸，是四兽，其毛可织以为罽。如今毡褐之类，以其织成而贡，故叫做织；其皮可制以为裘，以其未制而贡，故叫做皮。

梁州所贡之物，有璆、铁、银、镂、砮、磬，皆可以制器用者；熊、罴、狐、狸之织与皮，可以为裘褐者。

西倾因桓是来，浮于潜，逾于沔，入于渭，乱于河。

西倾，是山名，旧志在陇西郡临洮县，即今陕西洮州卫。因，是循。桓、潜、沔、渭都是水名。桓水，出西倾山之南。今洮水出于西倾，流经临洮府界，谓之恒水，疑即桓水也。潜水，即沱、潜既道之潜。沔，是汉沔，在今陕西汉中府褒城县地方。横截渡河叫做乱。

梁州西南境之贡道，自西倾山之南，循桓水而来，至葭萌县，即今四川保宁府昭化县地方。浮舟于潜水，至晋寿县之界，即今保宁府广元州地方。其间为漾枝津所阻，水道不通，遂舍舟登陆，至汉中府地方。又下汉沔，从汉沔北行，至陕西西安府武功县入渭。从渭东行，至西安府华阴县过河。冀州在河东，故必过河以达帝都也。

以上都是经理梁州的事。

黑水、西河惟雍州。

这是定雍州的境界。

黑水，解见“梁州”。盖自雍州之西北，直出梁州之西南，故二州西边，皆以黑水为界。西河，是冀州西界之河。

禹既分了雍州，遂定其境界。西面跨过黑水，东面抵西河，这地方都属雍州，即今陕西西安等八府及宁夏、甘肃洮、岷等卫都是。

弱水既西。

弱水，旧志在张掖郡删丹县，在今甘州卫西，其水力微弱，不能浮载，故叫做弱水。

弱水既不能载，而且西流，此水之异常者。禹因其性而导之，于是顺其故道，西入流沙，而不复为雍州之患矣。

泾属渭、汭，漆、沮既从，沣水攸同。

泾、渭、汭、漆、沮、沣，都是水名。泾水，旧志出安定郡泾阳县，即今陕西平凉府平凉县，至今西安府高陵县入渭。渭水，旧志出陇西郡首阳县，即今陕西临洮府渭源县，至今华州华阴县入河。汭水，旧志出扶风郡汧县，即今陕西凤翔府陇州，至平凉府泾州入泾。漆水，旧志出扶风杜阳县，即今陕西凤翔府麟游县，至今西安府耀州合于沮。沮水，旧志出北地郡直路县，即今陕西延安府宜君县，至今耀州合于漆，又至今同州朝邑县入渭。沣水，旧志出扶风鄠县，即今陕西西安府鄠县，至本府咸阳县入渭。属，是连属；从，是归从；同，是会同，都指渭水说。

雍州之水，莫大于渭。禹既施导渭之功，于是泛滥悉平，而众流俱顺。泾水自泾州受汭水，至高陵县入渭，是泾水上属于汭，下属于渭，彼此联合而无散漫矣。漆、沮自耀州合流，至朝邑县入渭，是漆、沮二水既归于渭，小大相从而无横流矣。沣水至咸阳县入渭，是沣水亦会于渭，并流而同归矣。沣、泾、漆、沮，皆注于渭，而渭又入于河，则雍州之水无不治矣。

荆、岐既旅，终南、惇物，至于鸟鼠。

荆、岐、终南、惇物、鸟鼠，都是山名。荆山，与荆州的不同，旧志在冯翊怀德县，即今陕西西安府富平县。岐山，旧志在扶风美阳县，即今陕西凤翔府岐山县。终南山，旧志在扶风武功县，今在陕西西安、凤翔二府地方，连亘千里。惇物山，在今西安府武功县。鸟鼠，旧志在陇西郡首阳县，即今陕西临洮府渭源县。旅字，解见“梁州”。

雍州诸水既治，由是荆、岐二山无怀壅之患，可行旅祭之礼。凡终南、惇物至于鸟鼠，其间一带的山，都与荆、岐一般，则雍州之高土无不平矣。

原隰底绩，至于猪野。

地之广平的叫做原，下湿的叫做隰，其地在今陕西西安府邠州。猪野，旧志在武威县休屠泽，即今陕西凉州卫地方。

雍州水患既息，于是原隰之地，已致平成之功。又直至猪野，其间一带的地，都与原隰一般，则雍州之下土无不平矣。

三危既宅，三苗丕叙。

三危，是山名，在今陕西肃州卫西八百里，沙州卫旧城东南，即舜窜三苗之地。宅，是居止。丕叙，是大有功叙。

雍州不特近地底绩，虽远如三危，其地亦无水患，可以居止。三苗之窜于此地者，既已安居乐业，亦皆革心向化，而大有功叙，则雍州之远土无不平矣。

厥土惟黄壤。

土以黄为正色，壤为常性。今雍州之土，色黄而性壤，土之最美者也。

厥田惟上上，厥赋中下。

雍州土最美，故其田居上上，为第一等。但地狭而人功少，故其赋只居中下，为第六等。

厥贡惟球琳、琅玕。

球琳，是美玉。琅玕，是美石似珠者。

雍州所产的贡物，有球琳可为珪璋之用，用琅玕可为冠冕之饰。

浮于积石，至于龙门西河，会于渭汭。

积石、龙门，是二山名。积石山，旧志在河关县西南羌中，即今陕西河州卫西北；龙门山，旧志在冯翊夏阳县，即今陕西西安府韩城县东北，都是黄河所经。渭汭是渭水入河交流的去处。

雍州贡道有二：其西北境则浮舟于积石之河，至于龙门，入冀州之西河，直达帝都；其西南境则自渭而来，皆会聚于渭汭，以入于河而达帝都。各从其便也。

织皮，昆仑、析支、渠搜，西戎即叙。

织皮，解见“梁州”。昆仑、析支、渠搜，是三个国名。这三国都在西番地面，总叫做西戎。昆仑，旧志在临羌，今肃州卫西南，直至西番朵甘卫东北都是。析支，旧志在河关西千余里，今西番中有析枝水，即是此地。渠搜，旧志朔方郡有渠搜县，未详所在，大约在今宁夏河套之地。即叙，是就叙。

禹治雍州成功，不但本州有球琳、琅玕之贡，又有外国以鸟兽的织皮来贡，其国曰昆仑，曰析支，曰渠搜。这三国本是西方戎落，今亦顺服我中国之化，与三苗同其丕叙矣。禹功所及，其远如此。

以上都是经理雍州的事。

导岍及岐，至于荆山，逾于河。壶口、雷首，至于太岳。厎柱、析城，至于王屋。太行、恒山，至于碣石，入于海。

此下四条，是记禹导山之事，即所谓"随山"也。前面九州中，虽各载有导山的工夫，但逐州分记，未见得山之脉络。至此又把天下的山分做南北二条，其南北条中又各分做南北二境，逐节记其用功之始终。其大势皆自西北以至东南，而山之脉络分明可考矣。然疏导本是治水的事，今随山乃谓之导者，盖水之源皆出于山，水之为患皆因于山，禹随山乃所以治水，故谓之导也。这一节是导北条大河北境之山。

岍、岐、荆，都是雍州的山。岍山，在今陕西凤翔陇州，乃汧、汭二水所出。岐、荆二山，已解见"雍州"。壶口以下诸山，都是冀州的山。壶口，解见"冀州"，其山正当河水南流之冲。雷首山，即今山西平阳府蒲州首阳山，乃河水所经。太岳，亦解见"冀州"，乃汾水所经。厎柱，即砥柱山，在今河南陕州东四十里，黄河中间。析城山，在今山西泽州阳城县。王屋山，旧志在河东垣曲县，今在河南怀庆府济源，接连山西阳城、垣曲二县之境，乃济水所出。太行山，在今河南怀庆府地方，长数千里。恒山，即是北岳，在今山西浑源州。碣石，亦解见"冀州"，正当河水入海之处。逾，是过。凡及字、至字、逾字，都指禹说。入于海，是指水势说。

盖北条大河，北境诸山，乃河济两派大水所出入的去处，故禹先从雍州岍山导起，东及岐山，又东至于荆山，无不施功，则其间不但河之经于雍州者无所壅塞，而渭水之入河，泾、沣、漆、沮、汧、汭之入渭，皆有次第矣。雍州功毕，禹乃过于龙门之西河，到冀州地方，治壶口、雷首，以至于太岳；又治厎柱、析城，以至于王屋；又治太行恒山，以至于碣石。水势至此，都入于海，则其间不但河济顺流，而汾、泽、漳、沁、恒、卫、涞、淇等水，皆有归向矣。禹导大河北境诸山，其施功之序如此。

西倾、朱圉、鸟鼠，至于太华。熊耳、外方、桐柏，至于陪尾。

这一节是导北条大河。

南境之山不言导者，以同是北条之山，承上文导岍而言也。西倾、朱圉、鸟鼠、太华，都是雍州的山。西倾山，解见“梁州”，乃洮水、桓水所出。朱圉山，在今陕西巩昌府伏羌县。鸟鼠山，解见“雍州”，乃渭水所出。太华山，即是西岳，在今陕西西安府华阴县。熊耳、外方、桐柏、陪尾，都是豫州的山。熊耳山，在今陕西西安府商县，乃伊水所出，洛水所经。外方山，地志以为即是中岳嵩山，在今河南府登封县，及伊水所经。桐柏山，在今河南南阳府桐柏县，乃淮水所出。陪尾山，在今湖广德安府。

盖北条大河，南境诸山，乃渭、伊、洛、淮诸水所出的去处。故禹从雍州西倾山导起，历朱圉、鸟鼠，以至于太华，则凡桓、渭等水，出入于诸山者可治矣。雍州之功即毕，由是到豫州地方，导熊耳、外方、桐柏，以至于陪尾，则凡伊、洛、淮等水，出入于诸山者可治矣。禹导大河南境之山，其施功之序如此。

导嶓冢，至于荆山。内方，至于大别。

这一节是导南条江汉北境之山，乃治汉水的事。

嶓冢，已解见“梁州”。荆山、内方、大别，都是荆州的山。荆山，解见“荆州”。内方山，地志以为即今湖广德安府章山。大别山，在今湖广汉阳府。

盖汉水发源于梁州之嶓冢山，经流于荆州之荆山、内方、大别诸山，禹则导嶓冢以浚其源，至于荆山、内方、大别以引其流，则汉水于是乎入江矣。其施功于江汉北境者如此。

岷山之阳，至于衡山。过九江，至于敷浅原。

这一节是导南条江汉南境之山，乃治江水的事。不言导者，以同是南条之山，承上文“导嶓冢”而言也。岷山，已解见“梁州”。衡山、九江，已解见“荆州”。敷浅原，地志以为即今江西九江府德安县博阳山。

盖江水发源于岷山，故禹从岷山之阳导之，而江之源治矣。然江自岷山以下，直流至东南数千里，两边夹江，却都是山。其北边山势，连接直至衡山；其南边山势，连接直至敷浅原。故禹从岷山之阳，至于衡山，去导大江北岸一带的山。又渡过九江，至于敷浅原，去导大江南岸一带的山。由是江水两边，通流无滞，而顺其趋海之势矣。其施工于江汉南境者如此。

以上都是导山的事。

导弱水，至于合黎，余波入于流沙。

此下九条，是记禹导水之事，即所谓浚川也。前面九州中，虽各载有治水的事，但逐州分记，未见得水之脉络。至此又把天下九处大水，逐处记其疏导之始终，与其源流之曲折，而诸水之脉络，分明可考矣。

弱水、黑水，在西北极边，与诸水不相干涉，故先记之。北方之水，莫大于河，故河次之。南方之水，莫大于江、汉，故汉与江次之。北之济、南之淮，与江、河共为四渎，故济与淮又次之。渭、洛皆入于河，故记之于后。弱水，解见“雍州”。合黎，是山名，旧志在张掖县西北，即今陕西行都司西北，弱水环之。流沙是地名，在今沙州卫旧城之西。

凡水皆能载而东流，惟弱水独弱而西流。禹顺其性而导之至于合黎，其余波西入于流沙，而弱水治矣。

导黑水，至于三危，入于南海。

黑水，解见“梁州”。三危，解见“雍州”。

凡水皆清，淮黑水独黑，而且南流。禹亦顺其性而导之至于三危，流入于南海，而黑水治矣。

导河积石，至于龙门，南至于华阴，东至于厎柱，又东至于孟津，东过洛汭，至于大伾，北过降水，至于大陆，又北播为九河，同为逆河，

入于海。

积石、龙门，解见“雍州”。山北曰阴。华阴，是华山之北，今陕西西安府有华阴县。厎柱，解见“导山”。孟津，是地名，旧志在河内郡河阳县，即今河南府孟津县。洛汭，是洛水入河交流中间，在今河南府巩县东。大伾，是山名，旧志在通利军黎阳县，即今直隶大名府浚县。降水，旧志在信都县，即今直隶真定府冀州枯降渠。大陆，解见“冀州”。播，是分。九河，解见“兖州”。逆河，是河已近海，海潮迎着河水的去处，故以为名。

黄河之源，出西域昆仑山星宿海，东北流数千里，才到积石。禹导河自积石起，以河入中国，都在山峡中行，其流迅疾，而时有壅滞，乃疏凿其险阻，以至于龙门。自龙门而下，山开岸阔，豁然奔放，南流至于华山之阴，自南折而东流，至于陕州之厎柱，又东至于河内之孟津，又东过洛水交流的去处，至于黎阳之大伾。此时河始出险而就平地。又自东折而北流，过于信都之降水，至于冀州之大陆。又自大陆而北，到兖州地方，地旷土疏，河尤易决。禹乃播之为九河，以分其力而杀其势，然后合为逆河，以入于海，而河水治矣。自大伾至逆河，这是禹时黄河入海的故道。自周汉以来，河道渐徙东南流入于淮，然后入海，遂与禹时故道不相合矣。

按：洪水之患，惟河最甚。故大禹疏凿之功，惟河独多。然当时但顺水之性，以除民之害而已。今之黄河，乃漕运所必经之道，而淤塞冲决之患，时时有之。既欲资其利，而又欲去其害，故今之治河尤难，经国者所当加意也。

嶓冢导漾，东流为汉，又东为沧浪之水，过三澨，至于大别，南入于江，东汇泽为彭蠡，东为北江，入于海。

嶓冢，解见“梁州”。汉水有二源：东源出秦州之嶓冢，始出为漾；西源出沔县之嶓冢，始出为沔。这所导的嶓冢，乃是秦州之嶓冢，故说导漾。汉、沧浪、三澨，都是水名。汉水，旧志在武都郡，即今陕西巩昌府成县。沧浪，旧志在武当县，即今湖广襄阳府均州。三澨，旧志一出郢州长寿县，即今湖广承天府京山县，其二不知所出。大别，解见“导山”。汉水入江，在今湖广汉阳府汉阳县。汇字，解做回字。彭蠡，解见“扬州”。北江，传无解释。入海，在今直隶扬州通州。

漾水出秦州嶓冢山，禹自此山导之，东流至武都，又叫做汉水。至汉中与沔水合，叫做汉沔。又东流至武当，叫做沧浪之水。又过三澨之水，至于汉阳大别之山，而南流合于江。入江之后，又东见至鄱阳，停蓄周回而为彭蠡之泽。又东流而为北江，至通州入海，而汉水治矣。

岷山导江，东别为沱，又东至于澧，过九江，至于东陵，东迤北会于汇，东为中江，入于海。

岷山、沱水，都解见“梁州”。澧，是水名，旧志出武陵充县，即今湖广岳州府慈利县。九江，解见“荆州”。东陵是地名，即今湖广岳州府巴陵县。迤，是邪行的意思。会为汇，是江与汉会而汇为彭蠡。中江，传亦无解释。

江水出茂州岷山，禹自此导之，东流合蜀郡，别山一支，叫做沱水。又东流至于充县之澧水，遂过岳州之九江，至于巴陵。又东向迤逦而行，北至汉阳会汉水，而同汇为彭蠡之泽。又东流而为中江，至通州入海，而江水治矣。盖江、汉二水，各出于梁、雍二州，合流于荆州，入海于扬州。嶓冢导漾，岷山导江，即梁州所谓“岷、嶓既艺”也。南入于江，东迤北会，即荆州所谓“江、汉朝宗于海”也。汇泽为彭蠡，即扬州所谓“彭蠡既猪”也。但以今地图考之，汉水入江之处，去彭蠡尚七百余里，彭蠡之泽，乃自受江西、江东诸水而成，本非江、汉之所汇。又江、汉合流之后，但为一江入海，亦未尝有一江、中江之分。或者世代已远，水道有变迁，经文有错误，皆不可知也。

导沇水，东流为济，入于河，溢为荥，东出于陶丘北，又东至于菏，又东北会于汶，又北，东入于海。

沇水，是济水初出之名。济，解见“兖州”。荥，解见“豫州”。陶丘，是地名，旧志在广济军，即今山东兖州府定陶县。菏，解见“豫州”。汶，解见“青州”。

济水性既沉下，而力又劲疾，常从地中穿穴而行，故其出入无常，伏见不一。禹顺其性而导之。其发源在垣曲县王屋山顶崖下，叫做沇水，这是初见的时节。由是伏流地中，东至济源县，涌出二泉，合流为一，叫做济水，这又是一见。又到温县号公台入于河，伏流河中，至荥泽县，溢出而为荥水，这又是一见。又与河并行，东至定陶县，涌出于陶丘之北，这又是一见。自此遂不复隐伏，东北至汶上县，会于汶水，又东北至博兴县入于海，而济水治矣。

导淮自桐柏，东会于泗、沂，东入于海。

桐柏，解见"导山"。淮、泗、沂，解见"徐州"。

淮水出于桐柏山，禹导淮水，自桐柏始。由是东流过颍、亳、泗诸州，至淮安府睢宁县，会于泗、沂，又东流至淮安府海州入于海，而淮水治矣。

导渭自鸟鼠同穴，东会于沣，又东会于泾，又东过漆、沮，入于河。

鸟鼠同穴，是山名，其山鸟鼠同穴而处，故以为名。沣、泾、漆、沮，都解见"雍州"。

渭水出今临洮府渭源县南谷山，在鸟鼠山之西北。禹只自鸟鼠同穴导之，东流至咸阳县，会于沣水。又东流至高陵县，会于泾水。又东流至朝邑县，过于漆、沮之水。又流至华阴县，入于河，而渭水治矣。这"会于沣"，即雍州所谓"沣水攸同"也。"会于泾"，即雍州所谓"泾属渭汭"也。"过漆、沮"，即雍州所谓"漆、沮既从"也。前面是分记，这是直叙其源流。

导洛自熊耳，东北会于涧、瀍，又东会于伊，又东北入于河。

熊耳，解见"导山"，即商州之熊耳。洛水出商州冢岭山，与本处熊耳山相近，故禹自此山导之，非卢氏之熊耳也。涧、瀍、伊，都解见"豫州"。

禹导洛水于商州熊耳之山，东北流至新安县，会于涧水。至偃师县界，会于瀍水。又东流至洛阳县界，会于伊水。又东北流至巩县入于河，而洛水治矣。

以上都是导水的事。

九州攸同，四隩既宅，九山刊旅，九川涤源，九泽既陂，四海会同。

这一节是总结上文九州四海水土无不平治的意思。

四隩，是四海之内水边的地土。宅，是居。九山，是九州之山。刊，是除。旅，是祭。九川，是九州之川。涤，是洗涤。九泽，是九州之泽。陂，是陂障。

史臣说：大禹导山则穷其脉络，导水则顺其源流，勤劳八年，施功既毕。所以九州之疆域虽异，而水土之平治则同。卑而为四隩之地，昔皆垫溺，今则险阻尽远，已可定居。九州之山，是地之高者，昔皆草木蔽塞，今则斩木通道，已可祭告。九州之川，浚涤已通，无有壅滞。九州之泽，陂障已固，不复溃决。由是四海之水，若大若小，无不会同而各有所归矣。九州的水土，又岂有一处之不平治者哉！

六府孔修，庶土交正，厎慎财赋，咸则三壤，成赋中邦。

这一节是总结上文九州的土田贡赋无不整理。

六府，是水火金木土谷六件。孔，是大。庶土是众土，凡山林川泽场圃田园之类皆是。交正，是参较的意思。厎，是致。咸字，解做皆字。则，是定为等则。三壤，是上中下三等土壤。中邦，是中国。

史臣说，水是五行之首，百货之源。往时洪水横流，六府岂能修治。今水患既去，地利可兴。那水火金木土谷六件，皆大修治，而财用有资，贡赋可定矣。禹乃因地之宜，以制国之用。九州的庶土，有高下肥瘠之不同，则交相参较，辨其何物出于何州，而各州所产又何者为最良，由是因其所出之财，而致谨于财赋之入。有一州通贡的，有随地而使贡的，又有待命而后贡的，惟恐慌伤民之财，尽地之力，盖极其谨慎而不敢忽焉。九州的谷土，亦有高下肥瘠之不同，则皆为之品节，辨其孰为上等，孰为中等，孰为下等，由是随其所定之则，而成赋于中国之内。有最厚的，有最薄的，又有间杂不等的，上无过取，下无重敛，皆有成规而不可变焉。然成赋谓之中邦者，庶土之贡，或及于四夷，谷土之赋，则止于中国也。圣人经国之制，其周密如此。

锡土、姓。

这一节是记封建诸侯的事。

锡，是与。

水土既平，疆域既定，禹又佐天子封建诸侯。锡之土地，使他立国以守其社稷；锡之姓氏，使他立宗以保其子孙。盖欲其国家之藩屏，以共保平成之绩也。

祗台德先，不距朕行。

祗，是敬。台字，解做我字。距，是违越的意思。朕，是禹自称。

禹平水土，定贡赋，建诸侯，治已定，功已成矣。然其心不矜不伐，犹自叙说：当此治定功成之时，别无所事，惟敬我之德，以率天下，则天下之人，自然倾心从化，不能违越我的所行矣。这可见禹不以成功自处，而惟欲以敬德化民，即《益稷》篇所言"思日孜孜"之意也。

五百里甸服：百里赋纳总，二百里纳铚，三百里纳秸服，四百里粟，五百里米。

此以下五条，是记禹分九州地方以为五服，即《益稷》篇所谓"弼成五服"也。这一条是定甸服之制。

甸，是治田。服，是事。稻禾连穗与茎的叫做总，割下半稿的叫做铚。半稿去麄皮的叫做秸。粟，是谷。

天子畿内地方千里，王城之外，四面皆五百里，禹则制为甸服。以其皆田赋之事，故叫做甸服。甸服之制何如？内百里去王畿最近，其赋则连那稻禾的茎穗都纳朝廷。盖稻可以供廪禄，草可以充刍秣，即今之粮草俱纳者也。第二百里，次近王畿，只割禾半稿纳之。第三百里，亦近王畿，则去稿上的麄皮纳之。然此三百里内，都是近地，不但纳总、铚、秸而已，或有输将之事，如搬运粮草等项，仍使他服劳，而无力役之征焉。自以是外，第四百里，去王畿渐远，惟去其穗而纳谷。第五百里，去王畿尤远，则去其谷而纳米。盖地方愈远，纳赋愈从轻便，而亦不使之服输将之事矣。其分甸服五百里而为五等者如此。

五百里侯服：百里采，二百里男邦，三百里诸侯。

这一条是定侯服之制。

采，是卿大夫所食的邑地。古时百官俸禄，皆分与田地，使他自牧，叫做食邑。男邦，是男爵的小国。

禹于甸服外，四面又各五百里，制为侯服。以其皆侯国之事，故叫做侯服。侯服之制何如？近甸服四面那百里，定做卿大夫的采邑。采邑外四面第二百里，定做男爵的小国。男邦外四面那三百里，定做诸侯的大国及次国。小国居内，所以安内附也；大国居外，所以御外侮也。其分侯服五百里而为三等者如此。

五百里绥服：三百里揆文教，二百里奋武卫。

这一条是定绥服之制。

绥，是抚安的意思。揆字，解做度字。

禹于侯服外，四面又各五百里，制为绥服。以其渐远王畿，而取抚安之义，故叫做绥服。绥服之制何如？这地方内去王城千里，外去荒服千里，介乎内外之间，不可不严华夏之辨。故于内面三百里，则酌量揆度，施之以仁义礼乐之教。盖太平有道之日，教化可兴，故以修内治为务也。于外面二百里，则鼓舞奋扬，训之以卒伍军师之法。盖安宁无事之时，人心易弛，故以防外患为急也。其分绥服五百里而为二等者如此。

五百里要服：三百里夷，二百里蔡。

这一条是定要服之制。

要，是约束的意思。蔡，是安置罪人。

禹于绥服外，四面又各五百里，制为要服。以其去王畿已远，法制简略，稍示约束而已，故叫做要服。要服之制何如？把内面三百里处那夷人，各随其俗而羁縻之。外面二百里，则安置那罪人，迸诸四夷，不与同中国也。其分要服五百里而为二等者如此。

五百里荒服：三百里蛮，二百里流。

这一条是定荒服之制。荒，是荒野。

禹于要服外，四面又各五百里，制为荒服。以其去王畿尤远，都是荒野去处，故叫做荒服。荒服之制何如？内面三百里，听与蛮人居住，其法比诸夷又略矣。外面二百里，把那重罪的人流放于此，其法比诸蔡又重矣。其分荒服五百里而为二等者如此。

东渐于海，西被于流沙，朔、南暨，声教讫于四海。禹锡玄圭，告厥成功。

这一节是总叙大禹之成功。

渐，是浸渍。被，是覆冒。朔，是北方。暨，是及。声，是风声。教，是教化。讫字，解做尽字。锡字，解做与字。玄圭，是黑色的圭。

禹定五服，地方虽止五千里，然其风声教化之所及，则有不止于此者。东边则渐渍到那东海，西边则覆被到那流沙，北边、南边则所及尤远，不可以地限量。这风声教化，尽讫于四海之内，而无有不至。大禹治水之功既成，于是用玄圭为贽，献与帝舜，以告其成功而复命焉。圭必用玄者，所以象水色之黑也。夫当洪水横流，下民昏垫之时，禹不惟能平治水土，以救一时之患，而必至于经制悉备，德教四达，然后告成于君，真可谓万世之大忠矣。此其所以独冠虞廷之功，而卒开有夏之业也欤！

甘誓

甘，是地名，在今陕西鄠县。誓，是告戒。这书记夏王启亲征有扈，誓戒将士的说话，故叫做《甘誓》。

大战于甘，乃召六卿。

六卿，是六乡之卿。古者每乡卿一人，无事则掌其乡之政令，有事则统其乡之军旅，与朝廷上的六卿不同。

史臣说：夏王启继禹即位，那时有个诸侯有扈氏，所为不道，王乃亲率六军，往正其罪。有扈恃其强暴，敢与天子抗衡，遂大战于其国之甘地。将战之时，王乃召六军之帅而誓戒之。

王曰："嗟！六事之人，予誓告汝：有扈氏威侮五行，怠弃三正，天

用剿绝其命，今予惟恭行天之罚。

六事之人，是总指有事于六军的人。威，是暴殄。侮，是轻忽。三正，是子丑寅三样正朔。

夏王启将发誓辞，先叹息说："尔六卿及有事于六军的人，我今誓戒告汝以有扈氏之罪恶：彼水火金木土之五行，原于天道，切于民生，有国家者所当敬顺的。有扈氏有滥用五材，不顺月令，而暴殄轻忽之。子丑寅之三正，颁自朝廷，行诸邦国，为臣下者所当遵守的。有扈氏乃蔑视王朝，不奉正朔，而怠慢废弃之。其悖乱不臣如此，因此获罪于天，大用降以天罚，剿绝其命。今我躬率六师以伐之，惟敬行天之罚而已，岂敢轻用其武哉！"

"左不攻于左，汝不恭命；右不攻于右，汝不恭命；御非其马之正，汝不恭命。

左右，是车上在左在右的人。攻字，解做治字。御，是御马。

古者车战之法，每车甲士三人，一人居左主射，一人居右主击刺，一人居中御马。必三人各治其事，方能取胜。故夏王启之伐有扈氏，誓戒众军士说道："尔在车左主射的人，宜专治左边的事，若不治于左，而于射敌之法有所未精，是汝不能敬我之命于左矣；在车右主击刺的人，宜专治右边的事，若不治于右，而于击刺之法有所未精，是汝不能敬我之命于右矣；在车主马驰驱的人，宜专心御马，求合法度，若御之不以其正，而于驰驱之法有所不合，是汝不能敬我之命于中矣。"

"用命，赏于祖；弗用命，戮于社，予则孥戮汝。"

命，就是前面告戒的说话。古者天子亲征，则载迁庙之主，与社主以行，祖在左而社在右，赏罚即于其主前行之，以示不逾时之义。孥戮，是并戮其妻子。

夏王启戒誓将士既终，又明示赏罚以激励之，说道："行军的号令，我既已叮咛而告戒矣。汝众将士每，若能遵依着我的命令，克敌而有功，我则即时论功大小，赏之于军中祖庙之前，或命之以官爵，或赉之以金帛，皆所不惜；若违犯了我的命令，以致偾事，我则即时论罪，戮之于军中大社之前，不但诛及其身，将并其妻子而俱戮之。有功必赏，有罪必刑，军令既定，决不汝欺。汝等可不恭听予之命哉？”大抵武不可黩，亦不可驰。有扈氏获罪于天，义固当讨。而夏启当嗣位之后，承平之久，亦欲因此以振国家之神气，而销奸宄之逆萌，故亲率六师以讨之，亦制治保邦之要机也。

五子之歌

这书记夏王太康之弟五人，因太康逸游失国，乃作为诗歌，以发其忧愁嗟怨之意，故叫做《五子之歌》。

太康尸位，以逸豫灭厥德，黎民咸贰。乃盘游无度，畋于有洛之表，十旬弗反。有穷后羿，因民弗忍，距于河。

太康，是启之子。畋，是畋猎。有穷后羿，是有穷国君名羿。

史臣叙说：夏王太康嗣位一十九年，通不理会国家的政务，徒有人君的空名，而不行人君的实事，如祭祀之尸一般，只好干那放逸豫乐的事，以致于丧灭其德，暴虐其民。因此天下黎民不安其生，都有离叛之心。太康乃犹不知省改，安于游乐，无有节度，远出畋猎于洛水之外，至于一百日犹不回还。于是有穷国之君名羿者，素怀不臣之心，至此因民不堪命，乃举兵距阻太康于大河之南，不使之归国。夫以大禹之勤劳万邦，德泽最厚，再传至其孙太康，即以怠荒而失国焉。然则为君者，岂可恃祖宗功德之大，而不增修其德业哉！

厥弟五人御其母以从，徯于洛之汭。五子咸怨，述大禹之戒以作歌。

御，是随待。徯，是等待。水北叫做汭。

太康畋于洛表之时，他有五个兄弟，都随侍着他的母亲，从太康渡河而南。因太康打猎去的远了，追之不及，乃在那洛水之北，等待他回来。既而太康十旬弗还，羿距之于河，不得归国。五子见得宗庙社稷危亡之不可救，母子兄弟离散之不可保，都忧愁嗟怨，推究祸乱根原，皆由是太康荒弃了祖训。于是述大禹所垂的训戒，衍为诗歌，以其感慨迫切之词，纾其悒郁无聊之气，于以明先训之当遵、天命之难保。其词痛切而悲哀，盖不独伤太康之失德，实以垂万世之鉴戒也。夫创业之君，经历艰苦，为子孙万世虑，至为深远，都有谟训以戒召后人。故太康失国，五子则述大禹垂后之戒；太甲不惠，伊尹则举成汤风愆之训。诚以法祖乃帝王之要道也。后世继体守文之主，能常常遵守祖训，则长治久安，万年不替矣。

其一曰:“皇祖有训:民可近，不可下。民惟邦本，本固邦宁。

皇祖，是大禹。近，是亲近的意思。下，是疏远的意思。

《五子之歌》第一章说道:“昔我皇祖大禹，垂训有言:人君与那下民，势之相隔，虽有尊卑，情之相须，实犹一体，只可以其情而亲近之。凡百姓之饥寒困苦，须时时体念，视之如伤，保之如子，才是君民一体之意。若恣意极欲，肆于民上，把百姓的休戚利害，都看得与己不相关涉，这等便是下民了。为人上者，切不可如此。所以然者何也?盖那小民虽至卑至微，却是邦国的根本，譬如房屋之有基址一般，必须以仁恩固结其心，使他爱戴归往，譬如房到基址坚固了，然后邦国安宁，而无倾危之患。若人心既离，根本不固，则国虽富强，终亦必亡而已。此民之所以可近而不可下也。”皇祖之训如此，今太康乃逸豫灭德，以至民不堪命，而邦国危亡，岂不深可痛哉?

“予视天下，愚夫愚妇，一能胜予。一人三失，怨岂在明?不见是图。予临兆民，懔乎若朽索之驭六马。为人上者，奈何不敬?”

一字，解做皆字。三失，是差失多的意思。朽索，是朽坏的绳索。

五子说:“我皇祖大禹垂训，又言:人君处崇高之位，执生杀予夺之权，都说小民至愚，岂能胜我。殊不知民虽至愚而亦至神，能戴其上而亦能叛其上。我看那天下之民，莫说亿兆之众，便是愚夫愚妇，也不可轻忽，若失其心，一个个都能胜我。所以为人君的行事，一件也不可有差，一有差失，皆足以致怨于民。况以一人之身，积愆累咎，至于再三，则民之怨咨，岂不益甚乎?夫事未有不自微而至著者，民心之怨，岂待他明白彰著而后知之。当于那事几未曾形见的时节，预先图谋更改，乃可以固结人心，潜消祸乱耳。是以我居君位临兆民，不敢以天下为乐，而深以危亡为惧，凛凛然如以易断之朽索，而驭易惊之六马，常恐其不免于倾危也。夫以民之可畏如此，则居上而临民者，奈何可以怠荒而不敬乎？盖能敬，则能近民而邦以宁；不能敬，则必下民而邦以危。安危之机，只在敬肆之间而已。”皇祖之训如此，太康顾逸豫而不敬焉，亦将奈之何哉！

其二曰：“训有之：内作色荒，外作禽荒，甘酒嗜音，峻宇雕墙。有一于此，未或不亡。”

荒，是迷乱。甘、嗜，都是好之无厌的意思。

《五子之歌》第二章说道：“我皇祖大禹之训有言，人之嗜欲无穷，贵乎节之以礼。若不能以礼节之，而纵其情之所欲，鲜不至于损德妨政矣。如耽好女色，恣情越礼，是谓内作色荒；驰骋打猎，远出无度，是谓外作禽荒；沉酣旨酒而不知节；溺情淫乐而不知止；竭不赀之费，以高峻其户宇；极彩色之严，以雕饰其墙壁。这六件事，为人君的不必件件都有才足以亡国，但只有了一件，亦未有不至于亡国丧身者。如好色则为色所迷，好酒则为酒所困，好田猎则耽于逸游而妨政误事，好宫室则溺于土木而耗财害民，纵欲败度之事虽不同，其亡国则一而已矣。”祖垂训戒如此。今太康盘游无度，正犯了禽荒一事，虽欲不亡，得乎？尝观宋儒真德秀有言：大禹之训，凡六言二十有四字尔，而古今乱亡之衅靡不由之，凛乎其不可犯也。万世为君者，其戒之哉！

其三曰：“惟彼陶唐，有此冀方。今失厥道，乱其纪纲，乃厎灭亡。”

陶唐氏，是帝尧的国号。冀方，是冀州之地，自尧以来皆建都于此。厎是至。

《五子之歌》第三章说道：“我夏后氏之建都于此冀州地方，盖自帝尧陶唐氏始矣。比先帝尧以文武圣神之德，继天立极而为天子，一传而至帝舜，再传而至我祖大禹。三个圣人，皆授受一道，奉天子民，故能据此形胜之地，建皇极以绥四方，天下臣民莫不归往焉。今太康乃逸豫灭德，凡刑赏予夺，一任着自己的意思胡为，全不遵旧章成宪，把大纲小纪都错乱了。以致政坏于上，民怨于下，逆臣乘之，逐主窃国，而陶唐以来相传之基业遂至灭亡矣。”是可伤也。先有儒有言：善医者，不视人之肥瘦，察其脉之病否而已；善治者，不视国之安危，察其纪纲之理乱而已。故脉理一病，人虽肥必死；纪纲一乱，国虽大必亡。观五子伤太康之失德，而归咎于乱其纪纲，可见纪纲所系之重，有不容一日而少弛者。人主诚能留意于此，凡刑赏予夺，一主之以大公至正之心，使威福之柄常在朝廷，而无倒持下移之患，则人心悦服，而国势常尊矣。

其四曰："明明我祖，万邦之君。有典有则，贻厥子孙。关石和钧，王府则有。荒坠厥绪，覆宗绝祀。"

明明，是赞其德之极明。我祖，指大禹说。典则，是典章法则。贻字，解做遗字。石、钧，俱是权名，如今之秤锤也，一百二十斤叫做石，三十斤叫做钧。关，是通同。和是公平。王府，是内府藏器具的所在。

《五子之歌》第四章说："我祖大禹以明明之德照临万邦，万邦之民莫不仰其盛德，戴以为君。他要后世子孙保守其基业统绪，不至覆坠，立下许多典章法则，遗之子孙，以为世守。莫说国家的大政务，便是通行的石和平的钧，不过称物之器耳，自朝廷视之，若无甚紧要，而今内府中亦有传留收藏的。可见祖宗之法，纤悉备具，其为子孙虑者详且远矣。使能守之，何至乱亡也哉？奈之何为后人者，逸豫灭德，盘游无度，把祖宗传来的统绪，一旦荒弃废坠，以致威柄下移，奸雄僭窃，颠覆我有夏之宗，断绝我配天之祀，岂不可恨也哉！"

其五曰："呜呼曷归？予怀之悲。万姓仇予，予将畴依？郁陶乎予心，颜厚有忸怩。弗慎厥德，虽悔可追？"

曷字，解做何字。畴字，解做谁字。郁陶，是心中郁结而不得舒的意思。颜厚，譬如说面皮厚，可羞愧之甚也。忸怩，是心里惭愧的意思。可追，是说追不可及。

《五子之歌》第五章，叹息说道："我兄太康，既以逸游失国，远窜他方；旧都又被强臣占据了，使我母子数人流离河上，进退无路。彷徨四顾，将何所归乎？此予怀之所以伤悲也。如今万姓之人，都以我家为怨仇，众叛亲离，无复有一人哀矜我者，我将倚靠谁人以图存乎？使我哀思之情，郁结于心而不可释；向人厚着面皮，其羞惭之状发于心、征于色而不容掩，事势穷蹙一至于此。推原其故，只因太康狃于治平，不能敬慎其德，法祖保民，而乃盘于游畋，纵于逸豫，遂致有今日之祸。到这时节，天命已去而不可复留，人心已离而不可复合，虽欲恐惧修省，悔改前非，其可追及乎？亦惟付之无可奈何而已。"《五子之歌》至此，其声愈急，其情愈哀，其言痛切而有余悲，诚万世之鉴戒也。然太康以天下之大，不能庇其母弟，而其后少康以一旅之众，乃能灭逐篡贼，复有天下。国之废兴，岂在强弱哉！

胤征

胤，是胤侯。这书记胤侯承夏王仲康之命，率师征讨羲、和，誓戒将士的说话，故名为《胤征》。

惟仲康肇位四海，胤侯命掌六师。羲、和废厥职，酒荒于厥邑，胤后承王命徂征。

仲康，是太康之弟。肇，是始。胤侯，是胤国之侯。羲、和，是世掌天文的官。徂字，解做往字。

史臣叙说：后羿既距太康于河，而立其弟仲康。仲康始正位四海之初，首命胤侯为大司马，掌管六师。当时诸侯有羲、和者，以世掌天文为职，乃堕废其职业。是时有日蚀之变，羲、和也不奏闻救护，惟贪好饮酒，而荒迷于私邑，其不忠不敬之罪如此。仲康乃命胤侯征之，而胤侯遂承王命，将六师以往征焉。

告于众曰："嗟，予有众！圣有谟训，明征定保：'先王克谨天戒，臣人克有常宪，百官修辅，厥后惟明明。'

圣，指大禹说。征，是征验。保，是保安。天戒，是上天以灾异警戒人君，如日月薄蚀、星陨地震之类。常宪，是常法。后，是君。

胤侯奉王命以征羲、和，誓戒于众说道："尔众将士每，欲知羲、和之有罪，当观大禹之训辞。昔我皇祖大禹，是敬天勤民的圣君，著为谟训垂示子孙。他的言语，句句明白，都有征验，用之可以安定国家，保守基业，不是无益的空谈，诚后世君臣所当遵守者也。谟训上说：古先帝王，盛德格天，固无不至，一有天戒，便能恐惧修省，务期一念诚敬，上通于天，以消变异，不敢有一毫怠忽。那时做大臣的，也都小心谨慎，凡事皆依着常法而行，不敢违越。至于百官每，但有一命之寄的，又都勤修职业以匡辅朝廷，不敢懈怠。夫克谨天戒，其君固已明矣，而大小之臣又同加修省如此。所以为君的，内无失德，外无失政，心志精明，治道光显，真如日月照临一般，岂不为明明之后哉！”禹之谟训如此，今羲、和乃忽于日食之变，不以上闻，不惟自弃其常宪，且使为君者不知有天戒之可畏，其罪大矣。天讨之加，岂容已乎？

“每岁孟春，遒人以木铎徇于路：‘官师相规，工执艺事以谏。其或不恭，邦有常刑。’

遒人，是宣令的官。木铎，是摇的铃铎，王者施政教时，所振以警众者也。徇，是传示众人的意思。规，是正。工，是百工技艺之人。

胤侯戒谕将士说：“我祖大禹，既昭示谟训，垂戒后人，又恐人心或久而易玩，故于每岁孟春之月，遣那宣令的遒人，摇着木铎，传示于道路，说道：凡我百官有司，虽职任不同，都有辅君承天之责者。自今以往，若遇君上有过差，便当直言以相规正，不可唯唯诺诺，缄默取容。至于百工技艺的人，亦要图事纳忠，如淫巧之技，足以荡上心、亏国用者，各执其所司之类事，随时谏止。这才是人臣恭敬君上的道理。设或为官师者，不能尽忠以相规，为百工者，不知随事以进谏，似这等谀佞不恭的人，我国家自有一定的刑法，在所不赦。尔大小臣工，可不戒哉！”夫不恭犹有常刑，而况违命旷官如羲、和者？其罪盖不容诛矣。

“惟时羲、和，颠覆厥德，沈乱于酒；畔官离次，俶扰天纪，遐弃厥司。乃季秋月朔，辰弗集于房；瞽奏鼓，啬夫驰，庶人走。羲、和尸厥官，罔闻知。昏迷于天象，以干先王之诛。《政典》曰：‘先时者，杀无赦；不及时者，杀无赦。’

俶字，解做始字。扰，是乱。天纪，是日月星辰的度数。遐，是远。日月所会的去处叫做辰。集，是和辑。房，是房宿。瞽，是乐官，以其无目，故使审音。奏鼓，是击鼓。啬夫，是小臣。干，是犯。政典，是先王为政的典籍。

胤侯声言羲、和的罪犯说道:“我先圣之谟训既致谨于天戒，而其法令又致严于不恭如此。大小臣工，孰敢不敬畏遵承，各共其职哉！惟是羲、和，乃敢颠倒覆败其德，沉溺昏乱于酒，心志既迷，故违叛其所掌的职业而不修，离去其所居的位次而不顾。他先人从尧以来，世掌天文，未尝紊乱。到他身上，始失于占步，扰乱了天纪，而远弃其所司之事。如顷者季秋九月朔日，日月到那交会的所在，其行度不相和辑，日被月掩，而亏蚀于房宿之间。天变如此，天子方恐惧于上，与群臣同时救护。此时乐官奏鼓，啬夫小臣疾忙驰驱，庶人之在官者亦皆奔走，无不敬谨趋事，以行救护之礼。羲、和系专掌天文的官，却全不以为事，尸居其位，恰似无所闻知的一般，其昏迷于天象一至于此。是乃干犯了先王所必诛之条，其罪大矣。先王的《政典》上，明明开载着说道:‘历官掌管天文，凡一应象纬节气，都要仔细推算，以敬承天道，是他的职业。若是推算不精，占候差错，或失于太早，搀先了正经时候的，其罪当杀无赦；或失于太迟，跟不上正经时候的，其罪也当杀无赦。’譬如该是午时，他都推算做辰巳时，这叫做先时；该是午时，他却推算做未申时，这叫做不及时。凡此皆不敬天道、不恭君命者，故先王必诛而不赦也。夫占步差错者，犹不免于诛。今羲、和乃昏迷天象，若罔闻知，则其罪又岂可赦乎？此我之所以奉王命而徂征也。”

“今予以尔有众，奉将天罚。尔众士同力王室，尚弼予钦承天子威命。

胤侯既历数羲、和之罪，乃戒众说:“羲、和俶扰天纪，昏迷天象，此天讨之所必加者。今我以尔六军众士，奉将天威，明致其罚，此乃王家公事，天子威命所在，不可忽也。尔众士皆当奋其忠勇，戮力王室，庶几辅我以敬承天子之威命，使王灵震赫，国典明彰，而罪人不得以逃其罚可也。”

“火炎昆冈，玉石俱焚。天吏逸德，烈于猛火。歼厥渠魁，胁从罔治。旧染污俗，咸与惟新。

昆，是出玉的山名。冈，是山脊。天吏，是奉天伐暴之官，指将帅说。逸字，解做过字。渠魁，是首恶。胁从，是被威力逼从的人。

胤侯誓众说："今我奉命征讨羲、和，尔众固当同力王室，恭行天讨。至于用兵之际，又当分别重轻，不可纵于杀戮。盖敌人中，也有善恶不等，就如山上有玉有石一般。若猛火焚烧昆冈，则不分玉石，皆为煨烬矣。今师旅之兴，虽以奉天讨罪，若不分好歹，一概诛戮，而有过逸之德，则其为酷烈，更有甚于猛火者。我今行师，只将那首恶的人，殄灭不宥，其余胁从之党，迫于不得已而为之者，一切开释不问。至于旧染污俗，陷于罪戾而不自知者，咸赦除之，使他皆得以改过自新。如此，则元恶既伏其辜，而无辜不致滥及，庶几情法两尽，仁义并行，斯无忝于王者之师矣。尔众士可不慎哉！"

"呜呼！威克厥爱，允济。爱克厥威，允罔功。其尔众士，懋戒哉！"

威，是将令严明的意思。克，是胜。爱，是姑息。

胤侯誓众将毕，乃叹息说道："将乃国之司命，生死存亡系焉。若使行师之际，为将者能一断以法，而不牵于情，有犯即诛，违命即戮，使威常胜乎其爱，则三军之士皆畏将而不畏敌，奋勇争先，战必胜而攻必取，信能济国家之大事矣。若徒事姑息，而徇情废法，当诛不诛，当断不断，使爱常胜乎其威，则人皆畏敌而不畏将，怠玩退缩，战必败而攻必走，决然不可以成功矣。是可见严明乃成功之本，姑息实致败之机。我今行师，不得不以威胜爱矣。尔众士当知我之威不可犯，爱不可恃，勉力戒惧，以期有济可也。否则戮及尔身，决不汝贷，可不畏哉！"

卷四

商书

商，是成汤有天下之号。这书记商家一代的事，故名为《商书》。

汤誓

这是成汤伐桀誓师之辞，故名为《汤誓》。

王曰："格尔众庶，悉听朕言。非台小子敢行称乱，有夏多罪，天命殛之！

格字，解做来字。台字，解做我字。称是举。殛是诛。

史臣记汤将伐桀誓众，说道："来，尔众多百姓都要明听我的言语。君臣之分，本不可犯，今以尔众伐夏，非我小子辄敢不顾名分，以下犯上，为此悖乱之举。盖人君代天子民，任大责重，必须事事合天，然后可以永保天命。今有夏慢天虐民，其罪不止一端，天厌其德，命我诛之。故我不得已至于用兵，往正其罪，实以奉行天讨耳，岂敢称乱哉！"

"今尔有众，汝曰：'我后不恤我众，舍我穑事而割正夏。'予惟闻汝众言，夏氏有罪，予畏上帝，不敢不正。

有众，是亳邑之众。穑事，是农家收获的事。割正，是裁正。

汤又说："夏王有罪，我奉天命以伐之，其事甚非得已也。今尔众百姓每，在背地里乃都抱怨说道：'如今田禾成熟，正好及时收获。我君却不体恤我众，教我每舍了自家的农事，反去裁正那有夏之罪。夏之罪于我何与哉？’你每这说话，我也都闻。但夏王得罪于天，天降大罚，命我诛之。我畏上帝之命，不敢不往正其罪耳。岂得以尔众之私情，而违上天之明命哉！”

“今汝其曰：‘夏罪其如台？’夏王率遏众力，率割夏邑。有众率怠弗协，曰：‘时日曷丧？予及汝皆亡！’夏德若兹，今朕必往。

遏，是绝。割，是戕害。时字，解做是字。

成汤又说：“我又闻尔众有言：‘夏王虽暴虐有罪，也只害他的百姓，将奈我亳都之民何？害既不及于我，兵何必加于人。’你众人这说话，都只是顾一己的私意，不知亳众虽未受害，而有夏的百姓，则有不胜其苦者。夫人情莫不欲逸，夏王则率意为重役，以穷万民之力；人情莫不欲安，夏王则率意为严刑，以残万民之生。那夏邑之民，被其荼毒，若不聊生，虽有亿万之众，率皆离心懈怠，不能和协，视其君如仇雠，惟恐其不亡也。夏王常说：‘我有天下，如天之有日一般，日亡我才亡耳。’那夏邑之民，遂指日以怨之，说道：‘这日果何时亡乎？若亡，则我情愿与他俱亡。’盖苦夏之虐，而欲其亡之甚也。夫夏王恶德，为民所厌苦若此。有人心者，宁可坐视其民之困于涂炭，而不思以拯救之哉？故我今决计必往，以奉天讨罪。盖救民之心切，故尔众之言有所不暇恤也。”

“尔尚辅予一人，致天之罚，予其大赉汝。尔无不信，朕不食言。尔不从誓言，予则孥戮汝，罔有攸赦。”

大赉，是厚加赏赉。食言，是说的言语失信于人，如已出而复吞之一般。

汤誓众说道：“伐夏之举，既不容已。尔等尚其同民同力，辅我一人，以致天之罚于有夏。我则有大赉于汝，令汝等爵位显于当时，荣禄及于后裔。尔辈不可猜疑而不信。朕言既出，决不食言，断断乎其赏之厚也。尔等若不从我的誓言，顾望退缩，我则不止戮及汝身，将并其妻子而俱戮之，无有所赦，断断乎其罚之厚矣。可不戒哉！”

仲虺之诰

仲虺，是成汤的左相。诰，是告喻之辞。古者臣下陈言于君也，通称为诰。

这篇书是仲虺解释成汤伐夏之惭，而因以劝勉他的说话，故名为《仲虺之诰》。

成汤放桀于南巢，惟有惭德，曰："予恐来世以台为口实。"

放，是拘禁。南巢，是地名，即今无为州巢县。口实，是藉口以为指实。

成汤因夏桀不道，举兵伐之，桀奔往南巢地方，汤因拘禁之于此，遂代夏而有天下。因思尧、舜、禹授受以来，都是揖让相承，到我身上，始行放伐之事，虽则是顺天应人，但事出创见，故自以为德不如古，而深用惭愧，说道："我之此举，岂不能自信于心哉？但恐来世之人，或有乱臣贼子，肆行不轨的，辄以我今日之事，藉口以为指实，则所以启万世之乱阶者，未必不由于此矣。此我所以不能已于惭愧也。"夫汤之伐桀，本以除暴救民，四海之人皆知其非富天下者，而犹恐后世以为口实。圣人所以慎万世之大防者固如此哉！

仲虺乃作《诰》，曰："呜呼！惟天生民有欲，无主乃乱。惟天生聪明，时乂。有夏昏德，民坠涂炭。天乃锡王勇智，表正万邦，缵禹旧服。兹率厥典，奉若天命。

乂字，解做治字。坠字，解做陷字。涂是泥涂，炭是炭火，言民被虐政，就如人陷在水火中的一般。典，是经常之理。

仲虺因成汤以伐夏为惭，乃作《诰》以解释其意，先叹息说道："天之生斯民也，形质既具，情窦必开。如有耳目口鼻，则必有声色臭味之欲；有心志，则必有爱恶之欲。使无主以治之，则人皆各逞其欲以相争，争之不已，必至于乱矣。天惟不忍斯民之乱也，乃于生民之中，生出一个上等聪明的圣人，使他为兆民之主，任治教之责，制其欲而使不得肆，息其争而不至于乱焉。夫天之立君，既以为民，可见非有聪明之德者，不足以胜治民之任。今桀为民主，而乃肆行昏乱，为暴政虐刑，以残民之生。那百姓每被其苦害，如坠在泥涂炭火中一般。上天恶夏桀之无道，念万民之无主，乃笃生我王。锡以勇之德，以戡定祸乱；锡以智之德，以图度事几。由是伐罪吊民，伐夏而有天下，以表正万邦之民，而继禹旧所服行之道，使声教四讫之治复见于今日焉。这虽是不幸处君臣之变，然实乃率循其常道，以奉顺乎天命而已，何惭之有哉！”

“夏王有罪，矫诬上天，以布命于下。帝用不臧，式商受命，用爽厥师。

臧，是善。式字，解做用字。爽，是明。师，是众。

仲虺说：“夏王无道，得罪于天，本为天心之所厌恶，乃反矫诈诬罔，托为上天之意，造作虚词，以宣布命令于下，说天命在己，人皆无如之何。盖欲假此惑众，以肆行其无道之事。故天用不善其所为，益加厌弃，乃锡王以勇智之德，使我商受显赫之命，而为天下生民之主。然天岂有私于商哉？特以有夏昏德，百姓被其污染，也都昏昧了。故命吾王为之君师，昭其明德于天下，使天下之众，皆有以自新而不终于昏昧耳。然则伐夏之举，祇以上承天意，岂容已哉！”

“简贤附势，寔繁有徒。肇我邦于有夏，若苗之有莠，若粟之有秕，小大战战，罔不惧于非辜。矧予之德，言足听闻？

简贤，是慢贤。寔字，与实字同。繁，是多。肇，是始。苗，是禾苗。莠，是稂莠。粟，是谷粟。秕，是无米的空谷。予指成汤。

仲虺说：“夏王无道，所用的都是简慢贤者、阿附权势的小人，与他结为一党，徒众实多。夫彼既恃势以慢贤，则人之贤者必为其所嫉恶而不相容矣。故以我商今始造邦于有夏之间，就如禾苗中之有稂莠必遭锄治，谷粟中之有秕子必被簸扬，有不容以并存者。我商众无小无大，都战战然无不震惧，恐一旦遭他毒害，以无罪而受祸。盖有道之见，恶于无道，其势固然也。况吾王之盛德，尽善尽美，但称说出来，件件都厌足人的听闻，而为人心之所归服如此，岂不尤为夏所忌嫉而可畏乎？则今日之奉天讨罪，非惟理所当然，盖亦势不容已者，又何惭之有哉！”

“惟王不迩声色，不殖货利。德懋，懋官。功懋，懋赏。用人惟己，改过不吝。克宽克仁，彰信兆民。

王，指成汤。迩，是近。声，是音乐。色，是女色。殖，是聚敛。德，是有德的人。懋，是繁多的意思。功，是有功的人。

仲虺称述成汤之德，以解释其惭，说道：“声色货利，人所易溺，鲜有不为其所累者。惟吾王之于声色，常恐蛊惑了心志，绝不去近之以自娱乐；于货利，常恐剥削了民财，绝不去聚之以为己有。其本原之地澄澈如此，则固已端出治之本矣。由是推此心以用人，则用舍无不当。人之德行多的，便多与他官职；功劳多的，便多与他赏赐；而无德无功者，不得以滥及焉。推此心以处己，则举动无不宜。人有善，若己有之，而从之不待勉强；己有过，便速改之，初无一毫系吝。盖不知善之在人，与过之在己矣。至于临民之际，不只是一味从宽，却能于那宽大中有个节制，未尝失之纵弛；不止是一味仁慈，却能于那慈爱中不废威严，未尝流于姑息。王有这等大德，昭著而不可掩，故虽始于亳都而实光被于天下。天下之人，皆信其宽能得众，仁足长人，而可以为天下君矣。民心归向，则天位有不可得而辞者，何惭之有哉！”大抵人主一心，致治之原。汤之受天明命，表正万邦，虽有勇智天锡，实由于不迩不殖者以为之本也。否则本原一污，凡事皆谬，其何能得天得民如此哉！后之欲致成汤之治者，当先求其制心之功。

“乃葛伯仇饷，初征自葛。东征西夷怨，南征北狄怨，曰：‘奚独后予？’攸徂之民，室家相庆，曰：‘徯予后，后来其苏。’民之戴商，厥惟旧哉！

葛伯，是葛国之君。饷，是馈送饮食。西夷、北狄，是举远以见近的意思。奚字，解做何字。徯，是等待。苏，是复生的意思。

仲虺说：“吾王之德，既能彰信兆民，是以征伐所加，人心无不归向者。乃昔日葛伯无道，废其先祖之祀。王使人往问之，他回答说无以供粢盛。王就使我亳邑的百姓，替他耕种，老弱馈送饮食。葛伯乃杀了我馈饷的童子，而夺其酒肉，不以为德，而反以为仇。王为这童子无辜被杀，不得已兴兵伐之。王之初征，实自葛始，因而并征讨天下无道之国。那时四方之民，苦其上之暴虐者，都望王师来拯救他，望而不至，反出怨言。王往东面征讨，则西夷之人就怀怨望；王往南面征讨，则北狄人就怀怨望，都说道：‘我等一般样被害的人，王独何为先救彼而后我乎？’是王师未至，而民望之切如此。及王师一至其地，则那方的百姓，都与妻子相庆说道：‘我等困苦无聊，专等我仁君来救援。今我君来除去无道，广布仁恩。我等百姓，如大旱者之得雨，倒悬者之得解，真是死而复生矣！’是王师已至，而民悦之深如此。观此，则斯民之爱戴归往于我有商者，其来久矣，岂一朝一夕之故哉！然则今日之有天下，实迫于人心之归，不容已耳，何以惭为！”

“佑贤辅德，显忠遂良。兼弱攻昧，取乱侮亡。推亡固存，邦乃其昌。

仲虺前既释汤之惭，此下因举为君之道以劝勉之，说道：“王不必以得天下为惭，但自今以往，当思尽所以为君之道，以凝承天命耳。天下诸侯，有才全德备而为贤者，则当信任宠礼以眷佑之；有积善行仁而有德者，则当赉予培植以辅助之；有委身徇国而为忠者，则举褒扬之典而使之得以彰显；有奉法修职而为良者，则加奖劝之道而使之得以自遂。是诸侯善有大小，而劝善后之典亦有轻重如此。又有柔懦不能自存，是弱者也，则因而兼之，并其小而附于大；有昏庸不能自立，是昧者也，则因而攻之，黜其职而治其罪；有败坏其纪纲法度，是乱者也，则变置社稷，虽取之而无嫌；有自底于倾危颠覆，是亡者也，则戮及其身，虽侮之而不恤。是诸侯恶有大小，而惩恶之典亦有轻重如此。夫弱昧乱亡，本是该亡的人，而吾兼之攻之、取之侮之，乃因其亡而推之耳，何容心焉；贤德忠良，本是该存的人，而吾佑之辅之、显之遂之，乃因其有而固之耳，何容心焉。好恶一出于公，而刑赏各当其则。将见天下诸侯，莫不勉于贤德忠良之归，而不敢蹈夫弱昧乱亡之辙，侯度修明，治道振举，邦国有不昌盛者乎？王能如是，则固无忝于君道，而可以为万民之主矣，又何以惭为？”

“德日新，万邦惟怀；志自满，九族乃离。王懋昭大德，建中于民，以义制事，以礼制心，垂裕后昆。予闻曰：‘能自得师者王，谓人莫己若者亡。’好问则裕，自用则小。

建中，是立个表则的意思。后昆，是后世子孙。

仲虺又劝勉成汤说道："人君以一身而统万邦，所以联属而绥怀之者，德也。诚使其德笃实光辉，日新不已，足以系属乎人心，莫说那近者悦服，就是万邦之远，也都爱戴而怀归矣。若不能日新其德，志自满假，侈然自肆于兆民之上，莫说那远者携贰，便是九族至亲，也将背畔而离心矣。夫观人心离合之机，系于德之修否如此。然则吾王之德，虽则足人听闻，亦岂可以自满哉！必当益加日新之功，以勉明其大德。凡一言一动，无不合于中正之极，要使天下的人，都有所观法而后可。然懋德建中之道何如？德莫大于义。义者，事之宜也。事到面前，须以义裁决其可否，而使无不得其宜。德莫大于礼。礼者，心之节也。心有所动，须以礼樽节其过差，而使无不归于正。如此，则念念事事皆当于理，岂特可以建中于民而已哉！以是而贻谋于后世，凡后世子孙之欲制事制心，而懋德以建中者，皆取于此而有余裕矣。然岂无待于学问而自能哉！我尝闻古人说道：'凡人君志不自满，求人臣之可法者，而真能屈己以师之，则德日以崇，业日以广，而万民莫不尊亲，所以为天下王。若自以为圣，谓人都不如我，则君骄于上，臣谄于下，不至于乱亡不止矣。凡事不自以为是，而切切焉好问于人，则见闻日广，志虑益充，自家何等宽裕。若偏愎自用，而每事耻于下问，则一己之聪明，有得几何？只自安于狭小而已矣。古人之言如此。然则王之一身，固天下后世之所取法者，其可不以隆师好问为务哉！"夫自古圣帝明王，未有不本修德而能得民，亦未有不由学问而能成德者。虽以成汤之圣，而仲虺犹惓惓以是勉之，固忠臣爱君无已之心也。今观成汤以日新自铭其盘，而又受学于伊尹，以至用人惟己，从谏弗咈，盖深有合于仲虺之言矣。此德业之所以为极盛欤！

"呜呼！慎厥终，惟其始。殖有礼，覆昏暴。钦崇天道，永保天命。"

殖，是封殖。有礼，是修德的人。覆，是倾覆。钦崇，是敬长尊奉的意思。

仲虺作诰之终，又叹息说："天下之事，必有始而后有终，未有始之不慎，而能善其终者。今王始受天命而为天子，若要谨守王业，垂之永久，正当在此受命之初，便为成终之计可也。盖人君所行的事，逃不得上天的鉴察。有礼的，天就因而封殖之；昏暴的，天就因而倾覆之。这是上天福善祸淫，一定不易的道理。吾王今以大德而受命，固为天之所殖矣。然人心之操舍无常，而天道之祸福相倚，一念之终，将必有悖理而入于昏暴者。自今以往，诚能敬畏奉承，兢兢业业，益务天心之所殖，常虞覆败之不免，则今日所受的天命，可以保之于无穷，而社稷有灵长之庆矣。王不可勉图之哉！”夫以成汤之圣，岂有至于昏暴而不克终者？仲虺犹以天道之可畏者警之，盖既释其惭，又恐其怠。儆戒相成之义，忠爱无穷之心，诚万世君臣所当法也。

汤诰

这篇书是成汤伐夏即位之后，告谕天下的说话，故名为《汤诰》。

王归自克夏，至于亳，诞告万方。

亳，是成汤建都的所在。诞字，解做大字。

成汤既克夏而有天下，乃复归于亳都。天下诸侯都率职来朝。汤乃作诰，大告万方的臣民，以与天下更始焉。

王曰："嗟！尔万方有众，明听予一人诰。惟皇上帝，降衷于下民。若有恒性，克绥厥猷惟后。

皇，是大。上帝，即是上天。衷，是浑然在中的意思。若，是顺。恒性，是常性。绥，是安。猷，是道。后，指君说。

成汤告谕天下臣民，叹息说道："尔万方之众，当明听我一人的诰词。夫人所以有这仁、义、礼、智、信之性者，从何得来？盖本是惟皇上帝，化生万物之初，降下这大中至正的道理于下民，浑然在中，没有一些偏倚。下民既禀受了这道理，只顺着天禀之自然，便都有个常性。如父子自然有仁，君臣自然有义，长幼、夫妇、朋友自然有礼、智、信。这常性是古今圣愚所同有的。但天之降衷虽同，而人之弃受则有清浊纯杂之异，所以不能皆全那固有之性，而安于其道也。若要使百姓每人人都安于其道，其责惟在乎人君。盖人君居君师之位，握政教之权，必须倡导之以教化，整齐之以法制，使凡天下之人，为父子的皆安其有亲之道，为君臣的皆安其有义之道，以至长幼、夫妇、朋友莫不安其有序、有别、有信的道理。此乃人君奉天安民之责，有不可得而辞者也。”

“夏王灭德作威，以敷虐于尔万方百姓。尔万方百姓罹其凶害，弗忍荼毒，并告无辜于上下神祇。天道福善祸淫，降灾于夏，以彰厥罪。

荼，是味苦的草。毒，是蜇人的虫，如蜂虿之类。降灾，是天降灾异，如山崩川竭之类。

汤又说：“天之立君，既欲其安民于道如此。可见为人君者，当以上天之心为心而后可。今夏王乃灭其赋予之德，但逞杀戮之威，以播此凶虐于尔万方的百姓。尔万方百姓，被其凶害，不可堪忍，就如荼之苦口，毒之蜇人一般，殆无一人得以聊生者矣。所以众口称冤，并告无辜于天地鬼神，以望上天之解救。那天道至公，只顺着民心的好恶。民之所怀而为善者，则降之百祥而为福；民之所怨而为淫者，必降之百殃而为祸。感应之理，断不僭差。今夏之淫虐，既已结怨于民，正天道之所必祸者，所以降灾于夏以彰其罪而诛绝之，使不得复播虐于天下也。”

“肆台小子，将天命明威，不敢赦。敢用玄牡，敢昭告于上天神后，请罪有夏。聿求元圣，与之戮力，以与尔有众请命。

肆字，解做故字。玄牡，是黑色的牛。神后，是后土。聿字，解做遂字。元圣，是大圣，指伊尹说。

汤又说：“夏王得罪于天，天既降灾以彰其罪，此正天命明威之所在，天之假手于我者也。故我小子奉将天命明威，不敢赦夏之罪，而必伐之。然征伐大事，我惟听命于天，而不敢自专也，遂用玄牡之牲，敢昭告于皇天后土，以请夏王当问之罪于天焉。又恐一人不能以自为，遂简求天民先觉之大圣人，与他同心戮力，伐罪吊民，替尔万方百姓，请更生之命于天焉。夫上欲承天之威，而下欲立民之命，伐夏之举，诚有不容已者矣。”

“上天孚佑下民，罪人黜伏。天命弗僭，贲若草木，兆民允殖。

孚、允，都是信。罪人指夏桀说。僭，是差。贲，是灿然明白的意思。殖，是生殖。

成汤说："我既请有夏之罪及尔众之命于天，那上天居高听卑，怜悯你下民无辜，冥冥之中，真垂佑助。所以我兵一举，那罪人夏王，即奔走于南巢之地，窜亡而屈服，可见上天祸淫之命断不僭差如此。是以向者民困于虐政，有如草木之憔悴，今则凶害以除，荼毒以免，灿然若草木之荣华悦泽，而生意可观。兆民之众，自是信乎其生殖矣。天之佑此下民，岂不信哉！"

"俾予一人辑宁尔邦家。兹朕未知获戾于上下，慄慄危惧，若将陨于深渊。

俾，是使。辑，是和。宁，是安。戾字，解做罪字。陨，是坠。

成汤说："罪人既黜，兆民无主，天乃使我一人任君师之责，辑和安宁尔邦家，举兆民生殖之命，而寄于我之一身。上天付托之重如此。顾我眇躬凉薄，恐心力有限，政教难周，或有获罪于天地而不自知者，岂不上负上天付托之重，下孤生民仰望之心哉！用是慄慄然日夜危惧，若将坠于深渊的一般。盖其责愈重则其忧愈大，故惕励儆惧之心，不敢以一时而少懈也。"

"凡我造邦，无从匪彝，无即慆淫，各守尔典，以承天休。

造邦，是新造之国，指众诸侯说。侯邦虽旧，而商命维新，悉与更始，故叫做造邦。彝，是法。即字，解做就字。慆淫，是逸乐。典，是常职。

汤又戒众诸侯说："天以辑宁之责命诸我，我固慄慄然不敢以自安矣。凡我新造之邦，有土之君，都有承天长民之责者，亦无或恣意而从于非法，无或纵欲而就慆淫，各宜敬守尔之侯度，修其职业，以共承上天之休命可也。盖黜昏立明，以为生民之主，这是上天佑助下民休美之命。若上不能尽辑宁之责，下不能守侯职之常，则为负上天付托之重，而不足以仰承其休命矣。尔诸侯可不戒哉！"

"尔有善，朕弗敢蔽；罪当朕躬，弗敢自赦：惟简在上帝之心。其尔

万方有罪，在予一人；予一人有罪，无以尔万方。

简字，解做阅字，就如简阅车徒，逐名数过的一般。

汤又戒诸侯说："福善祸淫，天道甚明，不可诬也。尔等若有善，我不敢隐蔽，必加显扬；我若有不善，亦必引以为己罪，不敢自赦，都一一简在上帝之心。盖天虽高而听则卑，或善或恶，报应昭然，孰得而逃之？信乎为君臣者，皆当各尽其道矣。然天既命我为万方之主，付我以辑宁之任，则我之责为尤重。尔万方之民有罪犯法，这是我一人不能尽辑宁之道，以教养斯民，而使之陷于有罪，其责有不可得而逃者；若我一人所为不善，而得罪于天，却是我自家负了上天的付托，于尔万方何与哉！"盖桀为无道，不惟不能导民于善，而且播其恶于民，故汤承天意以戒诸侯，以罪之在人者引责于己，而罪之在己者听命于天。其畏天之至，而自任之重如此，此所以能开有商之大业欤！

"呜呼！尚克时忱，乃亦有终。"

时字，指上文所言为君为臣的道理。忱，是恳恻践行的意思。

成汤又叹息说："人之常情，有始者未必有终，而欲其有终，须当图之于始。今予一人，与尔造邦诸侯，固皆有其始矣，然未可保其终也。庶几能于是而忱信焉。为君的，非徒言之，而果能尽其辑宁之责；为臣的，非徒听之，而果能尽其守典之忠，则君固可以永免于获戾，而臣亦可以永藉夫天休矣。否则或予或夺，天命至为可畏也。安能必其有终也哉！"成汤之言至此，其所以致严于人己者益深切矣。

伊训

训，是教导。这篇书是太甲嗣位之初，伊尹述祖德以教导他的说话，故名为《伊训》。

惟元祀十有二月乙丑，伊尹祠于先王。奉嗣王祗见厥祖，侯甸群后咸在，百官总己以听冢宰。伊尹乃明言烈祖之成德，以训于王。

元祀，即是元年，商家称年为祀。祠，是祭告。侯甸群后，是侯服、甸服之众诸侯。冢宰，是百官之长。古者天子在谅暗之中，不亲行祭祀，亦不发号施令，俱权命首臣代行，故曰听于冢宰也。烈祖，指成汤。

史臣叙说：惟太甲即位改元之年，十有二月乙丑之日，此时尚居仲壬之丧，未亲祭宗庙，而伊尹以顾命大臣居冢宰之位，乃代祭于商之先王，奉嗣王敬见其祖，告以即位改元之事。那时外面侯服、甸服的众诸侯，来朝见新君，皆在其位，与里面百官每各总己职，权且听命于冢宰。伊尹以太甲嗣位之初，事当谨始，而人君守成之道，法祖为要，乃以烈祖成汤之成德，明白详悉以训告于王。至于古今兴亡之故，天人祸福之机，无不反覆为王言之。盖欲其嗣祖德以保鸿业也。

曰："呜呼！古有夏先后，方懋厥德，罔有天灾。山川鬼神亦莫不宁，暨鸟兽鱼鳖咸若。于其子孙弗率，皇天降灾，假手于我有命，造攻自鸣条，朕哉自亳。

鸣条，是夏之都邑。哉字，解做始字。亳，是商之都邑。

伊尹训告太甲，先叹息说道："天人之感应不爽，国家之兴亡有由，前人的事迹，便是后人的样子。今即有夏一代之事观之。比先他家的祖大禹，精一执中，克勤克俭，是何等勉励以敬其德。故当此之时，天心眷顾，宇内协和。以七政，则各循其轨；以五气，则各顺其候，而无灾异、邪沴之干。以山川，则奠安其位；以鬼神，则歆享其祀，而无崩溢、怨恫之患。下及于鸟兽鱼鳖、飞走鳞介之微，也都顺适其性，并育而并生焉。天眷之隆如此。及其子孙夏桀，不能率循其祖德，肆行暴虐。皇天就赫然震怒，降下灾异，以明示其罚，因假手于我成汤之有天命者以诛之，无复如前日之眷佑矣。然天岂故薄于桀而厚于汤哉？盖造可攻之衅者，由桀积恶于鸣条，而兴有商之业者，由汤始修德于亳都耳。即此观之，可见皇天无亲，一德是辅。有夏先后能懋其德，则勃然以兴；其子孙不能修德，则忽然以亡：是祸福无不自己求之者。吾王今日可不深鉴之哉！"

"惟我商王，布昭圣武，代虐以宽，兆民允怀。

商王，指成汤说。布，是敷布。昭，是昭著。圣武，是以德为威的意思。代字，解做替字。允，是信。

伊尹又说:“当初夏桀无道,灭德作威,天下之人虽不胜其痛苦,而慑于凶虐,莫敢声言。谁有能仗天下之大义,为万姓除残去害者?惟我商王成汤,奋义理之勇,而兴师以伐之,以敷著其威德于天下,把有夏的暴政苛法一切除去,代之以宽仁。所以兆民之众,莫不信其志在救民,而爱戴归往,真如赤子之恋恋于慈母,而无一人之不怀服者矣。”

“今王嗣厥德,罔不在初。立爱惟亲,立敬惟长;始于家邦,终于四海。

罔字,解做无字。立,是立个标准,使人有所取则的意思。爱敬,是孝弟。

伊尹劝勉太甲说道:“今王嗣有天下,所居的是祖成汤的位,所统率的是祖成汤的民。更新之初,下民观望,所以嗣续成汤之德者,正在于即位之初,当无一事不致其谨可也。然谨始之道,不止一端,而莫大于孝弟。这孝弟虽是人心所同有,若非为君的躬行以倡率之,则下人无所观法。故王欲使天下之人,皆知爱其亲,必先自尽孝道,以亲吾之亲,则凡有亲者,皆以我之孝为准则,而爱自此立矣;欲使天下之人,皆知敬其长,必先自尽弟道,以长吾之长,则凡有长者,皆以我之弟为准则,而敬自此立矣。由是始而刑于家邦,则一家一国的人,莫不有所观感而兴于仁,兴于让焉。终而及于天下,则四海九州的人,亦莫不有所观感,而亲其亲,长其长焉。盖家国天下,其势虽殊,而爱亲敬长,其心则一。故顺德立于一人,而仪刑达于无外如此。王能如是,其于嗣德谨始之道,庶乎其克尽矣。”

“呜呼!先王肇修人纪,从谏弗咈,先民时若,居上克明,为下克忠,与人不求备,检身若不及:以至于有万邦,兹惟艰哉!

肇,是始。人纪,是三纲五常之理。咈,是逆。先民,是前辈有德的人。若,是顺。与人,是取人。检,是检束。

这一节是伊尹备述成汤之德,以告太甲,即前所谓烈祖之成德也。先叹息说道:“天下不可一日而无纲常之理。夏桀灭德作威,把这纲常伦理都废坏了。至我先王成汤,始修复之,而人纪乃大彰著于天下。其从善,则凡臣下谏诤的言语,都虚心听受,而绝无一毫咈逆之意;其用人,则唯是耆旧有德的人,乃屈己顺从,而不用新进浮薄之人;其居上,则听断无所惑，邪佞不能欺，而能尽临下之道；其为下，则进贤至于三，蒙难无所避，而能尽事上之心；取人之善，则常存恕心，不求全责备；检束自身，则工夫严密，惟恐有不及。汤之修人纪者如此，是以德日以盛，业日以广，天命归之，人心戴之。当初起自诸侯封疆，只有七十里，至于其后，奄有万邦而为天子。此其积累创造之勤，可谓难矣。今王嗣先王之业，可不知所以嗣其德而保守之哉！”

“敷求哲人，俾辅于尔后嗣。

敷，是广。哲人，是明哲的贤人。

伊尹说：“先王成汤，惟其得天下为甚难，故其虑天下为甚远。不但自家修人纪，垂典则，以贻子孙，又广求明哲的贤人，或举之于在朝，或致之于在野，使之布烈庶位。凡前后左右，无非正人，以辅佐汝后来相继为君的，都知修德检身，保守先业，而不至于废坠焉。其为天下后世虑长远如此。”

“制官刑，儆于有位。曰：‘敢有恒舞于宫，酣歌于室，时谓巫风。敢有殉于货色，恒于游畋，时谓淫风。敢有侮圣言，逆忠直，远耆德，比顽童，时谓乱风。惟兹三风十愆，卿士有一于身，家必丧；邦君有一于身，国必亡。臣下不匡，其刑墨。具训于蒙士。’

恒，是常。酣歌，是酒后狂歌。巫，是歌舞以事神的人。风，是风俗，谓竟相仿效，习以成俗也。殉，是贪迷嗜欲，不顾其身的意思。淫字，解做过字。三风，即巫风、淫风、乱风。愆，是过恶。十愆，即恒舞、酣歌、殉于货、殉于色、恒游、恒畋、侮圣言、逆忠直、远耆德、比顽童，以此十种过恶，酿成三风。墨，是刺字之刑。蒙士，是童蒙始学之士。

伊尹说：“先王成汤既广求哲人，以辅尔后嗣，又制为官府之刑，以儆戒有位之人。其儆戒之词说道：‘舞蹈歌咏，人情所不能无，但有个节度，不可常常如此。若在位之人，敢有无昼无夜而常舞于宫，纵酒沉湎而狂歌于室，这等所为，就与那巫觋之人歌舞以事神的一般，这叫做巫风。货色游畋，人情之所易溺，必须以礼节之，然后不至于过。敢有贪嗜货利，耽好女色，常去游观田猎，荒弃政务的，乃过而无度，荡而不检的人，这叫做淫风。敬畏圣言，听从忠直，亲近老成，疏远顽愚，是好恶的正理。敢有侮慢圣人之言，拒逆忠直之谏，疏远耆年有德的贤士，狎比顽愚无知的小人，是违背了好恶的正理，爱憎乖错，心志昏乱，这叫做乱风。惟此三风十愆最为败德害事，凡有位之人，不消得件件都有，才足以丧家亡国。只是这十件内，为卿士的，但犯着一件在身，则有家而必丧其家；为邦君的，但犯着一件在身，则有国而必亡其国。夫为君而至于丧家亡国，固其所自取，而为之臣者，既食其禄，亦当尽其直谏之忠，苟或坐视而不匡救，则必以墨刑加之。盖恶其苟禄不忠，而陷君于有过也。然不惟儆于有位之臣，又以此教训那蒙童初学之士，使他平时将这道理讲究明白，他日出仕为官，知所儆省而不蹈于刑辟也。’夫先王之为后嗣虑者如此，吾王嗣有天下，其可不知所戒哉！”

“呜呼！嗣王祗厥身，念哉！圣谟洋洋，嘉言孔彰。惟上帝不常：作善，降之百祥；作不善，降之百殃。尔惟德罔小，万邦惟庆；尔惟不德罔大，坠厥宗。”

祗，是敬。洋洋，是大孔。彰，是甚明。

伊尹训告太甲既终，又叹息叮咛说：“嗣王当以三风十愆之训，敬之于身而勿忽，念之于心而勿亡。盖这训词不是寻常的言语，自其经画于先王之心，乃圣人之谟也。近足以省身克己，远足以致治保邦，其用甚大，何其洋洋矣乎！自其发挥于先王之口，乃嘉美之言也。以纲目则昭然而毕陈，以鉴戒则凛然而可畏，其旨甚明，又何其彰显矣乎！此王之所当敬念者也。且上帝之命，去就无常。为善，则福禄咸臻，而降之以百祥；为不善，则灾害并至，而降之以百殃。盖福善祸淫，天道昭然不爽如此。为人君者，可不戒哉！一念之善，德虽小也，日积月累，渐至于大，而上帝之降祥者恒在于斯，虽万邦长治久安之庆，不过自此以基之耳；一念不善，不德虽小也，日积月累，恶极罪大，而上帝之降殃者恒在于斯，虽至于覆宗绝祀，亦不过由此以致之耳。王可不深思而敬念之哉！”伊尹作训终篇，又极言祸福之机如此，其忠爱之心可谓深切而恳至矣。

太甲上

昔太甲即位之初，不明于德，听信群小诱引为非。伊尹屡训戒之而不听，乃营宫于成汤陵墓，奉太甲以居之，使之远离群小，近思先训，庶或知所省改。太甲在桐宫居忧三年，果能痛悔前非，处仁迁义。于是伊尹奉冕服，迎太甲复归于亳而为君。其后卒为有商之令主。史臣叙其事为上中下三篇，遂名其书曰《太甲》。这是头一篇。

惟嗣王不惠于阿衡。

嗣王，是太甲。惠字，解做顺字。阿，是倚。衡，是平，天下之所倚以平者也。

史臣叙说，伊尹居阿衡之位，任托孤之责，正嗣王之所当顺从者，而太甲即位之始，乃狎比群小，不听从伊尹之言。此伊尹之所以惧，而作书以为戒也。

伊尹作书曰："先王顾諟天之明命，以承上下神祇、社稷宗庙，罔不祗肃。天监厥德，用集大命，抚绥万方。惟尹躬克左右厥辟宅师，肆嗣王丕承基绪。

先王，指成汤。顾，是常常看着的意思。諟，与是同，解做此字。明命，是上天显明的道理，赋之于人，即仁、义、礼、智之性也。监，是视。绥，是安。左右，是辅相。辟，是君，指成汤说。宅，是居。师字，解做众字。

伊尹作书以告太甲说道："天位至重，非有大德者不足以居之。我先王成汤，德既本于天纵，学又务于日新，于那上天所赋的明命，惟恐失坠，时时省顾而不敢忘，使这天理炯然在中，常若接于目，而真有所见的一般。以此心去奉事那天神地祇、社稷宗庙之神，极其祗敬严肃，而无一毫怠慢的意思。其所以对越于上下，昭格于鬼神者，盖有素矣。是以上天当眷求民主之时，监视我先王之德，足以代夏，乃以非常的大命，集于其身，使他为生民之主，而抚安万方之众。比时我尹躬，亦能尽心竭力，辅佐先王，以安定斯民，而使万邦之众，咸得被乎子惠辑宁之泽。臣主同劳，开造鸿业，故嗣王得以席其余荫，而承此莫大之基绪耳。然则今日虽抚盈成之运，岂可不思缔造之难哉？”

“惟尹躬先见于西邑夏，自周有终，相亦惟终。其后嗣王罔克有终，相亦罔终。嗣王戒哉！祗尔厥辟，辟不辟，忝厥祖。”

夏都安邑，在亳之西，故称西邑夏。周，是忠信而无缺的意思。相，是辅臣。祗，是敬。辟，是君。祖，指成汤说。

伊尹既告太甲以成汤与己创业之艰，又即有夏之事以儆之，说道：“君资臣以为辅，臣赖君以为安，祸福利害，上下同之，未有君不君而臣独得以自保者。今即西邑夏家的事观之，可以为鉴矣。我尝见夏之先王，如大禹、帝启诸君，皆有忠信诚一之德，享国长久，永保天命，而善其终。而当时辅相之臣，亦得以保其爵禄，与国咸休而有终。其后夏桀，昏迷不恭，矫诈诬罔，以至丧身亡国。那时为辅相的，亦与之同其戮辱，而不能有终。可见君臣一体，休戚相关如此。嗣王今日可不以前代之事为戒而勉于忠信，以敬修尔为君之道哉！若君而失其所以为君，则基绪之丕承者，不能终保，而忝辱其祖矣。我尹躬虽欲尽忠匡辅，亦岂能以自保乎？”

看来太甲当初亦未必便为失德之主，他的心只说国家的事，有伊尹一身承当了，他便纵欲佚乐，岂遂至于危亡？不知天下之事，君主之，臣辅之，固未有君荒于上，而政不乱于下者。故伊尹前一节既举成汤顾諟祗肃之德，以见己所以能成左右宅师之功，这一节又即夏家兴亡之迹，以见臣主一体相关之义，正所以深折太甲之私情而破其所恃，使之共保鸿业于无疆也。其惓惓忠爱之心，千古之下，读之尚有感焉。

王惟庸，罔念闻。

史臣叙说：伊尹作《书训》告太甲，既恳切言之，而太甲但视为泛常，略不在念，亦不听闻。

伊尹乃言曰：“先王昧爽丕显，坐以待旦；旁求俊彦，启迪后人。无越厥命以自覆。

昧爽，是天将明未明的时候。丕显，是大明其德。旦，是日初出时。

旁求，是多方访求。俊彦，是才德出众的人。启迪，是开发导引的意思。越，是颠坠。覆，是败亡。

伊尹因太甲不念听其言，复口陈以戒勉之，说道："昔我先王成汤，孜孜为善，不遑宁处，每日于天将明未明、此心未与物接的时候，必澄定其精神，洗涤其念虑，以大明其德，不使有一毫人欲得以蔽之。凡其心思之所得、事理之当行者，则汲汲然坐以待天之明，举而行之，常若有所不及。先王为善之勤如此。又恐后代子孙溺于宴安，荒于佚乐，而不能率循其遗则，乃广询博访，求天下才德兼全的美士，置诸左右，使之开发导引那后代为君的，都知修德勤政，保守先业。盖先王虑后之远又如此。为后人者，正宜仰体其心，祗奉其命，效法其德，而听用其人，以绍先王基绪之隆，庶几无忝于厥祖耳。其可以欲败度，以纵败礼，颠越此求贤启迪之命，至自蹈于覆亡之祸而不知所戒哉！"

"慎乃俭德，惟怀永图。

怀，是思念。永图，是远虑。

伊尹因太甲欲败度，纵败礼，盖失之奢侈，而无长远之虑，故告之说道："人君一身，国家安危所系，若是奢侈纵肆，虽可快意目前，实非长久之计。吾王自今以往，当慎其俭约之德，清心寡欲，制节谨度。凡一切奢华逸乐的事，皆绝而勿为，心里常思想个长远的图谋，不可只求快于一时也。"这两句是伊尹因太甲受病在此，故特言之。

"若虞机张，往省括于度，则释。钦厥止，率乃祖攸行，惟朕以怿，万世有辞。"

虞，是虞人，掌山泽之官。机，是弩牙。括，是箭尾着弦处。度，是准则。释，是发。止，是此心当然不易的道理。怿，是喜悦。辞，是称美之辞。

伊尹又说："王之慎德，当如虞人之射弩然。虞人当射之时，弩机既张，不肯遽然轻发，必仔细审察那箭尾与准望的法度相合，方才发箭，则射无不中矣。人君慎德的工夫，也要如此。盖事事物物莫不各有个恰好的道理，乃是当止之处，即所谓准度也。王欲有所为，必恭敬省察，务求到那道理恰好的去处，不可轻忽。然欲知当止之处，不必他求，只看乃祖成汤所行的事，件件都是停当的。王如今只是遵依着乃祖的行事，而无或逾越，就如虞人省括于度然后发箭的一般，自然事事合宜，而得其所止矣。我当初受先王的重托，常以不能辅王守业为惧。若王果能如此，则我之心深为慰悦，而万世之下，稽古尚论者亦莫不称我王为守成之令主矣。王可不勉之哉！”

王未克变。

变，是改。

史臣叙说：伊尹之训戒太甲，谆切恳至如此。王于此时虽不能无所感动，然溺于旧习，尚未能改，其纵欲如故。

伊尹曰：“兹乃不义，习与性成。予弗狎于弗顺，营于桐宫，密迩先王其训，无俾世迷。”

狎，是玩习。弗顺，是不顺义理之人。桐，是地名，成汤的陵墓所在。

伊尹三进言于太甲，而三不见听，乃私计之说道：“我观王之所为，多不义之事，盖其习染深痼，就如天性生成的一般。此必左右近习，有不顺义理之人，引诱以导其为非者。我不可使其狎而近之，乃就先王陵墓所在，营建宫室，奉王以居之。使之斥远群小，以绝其比昵之党；亲近先灵，以兴其哀思之心。以是训之，无使其终身迷惑而不悟也。”盖太甲此时方在谅暗之中，伊尹身摄朝政，故奉太甲以居桐，使之就先陵而宅忧，以感动其迁善之心耳。后世乃谓伊尹废放太甲，误矣。

王徂桐宫居忧，克终允德。

徂字，解做往字。

史臣记太甲往桐宫，居忧三年，既已绝远群小，亲近汤墓，果能自怨自艾，尽改其平日之非，而处仁迁义，实有其德于身，而不至于终迷矣。夫伊尹身任先王付托之重，念切宗社颠覆之忧，桐宫之迁，卒能使其君克终允德，诚可谓不负阿衡之托矣。然非太甲始迷终复，痛自悔改，则尹虽忠爱无已，亦乌能以自效哉！此其所以犹不失为守成之令主也。

太甲中

这是伊尹奉迎太甲归亳之后，劝勉以修德法祖的说话。史臣叙其事为中篇。

惟三祀十有二月朔，伊尹以冕服奉嗣王归于亳。

冕服，是衮冕之服。

古者天子通行三年之丧，太甲居忧于桐宫，既悔过修德，到第三年，正当服制满了。而商家以建丑之月为岁首，伊尹乃于十有二月正朔之日，用衮冕吉服，奉迎太甲自桐宫归于亳都。盖既终谅暗三年不言之制，于是可以正位临民，嗣丕基而出政治也。

作书曰："民非后，罔克胥匡以生；后非民，罔以辟四方。皇天眷佑有商，俾嗣王克终厥德，实万世无疆之休。"

后字、辟字，都解做君字。胥，是相。匡，是正。佑，是助。休，是美。

伊尹既奉迎太甲归亳，乃作书以告，深致其庆幸之意，说道："君者，民之主。民而非君，则无以施政教、发号令，何能相正以遂其生？此民所以不可无君也；民者，邦之本。君而非民，则无以供赋役、卫王室，何能君有四方？此君所以不可失民也。昔者嗣王为群小所误，君民上下几不相保，商家基业甚有可忧。幸而皇天眷顾，佑助我有商，乃默启王心，一旦懦然醒悟，得以克终其德。然后民不至无君，君不至失民，邦家无倾覆之虞，宗社有灵长之庆，自今日以至万世，子子孙孙皆得以席王之余荫矣。岂不为万世无穷之休乎？"大抵太甲嗣位之初，生长逸乐，故不知祖宗创业之艰难；比昵小人，故不知老成忠言之可信，所以颠覆典刑，而不惠于阿衡也。及其亲近先墓而善念自生，斥远小人而非心尽格，遂能尊信师保，率祖攸行。一念转移之间，而衍商家六百年之祚，岂偶然哉！是以人君之德莫要于法祖，莫急于亲贤。

王拜手稽首，曰："予小子不明于德，自厎不类。欲败度，纵败礼，

以速戾于厥躬。天作孽，犹可违；自作孽，不可逭。既往背师保之训，弗克于厥初。尚赖匡救之德，图惟厥终。”

底字，解做致字。不类，是不肖。速，是召之急。戾字，解做罪字。孽，是灾。违，是去。逭字，解做逃字。师保，就指伊尹。

太甲既痛悔前非，始知伊尹之忠，乃拜手稽首，而致其敬师之礼，说道：“予小子往者昏愚蔽惑，不知君德之所宜，自陷其身于不肖。嗜欲无节，以败坏其处事之度；纵肆不检，以败坏其居身之礼，自速取罪戾于吾身，先王之基绪几于坠绝而不可保矣。夫天作孽祸以垂儆戒，如灾眚变异之类，或气候偶差，非由感召，在人者犹可挽灾为和，违而去之；若人自为不善而致孽祸，则恶自我作，罪自我受，不可得而逃免也。今我纵欲速戾，此正自作之孽而不可逭者。然往者虽不可及，而来者犹有可图。我于前日既不能信顺师保之明训，而弗克谨于其初，自今以后，庶几赖尔正救之德，绳其愆，纠其谬，以图成就我于有终，则失于前者，可以勉之于后耳。不然，予小子将何所赖而克终允德也哉！”夫当太甲不惠阿衡之时，伊尹之言，惟恐太甲不听，及太甲改过之后，太甲之心，惟恐伊尹不言。昔也如水投石，而今也如石投水，可见人心善恶，只在迷悟之间而已。

伊尹拜手稽首，曰：“修厥身，允德协于下，惟明后。

允，是诚实。协，是和协。明后，是明君。

伊尹见太甲悔过求助，有图终之志，乃拜手稽首，致敬以复于太甲，说道：“人君之修德，不徒感悟于一时，而尤贵践履之诚笃。诚能省察克治，慎修其身，事必谨守其法度，动必率循夫礼仪；又能着实用功，无有一毫虚假间断，使实德之所流通，足以感动乎人心，自然和协顺从，而无不爱戴归往于下者，这才叫做明君。乃可以嗣守先业，而永保天命也。王欲图终，可不以此自励哉！”

“先王子惠困穷，民服厥命，罔有不悦。并其有邦厥邻，乃曰：‘徯我后，后来无罚。’

先王，指成汤。无罚，是免于暴虐。

伊尹又说：“允德协下，固惟明后为然。然所谓明后，莫有过于我先王成汤者。昔我先王，发政施仁，于人固无所不爱。至于疲癃残疾、鳏寡孤独，民之困穷而可怜者，则尤哀矜体悉，加意惠养，如父母之于子一般。是以亳邑之民被其泽者，咸服从其命令政教，无不欣悦而爱戴之，亦如人子爱其父母一般。不但本国的百姓如此，便是当时并列侯邦而为邻国者，其民苦其君之暴虐，亦莫不戴我先王以为君，相与说道：'我辈困苦，不得聊生，专等我商君来救援。我君若来，必能除暴伐恶，拯我民于水火之中，自令其免于酷罚矣乎！'夫先王诚心爱民，而得天下之归心如此，正所谓允德协下之明后也。"

"王懋乃德，视乃厥祖，无时豫怠。

懋，是勉。视，是观法。烈祖，指成汤。豫怠，是安逸懈怠。

伊尹劝勉太甲说道："君道莫先于修德，而修德莫要于法祖。我先王成汤既允德协下，而得天下之民矣。今王嗣登大宝，统承先业，正当乘此怨艾之初，勉修其德，监视烈祖之所为，以为模范，而惟日孜孜，不可有一时之逸豫懈怠。盖先王懋昭大德，日新又新，故能允德协下，而天下称明焉。王今继之，若一有豫怠，晏安之气胜，而儆戒之志荒，便与烈祖之德不相似矣。岂能施于有政，而感孚远近之民哉？此王之所当深戒也。"

"奉先思孝，接下思恭；视远惟明，听德惟聪。朕承王之休无斁。"

两个惟字，都解做思字。斁，是厌。

伊尹又说："懋德法祖，而无时豫怠，固吾王之当自勉者。然懋德之事何如？以奉事祖先，则思尽其孝，而旧章成宪务遵守而不亡；以接见臣下，则思致其恭，而动容周旋皆庄敬而有礼；欲明见万里之外，而不蔽于浅近，当思所以审乎人情、察乎物理而明焉，则视何患不远乎；欲听纳道义之言，而不惑于憸邪，当思所以闻言即悟、声入心通而聪焉，则听又何患不德乎！吾王果能于是深思而力行之，则懋德法祖，真可无愧于明后，而无疆之休，我且奉承将顺之不遑矣，岂敢有所厌斁乎？"伊尹于太甲改过迁善之后，既庆喜之，而又孜孜劝勉之如此，盖惟恐王之不终也。其忠爱恳切为何如哉！

太甲下

这是伊尹申告太甲修德保治的说话。史臣叙次其语为下篇。

伊尹申诰于王，曰："呜呼！惟天无亲，克敬惟亲。民罔常怀，怀于有仁。鬼神无常享，享于克诚。天位艰哉！

申，是重。亲，是眷顾。怀，是归附。享，是歆享。

伊尹重言以告戒太甲，叹息说道："人君一身，上为皇天之鉴临，下为百姓之仰赖，前后左右有鬼神之森列，甚可畏也。天虽以君为子，然或予或夺，初无定向，何常亲之有？惟人君能敬以自持，凡动止语默常若天监在兹，无一念敢忽，则此心上通于天，天乃眷佑而申命之矣。民虽以君为心，然或向或背，其情难保，何常怀之有？惟人君能仁以保民，爱养子惠，使匹夫匹妇无一不被其泽，则此心下孚于民，民皆爱戴而归服之矣。鬼神虽依君为主，然不见不闻，至幽难测，何常享之有？惟人君能竭诚对越，真见得祖宗百神，与我一气相为联属，不敢萌一毫怠玩之意，则诚立于此，神应于彼，自然来格来享，而降之以福矣。这等看来，人君居天之位，一念不谨，天遂从而厌之；一物失所，民亦得而叛之。幽独之中，斯须不诚不信，人虽不知，而鬼神知之，存亡之机至危，而感召之理不爽。虽兢兢业业，日慎一日，犹恐不能保终，其可以易而为之乎？所以说天位艰哉！"

"德惟治，否德乱。与治同道，罔不兴；与乱同事，罔不亡。终始慎厥与，惟明明后。

德，指敬仁诚说。否字，解做不字。明明，是明而又明的意思。后，是君。

伊尹说："天位惟艰，保位以德。所谓德，不过曰敬、曰仁、曰诚而已。人君若是尽了这敬、仁、诚而有德，则自然天亲民怀、鬼神歆享，岂不足以致治？若是背了这敬、仁、诚而不德，则必然天怒人叛、鬼神怨恫，岂不足以致乱？然这致治的道理，古人已有行之者矣。若今所行的，与那古人之致治的道理相同，则其治亦与之同，而太平之盛可复见于今日矣，有不至于兴隆者乎？这致乱的事迹，古人亦有行之者矣。若今所行的，与那古人之致乱的事迹相同，则其乱亦与之同，而祸败之应将复蹈其覆辙矣，有不底于灭亡者乎？夫治乱兴亡之机，惟系于所与如此，可见人君当慎其所与矣。然或有初鲜终，则兴治未几，而乱亡随之，亦非真能与治者也。若乃敬畏常存，自临御之初，以至历年之久，悉求与治同道，而不敢一事苟同于乱焉，此非中才常主所能也。惟是至明之君，洞烛夫天民鬼神之理，深辨夫治乱兴亡之故，不但初志极其清明，亦且终身无所蔽惑，方能日慎一日，而永保天命也。王可不以明明之后自期待，而保此惟艰之位哉！”

“先王惟时懋敬厥德，克配上帝。今王嗣有令绪，尚监兹哉！

先王，指成汤。懋，是勉。配，是对。令，是善。绪，是统绪。尚，是庶几。监，是视。

伊尹又说：“能慎所与，固惟明君为然，而当与之人，莫有过于先王者。昔我先王成汤，受天明命而有天下，非有他道，惟是朝夕勉勉不已，常存戒慎恐惧以修其德，凡敬、仁、诚之道，皆加兼体日新之功，不敢有一毫怠慢。故其德与天合，用能君主万方，而对乎上帝。盖真为天之所亲，而民无不怀，神无不享矣。今王为先王之孙，富有四海，贵为天子，其所嗣者，皆先王所传令善之统绪也。然这善绪不易得，由于敬德配天所致，王既嗣而有之，庶几监视乎此，于先王所以敬德配天的事，常常看着做个法则。这便是与治同道，亦可以对越上天，而万民自怀，鬼神自享矣。又何必远有所慕哉！”

“若升高，必自下；若陟遐，必自迩。

伊尹又说：“为治贵慎所与，而进德必有其序。先王之敬德配天，固吾王之所当法者。然其道则高矣、远矣，岂可一蹴而至哉？必当循其进为之方，顺其先后之序，由一念一事之勉于敬，而积之于念念事事之无不敬。就如登山的一般，要升到高处，必从这低处起脚；如走路的一般，要行到远处，必从这近处进步。庶几下学者可以上达，近取者可以远到，而先王之德可驯至矣。否则欲速不达，安能造于高远之地哉？”夫伊尹欲太甲则效成汤，期待至矣。而复以循序告之者，盖不以至圣为期，则志安于近小；若徒骛高远，而不从身心切近处用力，则亦流于虚妄，而何能以与治乎？伊尹之言，真圣学之准则，而万世人君之所当诵法也。

“无轻民事，惟难；无安厥位，惟危。

民事，是农桑之事。位，是君位。

伊尹又说：“人君富有四海，坐享万邦之贡赋，莫把那小民的事便看得轻易了，以为不必留心。当思国以人民为本，民以衣食为命。农夫终岁勤动，尚有不足于食者；蚕妇终岁辛苦，尚有不足于衣者。戚戚焉视民之疾苦，常若痌瘝之在身而后可。岂可视以为轻而忽之哉！人君尊居九重，仰承先世之基业，莫把这大君的位便看得安稳了，以为可以肆志。当思天下所以奉我者甚尊，则其所以望我者甚重。一念不谨，或致上干天怒；一事不谨，或致下失人心。慄慄焉此心之危惧，若将坠于深渊而后可。岂可恃以为安而玩之哉！”夫能思民事之难，则必不妨民以重役，夺民以厚敛，而所以图其易者在是矣；能思君位之危，则必不徇情于货色，溺志于游畋，而所以保其安者在是矣。君天下者，宜三复于此言。

“慎终于始。

伊尹又说：“人情孰不欲善其终者，只是安于偷惰，以为今日姑若是，而他日固改之耳。然事固未有不善其始，而能善其终者。王欲图惟厥终，而保先王之业于勿坠，便当于今日嗣位临民之初，思其难，思其危，兢兢业业，日慎一日而后可。若因循懈怠，谓暂且纵欲为乐，待后更为改图，窃恐此心一放，不可收拾；习气已成，难于变易；后虽悔之，亦无及矣。可不戒哉！”

“有言逆于汝心，必求诸道；有言逊于汝志，必求诸非道。

逆，是违拂。逊，是随顺。

伊尹于太甲悔悟之后，犹恐其不能审于听言，故又告之说道：“人君听言，不当任情以为喜怒，必须审察理之是非。且如人之进言于王，固有犯颜色，触忌讳，侃侃直戆，拂逆于王之心者。这样言语，在常情好生难受。吾王于此，必当虚心审察：他这说话，或者有益于身心，有裨于治理，而于道有合欤？苟合于道，还当屈己听从，未可以为拂意而遂拒之也。人之进言于王，亦有颂其美，承其意，唯唯和柔，随顺于王之所欲者。这样言语，在常情鲜不喜悦。吾王于此，必当虚心审察：他这说话，莫非是阿谀以为容，逢迎以为悦，而不合于道欤？如其非道，便当正色拒阻，未可以为顺意而遂喜之也。盖臣之于君，有过则匡救之，有美则将顺之，虽逆耳之言未必便是，顺意之语未必尽非。但人之常情莫不喜顺而恶逆，而人君之尊，孰敢轻为直言以犯之。故明主于此，不可遽为喜怒，唯虚心审察，徐观理之当否，以为己之从违，则忠直者得以尽其意，而谄佞者无所售其奸矣。”此人君听言处事之要道，非伊尹之忠爱恳到，不能言之亲切如此。

“呜呼！弗虑胡获？弗为胡成？一人元良，万邦以贞。

虑，是思虑。胡字，解做何字。获，是得。一人，指君说。元，是大。良，是善。贞字，解做正字。

伊尹既历告太甲以图治之道，犹恐其不能慎思而笃行也，故复叹而勉之说：“我前所言五者，都是切于治道的说话。王不徒听之，须是殚精竭虑，反覆思惟，君德如何而能进，民事如何而能重，天位如何而能安，何以谨始，何以受言，件件都去心上理会过，这道理方才实得于己。若只听了不加思虑，则亦徒听而已，何由而能得乎？然既思而得之，又当躬行实践，黾勉从事，或循序以进德，或艰难以保民，或危惧以守位，以谨终则于始，以听言则必审，一一都见之于施行，这事功方才有成。若只思了，不肯实行，则亦徒思而已，何由而能成乎？苟能思而得此理，无一毫眩惑；为而成此事，无一毫废弛。则蕴于念虑之间者，皆理而无欲；发于事为之著者，皆善而无恶。内外如一，表里浑然，是人君有大善之德矣。由是万邦的人见为上者如此，自然有所感发，有所视效。以百官则正于朝，无比德，无淫朋；以万民则正于野，无颇僻，无偏党，皆相率而归于正矣。夫万邦之贞，其机由于一人；一人之善，其功在于虑与为。王可不思所以自勉哉！”

“君罔以辩言乱旧政，臣罔以宠利居成功，邦其永孚于休。”

伊尹告君终篇，又以已将复政归老，虑后有谗人变乱是非，太甲或误信而反其所为，故预戒之，且明己志，说道：“率由旧章，君道之当然也。为君的，当以先王之法为必可行，毋信喋喋利口，变乱了祖宗的旧政。事功图成，臣职之当然也。为臣的，不可以己之事功有成，而贪恋宠禄以居之。夫君尽君道，则监于成宪而无纷更之失；臣尽臣职，则功成不满，而益勤笃棐之忠。政治休明，节义成俗，社稷灵长终将赖之矣。邦国有不永信其休美者乎？”盖此时太甲之德已进，伊尹有退休之志，故预为此言。以见国家之事，惟谨守成法，自可长治久安；而己之图归，乃臣道之常，有不得不然者耳。

咸有一德

这篇书是伊尹将告归之时，作书劝勉太甲法成汤以纯一其德的说话。史臣因书中有“咸有一德”之语，遂以为篇名。

伊尹既复政厥辟，将告归，乃陈戒于德。

复字，解做还字。

昔伊尹受成汤之托，辅立太甲。太甲居忧，伊尹身摄朝政。至是太甲君德既成，堪以承继成汤之业。伊尹遂以所摄的政务复还太甲，将欲告老，归于私邑，犹恐去位之后，太甲修德不终，有负成汤所以付托至意，乃陈王者之德所当勉者，反覆以告戒之。

曰：“呜呼！天难谌，命靡常。常厥德，保厥位。厥德匪常，九有以亡。

谌字，解做信字。九有，即九州。

伊尹陈言告戒，先叹息说道：“人君之奄有九州，固莫非上天所命。然皇天无亲，难可凭信，其命之去留迁易，曾无定准。或一国之运，前兴而后废；或一人之身，始予而终夺，何可据以为信哉？然亦但观人君之德何如。诚使为君者能杜绝私欲，常存其德，不使一时间断，则保佑命之，自天申之，而天位可以长保矣。若君德不常，或为私欲玩好，有所摇夺，或但勉强暂时，不能持久，则天命亦遂去之，而九有以亡矣。是可见天命去留之机，虽不可知，而天人感召之理，则必不爽。君德有常，则天命亦有常；君德无常，则天命亦无常。人君欲常保天命，惟在常修其德而已。”

“夏王弗克庸德，慢神虐民。皇天弗保，监于万方，启迪有命，眷求一德，俾作神主。惟尹躬暨汤咸有一德，克享天心，受天明命，以有九有之师，爰革夏正。

夏王，指夏桀。庸字，解做常字。监，是视。启，是启发。迪，是开导。一德，是纯一之德。咸，是皆。享字，解做当字。夏正，是夏家建寅的正朔。

伊尹说：“天命无常，往事可证。昔夏王桀不能常于其德，亵慢明神，不知恭敬以奉祭祀；暴虐下民，不能施惠以收人心：以无道自绝于天，不可以为神人之主。是以皇天厌弃之，不加保佑。下视那万方之中，有堪受大命者，启发而开导之；求德行纯一者，眷顾而亲爱之：使之居天位而为百神之主。自此夏祚告终，而天命改属矣。所谓‘厥德靡常，九有以亡’者，夏桀是也。方上天眷求一德之时，天下无足以当之者。惟我尹躬及我先王成汤，都有纯一之德，心里所存的，无有人欲之私；政事所行的，全是天理之公。臣主一心，上下同德，故能当上天启迪眷求之心，而受其光大休显之命。九州之广，兆民之众，莫不归服于我先王。于是改夏建寅之正朔而为建丑，夏家旧日的天下，一旦转而为我商之所有矣。所谓‘常厥德，保厥位’者，我先王成汤是也。”

“非天私我有商，惟天佑于一德。非商求于下民，惟民归于一德。

伊尹既以夏、商兴亡之故，陈戒太甲，又反覆申明其意，说道：“夏后氏受天命为天子，四百有余岁矣。今天命一旦去之，眷我有商，代夏而有天下，岂天私厚于我有商哉？皇天无亲，惟德是辅。我商之君臣，既同有一德，寅恭夙夜，昭事上帝，是以天心降鉴，自申其保佑之命耳，而非天有私也。夏后氏奄有天下，固一民莫非其臣矣。今而九有之众，无不归服于商者，岂商有所要求于下民哉？民罔常怀，惟德是怀。我商之君臣，既同有一德，容保周至，彰信兆民，是以东征西怨，南征北怨，自戴之以为我后耳，而非商有求也。夫观天佑民归，一本于德如此，嗣王可不慎修其德，以系天人之望哉！”

“德唯一，动罔不吉；德二三，动罔不凶。惟吉凶不僭，在人；惟天降灾祥，在德。

僭，是差。

伊尹又说：“人君之德，若纯乎天理而一，则凡有所动作，自然上合天心，下得人心，无往而不吉；人君之德，若杂乎人欲而二三，则凡有所动作，必然上拂天心，下逆人心，无往而不凶。夫在人当吉便吉，当凶便凶，无有一毫僭差者，其故何哉？盖以天之降灾降祥，惟视在人之德何如。有德，则福不求而自至；无德，则祸欲避而不能。此必然之理也。然则人君欲祈天永命，惟在增修其德哉！”

“今嗣王新服厥命，惟新厥德，终始惟一，时乃日新。

伊尹既反覆申明君德之不可不一，乃劝勉太甲说道：“今嗣王方自桐归亳，新服天子之命，而即政临民，乃天命人心系属之初，吉凶灾祥攸判之始，正当图新其德，痛洗旧染之污，复其本然之善，使德与命而俱新可也。然新德之要，贵乎有常。若新之于始，而或间之于终，则新者有时而污，不可以言日新也。必也始焉自怨自艾，处仁迁义，固如是之新矣；终焉懋德法祖，无时豫怠，亦如是之新焉。终始一致，而无少间断，这才是日新，而非暂明倏晦者之可比也。君德有常而弗替，则天命亦永保于无疆矣。嗣王可不勉哉！”

“任官惟贤材，左右惟其人。臣为上为德，为下为民。其难其慎，惟和惟一。

官，指庶官说。左右，指辅弼大臣说。

这是伊尹告太甲以用人之要法，说道：“吾王既尽新德之功，又当求辅德之助。然辅德唯在用人，而用人必求其当。如诸司百职，乃庶官也。庶官或守一方，或领一事，必一一都选贤而有德、能而有才的人，而任之在位。左右辅弼，乃大臣也。大臣要他处大事，决大疑，与夫调元赞化，又非一方一事可比，其责任既重，不可但求备员，尤须才全德备的人，然后可用。所以然者为何？盖以人臣职分，虽有大小不同，然其为上也，则为君之德。大之保佑王躬，以养其本原；小之因事纳忠，以辅其阙失，使君德日明于上者，都是他的职分。其为下也，则为民之生。或赞襄倡率于内，以燮和天下；或承流宣化于外，以润泽四方，使民生日安于下者，都是他的职分。夫臣职所系，其重如此。若任用非人，则上无以弼成君德，而下无以奠安民生，国家之事日坏矣。是以人君于未用之先，必要难于任用，不可一概轻易授职；慎于听察，不可徒以言貌取人。如此，则选择精，而不贤者不得以滥进矣。于既用之后，必要他可否相济，而彼此交修，终始如一，而信任不贰。如此，则志意孚，而贤者得以展布矣。用人之要，莫过于此。其于吾王新德之助，不亦多乎！”

“德无常师，主善为师。善无常主，协于克一。

德，是善的总称。善，是德的实行。师，是取法。协，是合。

这是伊尹告太甲以取善之要法，说道：“善在天下，散于万殊，而原于一本。故君子之取善，求之贵广，而择之贵精。彼人必有所师法，而后能成其德。然师无常，若执一而求之，则隘矣。故德无常师，惟当视其善之所在，便取以为我之法。凡有一言之合道，一事之可法者，我皆兼收之而无遗，则天下之善，皆我之善矣。然善之在人无穷，若逐一而主之，则杂矣。故善无常主，惟当以其所取之善，而会合于吾心能一之地。凡得之于旁求博取者，皆权度于一心，务求至当归一，纯然不杂而后已，则吾心之一善，有以统天下之万善矣。”大抵君子之学，不博则无以为致约之地，不约则无以收广博之功。譬之于金，有产于水中者，有藏于沙中者，今不必问其所出，但是金便是采来。既采之后，即投之炉中，加以猛火煅炼，便成一块纯金，不复知为沙中水中之物矣。德无常师而主善，就如采金的一般；善无常主而协一，就如炼金的一般。此圣学精微之奥，修德者宜潜心焉。

“俾万姓咸曰：‘大哉王言！’又曰：‘一哉王心！’克绥先王之禄，永

底烝民之生。

俾字，解做使字。绥，是安。底，是定。烝，是众。

伊尹告太甲说："吾王之新德，若能到得那克一的地位，则此心纯然不杂。由是布之为号令，宣之为教诏，自然有以感动乎人心，将使那万姓每众口一词，都称颂说：'大矣哉，吾王之言乎！何其包涵尽天下之理，一言垂万世之则也。'然不特赞王之言，而因以知王之心，又称颂说：'一矣哉，吾王之心乎！必其浑然天理之中存，纯无一毫之间杂也。不然，何以有是至大之言哉！'是即其称颂之至，可知其爱戴之同，一德感应之神有如此。不但是也，受天明命，先王常以一德而受天禄之厚矣。今王能一德，则有以保其基绪，而安享九州之贡赋，先王之天禄不自王而克绥之乎？奄有九有，先王常以一德而得众民之归矣。今王能一德，则有以抚其生民，而永贻乐利于无穷，先王之遗民不自王而永底之乎？一德效验之大又如此，吾王其勉之哉！"

"呜呼！七世之庙，可以观德。万夫之长，可以观政。

古者天子宗庙之制，三昭三穆，与太祖共为七庙。太祖之庙，百世不迁，其余七世之外，亲尽则迁。若是有德之君，其庙称宗，则亦不迁。万夫，即是万民。

伊尹丁宁申戒太甲，叹息说道："人君修德行政，出之一身者虽甚微，而其贤否之章之于天下后世者则甚著。彼七世之庙，祀有定制。亲尽则在所必迁，必人君身有盛德，为公论所归，然后可以称宗不毁；苟无其德，将不免于祧矣。是即庙祀之迁与不迁，可以观德之修否，不能掩于后世之公也。万民之情，从违靡定。王者为之君长，必其所行之政，合于民心，然后爱戴而归向之；苟失其道，将不免于怨叛矣。是即民心之服与不服，可以观政之修否，不能掩于天下之公也。今吾王之在后世，居于七庙之中者也，固当一其德以为不迁之主；吾王之在今日，位于万夫之上者也，亦当一其德以为行政之原。可不知所自励哉！"其后太甲令德善政，于汤有光，庙号太宗，享子孙六百年之祀，至今称守文贤主，亦可谓不负伊尹之所期者矣。

“后非民罔使，民非后罔事。无自广以狭人。匹夫匹妇不获自尽，民主罔与成厥功。”

伊尹告太甲终篇，又致其儆戒之意，说道：“两贵不能以相使，君而非民，则孤立无助，将何所使？两贱不能以相事，民而非君，则涣散无统，将何所事？君民相须如此，为君者固不可忽乎民矣。况于取人为善以成一德，初无间于君民者，而可忽之乎？要必虚心以受天下之善，下问以来乐告之心。莫说我自家聪明睿智，何所不知；那百姓每凡愚浅陋，他晓得甚么，何必问他。这等便是‘自广以狭人’了。为人君者，切不可如此。盖人君任大责重，必合天下之知以为知，而后事无遗照。而道之在天下，虽匹夫匹妇亦有可与知者。但有一人不得自尽其诚，一善不得自达于上，则聪明壅于听闻，智识小于自用。一善之有亏，即万善之未备矣。人主将何所与以成一德之功哉！此所以当取民以为善，不可自广以狭人也。”

谨按：此书始终以一德为言，反覆谆切，其旨深奥。盖天命赋予之理，本纯一而不贰。但人以私欲间杂之则不一，始终有间断则不一，表里有参差则不一。修德者必克尽己私，纯乎天理，使表里如一，始终无间，而后谓之一德也。尧、舜、禹之相授受，曰“惟精惟一，允执厥中”。中即所谓一德。精以察之，一以守之，即是协一的工夫。昔伊尹在畎亩之中，乐尧、舜之道，故悉平生之所学以告太甲，盖欲使其君为尧、舜之君而后已也。后之有志于帝王者，宜潜心而勉学焉。

卷五

盘庚上

盘庚，是成汤十世孙。盘庚因河患迁都于殷，反覆诰谕臣民以图迁之意。史臣录其书为三篇，这是头一篇，记未迁时告谕臣民的说话。

盘庚迁于殷，民不适有居。率吁众戚，出矢言。

殷，是地名，即今河南府偃师县地方。适，是往。率，是总。吁，是呼召。戚，是忧。当时河水为患，众百姓每都以为忧，故谓之众戚。矢言，是誓告之词。

昔成汤建都于亳，其后子孙屡迁，至祖乙始都于耿。至盘庚时，耿又有河决之害。盘庚见殷地高，可以避水，故欲率民以迁都于殷。而当时之民，皆安土重迁，不肯往适于有居。盘庚不得已，乃总呼众忧之人，出誓言以告之，把迁都之利、不迁之害一一晓谕他每知道。盖不以刑罚驱之，而以言语化导之，盘庚之恤民如此。

曰："我王来，既爰宅于兹，重我民，无尽刘。不能胥匡以生，卜稽曰：'其如台。'

我王，指祖乙说。宅，是居。兹，是指耿都说。刘字，解做杀字。其如台，譬如说无奈我何。

盘庚出誓言以告百姓每说道："我先王祖乙初来耿都，既而遂定居于此，实以此地可居，而重我民之生耳。岂预知耿有水患，而故意尽陷之于死地乎？今民偶不幸，困于水灾，流离散处，不能相救以全其生，是乃天变之使然，非人谋之所能及也。我因此考之于卜，那卜兆之词说：‘此地垫溺已甚，我亦无如之奈何。’言决不可不迁也。天命昭然如此，尔民可不从卜而图迁哉？”

“先王有服，恪谨天命，兹犹不常宁，不常厥邑，于今五邦。今不承于古，罔知天之断命，矧曰其克从先王之烈？

服，是事。宁，是安。五邦，是五处建都之地。成汤始居西亳，仲丁迁于嚣，河亶甲迁于相，祖乙迁于邢，又迁于耿，共是五邦。烈，是功业。

盘庚又说：“我先王成汤、仲丁、河亶甲、祖乙诸君，遇国家有大政事，必决之于卜，以观天命之何如。天命所在，则恭敬奉承，不敢违越。故卜曰当迁即迁，不敢偷安，以违天命。至于五次迁都于亳、于嚣、于相、于邢、于耿而迄无定居，这岂是先王好劳，乃天命之不容已故也。今至于我之身，耿不可居，天命亦几乎绝矣。若不承先王之故事以图迁，而坐待沉溺，则是天之断绝我命，且懵然而不自知，况曰其能顺承先王之大业，以保国祚于无穷乎？夫天之所命，在先王犹不敢违，而况于我乎？为尔民者，纵不畏上命，独不畏天命乎？”

“若颠木之有由蘖，天其永我命于兹新邑，绍复先王之大业，底绥四方。”

颠木，是倾仆的树木。由蘖，是树上新生的枝条。

盘庚又说：“旧都已不可居，新都幸有可就。若能从卜而迁，则易危为安，转祸为福，譬如已倒的树木，旁边又生出新枝一般。但见国命几断而复续，先业几坠而复兴，是天将延长我国家之命于新邑，使我继嗣兴复先王之大业，以安四方之民矣。夫不迁之害如彼，而能迁之利如此，是国命之断续，先业之兴废，民生之安危，惟系于迁不迁之间耳。尔民可不审所从哉！”

盘庚敩于民，由乃在位，以常旧服、正法度。曰：“无或敢伏小人之攸箴。”王命众悉至于庭。

敩字，解做教字。在位，是有位之臣。常旧服，是先世常行的旧事。

伏，是藏匿。小人，是小民。箴，是箴规的言语。众，指臣民说。

盘庚既告民以迁都之意，如上文所言矣。然当时之民，虽多惮于迁徙，一般也有要迁的。只为在位的人，恋旧都久处之安，贪沿河沃饶之利，乃倡为浮言，煽惑众心。中间有能审利害而以为当迁者，都被他排击隐匿，不得闻于上。此民情所以不通，而国是所以未定也。盘庚深知其然，故其告教于民，必自在位之人始。而其所以教在位者，惟历举先王君臣旧常图迁的故事，以正今日之法度，见得自己奉顺天命，皆取法乎先王。而凡为臣者，皆当谨守臣职，以取法乎旧臣也。其大意说道："今我小民，苦遭水患，必多以当迁之言箴规于我者。汝群臣正当通上下之情，无或敢排击陷匿，而使之不得上达也。"盘庚告臣之意如此，于是乃命臣民众庶，悉至于庭，以听教命焉。

王若曰："格汝众，予告汝训：汝猷黜乃心，无傲从康。

此下正盘庚命众之词，皆对民而责臣者也。

格，是至。猷，是谋。黜，是除去。傲上，是慢上之命。从康，是徇己之安。

盘庚命众说道："来，汝臣民之众，我其告汝以训言。凡汝之所以不肯从迁者，只为有两样私心：一则有傲心，而慢君上之命；一则有惰心，而徇目前之安耳。汝当谋去汝这个私心，念尊卑之分，而不敢以傲上；图久远之计，而不敢以苟安，可也。"

"古我先王，亦惟图任旧人共政。王播告之修，不匿厥指，王用丕钦；罔有逸言，民用丕变。今汝聒聒，起信险肤，予弗知乃所讼。

旧人，是世臣旧家。播告，是诏令。指，是意指。钦，是敬。逸言，是过言。变，是变化。聒聒，是多言的模样。起信，是取信。险，是倾邪。肤，是浅。

盘庚又说："昔我先王，凡有大事，皆不敢独任一己之私，亦惟谋任尔世臣旧家之人，与之共事。然先王固能任旧人，而旧人亦不负所任。凡国有大事，朝廷出号令以播告乎人，旧人即为之奉承宣布，凡先王忧恤民瘼的美意，都一一传说与百姓，而不敢隐匿。所以先王愈加敬信，而任使之益专。且不但宣君之指，而又自以利害之实告之于民，无有妄言，以惑众听。所以小民翕然感化，而奔走之恐后。先王之臣，其贤如此。今我之任汝，无异于先王，汝宜以旧人之事先王者而事我，可也。顾乃倡为浮言，以阻迁都之议，凡其谗谗然求信于民者，率皆险邪肤浅之说，都不是正大深远的议论。我不晓汝所言，果何谓也。岂不有愧于旧人哉！”

“非予自荒兹德，惟汝含德，不惕予一人。予若观火。予亦拙谋作乃逸。

荒，是废。含，是藏匿。惕，是畏惧。观火，是见得明白的意思。作字，解做成字。逸，是过失。

盘庚说：“我之迁都，非轻易劳民动众，自废其爱民之德，其实欲为民图安耳。汝乃造言阻挠，不肯宣布我为民之德意，不畏惧我一人，若将以我为可欺者。不知我看汝等傲上即安之情，就如看火一般，昭然明白而无所隐蔽，汝亦将谁欺乎？然此虽汝之过，亦由我拙于为谋，优柔姑息，以酿成汝之过失耳。使我能操生杀之权，有罪不赦，汝又安敢若是哉！”这是盘庚设为责己之词，以警群臣，欲其痛自省改，而率民以从迁也。

“若网在纲，有条而不紊。若农服田力穑，乃亦有秋。

网，是鱼网。纲，是系网的大绳。条，是条理。紊，是乱。刈禾叫做穑。有秋，是秋间有收成。

盘庚既戒其臣之傲上从康，又设喻以申明之，说道：“以下从上，理之当然。譬如鱼网一般，把纲绳提起，则细目都随之而张，各有条理而不乱。今君者，臣之纲也。若君令而臣不从，是纲举而目不张矣。有是理乎？然则汝不可不以傲上为戒也。天下之事，不一劳者不永逸。譬如农夫一般，服劳于田亩，用力于稼穑，虽是勤苦，到秋来却有收成之利。今迁都虽劳，而他日安居乐业之利，实由于此。然则汝又不可不以从康为戒也。”

“汝克黜乃心，施实德于民，至于婚友，丕乃敢大言汝有积德。

婚友，是婚姻僚友。

盘庚说："汝群臣所以不肯迁者，本是傲上从康的私心，却乃藉口安民，以市恩于众，而自以为有德。不知河水一决，坐待危亡，适以害之而已，何实德之有。汝必能去其傲上从康之私心，真为斯民趋利避害，以施实德于民，而且及尔之婚姻僚友，亦得以同享其福，则德之所施者博矣。汝于此时，乃敢大言于人说，汝之祖父，尝为民图迁，今汝又为民图迁，汝家世世有积德，这才不失之于夸耳。若今之苟悦小民，何足以为德乎？"

"乃不畏戎毒于远迩，惰农自安，不昏作劳，不服田亩，越其罔有黍稷。

戎，是大。毒，是害。昏，是强。黍、稷，是两样谷名。

盘庚说："耿圮河水，远近皆受其害，势甚可畏。汝乃不畏其大害于远近，而惮劳不迁，则终无去危就安之日矣。譬如懒惰的农夫，惟务偷安，不肯强力为劳苦之事，不耕种田亩，将来岂有黍稷之可望乎？从康之害如此。"

"汝不和吉言于百姓，惟汝自生毒，乃败祸奸宄，以自灾于厥身。乃既先恶于民，乃奉其恫，汝悔身何及？相时憸民，犹胥顾于箴言，其发有逸口，矧予制乃短长之命？汝曷弗告朕，而胥动以浮言，恐沈于众？若火之燎于原，不可向迩，其犹可扑灭？则惟汝众自作弗靖，非予有咎。

吉言，是善言。先，是倡率。奉，是承受的意思。恫，是痛。相，是视。民，是小民。胥字，解做相字。逸口，是过言。燎，是焚。高平之地叫做原。

盘庚说："人臣之义，当奉君之命而致之民者也。今汝于人情忧疑之际，乃不肯将好言语开谕那百姓，而反阴沮迁都之谋，则非但害民而已。惟汝自生毒害，陷于败祸奸宄之罪，以自灾于其身耳。盖臣者，民之倡也。汝既倡民以顽慢不率，则首恶之诛，必不能免。孽自汝作，则痛亦自汝受矣。汝于此时虽自追悔，亦何及哉？我视小民之中，有明于厉害者，犹知相与顾虑，而有箴规之言。但其言一发，汝等即以过逸之言，纷纷排抑之，使不得达。汝固自恃其口，为可以制人矣。况我操生杀之权，能制汝短长之命，而可不惧乎？汝何不以小民之箴言告我，乃共为浮言，以动摇斯民，惧之以迁徙之劳，贻之以沉溺之祸，果何意邪？一时人情为汝所惑，虽若无可奈何，然以我制命之权而殄灭汝，亦何难之有。譬如火之焚于原野，其初虽不可亲近，然终可得而扑灭之。汝尚何所恃乎？然此亦惟汝众自不肯安靖守法，以速祸于己耳。非我有过，乐用刑威以加汝也。傲上之害如此，可不戒哉！”

“迟任有言曰：‘人惟求旧。器非求旧，惟新。’

迟任，是古时的贤人。

盘庚既戒责群臣，又引古人之言以感动之，说道：“我闻迟任曾有言说：‘朝廷用人，当求夫世臣旧家而用之，以其练习故事，通达人情，国家与之同其休戚，而下民视之以为安危也。若夫用器，则不必求旧，惟取其制作之新而已。’迟任之言如此。今汝诸臣，皆我国家之旧人也，我之图任共政，自不能舍汝而他求矣。汝可不思体我之意乎？”

“古我先王暨乃祖乃父，胥及逸勤，予敢动用非罚？世选尔劳，予不掩尔善。兹予大享于先王，尔祖其从与享之。作福作灾，予亦不敢动用非德。

非罚，是不当罚而罚。非德，是不当赏而赏。

盘庚说：“昔我先王及汝祖汝父，君臣一心，无事则同享其逸，有事则同任其勤。是汝祖父，乃我先王之功臣也。汝为功臣的子孙，国家所当优礼，苟无罪过，我岂敢动用非理之罚以加汝乎？盖必可罚而后罚之也。我国家世世选录汝祖父之功劳，至于我亦不敢掩蔽汝祖父之善。今我大享祀于先王，汝祖亦以功臣而配享于庙，在天之灵，昭著森列，以作福作灾于下。凡赏善罚恶之事，神实鉴临之。汝为子孙者，苟无功劳，我亦岂敢动用非分之恩以私汝乎？盖亦必可赏而后赏之也。夫我于勋旧之臣，一赏一罚，皆不敢轻如此。尔旧人宜知所戒勉矣。”

“予告汝于难，若射之有志。汝无侮老成人，无弱孤有幼。各长于厥居，勉出乃力，听予一人之作猷。

难，是迁徙艰难。弱，是轻忽的意思。猷，是谋。

盘庚说："迁都之举，固非易事，但我之志意已定，利害已审。如今把这难事，反复告汝群臣，如射者之决志于中，一定而不可移矣。今小民之中，或老成，或孤幼，也有明于利害而以为当迁者。汝毋欺侮那老成的人，以为耄荒不足听；毋轻忽那孤幼的人，以为年少不更事也。惟当去己私以从众论，舍目前苟安之利，各为千百年居止之图，勉出汝之力，而不狃于从康；听我一人迁徙之谋取，而不终于傲上。则庶几有以辅成我志，而于图任旧人之心亦无负矣。"

"无有远迩，用罪伐厥死，用德彰厥善。邦之臧，惟汝众。邦之不臧，惟予一人有佚罚。

臧，是善。佚字，解做失字。

盘庚告臣将终，又申明赏罚之严以戒勉之，说道："凡汝群臣，都不论远近亲疏，但不从迁，便是有罪的人，我则刑戮是加，讨其死罪而不赦；从我而迁，便是有德的人，我则爵赏是及，显其善，行而不蔽。所以然者，何也？盖以国家之安危，悉系于群臣之善恶耳。如我之邦易危为安而善欤，此非能自善也，惟汝众从迁之故耳。然则用德者安得而不彰之耶？如我之邦沦胥以沉而不善欤，此非自不善也，惟我一人纵恶不诛，失罚其所当罚以致此耳。然则用罪者安得而不伐之耶？盖今日赏罚之典，有断乎其必不可已者，汝其可不念哉！"

"凡尔众，其惟致告：自今至于后日，各恭尔事，齐乃位，度乃口。罚及尔身，弗可悔。"

齐，是整齐。度，是法度。

盘庚说："我之赏罚，其严如此。凡汝群臣之众，其以我言转相告戒：自今日以始，至于后日迁徙之时，各敬共汝所干的职事，而毋或怠忽；整肃汝所守的位次，而毋或违越；检制汝所出的言语，使合于法度，而毋或放肆。惟务同心奉上，以成迁都之举，则庶乎用德而有赏矣。苟或不然，则罚罪之典将及汝身，不可悔也。"夫当时在位之臣，傲上从康，造言阻迁，即一切以法绳之，亦不为过。而盘庚犹必委曲劝谕，丁宁告戒，于严明之中，每寓忠厚之意如此。盘庚其贤矣哉！

盘庚中

这是《盘庚》第二篇，记临迁之时，告谕庶民的说话。

盘庚作，惟涉河以民迁。乃话民之弗率，诞告用亶。其有众咸造，勿亵在王庭。盘庚乃登进厥民。

作，是起。涉，是渡。耿在河北，殷在河南，将迁于殷，故渡河也。诞字，解做大字。亶，是诚。造，是至。

史臣叙说：盘庚自耿启行，将南渡河，率臣民以迁居于殷。那时民心尚怀犹豫，不肯勇往。盘庚也不用刑罚驱迫他，但以话言晓喻民之不从者。然其大告乎民，又只用真诚恳恻的实意以感动之，使其翻然而乐从焉。又恐人众喧杂，听言不审，于是当众人皆至之时，先戒以毋得亵慢，在王之庭，都整齐严肃专听上命。盘庚于是升进其民，着他向前而面告之。

曰："明听朕言，无荒失朕命。

荒字，解做废字。

盘庚大告庶民说："汝民当明听我言，凡我所以命汝者，必须遵信奉行，毋敢废弃而不从也。"

"呜呼！古我前后，罔不惟民之承保。后胥戚鲜，以不浮于天时。

承，是敬。浮字，解做胜字。

盘庚首举先王迁都之事，以劝勉百姓说道："昔我先王，如成汤、仲丁、河亶甲、祖乙之为君也，无不惟民生是敬。一遇水灾，则视民之溺犹己溺之，遑遑焉必欲为之图迁而后已。君之忧民如此。故当时之民，亦莫不保爱其君，相与忧君之忧，而协力以为从迁之举。君民一体，上下一心，是以卒能避害就利，舍危从安。虽有天时水患之灾，鲜不以人力胜之也。先世君民，其相与御灾捍患者如此。其在今日，尔民何独不然哉！"

"殷降大虐，先王不怀厥攸作，视民利用迁。汝曷弗念我古后之闻？承汝俾汝，惟喜康共；非汝有咎，比于罚。

虐，是害。古后，即是先王。怀，是安。俾，是使。咎，是罪。比于罚，是比附迁徙的罪名。

盘庚又明己迁都之意，说道："昔我殷邦，河水为灾，天降大害，先王不敢安居。其所以兴作而迁徙者，只为人情莫不欲安，但看于民有利，则用之以迁而已。此先王之事，我之所闻者也。尔何不思我迁都之举，乃闻之于先王，而非创为于今日者乎？盖我所以敬承汝民命，而使汝以迁都者，惟喜与汝远避河水之患，以共享安居之乐耳。是我今日为民之心，即先王视民利用迁之心也。岂谓汝民有罪，比附于迁徙之罚以加汝哉！汝民亦当体我之心矣。"

"予若吁怀兹新邑，亦惟汝故，以丕从厥志。

吁，是招呼。怀字，解做来字。新邑，指殷都说。

盘庚说："尔民不乐迁都者，岂谓我大违众志，而强汝以必从乎？我想尔民的本志，岂有不愿安居者？特一时为浮言所惑，故不肯迁耳。今我所以不惮话言之烦，而招呼怀来尔民于此新邑者，亦惟因汝民荡析离居之故，欲与之共享安康，正以大从尔志，使得遂其舍危就安之初愿也。然则我非强民，乃顺民耳。汝何不熟思之乎？"

"今予将试以汝迁，安定厥邦。汝不忧朕心之攸困，乃咸大不宣乃心，钦念以忱，动予一人。尔惟自鞠自苦！若乘舟，汝弗济，臭厥载。尔忱不属，惟胥以沈。不其或稽，自怒曷瘳？

试，是用。忱，是诚。鞠字，解做穷字。臭，是败。稽，是察。曷瘳，是不可救的意思。

盘庚又以不迁之害，警动庶民说道："耿被河患，则民危而邦亦危矣。故今我将用汝迁都，以安定国家，使汝民同享安逸。这是我苦心替汝思算，不得已而为此举耳。汝乃不忧我心之所困苦，乃皆大不肯宣布腹心，敬慎思念，以诚意感动我一人，是不能如先民之保后胥戚矣。则汝惟坐待水患，以自取穷苦。譬如乘舟装载者，该及时启行，若迟滞不济，必然臭败了所载的货物。今日迁都，正该君民一心，效同舟共济之义。汝若又生迟疑，而从上之诚心间断不属，则岂能以共济艰难？惟相与以及沉溺而已。夫安定之与沉溺，这两件利害，昭然明白。尔民曾不能稽察以决其从违，一旦河水溃决，无可逃避，汝虽自生怨怒，而悔已无及矣，果何救于困苦乎？尔民其审察之可也。”

“汝不谋长，以思乃灾，汝诞劝忧。今其有今罔后，汝何生在上？

劝忧，是以忧自劝，盖所谓安其危而利其灾者也。上，指天说。

盘庚又说：“汝民不为长远之谋，以思量那不迁的灾祸，是汝安危利灾，不知求免于忧，而大以忧自劝也。如今目前恋着沃饶之利，固有今日矣。然将来决遭沉溺而无有后日，天将断弃汝命，汝有何生理于天乎？不迁之害，其大如此。汝民又将何从耶？”

“今予命汝，一无起秽以自臭，恐人倚乃身、迂乃心。

秽，是恶。倚，是偏。迂，是曲。

盘庚以民不从迁，只因心志不定，故告之说：“是非不两立，利害无两从。今我命汝当专一此心，从我迁徙，无起傲上从康之恶，以自取沉溺之败。所以然者，盖凡人中心有主，则邪说无自而入。若汝心不专一，吾恐浮言之人引诱煽惑，得以偏倚了汝之身，迂曲了汝之心，使汝是非颠倒，利害昏迷，而无中正之见，必不能决意以从迁矣。故当一心以听上，然后浮言不能为之惑也。”

“予迓续乃命于天。予岂汝威？用奉畜汝众。

迓，是迎。续，是接。畜字，解做养字。

盘庚又发明其恳切为民之意，说道：“耿圮河水，有今罔后，汝命几绝于天矣。故我命汝及早迁都者，正以迎续汝命于天，而使之更生也。我岂用刑威以驱迫汝哉？特用以奉养汝众，引而纳诸生全之地耳。”

“予念我先神后之劳尔先，予丕克羞尔，用怀尔然。

先神后，即是先王。羞字，解做养字。怀，是念。

盘庚又说：“昔我先世神圣之君，如成汤、仲丁、河亶甲、祖乙，当五迁厥邦之时，尔先人竭力从迁，其劳甚矣。我惟思念我先神后之劳尔先人，其功不可忘。故我今日图迁，大能奉养尔众于生全之地者，用怀念尔为先民之子孙，不忍坐视其沉溺而不加拯救故也。是我于尔民，为谋固甚周，而用情亦甚厚矣。尔民顾乃不体我心而欣然乐从，何耶？”

“失于政，陈于兹，高后丕乃崇降罪疾，曰：‘曷虐朕民？’

陈字，解做久字。崇，是大。高后，指成汤说。

盘庚恐民心未服，又举鬼神之事以恐动之，说道：“人君之政，莫大于安民。今耿圮河水，民之不安甚矣。我若不为民图迁，是失安民之政，而久居于此也。我高祖成汤在天之灵，必大降罪疾于我，说道：‘汝为民主，何为虐害我民，坐视其沉溺而不救乎？’是我不能图迁，则难逃先王之责如此。”

“汝万民乃不生生，暨予一人猷同心，先后丕降与汝罪疾，曰：‘曷不暨朕幼孙有比？’故有爽德，自上其罚汝，汝罔能迪。

生生，是生养不穷的意思。猷，是谋。幼孙，是盘庚自称。比，是同事。爽德，是失德。迪，是道。罔能迪，是无道以求免。

盘庚说：“今日之事，我若不能图迁以安民，固无以逭于先王之责。汝万民若不能自为生养无穷之计，与我一人共谋同心，而尚惮于迁徙，则我先王亦必大降罪疾于汝，说道：‘汝何不与朕幼孙同迁乎？’故汝不从迁，有此逆理犯分之失德，则先王自上降罚于汝，汝将何道以自免哉！是民不从迁，亦难逃先王之责如此。”

“古我先后既劳乃祖乃父，汝共作我畜民。汝有戕则在乃心，我先后绥乃祖乃父；乃祖乃父乃断弃汝，不救乃死。

戕，是害。绥，是安慰的意思。

盘庚说：“汝民不肯从迁，不但得罪于我先王，而亦得罪于尔祖父。盖昔我先王之迁都，既劳尔祖父以同迁矣。今我继先王而为君，则汝皆为我所畜养之民，当以汝祖父之事先王者事我，可也。苟有戕害在汝之心，傲上从康而不肯迁，我先王必安慰汝祖父说，尔子孙悖理抗君，我将加之罪罚。汝祖汝父，亦以大义难容，乃断弃汝，而不救汝死于先王之前矣，可不畏哉！是民不从迁，又难逃祖父之责如此。”

“兹予有乱政同位，具乃贝玉。乃祖乃父丕乃告我高后曰：‘作丕刑于朕孙！’迪高后丕乃崇降弗祥。

乱字，解做治字。具，是兼并聚敛的意思。贝玉，是货财的总称。迪，是启迪。

盘庚对民责臣说道：“民不从迁，固难免祖父之责。然不但尔民为然，兹我治政之臣，所与共天位者，若不肯为民图迁，惟贪沃饶之利，以聚蓄宝玉为事，则汝诸臣的祖父，亦必恶其所为，相与告我高后成汤说：‘我子孙为臣不忠，弃义贪利，其作大刑戮于我子孙以讨其罪。’是诸臣祖父，实启迪我高后以大降不祥，而灾害必不可免矣。夫臣不从迁，亦难逃祖父与先王之责如此。况于尔民，奚可惑其浮言而不迁乎？”商俗尚鬼，故盘庚以鬼神之说惧之，盖因俗利导而使之易从也。

“呜呼！今予告汝不易！永敬大恤，无胥绝远！汝分猷念以相从，各设中于乃心。

恤字，解做忧字。猷，是图谋。设，是安设。

盘庚反复劝戒庶民，又叹息说道：“今我告汝以迁都之事，岂敢以为易而忽之。盖道路既已艰难，人情尚多疑畏，展转思虑，正我之大以为忧者。汝当永敬我之所大忧念，无使上下之情相去绝远，而诚意不相连属也。如我以安民为谋，汝必分我之谋，而相与共图之；我以忧民为念，汝必分我之念，而相与共念之。同心协力，期于相济以有成，乃为可耳。然欲体我之心，又必先正汝之心。盖天下之是非利害，都有个恰好的道理，所谓中也。此心一失其中，而偏邪之见得以入之矣。汝百姓每各要把这道理安设于汝心，使中有所主，而事有定见，则必能知迁徙之当然，而不为浮言之所夺，岂不能分猷念以相从乎？”盘庚告民至此，其意愈切至矣。

“乃有不吉不迪，颠越不恭，暂遇奸宄，我乃劓殄灭之，无遗育，无俾易种于兹新邑！

吉，是善。迪，是道。颠越，是颠倒违越。劓，是割鼻之刑。殄灭，是杀戮尽绝。遗，是留。育，是生育。易字，解做移字。

盘庚既诱民以从迁，又恐迁徙之时，奸人乘隙生变，故严明号令以告敕之，说道："今往迁新都，道路之间，必须严肃。若有不善不道之人，如颠倒违越，不敬遵我之约束者，及暂时遇着的人，肆为奸宄，乘机劫掠者，我小则加之以劓刑，大则殄灭其种类，无复遗留生育，不使移其种于新造之邑，以坏我之良民善众也。"

"往哉生生！今予将试以汝迁，永建乃家。"

建，是立。

盘庚临迁之时，又告民以从迁之利说："耿被河患，汝民不能聊生矣。自今往于新邑，则可以定居，可以兴事，而有生生之乐焉。夫迁之有利如此，故我今日将用汝以迁，使汝永立乃家于此，子子孙孙享生生之乐于无穷也。是今日经营迁徙之图，乃为汝一劳永逸之计，汝民何为不肯从迁，而尚恋恋于故土哉！"夫以庶民之微贱，盘庚不以刑威迫之，而必以话言晓之，必使心悦诚服，而后与之共举大事。此商家之所以能固结民心，而延有道之长也。

盘庚下

这是《盘庚》第三篇，记盘庚迁都之后，慰劳戒勉臣民的说话。

盘庚既迁，奠厥攸居，乃正厥位，绥爰有众。

奠，是安定。居，是官民的居止。位，是上下的位序。

史臣叙说：盘庚既迁新邑，鼎建国都，此时臣民居止已定，无复向时荡析离居之患矣。然迁徙初安，经制未备。于是盘庚乃各正其上下尊卑之位，以明相临之分；又慰劳臣民迁徙之劳，以安有众之情焉。

曰："无戏怠，懋建大命！

戏，是轻侮的意思。怠，是怠惰。大命，是国家之命。

盘庚戒勉臣民说："尔等臣民，昔固有傲上从康者，今新都既适，纲纪粗定，无得戏侮怠惰如往时之故习，必须尽心勉力，趋事赴功。为臣的各修职业，为民的各务生理，以建立我国家之大命，使之长久安宁可也。”盖迁都一举，乃国家更新之会，故盘庚于既迁之后，警惕而作新之如此。

“今予其敷心腹肾肠，历告尔百姓于朕志，罔罪尔众。尔无共怒，协比谗言予一人。

敷心腹肾肠，是吐露实情的意思。历字，解做尽字。百姓，是庶民与百官族姓，兼臣民说。协，是合同。比，是附和。

盘庚虽已迁都，犹恐臣民勉强顺从，而心怀怨怒，故告之说：“上下之情，常患不能相信。今我敷布心腹肾肠，凡胸中所蕴蓄的，都明白吐露，尽告尔臣民以朕志，使尔等知悉。盖迁都之时，尔众有倡为浮言，说事定之后，加汝罪责者，岂知我已释然于心，不复追究往事、加罪于尔众矣。尔众各宜安心守分，无得共怀疑虑而有怨怒之意、合同附和而加谗谤之说于我一人，则上下相信，人人自安，可以共保国家之业于无穷矣。”

“古我先王，将多于前功，适于山，用降我凶德，嘉绩于朕邦。

古我先王，指成汤说。多，是推广的意思。适，是往，亳都近山，故叫做适于山。降字，解做下字，是除去的意思。凶德，是灾祸。嘉绩，是美功。

盘庚说：“昔我始祖契，建都于亳，既无水患，而有功于民，其后屡迁，前功或几乎坠矣。我先王成汤，将欲推广前人之功，而不使之失坠，故又往居于亳，还归旧都。那时山高土厚，得免河水之灾，除去了国家的凶祸，所以能安居乐业，修政立事，而有嘉美之绩于我国家也。是先王迁都之善如此。”

“今我民用荡析离居，罔有定极。尔谓朕：‘曷震动万民以迁？’肆上帝将复我高祖之德，乱越我家。朕及笃敬，恭承民命，用永地于新邑。

荡，是浮荡。析，是分析。极字，解做止字。乱，是治。越，是及。笃敬，是诚笃恭敬之臣。

盘庚又叙已迁都之意，说道：“今耿都为河水所坏，我民浮荡分析，离散居处，无有定止之期，将陷于凶德而莫之救矣。汝等只说我无故震动万民，而为此必迁之举，不知乃天意之所在耳。盖国家之治乱，实先业之隆替所关。今上帝将复我高祖成汤之德，而治及我国家，故默牖我心，使我与二三笃敬之臣，忠诚体国，能审利害者，相与计议而行，用以敬承汝民垂绝之命，使之舍危就安，以长居于此新邑也。民安，则国治，而祖德于是乎复矣。夫成汤以多前功，而我以复祖德，则迁都之举，岂无故而劳民者哉！"

"肆予冲人，非废厥谋，吊由灵各；非敢违卜，用宏兹贲。

冲人，是盘庚自称。吊字，解做至字。由，是用。灵，是善。宏，是恢扩的意思。贲字，解做大字，指国家大业说。

盘庚慰谕臣民说道："当初我欲迁都，尝参之人谋，而决之龟卜矣。尔臣民有言不可迁者，我皆不从，非我冲人不恤人言，废其谋而不用也。盖谋不贵于多而贵于善。尔臣民之中，有能审利害之实而以为当迁者，乃是善谋，我则信而从之，确乎不易，乃至用尔众谋之善者耳。这是我至公之心，岂有意于违众哉！然尔众之不肯从迁，亦非敢故违我之吉卜也。盖以为听于神，不若听于民。苟轻易迁徙，动摇人心，则基业岂能安固。故欲我听从民便，待水患之自息，使民安国治，以恢宏此国家之大业耳。这是尔爱国之情，亦岂有意于违卜哉！然则我之心，尔众固宜知之；尔众之情，我亦谅之矣。上下之间，欢然相信，复何疑何惧之有。"

"呜呼！邦伯、师长、百执事之人，尚皆隐哉！

邦伯，是统率诸侯之官。师长，是众官之长。百执事，是大夫以下，凡有职事的官。隐字，解做痛字。

盘庚既慰劳臣民，又以安民之功责望臣下，先叹息说道："凡我群臣，有任岳牧而为诸侯之统率者，有任公卿而为众官之长者，有各司一职而为百执事者，其人不同，皆辅我以治民者也。今百姓每迁徙之初，生理未复，艰难之状甚可怜悯。尔群臣尚皆恻然隐痛于心哉！诚有隐痛之心，则所以抚恤而安全之者，自不容不尽其职矣。"

“予其懋简相尔，念敬我众。

懋，是勉。简，是择。相，是开导的意思。

盘庚说：“安民之务，知人为先。尔群臣之中，贤否不一，我将勉力简择，委任那爱民的人，罢黜那不爱民的人，用以开导尔等，使各自勉励，修举职业，常以民生为念，而敬慎不忽耳。尔群臣可不体我之德意以致之于民乎？”

“朕不肩好货，敢恭生生。鞠人谋人之保居，叙钦。

肩字，解做任字。敢，是勇。鞠，是抚养。谋，是营谋。鞠人、谋人，都是爱养百姓的意思。叙，是用。钦，是敬。

盘庚承上文说：“凡为臣者，贪好货财，则必聚敛于百姓，是不能念敬我众者也。我决不任用那好货的人。若能勇于敬民，以其生生为念，一心要把百姓每抚养，替百姓每营谋，凡可以保其居止而乐生兴事者，皆为之尽心竭力，是能念敬我众者也。我则叙而用之，予之以爵禄；钦而敬之，优之以礼貌焉。此我之懋勉简择以为民者也。”

“今我既羞告尔于朕志若否，罔有弗钦。

羞字，解做进字。若，是顺。否，是不顺。

盘庚说：“我所叙用敬礼的人，是顺我意者；我所不任用的人，是不顺我意者。我今既进告尔等以朕志之所在，凡顺意与否者，皆明言之矣。尔等知我意向，当思奉行，毋不敬我所言也。”

“无总于货宝，生生自庸。

总，是聚。庸，是安民之功。

盘庚说：“具乃贝玉，汝群臣尝有此故习矣。我今既不任好货之人，则汝当以此为戒，切勿谋聚货宝，以掊克为能可也。往哉生生，汝群臣既率民以迁矣。我又以敢恭生生望汝，则汝当以此自励，务保爱周恤，使人人各厚其生，以成安民之功可也。如是，则能敬我之命，而不负我懋简相尔之意矣。”

“式敷民德，永肩一心。”

式，是敬。敷，是布。肩，是任。

盘庚于篇终又深望群臣，说道：“不总货宝，惟务民功，此真为民之大德也。但人情多勤于始而怠于终，未有能久而不变者。汝当兢兢业业，以敷布为民之德，自今至于后日，常任此心而不替，则汝之爱民无穷，而民之受惠亦无穷矣。”盘庚戒勉之意，一节严于一节，而终以无穷期之，其惓惓为民之心如此。此所以为有商之贤君也。

说命上

商高宗感梦而得傅说，遂命以为相。史臣记高宗命傅说之辞，与傅说告高宗之语，为书三篇，总名之曰《说命》。这是头一篇。

王宅忧亮阴，三祀。既免丧，其惟弗言。群臣咸谏于王曰：“呜呼！知之曰明哲，明哲实作则。天子惟君万邦，百官承式。王言惟作命，不言臣下罔攸禀令。”

王，是高宗。宅忧，是居丧。亮阴字，当作梁暗，是天子居丧之所。免丧，是除服。则字、式字，都解做法字。

古者上下通行三年之丧，君薨则嗣君居于梁暗之中，守孝三年，不亲政事，不出号令，使百官都听命于冢宰。此时高宗遭父小乙之丧，遵行古礼，居忧于梁暗中，三年不言，及大祥之后，丧服已除了，还不肯出朝听政，发言裁决。当时在朝之臣，皆以为过礼，乃进谏于高宗，叹息说道：“人君以一人而居乎兆民之上，必其于天下事理皆洞然而无遗，才叫做聪明睿哲。有是明哲之德，于是发之为号令，以裁决乎庶政，施之于政事，以总率乎百官，则天下之人皆仰之以为法则矣。今我王以聪明首出之资，君临万国，正所谓明哲作则者。朝廷上百官，方颙颙然仰听一人之言，以奉承其法令。使王而发言也，则言之所出，即可以作命令于天下，而臣下有所奉行。苟或不言，则君既无以令乎臣，臣下将何所禀奉而行之，不亦有负于作则之任哉？此王之所以不可不言也。”

王庸作书以诰，曰："以台正于四方，台恐德弗类，兹故弗言，恭默思道。梦帝赉予良弼，其代予言。"

庸，是用。台字，解做我字。帝，是天。赉，是与。弼，是辅弼。

高宗因群臣谏他不言，用是作书以告群臣，明其所以不言之意，说道："我非不欲言也，实以我居人君之位，将表正于四方，其任至大，其责至重，恐我明哲之德，不能与前人相似，无以君临万邦，而为百官之所承式，此所以不敢轻易发言。但时常恭敬渊默，收敛此心，思量治天下的道理。我一念精诚，上通于天，感动得上帝于梦寐中赐与我一个贤相，其将论道辅政，代我之所当言矣。尔群臣又何以无所禀命为忧哉？"盖高宗求贤图治之心，纯一不二，与天无间，故梦寐之间，果得贤相。可见人君继天而为之子，其精神意气，真与天道相为感通，王言一动，皆不可以不慎也。

乃审厥象，俾以形旁求于天下。说筑傅岩之野，惟肖。

审，是详。筑，是筑墙。傅岩，是地名，在今山西平陆县。肖，是似。

高宗既梦上帝赐以良弼，而未知其人所在，于是乃详记梦中所见的人，画影图形，差人持着这图，偏去天下寻访。行到傅岩之野，见一个人叫做傅说，方在那里筑墙，他的形貌正与画图相似，果符高宗所梦焉。其得傅说之奇如此。大抵圣君贤相，相待而生。天将开高宗中兴之治，故生傅说之贤以为之佐，而梦寐之间特有以启之。盖明良遇合之机，天人感应之理有如此者，良非偶然也。

爰立作相，王置诸其左右。

爰字，解做于字。

史臣叙说高宗以梦求贤，既得了傅说，聘他来与之谈论，果然是个大贤，可当重任。于是不次擢用，就立他做宰相，加诸百僚之上。又以冢宰兼师保职，着他常在左右，以资其匡弼，而听其议论。盖亲信之深也。

命之曰："朝夕纳诲，以辅台德。

纳诲，是进言。

高宗既任傅说，遂命之说道："君德不能自成，必有赖于贤臣之辅。汝今在我左右，须要朝夕进纳善言以教诲我。但有义理，则不时陈说；但有过失，则随事箴规。于以广我之见闻，端我之趋向，使君德自成，而无愧于明哲之主可也。"

"若金，用汝作砺；若济巨川，用汝作舟楫；若岁大旱，用汝作霖雨。

金，是刀剑等器，古时铜钱之类，都叫做金。砺，是磨刀的石。济，是涉水。巨川，是大川。楫，是船桨。连三日雨，叫做霖。

高宗既命傅说以纳诲辅德，又设喻以致其属望之意，说道："凡金器必用砺石磨之，而后快利。今我之望汝以纳诲辅德，就如金之用砺一般。凡切磋琢磨，以变吾迟钝之质，而成其德器之类者，将惟汝是赖矣。汝其吾之砺乎！又譬之济大川者，必假舟楫而后能渡。今我之望汝以纳诲辅德，就如济川之用舟楫一般。凡匡扶引掖，使我得以永保艰难之业，而克成利济之功者，将惟汝是赖矣。汝其吾之舟楫乎！又譬之年岁大旱，必得霖雨而后能沾润。今我之望汝以纳诲辅德，就如大旱之望霖雨一般。凡经纶参赞，使我之膏泽治乎黎庶，而功德被乎寰宇者，将惟汝是赖矣。汝其今日之霖雨乎！"高宗此言，其致望于傅说者，辞愈切而意愈至矣。

"启乃心，沃朕心。

启，是开。乃字，解做汝字，指傅说说。沃，是灌溉的意思。

高宗命傅说说："我之望汝纳诲辅德既为甚切，汝当披露悃诚，罄竭底蕴，大开汝之心胸，于凡修德之方、致治之道，一一都敷陈开导，无所隐匿，用以滋润灌溉于我之心。使我于这道理，都明白透彻，融会浃入，充足而厌饫焉。庶足以副我之深望也。"这是高宗以格心之忠，望之于傅说者如此。

"若药弗瞑眩，厥疾弗瘳；若跣弗视地，厥足用伤。

瞑眩，是病人饮了苦药，头目昏闷的意思。瘳，是病痊。跣，是跣足。

高宗既以格心沃心望傅说，又设喻说道："人臣必进苦口之言，然后能匡君之过。汝若不肯开心竭诚，苦口直言以尽规谏之道，则我之过差，无由省改。如病人服药，不至于瞑眩，则其病必不得痊矣。为君的道理，必须一一讲穷明白，然后见之于施行者无有差谬。若此理不明于心，只管任意妄为，鲜有不至于坏事者。譬如跣足而行，目不视地，其足必至于有伤矣。即此观之，则所望于汝之启心沃心，以尽纳诲辅德之道者，岂容已哉！”

“惟暨乃僚罔不同心，以匡乃辟。俾率先王，迪我高后，以康兆民。

暨字，解做及字。乃僚，是傅说的僚属。匡，是正救。乃辟，是高宗自称。先王，指商家继世诸贤君说。迪，是遵行的意思。高后，指成汤说。

高宗又命傅说说：“汝既作相，上佐天子，下统百官，则自卿士而下皆汝僚属，均有事君之责者。汝必倡率于上，与汝大小群僚同心协力，责难陈善，以正救汝君。或处心有未正处，就宜匡弼；或行事有未当处，就宜直言。使我心无妄念，动无过举，得以率循我先王太甲、太戊、祖乙、盘庚诸贤君继述之道，而践履我高祖成汤已行之迹，于以安天下之兆民，使群黎百姓皆安居乐业，无一夫不得其所者。庶几我祖宗致治之休，复见于今日，而汝辅相之功亦大矣。可不勉哉！”

“呜呼！钦予时命，其惟有终。”

时字，解做是字。命，即上文命傅说之词。惟，是思。

高宗命傅说将毕，又叹息而致其叮咛之意，说道：“我前所谓纳诲辅德、启心沃心之言，与夫率属正君、法祖安民之说，皆是命汝紧要的言语，其望不为不深，其责不为不重。汝当敬承此命，务尽其道，以副我之所期。又当时常思念，慎终如始，无或一时少懈。如此，乃为克尽辅相之职，而亦负于相须之殷矣。汝其念之哉！”

说复于王，曰：“惟木从绳则正，后从谏则圣。后克圣，臣不命其承，畴敢不祗若王之休命？”

绳，是木匠弹的墨线。畴字，解做谁字。祗若，是敬顺。

高宗之命傅说，叮咛反覆，欲其进谏者切矣。于是傅说复命于高宗说道：“人臣之进谏非难，人君之从谏为难。譬之木理，不是生成便得端正，惟依从着大匠的绳墨，用斧斤以斫削之，则自然端正平直，而可以为器用矣。人君也不是生成便是圣人，惟听从着臣下的好言语谏诤，则自然动无过举，而可以为圣人矣。谏之不可不从也如此。吾君果能虚心从谏，而造于克圣之地，则凡为臣者，孰不欲仰承德意，而进献忠言。就是不命他说，他也要自竭忠谠以承之矣。况今王之命臣进谏，其切如此，谁敢不思尽忠补过，以敬顺吾王之美命乎？然则王不必求进言于臣，而但求受言于己可也。”这是傅说欲高宗先广从谏之量的意思。盖人君之德虽多，惟从谏是第一件美事。能从谏而不咈，则虽中才之主，亦可保乎治安；若违谏而自用，则虽聪明过人之君，亦不免于祸乱。自古圣愚兴亡之机皆判于此，故傅说首以为言。万世人君所当深念也。

说命中

这是《说命》第二篇，记傅说与高宗论治道的说话。

惟说命总百官，乃进于王曰：“呜呼！明王奉若天道，建邦设都，树后王、君公，承以大夫、师长，不惟逸豫，惟以乱民。

若，是顺。树，是立。后王，是天子。君公，是诸侯。大夫、师长，都是官名。乱字，解做治字。

史臣叙傅说既受命于高宗，居冢宰之职，总令百官，乃陈说治道，以进戒于高宗，先叹息说道：“天尊地卑，君臣定位，是人之有尊卑上下的等级，乃天道之自然也。古昔明王奉顺这天道，制为君臣之礼。先区画天下之地，立许多的邦国，又于邦国之中，设许多的都邑。乃立天子于大邦，以统天下之治；立诸侯于小邦，以统一国之治。天子诸侯而下，又各承以大夫、师长，使之居乎大都小都以为之辅。以尊临卑，分定而莫敢或抗；以下奉上，礼达而莫敢或逾。所以然者，岂欲以天下奉一人，而自处于安逸豫乐之地哉？良以天不能自治乎民，而必付之君；君不能独治乎民，而必分之臣。君主之，臣辅之，体统相维，政事毕举，正以治天下之民，使之各遂其生，各复其性，而无负于上天付托之意耳。夫君臣之设，皆所以为民如此。然则为君与臣者，岂可不思以各尽其道哉？”

“惟天聪明，惟圣时宪，惟臣钦若，惟民从乂。

时字，解做是字。宪，是法。从乂，是从治。

傅说告高宗说：“人君既奉天以治民，则当法天以为治。今夫天高高在上，虽未尝有耳目以视听乎下，然天道至大至正，至公至神，无一件不闻，也无一件不见。凡人事之是非，民情之休戚，都逃不过天的聪明。人君居天之位，为天之子，必须事事法天。起居号令，则一循乎理；好恶赏罚，则一从乎公。天道至大，圣人亦至大；天道至正，圣人亦至正。务使此心湛然虚明，足以兼听四方、远见万里，也与天的聪明一般。如此，则无愧于继天立极之任，而真可为臣民之表率矣。由是为臣者，见君以天之心为心，亦必以君之心为心，莫不奉公守法，以敬顺其上矣，谁敢有怠忽者乎？那百姓每见朝廷之政至公无私，也自然心悦诚服，不待于刑威之驱迫，而天下已无不应矣，谁敢有违背者乎？盖事既纯乎天理，则动必合乎人心，感应之机，自有不容已者。使君之所为，一有不出于天理之公，而或参以人欲之私，则政出而人疑之，令行而人悖之，欲臣民之顺从也，其可得乎？此人君之治，必以法天为要也。”

“惟口起羞，惟甲胄起戎，惟衣裳在笥，惟干戈省厥躬。王惟戒兹，允兹克明，乃罔不休。

胄，是头盔。衣裳，是命服。笥，是竹箱。干，是盾。戈，是戟。

傅说既以宪天之说告高宗，此下又历举其事说道：“人君宪天以为治，当事事致谨。如口以出号令，必是言而当理，然后下民有所尊奉。若轻肆妄言，则人不肯听从，而反致羞辱。是羞辱之来，乃吾自起之矣。甲胄以御戎寇，必是敌加而应，然后可以弭患安民。若无故兴兵，则人心危惧，而反以动天下之兵。是戎寇之至，乃吾自起之矣。衣裳命服，所以彰有德，必须藏之在笥，以待有功。若乘喜而滥赏，后虽追夺之，亦以亵矣。干戈征伐，所以诛有罪，必须自省其身，真个理直气壮而后可动。若自己未能无过，则亦难以责人之罪矣。这四件都是人君的大政事，王惟戒谨乎此，无敢轻忽，或出乎己，或加乎人，皆必虑其患之所由起，而除其心之所易蔽。信此而能明焉，则言动命讨，各得其当，朝廷政治无不大公至正，而极其休美矣。盖天之所以为聪明者，以其无私也。人君能事事致谨，克去己私，则其聪明亦何以异于天哉！宪天之实，莫要于此。”

“惟治乱在庶官。官不及私昵，惟其能。爵罔及恶德，惟其贤。

私昵，是私所亲爱的人。恶德，是包藏凶恶的人。

傅说说：“天子之建庶官，欲其分理天下也。官得其人，则纪纲法度件件修举，天下岂有不治；官失其人，则纪纲法度件件废弛，天下岂有不乱。天下之治乱，系于庶官如此。故人君用人，不可不谨。凡六卿百执事，这样的官虽有大小，都是与朝廷管事的，不可着那私所亲爱的人做。盖私所亲爱的人，推举不由公论，才望不服众心，与之以官，必然狎恩恃爱，窃弄威权，岂不坏了国家之事。惟当博选材能之人而用之，诚使能称其官，虽疏远仇怨，皆有所不必计也。公卿大夫士，这样的爵，虽有尊卑，是朝廷所以命的德的，不可加与那包藏凶恶的人。盖包藏凶恶的人，大奸似忠，大诈似信，加之以爵，必然倾陷正人，流毒天下，其害有不可胜言者。惟当妙选贤德之人而用之，诚使德称其爵，虽卑贱侧陋，皆有所不必计也。夫以能授官，则官不旷矣；以德命爵，则爵不滥矣。以是而任庶官，天下岂有不治者乎？此人君用人之道也。”

“虑善以动，动惟厥时。

虑，是思虑。善，是当理。时，是时宜。

傅说说：“人君以一身而理万几，举动一差，即有无穷之害。故凡有所动作，不可率意妄为，必先熟思审处，果当于理而后行之，否则宁止而不为，勿轻动以贻害也。然事虽当理，而或不合于时宜，则亦不足以成天下之事。又必虚心裁度，随时处中，务适乎事机之会，而不戾乎时措之宜，然后可。夫动既由于虑善，而善又协于时中，以此应万几之务，将无所处而不当矣。此人君处事之道也。”

“有其善，丧厥善；矜其能，丧厥功。

有，是自足的意思。

傅说说：“德莫贵于日新，学莫病于自足。一有自足之心，则止而不复可以进于道矣。且如行一好事叫做善。为善固可喜，然天下之善无穷，庸可以自有乎？苟或侈然盈满，遂以其善为有余，则骄心一起，怠心即生，德不复加修，行不复加勉，非惟从此善不益进，且将并其已得者而失之矣。不自丧其善乎？事有成绩叫做功。有功固可嘉，然亦职分之所当为，恶足以骄人乎？苟或肆然矜夸，遂以其能为过人，则自用之意既多，用人之量必隘，智者不为之效谋，勇者不为之效力，非惟从此功不益崇，且将并其已成者而坏之矣。不自丧其功乎？盖'满招损，谦受益'者，天道之常。自古圣帝明王，善盖天下，而处之以谦；能高天下，而守之以让。故德与上下同流，而名与天壤俱敝。此人君处己之道也。"

"惟事事，乃其有备，有备无患。

傅说说："祸患每伏于无形，儆备当存于先事，若待患至而后图之，则无及矣。故人君为治，当平居闲暇之时，件件事都要做个准备，不可怠忽。有当整理的，及时整理；有当蓄积的，预先蓄积。这是事事都有备了。既有其备，则虽忽然有意外之变，仓促有非常之事，而在我有可恃，应之有余力矣，何足患乎？如练士卒、修器械，以预戒乎兵事，则御敌有其备，纵遇寇盗之警，亦不足以为患矣。如治沟洫、积仓廪，以预修乎农事，则救荒有其备，纵遭水旱之灾，亦不足以为患矣。推而至于凡事，莫不皆然。此人君思患预防之道也。"

"无启宠纳侮，无耻过作非。

启，是开。宠，是宠幸。纳，是受。侮，是侮慢。无心失理叫做过。有心背理叫做非。

傅说说："左右近习之人，朝夕亲近，易以狎昵。若宠幸太过，则彼将恃恩无忌，而或生侮慢之心。是彼之侮，乃我自取之也。吾王当以此为戒，慎毋溺于所爱，开宠幸之门，以受人之侮也。人孰无过，过而能改，于己何损？若自以有过为耻，惮于更改而强为遮饰，则始虽出于无心之失，而其终反遂成有心之非矣。吾王当以此为戒，慎毋耻于闻过，为文饰之计，以遂己之非也。夫不启宠以纳侮，则佞日远而聪明不为所蔽；不耻过以作非，则过日寡而聪明不为所累。此人君御下检身之道也。"

“惟厥攸居，政事惟醇。

居，是心安于所止。醇，是不杂。

傅说既历举宪天之事以告高宗，这一节乃归本于心，说道：“人君一心，乃万化之本，若只在事事上求其当否，终是无本之学，不足以应万机之务。惟能以义理涵养此心，使方寸之中湛然虚灵，寂然宁定，如水之止，而无所搅扰；如山之止，而终不迁移，则心一矣。一，则凡有施为，都从义理中流出，而无二三之杂。大而为政，皆尽善尽美；小而为事，亦至精至当，岂有不醇者乎？此所谓有天德便可行王道，乃宪天之本也。”

“黩于祭祀，时谓弗钦。礼烦则乱，事神则难。”

黩，是亵渎。时字，解做是字。烦，是繁多。

傅说说：“国家之祭祀，如郊庙社稷、山川百神载在祀典者，都有定制。若于定制之外，又举非时之祭祀，则是亵渎了神明。本以为敬，而不知是谓之不敬也。至于牺牲粢盛之数，升降周旋之节，也都有旧规，不可烦多了。若烦多，则必扰乱而不可行矣。以此事神，不亦难乎？盖聪明正直之谓神，不经之祭，非礼之礼，神必不享。故黩与烦，皆非所以交鬼神之道也。”商俗尚鬼，高宗或未能脱于流俗，又其典祀特丰于祢庙，故傅说因其失而正之如此。

王曰：“旨哉，说！乃言惟服。乃不良于言，予罔闻于行。”

旨字，解做美字。服，是行。良，是善。

高宗既闻傅说之言，有味于心，乃称叹之说道：“美哉，汝傅说的言语！其论上天立君之意，与夫宪天为治之方，句句都有关于治道，有裨于君德，使我闻于耳，饫于心，就如口中尝着美味的一般。我当服行汝之所言，守以为制治保邦之训也。夫以我之寡昧，于君人的道理未有所知。若不是汝将这善言一一开导启发，则我终何所闻而措之于施行乎？此我所以深嘉汝之纳诲也。”夫自古人臣献忠于主者多矣，而傅说独以遭际高宗，故其所言不惟即见采纳，又且深加奖叹如此。今天下后世颂高宗为明主，而称傅说为良臣，岂非千古之一遇哉！

说拜稽首，曰："非知之艰，行之惟艰。王忱不艰，允协于先王成德。惟说不言，有厥咎。"

艰，是难。忱，是诚信的意思。先王，指成汤说。

傅说因高宗叹美其言，遂拜而稽首以致敬，复劝勉高宗说道："天下的道理，只要知之，不足为难。惟是知了，一一都见之于躬行，乃为难事。盖溺于宴安者，或虽知之而不能行；废于半途者，或虽行之而不能久，此所以为难也。今王嘉奖我之所言，则是于为治的道理，既已知之矣。然或不能体验于身心，而发挥于政治，虽知何益？王若于此深加诚信，着实行之，不以为难，行之而有得，信能协合于我先王成汤的盛德美政，与之相符而无间，则我之所言者，王不徒听之，而实能行之矣。当这时节而说，犹有所隐匿而不言，则是上负天子，下负所学，其咎不在于王而在于我矣。"这是傅说责难于君的说话。其后高宗果能信行傅说之言，以成有商中兴之治。盖傅说之尽诚匡弼，高宗之虚心受善，两得之矣。

说命下

这是《说命》第三篇，记傅说与高宗论学的说话。

王曰："来，汝说！台小子旧学于甘盘，既乃遁于荒野，入宅于河，自河徂亳，暨厥终罔显。

甘盘，是高宗之师。遁字，解做隐字。宅，是居。河，是河内之地。徂，是往。亳，是亳都。显，是明。

高宗呼傅说来前，告他说："人君以务学为急，而学问以有终为贵。我小子旧日未即位时，曾受学于贤臣甘盘，讲究那修身治天下之道，庶几有所发明矣。既而先王欲我习知民艰，乃使隐居于荒野之间，后又入居于河内，又自河内往至于亳，居无定所，学无专功，故其后将旧业都荒废了，而于修身治天下之道，竟未能显然明白于心。今我将整理旧学，以求终之有成，不能不赖汝说之训迪也。"这是高宗自叙其废学之由。然高宗之学虽废于迁徙，而其能备知民事的勤劳，洞见民情的疾苦，则实自迁徙中得来，盖亦莫非学矣。此高宗之所以为贤也。

“尔惟训于朕志。若作酒醴，尔惟麹糵；若作和羹，尔惟盐梅。尔交修予，罔予弃。予惟克迈乃训。”

醴，是甜酒。麹，是造酒的曲。糵，是造酒的米。和羹，是滋味调和的羹汤。梅，所以调酸。交修，是左右规正的意思。迈，是行。

高宗告傅说说道：“旧学罔终，我志几迷于所往矣。今幸汝之贤可继甘盘。汝当献纳忠言，开陈理道，以启发我之心志。譬如作酒醴者，必资麹与糵而后成。今我望汝涵养熏陶，以酿成乎君德，就是我的麹糵一般。作和羹者，必资盐与梅而后和。今我望汝调和参赞，以燮理乎化机，就是我的盐梅一般。夫造酒者，麹多则太苦，糵多则太甘，麹糵交济，乃能成酒；调羹者，盐过则太咸，梅过则太酸，盐梅交济，乃能成羹。汝欲成我之德，亦必交修乎我，多方以规正之，委曲以维持之。如我之气质或偏于刚欤，汝则济之以柔；我之意见或偏于可欤，汝则济之以否。如酌甘苦以成酒，调酸咸以成羹，庶几我之心志终得显明，而可以副我之所望也。汝切勿弃嫌我，说我的旧学既荒，不足与言；必须谆谆训告，亹亹敷陈。但汝说的话，我便能笃信力行，决不至于负汝之所训也。”夫既喻之麹糵盐梅以求其助，又示之克迈乃训以诱其言，高宗之望傅说，可谓反覆而恳至矣。其学终于有成，而为商家之令主也，宜哉！

说曰：“王！人求多闻，时惟建事。学于古训，乃有获。事不师古，以克永世，匪说攸闻。

时字，解做是字。建，是立。获，是得。

傅说因高宗孜孜访问，遂称王而告之，说道：“凡人于天下之言，广询博访，务求多闻者，这是为何？良以天下之事理无穷，一己之智识有限。以有限之知，而应无穷之务，如何得事理停当、事功有成？故博采舆论，广求多闻，正欲以尽众人之所长，以为吾立事之资也。然时人的见识，终是不及古人。稽考古先圣王垂下的谟训格言，其于修身治天下的道理，那一件不载？故为学者，又必潜心勉力，将这古训一一都讲究明白，然后义理有得于心，而可以为建功立事之本也。若事不以古人为成法，不知古训为当遵，而师心自用，任意妄为，则所志必不在于高明，所行必不合于义理。如是而谓其可以久安长治，传之于后世者，断无此理，非我之所闻也。然则王欲建事有获，其可不以多闻学古为务哉？”

“惟学逊志，务时敏，厥修乃来。允怀于兹，道积于厥躬。

逊，是谦逊。时敏，是无时而不敏。允，是信。怀，是念。

傅说又告高宗说道：“为学之道，固在于求多闻，学古训。然义理无穷，工夫易间，必须卑逊其志。虽已知矣，而常自以为无所知；虽已能矣，而常自以为无所能，谦卑巽顺，不敢有一毫自足之心，其逊志如此。又必时时敏求，温习其所已知，而益求其所未知；持守其所已能，而益求其所未能，孜孜汲汲，不敢萌一毫自止之念，其时敏如此。夫既存不自满假之心，而又奋勤励不息之勇，如此用功，将见日有就，月有将，其进修之益，就如水泉之来，源源而不竭矣。为学之方，莫要于此。但人不肯着实去做，故于道终无所得，而学终无所成。若能笃信而深念乎此，逊志便着实自逊其志，时敏便着实加倍其功，以此求道，而道岂有不得者乎？将见工夫愈熟，进益愈深，以闻见则日博而智益明，以事业则日广而大有功，天下道理莫不积聚于吾身，如货财之积，不可胜用矣。吾王可不勉哉！”

“惟敩学半，念终始典于学，厥德修，罔觉。

敩字，解做教字。典，是常。

高宗望傅说以训志交修，求教之意甚切。傅说恐其徒资于人，而不知反求诸己，又勉之说：“王之学，无徒求之于人而已。盖开导而指引之，教者之责也；心体而力行之，学者之事也。学而无教，固昧于向往，而不得其为学之方；若教而不学，则徒为讲论之虚文，而其学亦终无所得矣。所以为学之道，一半要人指教，一半要自己去勤学，教学相须，而后学可成也。然虽能勤学以受教，而工夫或有间断，则亦难以必其终之有成。又必心心念念，终始常在于学，不始勤而终怠，不始作而终辍。能如此，则工夫既已精专，造诣自然纯熟，而其德之日修，将有不知其所以然者矣。其视徒资夫人之训，而不免间断其功者，所得为何如哉！此王之所当勉也。”大抵学莫贵于自励，尤莫贵于有终。人臣之纳诲，岂能强其君之必从；一时之务学，岂能保其终之不懈。故傅说之于高宗，即以敩学半告之，又以终始典学望之，可谓善于责难者矣。

“监于先王成宪，其永无愆。

监，是视。先王，指成汤。宪，是法。愆，是过。

傅说既以终始典学劝勉高宗，至此又启之以法祖，说道：“人君之为学，不过取法乎善而已。而今之所当法者，又孰有过于我先王成汤乎？盖我先王成汤，以天锡勇智之资，而又加以昧爽丕显之学，其于修身治天下的道理，件件都有典则法度以垂范后世。吾王今日亦不必远有所慕，但能率由旧章，事事都遵守先王的成法。如修身，则法其制事制心之事；为政，则法其建中表正之规。如此，则吾王之学即先王之学，吾王之德即先王之德，凡修身以至治天下，莫不尽善尽美，而永无过差之患矣。吾王其监之哉！”上文既曰学于古训，而此又曰监于先王者，盖理虽载乎古训，法莫备于先王。故人君之学固以稽古为先，而尤以法祖为要。此傅说告高宗之意也。

“惟说式克钦承，旁招俊乂，列于庶位。”

式字，解做用字。旁招，是四面招引。俊乂，是才德出众的人。

傅说又说：“修德者，人君之事；进贤者，大臣之职。但君德未修，则心志昏迷，用舍倒置，大臣虽欲进贤，有不可得者。吾王诚能典学法祖，增修其德，而至于无愆，则我傅说必能敬承吾王任贤图治的美意，广询博访。凡大而千人之俊，小而百人之乂，或隐于山林，或屈于下位的，都四面招引将来，分列于朝廷之众位，使之同心以匡乃辟。吾王但垂拱而责成之耳。天下何患其不治哉！”夫人臣之忠，莫大于荐贤，而荐贤亦未易能也。有一毫嫉妒忌刻、恶人胜己之心，则不能；有一毫市恩记怨、背公徇私之心，则不能；有一毫足己自用、独任爱憎之意，则不能。故傅说之言进贤，不徒曰‘钦承’，而必曰‘式克’，盖若用力以为之者，良以是耳。夫既谆谆劝学，辅养君德，以端出治之本，又旁招俊乂，列于庶位，以广多贤之助，若傅说者，诚贤矣哉！此万世人臣所当法也。

王曰：“呜呼！说！四海之内，咸仰朕德，时乃风。

时字，解做是字。风，是风声。

高宗望傅说之辅己，乃先叹息以归美之，说道：“天下之所仰以为则者，在于人君；人君之所赖以辅治者，在于宰相。如今四海之内，莫不引首举踵，喁喁焉仰望我之德化。此岂我之寡昧所能致哉！良由汝说，感于梦寐之际，起于版筑之间，与他人作相者不同。故其风声足以耸动乎天下，而远近闻之者，莫不谓朝廷用此贤相，中兴指日可期，而欢欣鼓舞，思见德化之成者，自不容已矣。然则汝可不纳诲辅德，以答天下之望哉！”

“股肱惟人，良臣惟圣。

股肱，是手足。

高宗又责望傅说，说道：“人之一身，必手足俱备，然后可以为人。人君若要做圣人，必是良臣辅导，然后可以为圣。若无良臣以为之辅，则忠言不闻，独立无助，德何由而加进，业何由而加修？譬之手足不具，不可以为人矣。欲求作圣，岂不难哉！此我之所以深有望于汝也。”夫高宗之于傅说，始望之为霖雨舟楫，继譬之为麹糵盐梅，至是又倚之为股肱手足，盖引喻愈切，而属望愈至矣。

“昔先正保衡，作我先王，乃曰：‘予弗克俾厥后惟尧舜，其心愧耻，若挞于市。’一夫不获，则曰：‘时予之辜。’佑我烈祖，格于皇天。尔尚明保予，罔俾阿衡，专美有商。

正字，解做长字。先正，是先世长官之称。保衡，是商时官名，伊尹曾做这官。先王，指成汤说。时字，解做是字。辜，是罪。佑，是辅佐。烈祖，亦指成汤。格，是至。阿衡，即保衡，亦指伊尹。

高宗又勉傅说，说道：“当初我商家开国之时，有先正保衡伊尹，是个圣臣，隐于有莘之野。我先王成汤，三使人往聘之，遂应聘而起，辅佐我先王，以振兴有商之大业。他常说道：‘我昔居畎亩之中，乐尧舜之道。我的志意，只要上辅吾君做个尧舜之君，下治吾民都为尧舜之民，方才趁得我的志愿。若不能使其君为尧舜之君，则心中愧耻，就如被人拏到街市上打着一般。若不能使其民为尧舜之民，不但四海之广、兆民之众，而德泽有所不加，方以为罪，就是万民之中，有一人不得其所，或啼饥号寒，或梗化不服，这便是我的罪过了。岂敢诿之他人哉！’夫伊尹之志如此。故其佐佑我烈祖成汤，内则辅德，使大德极其懋昭；外则辅治，使兆民归于允殖，以致我烈祖德业之盛，直与天道同流而无间焉。至此，则君果为尧舜之君，而民亦果为尧舜之民矣。此正所谓良臣惟圣，伊尹之所以称美于有商者也。今尔既负伊尹之德，又居伊尹之任，庶几精白一心，保佑乎我，必使格天之烈，于今再见，而汝为今之伊尹可也。岂可使伊尹之相业，独擅其美于我商家耶？盖必能继伊尹以事其君，斯为辅君作圣之良臣，而有以慰四海仰德之望也。"

"惟后非贤不乂，惟贤非后不食。其尔克绍乃辟于先王，永绥民。"说拜稽首，曰："敢对扬天子之休命。"

乂，是治。食，是食其禄。绍，是继。乃辟，解做汝君，是高宗自称。绥，是安。对，是承当。扬，是播告。

高宗命傅说说道："君臣相遇，自古为难。圣主必待贤臣以弘功业，使非辅君作圣之贤，则宁虚其位而已，岂肯与之共治乎？是君遇臣之难也。贤人亦俟明主以显其德，使非从谏克圣之君，则宁终于隐而已，岂肯苟食其禄乎？是臣遇君之难也。今我得汝于梦赉，而汝亦应我之旁求，君臣相遇，可谓千载一时，而与先王之遇阿衡无异矣。汝必感此非常之会，期立不世之功，朝夕训志，左右交修，能辅我以继先王之圣德，于以永安天下之民，使亦无一夫之不获焉。则尧舜其君民者，真不愧于阿衡之美，而于遭逢之盛，始无负矣。"傅说一闻高宗之言，感激自奋，遂拜手稽首以复于高宗，说道："辅君法祖以安民，美哉天子之命乎！此说之志，而亦说之分也。敢以此美命承之于己，自信吾力之能副，虽自任而不以为嫌；又以此美命扬之于众，自谅吾言之能践，虽示人而不以为愧。"说之复高宗者如此。夫观高宗之命，可见其锐然以成汤自期矣；观傅说之言，可见其毅然以伊尹自任矣。君臣一心如此，此商道之所以中兴，而克绍夫前人之烈也欤！

高宗肜日

祭之次日又祭，叫做肜。商高宗尝行肜祭于祢庙，其日有雊雉之异。贤臣祖己，因进戒高宗，欲其修德弭灾。史臣录其语为书，即以"高宗肜日"名篇。

高宗肜日，越有雊雉。

越字，是发语辞。雊，是鸣。雉，是野鸡。

史臣记高宗肜祭祢庙之日，忽有雉鸡飞来，鸣于鼎耳之上。夫雉本野鸟，而鸣于庙中，殆天以是警高宗黩祀之失也。

祖己曰："惟先格王，正厥事。"

祖己，是当时贤臣。格，是正。

祖己感雊雉之异，将进戒于高宗，先自家商量说："凡天降灾祥，必应于事，而人事得失，皆本于心。今王黩祭于祢庙，其事固为失矣，而推原其故，实自媚神求福之一念启之。我今进戒，必先格王之非心，而后正其所失之事。庶几王心易悟，而吾言易入也。"祖己之言如此，可谓得进谏之道矣。

乃训于王，曰："惟天监下民，典厥义。降年有永有不永，非天夭民，民中绝命。

典字，解做主字。义，是行事合宜。年，是寿数。永，是长。

祖己欲先格王心，乃训戒于高宗，说道："天之监视下民，其祸福予夺，惟主于所行之义与不义。如其义，则天降之年必然长永；如其不义，则天降之年必然不永。故人之不获永年者，非天无故夭折其民，乃民之所行不义，而中道自绝其命耳。夫寿夭之数，皆由自致如此。然则祈天永命之道，亦惟务民之义而已，何必谄渎鬼神为哉！"盖人主富贵已极，其所欲者寿耳。高宗祷祠之举，未必不以祈年请命为先。故祖己言此，以破其媚神徼福之心，诚格心之第一义也。

"民有不若德，不听罪。天既孚命，正厥德，乃曰'其如台'。

若德，是顺理。听罪，是服罪。孚字，解做信字。孚命，是以妖孽为信验而告戒之。台字，解做我字。

祖己说："斯民之中，有等不顺乎理，而肆意妄为，又不服其罪，而饰非拒谏，及天既以妖孽为信验而告戒之，欲使恐惧修省，以改正其德，于此而知所警焉。天犹未遽绝之也。乃复悍然不顾，以为妖孽之生，特出于偶然耳，其将奈我何。如此，则终陷于不义之归，而天必诛谴之。所谓民之不义而自绝者如此。然则人君于天戒之临，可不深自儆省，而自恕以为不必畏哉！”

“呜呼！王司敬民，罔非天胤，典祀无丰于昵。”

司，是主。胤字，解做嗣字。丰，是厚。昵，是亲近。

祖己既格王之心，至此乃直正其所失之事，叹息说道：“天以斯民而付之王，王之职，主于敬民而已。凡重民生，恤民隐，兢兢然不敢自肆者，乃王之事也。舍此而徼福于神，岂王之事乎？况祖宗列圣虽有亲疏远近之不同，然无非继天之统，为天之嗣。吾王承其后而主其祭，只当一体孝敬，岂可专顾私恩，而独丰厚于亲近之祢庙乎？夫不务敬民而务渎神，一失也；不并隆于祖而独丰于祢，又一失也。天心仁爱，故出灾变以告之，雊雉之异有自来矣。王可不戒哉！”高宗此时，必是专祭于其父小乙之庙，而有越礼以用情者，故祖己戒之如此。

西伯戡黎

西伯，是周文王，当时受命为西方诸侯之长，故称西伯。戡字，解做胜字。黎，是国名。当殷纣时，有黎国无道，文王举兵伐而胜之。祖伊见周之日盛，痛殷之将亡，遂进谏于纣，欲其省改。史臣录其言语，遂以“西伯戡黎”名篇。

西伯既戡黎，祖伊恐，奔告于王。

祖伊，是殷之贤臣。王，指纣说。

史臣记说：当初西伯周文王受命于殷，得专征伐，见黎国无道，举兵而伐之。此时既胜了黎国，三分天下，将有其二矣。于是殷之贤臣有祖伊者，见周德方隆，其势日至于强大；纣恶愈甚，其势必至于危亡，惟恐戡黎之后，遂有伐殷之举。其心忧惧，乃自私邑奔走来告于纣王，庶几王之改过以图存也。

曰:“天子!天既讫我殷命,格人元龟,罔敢知吉。非先王不相我后人,惟王淫戏用自绝。

讫,是绝。格人,是有见识的至人。相,是助。

祖伊进谏于王,先呼天子以感动之,说道:“国命修短,皆系于天。自今日而观,上天既已断绝我殷邦之命脉矣。何以知之?盖国家之兴亡,其几先见,惟至诚之人、至灵之龟乃能前知。如今有见识的至人与占卜的元龟,都知道凶祸必至,无敢有知其吉者,则天之绝我殷命,昭然可见矣。然我殷家的基业,自祖宗列圣相传到今,岂不肯保佑我后世子孙,使之长守而不坠哉!盖由我王不法祖宗,不畏天命,惟淫乱戏侮,纵欲败度,以自绝于天,故虽先王在天之灵,亦不得而庇佑之耳。王可不亟思改过以回天意乎!”

“故天弃我,不有康食。不虞天性,不迪率典。

康,是安。虞,是忖度的意思。典,是常法。

祖伊说:“我王既自绝于天,故天心厌弃我殷,不复爱惜。如今天下,件件都是乱亡的景象。如民以食为天也,今则水旱饥荒,小民无有安食,而民不聊生矣;民各有恒性也,今则悖礼伤道,都昧了本心,全不忖度,而天理灭亡矣;国家之常典,所当世世守之者也,今则纪纲废弛,法度坏乱,不复率由先王之旧章,而国不可以为国矣。此天所以促殷之亡,而非人力所能挽回者也。天心之弃殷如此,居天位者岂不深可惧哉!”

“今我民罔弗欲丧,曰:‘天曷不降威?大命不挚?’今王其如台?”

大命,是受非常之命者。挚字,解做至字。台,是我。

祖伊又说:“惟我殷邦,不但天心弃之而已。今此下民苦于虐政,亦无不欲殷之丧亡,私相告语说:‘今我等困苦至此,上天哀怜我民,如何不降威于殷而灭亡之乎?那有道之君,宜受非常之命者,如何不至而救我等于水火之中乎?’今我王不能尽为民父母之道,决难久居民上,将无奈我何矣。民心之弃殷如此。夫人君上以事天,下以治民者也。今天厌于上而不悟,民怨于下而不知,其能久乎?”祖伊告君之言,可谓痛切明著矣。

王曰："呜呼！我生不有命在天？"

纣既闻祖伊之言，全然不知警惧，乃叹息说道："尔虽说民心背畔，将欲亡我。但我尊为天子，实天生我以主万民，独不有命在于天乎？小民亦无如我何矣！"夫当天怒民怨之日，而为此饰非拒谏之言，此纣之所以终于灭亡也。

祖伊反，曰："呜呼！乃罪多，参在上，乃能责命于天？

反，是退。参，是参列。乃字，解做汝字，指纣说。

祖伊见纣不听其言，遂退而叹息说："人君必须与天合德，方可责望于天。乃汝今日所为，罪恶昭著，固已参列在上而不可掩矣。又安能责望于天，而欲保其命耶？何其不自量也！"

"殷之即丧，指乃功，不无戮于尔邦。"

功，是事。

祖伊又说："我看殷国丧亡，只在旦夕，决不能以久延矣。所以然者为何？盖今日所为之事，都是逆天害民的事，天怒民怨，决不可解矣。事势至此，其能免戮于商邦乎？"盖祖伊忧国之深，不觉其言之痛切如此。大抵亡国之君，天命已去，人心已离，天下皆以为至危，而彼犹自视以为至安，即有忠言正论，悍然而不顾。如夏桀言"我有天下，如天之有日"，纣亦言"我生不有命在天"，及其丧亡，如出一辙，所谓"与乱同事罔不亡"者此也。万世人主，可不戒哉！

微子

微，是国名。子，是爵。微子名启，乃殷纣之庶史。此篇是微子痛殷将亡，谋于箕子、比干，史臣录其问答的言语，遂以"微子"名篇。

微子若曰："父师、少师，殷其弗或乱正四方。我祖底遂陈于上，我用沉酗于酒，用乱败厥德于下。

父师，是箕子。少师，是比干。乱正的乱字，解做治字。底，是致。

遂，是成功。陈，是列。恃酒行凶，叫做酗。

昔微子见纣恶之日甚，痛商祚之将亡，乃呼箕子、比干，与他商量说:“父师、少师，我殷家失道，前此犹望其能改，天下事或有可为。以今日事势观之，无望其或能治正四方矣。夫人君所以表正四方者，以其能修德也。昔我祖成汤，懋昭大德，以致成功大业，昭列于上，其垂裕后昆者，盖亦远矣。岂知今日我子孙，不以修德法祖为务，惟沉湎酗酒，用乱败其德于下，岂不有忝于烈祖乎？祖宗以艰难得之，后人以逸欲亡之，良可痛矣。”

“殷罔不小大，好草窃奸宄。卿士师师非度。凡有辜罪，乃罔恒获。小民方兴，相为敌雠。今殷其沦丧，若涉大水，其无津涯。殷遂丧，越至于今。”

草窃，就如说草寇一般。师师，是互相仿效的意思。非度，是非法之事。获，是得。津涯，是水边堤岸。越字，解做及字。

微子又说:“我殷既败乱厥德，不能治正四方。故今日四方人民，无小无大，都不务生理，不畏法度，只好草窃为寇盗奸宄之事，无有安居乐业者矣。不但小民为然，就是那卿士每与朝廷治民的，亦皆彼此仿效，共为不法之事，互相容隐。凡有奸宄犯罪之人，都不追究，无有得其罪而治之者。是以小民益无忌惮，方且哄然而起，相敌相雠，以众暴寡，以强凌弱，国家法纪于是乎荡然矣。事势至此，我殷家必沦于丧亡，不可复救。就如徒涉大水的一般，茫然无有边岸，亦终于沉溺而已。岂意我殷邦之盛，遂丧亡相及，至于今日如此之极乎？”

曰:“父师、少师，我其发出狂，吾家耄逊于荒。今尔无指，告予颠跻，若之何其？”

我，指纣说。耄，是老成之人。逊于荒，是遁于荒野。颠跻，是覆坠。其，是语辞。

微子复呼箕子、比干，问救乱之策，说道:“大凡朝廷清明，则老成之人得安其位。今我王乃发出颠狂，用舍倒置，以致吾家老成之人皆遁避于荒野。即有缓急，将谁倚赖乎？今所与共图国事者，惟尔父师、少师而已。尔若不明示意指，告我于颠隮覆坠之时，而图所以维持拯救之策，则危乱日甚而不可为矣。其将奈之何哉？”微子之言及此，其情诚切，而其辞亦可悲矣。

父师若曰：“王子！天毒降灾荒殷邦，方兴沉酗于酒。

王子，指微子说。方兴，是将来未艾的意思。

箕子答微子说：“我国家之祸乱，虽是人谋不臧，抑亦天意有在。今天毒降灾祸，以荒废我殷邦，故使王不务修德，而沉湎纵酗于酒。其势方兴未艾，不至于丧亡不已也，岂特如王子所谓沉酗败德而已哉！”

“乃罔畏畏，咈其耇长旧有位人。

罔畏畏，是不畏其所当畏。咈字，解做逆字。耇长，是老成之人。

箕子又答说：“老成耇旧，朝廷典刑系焉，人君所当敬畏而顺从者也。我殷既沉酗于酒，心志昏迷，凡天理所当畏的，都不知畏惮。故虽老成耇旧有位之人，皆咈逆而弃逐之，使不得安其位而行志。此老成所以遁于荒野，而朝廷为之空虚也。虽欲不亡，其可得乎！”

“今殷民乃攘窃神祇之牺牷牲用，以容将食无灾。

攘，是取。牺、牷、牲，都是祭神之物，纯色叫做牺，全体叫做牷，牛羊豕总叫做牲。

箕子又答说：“国家为治，须是有司奉法，乃能使民不犯法。今我殷民，固有攘窃祭祀神祇之牺牷牲者。夫礼莫重于祭祀，祭莫重于牺牲。今乃敢于攘窃，其罪大矣。为有司者，也都相为容隐，不肯尽法。就是将而食之，且无灾祸。蔑法废礼，至此极矣。岂但草窃奸宄之不治而已哉！”

“降监殷民，用乂雠敛，召敌雠不怠。罪合于一，多瘠罔诏。

监，是视。乂，是治。雠敛，是科敛民财如仇雠一般。不怠，是力行不息。瘠，是饿殍。诏，是告。

箕子又答说：“人君之失民心，常自聚敛始。盖上好聚敛，则兴利之臣必迎合上意，以刻剥民财。此人心所以怨畔，而天下困穷也。我今下视殷民，凡上所用以治之者，只是严刑酷罚，雠视其民而科敛之，无有爱惜怜悯之意。夫上以雠敛下，则下必以雠视上，此理势之必然者也。今人与之为敌，家与之为雠，尚且不知省改。凡虐刑暴敛以召其敌雠者，方且肆然为之，无有厌怠。至于掊剋之臣，阿意顺指，同恶相济，合而为一。故民不聊生，多饿殍疲困而无所告诉也。又岂特小民相为敌雠而已哉！”

“商今其有灾，我兴受其败。商其沦丧，我罔为臣仆。诏王子出迪。我旧云刻子：‘王子弗出，我乃颠隮。’

兴字，解做出字。迪，是道。刻，是害。

箕子又答说：“我商家败德荒政，国乱民穷，今日断乎其有灾祸矣。我为宗室大臣，出而当此祸败，则废兴存亡与国共之。若商祚不幸至于沦丧，我亦终守臣节，断不为他人之臣仆也。是我自处之道，不过如此。若王子一身之去就，则宗祀之存亡所关。故我告王子，惟出而远去，乃是道理。盖我旧日以王子既长且贤，曾劝先王立以为嗣，而先王不从。在今王必有疑忌之心，是我所言无益于子，而反有害于子。子若不去，则必同受其祸，我商家宗祀，将陨坠而无所托矣。王子纵不为身谋，独不为宗祀计乎？”夫微子问救乱之策，而箕子答之止于如此。盖是时纣恶贯盈，天人交弃，虽有忠贤之臣，亦无如之何矣。失道之君，至于亡国败家，而不可复救，岂非万世之明戒哉！

“自靖，人自献于先王。我不顾，行遁。”

靖，是安。自献，是自达其志。行遁，是避去。

箕子答微子将终，又告以彼此去就之义，说道：“人臣去就，各有至当不易的义理，必合乎义理，而后其心始安。今我为商家之臣，则纲常为重，义当委身以尽忠；汝为王室之胄，则宗祧为重，义当存祀以全孝。为今之计，但各安于义之所当尽，以自达其志于先王而已。汝今宜决于远去。若我所处，与汝不同，则有死无二，而不复有避去之意矣。是或去，或不去，皆揆诸义理而当，反之吾心而安，质诸先王而无愧者也。子又何疑哉！”夫箕子答微子之问，而比干独无所言者，盖比干自安于死谏之义，其自靖、自献，一而已矣。孔子说“殷有三仁焉”，正谓此也。

卷六

周书

周，是国号。周之建国，自后稷始，至于文王为西伯受命，武王克商而为天子，因以为有天下之号。这书记周家一代的事，故名《周书》。

泰誓上

泰字，与大字同。誓，是誓师之词。昔武王伐纣，与天下诸侯会于孟津，出令以誓戒师旅。史臣记其誓师之言，为上中下三篇，以篇首有“大会”字，遂以名其书。这是头一篇。

惟十有三年春，大会于孟津。

孟津，是地名，在今河南府孟津县。

史臣叙说：周武王即侯位之十有三年孟春之月，以商纣无道举兵伐之，至于孟津。是时，天下诸侯不期而来会者八百国。夫观天下人心归周如此，则胜败兴亡之机，不待牧野既陈而后决矣。

王曰：“嗟！我友邦冢君，越我御事、庶士，明听誓。

友邦，是相邻交好之国。冢君，是各国嗣立之君。越字，解做及字。御事，是管事的人。庶士，是众士卒。

武王将发誓师之言，先叹息说道：“今我友邦冢君列国的诸侯，共举义兵在此，及我本国管事的卿大夫与众士卒每，凡相从军旅者，都要精白一心，审听我告汝以伐商之意，不可忽也。”

“惟天地万物父母，惟人万物之灵，亶聪明作元后，元后作民父母。

亶，是着实。元后，是大君。

武王誓师说道：“欲知君道所系之重，当观上天立君之意。夫天地之于万物，论其形势，若相悬矣。然乾元资始，有父道焉；坤元资生，有母道焉。其长养爱育之心，就如父母之于子一般，是天地乃万物之父母也。万物虽并生于天地之间，而惟人得气之秀，比于众物，心为独灵，是人乃天地之所厚者也。这人类中，又笃生一个着实聪明的圣人，比于众人，最秀而最灵者，遂立之为大君而统御万民焉，是君又天地之所独厚者也。然天之立君，岂徒尊崇富贵之哉！正欲其体乾父坤母之心，行子育万民之政。凡天地所欲为而不能自遂者，都代他为之，抚恤爱养，亦如父母之于子一般。是元后又继天地而为民父母者也。夫天之为民立君如此，若为君而不能行仁民爱物之政，尽父母天下之责，则岂不有负于天地付托之意乎？”

“今商王受弗敬上天，降灾下民。

受，是商纣名。

武王说：“天之立君为民如此。今商王受居元后之位，乃不知作民父母之义，侮慢自肆，不敬上天，恣行无道，降灾下民，上失天心，下失人心如此，岂能居天位为民主乎？今日之举，亦不过奉顺天道耳。”

“沉湎冒色，敢行暴虐：罪人以族，官人以世；惟宫室、台榭、陂池、侈服，以残害于尔万姓；焚炙忠良，刳剔孕妇。皇天震怒，命我文考，肃将天威，大勋未集。

沉湎，是嗜酒。冒色，是贪色。族，是族属。世，是世代。台上架屋叫做榭，水边的堤障叫做陂。焚炙，是烧烙。刳剔，是剖割。文考，指文王。

武王数纣之罪恶以誓众，说道：“商王受慢天虐民之事，固不可悉数，今特举其大者言之。其荒淫自恣，则乐酒无厌，沉溺而不复出。耽迷女色，冒乱而不知止。其立心凶忍，则敢行暴虐之事，无所顾忌。加罪于人，不但诛及一身，必并其族属而刑戮之。其用人则不论贤否，但心里所喜的人，就并其子弟亲属，悉加宠任。荒淫佚豫，不理国政，惟务为琼宫瑶室、高台广榭，筑陂障，凿池沼，与夫侈靡的衣服，竭民之财，穷民之力，以残害于尔万姓。不但此也，又为炮烙之刑，焚炙那忠良谏诤之臣，剖剔怀孕妇人的肚腹，以观其胎。其残忍暴虐，一至于此。是以上干皇天震怒，命我文考，敬将天威，奉辞伐罪，以救民于水火之中。惜乎义兵未举，而文考遽崩，是以大功犹未成就耳。我今日欲上奉天心，仰成先志，则征伐之举岂能以自已哉！”夫武王数纣之罪甚多，而首以沉湎冒色为言者，诚知酒色二字乃众恶之原。故古之明君，清心寡欲，克己防淫。禹恶旨酒，汤远声色，皆所以正其本而澄其源也。人君不可不知。

“肆予小子发，以尔友邦冢君，观政于商。惟受罔有悛心，乃夷居，弗事上帝神祇，遗厥先宗庙弗祀。牺牲粢盛，既于凶盗。乃曰：‘吾有民有命。’罔惩其侮。

肆字，解做故字。发，是武王的名。悛，是悔改。夷，是蹲踞。

武王说：“惟文考之功未成，故我小子发欲伐商以终其事，然犹未遽伐之也。嗣位以来，十有三年。昔尝以尔友邦冢君耀兵于商，以观其政事何如，使其惧而知警，改过自新，则我亦将终守臣节，不复以征伐为事矣。乃纣则稔恶怙终，绝无悔改之意，酣饮纵乐，夷踞而居，把郊庙的大礼都废了。忽慢天地神祇，不知奉事；遗弃祖先宗庙，不行祭享。凡祭祀中供用的牺牲粢盛，尽被凶人盗贼攘窃而去，他也通不管理。天地祖宗之心，盖已厌绝之矣。他还说道：‘我有民社，我有天命。’以此自恃，略不知惩戒其侮慢之失。夫观商之政如此，则其恶终不可改，而我之兵必不容已矣。”

“天佑下民，作之君，作之师，惟其克相上帝，宠绥四方。有罪无罪，予曷敢有越厥志？

佑，是助。相，是左右的意思。宠，是爱。绥，是安。越字，解做过字。

武王又说：“上天佑助下民，虑其强陵弱，众暴寡也，于是立君以主治之，使之守分而无相争夺；虑其昧天性，乖伦理也，于是立师以教导之，使之去恶而同归于善。这为君师的人，居亿兆之上，秉政教之权，岂徒自贵自尊而已哉！惟其锄强遏恶，修道立教，能左右上帝之所不及，于以宠安乎四方之民，令各遂其生，复其性，然后无忝于代天理民之责也。今天既厌商德，授我以君师之任，有罪当讨的，我则奉天以讨之；无罪当赦的，我则奉天以赦之。废兴存亡，一听天以从事而已，何敢过用其心而擅为好恶于其间乎？”然则商纣之罪，正天讨之所不赦者，故武王不敢违天之意，纵有罪而不诛也。

“同力度德，同德度义。受有臣亿万，惟亿万心；予有臣三千，惟一心。

度，是量度。“同力度德”，“同德度义”，这两句是兵志上的说话。十万叫做亿。

武王又说：“凡用兵者，必先料度彼己，然后可决胜负。我闻兵志上说，两军相对，先看他兵力强弱何如。若是两家兵力齐等，则较量其平日那个行善而为有德，那个行恶而为无德。德胜，则虽有力者亦不能与之敌矣。若是两家德行相等，则又较量其临时那边兵出有名而为义，那边兵出无名而为不义。义胜，则虽有德者亦不能与之敌矣。夫兵家胜负之形，可决如此。今以商周之力较之，受的臣子虽有亿万之众，乃互相猜疑，各怀异心，人心不齐，虽多亦不足恃也；我的臣子，虽止有三千人，然个个同心戮力，彼此无间，以此赴敌，何敌不摧乎？是较其兵力，已不能胜我矣，又何论德与义哉！信乎伐商之必克也。”夫商纣亿万之师，不足以当武王三千之士。可见失人心，则虽强亦终为弱；得人心，则虽寡亦能胜众。然修德行仁，则又联属人心之本也。

“商罪贯盈，天命诛之。予弗顺天，厥罪惟钧。

贯，是条贯。贯盈，是说罪贯已满。钧，是同。

武王说：“今日伐商，不惟理势之必可克，盖亦事势之不容已。盖使商罪未极，天心未厌，则我之征伐犹可已也。今受穷凶极恶，日积月累，计其罪贯已满盈矣。天厌其德而绝其命，特命我诛之。我若不顺天以伐商，是容纵恶人，抗违天命，其罪亦与之同矣。然则今日之举，岂容已哉！”这非是武王托天以鼓众。盖圣人之心，见得天理分明，每事只奉天而行，不敢以一毫私意参乎其间。故汤之伐桀，曰“予畏上帝，不敢不正”；武王之伐纣，曰“予弗顺天，厥罪惟钧”，其义一也。善观圣人之心者，当以是求之。

“予小子夙夜祗惧，受命文考，类于上帝，宜于冢土，以尔有众厎天之罚。

夙，是早。类，是祭天之名，以其礼与郊祀相类，故叫做类。宜，是祭地之名，兵凶战危，祭后土以求福宜，故叫做宜。冢土，是后土。厎字，解做致字。

武王说：“夫纵恶不诛，则与之同罪。故我小子畏天之威，早夜敬惧，不敢自安。以伐商之举，天本命之文考，乃先受命于文考之庙，又行类礼于上帝，求福宜于后土，皆以伐商之事告之。于是率尔有众，奉辞伐罪，致天之罚于商，盖将求免夫惟钧之罪，而非出于轻动也。尔众其念之哉！”

“天矜于民，民之所欲，天必从之。尔尚弼予一人，永清四海，时哉弗可失。”

矜，是怜悯。弼，是辅佐。

武王誓师将终，又致其勉励之意，说道：“天之于民，势虽相远，而心实相通，居高听卑，默有矜怜之意。但凡民情所欲，天必鉴而从之。如欲平祸乱，则即为之平；欲去疾苦，则即为之去。未有民心之好恶，不上通乎天者也。今民欲亡商如此，则天意可知。尔将士每，庶几辅我一人，除其邪虐，使四海之内皆沐维新之治，而永无浊乱之忧可也。夫兵以顺动，事贵乘时。今日正天人合应之时，苟失此时而不伐商，则上逆乎天，下咈乎民，而拨乱反正无日矣。尔等可不乘时以立事哉！”观此，则圣人之兵，盖体天意，察人心，而又度时宜，不得已而后动耳。《易》曰：“汤武革命，顺乎天而应乎人。”亦此意也。

泰誓中

武王伐纣，既渡河，集诸侯之师而誓戒之。史臣记其辞，为《泰誓》中篇。

惟戊午，王次于河朔。群后以师毕会，王乃徇师而誓。

次，是暂驻。河朔，是河之北。群后，是列国之君。徇，是拊循的意思。

史臣叙说：武王自孟春癸巳日起兵伐商，至于戊午日，乃引兵从孟津渡河，暂驻于河北地方。是时，列国诸侯也都领兵前来，到此会齐，听武王的号令。武王乃拊循其众，发令以誓戒之，因申告以伐商之意。

曰："呜呼！西土有众，咸听朕言。

周家起于丰镐，在今陕西地方，故谓之西土。

武王誓师，先叹息说道："凡从我自西方来的众将士，都来听我的言语。"

"我闻吉人为善，惟日不足；凶人为不善，亦惟日不足。今商王受，力行无度，播弃犁老，昵比罪人，淫酗肆虐。臣下化之，朋家作仇，胁权相灭。无辜吁天，秽德彰闻。

惟日不足，是终日为之，而犹为不足。力行，就是惟日不足的意思。无度，是无法度。播，是放。犁字，与黧黑的黧字通用，是老人面上的颜色。酗，是醉后发怒。无辜，是无罪的人。吁天，是告天。

武王欲数商纣之恶，先举古语以发端说道："我闻古人有言，人之趋向不同，而其勇为之心则一。有一等为善的吉人，意念所向，惟在于善，孜孜汲汲，只是要干好事，虽终日为之，而其心犹以为未足也；有一等作恶的凶人，意念所向，惟在于恶，孜孜汲汲，只是要干不好的事，虽终日为之，而其心亦以为未足也。我观今商王受之所为，都是不循法度之事，而其为此不法之事，又著实力行，孜孜汲汲，无少厌怠。如老成的人，所当亲近者，彼则放弃之；罪恶的人，所当斥逐者，彼则亲比之。又且淫于色，酗于酒，以昏乱其精神，纵肆威虐，以戕害于百姓。此正所谓'凶人为不善，亦惟日不足'者也。在下的臣子，见受之所为如此，亦皆习染，化而为恶，各立朋党，相为仇雠，胁上权力，以相诛灭。其恶流毒于天下，那无罪受害的人，无处探诉，都只呼天告冤。故其腥秽之德，显闻于天矣。夫天道福善祸淫，岂能容此不善凶人哉！"

"惟天惠民，惟辟奉天。有夏桀弗克若天，流毒下国，天乃佑命成汤降黜夏命。

武王说："惟天惠爱下民，虑其生之未遂，则立君以长之；虑其性之未复，则立师以教之。其保养而全安之如此。人君居天之位，治天之民，必当仰体天心，以尽君师治教之责，庶无负于上天立己之意也。昔有夏之君桀，不能顺天惠民，顾乃恣为淫虐，流毒于下国。于是天心厌恶，乃佑命商王成汤，假手以诛之，而降黜夏命，迁于有商。夫天不容桀之残民者如此，今又岂容于受乎？则商命之将降黜也必矣。"

"惟受罪浮于桀，剥丧元良，贼虐谏辅，谓已有天命，谓敬不足行，谓祭无益，谓暴无伤。厥鉴惟不远，在彼夏王。天其以予乂民，朕梦协朕卜，袭于休祥，戎商必克。

浮字，解做过字。剥，是落。失位去国叫做丧。元良，指微子，微子本商之元子，而又有贤良之德，故称为元良。谏辅，指比干，比干常以直谏匡救其君，故称为谏辅。鉴，是视。协，是合。袭，是重。休祥，是吉兆。戎商，是加兵于商。

武王说："昔夏桀既以有罪见黜，今商王受之罪，比之于桀，则又过之。如微子者，本商之元子，又有贤良之德，彼乃遗落之，使其失位以去；比干者，以直谏匡救，彼不惟不听其言，又加以残虐之刑，至于剖心以死。天心久厌其恶，彼犹自谓已有天命，而骄纵自如；君德莫大乎敬，彼则谓敬不足行，而放恣无度；祭祀是朝廷大典，彼则以祭为无益，而敢于慢神；暴虐是人君大恶，彼则以暴为无伤，而忍于殃民。当时夏桀虽称无道，而观其所为，似犹未至于此，则受之罪岂不有过于桀乎？夫前人之成败乃后人之明鉴，今商之所鉴视者，初不在远，惟在彼夏王桀耳。桀之有罪，天既命汤黜其命矣。今以商王受之多罪，天岂得不使我伐商以治民乎？且我于兴师之时，尝得吉卜，又尝得吉梦。梦与卜合重有休祥之应，此皆天意所寓，非偶然也。以是知伐商之兵，断乎其必胜矣。”

“受有亿兆夷人，离心离德。予有乱臣十人，同心同德。虽有周亲，不如仁人。

十万叫做亿，十亿叫做兆。夷字，解做平字。夷人，是智识平等的人。乱臣，是能治乱的贤臣。周亲，是至亲。

武王又说：“国势之强弱，系于人才之有无。今受所统虽有亿兆之众，然其智识都只寻常平等，无有奇才异能之士。又见商王所为无道，一个个都离心离德，不相联属，人数纵多，无可恃者。我所有拨乱反正之臣，虽止是十人，然个个能尽忠报主，与我同心同德。盖臣主一心，则虽寡亦可以胜众；上下离叛，则虽众亦不足畏矣。又观他同姓至亲，虽是众多，然都是凶人丑类，与他同恶相济的。岂如我这十臣，虽不尽是我之亲戚故旧，然都是仁厚有德的人，可以经邦济世，除暴安民者。”盖得道者多助，虽疏远者可以为腹心干城；失道者寡助，虽至亲之人亦将化为仇雠矣。此可见仁不以力，义不以众。商周之胜败，不于此而可决也哉！

“天视自我民视，天听自我民听。百姓有过，在予一人。今朕必往！

自，是由。过，是责。往，是往伐商纣。

武王又举天意民情所在，以见伐商之不容已，说道：“天人一理，上下相通。故善观天者，验之于民而已。今夫天虽未尝有目以视人，而于人之善恶无所不见者，亦自我民之视以为视，民情之好恶便是天心之祸福所在也；虽未尝有耳以听人，而于人之是非无所不闻者，亦自我民之听以为听，民心之向背便是天心之去留所在也。夫上天寄耳目于下民如此。如今天下百姓每，都过责于我一人之身，说我不往正商罪，拯民于水火之中。观民心所向，而天意可知矣。我若不为天下除残去暴，则不但下拂民心，而且上违天意矣。伐商之往，岂容已哉！”

“我武惟扬，侵于之疆。取彼凶残，我伐用张，于汤有光！

扬，是奋扬。侵，是入。疆，是境界。凶残，指纣说。

武王誓师将终，乃复鼓舞激励其众，说道："我之伐商，既在所必往，今日须奋扬我之威武，侵入彼之疆界，声罪致讨，取彼凶残之君而戮之，以救民于水火之中。虽罪止一人，而泽被四海，使我杀伐之功因以张大。昔成汤之功，所以称于天下者，以其除暴救民也。今我亦能取凶残以张杀伐，则除暴救民之功，亦将继汤而有光矣。尔将士可不勉哉！"

"勖哉，夫子！罔或无畏，宁执非敌。百姓懔懔，若崩厥角。呜呼！乃一德一心，立定厥功，惟克永世。"

勖，是勉。夫子，指众将士。

武王誓师既终，又恐诸将士恃勇而轻敌，复戒勉之，说道："天下之事，以惧心处之者恒成，而以忽心乘之者必败。勉哉尔将士！无或以商王众叛亲离，不足畏也，而遂轻忽之。宁可只说彼众我寡，恐敌他不过，而常存戒慎之意可也。所以然者为何？盖今百姓畏商之虐，懔懔乎不能自保，一旦闻我周之伐商，皆欢欣感戴，稽首至地以迎王师，有若崩摧其头角然。人心望救之切如此。所赖以拯捄保全之者，在此一举耳，而可不勉乎？呜呼！汝等其同以除暴救民为德，同以除暴救民为心，相与戮力致讨，一战而胜商，立定其克敌之功，则庶几斯民免于凶虐，释懔懔之危，而得以久安于斯世矣。不然，将何以慰彼望救之民耶！"夫武王之誓师，既云"戎商必克"矣，而犹怀"宁执非敌"之忧；既云"予有乱臣"、"同心同德"矣，而不忘"一德一心"之戒。圣人之重用民命，临事而惧也如此。

泰誓下

武王伐纣，即渡河将战，乃复誓戒将士。史臣记其辞为《泰誓》下篇。

时厥明，王乃大巡六师，明誓众士。

厥明，是明日。大巡，是周遍巡视。六师，是六军。

史臣叙说：武王既以戊午日师渡孟津，至于明日，将趋商郊，临敌甚近。武王乃大巡六师，按行军垒之间，然后晓然发令誓戒众士，以齐一众志而作其气焉。

王曰："呜呼！我西土君子。天有显道，厥类惟彰。今商王受，狎侮五常，荒怠弗敬，自绝于天，结怨于民。

西土君子，是西方从征的将士。显道，是明显的道理。五常，是五伦，就指显道言。

武王誓师，先叹息说道："凡从我来的西方众君子，各宜知悉。上天有明白显著的道理，赋之于人，曰仁、曰义、曰礼、曰智、曰信。这五件道理，比类相属，散见于君臣、父子、夫妇、长幼、朋友之伦，无不彰明较著。为君者当敬守此道，以为法于天下可也。今商王受，身为纲常之主，乃亵狎侮慢此五常之道，荒弃怠惰，全然无所敬畏，上则自绝于天而天弃之，下则结怨于民而民畔之。夫君，天之元子，民之父母也。今悖理伤道，以至天怒民怨如此，我安得不奉天顺人以讨之乎？"

"斮朝涉之胫，剖贤人之心，作威杀戮，毒痡四海。崇信奸回，放黜师保，屏弃典刑，囚奴正士，郊社不修，宗庙不享，作奇技淫巧以悦妇人。上帝弗顺，祝降时丧。尔其孜孜，奉予一人，恭行天罚。

斮，是砍断。朝涉，是清晨光渡水。胫，是脚骨。贤人，指比干。痡字，解做病字。奸回，是奸邪的人。正士，指箕子。妇人，指妲己。祝字，解做断字。

武王数纣之恶说道："商王受，于冬月见人有清晨渡水的，疑他脚骨何故耐寒，乃斫其脚而观之。恶贤人比干之强谏，发怒说道：'吾闻圣人之心有七窍。他既是圣人，其心窍必与常人不同。'乃剖其心而观之。大作刑威，任意杀戮，以毒病四海之人，无不横受其祸者。其所尊崇而信任的，都是奸邪小人，反放逐黜退那师保重臣，不加尊礼。于先王之典章法度，则屏弃之而不用。忠正之士，如箕子者，则拘囚之以为奴。把郊社事天地的大礼，都废了，不行修举；宗庙事祖宗的祀典，都忘了，不行享祀。惟专作奇异的技术、淫侈的巧物，以媚悦那所爱幸的妇人，荒淫侈靡，无所不至。夫剖贤人，囚正士，则君臣之义绝；不享宗庙，则父子之恩亡；

黜师保，则师友之礼失；悦妇人，则夫妇之道乖。商王之悖乱天道，以自绝天如此。故上天不顺其所为，遂断绝其命，而降是丧亡，则我今日之举，乃所以行天之罚耳。尔众士其可不孜孜然勉力，奉我一人，以敬行天罚哉！”

“古人有言曰：‘抚我则后，虐我则仇。’独夫受，洪惟作威，乃汝世仇。‘树德务滋，除恶务本。’肆予小子，诞以尔众士殄歼乃仇。尔众士其尚迪果毅，以登乃辟。功多有厚赏，不迪有显戮。

后，是君。独夫，是孤立无助的人，就指纣说。“树德务滋，除恶务本”，这两句也是古语。肆，是发语辞。诞，是大。殄，是绝。歼，是灭。迪字，解做蹈字。杀敌叫做果。致果叫做毅。登，是成。乃辟，是汝君。

武王述商纣结怨于民之事，先引古语以发端，说道：“我闻古人有言：‘小民之情，向背无常。以恩意抚恤我，则爱戴其上，奉之以为君主；若以威势凌虐我，则疾视其上，怨之如同寇仇。’由此言观之，今孤立无助的人，如商王受者，不知抚民之道，顾大作威虐，以残害于汝百姓，使汝父子兄弟不能相保，是乃汝世世的仇雠也。宁复可为汝君乎？我又闻古人说道：‘凡欲树立人之德，使有成就，务须多方培养，以致其滋长；欲除去人之恶，使无蔓延，务须将那首恶的人处治了，以绝灭其祸本。’今商王受，正是众恶之本，所当先除者也。故我小子，倡义兴师，大以尔等众士，吊民伐罪，务绝灭汝之世仇，以除天下之祸本。尔众士其庶几齐心奋勇，蹈行杀敌之果，致果之毅，以成就汝君吊伐之功可也。尔若能蹈行果毅，而功绩众多，则我不吝高爵厚禄之赏，以酬尔劳；若是不蹈果毅，而怠忽偾事，则必有显戮示众，以彰尔罪。尔等可不思策励定难，以自免于罪戾乎哉！”

“呜呼！惟我文考，若日月之照临，光于四方，显于西土。惟我有周，诞受多方。

西土，指岐周丰镐之地，周之旧邦也。多方，是万方之地。

武王誓师将终，又叹息说：“夫观商王所为，天人共弃之如此，则商家既有必亡之势矣。且尔众亦知我周家有必兴之理乎？当商之季，惟我文考，率兴以敬天，修政以仁民，圣德充积于一身，而光辉发越于天下，就如日月大明，照临下土一般。东西南北，地虽至远，而其光之所被，举四方之众，莫不共仰其休。岐周丰镐，地为至近，故其德为尤显，而一方之人莫不亲睹其盛。夫其德之所及如此，是以人心戴之，天命归之，惟我有周宜其大受多方而有天下也。盖有大德者，必受大命，而我有文考之德为之凭藉，则天下之大自不能舍我周而他适矣。尔众之辅我以伐商也，又何疑哉！”

“予克受，非予武，惟朕文考无罪。受克予，非朕文考有罪，惟予小子无良。”

武王说：“我文考之德，既足以兴周，则我今日伐商之举，唯凭藉先德而已。故我能胜受，不是我之威武足以取天下也，乃惟我文考有德无罪，故为天所佑，而庇及后人耳。若不幸而受能胜我，却不是我文考之有罪不足以得天下也，乃惟我小子德薄无良，故为天所谴，而辱及前人耳。然我文考之德，克享天心久矣。我今奉先德以伐有罪，又岂有不克之理哉！”

牧誓

牧是地名，在商之郊外，即今河南卫辉府城南地方。武王伐纣，兵至牧野，临战之时，誓戒将士。史臣录其语为书，以“牧誓”名篇。

时甲子昧爽，王朝至于商郊牧野，乃誓。王左杖黄钺，右秉白旄以麾，曰：“逖矣，西土之人！”

甲子，是二月初四日。昧爽，是天将明未明之时。杖字、秉字，都解做持字。黄钺，是黄金装饰的大斧。旄，是旄节。逖，是远。

史臣记说：二月甲子日黎明时候，武王引兵到了商之郊外牧野地方，将与商兵交战，乃发誓命以戒勉将士。武王左手持着黄钺，右手持着白旄，以指麾众将士说道：“尔等皆西土之人，我以伐暴救民之故，率尔远行至此。”这是武王将誓而先慰劳之辞。

王曰："嗟！我友邦冢君、御事、司徒、司马、司空、亚、旅、师氏、千夫长、百夫长，及庸、蜀、羌、髳、微、卢、彭、濮人，称尔戈，比尔干，立尔矛，予其誓。"

友邦冢君、御事，已解见《泰誓》上篇。司徒、司马、司空，是三卿，此时武王尚为诸侯，故未备六卿。亚，是大夫，以其为卿之次，故谓之亚。旅，是士，以其人众，故谓之旅。师氏，是官名，掌扈从宿卫之事。千夫长，是统领千人的将帅。百夫长，是统领百人的将帅。庸、蜀、羌、髳、微、卢、彭、濮，是西南夷八国名，是时武王仗大义以伐商，故蛮夷之长都率兵来会战也。称，是举。戈、矛，都是枪类，戈短而矛长。比，是并列。干，是盾，即今之遮牌。

武王将发誓命，先叹息历呼从征之人以告之说："我邻国的诸侯，与我本国的治事之臣、司徒、司马、司空、亚大夫、众士、师氏之官、千人之长、百人之长，及庸、蜀、羌、髳、微、卢、彭、濮八国之人，举执汝之戈戟，排列汝之干楯，树立汝之长矛，我将发誓命以告汝，宜审听之。"

王曰："古人有言曰：'牝鸡无晨。牝鸡之晨，惟家之索。'今商王受惟妇言是用，昏弃厥肆祀弗答，昏弃厥遗王父母弟不迪；乃惟四方之多罪逋逃，是崇是长，是信是使，是以为大夫卿士，俾暴虐于百姓，以奸宄于商邑。

牝鸡，是母鸡。晨，是报晓。索，是萧索。妇，指妲己说。肆，是陈。答，是报。王父，是祖。母弟，是同母之弟。迪，是道。

武王誓师说："我闻古人有言：'鸡之为物，虽所以司晨，然牝鸡无晨鸣之理。若人家有牝鸡晨鸣，则阴阳反常，妖孽见兆，其家必主破败萧索。'可见阴阳有定分，内外有定体，妇人不可以预外事，亦犹牝鸡不可司晨也。今商王受，乃惑于妲己之嬖，好恶赏罚皆决于其口，惟其言之是用，是所谓牝鸡而司晨者也。因此心志昏迷，政事缪乱，将郊庙的大祀都废弃了，不知天地祖宗之当报；将先王所遗同祖之弟，与同母之弟都弃绝疏远，不以道善遇之；却于四方多罪逃亡之人，乃尊崇而长养，亲信而任使，以是人为大夫卿士，分布要地，使之胁权肆毒，加暴虐于百姓，倚势犯法，为奸宄于商邑。其政事之昏乱，一至于此，皆以荒于女色，不恤国政之故。夫牝鸡晨而家索，妇言用而国亡，此理之必然者矣。”

“今予发惟恭行天之罚。今日之事，不愆于六步、七步，乃止齐焉。夫子勖哉！不愆于四伐、五伐、六伐、七伐，乃止齐焉。勖哉夫子！

发，是武王名。愆，是过。夫子，称众将士。勖，是勉。

武王说：“商王受之肆行无道，神人共愤，乃天讨之所不赦者。今我小子发，兴兵伐商，惟以敬行天罚而已，非得已而用之也。故今日之战，当以节制为尚，不以多杀为功。其进而迎敌，不过于六步、七步，即便止驻以整齐部伍，然后复从而进焉。尔将士勉哉！无或乘胜而轻进也。其战而杀敌，少不过于四伐、五伐，多不过于六伐、七伐，即便止驻以整齐部伍，然后复从而伐之。勉哉尔将士！无或乘怒而贪杀也。”

“尚桓桓，如虎如貔，如熊如罴，于商郊。弗迓克奔，以役西土。勖哉夫子！

桓桓，是威武的模样。虎、貔、熊、罴，是四样猛兽。迓，是迎击。奔，是走来投降。

武王又说：“兵不勇则无以克敌。尔将士庶几振桓桓之威，如虎如貔，如熊如罴，以奋击于商郊之地，不可有所退怯也。然过勇则不免滥杀，惟当于凶残者取之，抗拒者诛之。若有能知顺逆之理，奔走来降者，即当容纳，勿一概迎击之，以劳役我西土之人。勉哉尔将士！其武勇是奋，而杀降是戒可也。”

“尔所弗勖，其于尔躬有戮！”

武王誓师将终，又戒敕之说：“尔等将士，若于我之命而有所不勉，或轻进，或贪杀，或无勇而杀降，是违号令而失纪律也。则军有常刑，必戮及尔身，罔有攸赦矣。可不戒哉！”

按：此篇武王之所以誓师者，皆本之以仁义，而出之以节制，行阵有礼，赏罚有信。夫以至仁伐至不仁，而谨戒如此，此其所以为王者之师也。

武成

这一篇是史臣记武王以武功定天下，以文治兴太平，自伐商以至归周，始终规模次第，以总叙武功之成，故取“武成”二字名篇。旧编前后失序，今从蔡沈所定。

惟一月壬辰旁死魄，越翼日癸巳，王朝步自周，于征伐商。

一月，是正月。旁，是近。魄，是月体黑暗处。每月朔后，则明生魄死，故初二日叫做旁死魄。翼日，是明日。

史臣叙说：惟一月壬辰月旁死魄，越明日癸巳，武王于是日之朝，步自宗周举兵以往征伐商纣，其始事如此。

厎商之罪，告于皇天后土、所过名山大川，曰：“惟有道曾孙周王发，将有大正于商。今商王受无道，暴殄天物，害虐烝民，为天下逋逃主、萃渊薮。予小子既获仁人，敢祗承上帝，以遏乱略。华夏蛮貊，罔不率俾。惟尔有神，尚克相予，以济兆民，无作神羞。”

厎商之罪，是极数商纣的罪恶。有道，是周家先世祖父有道德者。发，是武王名。逋逃，是犯罪逃避的人。略，是谋略。俾字，解做从字。

史臣叙说：武王将兴问罪之师，乃先举告神之典，极数商纣的罪恶，告于皇天后土，及所过名山大川之神，其祝词说道：“惟我周家先世有道的曾孙周王发，将欲兴师大正有商之罪。今商王受虽居君位，全无君道。天生物类以资人用，受则暴恣殄绝，全然不知爱惜；百姓是邦本，受则酷害戕虐，全然不知抚养。身为亿兆之主，不知明刑敕罚，以诛锄奸宄、保安良善，反收留那四方有罪在逃之人，与他做主，而有司莫之敢捕之，如鱼之聚于深渊，兽之聚于林薮一般，岂不乱政坏事哉！夫商罪之当正如此，但拨乱而反之正，必须得人辅佐，方可举事。今我小子既得仁厚有德的人，抱济世安民之略者，故敢敬承上帝之意，而为吊民伐罪之举，取彼凶残，遏绝乱谋。惟时内而华夏冠带之国，外而蛮貊化外之邦，无不相率从顺我周。同力伐商者，虽是人心共愤，不约自同，但兵凶战危，何敢自恃！惟尔天地山川之神，同以佑民为心，其尚于冥冥之中辅我战胜攻取，以救济兆民而出诸水火，毋使为商所胜，以为尔神羞辱可也。”

既戊午，师逾孟津。癸亥，陈于商郊，俟天休命。甲子昧爽，受率其旅若林，会于牧野，罔有敌于我师。前徒倒戈，攻于后以北，血流漂杵。一戎衣，天下大定。乃反商政，政由旧。释箕子囚，封比干墓，式商容闾。散鹿台之财，发钜桥之粟，大赉于四海，而万姓悦服。

陈字，与阵字通用。休命，是天心佑助的美命。若林，是人众如树林一般。北，是败走。杵，是木杵。箕子，谏纣不听，佯狂为奴，身被囚系。比干，强谏，剖心而死。商容，贤臣，为纣所废。式，是在车上俯身凭轼以致敬也。鹿台、钜桥，是纣藏积钱粮的去处。大赉，是普施恩泽。

史臣叙说：武王率伐商之师，于戊午日东渡孟津河，癸亥日列陈于商国之外，顿兵少息，等待上天的美命。甲子日天将明未明之时，商纣率领其军旅，众多如林，与武王会战于牧野之地。然是时纣兵虽多，而离心离德，无一个肯向前与周兵对敌的，前面的人马都倒戈内向，反攻他后面的人，奔走蹂践，自相屠戮，杀得血流遍野，虽木杵弃在地下的，也漂将起来。盖纣素无道，积怨于人，人心叛之，不战自败。所以武王的兵但披着兵甲一行，而天下遂已大定，无事于再举之劳。盖以至仁而伐不仁，其易如此。于是将纣所行的虐政，尽行改革，只依着商家先世的旧政而行。释放了太师箕子之囚，封表少师比干坟墓，经过贤人商容的门闾则凭轼以致敬。盖此三人皆商之忠臣，为纣所囚戮废弃，故武王皆加礼焉，以慰人心也。又将鹿台地方所积的财物都分散之以赒贫乏，钜桥仓中所贮的米粮都发将去以赈饥民。盖纣之所积，皆横征于百姓者，故武王仍散之于民，以苏穷困也。夫天下苦纣苛虐久矣，及武王除残去暴，显忠遂良，赈穷周乏，这等大施恩泽于天下，所以天下万姓无一人不心悦诚服，爱戴武王，愿其长为生民之主也。

厥四月哉生明，王来自商，至于丰。乃偃武修文，归马于华山之阳，放牛于桃林之野，示天下弗服。

哉字，解做始字。初三日，月始生明，故叫做哉生明。丰，是周之旧都。华山、桃林，都是地名。服，是用。

史臣叙说：武王先以一月二日自周伐商，至是四月三日月始生明之时，克商而归，至于丰镐旧都。以戡定祸乱，固赖于武，而兴致太平，则贵于文。向焉为天下除残去暴，不得已而用兵。今天下已定，正当修明政教，与民休息之时，乃偃其威武而修文德。昔日所用的战马，都发归于华山之阳；任载的牛，都牧放于桃林之野：明示天下的人民，使知从今以后，与百姓同享太平，不复兴兵动众，再用此物矣。盖是时商政暴虐，虽望时雨之师，而人心厌乱，终苦干戈之扰，故武王汲汲于偃武修文者如此，可见用兵非圣人意也。

既生魄，庶邦冢君暨百工受命于周。

每月望后，则月体黑魄复生，故叫做既生魄。庶邦冢君，是四方诸侯。百工，是卿大夫。

史臣叙说：四月望后月既生魄之时，四方诸侯及在朝的百官，都推戴武王为天子，相率而受命于周。盖武王至是始伐商而为天下主也。

丁未，祀于周庙，邦甸侯卫，骏奔走，执豆笾。越三日庚戌，柴望，大告武成。

骏，是速。豆笾，是祭器。柴，是燔柴祭天。望，是望祀山川。

史臣叙说：武王既克商而归，至于宗周，乃择丁未之日，举祀典于祖庙。凡天下诸侯，近而邦甸，远而侯卫，莫不骏奔走，执豆笾，来助祭于庙，毋敢后者。越三日庚戌，又燔柴以祀天，望秩以祀山川。盖前者伐商，曾受命于先王，祈助于神祇。至是天下已定，故次第举行郊庙之祀，用大告武功之成，且以谢答神佑也。

王若曰："呜呼！群后。惟先王建邦启土，公刘克笃前烈，至于太王肇基王迹，王季其勤王家。我文考文王，克成厥勋，诞膺天命，以抚方夏。大邦畏其力，小邦怀其德。惟九年，大统未集。予小子其承厥志。

群后，是众诸侯。先王，是后稷。诞，是大。膺，是受。方夏，是四方华夏之地。

武王既受命而为天子，乃举其先世积累开创的事，以告谕天下众诸侯，先叹息而呼，说道："昔我先王后稷，在唐虞时有教民稼穑的大功，始受封为诸侯，建邦开国于有邰之地。传到曾孙公刘，又能培养笃厚，以继前人的功业。自公刘传到九世孙太王，积德行仁，民心归附，始基立兴王之迹。再传王季，又克自抑畏，勤劳王家之业。至我文考文王，光于四方，显于西土，其德愈盛，其功愈大，用能成就前人的功勋。虽位为西伯，实已大受上天之命，抚安方夏之民。当时大国诸侯强梗难制的，皆畏惧文王之威力，而不敢放肆；小国诸侯柔弱不振的，皆怀念文王之恩德，而赖以存立。盖威德日著而天下日益归服。惜乎九年而崩，大统未集。故今日我小子之举，不过以承顺先人之志，以除暴安民耳。"

"恭天成命，肆予东征，绥厥士女。惟其士女，篚厥玄黄，昭我周王。天休震动，用附我大邑周。"

成命，是黜商之定命。肆，是遂。绥，是安。士女，譬如说男女一般。篚，是竹器。玄黄，是色币。附，是归附。

武王又说："天心厌商，命我文考除之，虽大统未集，固已一成而不可易矣。故我敬顺上天成命，遂举东征之师，以安定有商的人民。商民喜周之来，都用筐篚盛着玄色、黄色的币帛相迎，以明我周王有吊民伐罪之德。夫民心所在，即天意所在。今商民喜周之来者，盖由上天美意鼓舞震动于民心。故民皆归附于我大周国，备物以迎王师，自不容已耳。然则我今日之有天下，实我祖宗缔造有素，天命攸归，而岂予之功哉！"

列爵惟五，分土惟三。建官惟贤，位事惟能。重民五教，惟食、丧、祭。惇信明义，崇德报功，垂拱而天下治。

垂拱，是垂衣拱手，无为的意思。

史臣又记武王政治的本末，说道：武王克商之后，偃武修文，其经纶天下之迹，虽不可悉数，略举其大者言之。其列爵以五等：公、侯、伯、子、男。其分地以三等：公侯百里、伯七十里、子男五十里。其建立庶官，则惟贤而有德者用之，而不肖者不得以幸进。其居位任事，则惟才而有能者使之，而无才者不容以滥及。其所最重者，是父子、君臣、夫妇、长幼、朋友之伦，率之以亲、义、序、别、信，五典之教，与夫力田足食、死丧祭祀之礼。盖纲常伦理，风化所关，而养生送死，人道之大，故王政以此为重也。凡出一令，必守之以信，而终始不渝；凡行一事，必裁之以义，而动无过举。有德者，则尊显之，而命德之典不加于匪人；有功者，则厚赏之，而酬劳之具不容以滥冒。夫分封有法，则万邦怀；官使有要，则庶政和；五教修，则百姓亲；三事举，则民风厚；信义立，则人心知所励；官赏行，则人心有所劝。武王经理天下，其宏纲大要，备举而尽善如此。故不必有所作为，但垂衣南面，端拱穆清，而天下自治矣。然此数语，不独武王所以开有周一代太平之业，自古帝王致治之规，举不外此。图治者宜留意焉。

洪范

洪字，解做大字。范，是法。昔夏禹治水成功，神龟出于洛水之中，背上有文，自一数以至于九。大禹演而为九畴，备载着治天下的大法，故谓之洪范。及周武王访道于箕子，箕子乃敷陈其义以告武王。史臣记其辞，遂以“洪范”名篇。

惟十有三祀，王访于箕子。

祀，是年。王，是武王。访，是问。箕，是国名。子，是爵。

史臣叙说：武王十有三年春，既克商而有天下。既位之初，他政未遑，惟汲汲以求贤问道为首务。那时商家有个贤人，叫做箕子，有大学问，深知古圣王治天下的道理。武王遂亲屈万乘之尊，就而问之。盖以师道尊之，不以臣礼相待也。

王乃言曰：“呜呼，箕子！惟天阴骘下民，相协厥居，我不知其彝伦攸叙。”

阴骘，是默定的意思。相，是辅相。协，是合。居，是道理所当止的去处。彝伦，是常道。

武王问道于箕子，先叹息而称呼之，说道：“上天之与下民，势若相悬，而冥冥之中，凡斯民之受形赋性，类聚群分者，悉隐然默有以妥定之。然天虽有意于定民，而不能以自为。若是辅相上帝，奉天命以行事，使民生日用悉合于所当居止之理，常定而不乱者，则王者之事也。今我固身任是责者，不知何以能使这常道，灿然流布于天下，各得其叙，用以慰上天阴骘之心，而无负君师克相之任乎？”

箕子乃言曰："我闻在昔，鲧陻洪水，汩陈其五行。帝乃震怒，不畀洪范九畴，彝伦攸斁。鲧则殛死，禹乃嗣兴。天乃锡禹洪范九畴，彝伦攸叙。

陻，是塞。汩，是乱。陈，是列。畀，是与。畴字，解做类字。九畴，是其类有九。斁，是败。

箕子因武王问道惓惓，遂告之说道："古先圣王治天下的道理，无过洪范九畴，然这九畴之垂于世，也有个缘由。我闻在昔唐尧之时，洪水为患，使鲧治之。鲧乃用其小智，作是堤防以陻塞水道，以致水患不平，汩乱了五行的陈列，不顺其性。故上帝震怒，不与他这大法九章，遂无以纲维世道。常道所以败而失叙，鲧因是得罪而殛死矣。禹乃继鲧而起，顺水之性而治之，以至地平天成，五行顺布。由是天鉴其德，于洛水中现出一个神龟，背上有文，戴九履一，左三右七，二四为肩，六八为足，五居其中。禹因次其数，为大法九章，各以类相从。然后经世宰物的条件灿然毕具，斯常道之所以叙而无违也。自禹以来，相传治天下的大法，不外于此九者，盖天所赐也。今王欲知彝伦之叙，亦当于此求之。"

"初一曰五行。次二曰敬用五事。次三曰农用八政。次四曰协用五纪。次五曰建用皇极。次六曰乂用三德。次七曰明用稽疑。次八曰念用庶征。次九曰向用五福，威用六极。

这一节是九畴之纲。

农字，解做厚字。协，是合。五纪，是五件历法所以统纪天道的。建，是立。极，是标准的意思。乂，是治。稽疑，是卜筮以决疑。念，是省验。庶征，是灾祥之类，各有征应。向，是使人向慕。威，是使人畏惧。

箕子说："当初夏禹即洛书之数而叙畴，从一数起，叫做五行。盖天生五行，民并用之，有不可以一日缺者。这是第一畴。次二叫做敬用五事。盖五事乃修身之要，人君欲敬修其身，须用此五事。这是第二畴。次三叫做农用八政。盖八政乃养民之具，人君欲厚民生，须用此八政。这是第三畴。次四叫做协用五纪。盖天道参错而不齐，人君有五件历法，以为之统纪，而天始不能违，此人合天者之所必用也。这是第四畴。次五叫做建用皇极。盖臣民涣散而难一，人君有大中至正之极，以为之标准，而人始知所从，此以身立教者之所必用也。这是第五畴。次六叫做乂用三德。盖治道不可偏执，或用刚，或用柔，或刚柔参和，因时制宜，以合乎中，而后天下之事治。这是第六畴。次七叫做明用稽疑。盖大事不能无疑，必用卜筮以决其疑，吉凶动静，参乎神谋，而后能成天下之务。这是第七畴。次八叫做念用庶征。盖人事有得失，则天道之休咎应之。人君欲省念其所行之得，必用众祥之征以为考验；欲省念其所行之失，必用众灾之征以为考验。这是第八畴。次九叫做向用五福，威用六极。盖人事有善恶，则天道之祸福应之。人君欲使天下向慕而为善，必用五福以劝之；欲使天下畏惧而不为恶，必用六极以惩之。这是第九畴。天道莫大于五行，故以五行为首。人道莫大于五事，故五事即次之。修身然后可以治人，故次之以八政。王政必奉乎天时，故次之以五纪。人君中天下而立，上以敬顺天道，下以奠安民生，兆民万姓，莫不取则焉，故次之以皇极，而居乎九数之中。人君虽以身立教，而亦不得不佐之以刑赏予夺之权，故次之以三德。事有不能决者，则举而听之于天，故次之以稽疑。庶征，则天之所以启告乎人；五福六极，则天之所以祸福乎人，皆人君之所当知也，故又次之以庶征，而终以福极焉。此九畴自然之序，帝王治天下之大法，尽具于此。天之所以锡禹者，亦神矣哉！”

“一，五行：一曰水，二曰火，三曰木，四曰金，五曰土。水曰润下，火曰炎上，木曰曲直，金曰从革，土爰稼穑。润下作咸，炎上作苦，曲直作酸，从革作辛，稼穑作甘。

此以下是九畴之目。

爰字，解做于字。五谷初种时叫做稼，收敛时叫做穑。作，是为。

箕子衍五行之畴，说道：“洛书之数，首曰五行。五行之目，水为第一。盖万物成形，莫不由微而至著，故五行次序亦以微著为先后。水乃天一所生，为体最微，故居第一。火乃地二所生，为体渐著，故居第二。天三生木，为形充实，故居第三。地四生金，为体坚固，故居第四。天五生土，体质最大，故居第五。其为序如此。然各一其质，则各一其性。水为性润泽而又下行，故曰润下。火为性炎热而又上升，故曰炎上。木之性则屈曲而又耸直，故曰曲直。金之性则可顺从而又可改革，故曰从革。土以生物为性，而所生莫盛于五谷，故于是可以种而稼，熟而穑焉。然各一其性，又各一其味。水惟润下，故浸渍而为咸。火惟炎上，故焦灼而为苦。木性曲直，则气郁而成酸。金性从革，则气烈而成辛。至于稼穑，性禀中和，则其气味独为甘美。此皆成于造化之自然，而切于民生之日用者也。人君于此五行者，果能裁成辅相以尽调燮之功，则五气顺布，六府孔修，而所以左右斯民者，其责无不尽矣。”

“二，五事：一曰貌，二曰言，三曰视，四曰听，五曰思。貌曰恭，言曰从，视曰明，听曰聪，思曰睿。恭作肃，从作乂，明作哲，聪作谋，睿作圣。

从，是顺。睿，是通微。肃，是严整。乂，是条理。哲，是智。谋，是度。圣，是无所不通。

箕子衍五事之畴说道：“洛书之数，二曰五事。五事之目，貌为第一。盖人禀造化五行而生，其人事发见，先后亦以五行之序为次第。初生时，精之所凝，有形有色而为貌，貌属水，故居第一。既生后，气之所发，有声有音而为言，言属火，故居第二。由是精显于目，则见物而能视，视属木，故居第三。由是气藏于耳，则闻声而能听，听属金，故居第四。由是精气聚于心，则有知有识而能思，思属土，故居第五。其序如此。五体既备，五德自具。貌之德，斋庄中正而为恭。言之德，顺理成章而为从。视之德，无所不见而为明。听之德，无所不闻而为聪。思之德，心通乎微而为睿。五德既具，五用自彰。容貌惟其恭敬，则临民之际，有威可畏，有仪可象，而截然其严整。言语惟其顺理，则出令之时，不伤于易，不伤于烦，而秩然其有条。视远惟明，则不蔽于所见，凡人情物理，无不洞照，而为天下之大智。听德惟聪，则不惑于所闻，凡是非可否，都能裁度，而为天下之善谋。思虑惟能通微，则清明洞达，存神应妙，将无所不通，而为天下之至圣。人君于此五者，若能随事尽理，则身修道立，而可以为天下法矣。然貌、言、视、听、思，事虽有五，而以思为主；恭、从、明、聪、睿，德虽有五，而以敬为主。盖能思，则视听言动之间，方知所省察；能敬，则身心动静之际，乃有所持循。诚之于思，而又主之以敬，圣学始终之要在是矣。"

"三,八政：一曰食，二曰货，三曰祀，四曰司空，五曰司徒，六曰司寇，七曰宾，八曰师。

货，是财货。司空，是掌邦土之官。司徒，是掌邦教之官。司寇，是理刑之官。宾，是接待宾客。师，是师旅。

箕子说："洛书次三,八政之畴。第一件是食。盖食者，民之所赖以为生，而制田里、教树畜以开足食之原者，乃王政之首务也，故居第一。第二件是货。盖货者，民之所资以为用，而惠工商、通货贿以利斯民之用者，乃王政之不可缓也，故居第二。食货既足，不可不思报本，故第三件是祭祀。修礼物，交神人，所以报本也。祀典既举，不可不奠其居，故第四件是司空之政。造疆场，定庐舍，所以奠居也。民之逸居者，不可以无教，故第五件是司徒，使之敷教以化民。教之不率者，不可以无刑，故第六件是司寇，使之掌刑以弼教。内治修矣，外治不可不举也，故第七件曰宾礼之政。而怀诸侯，来远人，以通天下之情者在是矣。文教备矣，武威不可不振也，故第八件曰师旅之政。而征不庭，讨有罪，以防天下之患者在是矣。这八政虽有缓急先后之不同，要之皆切于民，而不可缺一。人君能举而措之，尚何民生之不厚哉！所以说农用八政。"

"四,五纪：一曰岁，二曰月，三曰日，四曰星辰，五曰历数。

辰，是日月交会的去处。历数，是推算天象的定数。

箕子说："洛书次四,五纪之畴。第一件叫做岁。盖天道运行，本有一寒一暑之序，因而定之为春夏、为秋冬，合四时以成一岁，而天运可纪矣。岁无不统，故居一。第二件叫做月。盖月行于天，本有生明生魄之候，因而定之为晦朔、为弦望，合三十日以成一月，而月行可纪矣。月统于岁，故居二。第三件叫做日。盖日有出没，则因之以辨昼夜；日有先后，则因之以次甲乙，而日于是乎可纪矣。日统于月，故居三。第四件叫做星辰。盖因星宿有动止，则别为经星纬星之名；因日月有交会，则分为周天十二辰之次，而星辰于是乎可纪矣。星辰乃日月之所经行，故居四。第五件叫做历数。盖岁、月、日、星辰之在天，其盈缩迟疾，本都有个定数，则因其自然之数，制为一定之历。于其常行也，有推步之法；于其变动也，有占验之法，而天道之始终，于是乎可纪矣。历数所以总岁、月、日、星辰者，故居五。人君能用此五者以合乎天，则顺时可以立政，而因天可以验人矣。所以说协用五纪。”

“五，皇极：皇建其有极。敛时五福，用敷锡厥庶民。惟时厥庶民于汝极，锡汝保极。

皇，是君。极，是至极可以为法的道理。建，是立。敛，是聚。五福，是寿、福、康宁、好德、考终。敷，是布。锡，是与。保，是保守。

箕子衍皇极之畴说道：“洛书次五中数，如何叫做建用皇极？盖人君一身，乃天下臣民的表率，凡纲常伦理、言动事为之间，必须都大中至正，尽善尽美，立个标准在上，然后天下之人皆仰之为法则，所以说建其有极。夫作善降祥，有德获福，此天道之不爽者。人君既尽道以为民极，则天心佑助，百顺咸聚，而五福之集于其身者，就似自己敛聚来的一般，所以说敛时五福。然这皇极之理，乃天下人同有的，人君为亿兆君师，岂徒自善其身而已哉！又必将这人人本具至极的道理去化导天下，使天下百姓每都效法君上，修德行善，也都个个获福，则我这五福亦与天下共享之，就似我布散与他的一般。所以说敷锡厥庶民，是君之与民同福者如此。由是天下之民，见修德行善的，都得了为善之利，莫不观感劝慕，把君上教他这至极的道理，亦相与保守，不敢失坠。民安于下，则君身益安于上，顺气流通，海内清和咸理矣。所以说锡汝保极，是民之与君同福如此。夫人君通天下为一身，必与天下同归于德，而后其德为全；亦必与天下同受其福，而后其福为备。若君德有一毫亏欠，则无以安享全福，而化成天下。若万方有一民未化，亦是福泽未遍，而分量为有歉矣。君天下者，其尚加意建极之义乎！此九畴以皇极为主，而居于中五之数也。”

“凡厥庶民，无有淫朋，人无有比德，惟皇作极。

淫朋，是邪党。人，是有爵位的人。比德，是私相比附。

箕子又说：“皇极之理，虽通于民，而倡率之机，全系于上。故凡天下的庶民，都循礼于法，各安生理，不交结那淫邪的朋党，以相聚为非；在朝有爵位的人，也都奉公体国，各修职业，无有私立党与，暗相比附，而诬上行私者。是岂无自而然哉？皆由人君执中守正，以身作极于上，可以为万民之表率，百官之仪刑，故臣民咸有所感发兴起，而心术自端，趋向自正耳。若君身上有一毫道理未尽到至极的去处，而徒以法制禁令强教天下，又岂能感化得天下臣民尽无淫朋比德之私乎？信乎君之不可不建极也。”

“凡厥庶民，有猷有为有守，汝则念之。不协于极，不罹于咎，皇则受之，而康而色。曰‘予攸好德’，汝则锡之福。时人斯其惟皇之极。

有猷，是有谋虑。有为，是有干才。有守，是操守廉洁。念，是眷念。罹字，解做陷字。咎，是过恶。受，是不弃的意思。康，是安和。福，指爵禄说。

箕子告武王以造就人才之法，说道：“君能建于上，固足以感化乎下矣。然人之资质有高下，观感有浅深，若不委曲而造就之，则无以使之尽归于皇极。故凡此庶民之中，有识见会谋事，有才力能干事，又且操守廉洁，义不苟取，这是上等的人才，入可以辅佐朝廷，出可以宣力四方者，汝不但宠以爵禄而任用之，尤当加意眷念，常常记在心上，不可忘也。又有一般人，质有所偏，虽未能合乎皇极中正之理，却亦不敢放纵为非而陷于过恶。这是中等的人才，进之则可与为善，弃之则或流于恶。人君也须包含容受，设法教育，不可便拒绝了他。若他能感容受之恩，而加进修之力，虽未必翕然丕变，纯然有得，但观其色之安舒和悦，而近于有道之容，发于言则每每自说我能好德，而喜谈乐道之不置，这等便是向上学好的人。汝于此人，便当加之以爵禄而锡之以福。盖天下之人，上等者少，中才者多，造就作养，皆得其用，固不必责备而过求之也。夫既有因才之教，而又有彰善之典，将见惟时庶民，皆奋于感恩，乐于从善，斯能悉归于惟皇之极，而所谓锡汝保极者在是矣。人君欲造就人才，以化成天下，可不于此加之意哉！”

“无虐茕独，而畏高明。

虐，是轻弃的意思。茕独，是孤寒无依的人。高明，是势位尊显的人。

箕子又说：“人君之于臣民，固当有造就之法，而其行法，又不可有偏私之心。盖庆赏之典，施于善良，黜罚之法，加于邪恶，惟当观其所行之善恶，岂宜论其势分之崇卑。但有能好德而趋于皇极的，便是善人，便当念之受之，而锡之以福，虽是身世孤寒茕独的人，亦不可以其微贱而轻弃之也。若有比德而悖于皇极的，便是恶人，便当夺之黜之，而加之以法，虽是势位烜赫高明的人，亦不可以其尊显而畏惮之也。夫茕独者，人之所易虐也，而劝善之恩及焉，则非茕独者可知矣，人又何惮而不为善。高明者，人之所易畏也，而惩恶之法加焉，则非高明者可知矣，人又何恃而敢为恶。此王者之道，所以为至大至正，荡荡平平，而能造就臣民也。”

“人之有能有为，使羞其行，而邦其昌。凡厥正人，既富方谷；汝弗能使有好于而家，时人斯其辜。于其无好德，汝虽锡之福，其作汝用咎。

人、正人，是都指在官之人说。羞字，解做进字。昌，是盛。谷，是善。好，是和好。辜，是罪。

箕子又说：“国事在于任人，人才最为难得，为君者不可不爱惜而成就之。如在官之人，有优于才能，足以应务的；有长于施为，足以任事的。这等的人，在己每自负其长，而于俗或致乖迕；在人恒忌其所有，而违之或俾不通。必须在上者鼓舞振作他，使之加修其行，而尽展其才，庶几人乐为用，百务修举，而邦国有昌盛之休矣。然不但如此，凡有所资而后劝者，中人之情也。若此在官有能有为的人，又必使他俸禄优厚，有所仰给，不以内顾累其心，然后可责其进行而为善。苟廪禄不继，俯仰不给，不能使其和好于家，则此人之心亦将夺于身家之谋，虽有才能，何暇为国尽力，且不免于罪戾矣，况望其能为善乎？此所以不可不富之也。然富乃所以养贤，而非可以滥及。苟徒以其在官之故，于其无能无为而不好德者，汝亦概与之以禄焉，则为汝滥用咎恶之人，而反贻害于邦国矣。此又汝之所当戒也。”

“无偏无陂，遵王之义。无有作好，遵王之道。无有作恶，遵王之路。无偏无党，王道荡荡。无党无偏，王道平平。无反无侧，王道正直。会其有极，归其有极。

这一章是将皇极的道理敷衍为训辞，使为臣民者，都歌咏之以消其邪罔，而归于中正。其辞都谐音韵，如今之箴颂诗歌一般。

无字，都是禁止之辞。偏，是不中。陂，是不平。作好、作恶，是好恶不顺自然，而有心以为之的意思。党，是不公。荡荡，是广远。平平，是平易。反，是倍常。测，是不正。会，是会合。归，是归宿。

箕子说：“王者以大公至正的道理建极于上，以为臣民法则，又衍为训辞以告之，说道：这皇极的道理，本是人人可以遵行的，但人往往为私意间杂，则其意念便不公平，而处事亦不停当，便与皇极的道理相背了。凡尔臣民，其存诸心者，无或不中而至于偏，无或不平而至于陂，惟当遵王者所行的正义，而与时宜之可也。无有意以为好，而纵一己之私喜，惟当遵王者所行的正道，而好所当好可也。无有意以为恶，而纵一已之私怒，惟当遵王者所行的正路，而恶所当恶可也。其见诸事者，无或偏而不中，党而不公，以自流于狭小。试观王者之道，何其荡荡然示人以广远也。无或不公而党，不中而偏，以自沦于倾邪。试观王者之道，何其平平然示人以坦夷也。无或反而倍常，侧而失正，以自累于私曲。试观王者之道，何其正大直率，示人以无私也。夫王义、王道、王路，本是天下固有的道理，只为私意间隔，遂与这道理相违，而不能会合为一。若是性情不偏，好恶都正，则意念所向，与君上所建之极，相为融会，就如水之会流一般，将合异为同矣。荡荡、平平、正直，也是天下同有的道理，只为私事迁移，逐与这道理相背，而无所归宿。若是中立无党，又能守常持正，则日用常行与君上所建之极，相为依归，就如水之归海一般，皆得其所止矣。尔为臣为民者，只是克去已私，便可以同进王道，由是而保极锡福，都在于此。此敷言之训，所以使人吟咏自得，而引天下同归于皇极者也。夫王者既以身建极而端化原，又设教以造就其才，又敷言以感动其心，其惓惓于天下臣民者，意何切哉！”

“曰皇极之敷言，是彝是训，于帝其训。

皇极之敷言，是敷衍皇极的道理，以为言词，即上文“无偏无陂”一章便是。彝，是理之常。训，是教戒。帝，指天说。

箕子既陈敷言之训，乃赞美之说道：“人君以极至之理，敷衍为言，以训告臣民，既戒其偏陂、好恶、偏党、反侧之私，又示以王义、王道、荡平、正直之体，反覆咏叹，不一而足。其理则易知简能，皆切于民生日用，譬如菽粟布帛，一日也少他不得，是天下之常理也；其言则公平广大，有关乎人心世道，譬如蓍龟药石，万世也违他不得，是天下之大训也。夫天者，理之所从出也。今皇极之敷言，既纯乎理，则亦纯乎天矣。然则是训也，乃上帝之训，但其阴骘下民之意，不能自显于言，而王者代天以有言耳，所以说‘是彝是训，于帝其训’。”

“凡厥庶民，极之敷言，是训是行，以近天子之光。曰天子作民父母，以为天下王。

光，是道德之光华。曰，是庶民的说话。

箕子说：“敷言之训，既合乎天，则自感乎人。凡天下百姓每于这皇极之敷言，一竦动于听闻，莫不奉之以为训，而讽诵不忘，遵之以为行，而率由不悖。由是涵濡既久，感化益深，人欲日以消融，天理日以昭著。天子建极于上，其道德固有光华，而庶民之归极于下者，亦庶几乎帝德之光华，而与之仿佛。盖天子庶民，分有尊卑，而理无上下，既顺其理而不违，则亦近其光而不远耳。夫庶民至此，其所得于君者深矣。将见以其感激之意，形之为称颂之辞，莫不说：‘生我育我，莫如父母。今天子敷言以训吾民，要成就我每都做好人，虽是父母教子以义方者，亦不能过，岂不是百姓的父母。君我长我，莫如王者。今天子敷言以训吾民，要成就我每都做好百姓，其于王者代天理物之道，夫复何愧，岂不真是天下的王。’夫曰作民父母，所以亲之也；曰为天下王，所以尊之也。敷言之感人如此。观于庶民，而群臣之得于所感者，又可知矣。”

“六，三德：一曰正直，二曰刚克，三曰柔克。平康，正直；强弗友，刚克；燮友，柔克。沈潜，刚克；高明，柔克。

克字，解做治字。友，是顺。燮，是和。

箕子说:“洛书第六畴，叫做乂用三德。盖王者以身建极，虽由一理，以德治世，约有三端。其一是正直之德。盖中正而无偏邪，直道而无私曲，无思无为，垂拱而治，乃上德也，故居第一。其二是刚克之德。政尚严明，教先振作，谓之刚克。君德以刚为主，乃圣人所以宰制群动而齐一海内者也，故居第二。其三是柔克之德。政尚宽容，教先委曲，谓之柔克。以柔道理天下，亦圣人维世作人不可废者也，故居第三。夫三德之目如此，然其用则各因乎宜。若天下太平治安，人心风俗都好，这叫做平康之世。我则以正直之德治之，虽有政教之施，而无刚柔之用，与天下相安于无为，治之上也。但人之习俗气禀，每有不齐，而我之政教宽严，亦异其用，于是有正治之者焉，有反治之者焉。若遇着强梗不顺的人，则利用刚以治之，振之以威，加之以法，使之有所畏而不为恶；若是和柔委顺的人，则可用柔以治之，锡之以福，施之以恩，使之有所劝而为善。斯二者以刚克刚，以柔克柔，所谓正治者也。又有资禀沉深潜退，过于柔者，则激励而进之，柔而济之以刚，使之有所企而思及；有高亢明爽，过于刚者，则裁抑而退之，刚而济之以柔，使之有所俯而思就。斯二者以刚克柔，以柔克刚，所谓反治者也。然其为用虽有刚柔之异，治法虽有正反之殊，要不过矫其偏，去其蔽，以同归于平康正直而已。譬之天道，秋冬春夏，舒惨异宜，而皆一元之所运；雨露雪霜，生杀异用，而皆化育之攸行。”帝王所以代天理物，其道莫要于此。图治者宜致思焉。

“惟辟作福，惟辟作威，惟辟玉食。臣无有作福、作威、玉食。臣之有作福、作威、玉食，其害于而家，凶于而国。人用侧颇僻，民用僭忒。

辟，是君。玉食，是天子所用珍美之食。人字，指有职位的人说。侧，是不正。颇，是不平。忒字，解做过字。

箕子说:“人君欲行抚世之大德，当操御世之大权，若非总揽乾纲于上，以致权柄暗移于下，又何以尽三德之用哉？故爵禄庆赏，所以施德于天下的，叫做福。这福，惟君得以作之。盖奉天道以命有德，乃天子之事也。刑罚征诛，所以示惩于天下的，叫做威。这威，亦惟君得以作之。盖承天意以讨有罪，亦天之子事也。至于珍贵玉食之奉，虽非人主之所尚，然万方之所以供一人者，品物为至贵也，亦惟君得以享之。盖居天位，食天禄，亦天子之事也。若在下为臣子的，于君上威福之施，不过奉行之而已；玉食之养，不过供献之而已。固无敢有窃君之福，以市私恩；无敢有盗君之威，以报私怨；亦无敢有僭用君之玉食，而越礼犯分，肆无忌惮者。若臣下而敢有作福、作威、玉食，则坏法乱纪，下陵上替，大乱之道自此而生。在大夫有家者，必贻患害于而家；诸侯有国者，必致凶祸于国。由是大臣不法，则小臣不廉。凡在朝有职位的人，都习以成风，固反侧颇僻而不安其分。上无道揆，则下无法守。凡在下的小民，亦相率效尤，僭妄过分，而逾越其常矣。夫以下于上，其害遂至于此。然则为君者，其可不操大权于己以表正万邦乎？"大抵治世三德，虽说刚柔并用，然君道还当主刚。故凡威福权柄之下移，皆优柔不断之为害也。箕子之告武王者，为意深矣。

"七，稽疑：择建立卜筮人，乃命卜筮。

择，是选择。卜，是灼龟观兆。筮，是揲蓍起卦。

箕子说："洛书次七畴，叫做稽疑。盖以国有大事，人君虽是内断于心，外询于众，然又必听之于神，而其疑乃决。故或卜龟以观兆，或揲蓍以起卦，稽考其吉凶之理，以定吾趋避之宜，皆所以决疑也。故谓之稽疑。然龟蓍之所以灵者，以其至公无私，故能通鬼神之情。则卜筮者，亦必得至公无私之人，而后能达龟蓍之意。故人君欲卜筮以决疑，必须简择那至公无私，心与天通的人，建而立之，为大卜大筮之官，使他专掌卜筮之事。遇着国家有大疑不决，乃命这人，或用龟以卜，或用蓍以筮，庶几以至公之心，传至公之兆，可以定吉凶，可以成事业耳。苟非其人，岂可以轻命之哉？"

"曰雨，曰霁，曰蒙，曰驿，曰克。

这是卜龟观兆之法。

雨，是滋润如雨一般。霁，是开明。蒙，是暗昧。驿，是络绎相连属的意思。克，是交错相胜的意思。

箕子说："卜之法，用火灼龟观其文理，以断吉凶。有其状滋润而如雨的，其兆属水；有其状开明而如霁的，其兆属火；有形迹疑似，蒙昧而不明的，其兆属木；有布散联绵，络绎而连属的，其兆属金；有横斜交错，如相克之状的，其兆属土。此五者，皆卜兆之体也，要之不外乎五行而已。”

“曰贞，曰悔。

这是揲蓍起卦之法。

贞，是正。悔，是变动的意思。

箕子说：“筮之法，用蓍草揲之，三变而成一爻，三爻而成内卦，又三爻而成外卦，合内外二卦而成一卦。内卦叫做贞，外卦叫做悔。如六爻之中，有遇着老阳老阴则变而为别卦，所谓之卦也。那初得的本卦，又叫做贞；后变的之卦，又叫做悔。盖贞者，正固不移之意。内卦与本卦，皆得之于先，卦之正也，所以皆谓之贞。悔者，变动不一之名。外卦与之卦，皆成之于后，卦之变也，所以皆谓之悔。此二者，皆占卦之体也，要之不外乎阴阳而已。”

“凡七。卜五，占用二，衍忒。

凡字，解做总字。衍，是推衍。忒，是过差。

箕子说：“卜兆占卦之体，合而言之，总有七件，雨、霁、蒙、驿、克、贞、悔是也。分而言之，则卜用雨、霁、蒙、驿、克之五兆，占用贞、悔二卦。国家欲举大事，恐不能无过差，则假此卜筮以推究之，审吉凶得失之象，决从违趋避之宜，以求免于过差。是卜筮之体虽异，而其用则同也。”

“立时人作卜筮，三人占，则从二人之言。

箕子说：“稽疑之法，既立至公无私之人，以作卜筮之官，及当占卜之时，又必每事使三人共占之，以相参考。如卜则三人同卜，筮则三人同筮，以观其吉凶之兆同异何如。倘三人皆以为吉，固断乎其可行矣。其或一人言凶，而二人言吉，亦宜从其吉而行之。盖二人同，则吉胜于凶，虽有一人之异议，固无妨也。三人皆以为凶，固断乎其不可行矣。其或一人言吉，而二人言凶，亦宜从其凶而止之。二人同，则凶胜于吉，虽有一人之异见，未可凭也。以人言之多寡，测天命之从违，庶乎举措合宜，而过差可免矣。此用卜筮之法也。”

“汝则有大疑，谋及乃心，谋及卿士，谋及庶人，谋及卜筮。汝则从，龟从，筮从，卿士从，庶民从，是之谓大同。身其康强，子孙其逢，吉。汝则从，龟从，筮从，卿士逆，庶民逆，吉。卿士从，龟从，筮从，汝则逆，庶民逆，吉。庶民从，龟从，筮从，汝则逆，卿士逆，吉。汝则从，龟从，筮逆，卿士逆，庶民逆，作内，吉；作外，凶。龟筮共违于人，用静，吉；用作，凶。

大疑，是国家大事，疑惑难决者。内，是在内所行的，如祭祀等事。外，是在外所行的，如征伐等事。静，是守常。作，是动作。

箕子说：“稽疑之道，固当取决于卜筮，而其理之是非可否，在吾心亦自有定见。是以国家有重大的事务，当行当止，疑而未决者，必先自己以道理事势，裁酌其可否。既谋之于心矣，犹以一人之识见有限，又咨访于卿士，集思广益，看朝廷上公议如何；又下问于庶民，广询博采，看闾阎间的众论如何，然后谋之于卜筮焉。盖人谋出于有心，不若蓍龟灵物至公无私，尤为可信，故既参之于人已，又质之于鬼神。乃命择立之人，循卜筮之法，灼龟以观其兆，揲蓍以玩其占，观其吉凶，以决吾之从违焉。若是这件大事，汝心料度，以为可行，是汝则从矣；及其卜之于龟，则有吉而无凶；筮之于蓍，又有休而无咎；问之在朝，而举朝卿士，皆无间言；问之在野，而举国庶民，皆无异议，是通幽明，合上下，无不翕然而大同矣。以此举事，将何所为而不宜哉？以言乎近，则多福集于君身，康宁强健，而安享太平之治矣；以言乎远，则福庇及于子孙，遭逢吉庆，而永保灵长之业矣。大同之应如此。若是谋之于己，汝之心既从矣，而龟与筮皆从，虽卿士庶民，逆而未顺，然君谋与神谋相合，亦为吉也。若是卿士之心从矣，而龟与筮皆从，虽君心民情，逆而未顺，然臣谋与神谋相合，亦为吉也。若是庶民之心从矣，而龟与筮皆从，虽君心臣意，逆而未顺，然民谋与神谋相合，亦为吉也。若是汝心既从，而龟筮一从一逆，至于是卿士庶民，都逆而未顺，虽逆多顺少，本无可取，但筮短龟长，又与尊者之谋相合，惟用之以举事于内，亦可获吉，但举事于外则凶矣。若是龟筮呈兆，都与人谋相违，纵使君臣上下，皆无所逆，然鬼神不顺，百事难行，悔吝忧危，必有出于意料之外者，只宜静以守常，可保终吉，倘或有所作为，则必遇凶咎矣。夫谋虑必合于臣民者，不敢自用而取诸人，盖其公也；吉凶惟决于鬼神者，不敢自信而信于天，盖其慎也。人君用此以断天下之大疑，以定天下之大业，举动岂有不当者哉？”

“八，庶征：曰雨，曰旸，曰燠，曰寒，曰风。曰时五者来备，各以其叙，庶草蕃庑。一极备，凶；一极无，凶。

旸，是日。燠，是和暖。时，是时候。五者，指雨、旸、燠、寒、风五件说。备，是全备。叙，是应时候。蕃庑，是茂盛。极备，是过多。极无，是绝少。

箕子说：“洛书次八之畴，叫做庶征。盖以天人之理，相为感通，但观天道之休咎，即可以验人事之得失，而其所验者又非一端，所以叫做庶征。庶征之目何如？自阴阳之气交，则蒸润而为雨；自阴阳之气散，则开霁而为旸；阴消阳长，则气暖而为燠；阳消阴长，则气冷而为寒；阴阳之气，相嘘相拂，则周旋鼓舞而为风。这雨、旸、燠、寒、风，都有恰好的时候。若此五气之来，皆全备而无欠缺，不多雨而少旸，不多燠而少寒，又且各应节序，如该雨时便雨，该旸时便旸，无一不当其时，是五气顺布而无乖戾矣。将见和气流行，品物生殖，虽众草至微，亦且畅茂条达，而极其蕃盛矣，况其他乎？若五气失调，节候乖错，或极备而伤于太多，则阴阳之气偏胜，而万物无以育其生，必至于凶灾，如雨多则涝，旸多则旱是也；或极无而伤于太少，则阴阳之气有亏，而万物无以遂其性，亦至于凶灾，如无燠则惨，无寒则泄是也。夫岁功之成否，系于五气之休咎如此，人君之于天道，岂可忽哉？”

“曰休征：曰肃，时雨若；曰乂，时旸若；曰晢，时燠若；曰谋，时寒若；曰圣，时风若。曰咎征：曰狂，恒雨若；曰僭，恒旸若；曰豫，恒燠若；曰急，恒寒若；曰蒙，恒风若。

休征，是休美的征验。时，是及时。若字，解做顺字。咎征，是咎恶的征验。狂，是放荡。恒，是常。僭，是差。豫，是犹豫。急，是躁急。蒙，是愚昧。

箕子说："天道之或休或咎，非出于偶然而已，皆由人事有以感知之。人事有貌、言、视、听、思之分，天道有雨、旸、燠、寒、风之异，故人事修于下，则天必有休美的征验，各以类应。如动乎貌者，端庄严恪叫做肃，是貌之德修矣。貌，泽水也，而雨亦属水，其应则为雨泽以时而顺应之。发乎言者，顺理成章叫做乂，是言之德修矣。言，扬火也，而旸亦属火，其应则为晴霁以时而顺应之。视无不明，而昭然其有智，是视之德修矣。视，散木也，而燠亦为木之气，其应则为暄燠以时而顺应之。听无不聪，而渊然其有谋，是听之德修矣。听，收金也，而寒亦为金之气，其应则为寒冷以时而顺应之。思能通微而德造于睿圣，是思之德修矣。思，通土也，而风亦为土之气，其应则为风至以时而顺应之。夫五气节调，则化工顺运，此太平休美之事，所以谓之休征也。人事失于下，则天亦必有咎恶的征验，各以类应。如貌不能作肃，而至于狂荡，是貌之德不修矣，其应则为常雨。盖淫潦无节，有类于狂也。言不能作乂，而至于差谬，是言之德不修矣，其应则为常旸。盖亢旱为灾，有类于僭也。明不足以决可否，或至犹豫而寡断，是视之德不修矣，其应则为常燠。盖和柔之气多，有类于豫也。聪不足以审是非，或至躁急而寡谋，是听之德不修矣，其应则为常寒。盖栗烈之气胜，有类于急也。睿不足以察几微，至于蒙昧而眩惑，是思之德不修矣，其应则为常风。盖阴霾之沴作，有类于蒙也。"夫五气不调，则凶灾立至，而有荒歉瘥疠之变，所以谓之咎征也。然此休征、咎征之应，箕子亦从其类而概分之耳。要之五事修，则五气皆顺；五事不修，则五气皆逆。若必曰貌专属雨，言专属旸，则亦胶固执泥，而不足以语天人之际矣。此又读《洪范》者所当知。

"曰：王省惟岁，卿士惟月，师尹惟日。

省，是省验。卿士，是大臣。师尹，是众职。

箕子说："人事之得失著于下，则天道之灾祥见于上，感应之理，昭然不诬。故凡为君为臣，有代天理物之责者，皆当视其休咎，以省察所行的得失，但其责任有尊卑之殊，故其所省有大小之异。王者欲省验自己的得失，当于五气休咎，关系一岁之利害者征之。若通计一岁之间，风调雨顺，寒暑适宜，则可以验君德之修；或水旱频仍，灾异叠见，则可以验君德之失。盖王者至尊，无所不统，犹岁之统夫月日，其任大，则所系亦大，故王之所省者在于岁也。王之下有卿士，卿士欲省验其得失，当于五气休咎，关系一月之利害者征之。以月终而考其月要，则气候灾祥，职业修否，概可见矣。盖卿士各守其职，以赞王政，犹月之积而成岁，故卿士之所省者在于月也。卿士之下有师尹，师尹欲省验其得失，当于五气休咎，关系一日之利害者征之。以日终而考其日成，则天时顺逆，人事勤惰，概可见矣。盖师尹各司其事，以承卿士，如月之中有日，故师尹之所省者在于日也。由是省之而和气应，则交相勉焉，而益善其所终；省之而乖气应，则交相儆焉，而益修其未备。分猷共念，上下一心，斯人事可以挽回天意，虽转灾为祥，亦不难矣。"

"岁、月、日时无易，百谷用成，乂用明，俊民用章，家用平康。

无易，是五气各以时至而无所变易。乂，是治道。章，是显。

箕子说："和气致祥，乖气致异，天人相与之际，有确乎其不爽者。故大而一岁之间，小而一月一日之内，凡雨、旸、燠、寒、风之时，一一都应候而至，无有变易其常度者。这是人事克修，休征协应，其为效验岂浅浅哉！故以岁功言之，则百谷因此成熟而三农乐，丰穰之庆矣；以治功言之，则政治件件修明，法度彰而礼乐著矣。观之在朝，则贤才效用，凡俊民之隐伏者，皆乘时自奋，章显在位矣；观之在野，则室家胥庆，比屋之间皆安居乐业，同享平治康宁之福矣。夫阴阳调而寒暑时，五谷熟而人民育，朝无废政，野无遗贤，此和气致祥之验，太平极治之时也。然必由君臣上下，五事克修致之，岂偶然之故哉！"

"日、月、岁时既易，百谷用不成，乂用昏不明，俊民用微，家用不宁。

微，是微伏不显。

箕子又说："若小而一日一月之间，大而一岁之内，凡雨、旸、燠、寒、风，都非时而至，变易其常期，此人事不修，咎征之应也。其为害当何如哉？以岁功言之，则百谷都不成熟，而饿馑荐臻矣；以治功言之，则政治昏乱不明，而国事日非矣。观之在朝，则贤俊隐遁，甘处侧微，而无用世之志矣；观之在野，则民苦无聊，室家离散，而皆不得安其生矣。夫人事不修而咎征之应如此，固天道感应之当然，人君若能反身修德，则亦可转灾为祥，而咎征将变而休征矣。天人相与之际，岂其微哉？”

“庶民惟星，星有好风，星有好雨。日月之行，则有冬有夏。月之从星，则以风雨。

箕子说：“王者与卿士、师尹，其得失固征于岁月日矣。至于庶民，则其象如星。盖庶民无官守，无责任，亦无所省验，为休为咎，只系乎在上的人得失何如。其散处于下，如众星之附于天一般，所以说庶民惟星。然星宿之中，其气类相感，也都各有所好。箕星主风，故其性好风；毕星主雨，故其性好雨。亦如庶民之中，寒者欲衣，饿者欲食，鳏寡孤独者皆欲得其所，其为好亦各有不齐也。夫星之布列于天，虽各有所主，而其成岁功，占气候，则又在乎日月之所经行次舍者而验之。日之行，极南至于牵牛，则为冬至；极北至于东井，则为夏至。月之行，立冬与冬至，经由黑道；立夏与夏至，经由赤道。观其运行，而寒暑之推迁者可验矣。月行到东北而入于箕，则从箕星之好而为风；到西南而入于毕，则从毕星之好而为雨。观其所从，而气化之流行者可知矣。夫仰观于天，悬象著明，莫大乎日月；森罗布列，莫微于众星。然至大者，每从乎至微者之所好；而至微者，有关乎至大者之成功。譬之庶民，其位虽卑，其分虽微，而卿士、师尹所以布朝廷之命令，以行乎下者，恒于斯，察四方之幽隐，以达乎上者，恒于斯。天道人事，一而已矣。故雨曜顺度，则三光全而风雨时；百官修职，则万民安而生养遂。王者如天运于上，安享无为太平之治矣。庶征之义大矣哉！”

“九，五福：一曰寿，二曰富，三曰康宁，四曰攸好德，五曰考终命。

康，是身体康健。宁，是心志安宁。攸好德，是心之所好在德。考字，解做成字。考终命，是成其善终之正命。

箕子说：“洛书第九畴，曰向用五福。是说为善者，天必报之以福，而所谓福者凡有五件。第一件是寿。盖人生必寿命长久，然后能享诸福，故寿居第一。第二件是富。盖人生必资财充足，然后有以养生，故富即次之。第三件是康宁。盖人虽有寿有禄，若身心不得安泰，则亦非福也，惟身体康健而无疾厄，心志安宁而无忧患，乃为真福，故康宁又次之。第四件是攸好德。盖人虽寿富康宁，若不知好善乐道，亦非福也，惟智识高明，所好在德，则心逸日休，自求多福，莫要于此，故攸好德又次之。第五件是考终命。盖诸福既备，善终尤难，必须顺受其正，以尽其天年，而不死于非命，乃为完福，故以考终命终焉。此五者，皆天之所以福善也。人君以此自劝，而建极于上，则能敛福于一身；以此劝臣民，而使之归极于下，则能锡福于天下矣。"

"六极：一曰凶短折，二曰疾，三曰忧，四曰贫，五曰恶，六曰弱。"

凶，是不以善终。短折，是不寿。恶，是过刚。弱，是过柔。

箕子又说："洛书第九畴，又曰威用六极。是说为恶者，天必报之以祸，而所谓祸者，凡有六件极不好的事。第一件是凶短折。盖考终而寿，人之愿也，若是横遭凶害，而不以善终，或中道夭折，而寿命不永，人生之祸莫大于此矣，故居第一。第二件是疾。盖无病而安，亦人之愿也，若是疾病缠绵，身不康健，则虽寿命常存，而其情则甚苦矣，故疾即次之。第三件是忧。盖人必心乐，然后身泰，倘忧愁抑郁，此心戚戚不宁，则虽身体无病，而其心则无聊矣，故忧又次之。第四件是贫。盖人必用足然后无累，倘贫穷空乏，不能自存，则俯仰无资，而其生亦甚窘矣，故贫又次之。第五件是禀性之过刚而为恶。恶则悍然不顾，而足以取祸，故又次之。第六件是禀性之过柔而为弱。弱则怯懦无为，而足以取辱，故又次之。"这六件，凶短折的与寿考终命相反，疾忧的与康宁相反，贫的与富相反，恶弱的与攸好德相反。为善则获福如彼，为恶则获祸如此，可不鉴哉？然作善降祥，不善降殃，天道之报应，固昭然不爽。若赏善罚恶，执威福之柄，以劝惩天下，而助上帝之所不及，是又人君法天而不私者也。图治者宜思焉。

按：《洪范》一书，自古圣帝明王，治天下大经大法，举不外此，而其要则在于建用皇极。盖人君一身，乃天下臣民之所仰法，皇极建而后可以布五行，修五事，举八政，协五纪，用三德，明稽疑，察庶征，作威福。故皇极居于五数之中，而为九畴之干，其"无偏无陂"一篇，又所以懋建皇极之中，圣学精微之奥也，伏惟圣明留意。

卷七

旅獒

旅，是西夷国名。犬之高大异常者，叫做獒。昔周武王时，有西旅国，以本地所出獒犬进献于朝。太保召公以为异物非所当受，作书进戒，遂以“旅獒”名篇。

惟克商，遂通道于九夷八蛮。西旅厎贡厥獒，太保乃作《旅獒》，用训于王。

厎字，解做致字。

史臣叙说：武王既克商而有天下，威德广被，九州之外，夷狄蛮貊莫不宾服，道路开通，无复阻隔。有西旅国，致贡其土产之獒，以表来享之敬。自常情观之，一獒之贡，出自远人向化，圣如武王，受之若无害者。太保召公则以人君好尚，不可不端，恐因此开进献之门，贻盛德之累，乃作为《旅獒》一书，用训戒于王，极言其不当受的意思。盖忠臣爱君，豫防其渐如此。

曰：“呜呼，明王慎德！四夷咸宾，无有远迩，毕献方物，惟服食器用。

方物，是各地方所产之物。

召公训戒武王，先叹息说道：“自古明哲之王，欲以保国治民，莫不谨修其德，凡一取一予，一喜一好，皆兢兢然以道理自防，法度自检，无所不致其谨。由是盛德所感，不但中国的人民倾心奉上，就是那四方夷狄，闻知中国有圣人，也都纳款称臣，相率宾服，无远无近，莫不各以方土所生之物，输诚贡献，毋敢后焉。然其所献者，惟是可供衣服，可资饮食，可备器用之物，此外并不敢以奇玩异物来进献者，盖知明王所重在德，别无玩好，纵献之亦却而不受也。”

“王乃昭德之致于异姓之邦，无替厥服。分宝玉于伯叔之国，时庸展亲。人不易物，惟德其物。

昭，是示。替，是废。服，是职。展亲，是益厚其亲。

召公又说：“明王在位，四夷效贡，皆其慎德之所致。乃以此明示天下，颁赐与异姓诸侯之国，使知朝廷有道，四夷向化，益坚其倾戴之诚，不废其藩屏之职。于方物中有宝玉之贵者，则分赐与同姓诸侯伯叔之国，使之守此重器，永为世宝，益厚其亲亲之义，因伸其敦睦之情，皆王者公天下之心也。由是天下诸侯受其分赐者，物虽不同，皆不敢轻易视之，知此物乃王者谨德所致，故不敢以物视其物，而皆以德视其物，极其敬重矣。若为君者，不以服食器物为贵，而以珍奇玩好为事，则贡献既非德感，分赐无所劝励，适足以彰其不德耳，可不戒哉！”

“德盛不狎侮。狎侮君子，罔以尽人心。狎侮小人，罔以尽其力。

此以下皆慎德之事。

小人，是卑贱之人。

召公又说：“人君之德，所当谨者固非一端，而恭敬礼下，乃其德之大者。是以德盛的人，其持己待人，必极其庄敬。视贤人君子，皆当尊礼；视匹夫匹妇，皆能胜予，不敢有一毫亵狎侮慢之意。若亵狎侮慢，待人无礼，则其为害有不可胜言者。狎侮君子，则亏敬贤之礼，而为君子者，必将见几而作，望颜色而去之矣，孰有为国家尽心者乎？狎侮小人，则失临下之体，而为小人者，亦将无所畏惮，而怠玩以事上矣，孰有为国家尽力者乎？夫狎侮之心一生，而其弊遂至于此，人主不可以为小失而不加谨也。”

“不役耳目，百度惟贞。

役，是役使。百度，是百事的节度。贞，是正。

召公又说：“人心之应事接物，本都有个至正的节度。只为声色之欲，一感于耳目，而心无所主，反为耳目所役使，于是百为之度，始昏乱而失正耳。人君若能澹然无欲，卓然自持，务使耳目皆听命于心，而此心不为耳目玩好所役使，则本原澄澈，私欲不行，凡百事为，自然合于节度，而各得其正矣，德其有不盛乎？此谨德者，又当以玩物为戒也。”

“玩人丧德，玩物丧志。

上玩字，是玩忽的意思；下玩字，是玩好的意思。丧，是失。

召公又说：“玩忽乎人，而生狎侮之心，不但失君子小人之心力而已，且其轻佻慢易，侈然自肆，并自己的心德也丧失了。玩人之害如此。玩好乎物，而狗耳目之欲，不但使百为失度而已，且其耽迷荒纵，心为形役，并自己的心志也丧失了。玩物之害如此。”

“志以道宁，言以道接。

宁，是安定。接，是听纳。

召公又说：“心之所之，谓之志。人君于己之志，不可以不定也，而定志莫若以道。方志之未发，则以道涵养之，而非道者勿存诸心。方志之将发，则以道检察之，而非道者勿萌诸念。如此，则中有所主，而耳目不能为之迁，玩物之失庶乎其可免矣。入于耳者，谓之言。人君于人之言，不可以不听也，而听言亦必以道。导我以忠正之言，合于道者也，吾虚己而受之。导我以邪僻之言，悖于道者也，吾正色以拒之。如此，则自处以正，而佞不得投其隙，玩人之失庶乎其可免矣。王欲谨德，可不知所务哉！”

“不作无益害有益，功乃成。不贵异物贱用物，民乃足。犬马非其土性不畜，珍禽奇兽不育于国。不宝远物，则远人格。所宝惟贤，则迩人安。

畜字、育字，都解做养字。

召公又说：“人君所行，惟修德勤政，乃为有益。他如游观兴作等项，都是无益的事。人君一有所好，则心夺于外诱，力分于他用，而治功遂因之以有隳，是以无益而害有益矣。必须早夜孜孜，只求有利于国计民生者，然后为之，诸凡无益之事，一切停罢。夫然后力有专攻，事无废弛，而治功可成也。民间之物，惟服食器用，乃为切要。他如珠玉珍宝等项，饥不可以为食，寒不可以为衣，而其价不赀。人主一有所好，则不免多方以求之，重价以购之，而民财遂因之以虚耗，是反贵异物而贱用物矣。必须躬行节俭，惟是切于民生日用者，乃以为贵，诸凡奇异之物，都不必用他。夫然后上无征求之扰，下无采办之费，而民财可足也。犬马虽是有用之物，若来自他方，非其土性所宜的，也不必畜养。至于珍美之禽，奇异之兽，不过以供耳目之玩，无益实用的，不必养育于国中，以滋劳费。凡此皆慎德之实也。夫朝廷之举动，远人所视以为向背者。若能清心寡欲，凡远方之物，一无所宝爱，则好尚既端，声闻旁达，远而四夷，皆起宾服之心，而无不格矣。贤才之进退，斯民所系以为休戚者。若能移宝远物之心以宝贤臣，信笃而任专，谏行而言听，则贤才效用，膏泽普施，近而中国，皆蒙太平之福，而无不安矣。今西旅之獒，所谓非其土性者也，异物之无益者也。吾王所当宝者，惟在为国求贤耳。今释此弗宝，而以远物为贵，将不取轻于外夷，而为盛德之累哉？”

“呜呼！夙夜罔或不勤，不矜细行，终累大德。为山九仞，功亏一篑。

矜，是矜持。八尺叫做仞。篑，是盛土的竹器。

召公又叹息说：“人君之谨德，其事不止一端，其功不可少间。故一日之间，从早至夜，凡存心应事，当常怀儆惕，不可少有懈怠。一或懈怠，则谨德的功夫便有间断，不可不戒也。然世人常以为有大德者，不拘小节，故往往在大事上谨慎，细微处却多放过。殊不知大德者，小德之积。若以为细行而忽之，不肯矜持谨守，则一行之亏，百行之玷，因小失大，终必有累于全德矣。譬如为山的一般，积累功夫已到了九仞之高，所少者一篑之土，却心生懈怠，不肯加益，将九仞的功劳都亏损了，岂不甚可惜哉！知细行不可不矜，则夙夜何可以不勤乎？吾王当详审而密察之可也。”

“允迪兹，生民保厥居，惟乃世王。”

允，是信。迪，是行。世王，是世世为王。

召公又说："吾王诚以明王为当法，以臣言为可采，信能行此谨德之事，则朝廷上清心省事，无额外征求之扰，百姓都安家乐业，受无穷之福矣。今日创业垂统，规模正大，则后代观法遵守，可以永保天下，而世世为王矣。盖修省于一身者虽小，而造福于天下者则甚大；撙节于一时者虽微，而垂裕于后世者则甚远也。吾王其图之！"夫一獒之贡，武王尚且未受，召公训戒惓惓如此。可见古之圣君，不以细行无伤而不谨；古之大臣，不以小过无害而不谏。有天下者宜鉴之哉！

金縢

金縢，是周时藏秘书的匮，用金封缄其外，以示谨密也。昔武王有疾，周公作册书告神请祷，而卜之于龟，事毕以其书纳之匮中。及遭流言，出居东土。适有风雷之变，成王将启匮卜龟，见先所藏册书，乃悟感召天变之故，遂迎归周公。史臣叙其事，以"金縢"名篇。

既克商二年，王有疾，弗豫。

王，是武王。弗豫，是不悦，有疾而患苦的意思。

史臣叙说：武王既克了商纣，甫及二年，适有虐厉之疾，心弗豫悦。此时王业虽成而未安，人心虽服而未固，而武王乃遘此危疾，此周召诸臣所深忧也。

二公曰："我其为王穆卜。"

二公，是太公望、召公奭。诚一和同以听命于卜，谓之穆卜。

史臣记说：太公与召公，见得武王有疾，乃同辞说道："王之一身，系我周家宗社的安危，今被疾弗豫，为臣子的岂能晏然自安。此或天意所为，惟龟卜可以传之。我二人其为王致敬共卜，决其安否，以观天意可也。"

周公曰："未可以戚我先王。"

戚字，解做忧字。

周公因二公欲为王穆卜，乃托词以止之说："父母的心尝以子孙疾病为忧。今欲为王穆卜，必有事于宗庙，恐我先王因此遂怀忧虑，二公殆未可以此忧恼我先王也。"周公盖欲身自为祷，故却二公之请如此。

公乃自以为功，为三坛同墠。为坛于南方，北面，周公立焉。植璧秉珪，乃告太王、王季、文王。

功字，解做事字，指下请祷说。坛，是筑土。墠，是除地。植，与置字同。秉，是执。珪、璧，皆礼神之器。

史臣记周公既却二公之卜，乃自以为事，而请祷于先王，筑土为三坛，除地而同为一墠。又别筑一坛于三坛之南，向北为位，周公立焉。置璧于坛，执珪于手，乃陈词以告太王、王季、文王，为武王请祷。盖公以王室懿亲，迫切求祷于三王，自信其必能感通，此所以任为己事也。

史乃册祝，曰："惟尔元孙某，遘厉虐疾。若尔三王，是有丕子之责于天，以旦代某之身。

史，是太史，即太祝之官。祝，如今祝版之类。凡告神，必以祝词，书之于册，故曰册祝。元孙某，指武王，人臣不敢直指君之名，故曰某。遘，是遇。厉，是恶。虐，是暴。丕子，即元子，以大君为天之元子，故称丕子。代字，解做替字。

史臣说：武王有疾，周公既以身请祷，太祝乃读其册祝之辞曰："惟尔太王、王季、文王的元孙某，遇恶厉暴虐之疾，势甚危急。然元孙某，乃是承宗祀，继王业，为天的元子，若尔三王之灵，当任保护元子的责任于上帝之前，不当卒令其死。如谓其疾果不可救，则愿以旦代替元孙之身，不可使之遂罹于大故也。"盖是时王业初定，使武王即殁，则宗社倾危，人心摇动，国事大有可虞。故公之祷，非特以弟为兄，以臣为君，乃为生灵社稷之计，故不觉情词之迫切至于如此也。

"予仁若考，能多材多艺，能事鬼神。乃元孙不若旦多材多艺，不能事鬼神。

仁，是爱。若，是顺。材，是材干。艺，是艺能。

周公祝辞又说："我有仁爱之性，能承顺祖考，又多材干，多艺能，可备役使，能服事鬼神。乃元孙之材干艺能，都不如旦，不堪役使之任，不能服事鬼神。今必要得一人服事左右，则莫若取此材艺兼备，能事鬼神之旦，不必用元孙也。"此盖周公必欲代武王之死，至情笃切，故为是言。非是鬼神于冥冥之中，真个要人来服事，亦非周公矜己之能，而贬其兄之不能也。

"乃命于帝庭，敷佑四方。用能定尔子孙于下地，四方之民罔不祗畏。呜呼！无坠天之降宝命，我先王亦永有依归。

敷，是布。佑，是助。定字，解做安字。下地，犹言天下。宝命，是重大的天命。先王，指三王之祖考，后稷之属也。

周公祝辞说："元孙虽无材艺，不能服事鬼神，却受命于上帝之庭，作君作师，布其德教，以佑助四方之民。用能培植基本，安定汝三王子孙于下地，使本支百世藉其余休。以君师天下，四方之民莫不奉法守令，而祗敬畏服之。是元孙一身，近为当时所依赖，远为子孙所凭藉，若卒有不讳，则天下后世将何所依乎？"又叹息说："元孙之责任重大如此，我三王决当默佑而保护之，使其永固王业，不至坠失了上天所降的宝命，则我周先王后稷以来的宗祀，亦永有所赖以血食于无穷矣。三王纵无意于尔元孙，宁能无意于先王之宗祀乎？"周公请祷之词，至此益恳切矣。

"今我即命于元龟。尔之许我，我其以璧与珪归俟尔命；尔不许我，我乃屏璧与珪。"

即字，解做就字。尔，指三王。屏，是藏。

周公祝辞又说："我请身代元孙之死，未知尔三王在天之灵，许我与否。今我就请命于元龟，以观其兆之吉凶。若得吉兆，是三王许我以保护元孙，有不坠宝命，念及宗祀之心，我其以所置之璧、所秉之珪归，待尔保安元孙之命。若尔不许我以保护，则天命将坠，宗祀无依，我乃屏藏其璧与珪，欲事神，不可得已。盖元孙不存，则周业必坠，宗祀不保，此旦必愿以身代也。"

乃卜三龟，一习吉。启籥见书，乃并是吉。

三龟，是三人齐卜。习，是重。籥，是开藏的管籥。书，即占卜之书，藏于金縢之匮者。

周公祝告既毕，乃命三人同卜，以相参考。而三龟之兆，皆重以吉告。又以管籥开金縢之匮，取其所藏占书观之，那占书上都说这是吉兆。则保佑元孙之命，三王已默许于冥冥之中矣。此周公孝诚所感也。

公曰："体，王其罔害。予小子新命于三王，惟永终是图。兹攸俟，能念予一人。"

体，是卜龟的形象。永终，譬如说久后一般。图，是谋。武王安，则宗社子孙亦有依归，正是长远之计，所以说永终是图。俟，是待。

周公既得吉卜，乃自幸说道："我观龟卜的形体，有吉无凶，王之疾必然无害。盖我新受命于三王，惟以久后子孙为计，而许我以保佑元孙矣。我今只等待三王能念我元孙一人而使之安宁，则吾请代之初愿毕矣。"周公深致喜慰之词，盖忠诚所发也。

公归，乃纳册于金縢之匮中。王翼日乃瘳。

纳，是藏。册，是祝词。瘳，是愈。

史臣说：周公请祷既毕而还，太史乃藏其祝之词于金縢之匮中。公归明日，武王之疾果愈。盖虽三王保护之力，实周公请代之诚所感通也。

武王既丧，管叔及其群弟乃流言于国，曰："公将不利于孺子。"

此以下是史臣记周公辅成王时事。

管叔，名鲜，是周公兄。群弟，是蔡叔度、霍叔处。流言，是无根之言，流传于人者也。不利，譬如说要害他一般。孺子，指成王。

武王既丧，成王尚幼，周公乃摄位行事。是时周公之兄管叔，方监殷武庚，谋为不轨，乃与群弟蔡叔、霍叔等，造为无根之言，流布于国中，说："如今周公，将谋篡位不利于孺子。"所以危惧成王，而劝摇周公也。盖主少国疑之时，奸人之所窥伺；托孤寄命之地，大臣之所难居。故虽以周公之圣，犹不免于流言如此。

周公乃告二公曰："我之弗辟，我无以告我先王。"

辟字，解做退避的避字。

周公当流言之际，心不自安，乃告太公、召公说："我受命先王，辅佐少主，本欲安社稷，定国家，非为身计也。如今这等流言，则人心惊疑，上下易生嫌隙。我若不自退避，使谗谤得行，则变起萧墙，祸贻社稷，于大臣之义，有所未尽，他日死后，也无词以告我先王于地下矣。"夫周公顾命元老，王室懿亲，乃恝然避而去之，似为一身利害之谋，不为国家安危之计，何也？盖其忠诚恳至，忘身为国，使身退而流言可息，国家可安，则何所系恋而不为乎？然必告二公以退，则公虽居外，国事有托，亦可以不至于乱耳。圣人之举动光明，处变从容，于此可见。

周公居东二年，则罪人斯得。

居东，是避居东都。罪人，指管、蔡。

初流言之起，成王虽疑周公，然事无指实。及周公避居东都，到二年之久，成王方知流言的人，乃是管、蔡。其诽谤忠良，谋危社稷之罪状，至是始发露而不可掩矣。盖小人陷害君子，踪迹诡秘，而周公忠诚自信，亦不急急于自明。故虽以成王之贤，犹迟迟而后得其罪。此任贤察奸所以为难也。

于后，公乃为诗以贻王，名之曰《鸱鸮》。王亦未敢诮公。

贻，是与。诮，是诘责的意思。

成王既知流言起于管、蔡，其疑渐释。此后周公乃作诗四章以与成王，篇名叫做《鸱鸮》。其诗托鸟自言，鸱鸮既破其巢，又取其卵，以比武庚之败管、蔡及王室。盖深著王业艰难，不忍毁坏的意思。周公此诗，意发于忠愤，而词近于切直。成王亦虚心受之，未敢诘责周公，足以见其悔心之萌矣。

秋，大熟，未获，天大雷电以风，禾尽偃，大木斯拔，邦人大恐。王与大夫尽弁，以启金縢之书，乃得周公所自以为功代武王之说。

熟，是丰熟。获，是收获。偃，是倒。拔，是起。弁，是皮弁。启，是开。

史臣又叙说：是年秋，田禾大熟，尚未收获之时，忽然雷电大作，加以暴风，田禾都吹倒，大树都拔起来，一国之人震惊恐惧。成王因这天变，乃与大夫诸臣，尽服皮弁，以发金縢之匮，欲取册书祈祷。偶得周公当武王有疾之时，自以请命三王为事，欲以身代死的说话。即当时请命之祝词，纳于金縢之匮中者也。盖周公精诚上彻于天，而未信于成王，故天出灾异，以警动之如此。

二公及王乃问诸史与百执事。对曰："信。噫！公命，我勿敢言。"

二公，即太公、召公。诸史、百执事，是诸卜筮执事之人，即周公当时所命以卜武王之疾者。信，是信有此事。噫，是叹声。

太公、召公及成王，既见了周公欲代武王的祝词，乃问其事之始末于诸卜筮执事的人。众人乃对说："当时周公诚有此事。"又叹息说："我之卜龟纳册，周公皆曾命我等为之。但当册祝之日，恐人心摇动，不欲宣泄，故我等不敢以告于人耳。"夫观之天变，证之人言，周公之忠诚于是乎益显矣。

王执书以泣，曰："其勿穆卜。昔公勤劳王家，惟予冲人弗及知。今天动威，以彰周公之德，惟朕小子其新逆，我国家礼亦宜之。"

书，即金縢匮中所藏的册。威，指天变说。彰，是显。新，当作亲。逆字，解做迎字。

成王闻诸史、百执事之言，乃执周公请命之册书，涕泣以告诸大夫说："今日感召天变，已知其由，我君臣不必共卜矣。昔周公在皇考时，不但辅佐经营，尽心竭力，至于请命代死，为国忘身，其勤劳王家如此。此时我尚幼冲，不及详知，致使公横遭流言，不安其位。此予小子不明之过也。今天警动我以风雷之威，使得见金縢之书，以知公之精忠至诚，始终为国。是乃天所以彰显周公之德也。今日欲消弭天变，岂可使公之身，一日不在朝廷之上乎？惟我小子其亲迎公以归，于我国家褒崇有德之礼，固宜如此矣。"至此而周公之心始明，成王之疑始释，周之社稷所以几危而复安也。

王出郊，天乃雨，反风，禾则尽起。二公命邦人，凡大木所偃，尽起而筑之。岁则大熟。

成王既因天变感悟，知周公之忠诚，乃亲迎于郊外。出郊之日，天即下雨，反风，凡田禾已吹倒的，都起而更生。太公、召公又命国人，凡大木所偃仆的，都起而筑之，更加培植。于是田禾有收，岁更大熟，一时转灾为祥，其感召之速如此。夫成王未知周公，天为动威；及既迎周公，天为助顺。上天之喜怒，系一人之进退，捷若影响。若周公者，岂非天之所贻，以显相文武之业者哉？自古大臣尽忠者，莫如周公；处难处之地者，亦莫如周公。公以叔父之亲，辅幼冲之主，所摄者天子之位，所行者天子之事，人情安得不疑。疑故生谤，而三叔之流言起矣。然公疑则避之，以待成王之自悟；迎则来归，以安周室于几危。夷险不二其心，进退必行其志，此所以为终始之大忠也。编书者备载始末于《金縢》，可谓深知周公之心者矣。

大诰

昔武王克纣，以殷余民封纣子武庚，命三叔监之。及周公辅成王，三叔流言，周公避位居东。后成王悟，迎周公归，三叔惧，遂与武庚叛。成王命周公讨之，大诰天下。史臣因以名篇。

王若曰："猷！大诰尔多邦，越尔御事：弗吊！天降割于我家，不少延。洪惟我幼冲人，嗣无疆大历服。弗造哲，迪民康，矧曰其有能格知天命？

猷，是发语辞。多邦，是在外的诸侯。御事，是在内的群臣。吊，是恤。割，是害。历，是国家相传的历数。服，是五服之地。迪，是导。格，是穷究的意思。

周公奉辞讨武庚之罪，乃传王命以晓谕天下，说道："猷！大诰尔多邦诸侯，及尔左右御事之臣。我周不为天所悯恤，乃降凶害于我家，使武王遂丧而不少待。大思我幼冲之人，继守无疆大历服，自惟知识寡昧，弗能造明哲以导民于安康之地。是人事之显然者，且未能尽，况上天眷命，杳不可测，其安能穷而悉知之，以保此历服于无穷乎？"

“已！予惟小子，若涉渊水，予惟往求朕攸济。敷贲，敷前人受命，兹不忘大功。予不敢闭于天降威用。

已，是承上语词，欲已而不能已的意思。敷，是布。贲，是饰。前人，指武王。闭，是抑遏的意思。

成王大诰多邦，即启其端，而意犹未已也，故又说：“予惟小子，以冲昧为君，下无以奠安民生，上无以凝承天命，夙夜兢兢，常恐不能胜此艰大之责，就如涉渊水而莫知其津涯一般，孜孜焉惟往求所以守成之道，期如涉渊之必济而后已。凡我国家典章法度，贲饰于前者，求以敷布而修明之；武王膺天明命，肇造基业，垂裕后人者，求以增益而开大之。故今日此举，用兵讨罪，非好为劳民动众，亦欲无忘武王之大功，而思以继述其永清大定之烈，不至于失坠耳。况武庚不靖，蔑视我王章，窥伺我土宇，此其得罪于天，乃天诛所必加者，予又岂敢闭抑天降威用，不行讨伐，而坠武王之大功乎？”

“宁王遗我大宝龟，绍天明，即命曰：‘有大艰于西土，西土人亦不静。’越兹蠢。

宁，是安宁。王，即武王，以其克殷而安天下，故当时以此称之。龟谓之大宝，尊重之也。天明，是天之明命。绍，是传命。蠢，是动而无知的模样。

成王又举鬼神前知之事以警众，说道：“昔武王留下大宝龟与我后人，使传上天之明命，以定吉凶。比先问卜之时，即有命说：‘异日东方诸侯，起而作孽，将有大艰难之事于西土，使西土之人，疲于奔命，不得安静。’是武庚未叛，西土晏然之时，而龟已豫告，其兆甚明。今三监倡乱，果蠢蠢然而动，所谓大艰不靖者，于是乎验矣。然则今日之事，天命已定，其可违乎？”

“殷小腆，诞敢纪其叙。天降威，知我国有疵，民不康，曰：‘予复！’反鄙我周邦。

腆，是厚。诞，是大。叙，是统绪。疵，是病。鄙，是轻忽的意思。

成王又说：“武庚特殷之末裔，小小腆厚之国耳，乃不能审己量力，大敢经纪其丧亡之绪，欲使绝而复兴。这虽是上天降威，使之自取亡灭，然亦知我国有三叔疵衅，民心不安，故乃乘隙生变，倡为大言说道：'我将复兴殷业！'而反轻忽我周邦，略无忌惮。其不轨之谋如此，其容以不讨乎？"

"今蠢，今翼日，民献有十夫予翼，以于敉宁武图功。我有大事休，朕卜并吉。

翼日，是明日。献，是贤人。于，是往。敉，是抚。休，是美。

成王又说："武庚今日蠢动，而今之明日，我民即有贤者十人，皆能明义理识时势，不惮征役之劳，来辅我以往抚定殷邦，继嗣武王所图之功业，使永清大定之烈，复见于今焉。夫得贤人以举大事，我固知其休美，断断乎有万全之策矣。及朕决之于卜，则三龟又皆并吉，与人谋相符，其必胜又何疑哉！夫大艰不靖，卜既有验于当时；大事必休，兆又协吉于今日。此武庚之伐，我所以决胜而必往也。"

"肆予告我友邦君越尹氏、庶士、御事曰：予得吉卜，予惟以尔庶邦，于伐殷逋播臣。

肆字，解做故字。尹氏，是庶官之正。逋播臣，指武庚及其群臣说。

成王又说："我之东征，既豫兆于当年，又获吉于今日，知卜之断不可违。故我举以告我友邦君及尹氏、庶士、御事说：'东征之举，非尝试而漫为之也。予已得吉卜，天命昭示，不可违背。予惟以尔庶邦之众，往伐殷逋亡播迁之臣，必使凶孽荡除，东国底定，然后可以承天意而缵武功也。'"

"尔庶邦君越庶士、御事，罔不反曰：'艰大，民不静，亦惟在王宫、邦君室，越予小子考翼，不可征。王害不违卜？'

反，是复。王宫，指王家说。邦君室，指三叔说。予小子，是群臣自谓。考翼，是父老敬事者。害不，犹言何不。

成王又说："我既举吉卜以告尔有众，尔庶邦君及庶士、御事，乃不体我不得已而用兵之意，都复于我说道：'东征之事，艰难重大，乃国家安危所系，岂可轻举。且今日民之不静，虽是武庚倡乱，究其根源，实以三叔不睦，自启衅端，乃在王之宫、邦君之室，肘腋亲近之地，非由他人，惟宜自反以消弭之，岂可遽尔动众讨伐。予小子固无所知识，至于父老敬事者，都是老成练达的人，也众口一词，以征伐为不可。夫济大事者，神谋固所当稽，人谋尤所当协，王何不违卜而听之于人乎？’汝之复于我者如此，其亦忽神谋而违天意矣。”

“肆予冲人永思艰，曰：呜呼！允蠢，鳏寡哀哉！予造天役，遗大投艰于朕身。越予冲人不卬自恤，义尔邦君越尔多士、尹氏、御事绥予曰：‘无毖于恤，不可不成乃宁考图功。’

允，是信。造，是所为的事。役，是使。卬，是我。绥，是安。毖于恤，是劳于忧恤。宁考，即武王。

成王承上文说道：“东征之举，艰难重大，何待尔群臣言之。肆予冲人，亦何尝不长思及此，但事势有不容已者耳。遂叹息说：信此四国之蠢动，害及鳏寡，岂不深可哀哉！夫此鳏寡之受害，天实悯之。凡我所为除乱安民之事，皆是天之役使，不可推诿者。今日之举，虽曰艰大，其实天以其甚大者遗于我之身，以其甚艰者投于我之身，我冲人既代天有为，亦有不暇自恤者矣。且以人臣之义言之，尔庶邦君及尔多士、尹氏、御事，宜慰安我说：‘事虽艰大，王无过劳于忧恤，我等当分猷共念，相与戮力致讨，以成乃宁考所图之功。’这才是为臣的道理。乃皆诿曰不可征，何其不明大义之甚耶！”夫人君奉天以安民，若坐视民之害而不图其安，是违天也；人臣辅君以安民，若坐视君之忧而不代其劳，是负君也。成王此言，盖以深明君道之重，而所责于群臣之避事者，亦痛切矣。

“已！予惟小子，不敢替上帝命。天休于宁王，兴我小邦周，宁王惟卜用，克绥受兹命。今天其相民，矧亦惟卜用。呜呼！天明畏，弼我丕丕基。”

替字，解做废字。相，是佑。天明畏，言天之明命可畏。丕，是大。

成王因群臣有曷不违卜之言，又谕告之说道：“尔群臣劝我违卜而勿征，然卜何可违也。盖卜以传天命，今上帝命我讨武庚之罪，予小子恭行天讨之不暇，其敢轻废而不遵乎？昔天以眷命休美我武王，兴我小邦周，由百里而有天下。当是时，武王惟卜之用，所以能安受天命，有此无疆之大历服也。今天相佑下民，令其趋吉避凶，况亦惟卜是用，无有举事而不卜者。夫上而观于国祚，下而察于人事，无不用卜者，而我今日独可废乎？”于是又叹息而警动之说：“天命甚明，凛乎可畏。我今推原天意，无非欲我肃将威命，定乱安民，用弼成我丕丕之基，保历服于无穷耳。夫天意如此，尔等劝我违卜，是违天也，可乎哉？”

王曰：“尔惟旧人，尔丕克远省，尔知宁王若勤哉！天閟毖我成功所，予不敢不极卒宁王图事。肆予大化诱我友邦君：天棐忱辞，其考我民，予曷其不于前宁人图功攸终？天亦惟用勤毖我民，若有疾，予曷敢不于前宁人攸受休毕？”

旧人，是武王时旧臣。省，是记。閟，是否闭不通的意思。毖，是艰难不易的意思。卒、终、毕，都是完全成就的意思。棐，是辅。忱辞，是诚信之辞。宁人，是与武王共安天下之臣，当时谓武王为宁王，故谓其功臣为宁人。

成王因群臣有考翼不可征之言，故又专呼旧人而告之说：“尔等旧人，皆尝逮事武王，必大能远记前日之事，岂不知武王创造基业，若此之勤劳哉！即知武王之勤劳，则必不忍使武功之废坠矣。当今四国蠢动，法令否塞而不通，事势艰难而不易，天之閟毖我国家者，正欲我奋发有为，以开大前业，是多难兴邦，我成功之所在也。予其敢不仰承天命，戡定祸乱，以完全武王所图之事乎？夫尔友邦君以为不可征者，我皆谆谆然化导劝诱之，非私言也。盖天虽不言，然辅我以诚信之辞，确乎谓叛逆之当讨，考之民献十夫之言，则昭然可见矣。予其敢不思前宁人所图之功，而相与成其终乎？且天以四国之乱，勤劳我民，未尝不矜悯而欲除之；如人有疾一般，必速攻治之使愈，决不欲养患以自苦也。予其敢违天之心，坐视祸患，使前宁人所受休美之命，不自我而成就之乎？然则继述武功，在小子固有不容已之责，而辅君讨乱，在群臣尤有不可诿之义。尔旧人之不欲征者，亦可以深省矣。”

王曰："若昔朕其逝，朕言艰日思。若考作室，既厎法，厥子乃弗肯堂，矧肯构？厥父菑，厥子乃弗肯播，矧肯获？厥考翼其肯曰'予有后，弗弃基'？肆予曷敢不越卬敉宁王大命！

逝，是往。厎，是定法，是作室的法度。菑，是反土除草。播，是种。获，是收获。

成王又说："武庚之伐，岂独天意当从，以人事论之，亦有不得不然者。若昔我之欲往东征，亦谓其事之艰难而日思之，非轻举也，特有见于武功之当继，不可以难而自阻耳。试以作室喻之：为父者既尝厎定广狭高下之法度，则堂构可成矣。其子乃惮于兴作，不肯为之堂基，况肯为之造屋乎？又以治田喻之：为父者既尝反土而菑，辟除草莱，则播获可施矣。其子乃惰于稼穑，不肯为之播种，况肯为之收获乎？子之不肖如此，则敬事之父老，其肯曰'我有后嗣，弗弃我之基业'乎？夫武王安定天下，立纲陈纪，如作室之厎法，治田之既菑，实望后人为之继述。今三监叛乱，不能讨平，以终武王之功，是堂播且不肯为，况望其肯构肯获，以绵国祚于无穷乎？武王在天之灵，必不肯自谓其有后嗣，能不坠其基业矣。故我不敢不及我身之存，以讨乱安民，抚定武王之大命者，正欲尽堂构播获之责，而为弗弃基之子也。"

"若兄考，乃有友伐厥子，民养其劝弗救？"

民养，是人之臣仆。

成王深责群臣说道："今日之事，譬如人家，父兄在上，乃有友攻伐其子，为之臣仆者，皆当损躯以救护之，岂可反劝其攻伐而不救乎？今四国构乱，使武王的百姓咸受荼毒。凡为臣下者，即当慷慨出力，奔走救援。乃惮于征伐，阻挠大计，是犹不恤父兄之难，而坐视其子之受患也。岂为民养之道哉？"成王以此责群臣，意亦切矣。

王曰："呜呼！肆哉，尔庶邦君越尔御事。爽邦由哲，亦惟十人迪知上帝命。越天棐忱，尔时罔敢易法，矧今天降戾于周邦？惟大艰人诞邻胥伐于厥室，尔亦不知天命不易。

肆，是放。爽，是明。哲，是明智之士。十人，指武王乱臣十人说。

迪知，是蹈迪其知。易，是违越。戾，是祸。邻，是近。胥，是相。

成王又叹息说："东征之事，吾计之已审，尔外而邦君，内而御事，皆当舒放其心，勿以艰大而畏阻也。昔纣以昏德乱天下，武王伐之，永清四海，明大命于周邦，是岂武王之自致哉？亦由当时明哲之士，为之辅佐耳。明哲之士为谁？亦惟乱臣十人。迪知上帝黜殷之命，在纣有必亡之机，又迪知天辅我周之诚，在武王有必兴之势，因相与戮力克殷，兴建大业。尔时诸臣，并无敢有违越武王法制，惮于征役者。此十人所以为明哲，而武王所由以爽邦也。矧今武王既丧，天降祸于周邦，四国首倡大难之人，就近相攻于其室，事势危迫如此，尔等旧臣，正当以十人为法，上下协心，共成戡乱之功可也。乃皆以为不可征，欲我违卜，是亦不知上天讨罪之命，不可违越矣，岂不有愧于十人之明哲也哉！"

"予永念曰：天惟丧殷。若穑夫，予曷敢不终朕亩！天亦惟休于前宁人。

穑夫，是去草的农夫。

成王又说："东征之举，我亦长长思念说道，昔武王伐殷以安天下，纣虽已诛，而殷祀或未遽绝也。今武庚乃倡乱不靖，自取灭亡，是天欲绝其宗祀，如农夫之去草一般，使无余种而后已。今予嗣武王之业，承上天之意，岂敢不讨叛伐罪，除恶务本，以终朕田亩之功乎？我观天意非独休美于宁王，亦惟休美于前宁人，使昔日辅定王业之功，不至遏佚耳。我既欲缵宁王之功，而尔乃不知嗣宁人之休，何哉？"

"予曷其极卜，敢弗于从率宁人有指疆土，矧今卜并吉！肆朕诞以尔东征。天命不僭，卜陈惟若兹！"

极卜，是尽用卜。指疆土，是指麾而定疆土。僭，是差。

成王诰群臣既终，又申明己用卜之意说："尔群臣欲我违卜勿征，我亦何敢尽欲用卜，敢不从尔勿征之言乎？然而不可苟从者，何也？盖我周之疆土，固武王所受于天，而前宁人之辅佐开创，其功居多。今武庚不靖，则疆土骚动，而前人之功几坠矣。我惟欲率循宁人之功，不使废坠，则当有指定疆土之责，无令四国得以动摇。此我之东征，乃人事不得不然者。就使卜而不吉，犹将伐之，况卜而并吉乎？此我所以不惮烦劳，夫以尔为东征之举也。尔等无谓天意难知，胜负未必，我则谓上天祸淫之命，断乎不差，观卜之所陈，其兆显然已如此矣。夫卜之所陈，即天命之所在，天命其可违哉？”

按：武庚丧邦之余孽，三监王室之懿亲，乃敢鼓煽逆谋，同危社稷，周公奉天讨而临之，其谁敢不从者？然必传王命以诰众，亹亹焉上原天命，下述人事，若不欲违众而独断者。且篇中止斥武庚，不言三监之恶，是讨逆除叛之中，实寓恳恻忠厚之意。故一举而大难底定，王业永安，岂偶然哉！

微子之命

微，是国名。子，是爵。成王既诛武庚，封微子于宋，命之以主成汤之祀。史臣录其诰词，以“微子之命”名篇。

王若曰：“猷，殷王元子！惟稽古崇德象贤，统承先王；修其礼物，作宾于王家；与国咸休，永世无穷。

猷，是发语辞。元子，指微子，以其为帝乙长子，故称元子。稽，是考。崇，是尊。象，是肖。统承，是继承统绪。礼，是典礼。物，是文物。

昔成王命微子，特呼而告之说：“猷，汝殷王帝乙长子！我稽考古制，帝王之后，有能尊崇先德，克肖前贤者，即命之以主其先世之祭祀，继承其统绪。凡典礼文物，如正朔服色之类，都照旧不改，使之更加修明整饬，以备一王之制。朝祭之时，只作宾于王家，不以臣礼相待，以别一王之后。与国家共享休美之福，垂之万世而无穷。此古制如此。今汝为殷王元子，继世象贤，正其人矣。”

“呜呼！乃祖成汤，克齐圣广渊。皇天眷佑，诞受厥命，抚民以宽，除其邪虐，功加于时，德垂后裔。

齐，是无不敬。圣，是无不通。广，是大。渊，是深。佑，是助。后裔，即指微子。

成王又告微子叹息说：“尔祖成汤之德，能齐而无不敬，圣而无不通，广大而不可量，渊深而不可测。惟有这等盛德，所以克成大业。上而格天，则皇天眷顾佑助，使之大受夏命，为天下主；下而临民，则抚之以宽大，而尽除有夏邪虐之政。以言其功，则被于当时，无一处之不及；以言其德，则垂诸后裔，至于今而不泯。夫尔祖成汤之盛德，上膺天眷，下安民生，近济当时，远裕后世如此，则我崇本奉祀之意，有不容已者矣。”

“尔惟践修厥猷，旧有令闻：恪慎克孝，肃恭神人。予嘉乃德，曰笃不忘。上帝时歆，下民祗协。庸建尔于上公，尹兹东夏。

猷，是道。令闻，是美誉。恪慎、肃恭，都是敬谨的意思。笃，是厚。歆，是享。尹，是治。宋在周之东，故曰东夏。

成王命微子说：“乃祖成汤之道，垂裕后昆者也。尔能践履而弗违，修举而弗坠，在旧日已有令善之声誉矣。夫人道，莫先于孝。尔能恪畏谨慎，以尽孝的道理。承祭临下，莫贵于肃恭。尔能严肃恭敬，以尽事神治人的道理。尔有此实德，我乃嘉美之说，尔能笃厚前人所行，而不忘其旧，真可谓能象贤者。以之奉祀，上帝默鉴其德，必以时歆享于上；以之治民，百姓咸仰其德，必致敬协和于下。故我仰稽古制，立尔为上公，使治此东夏之民，以承先王而宾王家，正以尔之贤，能胜其任也。尔其勉之！”

“钦哉！往敷乃训，慎乃服命，率由典常，以蕃王室。弘乃烈祖，律乃有民，永绥厥位，毗予一人。世世享德，万邦作式，俾我有周无斁。

服命，是上公的章服命数。蕃，是保卫。弘，是大。律，是范。毗，是辅。式，是法。斁，是厌。

成王戒勉微子说：“尔为上公而尹东夏，其职任亦重矣，可不敬哉！必须往敷尔之教训，使民彝物则无不修举；谨尔之名分，凡章服命数毋至僭逾；又必率循乎典常，旧章成宪不敢轻变。凡此皆尔之所当敬也。能如是，则可以蕃卫王室，使我周赖以治安；恢弘尔祖的功德，使先业不至失坠。仪刑尔宋国之民，不违乎法度；永安尔上公之位，常保其爵禄。又能宣扬教化，辅佐我一人之治功；垂统后昆，使尔子孙世世承享其德泽。将见万邦诸侯，都来观感兴起，以尔为法则，而我周待尔之心，有恩礼而无厌斁矣。尔可不钦承之哉！”盖深致戒勉期望之意也。

“呜呼！往哉惟休，无替朕命。”

休，是美。替，是废。

成王又叹息说：“敷训教以正人，慎服命以正己，率典常以守法，此皆侯职所当为，而我所命于汝者。今汝往东夏，必休美尔一国之政，以自尽乎侯职之所当为，慎无废了我所命汝的言语，而不加之意也。”篇终又致丁宁，其所望于微子者，亦切至矣。夫成王告微子，专述成汤之德，而无一言及武庚之罪，不特诰命贤者之体，而亦圣人大公之心也。

卷八

康诰

武王封其同母弟康叔为卫侯，作诰以晓谕之。史臣记其辞，遂以“康诰”名篇。

王若曰：“孟侯，朕其弟，小子封。

王，是武王。孟，是长。封，是康叔名。

武王将告康叔以治国之道，遂历呼之以起其听，先称为孟侯，以其为诸侯之长，尊之也。又称朕其弟，以其有同气之爱，亲之也。既又呼为小子封，以其年齿尚幼，谙练未深，当求保国治民之道，所以儆之也。

“惟乃丕显考文王，克明德慎罚。

丕字，解做大字。

武王举文王造周之本，以告康叔说道：“为治之要，不过导之以德，齐之于刑而已。当商纣之时，主德昏乱，刑罚不中。惟我大显考文王，洞见治原，留心政典，为能自明其德，使心源澄澈，洞达无私，可以为感化人心之本。又能慎用刑罚，使轻重出入，务当其情，足以为防范人情之具。由是仰其德而民皆知怀，畏其罚而民莫敢犯。仁义兼济，恩威并行，文王造成周家的基业，只此两端。”此实治道之大经，而凡有天下国家者，所当深念也。

“不敢侮鳏寡，庸庸，祗祗，威威，显民。用肇造我区夏，越我一二

邦，以修我西土。惟时怙冒闻于上帝，帝休。天乃大命文王，殪戎殷，诞受厥命越厥邦厥民。惟时叙，乃寡兄勖。肆汝小子封，在兹东土。”

鳏寡，都是穷民。庸，是用。祗，是敬。威，是刑。区夏，是一区之夏。怙，是倚恃。冒，是仰戴。殪，是灭。寡兄，是武王自称为寡德之兄。东土，指卫地说。

武王历举文王明德慎罚之事，以训康叔说道：“昔我文考文王，视民如伤，于人固无不爱，而于鳏寡无告的人，尤加怜恤，不敢轻侮。人之有才可用者，则量才擢用之，是用所当用，而非过举也。人之有德可敬者，则尊崇优礼之，是敬所当敬，而非私恩也。人之犯罪该刑者，则加之以刑罚，是刑所当刑，而非罔民也。凡命德讨罪，一以天地至公之心行之，而一毫喜怒之私无与焉。由是盛德流布，显然著闻于民，而民心归之，用能创造我一区之夏，而抚有岐周丰镐之地。及我一二邻国，皆慕德畏威，渐以修治。我西土之人，莫不怙恃如父，仰戴如天，其感恩怀德，沦肌浃髓，又不特闻风向化而已。文王之得民如此，由是明德昭升，闻于上帝。上帝嘉美其所为，乃大命文王，殪灭了大殷，大受天命而有天下。于是并万邦万民，皆归于德化之中，莫不各得其理，各就其叙。是我周之王业，盖已成于文王之时矣。及汝寡德之兄继之，又勉力不怠，绍先德以成先业。故汝小子封，得以席其余荫，享有封爵，为诸侯于东土耳。汝可不念创业之艰难，思得国之所自，而于明德慎罚是务哉！”

王曰：“呜呼！封，汝念哉！今民将在祗遹乃文考，绍闻衣德言。往敷求于殷先哲王，用保乂民。汝丕远惟商耇成人，宅心知训。别求闻由古先哲王，用康保民。弘于天，若德裕乃身，不废在王命。”

此以下是明德之事。祗，是敬。遹，是述。绍，是继。衣，是服行的意思。耇成人，是老成的人。训，是训民。天，是此心天理。

武王又叹息呼康叔而告之，说道：“我告汝以文王明德之事，汝当思念而不忘哉！昔我文考明德以化民，不但施诸政事，后所当述，亦尝发为言辞，汝所熟闻矣。今汝治民，将在敬述乃文考之绪，尚思继绍前闻，而服行其德言，尊所闻，行所知，毋徒托之口耳之末焉可也。又汝所封之地，乃殷之旧都，在昔有殷，由汤至于武丁，贤圣之君六七作，其遗风善政，犹有存者。汝今往治其民，又当广求殷先哲王经世之迹，用为保治斯民之准。然有一代圣明之君，必有耆硕以为之佐。若商家伊、傅诸臣，其德业闻望，至今炳然传诵者，汝当大而远思之。念老成之人，谋国深远，凡处心积虑，咸取法焉，斯知所以训民也。然不但求之近代。我思古先哲王，若尧、舜、禹以道相传，明德远矣，其大经大法，垂宪万世者可考也。又当别求所闻而率由之，用为康保斯民之范，而上追乎古道之隆焉。则学贯古今，心源恢廓，凡帝德王功之盛，圣君贤相之猷，无不统会于性天之中，而充然其有余用矣。由是积诸中者既弘，则出乎身者自裕，泛应曲当，无所处而不宜，出政临民，随所发而中理，职业修举，不废王命之重，而可以长保其国家矣。汝康叔其尚勉之哉！”

王曰："呜呼！小子封，恫瘝乃身，敬哉！天畏棐忱，民情大可见，小人难保。往尽乃心，无康好逸豫，乃其乂民。我闻曰：'怨不在大，亦不在小。惠不惠，懋不懋。'

恫，是痛。瘝，是病。棐，是辅助。忱字，解做信字。惠，是顺。懋，是勉。

武王又叹息呼康叔而告之，说道："为人上者，当以万民为一体，看见百姓每有不得其所的，就如疾痛之在汝身一般，不可不敬以保之也。天命之去留无常，虽甚可畏，然天之视听在民，诚心保民者，天必佑助之而锡之以福。民情之好恶，虽大可见，然小人之心，抚之即相爱戴，虐之便为寇雠，固难保其长顺而不我叛也。汝今往之国，必尽汝一念爱民之心，恤民饥寒，救其疾苦，慎无安然自肆于民上，而好为逸乐之事。如此，乃能治其民，而小人之难保者，庶乎其可保耳。我闻古人有言：'上之致怨于民，不在于事之大，亦不在于事之小，惟看于道理顺与不顺何如，于政事勉与不勉何如。'一有不顺不勉，则人情既拂，怨讟必兴，岂在事之大小哉！人心之向背，天命之去留系焉，固未有民怨其上，而天命可以长保者也。然则治民者，其可以不尽其心，而自安逸豫哉！"

"已！汝惟小子，乃服惟弘，王应保殷民，亦惟助王宅天命，作新民。"

已，是语将尽而意未尽之辞。服，是事。弘字，解做广字。应，是和。宅，是安。

武王告康叔，先致其惓惓无已之意，说道："奉天以惠民者，君之责；代君以弘化者，臣之分。故汝今日的职事，惟在推广君上德意，承流宣化，调和保安那旧殷的百姓，消融其强梗弗顺之习，使之相安于礼乐教化之中，斯委任不孤，而职业无负也。然予所望于汝者，尤不止此。今天眷我周，固有定命，然去留无常，亦视殷民之向背何如耳。汝又必赞襄于下，培植邦本，使民心悦而天意得，用上助其君以永保天命可也。民之归周，商俗固已少变，然旧染污习，未必其尽能改革也。汝又必宣力于外，鼓舞作兴，使殷庶革心而向化，用下助其君以化民成俗可也。汝小子封其勉之哉！"

王曰："呜呼！封，敬明乃罚。人有小罪，非眚，乃惟终，自作不典，式尔；有厥罪小，乃不可不杀。乃有大罪，非终，乃惟眚灾，适尔，既道极厥辜，时乃不可杀。"

此以下是慎罚之事。眚，是过误。终，是故犯。不典，是不法。式，是用。灾，是不幸。适，是偶。辜，是罪。时字，解做是字。杀，是刑戮，古时以五刑治罪，凡犯于刑宪者，皆谓之杀，非必大辟，乃为杀也。

武王又叹息呼康叔而告之，说道："刑罚虽为治者所不废，然其轻重取舍，民命所关，必须敬慎以明审其罚，不可率意任情，以致有宽纵枉滥之失也。敬明之道，在原其情之轻重，以定其罪之出入。人有所犯，其罪虽小，然其情非由过误，乃是明知故犯，自作不法，用意要干这样的事，这等的人却不可不加之以刑戮。盖情出于故，则是不知法之可畏，而敢于违犯，若容恕了他，则奸人幸免而犯法者愈众，故虽小罪，亦不可纵也。人有所犯，其罪虽大，然其情非由故犯，乃是无心过误，出于不幸之灾，偶然陷于罪戾，且既自家称道其事，输情服罪，无所隐匿，这等的人却不可加之以刑戮。盖事出于误，则其情既为可矜，而又能吐实自首，又非饰非匿罪以幸苟免者，若遂加之以刑，则无辜滥及，而阻人自新之路，故虽大罪，亦有可原也。所谓敬明乃罚者如此，汝封其念之哉！"按：武王此言，正与《虞书》"宥过无大，刑故无小"之言相合，盖圣人用法之权衡也。

王曰："呜呼！封，有叙，时乃大明服，惟民其敕懋和。若有疾，惟民其毕弃咎。若保赤子，惟民其康乂。

有叙，是刑罚有一定的次序。明，是明其罚。服，是服其民。敕，是戒敕。弃咎，是去恶的意思。

武王又叹息呼康叔而告之，说道："悬法以示民，其情罪轻重本都有当然之序。汝于是当详审精察于听断之间，大明其轻重取舍之等，则下情洞烛，法纪昭然，有以畏服乎民志，斯民莫不互相戒敕，而勉于和顺，自不敢乖戾以犯有司之法矣。然用法之道，不以明刑服众为贵，而使民迁善远罪为难。故见民之不善，毋徒设禁网以治之而已，须存哀矜之心，视百姓之罹于罪戾，就如自己身上的疾病一般，多方以救疗之，惟恐其过之不速改也。如是，则民知上之杀之者，乃所以生之也，孰不洗心涤虑，尽弃其平日的咎恶，而速改以自新乎？见民之有善，不徒奖劝录用之而已，须加意保护，如慈母之爱赤子一般，惟恐其善之不日长也。如是，则民知上之教之者，乃所以成之也，又孰不交相劝勉，各安生理，而同归于顺治之域乎？"生杀异施，而莫非一体之念；惨舒异用，而莫非曲成之仁。武王告康叔以谨罚者，其义精矣。

"非汝封刑人杀人，无或刑人杀人；非汝封又曰劓刵人，无或劓刵人。"

又曰二字，当是衍文。劓是割鼻，刵是截耳，皆古时所谓肉刑也。

武王又说："三尺之法，王者与天下共之。人臣为天子守法，虽可代承其事，而不可擅行其私。一或徇己行私，则法失其平，而非天讨有罪之公矣。今夫罪之大者，有当刑，有当杀，虽由汝封所定，然不过奉朝廷之法以从事耳，非汝封可得而擅刑之杀之也。须念民命至重，死者不可复生，务秉至公以临之，无或作威而滥及无辜也。罪之小者，或当劓而割人之鼻，或当刵而截人之耳，虽由汝封剖决，然不过据情法所宜而施行耳，非汝封可得而擅劓之刵之也。须念肌体伤残，断者不可复续，亦必至公以听之，无或恣忿而残民以逞也。如此，则奉法而行，我无所与，虽杀人而不以为怨，刑人而不以为残矣。汝康叔可不慎哉！"

王曰："外事，汝陈时臬，司师，兹殷罚有伦。"

外事，是有司之事。臬，是法。伦，是叙。

武王又说："制先定，则下可守；法相因，则民易从。汝今往治卫，凡外面有司讼狱的事，岂能一一亲理，但须审定法令，陈列而颁布之，使人有所遵守可也。然这所陈的法令，亦不必别出己意。创立条款，惟取那殷罚所遗，有伦叙可行者，命有司讲求师范，而用之于讯鞫之间，凡轻重取舍，不出其已往之成规。盖用殷法以治殷民，则法有所准，而民心亦无所眩矣。"

又曰："要囚，服念五六日，至于旬时，丕蔽要囚。"

要囚，是犯重罪紧要的囚犯。旬，是十日。时，是三月。蔽字，解做断字。

武王又说："刑罚之用，一成而不可变者也。倘审虑未详，遽尔断决，及知其枉而悔之晚矣。今后凡遇着紧要的囚犯，就是罪状明白，还要详细与他服膺想念，近则五日六日之间，远则十日或三月之久，必其情真罪当，果无亏枉，然后大奋威断，加以重刑。盖求其生而不得，则我与死者皆无憾矣。断狱者尽心如此，岂复有冤民乎？"

王曰："汝陈时臬事，罚蔽殷彝，用其义刑义杀，勿庸以次汝封。乃汝尽逊，曰时叙，惟曰未有逊事。

殷彝，是殷之常法。次，是迁就的意思。逊字，解作顺字。

武王又告康叔说："汝于外事，固率由殷家之旧，敷陈其法与事，而有罪者断之以常法矣。然一于循旧，将至于拘泥而不通，故其刑其杀又必察其宜于时者而用之，求以不失先王之意可也。然过于随时，将至于任情而自用，故其刑其杀又当虚心审鞫，勿以公法迁就汝喜怒之私情可也。既不泥古，又不徇己，则庶几刑杀尽顺于义而有伦叙矣。然使以得情为喜，则怠惰之心一起，乖错之患必生。汝又当常念说，刑狱重事，今之刑杀，岂能尽顺于义而无憾乎？哀矜之念，每寓于审断之中，庶几刑罚得中，而天下无冤民也。"

"已！汝惟小子，未其有若汝封之心，朕心朕德惟乃知。

武王告康叔，复致其惓惓无已之意，说道："用刑者，不在徒事惨刻，而贵于心存善良。汝惟小子，年虽甚少，而心地慈祥岂弟，与众不同。我遍观诸臣，未有若汝封这等存心者。是汝之心，惟我知之耳；若我这一点不忍之心，好生之德，亦惟汝知之，与我相契，真可谓同心同德者矣。汝宜常体此心以临民，毋负初意可也。"

"凡民自得罪，寇攘奸宄，杀越人于货，暋不畏死，罔弗憝。"

越，是颠越。暋，是强狠。憝，是憎恶。

武王又说："法以惩恶，而恶莫甚于强梁。彼因人诱陷而得罪，犹可原也。若其身自作孽，甘冒法网，而无所顾忌，或劫人而为寇，或夺人而为攘，或在外为奸，或在内为宄，杀伤平人，以取财货，似这等强狠不怕死的人，谁人不憎恶之？若用罚而加是人，则刑当其罪，而无有不称快者矣。盖为恶之人，人所共恶，因人之所恶而除之，则虽杀之而人不以为刻。独举此事，以例其余也。"

王曰："封，元恶大憝，矧惟不孝不友。子弗祗服厥父事，大伤厥考心；于父不能字厥子，乃疾厥子。于弟弗念天显，乃弗克恭厥兄；兄亦不念鞠子哀，大不友于弟。惟吊兹，不于我政人得罪，天惟与我民彝大泯乱。曰：乃其速由文王作罚，刑兹无赦。

元恶，是大恶。矧字，解做况字。字，是爱。天显，是天所定显明的伦叙。鞠，是养。吊字，解做至字。政人，是为政治民的人。民彝，是民之常道。

武王又呼康叔而告之说："寇攘奸宄的人，夺财货而致于人死，固为大恶，而大可恶矣。然于大伦尚未有关也，况惟那不孝不友之人。为子的不能敬事其父，大伤父心，以致为父的，亦不能爱其子，乃疾恶其子，是父子相夷矣。为弟的，不念长幼显然的伦叙，不能敬事其兄，以致为兄的，亦不念父母鞠养之劳，大不友于弟，是兄弟相贼矣。这等的人，败坏人伦，灭绝天理至于如此，比之寇盗奸宄，其恶尤甚。使在上为政的，视为泛常，不于此等的人，加之以罪，则人无所惩，风俗由此坏，争乱由此起，天与我民的常道必大泯灭而紊乱矣。汝其速用文王所作的法，刑此不孝不友之人，不可纵也。”

“不率大戛，矧惟外庶子训人惟厥正人越小臣诸节。乃别播敷，造民大誉，弗念弗庸，瘝厥君，时乃引恶，惟朕憝。已！汝乃其速由兹义率杀。

戛，是法。瘝，是病。已，是不可已的意思。

武王又说：“下民以率教为善，人臣以守法为忠。彼民之不孝不友而不率教化者，固可大置之于法矣，况为臣的？若外庶子以训人为职，与庶官之长，及小臣之有符节者，皆身任教民之责，又与百姓不同。乃不能遵奉朝廷的教令，以化导百姓，却任着自己的私意，又别布一样条教，以取悦时俗，邀求众誉，视君上委任之意，漠然不加省念，把官守之法，都废而不用，只知违道干誉，以病君上，动摇国是，惑乱人心，是乃长恶于下，无所忌惮。这样的人，我最恶他，有臣不忠如此，刑其可已乎！汝其速用文王所作合义之刑，杀之无赦，为人臣诬上行私者之戒可也。”按：武王此言，切中人臣怀奸事主、卖法长奸者之病，明主宜深玩之。

“亦惟君惟长，不能厥家人越厥小臣外正，惟威惟虐，大放王命，乃非德用乂。

放，是弃。

武王又说：“百官者，万民之表率；君长者，又百官之仪刑。若为君为长者，能以孝友齐其家，忠义训其臣，则倡率有本，虽不事威虐而下自化矣。倘为君长者，不能齐其一家之人，使兴仁兴让，以为国人之范，及无以训其小臣外正之臣，使奉公体国，以清纪法之守，乃依势作威，倚法为虐，只恃严刑峻罚，以为整齐臣民之具，大废弃天子委重之命，欲以非德而用治焉。是汝且不能奉上命矣，又何以责其臣之瘝厥君，而望其民之从化也哉！汝有君长之责者，宜常自思省，加意本原之地焉可也。”

“汝亦罔不克敬典，乃由裕民，惟文王之敬忌。乃裕民曰：‘我惟有及。’则予一人以怿。”

罔字，解做无字。典，是常法。由字，解做用字。裕，是和。惟，是思。怿，是悦。

武王告康叔说："正身修德，固端本之道，至于行政裕民，又当谨守常法而后可。若不能敬守国家之常法，由是而求以裕民，是自坏法守，而民将无所措手足矣。汝却不可如此。惟当仰法我文考文王，以敬忌存心，兢兢守法，由是而求以裕民，常自思念说道：'我今为君长治民，只要赶得上文王才好。'如此，庶几能尽裕民之道，而我一人望汝的意思亦可怿悦矣。"

王曰："封，爽惟民迪吉康，我时其惟殷先哲王德，用康乂民作求。矧今民罔迪不适，不迪则罔政在厥邦。"

爽，是明。迪，是导。求，是等。适，是从。

武王告康叔以德行罚，遂呼之说道："法者齐民之具，德者安民之本。故治之以刑罚，则有畏法之民；导之以德教，则有从化之民，顾视为政者所尚何如耳。我明思夫民，其无知而犯法者，或未有以导之耳。惟当广布德意，委曲开导，使之孝顺和睦，相安于吉祥安康之地，自可无事于刑罚之加矣。在昔有殷先世明哲之王，莫不用此道化民，其德泽之在人心，有至今未泯者。我今惟取法殷先哲王导民之德，用以安治其民，而期与之相为等匹焉，是我今日之责也。况此殷邦之民，虽沦习染之污，而其良心善性犹有存者。故教之以事亲，便知兴孝；教之以事长，便知兴弟，岂有导之而不从者乎？若只知峻法惩奸，而不以教化为先务，将见法令滋章，刑日烦而犯者益众，其何以为政于国乎？"盖法禁于已然之后，而德施于未然之先，故武王于康叔特惓惓焉。而凡出政临民者，知所先后缓急焉可也。

王曰："封，予惟不可不监，告汝德之说于罚之行。"

武王又呼康叔说道："监古可以知今，化民莫先于德。若只知峻罚以齐民之俗，而不思尚德以革民之心，此末世之政，非先王崇本之治也。在昔殷先哲王，以德化民而导之于康乂，既有明效大验矣。我今日代商而有天下，诚不可不监视其所为，而法之以化民也。然以汝同有应保殷民之责，而且素知朕心朕德者，故于汝往治殷邦，不徒命之以谨罚而已，乃告汝以用德之说，预端其化源，然后于罚之行，用以济乎德化之不及，上下一心，共知所监耳。汝宜体我法古之意，务以尚德缓刑为事焉可也。"

“今惟民不静，未戾厥心，迪屡未同。爽惟天其罚殛我，我其不怨。惟厥罪无在大，亦无在多，矧曰其尚显闻于天？”

不静，是不安静。戾字，解做止字。迪，是导。

武王又说：“上天以安民为心。人君受天命以君临天下，必能安定其民，乃无负于代天理民之责，而可以免于罪罚。今惟此殷民，甚不安静，未能止其心之狠疾，虽委曲开导已经屡次，奈何旧习难变，未能上同乎先王之治。是我上负天心之托而下愧君师之任，明思天其罚殛于我，我何敢怀怨乎？盖万方有罪，在予一人。惟厥小民无知而陷于罪过，不在于极大，亦不在几多，即至微甚少，也是上人失教之责。况今元恶大憝、不孝不友之俗，显然著闻，上通于天，则罚殛之加，又何以自解乎？此我所以汲汲然欲监前代以德行罚之政，期汝同心合德，保民以承天意也。”

王曰：“呜呼！封，敬哉！无作怨，勿用非谋非彝蔽时忱，丕则敏德。用康乃心，顾乃德，远乃猷，裕乃以民宁，不汝瑕殄。”

蔽，是断。则，是法。顾，是省。瑕，是瑕疵。殄，是弃绝。

武王又叹息呼康叔说：“天下之事，以敬而成，以怠而败。汝今日其敬之哉！夫为治当顺民情，慎毋作可怨之事。谋必求其尽善，法惟贵于守常，更勿用不善之谋，非常之法。惟以古人之敏于修德者可法也，则断以诚心而大法之。不始勤而终怠，不自安于小成，用此以安定汝之心；不为邪说摇乱，用此以省念汝之德；不至公私间断，用此以弘远汝之猷；不徇目前之利，而忘后日之患；但宽裕不迫，以待民之自安。我之所以戒汝以敬事者如此。诚能勉而行之，则尔德既纯，我必不以汝为有瑕疵而弃绝之，即可以长保其国矣。”

王曰：“呜呼！肆汝小子封，惟命不于常，汝念哉！无我殄享。明乃服命，高乃听，用康乂民。”

肆，是今。惟命，命字是天命。服命，命字是君命。

武王又叹息呼康叔说：“今汝小子封，享侯国之奉而治一方之民，天命固所当保，君命尤所当遵。代君以安民，是即奉天以保国也。盖上天之命，予夺无常，善则得之，不善则失之，至可畏也，汝其念之哉！务思尽道以保天命，毋以不善致败，令爵土之封自我殄绝而不能享也。况汝所服受于君的诰命，若明德，若慎罚，谆谆命之，不一而足，汝亦听之审矣。宜精白一心，以明汝所服之命，尊其所闻，奉以周旋，用以安治百姓，则君命无违而天命永保矣。盖天意君心，不过欲求百姓之安而已，汝小子其终念之乎！”

王若曰：“往哉！封！勿替敬典，听朕告汝，乃以殷民世享。”

替，是废。典，是常法。

武王于篇终，又呼康叔而叮咛之说：“明德慎罚之事，我既谆谆以告汝矣。汝往之国，不可废了所当敬守的常法，听受我所命的言语而服行之，德务其崇，法务其守，用以安治殷民，则民安而天命亦安，方能以殷民世享其国矣。”

按：武王告戒康叔之言，叮咛反覆，极其详尽，而大要不出乎明德慎罚之一语。盖德为出治之本，刑为辅治之具。徒知明刑而不务修德，则标准不立，无以为化导之机；徒务修德而不知明刑，则科条不严，无以昭劝惩之实。自古圣帝明王，所以能使天下迁善远罪而于变时雍者，莫不由此，外是皆迂谈也。法古图治者，宜留意焉。

酒诰

武王既封康叔于卫，以卫地素染商纣之恶，臣民皆酗酒败德，至于亡国，故作书以戒之，欲其禁饮以变俗。史臣记其辞，遂以“酒诰”名篇。

王若曰：“明大命于妹邦。乃穆考文王，肇国在西土，厥诰毖庶邦、庶士越少正、御事，朝夕曰：‘祀兹酒。惟天降命，肇我民，惟元祀。

王，是武王。妹，地名，即商之故都卫地也。穆，是敬。考，是父。肇，是始。毖，是戒。越，是及。元祀，是大祭祀。

武王告康叔说：“妹邦被商人淫湎败德之污，其风尚炽。今这土地人民皆属汝管领，汝往之国，必以我训告臣民的大命，宣扬于众，使都听我教训。昔者乃穆穆敬德的皇考文王，始立国在西土之日，此时受命为方伯，众邦皆在统理，亦尝忧其湎酒而毖戒之。众邦中有官之长为庶士，及官之副为少正，与凡治事之臣，无不朝夕戒敕他说：‘惟祭祀，则可用此酒。盖天始令民作酒，只为郊社宗庙的大祭祀，藉此以行灌献之礼而已，非以纵民酣饮为乐也。’夫西土庶邦，在我文考照临之下，其风俗人心岂商邑可比，而文王犹谆谆戒之如此，盖诚知崇饮之为害故也。况妹邦旧染污俗者，汝可不明我大命以诰戒之乎！”

“‘天降威，我民用大乱丧德，亦罔非酒惟行；越小大邦用丧，亦罔非酒惟辜。’

威，是威罚。辜，是罪。

“文王又告戒臣民说：‘酒之为物，用之而善，则为祭祀所赖，用之而不善，则为祸乱所阶。我观上天降威罚于人，小之丧身，大之丧邦，大抵皆由于酒。今夫修德励行，是庶民所以保身的道理。若或心志荒乱而亏丧德行，则天必厌之而覆败其身家。然考其丧德之故，无非因沉湎于酒，所以做出许多不好的事来，以至于丧身而不悟。是彼之好酒之时，即天心厌弃之日矣，为民者可不戒哉？奉法修职，是诸侯所以保邦的道理。若小国大国的诸侯，纵欲败度而不修政事，则天必恶之而丧亡其国家。然考其丧邦之由，也无非因沉湎于酒，所以造出各样的罪过，以至于败亡而后已。是彼崇饮之时，即天意降殃之日矣，为君者可不戒哉？下而百姓，上而邦君，衅端祸本，莫不因纵酒所致，则酒之为祸，亦烈矣哉！’”

“文王诰教小子：‘有正有事，无彝酒。越庶国，饮惟祀，德将无醉。

小子，年少之称。有正，是有官守的。有事，是有职业的。彝字，解作常字。将，是将持。

武王说：“我文王于庶邦臣民，固教之谨酒矣。然其中有年少的人，血气未定，尤易纵酒，又专诰教他说：‘群臣之小子，年虽幼少，然各有是官守，即有是职业，或常于酒，将至怠惰放纵，而不能勤其官职矣。必敬尔有官，恪恭乃职，无以饮酒为常而不戒也。及汝庶国之中，都当以此为戒。其饮酒，惟当于祭祀之时。盖祭有旅酬之礼，享尸之燕，于此虽可以饮，然饮之亦必有节，以德将持，无为麴糵所迷，或至于醉而内荒心志、外丧威仪可也。如此，则庶几能尽臣道，而亦远于酒祸矣。’”

“‘惟曰我民迪小子，惟土物爱，厥心臧。聪听祖考之彝训，越小大德，小子惟一。’

迪字，解作训字。土物，乃土地所生之物，若五谷之属皆是。臧，是善。聪听，是专心以听。

武王说：“我文王不特教臣之小子，于民之小子，亦进而教之，说道：‘人情为逸乐所移，便不晓得土物可爱。我民为父老的，平日常常训导其子孙，使他勿趋浮末，专于勤稼穑、服田亩。一意以此为爱，则心无外慕，善念日生，自然都以孝亲敬上为事，不暇于饮酒矣。而民之为子孙者，亦当于此专心，以听信尔祖考之常训，而服行之。盖德之在人，有日用饮食的细行，有纲常伦理的大德，何者不是当谨的？尔小子勿谓谨酒是小德。当思细行不谨，大德便亏；口腹不节，心志乃丧。德有大小，而一体视之，这便是能聪听祖考之训矣。’”夫四民之业，莫劳于农事。文王教西土，惟欲以土物为爱者，盖人心无二用，所重在土物，自不遑于逸乐；惟耽乐之从，则视土物反轻矣。此圣王教民，所以必开其为此而禁其为彼也。

“妹土嗣尔股肱，纯其艺黍稷，奔走事厥考厥长。肇牵车牛远服贾，用孝养厥父母。厥父母庆，自洗腆致用酒。

嗣，是续。纯，是大。肇字，解做敏字。服，是事。贾，是商贾。洗，是洁。腆，是厚。

武王教妹土之民说：“尔众百姓每，我非禁汝断酒而不饮，但酒也有当饮的时节。如务农的能勤其四肢，嗣续汝股肱之力，大修农功，树艺黍稷，不惮耕作之劳，奔走服勤，以事汝的亲长；为商的能敏于贸易，牵车牛，载货物，远事商贾，以其所得，用为孝养父母之资。那为父母的见得你为子的这等勤生理，务本业，将来家计有托，甘旨有赖，必然心生喜庆。你到这时节，然后整治些丰洁的饮食，致酒燕乐于家庭之间，则既足以承父母之欢，又可以笃天伦之乐，亦何不可之有哉！若沉湎自恣，不顾生理，且将贻父母之忧矣。”

“庶士有正越庶伯君子，其尔典听朕教：尔大克羞耇惟君，尔乃饮食醉饱。丕惟曰：尔克永观省，作稽中德。尔尚克羞馈祀，尔乃自介用逸。兹乃允惟王正事之臣，兹亦惟天若元德，永不忘在王家。”

有正，是有官守。庶伯，是庶官之长。典，是常。羞字，解作养字。耇，是老。羞耇惟君，是养老奉君。丕字，解做大字。作，是动作。介，是助。逸，是宴乐的意思。允，是信。若，是顺。元德，是大德。

武王教妹土之臣说：“汝妹邦庶士之有官守者，及庶官之长在朝的众君子，当常听我的教诲，不可有违。今我非禁汝等断酒而不饮，但酒也有当饮的时节。如国家行养老奉君之礼，必须用酒合欢。尔等若大能修举此礼，遇乡饮酒礼，则执爵奉俎以养老，而能敬其所亲；遇大庆宴会，则称觥献寿以奉君，而能敬其所尊。由是承长者之欢，而劝酬浃洽；享尊者之赐，而情意流通，则饮食之间，无非至礼所在。尔虽既醉既饱，亦不为过矣。又以事之大者而言，祭祀乃国事之最大者也。汝若能常常反观内省，在未承大祭之时，凡念虑营为，悉合乎中正，而无过与不及之差，则德全于身，而可以交于神明，庶几能供养馈食，而承祭享之大典。由是因鬼神之歆，而膺饮福之惠，虽自助而用宴乐焉，亦无害矣。若非养老祭祀，则断不可崇饮以自暇自逸。汝群臣能谨守我的训戒，则不但从君之教，而所以共臣职，顺天心者，亦在于此。盖人臣以勤事为忠，兹惟饮酒有节，则不妨正务，而职业修举，信乎为王朝奉公守法之臣矣。天之所眷在德，兹惟克慎于酒，则大德无亏，天必顺之，可以长保其禄位，而不忘在王家矣。夫能一谨酒而众善咸集如此，为臣者可不勉哉！”按上文，武王于民，许其以孝养父母之时饮酒；此条于臣，许其以养老祭祀之时饮酒。本欲禁绝其饮，今乃反开其端者，通其情于法之外，是以其教不拂，而能使天下易从也。非圣人导民之微权欤？

王曰：“封！我西土棐徂、邦君、御事、小子，尚克用文王教，不腆于酒，故我至于今克受殷之命。”

棐，是辅。徂，是往。腆字，解做厚字。

武王又特呼康叔之名而告之说：“谨酒虽若一事，而其效关于天命则甚大。昔我文王抚有西土之日，臣民湎酒的，谆谆然有训词教之矣。故凡辅佐文王于往日者，有邦君是分统方国的，有御事是分理庶职的，有小子是臣之年少的，庶几能遵用其教，都不敢厚自奉养以致用酒，是以内则职业修举，外则俗化淳美，馨香发闻，皇天眷之。故我至于今日，能代殷受命以有天下，实毖酒之明效，而文王之余荫也。”夫酒之不腆，似与天命无预，然而败德之原，实在于此。毖酒所以慎德，慎德所以格天。观于纣以酗酒亡国，则文王所以兴周可知矣。

王曰：“封！我闻惟曰：在昔殷先哲王，迪畏天，显小民，经德秉哲。自成汤咸至于帝乙，成王畏相。惟御事厥棐有恭，不敢自暇自逸，矧曰其敢崇饮？

《酒诰》一篇，自“王若曰：明大命于妹邦”以下，至于“克受殷命”，是训戒商邑的说话；自此以下至终篇，是告康叔的说话，皆禁人崇饮之辞也。

殷先哲王，指成汤说。迪畏，是畏惧而见于行。天显，是天理显然者。经，是常。秉，是持。帝乙，是商后代的贤君。成王，是成其君德。畏相，是敬畏辅相。棐，是辅。崇，是尚。

武王又呼康叔而告之说：“我周天命，固受于殷，而汝所治，又是殷民，抑知殷家所由兴乎？盖君道莫大于敬畏，敬畏惟贵乎躬行。我闻前人曾说道，在昔殷先哲王成汤，以上天的明命至重，小民虽至微难保，兢兢戒谨，以此为畏。然不但心存敬畏，凡一切见诸行事者，亦皆敬畏之所发，不敢有一些怠慢。其见于处己，则日跻圣敬，常其德而不为外物所变；见于用人，则克知宅俊，持其智而不为小人所惑。盖德者，天亲民怀之本，贤者事天治民之资。这两件都是人君最要紧的。汤能迪畏如此，则其垂统者无不善矣。是以后代为君为臣的，皆有所取法遵守。自汤至于帝乙，中间七王，皆是贤圣之君，莫不世守家法，都以天民所系至重，而成就其君德，又皆敬畏辅相，尊礼崇信，以共图国政。而当时治事之臣，亦皆为上为德，为下为民，尽道辅翼，责难于君以为敬。夫商继世君臣，同一敬畏，不敢自宽暇逸豫如此。暇逸且犹不敢，况说道他敢崇尚饮酒乎？此由汤贻谋之善，方能使后世君臣，莫不敬畏如此。商之兴，诚有所本矣。”

“越在外服，侯、甸、男、卫邦伯；越在内服，百僚、庶尹、惟亚、惟服、宗工，越百姓里居，罔敢湎于酒。不惟不敢，亦不暇。惟助成王德显，越尹人祗辟。

外服，指王畿之外。侯、甸、田、卫，是四等诸侯。邦伯，是诸侯之长。内服，是畿内。百僚，是百官之僚属。庶尹，是众官之正。亚，是次大夫。服，是服事之人。宗工，是尊官。百姓，是百官著姓于国的。里居，是致仕而居田里者。

武王说：“有商盛王之时，不止那御事之臣，不敢崇尚饮酒。及王畿之外，侯、甸、田、卫，四等诸侯与诸侯之长，这都是外臣；及王畿之内，有百官之僚属，有庶官之长，有官之副贰，有奔走服事之人，有百官之尊，与百官著姓于国、退休于里居者，这都是内臣。凡此诸臣，都不敢沉湎于酒。不惟畏惧法度，不敢放纵饮酒。他有职事的，勉于职事；无职事的，勉于德业，也无闲暇工夫去饮酒。所以然者，惟欲上以辅助成就君德，使昭著而不至昏昧，下以助百官诸侯之长，使敬其君而不至懈怠，此所以不暇也。当时君臣上下，内外大小，无一人不在敬畏之中如此。盖由殷先王以迪畏存心，故后世子孙法之，群臣法之，此有商盛时遗俗之美。汝封今往治商邑，岂可不以是为法哉！”

“我闻亦惟曰：在今后嗣王酣身，厥命罔显于民祗，保越怨不易。诞惟厥纵淫泆于非彝，用燕丧威仪，民罔不衋伤心。惟荒腆于酒，不惟自息乃逸。厥心疾狠，不克畏死。辜在商邑，越殷国灭无罹。弗惟德馨香，祀登闻于天，诞惟民怨，庶群自酒，腥闻在上，故天降丧于殷，罔爱于殷，惟逸。天非虐，惟民自速辜。”

后嗣王，是商纣。酣身，是纵酒沉酣其身。命，是命令。越字，解做于字。怨，是作怨之事。不易，是不肯改易。诞，是大。非彝，是非法。燕，是安。尽字，解做痛字。腆，是厚。无罹，是忧的意思。

武王又告康叔说道：“殷先哲王，崇敬畏以奉天保民，故能诞受天命，历祚久长，使子孙能世世守之，虽至今犹存可也。我闻其后代嗣王纣之为君，乃不法先王敬畏持身，纵酒以沉酣其身，遂致朝政荒废。凡所布的命令，都昏乱颠倒，无有显然昭示于民者，反将那酷刑暴敛，结怨于民的虐政，致敬而保守之，不肯改易。终日之间，只是大纵淫泆于礼法之外，如作奇技淫巧、酒池肉林之类，无所不至。以此心志溺于宴安，把居上临下的威仪，都丧尽了。故下民见之，无不痛伤其心，而悼殷国之将亡者。纣方偃然肆于民上，略无儆惧，惟荒怠益厚于酒，只图逸豫为乐，无少休息。其心为酒所使，忿疾强狠，虽至杀身，也不畏惧；罪恶贯盈，在于商邑，虽国家灭亡，亦甘心无所省忧。弗共上帝之祀，无馨香之德，升闻于天；惟有民心怨畔，及群酗腥秽之德，闻于上帝。于是天心弃绝商纣，降丧乱于殷邦，不少爱惜若此者，惟纣纵逸失道，自绝于天故也。天岂有意于虐殷哉？惟殷人酗酒荒淫，以自速其罪戾耳。人实为之，天何尤乎？此可见天命靡常，观于商先王以敬畏而兴，后王以逸欲而败，则得失之效，昭然可睹矣。"

王曰："封！予不惟若兹多诰。古人有言曰：'人无于水监，当于民监。'今惟殷坠厥命，我其可不大监抚于时？"

监，是监视。抚字，解做安字。

武王又呼康叔而叮咛之说道："我之诰汝，既举殷先哲王兴王之由，又指其后王覆败之故，谆谆告戒，不厌其烦者，岂是好为如此多言？盖闻古人说道：'凡人莫以水为监，当以人为监。盖监视于水，不过照见人的面貌妍丑而已，妍丑是一定的，监之何益。若监视于人，则其行事得失，何者为可法，何者为可戒，都了然明白，可以为我的纵违，故不若以人为监之为愈也。'古人之言如此。今殷人纵酒，自速其罪，坠失了天命，此昭然可监者，我岂可不以殷之失，大视为戒，以抚安斯时乎？是以不觉其辞之多也。汝封其念之哉！"

"予惟曰：汝劼毖殷献臣，侯、甸、男、卫，矧太史友、内史友越献臣、百宗工；矧惟尔事，服休、服采；矧惟若畴：圻父薄违，农父若保，宏父定辟；矧汝刚制于酒。"

劼，是用力的意思。毖，是戒谨。殷献臣，是殷之贤臣。侯、甸、男、卫，是邻国诸侯。太史、内史，都是掌法的官。百宗工，是百僚大臣。服休，是论道之臣。服采，是干事之臣。畴字，解做匹字。圻父，是司马。农父，是司徒。宏父，是司空。薄违，是迫逐违命。若保，是顺保万民。定辟，是正经界以定法。

武王又告康叔说："导民之道，笃近而后可以举远，由尊而后可以及卑，而反身修德，正己率人又为治之本。汝今明训戒于妹邦，若殷之贤臣，与邻国侯、甸、男、卫众诸侯，乃殷民观望所系者，固当用力以戒谨之，使之崇敬畏而克慎于酒矣。然此尚其远者耳，法行当自近始。况汝之所友，若太史、内史掌法之官，及其贤臣百僚诸大臣，可不预戒之乎？然此尚其卑者耳，倡率须自尊者始。况汝之所事，若服休而论道之臣，服采而作事之臣，又可不预戒之乎？等而上之，况汝之畴匹而位三卿者，若圻父司马掌薄伐违命之政，农父司徒掌顺保万民之政，宏父司空掌经界定法之政，位愈尊则望愈重，尤宜正己率属，同以戒谨为事可也。然此皆责之于人者也。又况汝之身，乃一国之所视效者，有诸己而后可以求诸人，无诸己而后可以非诸人，或有不戒，将何以令人哉？故尤当刚果自持，以道制欲，务严沉湎之习，以端表率之原。庶乎汝之教人者，不徒以言而先之身，则人之从教者，不于其令而于其好矣。"

"厥或诰曰：'群饮。'汝勿佚，尽执拘以归于周，予其杀。

佚字，解做失字。执拘，是械系。周，是京师。

武王又告康叔说："崇饮之禁固不可不严，而其中犯禁者情有轻重，又不可不分别治之。若或有人告于汝说，殷民有无故成群相聚饮酒的，此等的民必是有所谋为朋兴作奸，比之寻常纵酒者不同。汝却不可轻纵了他，都械系来京，我其杀之而不赦。盖人欲为不善，最患其党与众多，则为害必大。而酒食乃聚党合众之资，故群饮者必诛，所以遏乱萌也。"

"又惟殷之迪诸臣惟工，乃湎于酒，勿庸杀之，姑惟教之。

迪，是导。

武王又说："商民之群饮为奸者，固当执之而加以显戮。若是殷之诸臣百工，素染纣之污俗而沉湎于酒者，汝且勿骤用执拘之例，径施杀戮之刑，姑宜申明教训，许其自新。或示以羞耇馈祀之言，或诱以棐恭助德之事，使之悔悟，知所省改。盖沉湎纵饮以自丧其德，其罪止于一身，与百姓之群聚而为奸恶者殊科。且染恶素深，未能遽变，被化尚浅，情有可原，故未可骤加之以刑戮。此又视臣视民之别也。”

“有斯明享，乃不用我教辞，惟我一人弗恤，弗蠲乃事，时同于杀。”

享字，解做向字，古字通用。恤，是爱。蠲，是洁。

武王说：“不教而杀，固谓之虐；教而不改，法亦难容。今汝于商之诸臣，既告以羞耇馈祀之言，又诱以正事元德之赏，这是明明指示以向往之路矣。他乃不遵用我教词，而沉溺于湎酒之故习，不肯改变，似这等稔恶不悛的人，惟我一人，岂能复爱恤之乎？彼既不能洗涤其旧染之污，以自澡洁，则与顽民之不服教训、群饮为恶者其罪同矣。拘执之，诛杀之，何足惜哉！所以说“时同于杀”。盖恶其抗上违训，所谓怙终贼刑也。”

王曰：“封！汝典听朕毖，勿辩乃司民湎于酒。”

典，是常。辩字，解做治字。乃司，是有司。

武王又呼康叔而告之说道：“司教者，贵有常心；行法者，须自上始。若勉于一时，而忽于持久，或严于百姓，而略于有司，则教废而民玩矣。故我所示谨酒之教，汝毋但听受于今日而已，当常常奉行遵守以化导殷邦的臣民，不可懈怠。然百官有司，又庶民之所视效者，必须先治有司，使其礼法相守，毋蹈沉湎之非，斯下民有所观法，各相警戒，以从上之令。倘不能明劼毖之教，举赏罚之典，以治有司，而任其群饮，则民皆相率效尤，虽日颁条教以禁之，而其沉湎于酒者，犹夫故耳。盖上行下效，捷于影响。先群臣而后百姓，此施教之序也。汝封其终念之哉！”

按《酒诰》一篇，累数百言，丁宁反覆，以酒为戒，禁之而不得，至于用杀以威之。何先王之为酒禁，如是之严哉？良以人之一心，存敬畏则善心生，好逸乐则非僻作，而逸乐纵情之事，未有不由于酒者。人之饮酒，其始或用之以合欢，因之以畅意，及其饮之而无节，遂至耽好。耽好而不止，遂至荒淫。小则败行失仪，大则丧身亡国，其祸有不可胜言者矣。故大禹恶旨酒，伊尹儆酣歌，皆防其渐也。为人上者，可不戒哉！

梓材

这也是武王诰康叔之书，因其中有“梓材”二字，史臣遂以名篇。

王曰：“封！以厥庶民暨厥臣达大家，以厥臣达王，惟邦君。

上臣字，是国中群臣。达，是通达其情。大家，是巨室。下臣字，兼庶民及大家言。

武王呼康叔而告之说道：“欲治国者，必以通上下之情为先务。诸侯国中，有大家巨室，乃国人之所观望，不得其心，何以为治。必使国中庶民及群臣，皆得以其情达于大家，而后一国之中，欢欣交洽，无有抑遏而不通者矣。诸侯有国，受之天子，天子为天下之共主，上下不交，何以为治。必使国中庶民及大家，皆得以其情达于天子，而后四海之内，欢欣交洽，无有阻隔而不通者矣。若此者，谁则任之？惟是邦君藩屏一方，上焉有天子之当事，下焉有大家臣民之相临，以一身处乎上下之间，必使其情通达而无间隔，乃为尽职也。邦君责任之重如此，尔小子封可不勉哉！”

“汝若恒，越曰：‘我有师师：司徒、司马、司空、尹、旅。曰：予罔厉杀人。’亦厥君先敬劳，肆徂厥敬劳。肆往奸宄、杀人、历人宥。肆亦见厥君事，戕败人宥。

恒，是常。越，是发。师师，是相师为善的意思。尹，是正官之长。旅，是众大夫。敬劳，是恭敬劳来。徂，是往。乱在外为奸，在内为宄。历人，是罪人所过，知情藏匿资给者。戕，是伤人支体。败，是毁人生业。

武王又告康叔以宽刑辟的道理，说：“汝若常常发令以晓谕群臣说道：‘凡我师师之官，有司徒、司马、司空，有正官之长，有众大夫，如或用刑，皆当仰体我意。盖我之意亦曰，民命至重，不欲厉威虐以杀人也。’然以意示人，不若以身倡之。亦惟尔为君者，先恭敬劳来其民，常务哀矜慎重，不肯轻忽，但见三卿尹旅，往后都效君所为，思尽其敬劳之职，而不敢敷虐于民矣。如刑辟之中，有奸宄、杀人、历人的，皆罪之大者；有戕败人的，乃罪之小者。尔自今以往，能于罪之大者，察其情果矜疑，即宥而不诛，许令自新，则群臣见其君之行事，亦能宥夫小罪之可矜疑者，以仰承好生之德矣。此可见清刑之源，在上不在下；化臣之道，以身不以言也。”

“王启监，厥乱为民，曰：‘无胥戕，无胥虐，至于敬寡，至于属妇，合由以容。’王其效邦君越御事，厥命曷以引养、引恬。自古王若兹监，罔攸辟。

启，是开。监，是监国，即下邦君御事。乱，是治。属，是联属。合，是保合。容，是容蓄。效，是责效。恬，是安。辟，是刑辟。

武王又推先王命诸侯之意以告康叔，说：“王者所以开置监国，立君而辅之以臣者，其治本以为民，使俱得生养安全而已。考其命监之词有云：‘凡尔君臣，无相与戕杀其民，使陷死地；无相与虐害其民，使被荼毒。至于人之寡弱者，当哀敬之，无敢狎侮；妇之穷独者，当联属之，无令离散。又推而保合一国之民，率由是哀敬联属之道而容蓄之，使人人各得其所焉。’其命监之词如此。夫先王所以谆谆告谕责效于邦君、御事者，亦惟欲行罚无滥，务引诱斯民，使其得遂生养而不至穷困，得就安全而不至颠危耳。自古王者之命监，其意不过若此。尔今为诸侯以统群臣，若过用刑辟，戕虐其民，而不思安养之道，则与王者命监之意相背矣。尚务以德临民，而无专用刑辟可也。”

“惟曰：若稽田，既勤敷菑，惟其陈修，为厥疆畎。若作室家，既勤垣墉，惟其涂茨。若作梓材，既勤朴斫，惟其涂丹雘。

稽，是治。敷菑，是广去草莱。疆，是畔。畎，是通水的沟渠。涂塈，是泥饰。茨，是苫盖。梓材，是梓木良材，可为器用者。雘，是采色之名。

武王又告康叔说：“为国之道，就如治田、造屋、制器的一般为之，皆期于有成而后可。且如治田的，先已勤劳用力，广去了草莱，不使为禾稼之害，还须陈列修治那田之疆畔，与通水的沟渠，使足以备旱涝，而后治田之功有成也。又如造屋的，先已勤劳用力，筑起四围的垣墙，定了规模基址，还须用泥去墁饰，用草去苫盖，使足以蔽风雨，而后作室之功有成也。又如把良木去制器用，先已勤劳用力，做一个粗朴又加些雕斫的工夫了，还须装饰采色，使文质相称，足以备观美，而后制器之功有成。”盖武王除恶去暴，如治田之敷菑；建邦启土，如作室之垣墉；创制立法，如梓材之朴斫，皆有已成之策，可继之功。其疆畎、塈茨、丹雘之事，则在康叔善成其终，不可变成规而隳前功也，故其告戒谆切如此。

“今王惟曰：先王既勤用明德，怀为夹，庶邦享作，兄弟方来。亦既用明德，后式典集，庶邦丕享。

此以下皆周臣进戒嗣王之词，简编错乱，误缀于此。

先王，是文王、武王。夹字，解做近字。享，是奉承的意思。兄弟，是友爱的意思。后，是君。式，是用。典，是旧典。集，是和辑。

周臣告君说道：“今我嗣王，惟当曰文王、武王，深念藩屏之重，尽勤用明德，推诚加礼以怀服天下之诸侯，使远方都相亲近，情谊不至于间隔，其厚如此。由是庶邦诸侯，感发兴起，而敬奉其上，其友爱之情，就如兄弟。凡遇朝觐会同之事，各以其方而来，个个都循礼守法，无有不遵用文武之明德者。夫上以明德而怀其下，下亦以明德而享其上，先王之世，上下相与如此。今王嗣位，不必他求，惟能用先王明德怀远之常典，以和辑天下之诸侯，则诸侯亦感德效顺，来享来王，无敢有不敬应者矣。此怀服诸侯当法先王也。”

“皇天既付中国民越厥疆土于先王。

付，是与。越，是及。疆土，是疆界土地。

周臣进戒其君说：“比先中国人民土地都是商家所有。商纣暴虐，得罪于天，于是皇天上帝鉴我周之德，尽把中国的人民及其疆土，付我文王、武王，使代商而有天下，昔日商家之盛，转而属之我周矣。嗣王可不思保守先王之业乎？”

“肆王惟德用，和怿先后迷民，用怿先王受命。

肆字，解做今字。怿，是悦。先后，是劳来的意思。迷民，是迷惑染恶的百姓。

周臣又说：“上天以中国人民土地付与先王者，以先王能用明德故耳。

今王缵承历服，治先王所受之民，亦当惟德是用，不在乎法制禁令之末也。彼迷惑染恶之民，有忿戾不肯率教的，则以德而和悦之，使他都欢欣鼓舞，乐于趋善；有昏弱不能从化的，则以德而劳来之，使他都振作兴起，果于为善，则百姓每都从服教化，翕然有顺治之风。是先王所受之天命可以常保，而在天之灵亦必安慰喜悦，无复顾虑矣。此化服殷民，当法先王也。"

"已！若兹监，惟曰欲至于万年，惟王子子孙孙永保民。"

已，是语辞。监，是视。

周臣既告戒于君，其意犹未已也，故又说："凡我所陈用德的说话，王其监视于此，不可轻忽。盖以诸侯者，国家之藩屏；人民者，国家之本根。藩屏既固，本根不摇，则可以绵历数于悠久，自今日以至于万年，惟我王之子子孙孙，长膺保民之任，其庶邦之丕享，天命之眷绥，虽万年如一日也。我所祝愿于王，如此而已。然则王可不监我之言，以为子孙久远计哉！"盖古大臣之于君，既告之以明德，又期之以万年，其惓惓忠爱之心如此。

召诰

昔武王克商，欲建都于洛邑，至成王时，始命周公、召公经理之。洛邑既成，召公因周公归，作书陈戒于王。史臣因以"召诰"名篇。

惟二月既望，越六日乙未，王朝步自周，则至于丰。惟太保先周公相宅。越若来三月，惟丙午朏。越三日戊申，太保朝至于洛，卜宅。厥既得卜，则经营。

既望，是十六日。王，是成王。步，是步辇。周，是镐京。太保，即召公。相，是视。宅，是居。越若，是发语辞。朏，是初三日月始生之名。经营，是经理营度。

史臣叙说：惟二月十六日，后第六日乙未，是日之朝，成王步自周京至于丰，以宅洛告于文武之庙，使太保召公先周公行，相视洛邑所居之处。召公自丰起行而来，惟三月初三日丙午，至初五日戊申，是日之朝。

召公至洛，以建都事当稽于天，乃命元龟卜其何处可为王城，何处可为下都。既得吉卜，遂经理营度其事，虽未即修建，而基址位次、规模已预定矣。盖周家旧都丰镐，至于成王，以洛邑居天下之中，四方朝贡道里适均，故命周、召经营而定鼎焉。宅中图大之业，实在乎此矣。

越三日庚戌，太保乃以庶殷攻位于洛汭。越五日甲寅，位成。

庶殷，是殷之众民。攻字，解做治字。洛汭，是洛水之内。位，是都邑的位。

史臣记说：召公经营洛邑，择日兴工，自戊申越三日庚戌，乃以已迁在洛的众殷民，攻治兴建都邑之位于洛汭。越五日甲寅，则左祖、右社、前朝、后市的基址皆平定矣。当其举事之初，四方之民，远未能集，而攻位之役，力亦易办，故就殷民已迁者役之也。

若翼日乙卯，周公朝至于洛，则达观于新邑营。

翼日，是明日。达观，是周遍观视。新邑，即洛邑。

召公既以甲寅定位于洛，及明日乙卯，周公以是日之朝亦至于洛，则遍观新邑经营的处所，凡王城下都，经召公规定的，都巡视一周，以相其形胜，审其风气。盖营洛大事，不可不详慎也。

越三日丁巳，用牲于郊，牛二。越翼日戊午，乃社于新邑，牛一，羊一，豕一。越七日甲子，周公乃朝用书，命庶殷，侯、甸、男邦伯。厥既命殷庶，庶殷丕作。

郊，是祭天地。社，是祭后土。书，是役书。邦伯，是统率侯、甸、男服的诸侯。丕字，解做大字。

史臣叙说：周公以乙卯日至洛，越三日丁巳，以营洛事祭告天地，其牲用牛二。明日戊午，祭告洛邑后土之神，其牲用牛一，羊一，豕一。祭告既毕，乃以所用人夫多寡，工程期限之类，作为一役书。越七日甲子，是日之朝，周公以书亲命众殷之民；其在四方者，但命侯、甸、男服之邦伯，使他分命诸侯，传布于下。既以役书命殷众，于是众殷之民，莫不欢欣鼓舞，大来从役，忘其为劳。众殷顽民且然，则四方之服从者可知矣。

太保乃以庶邦冢君出取币，乃复入锡周公，曰："拜手稽首，旅王若公，诰告庶殷，越自乃御事。

币，是洛邑既成，诸侯来朝会时，所献的币帛。锡，是与。旅，是陈。御事，是左右治事之臣，人臣不敢直指君上，但言御事者，如今人称执事的一般。

史臣记说：经营洛邑之事既毕，周公将归镐京，太保召公有陈戒成王的言语，及诸侯所献的币帛，都托周公以达之王。于是率诸侯自公所出外取入，并自己告王的书，都付与周公说道："我今拜手稽首，以书币陈于王，而托公转达者，惟以作洛为化殷之地，君身实化殷之本。今新都鼎建，要诰谕庶殷，以作其友顺之风，革其怙侈之习，则必自君身始。此御事者之责也。公其以吾言而达之于王乎？"

"呜呼！皇天上帝，改厥元子，兹大国殷之命。惟王受命，无疆惟休，亦无疆惟恤。呜呼！曷其奈何弗敬？

此以下都是召公警戒成王的说话。

元子，指商纣说。无疆，是无穷。休，是美。恤，是忧。

召公将言天命不可恃，乃先叹息说道："皇天上帝，其命靡常。昔纣受天命，为元子而有大国殷矣。及其无道，得罪于天，遂改革了他所受的命，使我周代之。然则天命果可恃以为安乎？今王继文武而受命，尊为天子，富有天下，固有无穷之美。然天无常亲，元子大国之命既可改于昔，亦可改于今，岂非无穷之忧乎？"于是又叹息说道："王曷其奈何弗敬？盖纣惟不敬，故天命去之，今如何可纵肆而不敬乎？盖敬者，人君持身修政之至要，能敬则视听言动，件件循理，好恶用舍，事事合宜，然后民心悦而大命可保矣。"

"天既遐终大邦殷之命，兹殷多先哲王在天，越厥后王后民，兹服厥命。厥终：智藏，瘝在。夫知保抱携持厥妇子，以哀吁天；徂厥亡，出执。呜呼！天亦哀于四方民，其眷命用懋。王其疾敬德！

遐，是远。终，是绝。后王后民，指商纣说。瘝字，解做病字。吁天，是呼天。徂，是往。懋，是勉。疾，是急速不可缓的意思。

召公又说："今天于大国殷命，既永远弃绝之矣。然此殷之先代，如成汤以下诸哲王，其精爽在天，未尝亡也。彼岂不能哀祈于天，以保佑其子孙乎？但以其后王后人纣之为君，受天明命，不能敬德，播弃黎老。使贤智者退藏，崇信奸回；使病民者在位，同恶相济，毒害其民。民苦虐政，无所控诉，但知保抱其子，携持其妻，以哀号于天；及往而逃亡求以自免，又被有司拘执，无地自容：民之可哀甚矣。彼天阴骘下民，见那四方之民，无辜受害如此，能不哀怜而思以拯救之乎？故虽殷先王在天之灵，亦不能挽回天意，而眷顾之命，昔在于殷者，今改而属于勉德之文武矣。夫祖宗德泽之难恃如此，王其可不汲汲敬修其德，而保民以保天命哉！不然，虽文武在天之灵，亦将无如之何矣。"

"相古先民有夏，天迪从子保，面稽天若，今时既坠厥命。今相有殷，天迪格保，面稽天若，今时既坠厥命。

相，是视。迪，是启迪。从子保，是从其子而保佑之。面，是对越的意思。稽，是考。若，是顺。格字，解做正字。格保，是格正夏命而保佑之。

召公说："天命无常，常于有德。我观古人有若夏禹之圣，天既启迪之而成就其德矣，又从其子而保佑之，使继世之贤足以敬承其道，天之眷夏如此。当是时，禹亦仰考天心而敬顺不违，凡所以凝固天命，贻厥子孙者，无所不至，宜乎夏之子孙于今尚存也。乃桀为无道，今遂坠失其天命，而以商代之。禹之德泽，其可恃乎？我观近日有若成汤之圣，天既启迪之而成就其德矣，又使其格正夏命而保佑之，遂缵禹旧服以有天下，天之眷殷如此。当是时，汤亦仰考天心而敬顺不违，凡所以奉若天命，敷遗后嗣者，无所不至，宜乎殷之子孙于今尚存也。乃纣为无道，今遂已坠失其天命，而以我周代之。汤之德泽，其可恃乎？夫禹、汤能敬其德，故其兴也勃焉；后世不能敬德，故其亡也忽焉。天命之去留，惟在君心之敬肆，可不慎哉！"

"今冲子嗣，则无遗寿耇。曰其稽我古人之德，矧曰其有能稽谋自天？

冲字，解做幼字。嗣，是继。寿耇，是老成的臣。谋，是度。天，是天理。

召公又说："人君固当疾于敬德，而亲礼老成，又敬德之助。今王以幼冲之年而继嗣君位，必任用寿耇之臣，不徒隆以礼貌，必倚为腹心，言听计从，朝夕亲近，不可轻遗弃了他。所以然者，盖这寿耇的臣，阅历年久，闻见广博，于古昔帝王的道德，可为师法者，能稽考其事实，如当时亲见的一般，是固不可遗矣。况又德盛智明，凡运筹发虑，以谋度国家之大政，能循理合天，无一些出于功利的意思，此尤不可遗也。盖稽古，则事有所证；稽天，则理无所遗。若没有这等的人启沃于前，则往古兴亡之监，上天精微之理，岂能件件晓得？今王敬德，可不得是人以为辅哉！"大抵老成之人，计虑深远，外似迂阔；而幼冲之君，喜用新进，势常易疏。故伊尹告太甲，以先民时若为言；成汤制官刑，以远耆德为戒，皆是此意，实万世君天下之要务也。

"呜呼！有王虽小，元子哉！其丕能諴于小民，今休。王不敢后，用顾畏于民碞。

其，是期望之辞。諴，是和。后，是迟缓的意思。碞，是险。

召公叹息说道："吾王虽是幼冲，乃上帝之元子，受天命而为民主，其责任至大，可不勉哉！盖天命之去留，视民情之欣戚。若小民不和，则天命亦不可保，而有负于元子之责矣。王其大能諴和小民，使之安居乐业，欢忻鼓舞，无有乖怨之意，则民安而天命亦安，国家永保太平之业，岂不为今日之休美乎？夫小民虽若至愚，然抚之则后，虐之则仇，其心碞险而可畏，若以为不足畏而玩视之，鲜有不至于失民者。王必须以諴民为急务，不敢视为缓图，时时顾畏那小民之碞险，兢兢业业，似登高临深的一般，则庶乎可以和民心而保天命矣。"

"王来绍上帝，自服于土中。旦曰：'其作大邑，其自时配皇天。毖祀于上下，其自时中乂。王厥有成命治民，今休。'

绍，是继。服，是行。洛邑乃天地之中，故称土中。旦，是周公的名。时字，解做是字。配，是对。乂，是治。

召公又说："出治之本，在乎君身；諴民之道，始于新邑。昔者王方幼冲，犹可委政于大臣，今洛邑新成，王年既长，来此继天为治，其责至重。凡典礼命讨，须要件件自家留心，服行于此中土，以总揽万几，不可专倚恃臣下，而自处于逸也。此非臣一人的意见，且旦亦曾说道：‘人君一身，上为皇天之付托，中为百神之主宰，下为万民之依归。今作大邑，岂徒为逸豫之计？盖将自此土中作君作师，以配对上帝；肇称殷礼，以享誉神祇；宅中图治，以諴和万民。’旦之所言，即臣期望于王之意也。王果能勉而行之，庶几民心悦而天意得，佑命我周者，一成而不易矣。治民至于格天，才是极处。将见治化隆盛，社稷灵长，岂不为今日之休美乎？吾王不可不加之意也。”

“王先服殷御事，比介于我有周御事，节性，惟日其迈。

御事，是治事之臣。比，是亲近。介，是副贰。节，是制。迈，是进进不已的意思。

召公说：“王今自服土中，固以化民为要，然化民当自臣始。使有位者，先抵冒法禁而不忌，则何以令民哉？今殷之多士，化纣之恶，非若我周之臣，习于教令。王要先化那殷家御事的臣，使他与我周之御事，亲近副贰，耳濡目染，相观为善，以节制他往时骄淫之性，则自然日进于善而不能已矣。盖人为习染所坏，是以流荡忘返，日入于恶而不自知。使朝夕与正人居，闻正言，见正事，久之将悔悟奋发，舍其旧而新是图矣。此先王转移民俗之善机也。”

“王敬作所，不可不敬德。

所，是处所。

召公又说：“君身者，群臣所视效。要化服那殷之臣，必谨乎君身。王当把那敬做安身的处所，动静语默，出入起居，常在于是，如人的身住在房屋里面一般，不可暂时离了。盖敬乃一身之主宰，万化之根原。能以敬作所，则此心收敛而德成；不能以敬作所，则此心放纵而德隳矣。王不可不敬德，以为化服臣民之本也。”召公进诰至此，凡三言敬，而意愈恳切，即周公言所其无逸之意。君人者，宜致思焉。

“我不可不监于有夏，亦不可不监于有殷。我不敢知曰，有夏服天命，惟有历年；我不敢知曰，不其延，惟不敬厥德，乃早坠厥命。我不敢知曰，有殷受天命，惟有历年；我不敢知曰，不其延，惟不敬厥德，乃早坠厥命。

监，是视以为法戒。服，是受。延，是久。坠，是失。

召公又说：“我谓王不可不敬德者，正以敬肆之间，乃历年长短之所系，前代兴亡皆不出此。今我王不可不监视于有夏，亦不可不监视于有殷。若二代之君，能敬的，则宜以为法，不能敬的，则宜以为戒。如夏禹受命，历年四百，我不知他为何这等长久。及夏桀嗣位，遂至亡灭，我不知他为何便不能少延。以我看来，惟桀不能敬其德，作威敷虐，得罪于天，乃早坠失了有夏之命耳。殷汤受命，历年六百，我不知他为何这等长久。及殷纣嗣位，遂至亡灭，我不知他为何便不能少延。以我看来，惟纣不能敬其德，沉湎暴虐，自绝于天，乃早坠失了有殷之命耳。盖天命长短，皆不可知，而敬德在我，所当自尽。观禹、汤之所以兴，桀、纣之所以亡，则王自不能不疾于敬德矣。我谓不可不监于夏、殷，正以此也。”夫桀以不敬而亡夏，纣以不敬而亡商，周监于二代，至于幽、厉，又不敬而灭亡，千古兴亡，如出一辙，自周而后，虽百世可知也。

“今王嗣受厥命，我亦惟兹二国命，嗣若功。王乃初服。

嗣，是继。二国，指夏、商。功，是有功德之君。初服，是服行政教之始。

召公告成王说：“我周自文、武造邦，今王嗣位，昭受厥命，虽天眷维新，然今日所受之命，即是夏、商所受之命。夏之子孙不能保，而归于商；商之子孙不能保，而归于我周，是未可恃以为常也。当思二国受命之初，如禹之祇德，汤之懋德，都是有大功德的圣君，能敬德以历年者，必勉力继嗣，务要学他的敬德，乃可以凝固天命，多有历年耳。况王乃新邑初政，服行教化之始，天命去留，所系甚重，可不谨哉！”盖继体守成之君，每以天命为可常，祖宗德泽为可恃，多不能修德，以致乱亡，故召公之于成王，告戒如此。

“呜呼！若生子，罔不在厥初生，自贻哲命。今天其命哲，命吉凶，

命历年。知今我初服。

初生，指人幼年说。自贻，是自家遗下的。哲命，是聪明的天性。

召公又叹息说："今王初政，不可不谨。譬如人家生子一般，都在那初生幼年的时节，能习于为善，则知识聪明日渐开发，到长大时，必然是个好人。这是自家遗下来的明哲之性，非他人所能增益也。若人君能谨于初政，习惯自然，必是个贤圣之君，与自贻哲命的一般，是在吾王自勉而已。我看如今的天意，或命王以明哲之德，或命之以吉，或命之以凶，或命之以历年长久，这都不可知。所可知者，只看我初政所服行何如。若能敬德，便是自贻哲命，自贻吉祥，自贻历年矣。转移天心，全在今日，吾王可不以敬德为急务哉！"

"宅新邑，肆惟王其疾敬德。王其德之用，祈天永命。

宅，是居。肆字，解做今字。疾，是速。祈，是求祷。

召公又说："如今洛邑新成，我王来居于此，正初服之时，远近臣民，无不瞻仰。今王其及时奋发，速于敬德，以为諴和小民之本，不可有一毫怠缓之心也。盖天命之去留，系于民心；民心之向背，观于君德。王其用此敬德以和民，使人心悦而天意得，以祈祷上天长久之命，衍国祚于千万年，岂不美哉！盖天命无常，惟德是辅。故人君欲天命之永久，惟在以德祈之，不在乎祷祀以徼福也。"

"其惟王勿以小民淫用非彝，亦敢殄戮；用乂民，若有功。

淫，是过。彝，是常法。乂，是治。若，是顺。

召公又说："德为化民之本，刑为辅治之具。王当急于敬德，缓于用刑，其勿以小民无知，过为不法，说他顽慢弗率，难以德化，遂果于诛戮，而一意用刑以威之。盖民心至愚而神，顺之则治，逆之则乱，若徒用刑罚驱迫他为善，则民心未必服从。惟躬修敬德，顺其性而利导之，则非彝之习自然化为用德，而可以成治功矣，何用殄戮为哉！"

"其惟王位在德元，小民乃惟刑用于天下，越王显。

德元，是君德首出于天下。刑，是取法的意思。越字，解做于字。

显，是明。

召公说："王者居天下之上，其位固已极尊，然必须德足以称之，乃可以服天下。王其懋敬厥德，使德与位称，巍然立于万民之上，就似高出一头的一般，则王之德足以为天下法矣。将见那百姓每感发兴起，都取法于君上之德行，无有过用非法的人。则吾王之德，召著于天下，如日月之照临，岂不益明显乎！如此，则可以諴小民而祈天命矣。"

"上下勤恤，其曰'我受天命，丕若有夏历年，式勿替有殷历年'，欲王以小民受天永命。"

上下，是君臣。勤恤，是忧勤。其，是期望之辞。式字，解做用字。勿替，是兼有的意思。

召公又说："祈天永命之道，上下同任其责。自今我君臣皆当夙夜勤劳忧恤，相与期望说道：夏有天下四百余年，殷有天下六百余年，享国甚久。今我周受命，必大如有夏之历年，又不要失了有殷之历年，务期兼夏、商之历数而有之可也。然欲历年长久，岂必他求。盖天以民为心，国以民为本，惟欲王諴和小民，常加爱恤，于以固结人心，顺承天意，使国家长治久安，以受上天之永命耳。君臣所当勤恤者，莫大于此。"

拜手稽首曰："予小臣敢以王之雠民、百君子越友民，保受王威命明德。王末有成命，王亦显。我非敢勤，惟恭奉币，用供王能祈天永命。"

雠民，是殷之顽民，与三监谋叛者。百君子，是殷之诸臣。友民，是周家友顺的民。保，是保守。受，是顺受。末，是终。

召公于篇终，又拜手稽首致敬说道："洛邑所迁殷之顽民及诸臣，与我周友顺的民，都视君德之修否以为向背者也。王能以德为威，以德为明，则我小臣敢率此臣民，使之畏威怀德，保守而不失，顺受而不违，无有不遵奉法纪，服行教化者，是乃臣之所能为也。然王之一身，又臣民所视效，尚当益修敬德以諴民，使嗣受的成命，自今终有之而不替，则王之令闻，亦显于后世而无穷矣。我今取币及书以陈于王，岂敢以此为勤劳哉！盖王来洛邑，必有祭祀，以祈天命之永，故我敬奉此币于王，用供王之祈天永命而已。"不曰"祭祀"，而曰"能祈天永命"者，盖祭祀乃祈祷之文，惟能自敬德之君，斯能感格天心，昭受休命，乃祈祷之实，故召公于篇终，深致责难之忠如此。

按:《召诰》一篇，拳拳历年之久近，反复夏、商之废兴，不惟其终，惟其始，不惟其身，惟其子孙，为国家虑可谓长远矣。然究其指归，惟以诚民为祈天永命之本，以疾敬德为诚民之本，丁宁告戒，不越乎敬之一言。此继体守成之君，所当深思而力行也。

卷九

洛诰

洛邑既定，周公遣使复命于成王，因欲告归明农，而成王恳留周公，命其留治洛邑。史臣记其君臣相告语之辞为书，以其皆相洛治洛之事，故以“洛诰”名篇。

周公拜手稽首曰：“朕复子明辟。

此以下三节是周公授使者告卜于成王的说话。复，是复命。子明辟，是指成王。

史臣记说：昔者周公承成王之命，卜都于洛，至是遣使告卜于王，乃拜手稽首致敬而授之以词说：“王尝以作洛之事委之于我，今其事已定，朕敢复命于子明辟。”盖周公于成王，以亲则为兄之子，以尊则为君，故其报命之间，词礼严重如此。

“王如弗敢及，天基命定命。予乃胤保大相东土，其基作民明辟。

如弗敢，是周公形容成王谦退的意思。及，是与知。基命指营洛之初说，定命指洛邑告成说，皆言天命者，重其事也。胤，是继。保，是太保召公。洛邑在镐京东，故谓之东土。

周公说：“定都大事，王当亲往。今王乃以幼冲退托，若不敢与知上天成始之基命，与成终之定命，一切创始的规制，善后的事宜，都付之太保与我。我岂敢不任其责？于是继太保召公而往，大相视于东土。何者可为王城，何者可为下都，皆规画布置，以为王始作民明君的去处。盖都邑既定，则可以朝诸侯，抚万民，而宅中图大之业，皆始于此，所以说‘其基作民明辟’也。”

“予惟乙卯朝至于洛师，我卜河朔黎水。我乃卜涧水东、瀍水西，惟洛食。我又卜瀍水东，亦惟洛食。伻来，以图及献卜。”

乙卯，是三月十二日。洛师，犹言京师。河朔黎水，是河北黎水交流之处。涧、瀍，是二水名，在今河南洛阳县。食，是食墨，凡灼龟必先以墨画于龟壳之上，看灼时所裂之文，正食其墨便是吉，不食其墨便是凶。伻，是使。图，是洛之地图。献卜，是献其卜之兆辞。

周公说：“三月乙卯之朝，我至于洛师，以河北黎水交流的去处，殷民近便，乃先卜此地，不吉。于是改卜涧水之东、瀍水之西，以为王城朝会之地，而龟兆正食其所定之墨。又卜瀍水之东，以为下都安插殷民之地，而龟又食其墨。二地皆近洛水，而两得吉兆，则作民明辟之地，无以易此矣。兹遣使者以洛之地图及所卜之吉兆，献之于王，庶几定都之始终可考而知也。”

王拜手稽首曰：“公不敢不敬天之休，来相宅，其作周匹休。公既定宅，伻来，来视予卜休恒吉。我二人共贞。公其以予万亿年敬天之休。拜手稽首诲言。”

这是成王授使者复周公之辞。

拜手稽首，是成王尊异周公之礼。匹，是配答的意思。视字，与告示的示字同。二人，是成王说自己及周公。贞字，解做当字。

成王既闻周公复命之辞，遂遣使报复周公，因拜手稽首以答周公之礼，而命使者说：“天于我周，眷命可谓休美矣。公念天休至重，不敢以不敬承，来相视洛邑，安处臣民，为我周配答上天休命之地。及经营定了都邑，乃遣使来示我以卜兆之休美而常吉者，此岂我一人能独当之，惟我与公二人，共承当其美。且我据卜观图，规模弘远，乃知公之宅洛，用意深长，非徒为一时之计，正欲以予万亿斯年据形胜以朝百辟，都要会以临兆民，奉天图治，用敬承休命于无穷耳。盖期望之美意如此，则教诲我者至矣。故拜手稽首以谢公教诲之言，尚当深思而力行之也。”

周公曰："王肇称殷礼，祀于新邑，咸秩无文。

此以下九节乃洛邑既成，周公将迎成王于洛，而历告以宅洛之事。

肇，是始。称，是举。殷，是盛。咸秩，是次序而祭之。无文，是祀典所不载者。

周公说："王者为天地神人之主，今洛邑新成，宜以祀神为先务。王其首举盛礼，毖祀于新都临镇之时，如天地神祇，社稷宗庙载之祀典者，固无不祭矣。虽祀典不载而可以义起者，都次其尊卑上下之序而祭之，以告成事，报神赐而祈鸿休焉。"

"予齐百工，伻从王于周。予惟曰：'庶有事。'

齐，是整饬的意思。

周公说："王宅洛之初，必有教诏臣工之事，此非我所敢专者。故我整饬百官，使从王自周以适洛。此时但微示其意说：'是行乃吾王即政之初，必有政教号令，以新天下之观听，庶几其有所事乎。尔等宜精白一心，以听王教诏之词可也。'"

"今王即命曰：'记功，宗以功，作元祀。'惟命曰：'汝受命笃弼。'

记，是纪录。功宗，是功之尊显者。元祀，是祭祀之首。笃弼，是厚于辅君。

周公又说："论功行赏，乃激励臣工之大端。今王宅此新邑，就当告命百官说：'尔群臣之中，有宣力王家而功劳尊显者，则纪录之于册籍。他日举大烝之礼以报有功，当以功之最尊显者为首。是不但尊宠于生前，而且光显于身后矣。'又命之说：'汝君臣有功的，既受此褒奖之命，益当感激殊恩，厚辅王室，以图新都久大之业，庶几前功不替，而元祀可保也。'"

"丕视功载，乃汝其悉自教工。

丕视，是大示。功载，即上文纪功的册籍。教，是上行下效的意思。工，是百官。

周公说："褒赏所以劝功，须要至公无私，乃能服众。今王以此纪功之载籍，大示于朝廷之上，使众人每都共见共知，则或公或私，自不能掩。褒赏的一出于公，则人知感奋，百工都忘私徇国，而一出于公矣；若或出于私，则人思侥幸，百工都背公树党，而亦出于私矣。是其公其私，皆仿效上人之所为，乃悉自汝教导之也。记功所系如此，可不慎乎？”

“孺子其朋，孺子其朋，其往。无若火始焰焰，厥攸灼，叙弗其绝。

孺子，指成王。朋，是比党的意思。灼，是烧灼。叙，是次第。

周公又戒成王说：“功载所系甚重，则王于论功行赏之际，其可以嬖幸亲故，而少徇比党之私乎？有所比，则自是以往，百工互相仿效，无所不私，有如火之始然一般，虽焰焰尚微，而其烧灼将次第延爇，不可得而扑灭矣。循私之害，其初尚微，而终之流弊，不可胜言如此，王可不防禁于未然乎？”

“厥若彝，及抚事如予，惟以在周工。往新邑，伻向即有僚，明作有功，惇大成裕，汝永有辞。”

若，是顺。彝，是常道。周工，指宗周从行的百官。向，是趋向。即，是就。明作，是精明振作。惇大，是惇厚广大。裕，是宽裕。有辞，是有声誉。

周公又告成王说：“今王图治于洛，其顺行常道，如纲常伦理，件件修明，及抚定国事，如刑政纪纲，一一振举。当常如我摄政之时，不必纷更所任使的人，只用见在宗周之官。往适新邑，不要参用私人，坏了新政。使百官知上之意向，各就其职，明白振作，以图励精之功，惇厚博大，以存宽裕之体。如此，则治道毕举，而新政有光，永有休美之声于后世矣。”

按：周公明作、惇大二语最为切要。盖天下之治，常坏于因循废弛，而尤忌于烦琐纷更，故明作惇大二者相成，而非所以相病。若事事修废举坠，而不至于烦琐纷更，则鼓舞振作，何害其为惇大；事事提纲挈领，而不至于因循废弛，则镇静宁一，何害其为明作。故皋陶言率作，必言慎宪；箕子言三德，兼言刚柔，正与周公之意相合，皆所谓深识治体者。然二者又当审时度势，斟酌变通，又不可执一论也。

公曰："已！汝惟冲子，惟终。

已，是不能已的意思。终，是成就。

周公既历告成王治洛之事，其言欲已而不能已，故又说："我周基业开创始于文武，汝虽幼冲，然已嗣此大业，则当念创造之艰难，而勉力以图其终。凡所言治洛的事，一一修举，然后天命可永，而文武之业成也。吾王可不勉哉！"

"汝其敬识百辟享，亦识其有不享。享多仪，仪不及物，惟曰不享。惟不役志于享，凡民惟曰不享，惟事其爽侮。

这是言统御诸侯之道。

百辟，是诸侯。享，是恭敬奉承的意思。多，是重。仪，是礼。物，是币帛。役，是用。爽侮，是差爽僭侮。

周公又告成王说："诸侯朝贡于洛邑，他心里有诚实的，也有不诚实的，人君要知道他，只在此心常存敬谨，自然清明洞达，晓得那诸侯诚实享上的，也晓得那不诚实享上的。盖享上重在礼仪，不重在币帛。若礼不足而币有余，虽车马充盈，玉帛交错，都是虚文，这叫做不能享上。惟不能用志于享上，则凡一国之人，亦皆效尤，说道上面人可以币交，不用礼享，而举国无享上之诚实，将见人心放恣，侯度不肃，所行的政事必至于差爽僭侮，毁坏王法，而为叛乱之事矣。不享之弊，至于如此，王可不端其本原而敬以识之哉！"

"乃惟孺子，颁朕不暇，听朕教汝于棐民彝。汝乃是不蘉，乃时惟不永哉！笃叙乃正父，罔不若予，不敢废乃命。汝往，敬哉！兹予其明农哉！彼裕我民，无远用戾。"

此言教养万民之事。

颁，是布。不暇，是汲汲不遑的意思。棐，是辅。蘉字，解做勉字。叙，是有次序。正父，指武王，以其有匡正天下之功，故称正父。戾，是至。

周公又告成王说："勤政化民，乃君道之急务。汝孺子当勉力颁布我之所汲汲不暇者，听我教训汝所以辅民常性之道，使民皆服从教化可也。

汝若于此不能勉励，则民彝泯乱，是岂享国长久之道乎！昔汝正父武王能行此道，而我尝率之以服民者，汝必笃叙汝正父武王之道，使之益厚而不忘，有序而不紊，无不如我为政之时，则人亦不敢废汝之命矣。盖武王殁，我能守其道如武王，故天下不废我之命。今我去，王能守其道如我，则天下亦不废王之命矣。治乱之机，系于勉与不勉如此。王往洛邑，其敬之哉！我自此以后，将退休田野，只讲明农事，以遂归老之志而已。汝若于彼洛邑，果能尽心教养，和裕其民，则四方之人，皆感仰爱戴，无远而不至矣。”夫周公期勉成王，前言“若彝”“抚事如予”，此又言“笃叙正父，罔不若予”，皆不嫌于自矜者。盖成王亲政之初，若稍有更张，必至于变乱成法，安危之机，所系甚重，故谆谆训戒之。伊尹复政太甲，亦曰“君罔以辩言乱旧政”。古大臣爱君无已，其言类如此。

王若曰：“公，明保予冲子。公称丕显德，以予小子扬文武烈，奉答天命，和恒四方民，居师。

这是成王留周公的说话。

明，是显明。保，是保佑。称，是举。和，是不乖。恒，是可久。居，是安。师，是众。

成王答周公说：“予以幼冲践祚，赖公明白保佑之，不惟启迪之无隐，而又维持之尽力。如法祖、奉天、治人、事神皆人君大明德的事，公历历称举以诲我，使我小子继志述事，振扬文王、武王之光烈，持盈保泰，奉答上天之眷命，教养四海的人民，使皆和而不乖，恒而可久，以安此众庶于洛邑。此皆予小子所不能及，而公一一教之，明保之功，何其大哉！”

“惇宗将礼，称秩元祀，咸秩无文。

惇，是厚。宗，即上文功宗。将，是大。

承上文说：“政莫重于报功，公则诲我惇厚功宗的大礼。凡诸臣有功者，皆次第修举祀典，而以功之最尊显者为之冠，则报功之礼行矣。礼莫重于祭祀，公诲我首举祀神的大典。虽祀典不载者，都秩序以祭之，则祀神之典举矣。这都是公举大明德以教诲我者也。我之赖公明保如此，其可遽有明农之志乎？”

“惟公德明，光于上下，勤施于四方，旁作穆穆迓衡，不迷文武勤教，予冲子夙夜毖祀。”

旁作，犹言旁行，是上下四方无所不遍的意思。穆穆，是深远。迓，是迎。衡，是平。不迷，是不失。毖，是谨。

成王称美周公说：“惟公辅我冲子，既讨叛伐罪以安王室，又制礼作乐以兴太平。其盛德昭明光显于天地之间，勤劳施布于四海之内。合上下四方，都流行充塞，穆穆然深厚广远；日新月盛，以迎迓国家之治平。使文王、武王昔日所勤劳以教化天下者，件件修举，无有迷失之患。公德教在当时，有可凭藉如此。我冲子更何所作为，只是早晚间，谨毖以主祭祀之事而已。然则予方仰成于公，公其可以遽去哉！”

王曰：“公功棐迪笃，罔不若时。”

棐，是辅。迪，是启。笃，是厚。

成王又说：“公于小子既有辅弼之劳，而犹不忘教诏之益。以其功绩而言，所以辅助启迪乎我者，可谓厚矣。使公一去，则棐迪之责，将谁赖哉！须要舍明农退休之私，为国家久远之计，所以棐迪我者，自始至终，无不如是可也。”

王曰：“公，予小子其退，即辟于周，命公后。

此以下，成王在治邑留周公治洛的说话。

予小子，成王自称。即辟，是就君位。周，是镐京。后，是留后治洛。

成王既勉留周公，乃身归镐京，而命周公留治洛邑，先呼而告之说：“洛邑已定，举祀发政之事，今已行之，我小子其退而就君位于镐京矣。惟此洛邑，命公留后以镇抚之，以公元老宿望，有以系属人心也。”初周公作洛，本欲成王迁都，以宅天下之中；成王则以祖宗之旧不可废，根本之地不可忘，故身归于周，以重根本，而留周公治洛，以定新民。两都并建，大业永固矣。

“四方迪乱，未定于宗礼，亦未克敉公功。

迪，是开。乱，是治。宗礼，即功宗之礼。敉，是安定的意思。

成王又慰劳周公说:“当今四方开治,已致太平,皆公德教所致,公之功大矣。使我论功行赏,公必为冠。但新邑初定,记功之命虽布,而报功之典未行,尚未能安定公之大功。虽公未尝望报,而在朝廷诚为缺典,公必勉留以待宗礼之定,不可以言去也。”

“迪将其后,监我士师工,诞保文武受民,乱为四辅。”

迪,是启。将,是大。后,与上“命公后”后字同。监,是视效的意思。受民,指殷民说。四辅,犹言三辅,是藩卫的意思。

成王又说:“公已然之功既未及酬,将来之绩尤所深望。公居洛邑,必当兴建事功,恢弘治道,开大留后之事业,使我士师工效职于洛者,都有所监视,而共勉于职业可也。盖今日洛邑之民,乃文武所受于天者。公其大保安之,使服于德义,安于法制,则殷民安,王畿与之俱安,而治为我周之藩辅矣。”

王曰:“公定,予往已。公功肃将祗欢,公无困哉!我惟无斁其康事,公勿替刑,四方其世享。”

定,是止。将,是奉行的意思。斁,是厌。康事,是安民的事。替,是废。刑,是仪刑。

成王于将归之时,又丁宁周公说道:“公其定止于此以治洛,我则往归于宗周已。盖公之大功,人皆肃然奉行,无敢违逆,且又钦而悦之,无不爱敬。公能系属人心如此,正宜镇抚洛邑以慰安之。若公去则守成无助,诞保无人,是困我矣。公慎勿以此忧困我哉!盖我今归周,望治之心甚切,其于安民之事,亦汲汲然不敢厌怠,是在公同心共济而已。公必终留治洛,勿废其所以仪刑士师工者,则百僚竞劝,庶绩咸熙,不特洛邑之民安,虽四方之民,都得以世世享公之余泽矣。倘委而去之,则上下将何所恃赖乎?”

周公拜手稽首曰:“王命予来,承保乃文祖受命民,越乃光烈考武王,弘朕恭。

此以下是周公许成王留后治洛的说话。

来，是来洛邑。承保，是承王命以保民。越，是及。烈考，指武王。弘，是大。责难于君叫做恭。

周公因成王恳留，义不容辞，故拜手稽首，至敬以复命说："王命我来此洛邑抚治殷民，我岂敢不仰承王命，以诞保乃文祖文王所受命于天的民，及光显乃烈考武王的功烈，是留后治洛，吾固不敢负王之委托矣。但保民之责，虽任于我，而保民之本，实系于王。故我将大责难之义，以启迪王心，裨益新政，此我所以仰承文武，而忠于吾王之本心也。王其念之！"

"孺子来相宅，其大惇典殷献民，乱为四方新辟，作周恭先。曰：其自时中乂，万邦咸休，惟王有成绩。

惇，是厚。典，是典章。殷献民，是殷之贤人。新辟，是新君。恭先，是以恭敬倡率后人。时字，指洛邑说。

周公告成王说："予之所欲责难于王者，盖以王虽归周，当常来视事洛邑，尽所以为治之道。如国之典章，文武所讲画的，则厚加遵守，不至遏佚殷之贤民；前代所播弃的，则厚加简拔，不至遗弃，使法度修明，贤智效职，而治功赫然。为四方之新主，且以此任贤守法的恭德，为周家后王之率先，此皆治洛之所当务也。又说王其自此洛邑尽宅中图治之道，则政治教化，既足以甄陶斯世贤人君子，又足以泽润生民，万邦之大，咸底于休美，而王之治洛，乃有成功矣。此臣责难之恭，所不容已者，王其图之。"

"予旦以多子越御事，笃前人成烈，答其师，作周孚先。考朕昭子刑，乃单文祖德。

多子，是众大夫。笃，是厚。师，是众。孚字，解做信字。孚先，是以诚信倡率后人。考，是成。昭子，指成王，犹言明君也。单，是尽。

周公又说："人君既有励精之政，则臣下岂忘夹辅之忠。予旦敢率此众卿大夫及治事之臣，相与效职于洛，以笃厚文王、武王已成的功烈，使之永久而不替，用以慰答众人之仰望；使不孤其愿治之心，以诚信为我周后臣之所率先；使各尽其事君之道，成就吾王之义刑；使言行政事，皆可为法，尽布文王之德泽；使溥博周遍，无所不被。是慰民心，立臣极，成君德，弘祖功，皆予之所欲自尽者，承保之责，其容以终辞哉！”

“伻来毖殷，乃命宁予以秬鬯二卣，曰明禋。拜手稽首，休享。

伻，是使。毖，是戒饬。宁，是慰安的意思。秬，是黍米。鬯，是郁金香草。古时以墨黍为酒煮，郁金和之，使其气芬芳调鬯，故谓之秬鬯，乃用之以祭神者也。卣，是中尊。明，是洁。禋，是敬。

史臣记周公留洛之后，成王遣使诰戒殷民，因以秬鬯赐周公，礼数隆重，故周公复命于王说：“王归宗周，不忘洛邑，遣使来此戒敕殷民，且以恩命来安慰我，赐我以秬鬯二尊。其词说这秬鬯之酒，乃明洁禋敬以祭神明之物，非是可常用的。故我拜手稽首，以此休美之物，奉享于公以示隆重。王之命宁我者如此，此乃特恩殊礼，而非我之所敢当也。”

“予不敢宿，则禋于文王、武王。

宿，是进爵饮酒。

周公说：“王所赐秬鬯明禋之酒，乃用之宗庙以事神明者，予岂敢遽当此礼，而进爵以饮乎！予惟推受恩之所，自念祖德之当酬，乃用此以禋祭于我文王、武王，予以为王祈福，尽臣子祝愿之忱而已。”其谦不居功，孝不忘本如此。

“惠笃叙，无有遘自疾。万年厌于乃德，殷乃引考。

惠，是顺。遘，是遇。厌，是饱。引考，是长寿。

周公祭于文武，其祝祷之词说道：“今王一身，所系甚大。我先王精爽在天，当默佑之。夫福莫大于好德，愿阴诱王衷，使顺文、武之道，笃厚之不忘，次第之不紊，以缵承先业而无失德可焉；福莫大于康宁，愿默相王躬，使身体康强，无令遘遇灾害以自罹疾病可焉。子孙者，王之胤嗣，则启佑之，使其子孙万年厌饱祖德，亦如王之笃叙也；民者，国之根本，则默相之，使殷民皆率德永年，享有寿考，亦如王之康宁也。”夫周公虽祝颂成王，而寓规讽之意，忠臣爱君之切如此。

“王伻殷，乃承叙万年，其永观朕子怀德。”

伻，是使。承，是听受。叙，是教条次第。观，是法。子，指成王。

周公既述为王祈祷之词，又丁宁说：“王遣使毖戒殷民，固有教条次序，然不本诸身，则徒法何以自行。王必须躬行实践，使殷人都有所感发兴起，听受今日教条的次第，至于万年之永，莫不观法我孺子之德教而怀服之，则国家之业可以永保于勿替矣。”

戊辰，王在新邑，烝祭岁，文王骍牛一，武王骍牛一。王命作册，逸祝册，惟告周公其后。王宾，杀禋，咸格，王入太室，祼。

此以下是史臣记当时祭祀册诰等事，及周公留洛之始终。

烝，是冬祭名。骍，是赤色。逸，是史逸。王宾，是助祭诸侯。杀，是杀牲。格，是至。太室，是清庙中央之室。祼，是灌酒于地以降神。

史臣记成王于戊辰之日，在洛举行烝祭之礼，因以留周公治洛之事告于文、武。文王之前，用赤色之牛一；武王之前，亦用赤色之牛一。庙祭皆用太牢，此用特牲者，盛其礼也。王又命史官作册祝之文。当时史官名逸者，所作祝文惟告周公留后治洛的事，更不他及，重其事也。于时诸侯为宾于王者，以王杀牲禋祭祖庙，都来助祭。而王乃入太室之中，用珪瓒酌秬鬯之酒，灌于地以降神。其举行祭告之礼如此。

王命周公后，作册逸诰，在十有二月。

上文言烝祭之日与祭告之事、作祝之人，而未明言为某月。故史臣又记说：成王命周公留后治洛，祭告文、武，命史逸作祝册以告神，皆在十有二月。前言戊辰，乃十二月中之一日也。以是日告文、武，即以是日命周公，以洛邑之民受于文、武，故不轻于付托耳。

惟周公诞保文、武受命，惟七年。

史臣记周公留洛之后，凡七年而薨。不曰治洛惟七年，而曰诞保文、武受命惟七年者，盖以洛邑之地与洛邑之民，皆是文、武所受于天，故保其地与民，即所以保其命耳。周公留洛之始末如此。

按:《洛诰》一书，所言皆治洛之事。周公于成王，则勉其宅中图治，而成王业之终；成王于周公，则望其留后辅君，而释明农之志。君臣交相责难，词旨恳切，而于诞保殷民之意，则篇中尤惓惓焉，宛然明良喜起之气象。成周有道之长，岂偶然哉！后之君臣，宜知所取法。

多士

武王克殷之后，周公以殷民顽梗难化，迁之于洛。其中亦有有位之士。至是洛邑既成，周公留治于此，听政之初，乃总呼多士，以王命诰谕与之更始。史臣记其事，因以“多士”名篇。

惟三月，周公初于新邑洛，用告商王士。

三月，是成王祀洛次年之三月。称商王士者，贵之之辞。

史臣叙说，成王既归宗周，留周公治洛，惟三月，周公始行治洛之事于新邑，因传王命以告商家有位之士。盖惧商民始迁，不安其业，故呼多士而诰谕之，无非定其反侧之心，诱以从善之利也。

王若曰：“尔殷遗多士，弗吊，旻天大降丧于殷。我有周佑命，将天明威，致王罚，敕殷命终于帝。

吊，是恤。旻天，是上天之通称。王罚，是王者所奉之天讨。敕，是王。

周公传王命以诰谕多士说：“尔殷家所遗之多士，每怀反侧，不肯顺服，盖未知国之兴丧，非人所能为也。昔殷纣暴虐，不为天所悯恤，旻天大降灾害而丧殷。故我有周受眷佑之命，奉将天之明威，致王者之诛罚，敕正殷命而革之，以终上帝之事。是周革殷命，实奉天讨罪之公，非有所利而为之也。”

“肆尔多士，非我小国敢弋殷命。惟天不畀，允罔固乱，弼我。我其敢求位？

弋，是以生丝系矢而射鸟，盖有心取之之意。畀，是与。允，是信。固，是保护的意思。弼，是辅。

王命又说："肆尔多士，昔殷有天下之时，我周仅百里小国，势不相敌，岂敢有心弋取殷命。盖栽培倾覆者，天之道也。惟天不与殷，信乎不肯保固殷家之乱矣。所以眷求明德，而辅弼我周之治。在天位自有不容辞者，我其敢有求位之心哉！"

"惟帝不畀，惟我下民秉为，惟天明畏。

秉为，犹言秉彝，是民之所秉持作为者。

王命又说："天之与民，势若相远，而其理实有相因者。今天不与殷，于何见之？即下民之秉持作为者是也。观亿兆夷人离心离德，八百诸侯背商归周，商民之秉为如此，则帝之不与可知。天之明威岂不凛然其可畏哉！尔多士，其畏天之威可也。"

"我闻曰：'上帝引逸。'有夏不适逸，则惟帝降格，向于时。夏弗克庸帝，大淫泆，有辞。惟时天罔念闻，厥惟废元命，降致罚。

引，是导。逸，是安。适，是往。降格，是天降灾异。向，是意向。庸，是用。辞，是矫诬之辞。元命，是大命。

王命又说："商之伐夏，周之代商，其顺天应人一也。尔多士未释然于我周，何不以夏、商之事观之。我闻古语有云：'人情莫不欲逸，然安逸莫如为善。上帝与人以善，使之反己自修，是乃引之安逸之地也。'夏桀乃丧其良心，自趋于危，不肯往适于安逸，其昏德如此。上帝犹未忍遽绝，于是降格灾异，以示意向于桀，使知恐惧修省。桀乃犹不知警畏，不能敬用上帝降格之命，大肆淫泆，有日亡乃亡矫诬上天之辞。天用不善其所为，弗念弗听，遂废其大命，降致诛罚而夏祚终矣。夫殷监不远，在夏后之世，观有夏丧亡之故，则殷之丧亡，岂非天哉！"

"乃命尔先祖成汤革夏，俊民甸四方。

甸，是治。

"天既致罚于夏，念民之不可无主也，乃命尔先祖成汤，奉将威命，爰革夏正以有天下。成汤又念天下之大，不可以一人独理也。于是明扬俊民，分布远迩，使之向治区画乎四方，焕然纲纪法度之一新焉。此商之兴，实仰承天眷而非私也。知商之兴，则知周之所以兴矣。”

“自成汤至于帝乙，罔不明德恤祀。

恤，是勤恤。

“殷之有天下，不独成汤能尽开创之道，自成汤至于帝乙，中间贤圣之君六七作，无不明德以修其身，恤祀以敬乎神。盖成汤能顾明命，罔不祗肃，其明德恤祀之家法，子孙世世守之，不敢失坠，创业守成，相授一道如此。殷之享国长久，岂偶然哉！”

“亦惟天丕建保乂有殷，殷王亦罔敢失帝，罔不配天其泽。

丕，是大。乂，是治。失帝，是失上帝之心。泽，是德泽。

承上文说：“殷王惟明德恤祀，克享天心，是以上天眷命，既大建立以定其天位，又保佑以治其国家，使王业长安，国祚绵远，其得天如此。然殷王亦兢兢业业，惟恐失了上帝的心，无不求贤辅治，以抚安万姓，务使德泽之流无所不治，有以配天之广大也。夫上天之眷命既隆，先王之修德弥谨，商业之永，不亦宜乎？”

“在今后嗣王，诞罔显于天，矧曰其有听念于先王勤家？诞淫厥泆，罔顾于天显民祗。

后嗣王，是纣。天显，是天之显道。祗，是敬畏。

王命又说：“殷之家法，使子孙能世守之，何至于亡？今后嗣王纣乃昏迷失德，大不明于天道；天道且不能知，况能听念先王之勤劳邦家，而思所以效法之乎？盖商王沉湎暴虐，大肆淫泆，凡慢天残民之事，无所不为，其于天之显道，民之祗畏，有不知其为何物矣。惟不顾天显，所以不明于天道；不顾民祗，所以不念先王之勤家也。”

“惟时上帝不保，降若兹大丧。

“纣既不顾天显民祗，自绝于天，结怨于民，故上帝不肯丕建而保乂之，降若此大丧，使其国亡而身灭，实自作之孽也。”

“惟天不畀，不明厥德。

“天降大丧于殷而不与之者，何哉？由其不明厥德，罔顾于天显民祗耳。商先王以明德而天丕建，后王以不明德而天不畀，天之可畏如此。”

“凡四方小大邦丧，罔非有辞于罚。”

辞，是讨罪之辞。

王命又说：“凡四方小大邦国丧亡，必须声言其罪乃行讨伐。若未有可言之罪而罚之，是谓师出无名矣。况纣为不善，惟日不足，其罪恶贯盈有难悉数者，我周实肃将天讨，奉辞以伐之，岂有私意于其间哉！”

王若曰：“尔殷多士，今惟我周王丕灵承帝事。

灵，是善。帝事，是天之所为。

周公又传王命，呼多士而告之说：“尔殷遗多士，昔纣不明厥德，天降大丧，然天不能自诛，假手于我有周以诛之。惟我周王大善承天之所为，肃将帝命以讨有罪，非有心而弋取之也。”

“有命曰：‘割殷。’告敕于帝。

割，是断绝。敕，是正。

“上帝有命于我周说道：‘殷王不明德，尔往断绝其命。’故我不得不兴吊伐之师，戡定翦除，告其敕正殷邦之事于帝，以复割殷之命也。”

“惟我事不贰适，惟尔王家我适。

我事，指割殷之事言。不贰适，是专一的意思。

承上又说：“帝命割殷而我敕正之，是我周伐殷，其事非出于私，一于从帝而无贰适矣。夫我周能一于从帝，则天命在我。天之所在，孰能违之。尔殷王家自当归于我周，断断乎不容他适矣。周不贰于帝，殷岂能贰于周乎？”

“予其曰：‘惟尔洪无度，我不尔动，自乃邑。’

洪，是大。度，是法度。动，是迁徙劳动的意思。

王命又述迁徙殷民之由，以消其怨望之情，说道：“尔多士有怨于我，得非以安土重迁之故耶？当殷亡时，我周犹封武庚于故都，未尝为迁尔讨也。及三监倡乱，武庚蠢动，予方说曰：‘惟尔众助虐，大为非法，而思以迁之。故今日之事，非我故欲劳动尔有众，其实变自乃邑，自作不靖。’盖法所必迁者，予亦不得而私也。”

“予亦念天即于殷大戾，肆不正。”

即，是就。戾，是祸。

承上说：“我之迁尔，非特在叛乱之故。予亦念天就尔殷邦，屡降大戾，纣既以无道而诛，武庚又以不靖而灭，是殷之故墟，习染恶俗，邪慝不正，屡遭天罚，不可复居，故使尔避凶趋吉，未必非尔之福也。”

王曰：“猷告尔多士，予惟时其迁居西尔。非我一人奉德不康宁，时惟天命。无违！朕不敢有后，无我怨。

时字，解做是字。西，是洛邑，以在殷邦之西，故曰迁居西。后，是后命。

周公又传王命以告多士说：“猷告尔多士，我以殷邦屡降大戾，故迁尔来居于西。非我一人持德不务康宁，故为劳扰。盖天降大戾于殷，汝等内怀二心，不顺于我，予恭承天命，迁尔等于近郊，使各得舍旧图新。尔之居洛，必去其反侧动摇之心，毋违越乎天命可也。苟或违越天命，朕不敢再有诰戒之辞，且以刑罚加尔，是尔自取罪戾，不可有怨我之心也。”

“惟尔知，惟殷先人，有册有典，殷革夏命。

册，是简册。典，是典籍。

王命又说：“尔等既为殷之遗民，岂不知尔殷之故事？殷之先人，有册书，有典籍，纪载殷革夏命之事，如所谓‘予畏上帝，不敢不正’，‘帝用不臧，式商受命’者，皆尔所习闻也。夫周之革殷，即殷之革夏，尔何独疑于今乎？”

“今尔又曰：‘夏迪简在王庭，有服在百僚。’予一人惟听用德，肆予

敢求尔于天邑商。予惟率肆矜尔。非予罪，时惟天命。”

迪，是启迪。简，是简拔。服，是列。天邑，是商邑尊之之辞。率，是循。矜，是悯。

王命又告多士说：“尔等知尔商非不革夏之事，而犹致疑于今者，我想尔等之心，岂不以商革夏命之初，凡夏之士皆启迪简拔在商王之庭，有服列在百僚之间，今周于商士，未闻有所拔用，虽革命若商，而用人则不若商也。孰知天命有德，非人君所得私。予之所听用者，惟德而已。故予敢求尔于天邑商，而迁之于洛，非故离逖尔土也，正冀尔率德改行，以为可用之地。予惟循商家故事，以矜恤于尔，亦将使迪简在王庭，有服在百僚耳。今之不用尔者，非我之罪也，尔何为有怨望之心哉！”

王曰：“多士！昔朕来自奄，予大降尔四国民命。我乃明致天罚，移尔遐逖，比事臣我宗，多逊。”

奄，是国名，与管、祭、霍皆武庚之党。降，是不尽法的意思，犹今言降等。四国，是殷、管、蔡、霍。比，是亲比。宗，是宗周。逊，是逊顺。

周公又传王命，呼多士而告之说：“昔朕来自商奄之时，汝四国之民，罪皆应死。我大降宥有尔命，不忍诛戮，乃止明致天罚，以商之所都邪慝不正，移尔远居于洛，密迩王家，以亲比臣服我宗周，与周之臣子朝夕相观，化悍逆之习为逊顺之美。是昔日之遗党余孽，乃今日之善士良民，其罚盖已甚轻，其恩固已甚厚矣，今乃有所怨望乎！”

王曰：“告尔殷多士，今予惟不尔杀，予惟时命有申。今朕作大邑于兹洛，予惟四方罔攸宾，亦惟尔多士攸服奔走，臣我多逊。

申，是申明。宾，是宾礼。

周公又传王命说：“告尔殷多士，今予惟大降尔命，不忍杀尔，故申明此命以告尔。夫我之营建都邑于兹洛者，岂好为多事也。予惟以四方诸侯，朝觐会同，不可无宾礼之地，故建王城以待之。亦惟尔多士服役奔走，臣事我周，多有逊顺之美，岂可无安居之地，故建下都以处之。我营洛之意不过如此，尔宜感恩之不暇，又何以反侧动摇为哉！”

“尔乃尚有尔土，尔乃尚宁干止。

土，是田业。宁，是安。干，是事。止，是居。

承上说：“我营洛邑以安集尔多士，使尔于洛邑之中，有可耕的田土，有可为的事务，有可依的居止。今为尔计当一心向化，尽消其反侧动摇之习，庶几保有尔田业得以播获，安尔所事得以经营，安尔所止得以栖息。宅洛之利如此，尔犹欲自作不靖，亦甚愚矣。”

“克敬，天惟畀矜尔。尔不克敬，尔不啻不有尔土，予亦致天之罚于尔躬。

畀，是与。矜，是怜。不啻，犹言不止如此。

承上文说：“尔若安居乐业，顺服我周，无敢不敬，则凡事循理，为天所福，天将畀与而矜怜之，使尔得以保身保家，安享福禄矣。若尔不克敬，则凡事悖理，为天所祸，不止家室窜徙，不得常有乐土，予亦将致天之罚，以刑戮加于尔，躬身亦有所不能保矣。祸福所由，在敬不敬之间如此，尔宜克敬以自求多福可也。”

“今尔惟时宅尔邑，继尔居，尔厥有干有年于兹洛。尔小子乃兴，从尔迁。”

邑，是四井之地，指多士所居说。继，是子孙承继的意思。年，是寿。小子，指多士子孙说。

承上又说：“尔多士若于此都邑之中，绝反侧动摇之心，为专一从周之计，则自今得居尔之邑以安其身，又将承续尔居以保其子孙。不但此也，且尔之身，有营为于斯，有寿考于斯，都乐业安生，以享太平之福矣。尔之子孙，从此开大基业，方兴未艾，实自尔迁以始之。以亡国之余裔，为起家之始祖，又何幸如之夫！以尔迁居之利如此，可不勉思敬慎，以保固身家于久远哉！”

王曰：“又曰时予，乃或言，尔攸居。”

“王曰”下当有阙文。言，是总指上文的说话。

周公传王命，于篇终告多士说：“凡我晓谕尔多士之言，反覆丁宁，无非以尔之土田居止为念，欲尔安居乐业，不复反侧动摇，以保福祚于无穷也。我为尔多士计虑深远如此，尔可不体我之意，而善自为谋耶！”

按：武王一著戎衣，天下已定。殷民乃复思其先王之泽，三监构隙，即皆蠢动。周公迁之于洛，又告谕再三而后定。可见殷之得人心也甚固，周之定王业也最难。然则固结人心，保守王业，乃有国家者之要务也。

无逸

晏安荒逸，人君之大戒。自古有国家，未有不以勤而兴，以逸而废者。成王以冲年即位，周公恐其耽于逸乐，故作是书以训之，惓惓以法祖恤民为言。史臣记其辞，遂以“无逸”名篇。

周公曰：“呜呼！君子所其无逸。先知稼穑之艰难，乃逸，则知小人之依。

君子，指人君而言。所，是处所，如人住处一般。禾初种叫做稼，既敛叫做穑。小人之依，指稼穑说。

周公陈书以戒成王，先叹息说道：“人君一身，主宰天下，总理万几，一念不谨，遂贻四海之忧；一事有失，或致千百年之患。须要把忧勤敬谨，为安身的处所，动静食息，常在于是，不可暂时离了他，这才是所其无逸。然无逸之道何先？盖天下第一件辛苦的事，莫如稼穑，人君虽身居九重，先须洞烛民隐，知道那农夫每，祁寒暑雨，霑体涂足，自耕耘至于收获，受了许多辛苦艰难，才能饱食暖衣，仰事俯育，有安逸的时候。知此，则知那百姓每倚靠稼穑为生，而凡所以重民之事，恤民之若，自有一日不容少懈者矣。此人君无逸之先务也。”盖继体之君，坐享成业，以崇高为得肆，小民为可轻，多纵情逸乐，而鲜能令终者，故周公于成王惓惓告戒如此。

“相小人，厥父母勤劳稼穑，厥子乃不知稼穑之艰难，乃逸，乃谚。既诞，否则侮厥父母，曰：‘昔之人无闻知。’”

相，是视。小人，是小民。谚，是鄙语。诞，是妄诞。否，是不然。

侮，是轻侮。昔之人，譬如说先年的老人，指父母说。

周公又说：“我观那田野小民，其父母尝勤劳稼穑，受了许多艰难辛苦，才得饱暖安逸。其子乃生于豢养，不知今日之安乐，由父母躬勤稼穑之艰难所致，乃恬然自恣，取快目前，习为市井鄙俚之谈。凡出于口者，都不循道理，既又敢为妄诞，凡所行的事都不依法度。不然，则又轻侮其父母，说道：‘比先年老的人，无闻无知，都不肯安乐受用，徒自劳苦而已。’小民之无忌惮如此。”夫此小民出自农家，只为不曾涉历艰难，遂至于轻肆放诞，欺侮父母。况人君生于深宫，长于富贵，稼穑艰难之状既未尝接于耳目，崇高豫乐之事又易以惑其心志，使非深知无逸之道，则必以逸乐为无伤，以祖宗为不足法。丧亡之祸，实基于此，宜周公首举以警戒成王也。

周公曰：“呜呼！我闻曰：昔在殷王中宗，严恭寅畏，天命自度，治民祗惧，不敢荒宁，肆中宗之享国七十有五年。

中宗，是殷王太戊。天命，是天理。自度，是以法度检律其身。

周公举昔之贤君能躬行无逸者以告成王，先叹息说：“人生莫不欲寿，然惟无逸，乃致寿之基，未有好逸乐而能寿者。我闻在昔殷王中宗，其处己则严而庄重，恭而谦抑，寅而钦肃，畏而戒惧，把天命之理当做法度，以自检律其身，无一言一动不循著规矩；其临民则祗敬恐惧，而不敢有一毫怠荒安宁之意。其修己治民，始终一于敬如此，所以他精神气血，收敛完固，无有一切伐性伤生的事，而国脉亦赖之以永延，至于享国七十有五年之久。斯无逸之效也。”

“其在高宗，时旧劳于外，爰暨小人。作其即位，乃或亮阴，三年不言。其惟不言，言乃雍。不敢荒宁，嘉靖殷邦。至于小大，无时或怨。肆高宗之享国五十有九年。

高宗，是殷王武丁。旧，是说他未即位时节。暨字，解做及字。亮阴，是居忧之所。雍，是和。嘉，是美。靖，是安。

周公又说：“古之人君，能尽无逸之道者，在殷又有高宗武丁。当其未即位时，其父小乙恐其生长富贵不知忧勤，乃使他久处民间，与那小百姓每同事劳苦，凡稼穑艰难，闾阎困穷之状，件件都知道。后来起而即位，居小乙之丧，在亮阴中恭默思道，至于三年之久，未尝轻发一言。惟其慎重而不言，所以能密察下情，明习国事，一有号令条教，无不当乎天理，协乎人心，雍然而和顺焉。又且励精图治，兢兢业业不敢一毫怠荒安宁，一心只以治世安民为务。故能使殷之天下，蔚然于礼乐教化之中，熙然于休养生息之内，既极其嘉美，又极其安靖也。于时万邦之民，咸蒙被其德泽，无小无大，莫不欢欣鼓舞，无或有违背而怨谤者。夫能勤政，则收摄精神，即有保寿之基；能和民，则导迎善气，又有长年之助，故其享国至于五十有九年之久。斯亦无逸之效也。"

"其在祖甲，不义惟王，旧为小人。作其即位，爰知小人之依，能保惠于庶民，不敢侮鳏寡。肆祖甲之享国三十有三年。

祖甲，是高宗之子，祖庚之弟。旧为小人，亦指未即位时说。保惠，是保安惠养。鳏寡，是穷民。侮，是轻忽。

周公又说："古之人君，能尽无逸之道者，在殷还有祖甲。初高宗欲废祖庚而立祖甲，祖甲以为不义，逃于民间，一向与小民出入同事，经历艰苦。其后起来即位，深知小人之依全在稼穑，因此切于爱民，于天下的百姓都要保安惠养，使之各安田里，不肯横征暴敛以戕害之。其间有鳏夫寡妇，人所易忽者，尤加怜恤，不敢轻侮。其敬事勤民之心，始终一致如此，是以精神纯一，内有以养寿源，民物太和，外有以延国祚，故祖甲享国至于三十三年之久。斯亦无逸之效也。"夫寿乃五福之先，人主所深愿而不可必得者。今观殷之三宗，其享国长久，皆以忧勤敬畏得之，则祈年永命之道，固在修德而已。人君可不知所法哉！

"自时厥后立王，生则逸。生则逸，不知稼穑之艰难，不闻小人之劳，惟耽乐之从。自时厥后，亦罔或克寿，或十年，或七八年，或五六年，或四三年。"

时字，解做是字，指殷三宗说。耽，是过于逸乐的意思。

周公又说："殷之中宗、高宗、祖甲皆以克勤无逸而享国长久。自三宗之后，立为王者，都少长富贵，生来便就安逸。惟其生而安逸，不曾经历田野，出入民间，于农家稼穑艰难之状，一无所知，于小民经营劳苦之情，一无所闻，其所闻见都是耽乐之事。凡声色游田，可以适情娱志者，无所不为，内伐性真，外促国脉，故自三宗之后，都不曾享有寿考。其在位远者不过十年，或七八年，近者五六年，或四三年，耽乐愈甚，则享国愈促，理之自然也。”夫人情莫不欲逸，而所欲有甚于逸者莫如寿，亦莫不恶劳，而所恶有甚于劳者莫如夭。若知忧勤者之必寿，纵欲者之必夭，则岂肯舍其所甚欲，而就其所甚恶哉！周公此言，至为明切，可见古之大臣，既愿其君之圣贤，又祝其君之寿考，其忠爱无已之心如此。

周公曰：“呜呼！厥亦惟我周太王、王季，克自抑畏。

抑，是谦抑。畏，是谨畏。

周公告成王，又叹息说道：“自古无逸之君，岂惟商之三宗为然？厥亦惟我周先代，肇基王迹者，有太王焉；其勤王家者，有王季焉。这二祖都有盛德，其心能自谦抑，贵而不骄，富而能降，不敢有一毫矜夸，又能自谨畏，上严天命，下顾民喦，不敢有一毫放肆。盖人君惟不知谦抑，必至于侈纵；惟不知谨畏，必至于怠荒。此逸欲所自生而败乱所由起耳。我二祖能以抑畏存心，所以能尽无逸之实也。”周公将论文王之无逸，故先述太王、王季，以见其源流之深长如此。

“文王卑服，即康功田功。

卑服，是服用俭薄。即字，解做就字，是专心干理的意思。康功，是安民的事。田功，是务农的事。

周公又说：“我周以艰难创业，至于我皇考文王，又深知稼穑之艰难，自家的服用，件件都裁损简约，凡奢靡华丽之事，非惟不肯为，亦且不暇为。只是专心致志，去干那安民之功与养民之功。明教化、修法令，使百姓每强不凌弱，众不暴寡，个个都得以相安；制田里、教树畜，使百姓每尽力农事，不妨其耕耕收获之时，个个都得以相养。”盖人君若厚于奉己，则必缓于为民。文王务损上而益下，此所以为至德也。

“徽柔懿恭，怀保小民，惠鲜鳏寡。自朝至于日中昃，不遑暇食，用

咸和万民。

徽、懿，都解做美字。鲜字，与“先”字同，古字通用。昃，是日西的时候。

周公又说：“人君身居尊位，常骄矜自恣，不察下情，所以把百姓的事不肯留意。文王则不然。以言其德之柔，则宽厚慈仁，蔼然而可亲，柔到个尽美处；以言其德之恭，则谦抑祗慎，肃然而不放，恭到个尽美处。其怀抱保护小民，就如父母之爱子一般。小民之中，有鳏寡无依者，尤加意悯恤，凡施惠周给必以为先，以此等穷民皆天民之无告者，故发政施仁必先及之也。文王之心，在保民如此。是以励精图治，不惮勤劳，每日从早起至于日之中，自中至于日之昃，就是当食的时候也不暇食，一心只要使天下百姓每家给人足，欢然太和，无一夫不获其所，然后其心始慰耳。”夫崇俭素、恤困穷、勤政事，这都是无逸的道理，然惟创业之君，深知小民之艰难，乃能兼尽如此。此周公所以备述文王之事，为成王告也。

“文王不敢盘于游田，以庶邦惟正之供。文王受命惟中身，厥享国五十年。”

盘，是盘桓不舍。游，是游幸。田，是田猎。受命，是为诸侯。中身，犹言中年。

周公又说：“游幸以省风俗，田猎以习武事，国家固自有常制，但人情或以此为乐，而至于纵欲妄费者有之矣。文王未尝不游田，然自省耕省敛之外，未尝敢荒于游，自搜苗狝狩之外，未尝敢荒于田，兢兢业业，若有所禁制而不敢者，所以用度常是撙节，赋敛自然轻省。其庶邦之民所供献的惟是正数，正数之外，如珍奇无用之物，侈滥无名之税，一毫不以横敛于民焉。夫文王不以逸欲病民如此，则既能持己以培养寿源，又能恤民以凝固天眷，故其受命为诸侯时年四十有七，其后享国至五十年，寿数最高，而享国最久。此文王无逸之效也。”

周公曰：“呜呼！继自今嗣王，则其无淫于观、于逸、于游、于田，以万民惟正之供。

则，是法。其字，指文王说。淫，是过。

周公告成王，又叹息说道："从今以后，嗣王不必远有所慕，惟取法我周文王可也。盖文王不敢盘于游田，以庶邦惟正之供，故德泽深厚，而享国久长。此乃家法所存，子孙当世守而勿失者。王必以此为法则，凡观逸游田之事，虽不能尽无，皆当有节度而不可过。如观以察灾祥，必思玩物之当戒；逸以节劳瘁，必忧听政之或妨；游以省耕敛，必不敢无事而空行；田以讲武备，必不敢非时而轻动，则四者无淫纵之失矣。四者既省，国用有常，故万方之民每岁贡赋，惟取正数之供，自正数外，别无分毫科派以厉民。必如此，方为善法乃祖以尽无逸之道也。"夫观逸游田之不敢过是严于检身的事，万民惟正之供是宽于赋民的事，然必上无过动，而后下无滥取。若人君出入起居稍不中节，则未免劳民伤财，而暴敛横征亦将无所不至矣。此恭俭而取民有制，所以称为贤君也。

"无皇曰：'今日耽乐。'乃非民攸训，非天攸若，时人丕则有愆。无若殷王受之迷乱，酗于酒德哉！"

无，是禁止之辞。皇，是自宽假的意思。训，是法。若，是顺。则字，也解做法字。愆，是过。酗于酒德，是纵酒的凶德。

周公又告戒成王说："今王取法文祖，须要常存儆戒之心，毋自宽假说：'今日且为是耽乐，也无妨害。'殊不知人君一身，皇天监临之于上，万民瞻仰之于下，事事都要合乎天理，当乎人心。若或耽乐，则下非民之所法，上非天之所顺，其害有不可胜言者。由是在位之人都效法此等过逸之行，如商纣酗酒，而臣下化之相率而为酗酒之凶德。盖上行下效，其机如此。吾王其以此为戒，无若商王受之沉迷昏乱，酗于酒德哉！"夫周公告成王，既举文祖以为法，又指商受以为戒，皆自耳目之所及者言之，其警动成王之意切矣。

周公曰："呜呼！我闻曰：古之人犹胥训告，胥保惠，胥教诲，民无或胥诪张为幻。

胥，是相。惠，是顺。诪张，是诳诞。幻，是变乱名实以眩观听的意思。

周公恐成王未能听信其言，故又叹息而告戒之说："我闻古时人君，德业已盛，宜无待于良臣之辅助矣。然当时为臣的犹且慎防逸欲之萌，不忘忠益之献，相与陈谟纳谏以训戒告谕之。训告之不足，又相与竭力维持以保养将顺之。保惠之不足，又相与悉心教诲以规正成就之。夫古之人臣，忠爱无已如此，则其君能受尽言可知。所以视听思虑，皆无蔽塞，好恶取舍，不至违悖，自然公足以服群情，明足以烛奸佞。当时之民，个个循法守分，无有一个人敢相与诳诞，变名易实，倡为幻妄之说以眩惑君心者。盖邪正之机，相为消长，人君能任贤纳诲，上下交相饬励，则正气充实，邪说无间可干，自然之理也。然则人君可不亲正人，听忠言，以求尽无逸之道哉！”

“此厥不听，人乃训之，乃变乱先王之正刑，至于小大。民否则厥心违怨，否则厥口诅祝。”

此指上节古人听言之益说。训字、刑字，都解做法字。否，是不然的意思。请神加祸于人叫做诅，以言告神叫做祝。

周公戒成王说：“我所言古人听受忠言之事，正今日所当效法者。王若于此不肯听信，无受言纳谏之诚，则在位的臣亦皆互相仿效，而不尽忠规谏。君暗臣，邪说得行，则必变乱先王之正法，无小无大，都取而纷更之。盖先王之法，最便于民，最不便于纵侈之君。如省刑罚以重民命，民之所便也，其君残忍的却以为不便，要变乱以行其暴虐之政；薄赋敛以厚民生，民之所便也，其君奢侈的却以为不便，要变乱以遂其贪求之志。上有乱政，则下不聊生。那百姓每必以上之所为为不是，其心里必违悖而怨恨，再有不然，其口里必诅祝于神明。为人上者使百姓每心口交怨，其国未有不危者矣。夫不听臣下之忠言，其弊至于如此，治乱存亡之机所系甚大，吾王其可忽哉！”

周公曰：“呜呼！自殷王中宗及高宗，及祖甲，及我周文王，兹四人迪哲。

迪，是蹈。哲，是智。迪哲，是实能行其所知的意思。

周公又叹息说：“天下之事，知之非难，行之为难。稼穑乃小人之依，人君既知之，则必为之经营措处，使小人各得所依，方是实蹈其知者。自昔贤王，惟殷之中宗、高宗、祖甲及我周文王，这四君皆身处崇高之位，而察见民情之隐，于稼穑艰难之事，不徒明足以知之，又能兢业于身心，惕励于政事，或治民祗惧，或嘉靖殷邦，或不侮鳏寡，或咸和万民，是实能蹈迪其明哲，以尽无逸之道者也。吾王可不知所法乎！”盖人主既有仁心，当行仁政。故问人之寒则衣之，问人之饥则食之，然后民被其泽。不然，则是知其饥寒，不与衣食，民何赖焉！这迪哲二字，又《无逸》之纲领，人主所当深思也。

“厥或告之曰：‘小人怨汝詈汝。’则皇自敬德。厥愆，曰：‘朕之愆。’允若时，不啻不敢含怒。

怨，是怨望。詈，是骂詈。皇字，解做大字。愆，是过。允，是诚。含，是藏。

周公又说：“小民至微而可畏，人君若非实心爱民，未有闻怨詈而不怒者。三宗、文王能迪知小民之依，惟恐己有过失，民不安生。其或有人告他说：‘小人有厥心违怨而怨汝，厥口诅祝而詈汝。’则大自敬德，益修其身，于人所诬毁之言，安而受之，说道：‘这本是我的过愆，非彼妄言也。’盖三宗、文王之心，真见得人君为民父母，但有一夫不被其泽，即是自己的愆尤。故以敬德为己任，过言为己责。是其心诚实如是，非但勉强隐忍其怒而不发也。自古贤圣之君，其厚于责己、诚于爱民类如此。”

“此厥不听，人乃或诪张为幻，曰：‘小人怨汝詈汝。’则信之。则若时，不永念厥辟，不宽绰厥心，乱罚无罪，杀无辜，怨有同，是丛于厥身。”

此字指上文迪哲之事说。辟，是君。绰，是大。丛，是聚。

周公又说：“三宗、文王皆迪知民依，故不暇责小人之怨詈，而益敬其德。王于这迪哲的事，或不肯听信，只见人的不是，不能反躬自责，则小人乘间，乃或诳诞，变置虚实来说：‘小民怨汝詈汝。’汝必轻易听信，欲加之罪矣。夫人君父母天下，当以含容为德。今既闻谤言而轻信，便是不能长念为君之道，不能宽大其心，反用那诳诞无实的言语罗织疑似，乱罚那无罪的，杀戮那无辜的。天下之人，受祸不同，同归于怨，都丛集于人君之一身矣，可不畏哉！”盖人君与民一体，民有怨詈，但当引为己责，不可归于民。引为己责，则必能修德以和民；归罪于民，则愤戾愈甚而民心愈离，将至于不可收拾矣。故卫巫临谤而召公以为“防民之口，甚于防川”，正有见于此。君天下者鉴之。

周公曰:“呜呼！嗣王其监于兹。”

监，是视以为法戒。兹字，通指上文说。

周公于篇终又叹息说道:“我所陈这一篇书，法戒大备。如三宗、文王之圣哲当以为法，如后王商受之昏暴当以为戒，享年长短，国家治乱皆系于此。我嗣王不可不监视之也。”

按:《无逸》一篇，以知小民稼穑之艰难为纲领，以崇俭素、节逸游、听忠谏、远谗邪、守法度、容诽谤为条目。周公虽为成王而发，其实乃万世守成之龟鉴，保邦之药石。故唐宋璟手写为图以献，宋仁宗命大书于屏间，可见贤臣之纳规，明君之鉴古，无切于是书者，所当详览而熟玩也。

卷十

君奭

成王时，召公为太保，自以盛满难居，意欲告老而归。周公留之，反复劝谕，谓大臣当辅君德以延天命、固人心，不可求去。史臣记其语，因篇首有“君奭”二字，遂以名篇。

周公若曰：“君奭，弗吊，天降丧于殷。殷既坠厥命，我有周既受，我不敢知曰厥基永孚于休。若天棐忱，我亦不敢知曰其终出于不祥。

君，是尊敬之称。奭，是召公的名，古人尚质，相语只称名。弗吊，解做不恤。棐，是辅佑。忱，是诚信。

昔周公欲留召公，先呼其名而告之说：“功成身退，固人臣自靖之常；辅君奉天，尤大臣徇国之义。昔殷纣无道，上天不加悯恤，降以丧亡之祸，已坠失了天命，于是我周受之，以有天下矣。然天命无常，可受也，亦可改也。若说我周家既受此大命，其基业常信于休美，决可以保于无穷，这个我不敢知。若天于冥冥之中，果辅周之诚，而眷佑无已，却说道后来又将失坠而终出于不祥，这个我亦不敢知。但我等身为大臣，谊同休戚，今日只当尽忠夹辅，以共保天命，岂可舍之而去，以自遂其私乎！”

“呜呼！君已曰时我，我亦不敢宁于上帝命。弗永远念天威，越我民罔尤违，惟人。在我后嗣子孙，大弗克恭上下，遏佚前人光，在家不知。

君，指召公。时字，解做是字。越字，解做于字。尤，是怨后嗣子孙，指成王说。遏，是绝。佚，是坠。前人，指文、武说。

周公又叹息告召公说道："天命吉凶，我固不敢知，所可知者惟在贤臣之去留耳。且君前已有言，说辅王以诚小民而祈天命，是惟在我之责，是君之自任如此，然岂惟君有是心哉？我亦尝思之。当今之时，万邦咸休，我民罔有尤怨违背，天命宜若可保矣。但民罔常怀，天无常亲，今日之眷命，焉知他日之不降威乎？故我不敢便以上帝眷顾之命为可安宁，而弗永远念天之威罚，于民罔尤违之时也。我之心亦如此。盖天命人心，去就难必，其机实在于人。使朝廷得人为辅，则民心悦而天命固，厥基永孚于休矣；朝廷辅佐无人，则民心离而天命去，其终出于不祥矣。是大臣去留，乃国家安危所系，非细故也。今君乃忘前日之言，翻然求去，使我后嗣子孙无人辅助，大不能上畏天命，下畏民喦，乃或骄慢肆侈，遏绝佚坠文、武光明显著之德。当此之时，君为国大臣，固有不得辞其责者，岂可谓退老在家便付理乱于不知乎？"周公言此，以见国有老成，乃社稷所倚赖，而在老成之自处，尤当以爱君体国为忠，有不容恝然舍去者，所以挽留召公之意至恳切矣。

"天命不易，天难谌，乃其坠命，弗克经历嗣前人恭明德。

谌字，解做信字。经历，是践行不违的意思。恭明德，是敬天敬民显明之德。

周公又说："上天于我周，既降此眷顾之命，然欲保之于无穷，实有不易者。盖天命去留无常，或前兴而后废，或始予而终夺，岂可据以为诚信哉？惟人君有明德，乃可以嗣守于弗替耳。凡继世之君，乃有坠失其命而不能长保者，都只因无贤臣辅佐，其君孤立于上，所以把前人敬事天显、顾畏民喦，许多光明的大德，都弃之而不能遵行，绝之而不能嗣续。由是天心厌弃，卒蹈于丧亡之辙耳。向使辅助得人，则天命岂遽弃之哉？"观此，则召公当此时不惟义不当去，盖亦有不忍去者矣。

"在今予小子旦，非克有正，迪惟前人光，施于我冲子。"

旦，是周公的名。正，是正君。迪，是启迪。施，是付与的意思。冲子，指成王说。

周公自叙辅君之意以感动召公，说："继嗣之君，必须得老成匡正，乃可以绍前烈，保天命。然正君之事，惟盛德者能之。在今予小子旦，德业闻望不能过人，非真有格心之术，足以匡正吾君也。惟以我周文、武敬天敬民光明显著的大德，朝夕开导，而付与我冲子，使其上而事天，下而治民，一皆遵守文、武之家法，庶乎前烈益以焜耀，而不至于遏佚耳。”盖君德者，保命之本；老成者，辅德之资。故欲天命之固，不可不延世德；欲君德之正，不能不资老成也。

又曰：“天不可信，我道惟宁王德延，天不庸释于文王受命。”

道，是为臣的道理。宁王，是武王。延，是长久。释，是舍去。

周公又申前意说：“天之祸福予夺，虽不可信，然以人事言，则在我有当尽的道理。盖我周文王诞膺天命以抚方夏，至武王其承厥志，既以德而凝固之，则继志述事，固后嗣之责也。我今惟在以武王光大之德，付于冲子，自今务衍而长之，不至失坠，使文王所受的命，天不容舍之而他归，则我周大业永永传之无穷，岂不美哉？夫辅君以延世德而凝天命，我之道固如此。公同此心，亦当同尽此道，岂可坚欲求去，使后人遏前光而坠大命乎？”

公曰：“君奭！我闻在昔成汤既受命，时则有若伊尹，格于皇天。在太甲，时则有若保衡。在太戊，时则有若伊陟、臣扈，格于上帝；巫咸乂王家。在祖乙，时则有若巫贤。在武丁，时则有若甘盘。

时则有，若言当时有如此之人。太甲、太戊、祖乙、武丁，都是商之贤君。保衡，是官名，保取其安，衡取其平，商时伊尹为此官。

周公又呼召公说：“我曾闻在昔商家先王成汤，既受命为天子，当其时，有如伊尹者，辅佐成汤，伐夏救民，其德泽广被，与天之无不偏覆一般。成汤既往，汤之孙太甲嗣位，当其时，伊尹受成汤之顾托，以元老旧臣居保衡之官，能保护王躬，平章国事，王业赖之以安。在太甲之孙太戊，时则有如伊尹之子伊陟与臣扈，两个人同心夹辅，劝太戊以图政修德，灭祥桑之异，孚格于上帝之心；又有巫咸者，亦能左右王室，而使国家平治。在太戊之孙祖乙，时则有如巫咸之子巫贤；在高宗武丁，时则有如甘盘，即高宗旧学之师，皆能世效保乂之功，克振中兴之业。夫商之诸君，或创业于前，或守成于后，皆赖六臣辅佐如此。今君居太保之位，受付托之重，当思匹休前烈，而可遽然求去乎！”

“率惟兹有陈，保乂有殷，故殷礼陟配天，多历年所。

率，是循。有陈，谓有可陈列之功。陟字，解做升字。所，是语辞。

周公又说：“人臣事君，自有个当尽的道理。殷家从伊尹至于甘盘，这六个大臣都能率循此为臣之道，效忠匡辅，显然有可陈列之功，用能保乂有殷之天下，使国势常安而不危，民生常治而不乱。以君德则益隆，如成汤以下五王，皆以明德昭升，配享于皇天上帝；以国祚则益永，而传世十九，历年有六百之多也。夫德莫大于配天，治莫隆于永命。此虽殷先王世美相承之效，而六臣之保乂，其功亦何可诬哉？”

“天惟纯佑命，则商实百姓、王人，罔不秉德明恤。小臣屏侯甸，矧咸奔走。惟兹惟德称，用乂厥辟。故一人有事于四方，若卜筮，罔不是孚。”

纯，是专一的意思。佑，是助。实，是不空虚。恤，是忧。称字，解做举字。孚，是信。

周公又说：“国无贤才则国空虚，而老成耆旧又众贤之领袖也。在昔商家盛时，有六臣辅君，因此上天眷佑之命，纯一不杂，生许多贤才，使商家充实，而无乏才之患。在内则百官之著姓，与王臣之微贱的，莫不秉持其德，无偏私心之蔽，明致其恤，有忧国之心；在外则微而小臣，与侯甸诸侯为王藩屏的，况皆奔走趋事。惟此内外之臣，都称举其德，用以辅君之治，俾无过举，是以德业隆盛，政务修明。人君但有征伐会同之事于四方，如龟之卜，如蓍之筮，天下之人知其出于至公，都听从悦服，而无一人之不孚信者矣。夫天下之信服，由群贤布列于中外，而贤才之众多，由六臣匡辅于朝廷。公必如六臣之辅商，以勉效于今日可也。”

公曰：“君奭！天寿平格，保乂有殷，有殷嗣天灭威。今汝永念，则有固命，厥乱明我新造邦。”

平，是坦然无私。格，是通彻无间的意思。固命，是凝固不坠的天命。乱字，解做治字。

周公又呼召公而告之说："天命至公，其寿人国家使之绵延长久者，岂偶然哉？必其大臣有至公无私、平康正直之德，通彻于天，乃可以克当天心，而天斯寿之耳。如伊尹至于甘盘，这六个大臣，皆能尽平格之实者，故能保乂商家，久安长治，历年至于六百之多。是天之寿商，实以六臣之故也。及至商纣继嗣天位，乃崇信奸回，播弃黎老，无有平格之臣以维持天命，所以天降之罚，遽遭灭亡之威。国祚之长短，系于贤臣之有无若此。今汝其无汲汲求去，勉为周家永久之念。凡所以辅君而延世德者，益竭力以图之，使我周有平格之臣，则上天必有凝固之命，而治效亦赫然明著于我新造之邦，盖身与国俱显矣。彼商之六臣，又岂得专美于前耶？"

公曰："君奭！在昔上帝割申劝宁王之德，其集大命于厥躬。

割，是灾害。申，是重。劝，是勉。宁王，是武王。

周公又呼召公说："昔者商王纣无道，上天厌弃，降灾害于商家，使他失了天下。然生民不可无主，惟我武王有大德，克享天心，故天于冥冥之中，申重劝勉武王之德，佑助他无所不至。才有所思，便无不知，恰似阴有启发的一般；才有所行，便无不顺，恰似默有辅翼的一般。由是德日以盛，真足以为神人之主，遂集此重大之命于一身，而克商以有天下也。"

"惟文王尚克修和我有夏，亦惟有若虢叔，有若闳夭，有若散宜生，有若泰颠，有若南宫括。"

虢叔、闳夭、散宜生、泰颠、南宫括，都是文王之臣。

周公又说："我周之得天下，虽在武王，基天命实由文王。文王庶几能修治燮和我周家所有的中夏，使三分有二之国，处处都服从政令，无有违越，人人都涵育教化，无有乖戾。此岂文王独以一身劳天下哉？亦惟当时佐命之臣，有如虢叔，有如闳夭，有如散宜生，有如泰颠，有如南宫括，这五个大臣皆是名世之贤，相与同心辅佐，或为之疏附先后，或为之奔赴御侮，故能使文王修和之泽，达于诸夏而无间也。"

又曰："无能往来，兹迪彝教，文王蔑德降于国人。

迪，是导迪宣布的意思。彝，是常。蔑，是无。

周公又反前意说："若虢叔等五个大臣，不能为文王往来奔走于此，勉尽职业，导迪宣布所当行的常教，则文王虽有爱民之心，无人辅助，修和之泽何由而降及于国人乎？"于此可见主治在君，宣化在臣，有君无臣，欲以致理，难矣。

"亦惟纯佑秉德，迪知天威。乃惟时昭文王，迪见冒闻于上帝，惟时受有殷命哉！

迪知之迪字，是践履的意思。迪见之迪字，是开导的意思。见，是著见。冒，是覆冒。

周公又说："我文王之时，有虢叔等五臣辅佐，亦是天意在文王，纯一不二以佑助他，故生这等秉持明德的贤臣。其践履至到，著实晓得上天显然的威命，可顺而不可违。以此同心协力，只要光显文王的德业，开导启迪，使其德著见于上，无所不照，覆冒于下，无所不被，以致至德馨香，升闻于皇天上帝。惟是之故，遂能克享天心，而有殷之命，自此始受之，皆五臣辅佐之功也。"

"武王惟兹四人，尚迪有禄。后暨武王诞将天威，咸刘厥敌。惟兹四人昭武王惟冒，丕单称德。

四人，是闳夭、散宜生、泰颠、南宫括，此时虢叔已卒，故止称四人。刘字，解做杀字。丕，是大。单，是尽。

周公又说："我文王既赖五臣辅佐，以诞受殷命，至武王时，虢叔虽卒，闳夭等四人尚存，又能同心协力，庶几导迪武王膺受天禄。其后遂与武王大奉上天之威命，往伐有商，凡残暴虐民，与我周为敌者，都诛灭无遗。此四臣者，又以祸乱虽定，而德泽未敷，于是又竭力宣布，用昭显武王之德，覆冒于天下。使天下之人涵濡教化者，大尽称颂武王的圣德，自东自西，自南自北，无有一处不心悦诚服者。此皆四臣开导之功也。"夫以文武之明圣，开创大业，犹必赖贤臣以为之助，况嗣守成业者，而可无老成旧德以左右之乎？此周公所以拳拳挽留召公也。

“今在予小子旦，若游大川，予往暨汝奭其济。小子同未在位，诞无我责。收罔勖不及，耇造德不降，我则鸣鸟不闻，矧曰其有能格？”

小子旦，是周公自谦之称。游，是浮水。耇造，是老成人。鸣鸟，是鸣凤，周自文王及成王时，皆有此瑞。格，是感格。

周公又告召公说：“今王业艰难，幼冲在位，我小子旦，朝夕忧惧，就似浮大川的一般，茫然不知津渡所在，非一人所能独济也。我自今以往，须是与汝同心辅导，共济艰难，使文、武之业不至失坠，然后可耳。盖嗣王冲幼，虽已即位，与未曾即位的一般，正赖贤臣相与夹辅，汝大不可以此专责于我，而遂求去也。若汝决然求去，不肯勉力以助我之所不及，则老成之德，不下于民，将使民心尤怨，无和气以致祥，太平不可望了。那在郊的鸣凤，我将不得复闻其声矣。是今日之治，且不可保，况敢说道进此能有感格，而延天休于无穷乎？”然则召公之必不可去明矣。

公曰：“呜呼！君肆其监于兹。我受命无疆惟休，亦大惟艰。告君乃猷裕我，不以后人迷。”

肆，是大。兹字，指上文说。猷，是谋。裕，是宽大的意思。后人，指成王说。

周公又叹息而告召公说道：“我前言文、武皆赖贤臣，而望汝以共济，此是恳切之言，君大宜鉴视于此，不可忽也。盖我周文、武诞受天命，开子孙万世之业，固有无穷的休美，然文王以五臣而布修和之泽，武王以四臣而收戡定之勋，迹其积累缔造，也大是艰难。夫得之既艰，则相与维持保守在我二人有不容辞其责者。且大臣身当重任，能不以宠利为嫌，不以洁己为高，而委身事主，以安定国家，乃见其识量之闳深。若拘拘然只图功成身退，洁身而去，器识便狭小了。我今告君，宜谋所以自处宽裕之道，务展布四体为国家长久之虑，毋徒狭隘求去为也。盖君德之成就，系于贤臣之匡辅。若汝迫切求去，则嗣王之德何由开明，前人之光将至遏佚。故我拳拳留汝者，正不欲使后人迷惑而失道，庶几文王艰难之业，可以保守于无穷也。君不勉为后人留，宁不为文、武大业计耶？”

公曰：“前人敷乃心，乃悉命汝，作汝民极。曰：‘汝明勖偶王，在亶

乘兹大命。惟文王德，丕承无疆之恤。'"

前人，指武王。民极，是下民的准则。偶字，解做配字，古时耕者以二人为耦。亶，是信。乘，是负载的意思。

周公又告召公说："我昔与汝同受武王的顾命，当时武王敷布腹心，将付托的言语尽以命汝，使居三公之位，为下民的准则。当时顾命的言语说道：'嗣王以冲幼在位，汝当精白一心，勉力不怠，以尽辅弼之道，如农夫耦耕的一般，不可缺了一人。又当彼此相信，推心相与，不要退托，如驭车的一般，并力一心，乘载这天命，使不至倾覆。盖今日天命，文王以德受之，缔造甚艰，若后人不知保守，必大有可忧者。惟当追念文王的旧德，常恐失坠，其承受此无穷之忧可也。'武王命汝如此，今汝委而去之，使我独当艰难之任，则是耕者缺其耦，驭者不并力，何以勉辅嗣王、乘载天命乎！"

公曰："君！告汝：朕允保奭，其汝克敬，以予监于殷丧大否，肆念我天威。

允，是诚。保，是太保，乃召公所居之官。大否，是大乱。

周公又说："如今告汝以我之诚意，汝勿视为泛常之言。"遂呼其官与名说："我前言有殷嗣天灭威，既坠厥命，天威之可畏如此。汝其敬慎不怠，以我之言监视殷纣之丧亡大乱，而大念我天威之可畏可也。盖天命靡常，惟德是辅。商纣只因崇信奸回，播弃黎老，无平格之臣，所以坠失了天命。若嗣君无贤臣辅导，不能敬德，则丧乱之祸又将移于我周，此汝不可不留也。"

"予不允惟若兹诰，予惟曰：'襄我二人，汝有合哉！'言曰：'在时二人，天休滋至，惟时二人弗戡。'其汝克敬德，明我俊民，在让后人于丕时。

襄，是成。戡，是胜。丕时，是大盛之时。

周公又说："我前勉留汝的言语岂是不足取信于人，却如此谆谆告汝乎？我只说周家王业之成，惟在我与汝二人，同心共济。汝闻我言，亦必契合于心，也说如今国家的事，全赖我二人。今天眷我周，有方兴未艾之势，就是我二人竭力图报，犹恐不能负荷。汝若独委之我，则一人将何以胜之哉？且汝今求去，不过以盈满难居，欲避权位耳。若以此为惧，当敬其辅君之德，益加寅畏，明扬才俊之人，布列庶位，以尽大臣之职业，以答滋至之天休，使他日贤才众而治道隆。当国家全盛的时候，汝那时要推让其位，以事业付于后人，我不阻汝。如今天休未答，王业未成，方以弗戡为惧，岂汝求去之时乎？”可见大臣进退，常以得人为虑。有贤者可托，而后身可退。周公斯言，真得大臣之体矣。

“呜呼！笃棐时二人，我式克至于今日休。我咸成文王功于不怠，丕冒海隅出日，罔不率俾。”

笃，是厚。棐，是辅。二人，是周公己与召公。率俾，是服从的意思。

周公又叹息说：“朝廷之上，公卿有百执事，其人固多，然同心协力笃厚于辅君者，惟是我与汝二人，所以能保固天命，兴隆王业，至于今日之休美也。然却不宜以此自足。我与汝当夙夜黾勉，共成文王的功业，不可少有倦怠。盖文王之功业，固尝显于西土，光于四方，然使今海内尚有一夫之不服从，即是功业未成处。我二人当竭力以成之，务使德泽丕冒于斯民，虽海隅日出之地，人人都率从臣服我周家。然后文王之功可以言成，我二人辅君之责庶几无愧耳。今未至是，而君可以求去乎？”于此可见人臣有难尽之责，无可居之功。若以功成名遂，当全身而去，则召公之去，周公何为惓惓勉留之乎？成功不怠之言，万世为人臣者所当服膺也。

公曰：“君！予不惠若兹多诰，予惟用闵于天越民。”

惠，是顺。闵，是忧。

周公又留召公说：“我前诰汝者，岂是不顺于理，却如此反覆多言？盖大臣一身，天命民心所系，汝若求去，则答天命而安斯民者无人。我只为忧天命难于终保，及斯民无所倚赖，所以恳恳的留汝，则所言非不顺理，而公之去志宜为予留矣。”

公曰：“呜呼！君，惟乃知民德，亦罔不能厥初，惟其终。祗若兹，往敬用治。”

民德，是说民心向顺处。若，是顺。

周公又叹息告召公说："天命之去留，系于民心之向背。汝是个历练老成的人，惟汝能周知民情向顺之故。今日民无尤怨，固能善于始，然思其终，则民心难保处，最是可畏。汝其祗顺我所言，自今以往，益务敬慎以图治可也。"此时召公已留，周公丁宁告戒之辞如此。大抵人君嗣位之初，全在老成人辅佐。若辅佐得人，则君德可成，太平可致；辅佐不得人，则君德难成，治功难保。成王之时，老成无出召公之右者，故周公恳切慰留，惓惓言商周得人之隆，及大臣许国之义，而于天命民心，始终尤致意焉。其后召公感其言，既相成王，又相康王，以天下为任而不辞，遂致刑措之治，君臣同休，可谓盛矣。然则图任旧人，为治者宜留意焉。

蔡仲之命

蔡，是国名。仲，是字。蔡仲乃蔡叔之子。蔡叔罪放而卒，成王以仲贤，复封于蔡。此篇所记，是封蔡仲为诸侯诰命之词。

惟周公位冢宰，正百工，群叔流言，乃致辟管叔于商；囚蔡叔于郭邻，以车七乘；降霍叔于庶人，三年不齿。蔡仲克庸祗德，周公以为卿士。叔卒，乃命诸王，邦之蔡。

百工，是百官。管叔，是周公之兄。蔡叔、霍叔，是周公之弟。致辟，是加以诛戮。郭邻，是中国之外地名。齿，是齿录。庸是常。卿士，是周公的官属。命诸王，是以成王之命封之。

史臣将述周公命仲之词，乃先叙说：初武王崩时，成王尚幼，周公为天官冢宰，统正百官。当是时，管叔、蔡叔、霍叔三个人监纣之子武庚于商之旧都，以主少国疑，乘商人之不靖，遂告作无根之言，谤毁周公，说他将不利于孺子，因相与倡为叛乱。盖非独以危周公，实欲动摇王室也。周公既奉命征讨，罪人斯得。以管叔为首恶，乃明正其罪，诛之于商之旧都；蔡叔罪稍轻，幽囚于中国之外郭邻地方，只以车七乘随之；霍叔罪又轻，但降为庶人，削夺其爵禄，待他三年之后，改过自新，方才齿录。因其罪之大小，定为刑之重轻，皆天讨所加，不敢以私恩废公义也。其后蔡叔之子蔡仲，能常敬德，始终谨畏，不敢放纵，周公以其克盖父愆，乃擢用为卿士。蔡叔既没，周公以成王之命命他之国，以续蔡叔之封焉。盖惟贤是举，不以世类而弃，命德之公也。圣人义尽仁至如此。

王若曰："小子胡！惟尔率德改行，克慎厥猷，肆予命尔侯于东土。往即乃封，敬哉！

胡，是蔡仲的名。率，是循。猷，是道。蔡在成周之东，故谓之东土。

周公以王命呼蔡仲之名而告之说："惟尔小子胡，率循尔祖文王之德，改易了尔父蔡叔之行，能谨慎其所当行之道，可谓贤矣。有德者，天之所命，故我今以尔为诸侯于东方，不失茅土之旧。尔今往就所封之国，当敬之哉！其恪谨侯度，常存率德改行之初心可也。"

"尔尚盖前人之愆，惟忠惟孝。尔乃迈迹自身，克勤无怠，以垂宪乃后。率乃祖文王之彝训，无若尔考之违王命。

盖，是掩蔽的意思。前人，指蔡叔。愆，是罪过。迈迹，是超迈前人之迹。

成王告蔡仲说："尔父蔡叔以不忠不孝得罪于王室，尔蔡仲庶几掩盖前人的罪愆，惟思尽忠尽孝而已。盖凡前人已行，则后人之继述犹易。今尔父所为不善，在尔无所因袭，要超迈前人之成迹，都从自家身上做起。必须勤励自强，不敢有一时懈怠，用以垂法于尔后世子孙，使都有所仿效可也。然所以垂法处，又不在他求，只是率循尔祖文王之常教，不要似尔父蔡叔违背了君上之命，则忠孝之道尽矣。"盖能敬慎以尽诸侯之职，便是忠；以此掩盖前人之愆，便是孝，非有二也。

"皇天无亲，惟德是辅；民心无常，惟惠之怀。为善不同，同归于治；为恶不同，同归于乱。尔其戒哉！

亲，是亲厚。

成王又告蔡仲说："皇天上帝，于人无有私厚。只是有德的人，克享天心，便佑辅他，使其长保爵位；若无德，则天命去之矣。下民的心，无有定向。只是有恩惠足以固结其心的，便怀服他，欲其长作民主；若无惠，则民心离之矣。人之为善，如敬天法祖，亲贤爱民，这等样好事虽各不同，无一件是不当做的，若有一于此，皆能使天亲民怀，国家安宁，所以同归于治；人之为恶，如盘乐怠傲，拒谏殃民，这等样不好的事，虽各不同，无一件是当做的，若有一于此，皆能使天怒民怨，国家危亡，所以同归于乱。夫天人之向背靡常，善恶之从违当审，尔其可不戒哉！必也修尔之德以顺天意，布尔之惠以结人心。力于从善，勿以善小而不为；决于去恶，勿以恶小而为之：则侯职既尽，而福禄可保矣。"

"慎厥初，惟厥终，终以不困。不惟厥终，终以困穷。

惟，是思。困，是事势之困弊。穷，是困之极。

成王又说："尔蔡仲侯于东土，实建国临民之初，创业垂统责任甚重，其可不慎哉！若是兢业惕厉于初，不敢怠忽，凡所行的事都思虑其终，务为久远可继之道，则诒谋既善，必能和民人，保社稷，与国同休，何困之有！若不能思其终，凡事都轻率慢易，只为目前苟且之计，则诒谋不臧，终必至于困穷而已。"此在蔡仲立国之初，所当敬戒也。

"懋乃攸绩，睦乃四邻，以蕃王室，以和兄弟，康济小民。

懋，是勉。兄弟，是同姓诸侯。

成王又说："尔为诸侯，有当建的事功，则勉力修为，不要怠缓废事；有共事的邻国，则加意亲睦，不要轻易生衅；尊而王室，则尽蕃屏之责，以防御其外侮；亲而兄弟，则敷敦叙之恩，与之同其休戚；微而小民，则发政施仁，以康济他，使人人都安生乐业，无有失所。"这五件事，乃侯职之所当尽者，故成王悉举以告蔡仲也。

"率自中，无作聪明乱旧章；详乃视听，罔以侧言改厥度：则予一人汝嘉。"

中，是无过不及的道理。旧章，是先王之成法。侧言，是一偏之言。度，是立身的法度。嘉，是褒美。

成王又告蔡仲说："天下有个大中至正的道理。尔之行事，但当率循此自然之中，奉以周旋，不使有太过不及。如先王本有成宪，不可易也，尔当兢兢遵守，不要妄作聪明，紊乱了先王的旧章；立身自有法度，不可改也，尔当审于听览，不要惑于偏言邪说，改变了自家所守的常度。内不徇己以妄作，外不徇人以偏听，则喜怒好恶自然得中，而侯职无不修矣。予一人岂不于汝而嘉美之乎？”

王曰：“呜呼！小子胡，汝往哉！无荒弃朕命。”

成王又叹息呼蔡仲之名说：“小子胡，汝往之国，当用心去经理国事，图所以盖前人之愆，垂后人之宪者，不可荒废弃坠了朕所告戒之命也。”

按：这一篇书，虽是成王命诸侯之词，然多与伊尹告太甲之意相类。伊尹说“皇天无亲，克敬惟亲；民罔常怀，怀于有仁”，此篇云“皇天无亲，惟德是辅；民心无常，惟惠之怀”。伊尹说“与治同道罔不兴，与乱同事罔不亡”，此篇云为“善不同，同归于治；为恶不同，同归于乱”。伊尹说“罔以辨言乱旧政”，此篇云“无作聪明乱旧章”。夫使人君能以敬德事天，以恩惠及民，察治乱之先几，守祖宗之成法，则天下可从而理矣。

多方

成王时，奄国与淮夷再叛。成王亲征灭之，归于京都，作此以诰谕四国及天下。因篇中有“多方”二字，故取以名篇。

惟五月丁亥，王来自奄，至于宗周。

奄，是国名，即今山东曲阜县奄至乡。宗周，指镐京，王都为天下所宗，故谓之宗周。

成王即政之明年，夏五月丁亥日，王亲征灭了奄国，自奄国班师归来，至于镐京。诸侯皆来朝会。周公乃传王命告谕他，故史臣先叙其事。

周公曰：“王若曰：猷告尔四国多方：惟尔殷侯尹民，我惟大降尔命，尔罔不知。

此是周公传王命以诰四方，故既云周公曰，又云王若曰，明周公不自专也。猷，是发语辞。四国，指管叔、蔡叔、霍叔及殷国。尹字，解做正字。降，是宽宥的意思。

周公传成王之命说："猷告尔管、蔡、霍、殷四国之民，并多方百姓每知道。惟尔殷侯所尹正管理的民，反叛不常，助奄为乱，今奄国既灭，凡从逆者皆王法所必诛。我惟不忍杀戮，大降恩赦宥尔众人之命。尔等宜尽知感德，勿生二心也。"

"洪惟图天之命，弗永寅念于祀。

洪，是大。图，是谋。永，是久远。寅，是敬畏。

成王说："尔殷民亦知商奄之所以亡乎？奄国之人，大逞私意，要图谋上天之命，肆行叛乱，自取诛灭；不肯永远敬念、安分守法，以保有其祭祀，至于今，宗社不血食矣。尔曾不以此为鉴，而欲蹈其覆辙乎？"大抵天命可受不可图，自天与之，则安固而不可动摇；自人图之，则侥幸而不可必得。故成王告谕四国多方，首以天命为言，乃一篇之纲领也。

"惟帝降格于夏。有夏诞厥逸，不肯戚言于民，乃大淫昏，不克终日劝于帝之迪，乃尔攸闻。

格字，解做正字，是规戒的意思。夏，指夏桀。诞，是大。戚，是忧。劝，是勉励。迪，是开导的意思。

成王又说："天心仁爱，人君虽甚无道，尚欲扶持而全安之。在昔夏桀有罪，上帝乃降示灾异以谴告规正他，使其恐惧修省。夏桀全然不知敬畏，反大肆逸豫以为乐，虽一句忧民的说话也绝口不道，况望其有忧民之实政乎？然上帝犹未忍遽绝之也。盖桀虽纵逸，其日用之间未必无一念之明，这便是上帝开导启迪他处，使能勉强扩充，天意尚可回也。桀乃大肆意于淫乱昏迷，虽终日之间也不能少勉于上帝之所启迪，况望其惟日孜孜动循天理而不违乎！桀之殃民逆天如此，是以上帝震怒，天命去之，乃尔殷民之所尝闻者也。知桀之亡，则知纣之所以亡矣。殷民岂可再三不靖，以妄干天命乎？"

"厥图帝之命，不克开于民之丽，乃大降罚，崇乱有夏。因甲于内乱，不克灵承于旅，罔丕惟进之恭，洪舒于民。亦惟有夏之民叨懫日钦，劓割夏邑。

丽字，解做依字。民之丽，是民所依以生，如田土衣食之类。甲，是始。灵，是善。旅，是众。舒，是宽裕的意思。叨，是贪叨。懫，是忿懫。劓割，是戕害的意思。

成王又说："夏桀矫诬上天，图谋猜度上帝之命，谓吾有天下，如天之有日，自分未必丧亡。以此不能开下民衣食之源，却乃横征暴敛，绝其生理，乃犹大降威虐于民，严刑峻罚，以增乱于有夏之国。夏桀之慢天虐民如此，究其所因，实始于内嬖妹喜，蛊惑其心，败乱其家，故不能力行仁政，善承众庶，不能大进用贤人而恭敬之，使洪施宽裕之泽于民。亦由有夏之民，内有贪叨掊克，忿懫酷虐的，日加敬信，恣其所为，以戕害于夏邑。故民不堪命，而国随以亡也。"此节言桀失天命，由失民心；其失民心，又由于内惑嬖宠，外用贪残。此清心任贤，所以为致治之本也。

"天惟时求民主，乃大降显休命于成汤，刑殄有夏。

显，是显明。休，是休美。

成王又说："天厌夏桀之无道，不可为民主矣，于是监于万方，要为天下求一个有德的人，与民做主。乃眷顾有殷，大降那显明休美之命于一德之成汤，使他为民之主，致刑罚以殄灭有夏之国。是可见为民择君，以治易乱，此天命之至公，非图度冀幸之可得也。"

"惟天不畀纯，乃惟以尔多方之义民，不克永于多享。惟夏之恭多士，大不克明保享于民。乃胥惟虐于民，至于百为，大不克开。

畀，是与。纯，是大。义民，是贤人君子。多享，是久享禄位。保享，是保安享有其民。不克开，是闭塞的意思。

成王又说："惟上天不与夏桀，既亡其身，又亡其国，降罚如是之大者，只因他昏迷无道，屏弃贤能。尔多方虽有贤人君子，可以辅君安民的，都不能推心久任，使之长享禄位。其所恭敬的多士，都不是贤人君子，只是贪叨酷暴的人。同恶相济，大不能明达治理，以保安享有国家之民。乃相与严刑重敛，以虐害其民，使民无所措其手足，至于士农工商之类，凡百所为，都有妨碍，无一条生路可开通者。政乱民穷如此，所以自速其亡也。"

"乃惟成汤，克以尔多方，简代夏作民主。

简，是简择。

成王又说："桀既自速其亡，不可以为民主矣。乃惟成汤一德格天，足以当尔多方之所简择，是以天命归之，人心戴之，因以代夏桀为生民主。盖民罔常怀，怀于有仁；皇天无亲，惟德是辅，非有私也。"

"慎厥丽乃劝，厥民刑用劝。

刑，是仪刑法则的意思。

成王又说："成汤之得人心者，以其尽君道耳。盖人君之守位以仁，仁者，君道之所依，不可一日无者也。成汤能懋昭大德，克宽克仁，谨慎其君道之所依者，以倡率劝勉其民，故其民都心悦诚服，以成汤为法则。用能以仁道劝勉于下，而成丕式见德之治也。君仁莫不仁，感应之理固如此。"

"以至于帝乙，罔不明德慎罚，亦克用劝。

帝乙，是商之后王。

成王又说："成汤能尽君道，以诒谋垂统，故自成汤以至于帝乙，中间贤圣之君不止一人，皆能遵守家法。如德乃天命所在，则务昭明之，不使昏昧；刑罚乃民命所关，则务谨慎之，不敢轻忽，都与成汤一般。故亦能用以劝勉其民，使翕然向化，而成长治久安之盛也。"盖明德，则能使人观法而乐于为善；慎罚，则能使人畏服而不敢为恶。所谓"厥民刑用劝"者，亦与成汤之时无异矣。

"要囚，殄戮多罪，亦克用劝。开释无辜，亦克用劝。

要囚，是紧要的囚犯。

盖明德之劝民，人皆知之，而慎罚之为劝，人未必知也。故成王又特明之说："商家先王于紧要的囚犯，尤加敬谨。其中有罪恶多端，决不可宥的，必诛戮之，不敢轻纵。所以刑一人而千万人惧，百姓都能用以为劝，而不敢为恶。有无罪诖误，情可矜怜的，常开释之，不致亏枉。所以赦一人而千万人悦，百姓都能用以为劝，而勉于为善。"盖刑不当，则良民有惧心；赦不当，则奸民有幸心。二者皆得其平，乃为慎罚之仁也。

“今至于尔辟，弗克以尔多方，享天之命。

尔辟，指纣言。

成王又说：“商先哲王世传家法，积累维持，以致天下治安如此其久。今至于尔君，曾不能席其余荫，以尔全盛之天下，坐享天命，忽焉至于灭亡，不亦深可悯哉！”夫此一多方也，汤不阶尺土一夫之力，而兴也勃焉；纣承祖宗累世之业，而亡也忽焉。仁则兴，不仁则亡，岂人之所能为哉？殷民反侧之心，亦可以少息矣。

“呜呼！王若曰：诰告尔多方，非天庸释有夏，非天庸释有殷。

释字，解做去字。

周公又叹息而传成王之命说道：“如今诰谕晓示尔四方之人，非是上天用意要去了有夏，也非是上天用意要去了有商，只是夏桀、商纣暴乱无道，自绝于天以取灭亡故尔。天亦何私之有？”

“乃惟尔辟，以尔多方大淫图天之命，屑有辞。

屑，是琐屑。辞，是言语。

成王说：“乃惟尔君商纣，倚恃尔四方之富庶全盛，不知戒惧，大肆淫泆非为，沉湎暴虐，以私意图度天命，说道我生不有命在天。其琐屑的言语，不一而足，都是饰非拒谏之辞，商安得而不亡乎？”

“乃惟有夏图厥政，不集于享；天降时丧，有邦间之。

集，是聚集。享，是享国。有邦，指商言。间，是更代的意思。

成王又说：“乃惟夏桀，凡所图谋其国政者，都是无道的事。安其危，利其灾，不能聚集众善以享其国，乃聚集众恶以亡其国。所以上天降是丧乱，使有商成汤代之而有天下也。”

“乃惟尔商后王，逸厥逸，图厥政，不蠲烝，天惟降时丧。

商后王，也指纣说。逸，是安逸。蠲，是洁。烝，是进。

成王又说："乃惟尔商后王纣，不能居安思危，却以安逸之事为逸，淫湎无度，凡所图为其国政者，都是秽恶怠惰、不清洁不长进的事。所以上天降是丧乱于有商，而使我周代之焉。"这三节明天之降罚于桀、纣，皆其自取，非天有意于舍之也。

"惟圣罔念作狂，惟狂克念作圣。天惟五年须暇之子孙，诞作民主，罔可念听。

圣，是通明之称。狂，是庸愚之称。须，是待。暇，是宽假。子孙，是说商先王之子孙，即指纣说。

成王又说："惟通明之人，其资质虽美，苟自恃其通明而不加省念，则私意蔽塞，反做了昏愚的人。若昏愚的人，其资质虽陋，苟自耻其昏愚而能加思念奋发，则气质变化，便做了通明的人。圣狂之机，系于一念转移之间如此。纣虽昏愚，也有可以迁善改过之理，故天心仁爱，未忍遽绝之，犹徘徊五年之久，以须待宽假他，冀其改图，大为生民之主。然纣终不警悟，稔恶日甚，凡所言动都是淫秽暴虐的事，无一善行可念，无一善言可听，此天所以弃绝之而至于亡也。"盖人心易危难安，道心难明易昧。一念之差，虽未至于狂，若积渐放肆将去，不至于狂不已；一念之善，虽未至于圣，若积渐扩充将去，不至于圣亦不已。所以无道如桀、纣，尚可冀望其改图，而圣如帝舜，犹有无若丹朱之戒也。

"天惟求尔多方，大动以威，开厥顾天。惟尔多方罔堪顾之。

开，是开发。顾，是眷顾。

成王又说："纣之秽德，既无可念听，则上天之望绝矣。于是求民主于尔四方之人，大警动以灾异谴告之威，使知商家之必亡，以开发其可受眷顾之命者。惟尔四方之人，皆不足以堪眷顾之命而为民主，此所以归于我周也。"

"惟我周王灵承于旅，克堪用德，惟典神天。天惟式教我用休，简畀殷命，尹尔多方。

克堪用德，是能胜用德之事。典，是主。式，是用。教，是训诱的意思。

成王又说："上天因纣无道，乃眷求有德之人，而天下无足以当之者。惟我周文王武王，仁心爱民，所欲与聚，所恶勿施，善能承顺众庶，于凡用德的事，都负荷克堪，可以为上帝百神之主。上天乃眷顾我文武，阴诱其衷。其思也，若或启之；其行也，若或翼之，使我文武之德业日盛，用臻于休美。乃简择付畀以商家之命，代为天子，以尹正尔四方之诸侯也。夫天命未定之时，既无一能当天之眷者，今天命既归我周而定于一矣，犹汹汹不靖，欲何为哉？"所以耆奸雄之心，而破疑贰之志者，至明切矣。

"今我曷敢多诰，我惟大降尔四国民命。

成王又说："今我何敢喋喋多言以告汝，只是要大降恩赦，宽宥尔四国的民命，使安静以保全其生耳。"盖示以宥过之恩，而望其迁善之实也。

"尔曷不忱裕之于尔多方？尔曷不夹介乂我周王，享天之命？今尔尚宅尔宅、畋尔田，尔曷不惠王熙天之命？

忱，是诚信。裕，是宽裕。夹如夹辅之夹，介如宾介之介，都是扶助的意思。畋，是耕种。惠，是顺。熙，是广。

成王又说："尔四国之民，蓄疑不安，所以反侧动摇。尔何不消险诈之心，平怨望之意，以诚信宽裕之道，安集于尔多方乎？天命简畀，归于我周已久。尔何不夹辅介助，以保乂我周家，而安享上天之定命乎？且尔等叛乱，不知天命，若据法定罪，当潴尔宅舍，收尔田产才是。我今都宽宥了尔，还得住尔宅舍，耕尔田业，恩德可谓至厚矣。尔等何不洗心涤虑，顺我王室，以广上天之新命，而延福祚于无穷乎？"这是责殷民以所当为之事也。

"尔乃迪屡不静，尔心未爱；尔乃不大宅天命；尔乃屑播天命；尔乃自作不典，图忱于正。

迪，是蹈迪。宅，是安。屑播，是轻屑播弃。不典，是不法。

成王又说："尔四国之民所行的事，屡屡不肯安静，自取诛灭。尔等之心，将未知所以自爱其身乎？商纣无道，天之所废。尔等乃妄觊兴复，不能大安于天命乎？我周有道，天之所兴。尔等乃轻屑播弃其天命而不信乎？且尔等反覆叛乱，自作不法之事，乃正人之所深恶者，乃犹以恢复为义，图见信于正人乎？”这是责殷民以所不当为之事也。

“我惟时其教告之，我惟时其战要囚之，至于再，至于三。乃有不用我降尔命，我乃其大罚殛之。非我有周秉德不康宁，乃惟尔自速辜。”

战要囚，是用兵征伐而诛其渠魁。殛，是诛戮。康宁，是安静的意思。

成王又说：“尔四国之民，反侧不服，我不忍尽行诛杀，只是用好言语教告尔等，只是诛讨那首恶的人。盖自武庚作叛以来，至于今日，训告之命，开宥之恩，已至再三了。若自今以往，尔等有不能听用我宽宥之命，还狃于叛乱，反覆不已，我当大用刑罚，诛戮尔等，前日之恩不可望矣。这非是我周家秉持君德，不肯安静，好为此严刑，乃是尔等自为凶逆的事，以速其罪耳。”盖殷之顽民，不自以叛逆为不靖，而反咎周之迁徙讨伐为不康宁，故言此以终上文之意也。

王曰：“呜呼！猷告尔有方多士暨殷多士：今尔奔走臣我监五祀。

监，是监治殷民之官。监官管理地方的人，有上下相临之分，所以说臣我监。祀，是年，商曰祀，周曰年，因告殷民，故谓之祀。

成王叹息说：“猷告谕尔四方多士及殷之多士：昔尔殷民迁徙洛邑之时，我尝设官以监治之。今尔等奔走效劳，臣服于我所命监治之官，非是一朝一夕，已五年于兹矣。人情久则相孚，事变久则自定，乃犹叛乱反侧，何也？”

“越惟有胥伯小大多正，尔罔不克臬。

胥、伯、正，都是周时官名。臬字，解做事字。

成王又专告殷家职官说：“越惟尔殷士，受官职于洛邑，长治迁民的，有若胥、伯、小大众多之正，与我所命监治之官，一般委任。尔等宜相体悉，无或反侧偷惰，不能事事，务要竭力尽职以化导殷民，庶无负我告教之意也。”

“自作不和，尔惟和哉！尔室不睦，尔惟和哉！尔邑克明，尔惟克勤

乃事。

成王说:“凡心不安静者，其身必不和顺，是不和由于自作耳。尔殷多士，务省察克治，使言动起居各协其宜，而身无不和可也。身不知顺，则家不和睦，是不睦乃尔教之耳。尔殷多士，务欢忻浃洽，使长幼尊卑各尽其道，而家无不和可也。若身既和顺，家又和睦，使是身修家齐大本正了。由是尔新邑之人，都观感兴起，欢然有恩以相爱，灿然有文以相接，而百姓昭明矣。如此，则乂安顺治，无有携贰悖乱之习，乃为勤于化民之事，而不负其职任也。可不勉哉！”

“尔尚不忌于凶德，亦则以穆穆在乃位，克阅于乃邑谋介。

忌，是畏。穆穆，是和敬的意思。阅，是简阅。谋，是图。介，是助。

成王又说:“殷之顽民，其叛乱之凶德虽是可畏，尔多士尚宽绰其心，不要畏忌他的凶德。至于临民之际，亦须以穆穆和敬之容，端处尔位，使他都瞻仰观法，潜消其悍逆悖戾之气。又要能简阅于尔邑之中，用其贤人君子，以图他辅助，则殷之顽民将益感慕奋发，革心向化矣，尚何凶德之可畏哉！”成王惓惓诱掖殷士之善，以化殷顽民之恶，其转移鼓舞之机，可谓微矣。

“尔乃自时洛邑，尚永力畋尔田。天惟畀矜尔，我有周惟其大介赉尔，迪简在王庭，尚尔事，有服在大僚。”

畀，是与。矜，是悯。介赉，是佑助、锡予的意思。迪简，是启迪简拔。服字，解做事字。大僚，是大臣。

成王又说:“尔殷多士，若能听我所告教的言语，自是居于洛邑，庶几永远保有家业，得以竭力耕治尔之田土。这等样安生乐业，为善之人，上天亦将畀与矜悯尔，锡以平康之福，不使陷于罪戾；我周家亦将佑助赉予于尔优厚爵赏，启迪简拔在朝廷之上。若庶几勉尔之职事，竭力以乂我周家，虽进而任事于公卿大臣之列，也不难至矣。”盖周迁殷民于洛，已尝拔其豪俊，长治旧民，至是又言欲简迪而大用之，无非以爵赏示劝之意。

王曰："呜呼！多士，尔不克劝忱我命，尔亦则惟不克享，凡民惟曰不享。尔乃惟逸惟颇，大远王命，则惟尔多方探天之威，我则致天之罚，离逖尔土。"

享，是承奉的意思。颇，是颇僻。远，是违远。多方，先儒说当作多士。探，是探取。离逖，是隔远。

成王告谕将终，又叹息说："有殷多士，尔若不能互相劝勉，信我所命的言语，是不能尽职以奉上矣。尔既不能奉上，则凡洛邑之民也都仿效，说在上的人不必承奉，不肯信尔之言矣。己则不忠于君，而欲下之忠于己，其可得乎？且尔等不能尽职奉上，只是放逸偷安，只是颇僻不正，以致大违了臣上之命，则是尔殷多士自取上天之威，构害于身。我当奉天威以行罚，使尔父母兄弟妻子播迁荡析，隔远尔之乡土。那时节，虽欲安尔居，力尔田，岂可得哉！"这是以刑罚警惧殷民之意。

王曰："我不惟多诰，我惟祗告尔命。"

成王又说："我岂是要如此多言，反覆告谕，不能自已也。只是敬告尔以天命之所在，使知安静顺受，自全其生而已。"盖殷民反侧，皆由不知天命，妄觊兴复。篇首既戒以"图天之命"，至此又云"祗告尔命"，所以深杜其乱萌也。

又曰："时惟尔初，不克敬于和，则无我怨。"

时惟尔初，是与之更始的意思。

周公又传王命告多方说："尔前日叛乱之罪，都已降宥，如今与尔更始，正宜改过迁善之日。尔若不能敬谨以归于和顺，还狃于旧习，便是尔自取诛戮，到那时节，切莫以我为怨。"盖严其词以警动之也。

按：《多士》《多方》二篇，语意略同。但迁洛之时，反侧不靖者，止于殷人，及商奄再叛，驱煽者多，天下人心几为摇动。向非周公屡发大号，谆切反复，以消群疑而绝乱本，则周之王业亦危殆矣。然则成康而后得以寝兵措刑，延八百年有道之长者，周公之功岂其微哉！

卷十一

立政

成王初政，周公告以图治莫要于任贤，而任贤必先慎重择大臣。大臣既贤，则所举皆得其人，而政无不立矣。史臣记其语，遂以“立政”名篇。

周公若曰：“拜手稽首，告嗣天子王矣。”用咸戒于王曰：“王左右常伯、常任、准人、缀衣、虎贲。”周公曰：“呜呼！休兹，知恤鲜哉！”

嗣天子，指成王。常伯，是牧民的长官。常任，是公卿任事的。准人，是有司守法的。缀衣，是掌服器之官。虎贲，是执射御之士。休，是美。恤，是忧。

周公将率群臣以戒王，而先告之说：“王虽幼冲，如今已嗣天位而为天下王矣。凡我诸臣，当拜手稽首，致敬而告以君道之大可也。”乃同辞以告于王说：“人君治天下，固无所不谨，而用人一事，尤当谨之大者。王左右之臣，有牧民的常伯、任事的常任、守法的准人，这三样官是大臣之长；又有掌服器的缀衣、执射御的虎贲，这两样官是近臣之长，皆任用之所当谨者。”于是周公又叹息说：“美哉，这几样官。大臣位望隆重，为天子之股肱；近臣职任亲密，为天子之心膂。岂不美哉！然大臣乃天下之治乱所关，近臣乃君心之邪正所系，皆当慎选贤才，以充其任，勿以小人参之，而后治道可成也。但为君的，每视为常员，狎为近习，而不知加意。若能以不得人为忧，而简任于始，保全于终，使朝廷之上人称其职而任当其才者，实不多见也。所以说‘知恤鲜哉’！”周公将详告成王以任贤图治之道，故先警之如此。

“古之人迪惟有夏，乃有室大竞，吁俊尊上帝，迪知忱恂于九德之行。乃敢告教厥后曰：‘拜手稽首，后矣。’曰：‘宅乃事，宅乃牧，宅乃准，兹惟后矣。谋面用丕训德，则乃宅人，兹乃三宅无义民。’

迪字，解做行字。大竞，是十分强盛。吁，是招呼的意思。迪知，是深知。忱恂，是笃信。九德，即《皋陶谟》中所称宽而栗等九样才德。宅，是使之居其位。事，即常任。牧，即常伯。准，即准人。谋面，是看人的面貌而度量其贤否。义民，是贤人。

周公告成王说：“在古之人，能迪行立政之道，以不得人为忧者，惟有夏之君大禹为然。当其时，地平天成，万邦作乂，王室固已十分强盛矣。然其心犹不敢自满，常念说：‘人君当尊敬者，惟是上天。然上天无言，而以其事付之于君；君不能独理，而以其事分之于臣。若不得其人，则天工旷矣。’乃多方招延贤俊之士，布列庶位，与他共治天事，以为尊事上天之实。然非但其君能以求贤为心，当时为大臣的，亦都以荐贤为急。凡群臣有九德之行者，既深知而诚信之，实见得某人有某德可用，某德有某事可征，乃进而纳诲于其君，拜手稽首，仰呼而告之说：‘吾君欲称为君之实，当尽用贤之道。凡此九德的人，有可为常任的，使他居常任之官以任事；有可为常伯的，使他居常伯之官以牧民；有可为准人的，使他居准人之官以守法。如此，则事无不治，民无不安，法无不平，而为君之道尽矣。若不能深知笃信，只就人外面的模样，而度量其中之所存，便以为大顺于德而信用之，使居三等之任，则此三宅的官岂复有贤人君子可称此任者乎？’”既不能任贤立政，则亦不可以为人君矣。立政者尚鉴兹哉！

“桀德惟乃弗作往任，是惟暴德罔后。

往任，是往昔任贤之事。

周公又说：“大禹以任贤立政，而造有夏之业，使其子孙能世世守之，虽至今犹存可也。奈何桀为无道，逞其恶习德，不肯做往昔先王任用三宅的好事，其所任用的都是暴乱凶德、助他为虐之人。是以天命去，人心离，至于丧亡而无后也。”夫夏之先王，任俊德而有室大竞，至于桀，任暴德而厥世殄绝，古称存亡在所任，岂不信哉！

“亦越成汤陟，丕厘上帝之耿命，乃用三有宅，克即宅，曰三有俊，克即俊。严惟丕式，克用三宅三俊。其在商邑，用协于厥邑；其在四方，用丕式见德。

亦越，是继前之辞。陟，是升。丕厘，是大治。耿，是光明。三有宅，是见居常伯、常任、准人之位者。三有俊，是有常伯、常任、准人之才，而储养以待用者。严惟丕式，是敬思而大法之。

周公又说：“自古知恤之君，不独夏禹为然。亦越商之成汤自诸侯升为天子时，知道典礼命讨皆出于天，从而大加厘治，敦之庸之，彰之用之，件件都修饰振举，使上帝之命赫然昭著于天下。又以一人不能独治，乃博求贤哲与之共理。所用为三宅之官，都能称是位而无有虚旷职事的；所称为三俊之才，都诚有是德而无有名过其实的。然不徒用这而已。又心里严敬思惟他，虽一话一言皆注念而不忽；又大以为法式，凡一政一事必依从而不违。所以当时三宅之人，见居于位的，都得以效其职；三俊之人，储养待用的，都得以著其才。贤智奋庸，登于至治。其在商邑近处的百姓，都相亲相睦，安于礼教，无有一个不协和的；其在四方，虽远而难及，也都观感兴起，如亲见成汤之德而大取法之，无有一个不顺治的。”盖成汤能任用贤才，以共承帝命，故其治效由近及远，至纯至大如此。

“呜呼！其在受德暋。惟羞刑暴德之人，同于厥邦；乃惟庶习逸德之人，同于厥政。帝钦罚之，乃伻我有夏，式商受命，奄甸万姓。

暋，是强暴。羞字，解做进字，是崇尚的意思。庶习，是群小近习。伻字，解做使字。奄，是尽。甸，是井牧之法。

周公又叹息告成王说：“成汤以任贤立政而造有商之业，使其子孙世世守之，虽至今犹存可也。奈何受为无道，逞其昏暴之德，屏弃贤人而不用。所任为三事大臣者，都是崇尚刑戮，以凶暴为德的诸侯，与之共治其国家；其列在近密者，都是群小近习，备诸丑态，以纵逸为德的人，与之共治其朝政。夫受既身有恶德，而所任用者又皆同恶相济之人，所以政乱于上，民怨于下。上帝震怒，敬致其罚，殄灭其宗祀，乃使我周有此中夏之地，用商家所受的天命，尽治天下之民。井牧其地，以供赋税；什伍其民，以供职役。盖当时尺地莫非其有，今皆为我周之基图；当时一民莫非其臣，今悉入我周之版籍矣。夫观商之所以兴，所以亡，与有夏之事如出一辙。今我周其可不鉴于有殷哉！”

“亦越文王、武王，克知三有宅心，灼见三有俊心，以敬事上帝，立民长伯。

克知，是知之真。灼见，是见之明。长与伯，都是抚治百姓的官。

周公说：“自古知恤之君，不独夏禹、商汤为然。亦越我周家文王、武王，君臣之间，以心相信。真知那三宅的心，念念在爱君忧国，确然是可托之人；明见那三俊的心，惓惓要致君泽民，的然有可用之才。由是以这宅俊之臣，敬事上帝。如牧民、任事、守法，天所欲为，而人君不能独为者，皆用此贤才以祗承之，将他立做民间长伯；如牧民、任事、守法，民所仰治，而人君不能独治者，皆用此贤才以分理之。上焉天心无不顺，下焉民生无不遂，则为君者固可垂拱无为，而天下自治。此我文王、武王所以能尽知恤之道，而有光于禹、汤也。”

“立政，任人、准夫、牧，作三事。

周公又说：“我文、武能知恤如此，故当时得人独盛。言其立政之官，有若任人、有若准人、有若牧夫。任人，则委之以理事；准人，则任之以守法；牧夫，则用之以养民。这三等大职事，委任得人，则可以统率群僚，而纪纲庶务矣。”

“虎贲、缀衣、趣马、小尹、左右携仆，百司庶府。

“言其侍御之官，则有虎贲掌射御的；有缀衣掌服器的；有掌御马的官，叫做趣马；有小官之长，叫做小尹。又有左右携持仆御之人，有内百司，若司裘司服之属；有庶府，若内府大府之属。这几样是天子亲近扈卫的臣，亦必择人而授，不轻予之。凡在内之臣，不止于此，特举要者，以例其余也。”

“大都、小伯、艺人、表臣百司、太史、尹伯，庶常吉士。

表臣，是外臣。

“言其都邑之官，则有大都之伯，小都之伯，有卜祝巫匠。执技以事上的艺人，有外百司，若外司服之属；有太史纪言动的；有尹伯为有司之长的。这许多官都是有恒德的吉士。凡在外之官，亦不止此，特举要者，以例其余也。”

“司徒、司马、司空、亚、旅。

“言其诸侯之官，则有司徒主邦教，司马主邦政，司空主邦土，有卿之贰为亚，有卿之属为旅。诸侯官属尚多，这几样名位通于天子，故独举之。”

“夷、微、卢、烝、三亳、阪尹。

“言其王官之监于诸侯四夷者，其夷国则有微，有卢，有烝，有三亳，又有阪。凡此险阻之地，不以封建诸侯，皆有尹以治之。王官所治不止此，亦特举其重，以见凡监治者都得人也。夫上自朝廷，内而都邑，外而诸侯，远而夷狄，无不得人以为官使，岂文、武一人聪明所能周知。只是亲自简任三宅大臣，既得其人，他自能荐举贤才，以称任使，所以得人如此之盛也。”

“文王惟克厥宅心，乃克立兹常事、司牧人，以克俊有德。

克厥宅心，是能有三宅之心。常事，即常任。司牧，即常伯。

周公说：“文王于这三宅之人，知之既审，信之又笃，其心便是三宅的心，吻合交契，无一些猜嫌。其明于知人如此，故能设立这常任、常伯之官。所委用者，都是能着实有才俊、有德行的君子，故百司庶府皆得其人，而政无不举也。”

“文王罔攸兼于庶言、庶狱、庶慎，惟有司之牧夫是训用违。

庶言，是朝廷的号令。庶狱，是法司的狱讼。庶慎，是一应禁戒储备的事，如颁行条列、收贮钱粮之类。有司牧夫，是管事的官。

周公又说："文王于庶言、庶狱、庶慎这三件事，既选用得人，便专任而责成之，再不去兼理他的职务。只看那有司牧夫管事的官，有将这三件事都奉行修举的，便是勤于职业，能用君命者也，则将谕他，使知劝勉；若于这三件事不能奉行修举的，便是怠玩旷职，背违君命者也，则督责他，使知戒惧。"盖文王所操者，不过赏罚之权而已，所以为得君道也。

"庶狱、庶慎，文王罔敢知于兹。

周公又说："这庶狱、庶慎，文王非但不以身兼其事，尤敬畏小心，不敢以心与知其事。盖法司的狱讼，律有定式，人无定情，人君若侵管其事，恐听察不审，或以喜怒为轻重。禁戒的条例，特因事置建；储备的钱粮，是有司出纳，一一去管他，皆有乖大体。其不及庶言者，号令出于君，虽不屑屑去亲理，亦不容不知故也。"然文王之所谓不敢知者，盖以得人分治，委任责成，非一切付之不理也。

"亦越武王，率惟敉功，不敢替厥义德，率惟谋从容德，以并受此丕丕基。

率，是循。敉，是安。义德，是有拨乱之才的。容德，是有乐善之量的。

周公又说："我周文王既尝任用贤才，与之建立事功，图谋治道矣。及我武王，欲率循文王安天下的功烈，故于所用义德的人，皆照旧委用，不敢更改；率循文王安天下的谋议，故于所用容德的人，皆照旧信任，不敢废弃。文、武相继，得贤辅治，所以同享此莫大之基业也。王欲尽知恤之道，可不以祖宗为法乎？"

"呜呼！孺子王矣。继自今，我其立政。立事、准人、牧夫，我其克灼知厥若，丕乃俾乱；相我受民，和我庶狱、庶慎，时则勿有间之。

孺子，指成王。我字，也指成王，见君臣一体之意。若字，解做顺字，是心之所安。乱字，解做治字。相，是助。间，是谗间。

周公既述文、武开创基业之事，遂叹息而告成王说："孺子今为天下王矣，当知嗣守前业，任大责重，不可不慎。继自今日以后，凡建立政务，于所立任事之公卿，守法之准人，牧民之常伯，这三宅之人，不徒谋之面貌，必要明知其心之所安如何。盖人心若不安于为善，纵然暂时矫饰，未有久而不变者。必须心之所安，全是天理，无有一毫欺罔，这才是正人君子。王当推心而大委任之，使得展布四体以为治。其居常、伯之官者，责他相助，左右王所受于天于祖宗之民，使百姓每遂生复性，各得其所。其居准人、常任之官者，责他和调整齐，凡一切刑狱与一切禁戒储备，务令事事都得其宜。然不特与之以重任，又要加意保护，不可令小人谗间他，务使君子无疑贰之嫌，得以始终其治，然后国家享任贤之益也。夫灼知厥若，则能明察于未任之先，而匪人不得以幸进；勿有间之，则能笃信于既任之后，而君子不至于孤危。此两言者任贤之要道也。”

“自一话一言，我则末惟成德之彦，以乂我受民。

末，是终。惟，是思。彦，是美士。乂字，解做治字。

周公又说：“我前言信任贤臣，勿以小人间之，固是立政之要。然使人君言词意念之间，稍不在贤者身上，则谗邪之徒便得以乘其间隙而投之矣。我王于贤人君子，既知道任用他，必须念念在兹，不可暂时忘了。虽开口说一句话，道一句言，也终思想着那成德的美士，将令他治我所受于天于祖宗之民。如此，则任贤之心专一周密，而小人始不能间矣。”大抵国家养贤所以理民，必贤者得行其志，而后天下得蒙其福。人君惟无时而不思夫民，则亦无时而不思夫贤矣。

“呜呼！予旦已受人之徽言，咸告孺子王矣。继自今，文子文孙，其勿误于庶狱、庶慎，惟正是乂之。

旦，是周公的名。徽，是美。文子文孙，指成王说。成王是武王之子，文王之孙。其时礼乐法度，焕然有文，故谓之文子文孙。误，是失误。正，是当职的人。

周公又叹息告成王说：“予旦所闻于人，如禹、汤、文、武委任贤才之事，无非至美之言，已都告孺子王矣。然夏、商之事，犹属久远，至于文王、武王，克知灼见，选取用宅俊之臣，不以身侵庶狱、庶慎之职，则我祖宗遗范具存，乃耳目之所睹听者。继自今日以后，王以武王之文子，文王之文孙，须效法文、武所行的事。其于一应刑狱，一应禁戒储备，既已委任贤才，慎勿有所兼，有所知，以身去侵越众职，自家失误了。凡有庶狱，惟责那管刑狱的人；凡有庶慎，惟责那管禁戒储备的人。使当其职者，自竭心力以治其事，则狱、慎无不理，而立政之道得矣。”

“自古商人亦越我周文王立政：立事、牧夫、准人，则克宅之，克由绎之，兹乃俾乂。

自古，是商以前，指夏禹说。商人，指成汤说。克宅，是得贤以居其职。由绎，是治丝的，由外面抽取，以尽其内之所有，喻用人能尽其才也。乂，是治。

周公又说：“自古圣君，如夏禹、商汤以及我周文王，立政用人之道，无有不同。如所立常任、牧夫、准人，这三宅之官，非徒苟且充位而已，皆能简择贤者以居是职，不使匪人滥厕其间。既已得人任职，犹恐贤者不获自尽，又能信任专笃，不间之以人，不误之以己，使贤者得展布四体，竭尽底蕴。如治丝者，紬绎端绪，其中所有之丝无不引出于外也。先王用人，既宅才以安其职，又由绎以尽其用。所以能使三宅之官，任事的都能为君以理天事，牧民的都能为君以子天民，平法的都能为君以奉天法，而治道成矣。”夫自古国家未尝乏才，然往往不能成治者，使之而不当其才，任之而不竭其用也。能当其才，如置器者之得宜；又竭其用，如理丝者之必尽，天下何患不治哉！

“国则罔有立政用人，不训于德，是罔显在厥世。继自今，立政其勿以人，其惟吉士，用励相我国家。

人，是利小人。吉士，是善人君子。励，是勉。

周公告成王说：“自古为国家者，皆必用贤而后成治功，无有欲建立政务，而用那利小人者。盖这人倾巧辩给，其智足以耸动人主，其言足以惑乱视听，所存所行都不顺于德。倘万一错用之，他是阴类，必降其国于暗昧，使人君没有光显的事业在世间。王当自今日以后，凡建立政务，切不可用这等利小人，只当用善人君子，一心委任，使他得勉力辅相我国家。这样吉人，他道足以正君，德足以服众，其所存所行都顺于德。他是个阳类，必能升其国于明昌也。”此章反复于君子小人之际，词意恳切，诚万世人君所宜深省也。

“今文子文孙，孺子王矣。其勿误于庶狱，惟有司之牧夫。

周公又说：“今王为武王之文子，文王之文孙，以幼冲即王位矣。凡所行只法我文王，不要下侵臣职，自家错误了一应刑狱的事。但以此责任那所司典守之官，使他用心去整理，然后人得以守其职而无侵官之患也。”周公初说庶言、庶狱、庶慎三件事，此独言庶狱者，盖刑狱乃民之司命，人君尤当加意详慎，择人而任之。若少任喜怒，而以己意听断，必至于刑罚失中，使民无所措其手足。故周公独举以告成王，而致其丁宁之意如此。

“其克诘尔戎兵，以陟禹之迹，方行天下，至于海表，罔有不服，以覲文王之耿光，以扬武王之大烈。

诘字，解做治字。戎，是戎服。兵，是兵器。禹迹，是禹所疆理九州之地。陟，是超而过之之意。方，是四方。海表，是海外蛮夷之国。覲，是见。

周公告成王说：“今王缵承大业，当安而思危，治而防乱，不可忘了武事。必须修治尔戎服兵器，简择将帅，操练士卒，使武备精明，足以壮战胜攻克之威，杜奸雄窥伺之渐。将见王灵远振，还超越了大禹所疆理九州五服之地。由是威加四方，旁行天下，以至四海之外，九夷八蛮之国，无不畏惧詟服，莫敢横行者。如此，则周家之业，日以隆盛；文王之盛德耿光，益显见而不至遏佚；武王开基的大烈，益播扬而不至委靡。是为善继善述，而无愧于文子文孙之责也。”尝观前代继体守文之主，往往狃于太平，以兵为讳，故声容徒盛，而武备日衰，卒有祸乱，多不能救。周公告成王以“克诘戎兵”，可谓老成长虑之言矣。

“呜呼！继自今，后王立政，其惟克用常人。”

后王，指周家后世子孙言。常人，是常德之人。

周公又叹息说：“继自今，凡我周家后王建立政务，须是能用常德之人，专任以三宅之事，毋使邪小人得而间之可也。”

按：此篇言“庶常吉士”，又言“克用常人”，盖人而有德为难，德之有常者尤难，非忠厚正直、才与诚合之人，不足当此。人君得而用之，子孙黎民尚亦有利哉！宜周公举以为成周之家法也。

周公若曰：“太史，司寇苏公，式敬尔由狱，以长我王国。兹式有慎，以列用中罚。”

这一节疑有错简。盖周公命史之词，史臣以上文有慎重庶狱之言，故误记于此。

苏，是国名。公，是爵。武王时，苏忿生以诸侯为司寇。由字，解做用字。长，是延长。列，是问刑的条例。中罚，是刑罚轻重得中。

周公呼太史而告之说：“刑狱重事，执法者必如苏公而后可。昔在武王时，苏忿生为司寇之官。他于小大之狱，都不敢轻易裁断，必哀矜详审，惟恐枉了一人。故能导迎善气，培植基本，以延长我王国。苏公之功大矣！夫前人所行，乃后人的师范。尔太史可将苏公敬狱之事，书之简册，使后世做司寇的于此取法而加谨焉，则必能以轻重条例，用其中罚。盖人之罪有大小，例有轻重。使法当其情，轻其所当轻，而不失于暴刻；重其所当重，而不失于宽纵，则刑罚得中，而天下无冤民矣！”

按：《立政》一篇，论人君为政莫先于用人，用人莫先于三事大臣。大臣得人，则百官皆得其人，而治道举矣。末又归重于兵、刑二事。盖兵者，国之卫；刑者，民之命。必治兵乃可以弭兵，必慎刑乃可以无刑，故尤当加意择人以任之。诚万世有天下者之永鉴也。

周官

这是成王训戒百官的说话。史臣记其语，以“周官”名篇。

惟周王抚万邦，巡侯甸，四征弗庭，绥厥兆民。六服群辟，罔不承德。归于宗周，董正治官。

侯甸，是侯服、甸服，并男、采、卫及畿内为六服。独言侯甸者，是举近以该远的意思。弗庭，是诸侯叛逆王命，不来朝贡者。群辟，即是诸侯。宗周，是镐京。董字，解做督字。治官，是治事之官。

史臣叙说，惟我周王抚临万邦，大一统以致治，乃出而巡狩侯甸诸服之国，以稽察其政事；又四面征讨诸侯之不来庭者，以明正其罪恶。因以绥定天下之兆民，使人人都安居乐业，无有失所。当是时，六服诸侯皆相与承流宣化，奉顺大君的德意，无敢有阻遏上命、自取罪戾者。盖我王一巡狩征讨间，而恩泽诞敷，威灵远播，外攘之功赫然已著矣。又以朝廷为四方之极，内治不可不饬也。于是归于镐京，督正在朝治事之百官，使各遵体统而无相侵越，各修职业而无敢怠惰，庶乎本原之地整齐严肃，而六服承德之盛可以长保矣。此即下文“制治未乱，保邦未危”之意也。

王曰：“若昔大猷，制治于未乱，保邦于未危。”

猷字，解做道字。

史臣叙成王训迪百官之词说：“若古昔大有道之世，圣帝明王，兢兢业业，其时虽法度修明，世已治而无乱矣，犹以乱不生于乱，而生于治，故其图惟治道，常在于未乱之前；虽海宇宁谧，世已安无危矣，犹以危不生于危，而生于安，故其保固邦家，常在于未危之日。其所以预图者，亦无他，惟是建官择贤，加之意而已。故能长治久安，永无乱危之祸。若待已乱已危而图之，则无及矣。”

曰：“唐、虞稽古，建官惟百。内有百揆、四岳，外有州牧、侯伯。庶政惟和，万国咸宁。夏、商官倍，亦克用乂。明王立政，不惟其官，惟其人。

建，是立。百揆，是揆度百事的官，即宰相之职。四岳，是总方岳诸侯之事者。州牧，是一州之牧。侯伯，是次州牧而总诸侯者。盖侯伯率属以统于州牧，州牧又率其方之诸侯以统于四岳，四岳以下，都统于百揆。倍，是加一倍。乂，是治。

成王说：“在昔唐、虞之时，去古未远，事简民淳，乃稽考旧典，设立大小职官，其数止于百员。内则有百揆、四岳，以总理在朝之治；外则有州牧、侯伯，以总理四方之治。当是时，官数虽少，然内外相承，体统不紊。所以礼乐刑政，工虞教养，一切庶政都顺理适宜，无有一之不和；四方万国都时雍风动，平定安辑，无有一之不宁。此唐、虞建官之效也。夏、商之时，世变事繁。乃观其会，通制其繁简，建官的员数比唐、虞加了一倍。然内外体统森严周密，庶政也无不和，万国也无不宁，天下治安，不异于唐、虞之盛也。夫尧、舜、禹、汤，皆是明哲的君主。其建官立政，制治保邦，所重者岂在官数之多少，惟在乎得人而已。盖官无大小，皆得贤而后能称其任，苟非其人，必至败官偾事，虽多无益。所以唐、虞建官，只有百员，遂臻和宁之效；夏、商之时，官多一倍，天下一般大治。官数虽殊，治效则一，此非得人之明验哉！”观此可见设官治政，固有国之大体，而为官择贤，尤用人之要务。若官不得人，徒取备员，则非惟无益而为害多矣。君天下者，不可不知也。

“今予小子，祗勤于德，夙夜不逮，仰惟前代时若，训迪厥官。

予小子，是成王自谦。祗，是敬。逮，是及。若，是顺。

成王说：“予小子敬勤于德，兢兢业业，不敢怠忽。早夜间常恐有所不及，只仰承前代。若唐、虞、夏、商建官致治的美意，顺着他行，以训教启迪百官，使各尽其职，而助成化理也。”可见修德是任官之本。若人君自家德不能修，则无以倡率百官。虽终日训迪他，也不信服。孔子说：“为政在人，取人以身。”正是此意。

“立太师、太傅、太保，兹惟三公。论道经邦，燮理阴阳。官不必备，惟其人。

太，是尊无以加之词。师，是天子所师法。傅，是傅相。保，是保安，公取无私之意，因以为官名。经，是经纶。燮理，是和调。

成王说：“如今定立太师、太傅、太保，这三样官为三公。不劳以职务，专与人主讲论发明天人的道理，启沃其心，涵养其德。推此道理以经纶邦国，使教化行，政事举，万民万物都得其所；推此道理以和调阴阳，使三光全，寒暑平，四时五行都顺其序，便是三公的职事。然这等官职任至重，不必徒取备员，须是天下第一等道全德备，可为王者师的，然后委任他。若无这等人，宁阙其位，不可滥授非人也。”

“少师、少傅、少保，曰三孤。贰公弘化，寅亮天地，弼予一人。

少，是位次于尊之词。孤字，解做特字，见非三公之属，且取独立无朋之意。贰，是佐贰。弘，是大。寅亮，是敬明。

成王又说：“立定少师、少傅、少保，这三样官司为孤，以佐贰三公。三公既已论道经邦，三孤则弘大扩充其经邦之道化，务使朝廷政务咸协于中；三公既已调和阴阳，三孤则致敬详明于天地之运行，务使四时五行各顺其序。用以辅弼人君，匡正其过失，成就其德业，便是三孤的职事。”盖公、孤同一辅弼之任，都要得非常之才，不比庶官职事可以照例除授也。

“冢宰掌邦治，统百官，均四海。

冢，是大。宰，是治。谓其职任甚大，故谓之冢宰。

“定立冢宰为天官卿，使他掌管邦国的治道。内外大小有司，凡官职者，皆在管摄。务要选用贤能，以分职治民，使四海之内，人人得所无有不均平的，这是冢宰之职。”后世之吏部尚书，即此官也。

“司徒掌邦教，敷五典，扰兆民。

司，是主。徒，是众。以其官主民众，故谓之司徒。扰，是调习安养的意思。

“定立司徒为地官卿，使他掌管邦国的教化，敷布君臣、父子、夫妇、长幼、朋友五者典常之教，以调习安养天下。众民如有不忠、不孝、无礼、无义的，务要教导他，使之各守礼法，不敢逾越，这是司徒之职。”后之户部尚书，即此官也。

“宗伯掌邦礼，治神人，和上下。

宗，是宗庙，凡祭祀以宗庙为主。伯，是长。以春官为四时之长，故谓之宗伯。

“定立宗伯为春官卿，使他掌管邦国的典礼，专整理天神、地祇、人鬼之事，与吉、凶、军、宾、嘉之五礼。辨别其上下尊卑等列，都无有僭乱，无有乖争，这是宗伯之职。”后之礼部尚书，即此官也。

“司马掌邦政，统六师，平邦国。

军政莫急于马，以其主军马之事，故谓之司马。

“定立司马为夏官卿，使他掌管邦国军政，统御天子的六军。凡天下有干正之人，则举兵征伐，以平治邦国。使强不凌弱，众不暴寡，人人得其平，这是司马之职。”后之兵部尚书，即此官也。

“司寇掌邦禁，诘奸慝，刑暴乱。

寇，是寇贼。禁，是法禁。

“定立司寇为秋官卿，使他掌管邦国法禁。有犯法违禁的，则推诘究问，务得其真情；有强暴作乱，罪恶显露的，必刑戮以正其罪，使不得苟免，这是司寇之职。”后之刑部尚书，即此官也。

“司空掌邦土，居四民，时地利。

空，是空土，古时穿土穴而居之，以其主民安居，故谓之司空。

“定立司空为冬官卿，使他掌邦国之地土，以居处士农工商四者之民，使之各得其所。顺天时以兴地利，如春耕、夏耘、秋收、冬藏之类皆不失其时，这是司空之职。”后之工部尚书，即此官也。

“六卿分职，各率其属，以倡九牧，阜成兆民。

六卿各有属官，每一卿属官六十员，通共三百六十员。阜字，解做厚字。

成王说：“冢宰掌邦治为第一。然治道莫先于教化，故司徒第二。教化莫先于礼乐，故宗伯第三。教化既施，而犹有不守礼法者，必加以兵、刑，都出于不得已，故司马第四，司寇第五。暴乱既去，而后民得安居，故司空第六。六卿既已分职，各自率领其属官，以倡率九州之牧，自内达之于外。故政治明，教化洽，天下兆民莫不阜厚而化成矣。”盖周公辅相成王，经理太平之良法如此。

“六年，五服一朝。又六年，王乃时巡，考制度于四岳；诸侯各朝于方岳，大明黜陟。”

五服，是王畿外侯、甸、男、采、卫，五等诸侯之国。制度，是朝廷颁降的礼乐法度。

成王既已训迪在内之臣，此又举制驭外臣之法说道：“天子所以振饬纪纲，统驭九牧，惟朝觐巡狩，为至大之典。如今定制，每六年，五服诸侯一次来朝会京师，各述其职以达于上。又六年，诸侯再朝。通十二年，天子乃以时巡行于诸侯所守之地，稽考一应制度于方岳。如岁时月日之差，则协而定之；律度量衡之异，则审而同之。以至风俗好尚、礼乐衣服之类，莫不采听而修饬之。维时五服诸侯，各执玉帛来朝于方岳之下。如岁二月东巡狩，则东方诸侯朝于岱宗；五月南巡狩，则南方诸侯朝于南岳；其八月西巡，十有一月北巡，则朝于西岳，北岳亦如之。每巡狩所至，即加意询察诸侯的贤否，大明黜陟之典。如恪遵制度，奉职安民的，则进其爵，增其地；其不守制度，怠政殃民的，则贬其爵，削其地。赏罚昭而劝惩著，六服诸侯无有不承德者矣。”

按：有虞五载一巡，群后四朝，至周朝以六年，巡以十二年，制之繁简，时之疏数，已自不同。后世时巡不行，而观察委之臣下，惟朝觐述职之典，则迄今行之不改。黜陟当否，乃人心向背所关，诚不可不慎重也。

王曰：“呜呼！凡我有官君子，钦乃攸司，慎乃出令。令出惟行，弗惟反。以公灭私，民其允怀。

攸司，指百官所管的职事。令，是政令。反，是壅逆不行的意思。允怀，是信服。

成王总呼百官，叹息而训戒说：“凡我有官守的君子，虽尊卑大小不同，都是代理天工的人，皆当敬谨以图尔之职事，不可旷怠而失职也。然欲敬其职，又当以慎令为先。盖凡政令之施，关系甚大。若不加详慎，则号令必有阻逆而难行者。夫至于出令而人不奉行，则不惟失上下之分，且国家事务亦将废坏而不举矣。凡尔有位于发号施令之时，务要谨慎详审，度时宜，量事势，使人得以遵守；不要轻率忽略，将不可行的事施出去，至于壅逆而难行。然命令之当否，惟视心之公私何如耳。若在上的人，存心正大光明，一惟秉持公道，克去私情，凡所施行，件件都合乎天理，当乎人心，则政令一出，自然风行草偃，听之如蓍龟，仰之如神明，无有不敬信畏服者矣。何至于壅逆而不行哉！尔有官君子，能慎其令，则敬职之道亦不外是矣。”

“学古入官，议事以制，政乃不迷。其尔典常作之师，无以利口乱厥官。蓄疑败谋，怠忽荒政。不学墙面，莅事惟烦。

学古，是学前代之法。制，是裁度。迷，是错缪。典常，是当代的典故。蓄，是积蓄。莅字，解做治字。烦，是烦扰。

成王说：“尔大小庶官，先须将前代的成法，都学习通晓了，然后可以进用而为官。及至议处国家的事务，却把平日所学的，用之以裁度斟酌，则事有条理，不至迷错矣。然前代的法，亦有宜于古而不宜于今者，尔又须以当代典常为师法。盖这典常，都是我文、武、周公之所经画，至精至当，所当遵行，不可以喋喋利口，逞其才智，轻易更改，乱尔之官守。盖事若积疑而不断，必反败其谋为；心若怠忽而不谨，必荒废了政事。然决疑立政，都从学问中来。若不肯习学古法，留心时务，则事理必不通达，心地必不开明，就如面墙而立一般，眼中一无所见。使之治事，必然周章乖错，举措烦扰，岂能辨国家之务乎？所以人不可无学问之功也。”

按：这一节虽成王训迪百官之言，其于君道尤为亲切。故博览经史，讲求治道，即所谓“议事以制”也；谨守成宪，修明旧章，即所谓“典常作师”也。人臣不通古今，尚不可以办一官之事，况君天下者乎！此明主所宜留意也。

“戒尔卿士，功崇惟志，业广惟勤。惟克果断，乃罔后艰。

功，是事功。业，是职业。果断，是勇于决断的意思。

成王既总戒庶官，至此又说：“如今申戒尔在朝的卿士，若要事功崇高，须是立志。若柔懦而不立志，则事功便卑下了，岂得崇高？若要职业广大，须是勤力。若怠惰而不勤力，则职业便狭小了，岂得广大。有此二者，又须临事能刚果决断，然后事皆有成，不贻后日艰患。若犹豫固滞，而不能果断，则志与勤都虚用了工夫，何益于事？尔等要建功立业，皆当深省于斯。”

“位不期骄，禄不期侈。恭俭惟德，无载尔伪。作德，心逸日休；作伪，心劳日拙。

骄，是骄傲。侈，是奢侈。载字，解做事字。

成王又说：“凡人居富贵之中，志念易盈，嗜欲易纵，必有道以处之，而后可以长有其富贵。今尔卿士所居之官位既贵，则虽不与矜骄期，而矜骄自至；所享之俸禄既厚，则虽不与奢侈期，而奢侈自至。故居是位者，必当恭以持己，而后不至于骄；享是禄者，必当俭以节用，而后不至于侈。然恭俭岂可以声音笑貌为哉？必须真有是谦虚忘势之心，而后其恭为实恭；真有是简淡朴素之念，而后其俭为实俭。恭俭皆出于实德，则内外如一，此心自安，而日著其休美。若只假做个恭俭的模样以欺人，则虽掩护遮盖，苦心劳力，而不恭不俭之真情终不可掩，亦日见其拙而已，何益之有哉？夫一诚伪之间，而得失之顿殊如此，尔卿士当以作德自励，而以作伪为戒可也。”

“居宠思危，罔不惟畏；弗畏入畏。

宠，是宠荣。危，是危辱。

成王说：“人臣享高爵厚禄者，虽是宠荣，然宠辱之机相为倚伏。故居宠荣之地者，必当思念危辱之祸。位高而心愈卑，禄厚而志愈约，无所不致其敬畏，庶几能保守名誉于无穷也。若不知敬畏，骄侈放肆，必入于危辱可畏之中矣。可不慎哉！”

“推贤让能，庶官乃和；不和政厖。举能其官，惟尔之能；称匪其人，惟尔不任。”

厖，是杂乱。称，是举。

成王说：“人君为治，必须群臣协和，同心为国，而后政事可理。然大臣者，又小臣之表率也。若尔为大臣的，能推荐有德之人，使之在位，而不蔽其贤；逊让有才之人，使之在职，而不害其能，则那小臣每也自然效仿。将见士让为大夫，大夫让为卿，师师济济，无有争竞，而政事皆灿然就理矣。若大臣于有德的，不肯推荐，反媢嫉之；于有才的，不肯逊让，反排挤之，则那小臣每也都仿效，互相忌害，彼此纷争，而朝廷政事必至于杂乱而不可振举矣。然大臣以用人为职，其所举有当否，己职之尽与不尽，亦系于斯焉。若荐举一出于公，所用的人果能不负其官，则知人善任，政事修明，是即尔之能矣；若荐举或出于私，所用的人或至瘝其职业，则引用匪人，误国殃民，是即尔之不胜其任矣。为大臣者，可不谨哉！”

王曰："呜呼！三事暨大夫：敬尔有官，乱尔有政，以佑乃辟。永康兆民，万邦惟无斁。"

三事，即立政所称三事大臣。乱，是治。斁字，解做厌字。

成王于篇末叹息说："上自三事大臣，下至大夫小臣，我申戒尔等：当敬谨尔所有的官职，不可怠忽；整治尔所司的政事，不可废弛。用以佑助尔君，永远康济天下之兆民。庶几万邦之广，亲附爱戴，而无厌斁我周之心矣。"

按：《周官》一篇，先儒以为成王亲政之书。盖成王受周公之教已成，故亲政之初，训迪百官，凡公、孤、六卿、百执事，无不正其官守，加以训词。其言居官莅政之道，无一语不精当，所以当时百官奉行，天下大治，真可为后世之法也。

卷十二

君陈

君陈，是臣名。周公既没，成王命君陈代周公治殷顽民。史臣录其策命之词，以“君陈”名篇。

王若曰：“君陈！惟尔令德孝恭。惟孝，友于兄弟，克施有政。命汝尹兹东郊，敬哉！

令，是善。尹，是治。东郊，指洛邑下都说，下都在王城之东，故谓之东郊。

成王策命君陈，呼其名而告之说：“惟尔有令善之德，事亲以孝，能尽为子的道理；事长以恭，能尽卑幼的道理。惟能孝于亲，友于兄弟，有这等令德，以修身教家，必能忠君爱民；施诸政事，使教化大行，风俗淳美，则东郊之任，舍汝其谁。故我今命尔尹治东郊下都之民。尔当敬谨从事，推孝恭之令德，为经国之善政，不可少有懈怠，以负委托也。”

“昔周公师保万民，民怀其德。往慎乃司，兹率厥常。懋昭周公之训，惟民其乂。

师，是教训。保，是安养。率，是循。懋，是勉。乂，是治。

成王又说：“昔周公治下都之民，有师之尊，所以教戒训饬者无不备；有保之亲，所以抚恤爱养者无不周。是以万民都怀想思慕他的恩德，至于今日，久而不忘。我今命尔前去，所司者，即周公之职；所临者，即周公之民。只当慎守尔的职事，小心敬畏，务率循旧日所行之常法，不可别立条贯，轻易更改。盖周公之训，布于当时者，万民方思慕不忘。尔若能勉力遵奉，益阐扬而光大之，则下都之民，自将翕然听顺，安静贴服，与周公之时无异矣。若少有纷更，民且疑骇而不安矣。可不慎哉！”

“我闻曰：‘至治馨香，感于神明。黍稷非馨，明德惟馨。’尔尚式时周公之猷训，惟日孜孜，无敢逸豫。

馨香，是和气薰蒸发越的意思。猷训，是关系道理的言语。

成王又说：“我闻周公有言：‘凡治化隆盛，到那至极的去处，自然和气薰蒸，馨香发越，虽神明亦将感格而无间。然这馨香不是祭祀的黍稷，乃是人有明德，蕴于身心而至精至粹，施诸政事而尽善尽美。然后馨香发闻，可以感格神明耳。若明德不足以致治，黍稷虽是馨香，神岂享之乎？’周公此言，其发明道理，至为精微，真修德治民者所当法也。尔尚用此周公发明道理之训，终日孜孜，务要身体力行，不可有一毫逸豫怠惰。庶几己德可明，至治可期，虽神明犹将感格，而况殷民有不从化者哉？”

“凡人未见圣，若不克见；既见圣，亦不克由圣。尔其戒哉！尔惟风，下民惟草。

由，是行。

成王又说：“凡今之人，不曾见圣人时节，心里切切向慕，如不能勾见的一般，此乃好德之良心也；及至亲见了圣人，却又志气昏惰，安于旧习，不能依着圣人所行。盖常人之情，大抵如此。尔君陈与周公同朝，已尝亲见圣人矣。如今继周公之后，抚周公之民，若未能法之以治民，则与常人不克由圣者何异？其尚以此为戒哉！盖尔君陈居民之上，其鼓舞倡率，譬如风一般；尔所治的下民，其观望听从，譬如草一般。风行则草偃，上行则下效，此必然之理也。若尔能式周公之训，以端风化之源，则民亦将听尔之训，不异于草从风矣。尔君陈可不勉乎！”

“国厥政，莫或不艰。有废有兴，出入自尔师虞；庶言同则绎。

艰，是艰难慎重的意思。出入，是反覆。师，是众。虞，是度。绎，是细绎思虑。

成王又说：“尔君陈尹兹东郊，凡图谋政事，无大无小，都要兢兢业业，以艰难之心处之。不要看做容易，轻率苟且，以致差失。尔今继周公之后，政之大体，固不可易，而时异势殊，容有法久弊生所当厘革的，有便民利俗所当兴举的，亦不容不因时而为之处。但不可偏执己见，率尔兴废。须要出入反覆，与众人商度可否，以求至当。若众论皆同，又要自家紬绎而深思之，灼见其利弊之宜，然后见之施行可也。夫外参于国人，而不专执乎己见；内审于独断，而不轻徇乎众言。斯可谓其难其慎，而政之兴革，当无有不善者矣。”

“尔有嘉谋嘉猷，则入告尔后于内，尔乃顺之于外，曰：‘斯谋斯猷，惟我后之德。’呜呼！臣人咸若，时惟良显哉！”

嘉，是美。言切于事的叫做谋，言合于道的叫做猷。顺，是将顺。

成王嘉奖君陈说：“尔平日凡有好言语切于事的，及有好言语合于道的，即便入告尔君于内，一一敷陈，无有隐匿，乃又不自以为能，将顺于外说道：‘凡此嘉谋嘉猷，有利于国，有益于民，都是我君之盛德，主持裁断于上，非臣下所能预也。’夫既陈己之善，而献纳于内，乃又以善归君，而宣布于外，此乃忠顺之极至，臣道之纯美者也。”于是又叹息说：“若使为人臣的，都似汝这等忠顺，是为奉公修职的良臣，而其名誉亦岂不光显于后世哉！”夫君陈有善，不自以为己功，而归之于君；成王受善，亦不自以为己出，而归之君陈，盖亦庶几乎唐虞都俞之休风矣。其致治太平宜哉！

王曰：“君陈！尔惟弘周公丕训，无依势作威，无倚法以削。宽而有制，从容以和。

弘，是阐扬的意思。丕训，是大训。削，是刻削。制，是节制。

成王又呼君陈而告之说：“昔周公师保万民，垂之大训者，固后人所当遵。然事以时迁，政由俗革，又不可拘泥陈迹，至于狭隘而不弘也。尔必斟酌变通，阐扬开拓周公所遗之大训，使益光显敷布于万民，乃能继周公以成治耳。今尔所居的势位，是下民所瞻仰，却不可恃势作威以陵暴在下之人；尔所用的法制，是下民所奉行，却不可倚着公法而恣行刻削之政。

惟在审治体，识时宜，务以平定安辑斯民可也。盖殷民当迁徙之余，服周公之训，顽梗之习虽变，而向化之心未坚。若更加严厉，则非今时所宜；若过于宽和，又非为治之体。尔今御众虽从宽厚，然不可一味从宽，把法度都废坠了。须要有个品节限制，以维特于宽厚之中，然后宽而不失于纵。近民虽尚和平，然不可骤然便和，使人情都懈弛了。须要驯扰服习，渐次成和平之化，然后和而不至于流。宽和得中，则政善民安，而能弘周公之丕训矣。"

按：周公告成王治洛，则曰："明作有功，惇大成裕。"是严中有宽。成王告君陈，则曰："宽而有制，纵容以和。"是宽中有严。可见刚柔相济，仁义并行，乃万世治天下之大法也。论治者宜究心焉。

"殷民在辟，予曰辟，尔惟勿辟；予曰宥，尔惟勿宥，惟厥中。

辟，是刑辟。宥，是赦宥。中，是轻重得中。

成王告君陈说："下都之殷民，有犯了刑法，未经决断的。我虽说要加刑，尔未可便从我意而加刑；我虽说要赦宥，尔亦未可便随我意而赦宥。盖一人之喜怒无常情，五刑之轻重有定法。若曲从人君一时的喜怒，必有不当刑而刑，不当宥而宥者。须是详明法意，权其轻重，务合于中。可刑则刑之，使无辜者不至滥及；可宥则宥之，使有罪者不得幸免，乃为用法之平也。"上节是戒君陈不可徇一己之私，这是戒君陈不可徇人君之私。上下皆能以公道为主，殷民岂有不心服者乎？

"有弗若于汝政，弗化于汝训，辟以止辟，乃辟。

弗若，是不顺。

成王又说："若殷民之中，有习于强梗，不肯顺于汝之政令的；有安于昏昧，不能化于汝之教训的。这等人，不免加之以刑。然须是刑当其罪，刑一人而可以为千万人之戒，使后来的再不敢犯罪，然后从而刑之。不如是，则未可遽加以刑矣。"此节言罪之可矜者，不轻于用辟，以见辟惟其中，而非枉滥也。

"狃于奸宄，败常乱俗，三细不宥。

狃，是习惯。奸，是在内为恶的。宄，是在外为恶的。细，是小。

成王又说："若是习惯奸宄之事，敢于为恶，不知悛改的，与那毁败纲常，坏乱风俗的，这三样人，所犯虽是小罪，也不可赦宥他。盖国家之纪纲风化，关系甚重，当痛惩之，以绝为恶之源也。"此节言罪之难恕者，不轻于赦宥，以见宥惟其中，而非宽纵也。

"尔无忿疾于顽，无求备于一夫。

忿，是忿怒。疾，是疾恶。顽，是愚顽。

成王告君陈说："尔所治之民，有好愚顽不听训化的，不要忿怒疾恶，便以为难教而弃之。须是优游不迫，渐次把礼义开导他，则无不可化之人矣。人各有能有不能，不要求全责备于一人。须是取其所长，舍其所短，因才而器使之，则无不可用之人矣。"盖待物贵洪，以开进善之机；取人贵恕，以广用才之路，为治之要道也。

"必有忍，其乃有济。有容，德乃大。

成王又说："轻躁之人，不足以图事。须是从容坚忍，事不轻发，然后举动详审，而于事有济也。浅狭之人，不足以蓄众。须是度量宽洪，恢乎有容，然后其德广大，如天覆地载，而无所不包也。"盖大臣任大责重，不惟其才识卓异，尤必德量过人者，而后足以堪之。故成王之勉励君陈如此。

"简厥修，亦简其或不修。进厥良，以率其或不良。

简，是简择分别。修，是职业修举的人。良，是行义良善的人。

成王又说："殷民虽渐染纣之污俗，然已薰陶于周公之化。其中善恶不等，须有个劝率化导之方。如职业有修与不修的，尔当简别那能修职业的，也简别那不能修职业的，务要分析明白，不使他混为一途，则修者益自奋，而不修者知所愧耻，人人都劝于立功矣。如行义有良与不良，尔当进用那良善的，以倡率那不良善的，则良者得效用，而不良者有所激励，人人都勉于兴行矣。"

“惟民生厚，因物有迁。违上所命，从厥攸好。尔克敬典在德，时乃罔不变，允升于大猷。惟予一人膺受多福，其尔之休，终有辞于永世。”

迁，是改变。典，是五常。在德，是实有是德。升，是进。大猷，是大道。休，是美。辞，是称誉之辞。

成王命君陈篇终，又勉励之说：“民受天地之中以生，其本然之性，原自淳厚，只为外物引诱，遂改变做浇薄了。然厚者既可变而为薄，则薄者岂不可挽而为厚乎？但民之常情，不从上人的命令，而从其所喜好。如所令反其所好，则虽严刑峻罚，必不能驱之使从矣。盖转移之机，在上不在下；导民之道，以身不以言。尔君陈若能敬其君臣、父子、兄弟、夫妇、朋友之常道，而实有是德于身，则自家能谨其所好矣。将见百姓每都感发兴起，莫不改其浇薄归于淳厚。由是化行俗美，于变时雍，信能升于大道之世，而无复梗化之民也已。世治民安，则予一人得以垂拱于上，膺受多福；其在于尔，也大有休美，而名誉光显，终将传诵于来世矣。尔可不勉图之哉！”

按：此篇之言，甚切于治道。君陈所以成和中之治，历三纪而世变风移，皆本于此。其篇中“敬典在德”一言，尤为纲要。盖以教化为先务，以修德为本原，自古帝王修身致治，用此道也。先儒谓《君陈》一命，乃成王真得实造之学。君天下者，宜留意于斯。

顾命

成王大渐之时，顾视群臣，命之辅佐康王。史臣录其命词，并叙群臣迎立康王，传授遗诏始末，遂以“顾命”名篇。

惟四月哉生魄，王不怿。甲子，王乃洮頮水，相被冕服，凭玉几。

哉生魄，是十六日。怿，是悦。洮，是洗手。頮，是洗面。相，是扶侍的人。凭，是倚靠。玉几，是玉做的几。

史臣叙说：成王在位三十七年，四月十六日，感疾而不悦。至甲子日，病势愈重，欲命群臣辅导太子，慎重其事，乃力疾而起，以水盥手洗面，左右扶侍的人被以衮冕之服，然后凭着玉几以发命焉。夫当疾病困惫之时，犹必盥洗以致洁，冕服以致敬，不以污亵临群臣，成王之克自敬德亦可见矣。

乃同召太保奭、芮伯、彤伯、毕公、卫侯、毛公、师氏、虎臣、百尹、御事。

芮、彤、毕、卫、毛，都是国名。虎臣，是虎贲。百尹，是百官之长。

成王将发顾命，乃总召六卿等官。是时太保召公奭领冢宰事，芮伯为司徒，彤伯为宗伯，毕公领司马，卫侯为司寇，毛公领司空，及宿卫之官，师氏、虎贲，又及百官之长，与诸治事之臣，同至御前听命。盖托后嗣，传大位，所系甚重，故必集群臣而面命之也。

王曰："呜呼！疾大渐，惟几。病日臻，既弥留，恐不获誓言嗣，兹予审训命汝。

渐，是进。几，是几希不绝的意思。臻，是至。嗣，是继嗣。

成王顾命群臣叹息说："我之疾已大进，但几希不绝耳。然病日增重，既弥甚而留连，其势已不可起矣。恐一旦遂死，不得出誓言以托继嗣之事，此我所以及未死之时，详审发训以命汝等。汝等其专心听之可也。"

"昔君文王、武王宣重光，奠丽陈教，则肄肄不违，用克达殷，集大命。

宣，是著。奠，是定。丽，是民之所依。肄，是习。

成王说："昔我先君文王、武王后先相继，能明其德。文王既宣著其光于前，武王又宣著其光于后，如日月之代明一般，其君德之盛如此。及其施之政教，则能定民所依，使寒者得衣，饥者得食，各有所倚赖。又以其民既富而可教，乃陈列教条以开示之，使之父子知亲，君臣知义，昭然于人伦日月之理。由是我周之民，感其教养之泽，莫不服习而不违；风声远被，用能达于殷邦，罔不服从其教化。民心既归，天意斯属，遂集大命于我周矣。"

"在后之侗，敬迓天威，嗣守文、武大训，无敢昏逾。

侗，是愚。迓，是迎。

成王说：“得天下固难，而守天下亦不易。我小子承文、武之后，虽侗愚无知，然亦知天命无常，至为可畏，兢兢然致敬以迎之，不敢有一毫怠忽之心；于文、武敬天勤民的大训，一一承继保守，无敢错昧逾越。是以能延长世德，克享天心，而大命不至于失坠尔。”

“今天降疾，殆弗兴弗悟。尔尚明时朕言，用敬保元子钊，弘济于艰难。

钊，是康王的名。

成王说：“今天降疾于我身，殆将必死，不能兴起，不能醒悟矣。继我而为君者，太子钊也。以祖宗基业之重，付之一人，可谓艰难。尔等庶几明记我的言语，相与敬慎以保护太子，左右维持，使能大济乎艰难之业，而守丕基于不坠可也。”

“柔远能迩，安劝小大庶邦。

这下两节，正说弘济艰难之事。

成王说：“人君以一身为万民之主，虽地有远近，皆当抚绥。汝必敬辅元子，于远民则怀来而柔顺之，于近民则驯扰而调习之，以尽夫抚万民之责焉。人君以一身立诸侯之上，虽国有小大，皆得统御。汝必敬辅元子，保安那小国，使之得以自立，劝导那大国，使之不敢自肆，以尽夫御诸侯之责焉。如此，则君道克尽，而艰难庶乎可济矣。”

“思夫人自乱于威仪，尔无以钊冒贡于非几。”

乱字，解做治字。贡字，解做进字。几，是念虑之微。

成王又说：“人受天地之衷以生，本有动作威仪之则。我思夫人之所以为人者，当肃恭收敛，自治其威仪，使一身之中有威可畏，有仪可象，方能无愧于为人耳。况人君之威仪，尤天下之所瞻仰者，其可以不治乎？然欲修其身者，先正其心。若一念之几微，或出于邪，则吾身之威仪，咸失其正，尤不容于不谨者。汝必辅我元子，致谨于念虑之微，以端其威仪之本，慎无引君非道，以元子钊冒进于不善之几也。”

兹既受命，还，出缀衣于庭。越翼日乙丑，王崩。太保命仲桓、南宫毛，俾爰齐侯吕伋，以二干戈、虎贲百人，逆子钊于南门之外。延入翼室，恤宅宗。

缀衣，是帐幔。仲桓、南宫毛，是二臣姓名。吕伋，是太公望之子。逆，是迎。延，是引。翼室，是路寝的夹室。恤宅，是忧居。宗，是主。

史臣记成王发命之时，曾设帐幔于坐次，及群臣既受顾命而退，乃撤出帐幔于庭中。及明日乙丑，成王遂崩。太保召公奉成王遗命，命仲桓、南宫毛二近臣，使齐侯吕伋，以干戈二具、虎贲百人，往迎太子钊于路寝门之外。引入路寝东夹室，居忧主丧，以示继体之有人，天位之已定也。

丁卯，命作册度。

成王崩第三日丁卯，召公将传顾命于康王，先命史官作册书以纪其言，并定受册的礼仪法度，如下文升阶即位、御册受同之类。

越七日癸酉，伯相命士须材。

伯相，是召公。召公以西伯为相，故叫做伯相。须，是取。

作册后七日癸酉，成王既殡，召公命士取材木，以供丧事杂用。

狄设黼扆、缀衣。

狄，是官名，盖主陈设之事者。黼扆，是屏风画斧文的。

召公将传成王顾命，于是命狄人设屏风于御座之后，又设帐于周围，悉如成王生存临御之仪也。

牖间南向，敷重篾席，黼纯，华玉仍几。

牖，是窗。敷，是铺设。篾席，是桃竹枝织成的席。黼，是白黑杂色之缯。纯，是缘。华玉，是五色之玉。仍几，是仍设平时之几案。

史臣记：狄人于路寝户牖之间，向南之处，铺设三重篾席，其席以白黑之缯为缘，仍设华玉所饰之几。这是成王平日朝见群臣之坐也。

西序东向，敷重厎席，缀纯，文贝仍几。

西序，是西厢。厎席，是蒲席。缀，是杂彩。文贝，是海中介虫，有黄紫杂文。

狄人又于西厢向东去处，铺设三重蒲席，其席以杂彩为缘，仍设文贝所饰之几。这是成王平日听事之坐也。

东序西向，敷重丰席，画纯，雕玉仍几。

东序，是东厢。丰席，即是下文笋席。雕，是刻。

狄人又于东厢向南去处，铺设三重竹笋席，其席以采画之缯为缘，仍设雕玉所饰之几。这是成王平日养国老、飨群臣之坐也。

西夹南向，敷重笋席，玄纷纯，漆仍几。

西夹，是路寝西边夹室。笋席，是竹笋皮织成的席。纷，是杂。

狄人又于路寝西边夹室向南去处，铺设三重竹笋席，其席以玄色缯杂为之缘，仍设漆几。这是成王平日燕亲属之坐也。盖牖间南向之席，乃天子负扆朝诸侯之处，坐之正也。其余三坐，则随事而设。今将传成王顾命，不知神之所依于彼于此，故并设之。

越玉五重，陈宝。赤刀、大训、弘璧、琬琰，在西序。大玉、夷玉、天球、河图，在东序。胤之舞衣、大贝、鼖鼓，在西房。兑之戈、和之弓、垂之竹矢，在东房。

越，是及。五重，是五件珍重之玉，即弘璧、琬琰、大玉、夷玉、天球也。宝，是宝器，即赤刀、舞衣、大贝、鼖鼓、戈、弓、竹矢也。赤刀，是赤金的刀。大训，是历代帝王的谟训。弘璧，是大璧。琬、琰，都是玉圭的名。夷玉，是外夷所贡的美玉。天球，是玉磬。河图，是伏羲时河中龙马所负之图。胤之舞衣，是胤国所制的舞衣。大贝，即是文贝。鼖鼓，是大鼓，长八尺。兑和垂都是古时巧工的名。

史臣记当时之所设者，又列五件重玉，陈各样宝器。如赤金之刀、帝王之大训，及弘璧、琬琰，则陈列在西序。大玉、夷玉及天球、河图，则陈列在东序。胤国所制之舞衣及大贝、鼖鼓，则陈列在西房。兑所制之戈、和所制之弓、垂所制之竹矢，则陈列在东房。此皆先王世传之器，亦成王平日之所服御者，故设之以寓如存之感也。

大辂在宾阶面，缀辂在阼阶面，先辂在左塾之前，次辂在右塾之前。

辂，是车驾。大辂，是玉辂。宾阶，是西阶，以其为宾客所升，故谓之宾阶。缀辂，是金辂，王乘玉辂，而金辂即连缀其前，故谓之缀辂。阼阶，是东阶，以其为主人酬酢宾客之所，故谓之阼阶。先辂，是木辂，以其辂之先，故谓之先辂。塾，是门侧之堂。次辂，是象辂与革辂，以其次于木辂，故谓之次辂。

史臣记当时又陈设五辂：玉辂在西阶南向；金辂在东阶南向；木辂在左塾之前北向，与玉辂相对；象辂、革辂在右塾之前北向，与金辂相对。此皆成王平日之所乘者，故备设之，亦陈宝玉之意也。然仪物之陈皆以西为先者，以成王殡在西序故尔。

二人雀弁，执惠，立于毕门之内。四人綦弁，执戈上刃，夹两阶戺。一人冕，执刘，立于东堂。一人冕，执钺，立于西堂。一人冕，执戣，立于东垂。一人冕，执瞿，立于西垂。一人冕，执锐，立于侧阶。

弁，是士冠。雀弁，是赤色微黑，如雀头一般。惠，是三稜的矛。毕门，是路寝之门。綦弁，是文鹿皮冠。上刃，是持刃向外。戺，是堂稜。冕，是大夫冠。刘、钺，都是斧类。东西堂，是东西厢的前堂。戣，是矛类。瞿字，当作戵字，是四稜的矛。东西垂，是东西厢的阶上。锐字，当作铳字，也是矛类。侧阶，是东边小阶。

此时将迎新王，故肃仪卫以备不虞。使武士二人，戴雀色的弁，执三稜之矛，立于毕门之内。四人戴鹿皮的弁，执戟以刃向外，夹立于东西两阶之旁、近堂稜之处，每阶二人。又大夫一人，戴冕执刘，立于路寝之东厢堂。一人戴冕执钺，立于路寝之西厢堂。一人戴冕执戣，立于东厢之阶上。一人戴冕执戵，立于西厢之阶上。一人戴冕执铳，立于东边小阶。康王居忧于东室，故凡仪卫之陈，皆以东为先也。

王麻冕黼裳，由宾阶隮。卿士、邦君麻冕蚁裳，入即位。

麻冕，是细麻之冕。跻，是升。蚁裳，是玄色之裳，如蚁色一般。

仪物既陈，宿卫既备，乃迎嗣王入受顾命，以受命重事。且有祭告之礼，故变凶服而用祭服。康王麻冕黼裳，由西阶升堂，盖未受顾命，犹不敢以主道自居也。公卿大夫及诸侯皆麻冕玄裳，从王而升，各入就班次。然王之祭服，其裳四章，今独用黼；卿士、邦君之祭服，其裳宜纁，今易而为玄，不纯用吉服者，盖酌吉凶之间，礼之变也。

太保、太史、太宗皆麻冕彤裳。太保承介圭，上宗奉同瑁，由阼阶跻。太史秉书，由宾阶跻，御王册命。

太宗、上宗，是大宗伯。彤，是赤色。介圭，是尺有二寸的大圭。同，是爵。瑁，是天子所执之玉，以合诸侯之圭璧者。秉，是执。书，是载顾命的册书。御，是进奉。

王与卿士、邦君既升矣。太保是受遗诏的，太史是奉册的，大宗伯是相礼的，三人皆服麻冕彤裳，纯用吉服。大圭乃天子之所守，则太保奉之；同为祭祀之主，瑁为朝觐之主，则大宗伯奉之，皆由东阶升堂。遗命册书乃太史之所作，则太史执之，由西阶升堂，遂以此册命进之于王。太保、宗伯奉符宝以传嗣君，有主道焉，所以升自东阶。太史尊先王之遗命，所以升自西阶也。

曰："皇后凭玉几，道扬末命：命汝嗣训，临君周邦，率循大卞，燮和天下，用答扬文、武之光训。"

皇后，是大君。末命，是临终之命。卞字，解做法字。燮，是和。

成王顾命之词，太史既书之于册以授康王，而复口陈其意说："大君成王当大渐之时，亲凭玉几，发扬临终之命。命汝嗣守文、武的大训，君临周之天下。然既居大位，必有大法，汝必率而循之。凡所以柔服万民，安劝庶邦者，悉遵先王之成法，于以燮和天下之臣民，使皆相安相乐，无一人离心。能如是，则可谓善继善述，慰答宣扬文、武之光训，而不负其启佑之意矣。先王之所望于汝者如此，可不勉哉！"

王再拜，兴，答曰："眇眇予末小子，其能而乱四方，以敬忌天威！"

眇，是小。而字，解做如字。

康王既受顾命，乃再拜而起，答说："君道甚难，天命可畏。眇眇然我微末小子，其能居大位，循大法，致大和，如我祖父之安治四方，以敬畏夫天命乎？"盖深以不胜为惧也。

乃受同、瑁，王三宿、三祭、三咤。上宗曰："飨！"

宿字与肃字同，是肃敬的意思。祭，是酌酒。咤，是奠爵。

康王已拜受顾命，乃受大宗伯所奉之同、瑁。瑁则授之于人，同则用之以祭。王乃三致肃敬，进爵于神位之前，三酌酒于同中，三奠同于神座，告其已受顾命也。宗伯乃传神命说："先王已歆飨矣！"

太保受同，降盥，以异同秉璋以酢。授宗人同，拜。王答拜。

异同，是别爵。璋，是璋瓒。瓒有二：有以圭为柄者，曰圭瓒；有以璋为柄者，曰璋瓒。酢，是报祭，如亚献之类。宗人，是小宗伯等官。

康王既行祭告之礼，以所奠的同爵授于太保。太保受之，然不敢用之以祭，遂下堂盥洗其手，更用别同，盛在璋瓒之中，持璋瓒以报祭。因授同于宗人，使他代安神座，遂拜以成礼，告其已传顾命。康王以子道自处，亦代尸答拜焉。盖太保以元老大臣，受托孤重任，故王答其拜，所以致敬也。

太保受同，祭，哜，宅，授宗人同，拜。王答拜。

祭，是酎酒于地。哜，是饮福至齿。宅，是退居其位。

凡祭将毕，有饮福酒之礼。此时康王居丧，不可饮福，太保乃代王行之。宗人酌酒于同，以授太保。太保受之，先酎酒于地，然后举酒至齿。盖方在大丧之中，不甘其味也。于是退居其所立之位，以同还授宗人，而下拜以谢神赐。王又代尸答拜焉。

太保降，收。诸侯出庙门俟。

庙门，是路门。室有东西厢曰庙，路寝有东序、西序，故称其门为庙门，非宗庙之门也。俟，是待。

祭礼既毕，太保下堂，有司收彻器用。助祭之诸侯，皆出路门，候见新君与之更始焉。

按：此篇见成王临大渐之际，志气清明，能发训言以传后嗣；又见召公当大故之日，区处周密，能肃政令以定危疑。君相之贤，皆可为后世法也。

康王之诰

这是康王初嗣位，君臣相与戒勉之辞。史臣叙其事，因以“康王之诰”名篇。

王出在应门之内。太保率西方诸侯入应门左，毕公率东方诸侯入应门右，皆布乘黄朱。宾称奉圭兼币，曰：“一二臣卫，敢执壤奠。”皆再拜稽首。王义嗣德，答拜。

应门，是周时内朝之处。太保，指召公。率，是领。布，是陈。马四匹为乘。布乘黄朱，是陈布四黄马而朱其鬣也。宾，是诸侯古以宾礼亲邦国，故谓之宾。称，是举。壤奠，是以壤地所出为奠贽也。义，是宜。义嗣德者，谓宜继前人之德，即嗣位的意思。

史臣记说：成王既崩，康王初立，群臣候见新君，王乃出立于应门之内。于是太保召公为西伯，则率西方诸侯入应门左；毕公为东伯，则率东方诸侯入应门右。分领所属，叙立已定，乃各陈布黄马四匹，朱其鬣以为庭实。诸侯又各举所奉圭，兼以币帛，致词说：“我一二臣子，在外为王藩卫者，敢献其壤地所出之马与币，以为贽见之仪。”致词已毕，乃相率再拜稽首，而致敬尽礼焉。是时康王已即大位，宜继前人之德者，故亦答拜。盖继统之新君，居忧之宗主，礼当如是也。

太保暨芮伯咸进，相揖，皆再拜稽首，曰：“敢敬告天子：皇天改大邦殷之命，惟周文、武诞受羑若，克恤西土。

推手向前为揖。诞，是大。羑若二字，疑有脱误。克恤，是能抚恤。西土，是西方岐丰，文、武初兴王业之地。

史臣记说：诸侯朝见康王，行礼既毕，太保召公及司徒芮伯，与群臣皆前进相揖，序定位次，又皆再拜稽首说："王今已为天子，群臣敢致敬进言于王。昔商之成汤，以圣德克享天心，创造商家六百年大基业。至纣无道，皇天厌弃，遂一旦改革其命，使他尽丧了天下。惟我周家文王、武王，二圣相承，乃大受其命，以开一代的基业。所以然者，实由文王、武王能抚恤西土之众，使得其所，是以人心归于一，天命眷于上，信非偶然也。夫文、武相继恤民，始受天命，得天下如此其难也。王可不尽君道以保之乎！"康王身长富贵，不知创业艰难，故召公率诸臣进戒，首之以此，所以警悟者至矣。

"惟新陟王毕协赏罚，戡定厥功，用敷遗后人休。今王敬之哉！张皇六师。无坏我高祖寡命。"

陟，是升遐。成王初崩，故曰新陟王。毕，是尽。协，是合。戡，是克。敷遗，解做施及。张皇六师，是大修戎备。寡命，是不易得的基命。

召公又说："我周自文、武艰难创业，惟我新升遐的成王，以兢业守之。凡一赏一罚，皆未尝徇一己的私情。惟理所可好则好之，而赏必当功；理所可恶则恶之，而罚必当罪。至公至明，绝无私曲。是以赏一人而天下以劝，罚一人而天下以惩。民志定，王业安，而文、武之大功不至于动摇。用以此施及于后世之子孙，亦有盈成熙洽之美，而享有今日之天下。今王嗣位，其敬以保守之哉！敬之何如？治安之久，易有陵迟之渐；践祚之初，当绝觊觎之萌。必振饬戎务，张大六师之制，使器械严整，士气精明，足以耆服人心，镇定天下。切不要姑息废弛，使我高祖文、武不易得的基命，坠坏而不终也。"

按：周家仁厚立国，规模已定，惟商民犹伺隙欲逞。况盈成之久，其弊易弱。成、康之时，病正坐此。故康王即位，元老大臣惓惓以赏罚六师告之。尝考《立政》一书，周公亦以"克诘戎兵"为言，可见老成谋国，计虑深远矣。

王若曰："庶邦侯、甸、男、卫，惟予一人钊报诰。

钊，是康王名，嗣王在丧，故称名。报，是答。

康王因群臣相与进戒，乃呼而告之说："尔等庶邦侯、甸、男、卫之诸侯，既有陈戒于我，惟我一人钊，将亦有诰词，以报答于尔。其明听之哉！"

"昔君文、武丕平富，不务咎，厎至齐信，用昭明于天下。则亦有熊罴之士、不二心之臣，保乂王家。用端命于上帝，皇天用训厥道，付畀四方。

丕，是大。平，是均平。富，是富足。务，是专力的意思。咎，是咎恶。厎，是致。至，是至极的去处。齐，是兼备。熊与罴，都是猛兽名。不二，是一心。乂，是治。端命，是正命。

康王告诸侯说："昔为周文王、武王之为君，有溥博均平之德，减薄税敛，使天下都富足，无有困穷。人有罪恶，不得已而加刑，又轻省而不深刻，谨慎而不差误，不曾专意去寻人的罪恶。其务德而不务法如此。这个心推行到那至极的去处，兼尽而极其诚信，无有一些虚假，内外充实，自然光辉发越，明白在天下人耳目。文、武有此圣德，宜无赖于群臣之辅者。当时却也有如熊如罴一般的武士，与纯一忠实不二心的贤臣，同心协力，相与辅佐，以保护经理我周之邦国。故文王、武王用此承受正大之命于上天，天亦以此顺文、武之道，谓可以君主天下，而付畀以四方之大也。夫文、武以圣德而尚赖贤臣辅佐如此，况我今日，宁不赖尔等之助乎？"

"乃命建侯树屏，在我后之人。今予一二伯父，尚胥暨顾，绥尔先公之臣，服于先王。虽尔身在外，乃心罔不在王室，用奉恤厥若，无遗鞠子羞。"

伯父，指同姓诸侯。先公，是诸侯的祖父。顾，是念。绥，是安。鞠子，是稚子未离鞠养的意思，乃谦辞也。

康王又说："我周文王、武王既得贤臣以创王业，犹虑后人无以守之，乃命封建侯国，树立藩屏。其意盖以后世子孙继体守成，要这等人辅佐于异日也。先王为后世虑如此。今我一二同姓的诸侯，继尔祖父为臣。尔祖父前日皆有臣服于我先王之道。庶几相与顾念而不忘，安定而不易，事我以尽蕃卫之责。虽身奉职在外，须要一心孜孜报国，常在王室，用以此心奉上之忧勤，顺承不违。无或不能辅佐，使端命不可受，四方不能保，以贻我鞠子之羞耻。斯则顾绥之道尽，而无愧先公矣。尔等可不勉哉！”

群公既皆听命，相揖趋出。王释冕，反丧服。

群公，指太保召公以下。命，即上报告之命。

史臣说：太保召公等，既皆恭听王报告已毕，乃皆相揖而趋出。王乃释去冕服，还著丧服。盖行即位吉礼毕，仍行居丧之礼也。

按：此书臣之进言，曰“无坏我高祖寡命”；君之求助，曰“无遗鞠子羞”。即位之初，君臣告戒，深切著明，惓惓有无忘先业之意。此孔子取之以为后世法也。

毕命

康王命毕公代君陈保治东郊。史臣录其册命之辞，以“毕命”名篇。

惟十有二年，六月庚午朏，越三日壬申，王朝步自宗周，至于丰。以成周之众，命毕公保厘东郊。

月初生明叫做朏，是月之初三日也。乘辇而行叫做步。宗周，是镐京。丰，是文王庙所在。成周、东郊，俱指洛邑下都说。保，是安。厘，是理。

史臣叙说：惟康王即位之十有二年，六月初三日庚午，越三日壬申，王于是日之朝，步自宗周至丰。亲告于文王之庙，以洛邑下都之众，命毕公往保厘之。盖殷民自周公、君陈以来，虽向化已久，而余风沿存，固不当专尚威严，亦不宜轻事姑息。必刚柔互用，威惠并行，保以安之，而爱惜护养，使民无不遂其生；厘以理之，而区处分别，使民无不顺其治，然后能成周公、君陈之业也。康王以此命毕公，其责成之者甚重矣。

王若曰：“呜呼！父师：惟文王、武王敷大德于天下，用克受殷命。

毕公代周公为太师，故以父师称之，盖隆其礼也。敷，是布。

康王册命毕公，叹息而呼之说道：“父师，惟我周家当初受有殷天命，岂是容易得来。实由我文王徽柔懿恭，怀保小民；我武王聪明作后，宠绥四方。有此大德，敷布于天下，用能受有殷之命，而创建大业也。”此言周得殷命之难，以见保守之道，在今日所当加意也。

“惟周公左右先王，绥定厥家，毖殷顽民，迁于洛邑，密迩王室，式化厥训。既历三纪，世变风移，四方无虞，予一人以宁。

先王，指文、武、成王。毖，是谨。十二年为一纪，父子相传为一世。

康王说：“惟此下都之众，自周公实始治之，其功有不可泯者。盖周公以王室懿亲，累世辅政，既佐文、武，又相成王，用能安定国家，保固王业。当时以殷民反侧难化，则加意谨毖，区处防闲，极其周密。将他移于洛邑，密近王室，日闻我周家的仁声善政，亲近我周家的仁人君子，使潜消其顽悍之习，而化于德义之训。盖自迁洛以至今日，拊摩驯习，既历三纪之久，当时的顽民，老者尽，少者壮，世运已变更矣。然后染恶之民，悉化为友顺，而风俗翕然其移易焉。如今殷民安，而四方俱安，天下太平，无可忧虞之事。我一人得以垂拱于上，安享和平之福，斯岂一朝一夕所致哉！夫观周公化殷之难如此，公必善继其政，而保此治安于无穷可也。”

“道有升降，政由俗革。不臧厥臧，民罔攸劝。

道，是世道。升降，指治乱说。革，是改。臧，是善。

康王又命毕公说：“公往治殷民，必因俗为政而后可。盖世道有隆有污，若风俗淳美，人心和顺，则世道日升而趋于治；风俗薄恶，人心浇漓，则世道日降而趋于乱。故为政者，当因俗以为变更，宜宽而宽，宜严而严，务要感化人心，挽回风俗，不可胶于一定。此为治之大端也。昔在周公之时，殷民习染旧恶，世道方降，故谨毖而迁之，其治尚严；至君陈之时，殷民渐化为善，世道初升，故从容以和之，其治尚宽，皆是因俗以为政者。其在今日，世变风移，善者固多，不善者亦不尽无。又当刚柔并用，分别善恶，使赏罚昭明，人知惩劝，乃政体之所宜也。若为善的，不称其善，也与不善的一般，则淑慝混淆，从违靡定。善者无所恃，而怠于自修；不善者无所慕，而安于自弃。其何所视效以为劝乎！夫劝善惩恶，若主于区别之严，然使民同归于善，不失为爱养之厚。此正所谓保厘之政也。”

“惟公懋德，克勤小物，弼亮四世，正色率下，罔不祇师言。嘉绩多于先王，予小子垂拱仰成。”

懋，是盛大。小物，譬如说细行一般。师，是师法。

康王又称美毕公说道：“惟公有盛大之德，备道全美，不但大节之过人，虽至于一言一动之微，人所易忽者，亦能勤慎检点，绝无怠忽。其德之盛如此。自辅导文、武、成王以及朕躬，为四世之元老，风采凝峻，正色敛容于朝著之间，以倡率群僚。凡有言论谟画，在群臣罔不祇敬而师法之。盖公闻望素孚，勋业茂著，其休嘉之绩，已多于先王之时，不特今日为然。今予小子惟垂衣拱手，以仰其治功之成而已。夫以公之德业，为予所仰赖如此。然则保厘之任，舍公其谁属哉！”

王曰：“呜呼！父师：今予祇命公以周公之事，往哉！

康王又叹息呼毕公而告之说：“昔周公辅相我国家，经理太平之业，尝孜孜以化服殷民为事。今公德业之盛，无愧周公。故予就祖庙之中，祇行册命，以周公之事付之于公。公其往莅东郊，而尽保厘之道可也。”

“旌别淑慝，表厥宅里，彰善瘅恶，树之风声。弗率训典，殊厥井疆，俾克畏慕。申画郊圻，慎固封守，以康四海。

旌、表，都是褒奖的意思。淑，是善。慝，是恶。瘅字，解做病字，是羞愧他的意思。申，是申明。

康王又命毕公说：“公之保厘东郊，当以劝善惩恶为务。若殷民中有为善的，必旌奖他，使知劝于为善；有为恶的，须简别他，使知戒于为恶。如式化厥训的，此善人也，则旌表其宅里，光显之为善人，以羞愧那为恶的人，使善人的风声卓然树立，闻者莫不兴起。这便是旌善的事。有弗率训典的，此恶人也，则分异其井里疆界，不令与善人相混，使他畏惧为恶之祸，羡慕为善之福。这便是别恶的事。至于王畿乃四方之本，不严其防，非所以弹压殷民，而安定四方也。故郊圻之地，其远近疆界，比先规画停当的，须要申明约束，不使湮废；封域之内，其高深险阻，比先设立守御处所，须要谨慎戒饬，不使怠忽，于以安定四海之民。盖承平日久，法制易隳，人心易玩。若根本之地常加修葺整理，则王畿尊严有备无患，四方都畏威仰德，安享太平之福矣。岂特殷民顺化而已哉！”夫既行旌别之典，以昭激劝之大机，又重畿辅之守，以修防御之大计，所以为长治久安之虑者至深远矣。

“政贵有恒，辞尚体要，不惟好异。商俗靡靡，利口惟贤，余风未殄，公其念哉！

辞，是辞令。靡靡，是随顺的意思。殄，是绝。

康王告毕公说：“公之保厘东郊，凡设施于政事者，必贵乎有恒。行之而为经常之典，守之而为画一之规。不要朝更夕改，方行忽罢，则政立而民莫不遵从矣。凡宣布于辞令者，必尚乎体要。体则典重而旨趣悉完，要则简约而切中事理。不要务为繁文，浮泛失实，则令出而民莫不听信矣。至于作聪明，趋浮末，一切好异之事，决不可为。盖一或好异，则政必至于纷扰，而不足以宜民；辞必至于支蔓，而不足以服众。此治体之所当戒也。所以然者何哉？盖商之旧俗，渐染纣恶，靡靡然相与随顺，惟以利口捷给为贤，虽以周公之圣、君陈之贤治之，而习染余风，尚未殄绝。公其念此，凡政令所施，务存浑朴敦大之体，以尽化其浇薄之习可也。”大抵天下治，则人尚行，而风俗日厚；天下乱，则人尚辞，而风俗日薄。康王恶商俗之靡靡，而政令以体要有恒为重；汉文帝斥啬夫之喋喋，而用人以安静悃愊为先，皆可谓深识治体者矣。

“我闻曰：‘世禄之家，鲜克由礼，以荡陵德，实悖天道。敝化奢丽，万世同流。’

荡，是骄荡。陵德，是陵蔑有德之人。敝，是坏。

康王又说：“我闻古人有言：‘凡世享禄位之家，为逸乐、豢养之所移，少有能率由于礼教者。既不由礼，则心无所制，遂肆为骄荡，陵蔑有德之人，不知忌惮。夫天道好谦而恶盈，既以荡陵德，则其悖逆天道甚矣。由是敝坏风化，竞为奢侈美丽之事，无所不至。盖人惟礼为能制欲，出乎礼，则必入乎侈。此非特一时为然，万世为世禄之家，皆同此一流，可深慨也。'" 康王将言殷士怙侈灭义之恶，故先述古人之论世族者如此。

"兹殷庶士，席宠惟旧，怙侈灭义，服美于人。骄淫矜侉，将由恶终。虽收放心，闲之惟艰。

席，是凭藉的意思。怙，是恃。服美，是以服饰为美。闲，是防。

康王又命毕公说："我前言世禄之家鲜克由礼，兹殷之众士，正是世禄之家。其凭藉前人之荣宠，安享富厚，有自来矣。人之私欲，每与公义相为消长。惟怙恃其侈欲，不知悛改，必至绝灭了义理。义理既灭，则无复有羞恶之萌，徒以服饰之美炫耀于人，而身之不美则莫之耻也。流而不止，骄淫矜侉，百邪并见，不至于亡身败家，以罪恶终，不止矣。在昔周公、君陈相继治洛，反覆化训，虽已渐收其放逸之心，奈何习染既深，恶本尚在。纵使一时禁制，犹恐乘间而发，所以防闲其邪者，在今日甚难。公不可不念也。"

"资富能训，惟以永年。惟德惟义，时乃大训。不由古训，于何其训？"

资，是资财。训，是教训。永年，是年寿长久。

康王又说："殷士席先世之宠，有此富厚之资，使不知所以教之，则彼将恣情纵欲，伐性伤生，有不能免者。故必因其资富，从而教训之，使其心志不为嗜欲所移，则可以保全性命之正，而年寿长久矣。然所以训之之方，惟德与义二者而已。德者心之理，训之以德，则不至于以荡陵德；义者事之宜，训之以义，则不至于以怙侈灭义。盖此德义根乎天命之正，合乎人心之公，乃天下之大训，外此非所以为训也。然虽用此为训，又不可徒以己意言之。必须稽考古人德义之事，述为训戒，然后人肯听从。若不由于古训，则在我既无征，而在人必不信矣。其何以为训乎？" 前言旌淑别慝，是治之体；此言德义，是治之道。体则由俗而变，道则百世不易。康王之告毕公者愈精，而其托之者愈重矣。

王曰："呜呼！父师：邦之安危，惟兹殷士。不刚不柔，厥德允修。

德，是民之德。

康王又叹息呼毕公而命之说："惟此殷士，虽不过前代之遗民，而关系于我国家者甚大。殷士率服，则王畿首善，而四方无虞。邦之安，固由于此。殷士梗化，则近者不服，而远者离心。邦之危，亦由于此。故我惓惓命公以化训殷士者，以其关系之重耳。然化之之道，又贵得中。过刚，则使人难堪；过柔，则启人狎侮。必也以爱养之心，行旌别之典。不刚而过于暴刻，不柔而流于姑息，则化训之道适得其中，将见为殷士者，莫不感恩畏威，悉去其旧染，而为德义之归，厥德信乎其能修矣。邦其有不安乎？”

“惟周公克慎厥始，惟君陈克和厥中，惟公克成厥终。三后协心，同底于道。道洽政治，泽润生民；四夷左衽，罔不咸赖。予小子永膺多福。

三后，指周公、君陈、毕公说。衽，是衣衿。左衽，是夷狄之俗。

康王又说：“昔周公之时，殷民反侧动摇，故迁于洛邑，亲自监之，谨毖戒饬，不敢少忽。是为能慎其始。至君陈继周公之后，其时殷民已渐归服，惟从容和缓以化导之。是为能和于中。如今既历三纪，世变风移，在公又当刚柔互用，威惠并行，使殷民之感化者，绵翕然丕变，以终二公保厘之功。这是能成其终，乃我所期望于公者也。夫由周公、君陈以至公，时虽有先后，而以化殷为心则无不同。故或以谨毖，或以宽和，或以不刚不柔，所施虽异，同归于致治之道而已。惟三后能继治同道，将见敷之为道化，则仁渐义摩，处处周流，而无有不洽；推之为政事，则纲举目张，件件修明，而无有不治。由殷民以及四方，莫不沐浴膏润，安生乐业，而在四夷左衽，亦皆仰赖中国之德泽，宾服恐后矣。治道之隆，至于华夷同戴，天下太平如此。予一人得以膺受多福，而享有道之长。公之功不亦大哉！”

“公其惟时成周，建无穷之基，亦有无穷之闻。子孙训其成式，惟乂。

建，是立。子孙，指毕公的后人说。训，是顺。成式，是成法。

康王又命毕公说：“惟我成周，在昔周公、君陈相继经理，基业虽定而未成厥终也。公能协心同道，以施保厘之政，使殷民顺治，王室乂安，为我成周建立千万年无穷的基业，将见勋德之盛，传播后来，千万年此基业，亦千万年此声名，与之相为无穷矣。至于公之子孙，有治民之责者，亦将奉顺今日所行的成法，以治后来之民，不敢更变。夫以公一身所建立，而关系久远如此，诚不可不慎重也。”

“呜呼！罔曰弗克，惟既厥心。罔曰民寡，惟慎厥事。钦若先王成烈，以休于前政。”

既，是竭尽的意思。列，是功烈，休，是美。

康王于篇终叹息说：“凡事功之不立，非视之太重而畏其难，则视之太轻而忽其易。公今往东郊，不可说殷民反侧，自昔难治，遂畏其弗克而不敢为。惟当勉尽其心，殚虑竭力，无少退托，则志不阻于所难而业可成矣。也不可说蕞尔殷民，其势寡弱，遂忽其易制以为不足为。惟当敬慎其事，防微虑远，无少轻忽，则患不生于所易而功可立矣。夫我周克受殷命，迁其民于洛邑，以绥定国家，此文、武、成王大烈之所在。而周公、君陈谨始和中，相继为治，其政绩炳然可考也。公当敬顺先王之成烈，思所以继述而保守之，使二公之政益加休美，不至遏佚。此在公今日之责，其尚尽心慎事以图之哉！”

按：康王之时，天下归周久矣，即一二殷民梗化，岂不可治以有司之法？而《毕命》一篇，反覆丁宁，但欲区别以生其愧，训教以进其善，初未尝忿其难化，而一切用刑以威之，可谓以德化民者矣。所以能酿成太和之治，而丕延有道之长也欤！

君牙

君牙，是臣名。穆王命君牙为大司徒。史臣录其诰命之词，以“君牙”名篇。

王若曰：“呜呼！君牙：惟乃祖乃父，世笃忠贞，服劳王家，厥有成绩，纪于太常。

笃，是厚。太常，是旌旗之名，画日月于上。古时人臣有功于国家，则书之于太常，示不忘也。

穆王命君牙为大司徒，乃先叹息而叙其先世之功绩说道：“惟尔祖尔父，在我先王时，相继为司徒之官，皆能尽心而不欺，守正而不挠，世世笃厚于忠贞，以服役效劳我王家。凡教养斯民，绥和四海之事，罔不竭力以图之。其成功之美，纪载于太常之旗，迨今犹炳然如见也。尔祖父有光辅国家之业如此，尔可不思所以仰匹其休乎！”

“惟予小子，嗣守文、武、成、康遗绪；亦惟先正之臣，克左右乱四方。心之忧危，若蹈虎尾，涉于春冰。

绪，是国家的统绪。乱字，解做治字。春冰，是春天冰冻将解而难涉者也。

穆王又叙己求助之意说：“我周家王业，肇创于文、武，纂绍于成、康。至予小子以眇躬嗣守祖宗的遗绪，任大责重，亦思有忠贞服劳，如我先王之臣，用能左右予一人以治天下。然恐贤才难得，委任非人，则化理难图，大业将坠。故心之忧危，惴惴焉惧弗克胜。就如履虎尾者，有噬啮之患；涉春水者，有陷溺之虞。尔君牙当勉修职业，以慰我之心可也。”

“今命尔予翼，作股肱心膂。缵乃旧服，无忝祖考。

翼，是辅翼。膂，是脊。股肱心膂，是一体相成的意思。服，是事。忝，是辱。

穆王又勉君牙说：“我今命尔仍祖父之旧，居司徒之官，以辅翼朕躬。其职任亲重，倚毗专切，就如我的股肱心膂一般。盖人必得股肱心膂以成身，若一体或亏，则持行运动无所赖；君必得贤臣以成治，若任贤不专，则经纶康济无所资。其关系之重，非有二也。然尔欲尽职，岂必他有取法哉！忠贞服劳，尔祖考之事我先王者，旧事具在。尔惟遵守家法，以祖考之事先王者而事我，无或不勉，坠失其先世之业，而忝辱于祖考也。”

“弘敷五典，式和民则。尔身克正，罔敢弗正。民心罔中，惟尔之中。

式，是敬。

穆王又说：“司徒掌邦教，而教莫先于明伦。如君臣有义、父子有亲、夫妇有别、长幼有序、朋友有信，五者乃典常之道。汝必弘大而敷布之，使天下都晓然率由于彝伦之内。又此五典乃民所受于天，至当不易之则。

汝必敬慎而和协之，使天下都怡然顺适于物则之中。此乃教人之方也。然立教之本，又在于尔。尔身之正与不正，民之观望所系也。若尔之身能周旋于典则，而无弗正，则下民亦有所视效，同归于正矣。民心之中与不中，尔之感化所征也。若民之心或乖违乎典则，而有弗中，亦惟以尔之中，倡率于上焉耳。夫既能敷典和则，以广道化之施，又能修身治心，以立中正之极，司徒之职，有不尽者哉？”

“夏暑雨，小民惟曰怨咨；冬祁寒，小民亦惟曰怨咨。厥惟艰哉！思其艰，以图其易，民乃宁。

咨，是咨嗟。祁，是大。

穆王又说：“人之为道，衣食既足，而后礼让可兴。故欲兴民之德，先须厚民之生。而民生甚难，不可不知也。夏而暑雨，那小百姓每暴身露体，在田亩之中，盼望着新谷未登，不能勾得食，则相与怨恨咨嗟，而啼饥之声作焉。冬而大寒，小百姓每手足肌肤尽皆冻裂，日愁着无衣无褐，当不得寒冷，则怨恨咨嗟，而号寒之声作焉。盖人情一日不再食则饥，终岁不制衣则寒，饥寒切身，则生怨咨。盖亦自恨其生计之艰难耳，岂得已哉！汝为司徒，须时时思念那百姓每这等艰难困苦，替他图谋所以为衣食之易者。或劝农桑、教树畜，以利导于前；或轻徭役、省赋敛，以拊恤于后。事事都详为之所，然后男有余粟，女有余布，饥者得食，寒者得衣，怨恨咨嗟之声悉转为欢乐讴歌，而民生乃见其安宁矣。尔君牙可不勉尽斯道哉！”

前一节是教民的事，这一节是养民的事。司徒职专教养，故穆王谆谆以命君牙如此。然人君身处九重，富有四海，轻肥之欲，既餍足于口体；誉谀之声，复充塞于左右。使非体仁迪哲，加志民艰，则寒暑饥寒之状，咨嗟违怨之情，有漠然若罔闻知者矣。岂能念而图之哉？若穆王者，亦可谓贤矣。

“呜呼！丕显哉，文王谟！丕承哉，武王烈！启佑我后人，咸以正罔缺。尔惟敬明乃训，用奉若于先王，对扬文、武之光命，追配于前人。”

丕，是大。谟，是谋画。烈，是功业。若字，解做顺字。先王，指成、康。前人，指群牙的祖父。

穆王叹息告君牙说："惟我周家，自文王肇造区夏，咸和万民，其谟远猷，经画于当时者，大矣哉，何其光显而莫及也！武王一着戎衣，大定天下，其鸿功骏业，恢拓乎先绪者，大矣哉，何其善承而无歉也！然此谟烈，非特显承于一时而已。以是开启佑助我后人，事事都合乎天理，当乎人心，无有一之弗正者；其大纲振举，细目毕张，又无有一之或缺者。夫以文、武谟烈垂裕之美如此，是乃光命之所在也。尔之祖父，盖尝佐佑我先王成、康以对扬之矣。今尔所居者，乃祖乃父之职；所治者，文、武、成、康之民。必须敬明尔司徒之训，以化成天下，上焉弼亮朕躬，奉顺先王之旧，以对扬文、武之光命，使显谟承烈愈益光大。其在于尔，忠贞世济，亦将追配前人，而垂功名于旗常矣。可不勉哉！"

王若曰："君牙！乃惟由先正旧典时式，民之治乱在兹。率乃祖考之攸行，昭乃辟之有乂。"

先正，也指君牙祖父。式，是法。乂，是治。

穆王于篇终呼君牙而申命之说："惟尔祖父，世笃忠贞，佐佑王家，其政绩昭然在人耳目。今尔为司徒，不必他有取法，但由先正之旧职，而遵守以为法式焉可也。盖司徒掌邦教、敷五典、扰兆民，其任甚重。使尔能式旧典，则政教修而民治；不能式旧典，则政教弛而民乱。治乱之机，关系在此，可不慎哉！若尔果能率尔祖考之所行，凡所以正民德、厚民生者，一皆恪家法，不致失坠，则四海之内，彝伦叙而礼乐兴，衣食足而生养遂，雍熙乐利之化成，而天下乂安矣。岂不昭显尔君，有致治之美乎！"

观《君牙》篇中，论敷典和则，图易思艰，乃人君教养斯民之大务。而又惓惓于顾念旧德，亲任世臣，亹亹然若家人父子相告语者，周家忠厚之风，尚可想见。此孔子所以采录而示后世也。

卷十三

冏命

伯冏，是臣名。穆王用伯冏为太仆正。史臣录其诰命之辞，因以“冏命”名篇。

王若曰：“伯冏！惟予弗克于德，嗣先人，宅丕后，怵惕惟厉，中夜以兴，思免厥愆。

宅，是居。丕后，是大君。怵惕，是恐惧。厉，是忧危的意思。愆，是过失。

穆王命伯冏为太仆正，乃呼其名而告之说：“我周文、武创业，成、康嗣位，皆一德相承。今予一人不能全得君德，乃继嗣前人，居此大君之位。祖宗累世之基业，四方万姓之安危，皆责在朕躬。为此中心怵惕，恒恐不胜其任；忧危靡宁，至于中夜而起，不能安寝，惟思免于过失，以求无忝君人之道耳。”穆王深知为君之难，而望助于臣下，故先述其意如此。

“昔在文、武，聪明齐圣。小大之臣咸怀忠良，其侍御仆从罔匪正人，以旦夕承弼厥辟。出入起居，罔有不钦；发号施令，罔有不臧。下民祗若，万邦咸休。

齐，是严肃的意思。承，是承顺。弼，是正救。

穆王告伯冏说：“昔我文王、武王之为君，以言其德，则聪无不闻，明无不见，齐而严肃，圣而通达。既有天下之全德，而在廷之臣，若小若大，又皆怀忠贞良善之心，精白从事。其侍御仆从，常在左右者，亦无非端方正直的人，朝夕之间薰陶涵养。凡君上所行，合着道理的，便承顺其美；有不合道理的，便正救其失。其近臣又皆得人如此。所以一出入，一起居，都在规矩准绳之中，无有不敬；发一号，施一令，都合乎天理，当乎人心，无有不善。君德日盛，治道日隆，由是下民皆心悦诚服，而万邦同底于休美矣。观文、武之圣，犹必赖近习之助，以修德致治如此，况予之弗克于德者哉！”

“惟予一人无良，实赖左右前后有位之士，匡其不及，绳愆纠谬，格其非心，俾克绍先烈。

绳，所以取直。纠，是驳正的意思。格字，也解做正字。

穆王告伯冏说：“惟我一人，资性不美，不能勉于为善。实倚赖着左右前后有位的贤士，各尽乃心，以匡辅我之不及。我有过愆，则绳而直之；我有差谬，则纠而正之。务要早夜夹持，格正我非僻之心，使常常警惕戒惧，不流于邪。然后愆谬不行，君德日就，庶几文、武之遗烈为能继承之而不坠也。”

“今予命汝作大正，正于群仆侍御之臣，懋乃后德，交修不逮。

大正，是太仆正。群仆，是太仆的属官。逮，是及。

穆王又命伯冏说：“予德不逮前人，固赖近臣之助，而督率介导，又僚长之责。故我今命汝作太仆正之官，以正汝所属群仆侍御之臣，使各勉辅君德，而交修予之所不及焉。”盖人臣竭一己之力以效忠，不若合众贤之助以广益。故高宗命傅说说：“惟暨乃僚，罔不同心，以匡乃辟。”穆王此言，亦深得《说命》之旨矣。

“慎简乃僚，无以巧言令色、便辟侧媚，其惟吉士。

简，是择。僚，是僚属。令，是善。便，是顺人所喜。辟，是避人所恶。侧媚，是邪僻媚的人。吉士，是正直之士。

穆王又告伯冏说：“凡群仆侍御之臣，都是汝之僚属，务要谨慎简择，不可滥用匪人。有巧于言词，浮诞不情的；有善其颜色，虚华无实的；又有揣摩人意，便僻承奉的；有包藏奸恶，工为谄媚的。这等人，若误用了他，都能蛊惑君心，坏乱国事，断然不可。其惟善人吉士，正大鲠直的君子，然后用之，自然薰陶渐染，引君于当道，不患乎德业之不成也。汝其慎之。”

“仆臣正，厥后克正。仆臣谀，厥后自圣。后德惟臣，不德惟臣。

谀，是谀佞，即上文所谓巧言令色、便僻侧媚之人也。自圣，是自以为圣。

穆王又说：“仆从之臣，关系于君德者甚重。若仆臣是正直的君子，不肯曲意以徇君之欲，则为君者日亲正士，日闻谠言，兢兢业业，在道理法度之中，而身无不正矣。若仆臣是谀佞的小人，只务虚词夸美，取悦君心，则其君傲然自谓有圣人之德，于是快意恣情，无所不至，而日沦于邪矣。是可见君德之成，固由于仆臣，其失德亦由于仆臣。仆臣之职，所关甚重如此，尔可不慎简僚属，以勉辅乃后之德乎！”

“尔无昵于憸人，充耳目之官，迪上以非先王之典。

昵，是亲近。憸人，是憸邪小人。耳目之官，即侍御仆从也。迪，是导。先王之典，是祖宗旧章。

穆王又告伯冏说：“我先王文王、武王立下的常法，为子孙者当世世守之。但有一样憸邪小人，以是为非，以非为是。若使他在人君左右，必然肆其邪说，以祖宗之典为不足法，而反非毁之。这样的人，我之所深恶也。尔慎无昵近那憸邪小人，徇私引用，使他充备我耳目侍从之职，日以非礼之事蛊惑君上的聪明，不肯导迪以祖宗旧典，使得缵绍先烈之美也。”盖穆王自量其执德未固，恐佞幸之徒移夺其心，故警戒之如此。

“非人其吉，惟货其吉。若时瘝厥官，惟尔大弗克祇厥辟，惟予汝辜。”

瘝，是旷废。辜，是罪。

穆王又戒伯冏说：“凡小人进用，未有不用货财营求者，此近习之通弊也。尔今简求侍御仆从，若不以忠良正直的人为吉士，却把那交通货贿、营求进用的人为吉士而登用之，则布列左右者皆是小人，必不肯引君于当道，匡弼之职遂旷废而不举矣。如此，则是尔大不能敬君，引用非人，孤负委托，我当治尔之罪，不轻贷也。可不戒哉！”

王曰：“呜呼！钦哉！永弼乃后于彝宪。”

彝宪，是常行的法度。

穆王告戒伯冏篇终，又叹息而命之说：“凡我告尔之言，尔其可不敬承之哉！必须坚持精白之志，慎简正直之人，永远匡弼乃后以国家之典常法度，不使小人在侧，变乱成法，蛊惑上心，乃为尽职而无忝也。”

按：穆王伯冏一命，谆谆于摈检人、简吉士，以格君心之非，守祖宗之典，可谓忧深思远矣。而侈心一萌，至车辙马迹遍于天下。盖君心一操舍之间，关系理乱如此，可不慎哉！

吕刑

周穆王用吕侯为司寇，命之作刑书以训告天下。史臣录其词，因以“吕刑”名篇。

惟吕命。王享国百年，耄。荒度作刑，以诘四方。

穆王年五十始即位，在位又五十余年，故称百年。九十岁的人叫做耄。荒字，解做大字。度，是裁酌的意思。诘，是治。

史臣追叙说：昔者吕侯为大司寇，承穆王之命以训刑。按：穆王在位，享国百年，至九十岁的时节，年已耄矣。犹以刑狱重事，乃大加裁酌，作为刑书，以诘治四方。盖刑者民之司命，自昔帝王莫不重之，而况承平既久，巧伪日滋。故穆王当享国之久，老耄之时，犹必惓惓以图之也。

王曰：“若古有训：蚩尤惟始作乱，延及于平民，罔不寇贼、鸱义、奸宄，夺攘矫虔。

蚩尤，是古时强暴的诸侯。延字，解做引字。鸱，是恶鸟名，言其狠恶如鸱鸮也。矫，是矫诈。虔，是杀戮。

吕侯传穆王之命说：“上古有遗训，传闻鸿荒之世，浑厚敦庞，民俗无有不善者。到黄帝时，蚩尤始倡为暴乱。驱扇熏灸，转相延引，及于良善之民，也都化而为恶，无不为寇为贼，凶横陵人，如鸱鸮之恶，以害人为义，为奸为宄，无所不至。惟是劫夺攘窃，矫诈杀戮，日以暴虐为事而已。”穆王推原祸乱之端如此，以见上古所以不得已而用刑之意也。

“苗民弗用灵，制以刑，惟作五虐之刑曰法。杀戮无辜，爰始淫为劓、刵、椓、黥。越兹丽刑并制，罔差有辞。

苗民，是舜时三苗。灵字，解做善字。淫，是过。劓，是割鼻。刵，是截耳。椓，是宫刑。黥，是刺面。越字，解做于字。丽，是入。差，是分别的意思。

穆王又说：“自蚩尤作乱，苗民转相仿效，不用善道，而制刑以立威。作为五样暴虐的刑，叫做常法，以杀戮无罪的人。于是始过为劓鼻、刵耳、椓窍、黥面之法。但有入于此刑者，必牵连人众，锻炼成狱，并制无罪之人，不复分别情词曲直，一概加之以刑。苗民淫刑流毒如此，此今日所当深戒也。”

“民兴胥渐，泯泯棼棼，罔中于信，以覆诅盟。虐威庶戮，方告无辜于上。上帝监民，罔有馨香德，刑发闻惟腥。

胥，是相。渐，是渐染。泯泯，是昏。棼棼，是乱。覆，是反覆。诅盟，是诅咒盟誓。庶戮，是众被刑戮的人。监，是视。

穆王承上文说：“有苗淫刑肆虐，善恶不分。当时之民，亦皆闻风兴起，相与渐染成习，化而为恶。泯泯然昏迷，棼棼然扰乱，凡百所为，无复有忠信之事。惟反覆为诅咒盟誓，相欺相诈而已。当时无罪之人，被其虐威，陷于刑戮的，方心口嗟怨，告其无罪于上天。上天俯视苗民，无有馨香之行，而其所发闻者，惟是虐刑之腥秽。有苗之恶，上通于天如此。故天假手于有德之君，而殄绝其世也。”

“皇帝哀矜庶戮之不辜，报虐以威，遏绝苗民，无世在下。

皇帝，指虞舜。

穆王又说：“有苗淫刑肆虐，民之被害，可哀甚矣。帝舜见众被戮的百姓，无罪受刑，心中恻然怜悯，不忍其受此荼毒，乃仰体天心，大彰杀伐之威，以报有苗虐民之罪。窜徙其君，分比其党，驱逐于三危西裔之地，使不得继世在下国，以贻民之害焉。”盖有苗之恶，天人共愤，帝舜下为民除虐，上代天讨罪，此所以刑当其辜，而万世称好生之德也。

“乃命重、黎，绝地天通，罔有降格。群后之逮在下，明明棐常，鳏寡无盖。

重氏、黎氏，是掌管神人之官。地天通，是上下混杂的意思。降，是下降，格，是感格，乃假托祸福以惑众者，即后世师巫假降邪神的人。棐，是辅。盖，是掩蔽的意思。

穆王说:“昔者三苗肆虐，百姓无辜受祸，不知道是甚么缘故，只说有鬼神降灾祸于人，心中惶惧。于是妖诞师巫之流，肆为邪说，扇惑人心，使人皆崇祀鬼神，以祈福禳灾。民神杂乱，邪正不分了。帝舜欲正人心，息邪说，乃先命重氏、黎氏，修明祀典，使尊卑上下，各有分限，如天子然后祭天地，诸侯然后祭山川。其旧时上下混杂的祭祀，一切禁绝之，不许亵渎。祀典已正，人无徼求鬼神之心，而假托鬼神、降格祸福的邪说，举皆屏息矣。然常道不明，则民情犹易惑也。乃当时诸侯及在下之百官，又皆精白一心，以辅助常道。凡民有率循常道的，则保安之；有违悖常道的，则惩治之。赏罚咸当，公道大明。虽鳏寡至微弱的，无有为善不得自伸，而反盖蔽阻抑以得祸者矣。”盖人心不知常道，则冥昧怪异之说得以入之。惟常道既明，祸福显著，人将求之明而不求之幽，语其常而不语其怪，自然邪说屏息，世道清明。此辅助常道，所以为正人心之本也。孟子说“经正则庶民兴，斯无邪慝”，亦是此意。

“皇帝清问下民，鳏寡有辞于苗。德威惟畏，德明惟明。

清问，是虚心下问。有辞于苗，是声言有苗之罪。

穆王又说:“帝舜以苗民昏乱，任刑而不任德，被害之民，其情有不得上达者，乃虚心访问下民，以开其进言之路。但见百姓每虽鳏寡至微的，也都陈说有苗的罪恶，历历有词。盖民可以德化，而不可以威劫如此。帝舜乃反苗之道，而以德行之。凡施于政令以防闲其民者，只是以德为威，而不以虐为威。由是天下惕然，决于为善去恶，而莫不畏矣。凡施于教化以开导其民者，只是以德为明，而不以察为明。由是天下晓然，皆知为善去恶，而莫不明矣。”帝舜以德化民，而民自化之如此，则一于刑威伺察者，抑末矣。典狱者尚监于此哉！

“乃命三后恤功于民：伯夷降典，折民惟刑；禹平水土，主名山川；稷降播种，农殖嘉谷。三后成功，惟殷于民。

三后，即伯夷、禹、稷。恤功，是忧民之功。典，是礼。折，是绝。主名山川，是将九州有名山川表识以为疆域。农字，解做厚字。殷，是富庶的意思。

穆王又说：“当蚩尤作乱，三苗肆虐之后，民心未正，民居未奠，民生未厚，皆帝舜之所忧也。然犹以一人不能独理，乃命伯夷、禹、稷这三个大臣，同致忧民之功于民。命伯夷为秩宗，使降布天地人三礼，明尊卑上下之分，以折绝其邪妄之心，而不犯于刑。这是正民之心。命伯禹为司空，使平治水土，表识名山大川，为九州之主，以定疆域。这是定民之居。又命后稷为田正，使颁降播种之法，教民稼穑，厚殖嘉谷。这是厚民之生。三大臣各掌一事，其后皆有成功。所以天下百姓莫不殷盛富庶，而无一人不得其所者，不似有苗时穷苦愁怨也。”夫三后虽皆以忧民为功，然必以降典为先者。盖拨乱反正，莫急于正人心，使人心不正，虽有土安得而居，有粟安得而食，刑辟亦不胜其烦矣。此又《吕刑》立言之旨也。

“士制百姓于刑之中，以教祗德。

制，是防闲的意思。中，是轻重得宜。

穆王又说：“三后成忧民之功，民既富而可教矣。又恐慌有不率教者，乃命皋陶为士师之官，定为轻重适中之刑，以防闲禁制百姓，教他畏罪远刑，迁善去恶。人人都革其非心，消其逸志，而归于敬德之地焉。”即《虞书》所谓“明刑弼教，民协于中”者也。

“穆穆在上，明明在下，灼于四方，罔不惟德之勤。故乃明于刑之中，率乂于民棐彝。

穆穆，是和敬的模样。明明，是精白的模样。灼，是著。乂，是治。

棐，是辅。彝，是常性。

穆王命吕侯说："昔在有虞之时，帝舜恭己南面，有穆穆然和敬之容，以君临在上。伯夷、禹、稷诸臣，同寅协恭，有明明然精白之容，以辅佐在下。君臣之德，积中发外，光辉照灼于四方。是以四方百姓每得于观感者，皆兴起其为善之心，无不勉力自强，劝于修德。其治化之盛如此。但民之气禀习俗，未必皆齐。其中有败常乱俗，长恶不悛，非德之所能化者。故又命皋陶为士师，明五刑之等，审轻重之中，率此治民，以辅其常性，使同归于惟德之勤焉。"夫刑之本，必主于德；刑之用，必合于中。穆王训刑以此，可谓得先王制刑之深意矣。

"典狱，非讫于威，惟讫于富。敬忌，罔有择言在身。惟克天德，自作元命，配享在下。"

典狱，是掌刑的官。讫字，解做尽字。威，是有权势的。富，是有财货的。元命，是大命。

穆王又说："刑狱重事，全在得人。若是典狱之官，为权势所胁，则不免曲法以徇人；为货利所诱，则不免受财而枉法。这等人，如何行得公道？惟虞廷掌刑的官，个个得人。不但能尽法于权势之家，而不为威屈，亦且得尽法于贿赂之人，而不为利诱。其心中常敬畏而不肯怠忽，常忌惮而不敢放纵。是以听断之间，至精至当，无一事不可对人言者，不待拣择于身而后言也。夫天之德，只是至公无私。典狱的这等至公，便是能全尽天德，虽死生寿夭的大命，都自我作之矣。天以福善祸淫之理，制命于上；刑官以生杀予夺之权，司命于下。岂不与天相对，而配享在下哉！"虞廷用刑之极功，至于与天为一如此。此后世所当法也。

王曰："嗟！四方司政典狱，非尔惟作天牧？今尔何监，非时伯夷播刑之迪？其今尔何惩？惟时苗民匪察于狱之丽，罔择吉人，观于五刑之中，惟时庶威夺货，断制五刑以乱无辜。上帝不蠲，降咎于苗。苗民无辞于罚，乃绝厥世。"

司政典狱，是诸侯掌刑狱的。作天牧，是为天养民。丽字，解做附字。庶威，譬如说众恶一般，乃相与作威以虐民者。夺货，是夺取财货。

蠲，是洁。

穆王勉诸侯敬刑，乃嗟叹而告之说："天生民不能自治，故责之君。君又不能独治，故责之臣下。尔等四方诸侯，司政事、典刑狱者，岂不是代天养民的人？须是仰体天心，爱惜民命，以尽司牧之道可也。且古人的行事，便是后人的样子。今尔当何所监视，岂不是伯夷那等样人？昔伯夷为礼官，要使民遵守礼教，不犯刑戮，乃颁布刑法，以启迪开导他，使之晓然知所趋避。这是能为天养民的，尔之所当监视者也。今尔当何所惩戒？惟是苗民那等样人。盖苗民倚势作威，凡狱辞附丽的，全不详察其中情实，又不选择良善之人，以观五刑轻重之中，惟是共作威虐、夺取货赂的人，却用他断制五刑，乱罚无罪。由是被害之民呼天称冤，上天不蠲洁其所为，降以灾咎。于是苗民无所逃罪，子孙都灭绝了。这是不能为天养民的，尔之所当惩戒者也。"夫穆王训刑，既以天牧为言，又欲以伯夷为法、苗民为戒，则其不得已而用刑之意，亦可见矣！

王曰："呜呼！念之哉！伯父、伯兄、仲叔、季弟、幼子、童孙，皆听朕言，庶有格命。今尔罔不由慰日勤，尔罔或戒不勤。天齐于民，俾我一日，非终惟终，在人。尔尚敬逆天命，以奉我一人。虽畏勿畏，虽休勿休，惟敬五刑，以成三德。一人有庆，兆民赖之，其宁惟永。"

格命，是至当的言语。由字，解做用字。慰，是安慰。戒，是事有差失而懊悔的意思。齐，是整齐。终，是故犯。逆，是迎合的意思。畏，是威。休，是宥。三德，是正直刚柔三样君德。

穆王专告同姓诸侯，先叹息说："凡我诸侯，其尚思念之哉！尔等有年尊而为伯父、伯兄的，有年相若而为仲叔的，有年少而为季弟、幼子、童孙的，不论尊卑长幼，皆当敬听我言。我今庶几有至当的言语，以告于尔，不可不听也。夫刑狱重事，必须勤于听断，反覆详审，务使刑当其罪，自家心里才安。若一有不勤，则刑必不当，后虽追悔而深戒之，然死者已不可复生，断者已不可复续，其何益之有？故尔等须无日不加勤慎，用以自慰其心，无或少有不勤，而至以失刑为戒也。盖过而知戒，凡事皆可，惟用刑乃民命所关，一成不变，故但当慎于听断之初，而不容悔于已失之后耳。夫我谓尔等当勤者，盖以刑罚非所恃以为治，乃天整齐乱民，禁奸戢暴，使我为一日之用，不是常常用着的。故凡人有罪，也有非是故犯，当宽宥者；也有出于故犯，当诛戮者。都只在百姓每所犯如何，着不得一些私意。惟是至公至当，乃可以合天道而服人心。尔庶几敬迎上天之命，以奉事我一人，勿以我之喜怒为轻重。如我虽要刑戮此人，尔不可便依着我，轻易刑戮；我虽要赦宥此人，尔不可便依着我，轻易赦宥。惟当敬谨于五刑之用，辟所当辟，宥所当宥，使轻重各当，好恶不偏，以辅成我刚柔正直之三德。这是尔真能日勤了。岂但可以慰安汝心，将使上无失刑，下不犯法。我为君的，身享国家太平之庆；为百姓的，仰赖君上生全之恩。上下安宁之福，永久而无穷矣。尔其深念之哉！”

王曰：“吁！来，有邦有土，告尔祥刑。在今尔安百姓，何择非人？何敬非刑？何度非及？

祥，是善。度，是裁审的意思。及，是狱词牵连的人。

穆王又叹说：“凡汝有国有土的诸侯，皆来听我之命。夫刑虽凶器，然用之不滥，实足以助教化而安百姓。这乃是祥刑，不是虐刑。我今以此告汝，汝其听之可也。今尔等欲用此祥刑以安百姓，何者所当选择，得非理刑之人乎？盖刑官乃民之司命，若不得其人，则流毒甚众，不可以不择也。何者所当敬慎，得非用刑之事乎？盖刑者，一成而不可变，若率意用刑，则追悔无及，不可以不敬也。又何者所当审度，得非狱词之所连及者乎？盖此连及的人，或出于奸吏之罗织，或出于罪人之攀累，若偏听误信，则枉滥必多，不可以不审度也。这三件能尽其心，则刑无不当，而民无不安矣，非祥刑而何？不然，则是作威以殃民而已，何祥之有？尔等其慎之！”

“两造具备，师听五辞。五辞简孚，正于五刑。五刑不简，正于五罚。五罚不服，正于五过。

两造，是两家争讼的皆至，就如今原告被告都到官一般。具备，是供辞与证佐都在。师听，是与众人公同问理。简，是核实。孚，是信。三个正字，俱解做质字。罚，是赎。过，是误。

穆王告诸侯以听狱之法说：“凡民争讼曲直，定有两家的人，一家不到，难以偏听；又有供词与证佐，一件不备，也不可凭据。须是两家争讼的都到在官，又辞与证都完备了，乃与众狱官共听此五刑之辞。若所听之辞，简核情实，已皆可信，方才质之五刑以议其罪。若使议罪之时，有词与刑参差不相应的，是刑有可疑者也，则质于五等之罚而许其赎，刑不必加矣。若议罚之时，犹有词与罚参差不相应的，是罚有可疑者也，则质于五等之过而直赦之，罚亦不必加矣。”按：此即虞廷赎刑肆赦之遗意。盖古者因情而求法，故有不可入之刑；后世移情而合法，故无不可加之罪。穆王斯言，犹有古意，用法者所当知也。

“五过之疵：惟官，惟反，惟内，惟货，惟来。其罪惟均，其审克之。

疵，是弊病。官，是有权势的。反，是报复恩仇。内，是妇人在内交通说事的。货，是贿赂。来，是人来干求嘱托。审克，是详察而尽其能。

穆王承上文说：“五罚之不服者，固有五过以宽宥之矣。然此五过，本是要开释无辜，但典狱之官，多有容私徇情，舞文玩法者。其弊病有五：或畏他人的权势，而不敢执法；或报自己的恩怨，而不出于公；或听妇人的言语；或得了人钱财；或听人干求请托。只为这五件，以私意出入人罪，则五过之设，不足以释无辜，而反以惠奸宄。执法之人，先自卖法，情允可恶，其罪当与犯人同科，不可轻恕也。尔等必详审精察，务尽其能，不为势屈，不为利诱，既不徇己之意，亦不徇人之言，而一以至公之心行之，则庶几无五者之病，而不犯于惟均之罪矣。”

“五刑之疑有赦，五罚之疑有赦，其审克之。简孚有众，惟貌有稽。无简不听，具严天威。

貌，是容貌。稽，是考。具字，解做俱字。严，是敬畏。

穆王又承上文说：“五刑不简，正于五罚，是五刑中可疑的，有该宽赦的人；五罚不服，正于五过，是五罚中可疑的，也有该宽赦的人。出入之间，关系最重。汝须敬慎不忽，察之详而尽其能，既不至滥及无辜，亦不至纵释有罪可也。如刑与罚，推究得实，可信者多，亦未可就加之以刑罚，必考察其容貌如何。盖词犹可以伪为，而颜色之间，则有真情发露而不可掩者。如有可疑，犹当议赦以宽之也。若无情实可以推究，则其为疑狱显然，当直赦之，不必听矣。然疑狱难明，私心易起。若务为宽纵，以致有故出的；过于搜求，以致有故入的，皆非公心，必然受天谴怒。尔等掌刑的官，俱当战兢惕厉，常如上帝之赫然监临，无敢有毫发之不尽心也。如此，庶几刑罚得中，而民无不安矣，刑其有不祥者哉！”

“墨辟疑赦，其罚百锾，阅实其罪。劓辟疑赦，其罚惟倍，阅实其罪。剕辟疑赦，其罚倍差，阅实其罪。宫辟疑赦，其罚六百锾，阅实其罪。大辟疑赦，其罚千锾，阅实其罪。墨罚之属千，劓罚之属千，剕罚之属五百，宫罚之属三百，大辟之罚其属二百：五刑之属三千。上下比罪，无僭乱辞，勿用不行，惟察惟法，其审克之。

辟，是刑法。罚，是纳赎。六两叫做锾，古时以金赎罪，即今之铜也。阅字，解做视字。倍差，是加倍之外，复有参差。属，是类，譬如说条款一般。比罪，是即今之比附律条也。僭乱辞，是僭差混乱之辞。

穆王说：“五刑之疑者，固有五罚以赦之。但罪有轻重，则罚有多寡，不可以不审也。如墨刑有疑而当赦的，罚他纳金一百锾，与免本罪。必详视其情，罪实有可疑，而后赦之。劓刑比墨刑为重，有疑而当赦的，其罚加倍至二百锾。亦必详视其情，罪实有可疑，而后赦之。剕刑比劓刑尤重，有疑而当赦的，其罚加倍而又有参差，至五百锾。亦必审实其罪，无轻赦也。宫刑比剕刑允重，有疑而当赦的，其罚至六百锾。亦必审实其罪，无轻赦也。大辟之刑，乃五刑之极重者，有疑而当赦的，其罚至一千锾。亦必审实其罪，真可赦而后赦之也。然这五罚的条款，其间又有不等：墨罚之条有千，劓罚之条有千，剕罚之条五百，宫罚之条三百，大辟之罚，其条二百。总计五刑之条，凡有三千，所谓正律也。但律文有限，罪犯无穷。若律无正条，难以定罪者，又宜上下比附其罪。如罪疑于重，则比诸上刑；罪疑于轻，则比诸下刑。观其情罪相当，轻重适宜，然后断之也。然当此比罪之时，识见未定，多有惑于人言而妄为比附者，必裁度可否，无听僭差混乱之辞；亦有泥于古法而强为比附者，必斟酌时宜，勿用今所不行之法。务要明考法意，反覆推求，察之详而尽其能，庶几五罚之用各得其当耳。”

“上刑适轻，下服。下刑适重，上服。轻重诸罚有权。刑罚世轻世重，惟齐非齐，有伦有要。

服，是受刑。权，是秤锤，所以称物之轻重者也。伦，是次序。要，是总会的去处。

穆王说：“刑罚虽一成而不可变，然轻重出入之际，亦有权宜，不可执一也。如罪在上等重刑，而其情适轻，只着他受下刑。如事莫重于杀人，然所杀者是奴婢，只宜加之以下刑。（如今《大明律》，家长杀奴婢图赖人，止是杖七十、徒一年是也。）罪在下等轻刑，而其情适重，却着他受上刑。如事莫轻于骂人，然所骂者是家长，则必加之以上刑。（如今《大明律》，奴婢骂家长者绞是也。）不止用刑如此，便是用罚也都有个权变。如事在重罚，而其情适轻，则从轻以罚之；事在轻罚，而其情适重，则从重以罚之。斟酌损益，譬之用秤锤以求物之轻重，务要得中。所以说轻重诸罚有权，此权一人之轻重者也。至于刑罚之用于一世，也当随时权其轻重。如世当开创之初，法度更新，人心未定，不可以刑威劫之，则刑罚之用，皆宜从轻；世当衰乱之余，法令废弛，人心不肃，不可以姑息治之，则刑罚之用皆宜从重。所以说刑罚世轻世重，此权一世之轻重者也。这刑罚之轻重，或原情而定罪，或随时而制宜，虽整齐画一之中，却有参差不齐的去处。然究其归，则皆合乎人情，宜于世变。轻的不是故纵，乃当轻而轻；重的不是故入，乃当重而重。盖截然有伦序而不可乱，确然有体要而不可易者，岂徒任意以为之哉！”穆王之意，盖言用刑者，于经常中不可不知权变，权变中又不可不本于经常也。

“罚惩非死，人极于病。非佞折狱，惟良折狱，罔非在中。察辞于差，非从惟从。哀敬折狱，明启刑书，胥占，咸庶中正。其刑其罚，其审克之。狱成而孚，输而孚。其刑上备，有并两刑。”

佞，是口才辩给的人。折狱，是听断狱讼。占，是审度的意思。孚，是信。输，是献狱，如今之覆奏一般。

穆王恐典狱者以论赎为轻，又戒之说：“五刑之有罚赎，本薄示惩创，不至于死，但人既犯了五刑，反复推鞠，到那罚赎的时候，已受了许多苦楚，亦甚病矣。然则断狱之初，可不谨乎！夫刑官乃民之司命，轻重出入，关系生死，岂是口才辩给的人，便可以听断狱讼。惟是温良和易，心里公平的人，才能使轻重得宜，而刑罚无不在于中也。然典狱固当择人，又当有听断之法。凡人言辞虚诈不实的，随他强辩饰非，终有差错。须就他言词掩护不及的去处，详细审察，则真情自见。至于听言之际，又不可偏执，如始以为不可从，终或又有可从之理。惟要常存个哀悯的心，不可过于惨刻；常持个敬谨的心，不可失于忽略，则狱情无不得矣。既得其情，又不可独任己见。乃明开刑书，与众人公同看视，拟议其罪，使皆庶几于中正之则，而无所冤枉。然后当刑的，治之以刑；当罚的，宥之以罚。到那临刑罚时，又要审度，竭尽其能，其尽心如此。由是狱成于下，可以取信于人；输奏于上，可以取信于君。已是万无差失了，却又不可自专。其于覆奏之时，又当备述情词，勿有疏漏。如一人而犯两罪，虽是从重问了，还要连他的轻罪一并开写，取自上裁。盖不惟致其精详，而又极其恭慎，即有虞'钦哉钦哉，惟刑之恤'之意，此其所以为祥刑也。"

王曰："呜呼！敬之哉！官伯族姓，朕言多惧。朕敬于刑，有德惟刑。今天相民，作配在下，明清于单辞。民之乱，罔不中听狱之两辞，无或私家于狱之两辞。狱货非宝，惟府辜功，报以庶尤。永畏惟罚，非天不中，惟人在命。天罚不极，庶民罔有令政在于天下。"

伯字，解做长字。族，是同族。姓，是异姓。相，是助。单辞，是无证之辞。乱字，解做治字。两辞，是两家证对之词。私家，是私取财货以肥家。狱货，是卖法而得财者。府，是蓄聚的意思。辜功，是罪状。庶尤，是诸般殃祸。

穆王总告诸侯，叹息说："尔等其敬慎之哉！凡我有官之长，或同族的，或异姓的，都体我重刑之意可也。盖死者不可复生，刑事者不可复续。我今说着他，便多畏惧，况用之乎？我所以兢兢然敬慎，不敢轻忽，虽不得已而用之，皆有哀矜仁厚之德存于其间，实以德用刑，而非恃刑以为治也。盖天之制刑，非以虐民而已，实欲使民畏刑远罪，以助教化之所不及。尔典狱之官，皆有代天理刑之责者，当仰体天心，慎重民命，凡宥罪罚恶，务与天之福善祸淫一般，有以作配于下，斯可耳。若刑一不当，便是逆天，可不敬哉！彼狱辞之中，有单有两，全无证佐，只凭一面之辞职者，叫做单辞。这等的，最难审察。必虚心听之，极其明而无一毫之蔽，极其清而无一点之污，庶几奸不能欺，利不能诱，而是非曲直可判矣。有原告被告，各执一说以相证对，叫做两辞。若听之一失其平，民不可治矣。今民输情服罪，所以得治者，无不由典狱的官以中正之心，听断这两家之词，故能使刑清而民服也。汝等切不要有所偏主，任意出入，假此以为私家囊橐之计。夫鬻狱得货，岂足以为宝，但自积罪状于己身。至于罪恶已极，天必报以诸般殃祸，有永远可畏之罚。这非是天不以中道待人而偏罚之，惟人自取祸殃之命。使天罚不如是之极，则狱吏无所忌惮，恣意行私，施之庶民全是虐政，岂复有令善之政在于天下乎？此天所以必降之罚也。”夫好生乃天之心，不特鬻货者不为天所容，即心有毫发不尽，是亦上逆于天道矣。故自古酷吏未有不得祸之惨者。穆王此言，真典狱之永鉴也。

王曰：“呜呼！嗣孙，今往何监？非德于民之中？尚明听之哉！哲人惟刑，无疆之辞，属于五极，咸中有庆。受王嘉师，监于兹祥刑。”

嗣孙，是继世的子孙。无疆，是无穷。辞，是名誉。属，是附丽。五极，即是五刑，以五件皆极重之刑，故谓之五极。嘉师，是良民。

穆王训刑将终，又并告来世诸侯，叹息说：“尔诸侯之用刑，固当知所监矣。若尔继世的子孙，都有治民之责者，自今以往，亦当何所监视以为法？非敬刑以教民祇德，而得其轻重之中者乎？我试为尔等言之，尔等其庶几明听之可也。我闻自古贤哲之人，如伯夷、皋陶，都是掌管刑法的官。他有无穷的名誉，至今称颂之不已。这是为何？只因他明清敬慎，凡所附丽于五刑的皆得其中，当轻而轻，当重而重，无一不合乎天理，惬乎人心，所以有令闻无穷之庆也。夫用刑而至于有庆，可谓祥刑矣。今尔来世诸侯受我之良民善众而治之，只要他迁善远罪，不犯刑戮，岂可过用刑威以残虐百姓？必须监视这等得中的祥刑，件件以古人为法，务使德泽流于当时，名誉垂于后世，斯可耳。尔等可不勉哉！”夫用祥刑以安百姓，既深望于诸侯，监祥刑以治嘉师，又预告于来世。其言词恳切，计虑深远。穆王之惓惓于刑狱，真无所不用其情矣。读其书，犹可以见虞廷钦恤好生之遗意。此孔子之序书，所以有取也。

文侯之命

周幽王宠爱褒姒，废申后及太子宜臼。申侯乃引西夷犬戎攻杀幽王。晋文侯与诸侯迎太子宜臼立之，是为平王。平王嘉文侯之功，命为方伯，赐以秬鬯弓矢。史臣录其策命之词，以“文侯之命”名篇。

王若曰：“父义和，丕显文、武，克慎明德，昭升于上，敷闻在下。惟时上帝集厥命于文王。亦惟先正，克左右昭事厥辟，越小大谋猷，罔不率从，肆先祖怀在位。

晋于周为同姓，故称父。义和，是文侯的字。辟，是君。先祖，指成、康以下诸君说。怀，是安。

平王呼文侯而命之说：“父义和，我大显祖文王、武王，皆能敬慎以明其德。本之身心之间，而达于政治之际，光辉发越，无远弗至。其德昭著而上升于天，敷布而下闻于民。故上帝眷佑，集大命于文王，以有天下。我周家之基业，其来有自矣。当时守成继体，固有成、康以下诸君，亦惟老成先正之臣，如尔祖父等，能左右扶助，精白以事其君。凡君有小大谋猷，无不顺从宣布，以光昭祖德，安定国家。故我先祖诸君，得以安然在位，而享太平之福也。”

“呜呼！闵予小子嗣，造天丕愆。殄资泽于下民，侵戎我国家纯。即我御事，罔或耆寿俊在厥服，予则罔克。曰惟祖惟父，其伊恤朕躬。呜呼！有绩予一人，永绥在位。

闵，是矜怜。嗣造，是嗣位。丕愆，是大谴。殄，是绝。资泽，是小民所资赖的恩泽。纯，是大。服，是事。伊字，解做谁字。

平王叹息说：“我祖宗基业相承，皆有贤臣之助，何其幸也。闵予小子嗣位之初，乃为天所大谴，有父死国破之祸。所以然者，盖民为邦本，国家必有惠泽及民，则根本固，而外侮无自而入。今周德既衰，绝其资泽于下民，民心已离，邦本先拨，以致戎狄侵陵，为我国家之害甚大。是我之所承者，既与先祖异矣。即我朝廷御事之臣，亦无有老成俊杰在于官使者。我小子又薄劣无能，其何以济此多难？所赖以辅之者，惟有望于在外之诸侯耳。尔诸侯在我祖父之列者，其谁能怜恤我乎？”又叹息说：“诸侯若能恤我，以先正之昭事先王者，而致功于我一人，则庶几扶国祚于既衰，而我亦可以永安厥位如先祖矣。”

“父义和，汝克昭乃显祖，汝肇刑文、武，用会绍乃辟，追孝于前文人。汝多修，扞我于艰。若汝，予嘉。”

显祖、前文人，都指文侯始祖唐叔说。肇，是始。刑，是法。会，是合。绍，是继。修，是缉理的意思。扞，是捍卫。

平王呼文侯说：“当国家多难之后，寡助之时，犹幸有汝能服劳王家，昭明汝显祖之功烈。盖我家不造，文、武之道几坠，而国统已中绝矣。惟汝攘除戎难，兴得王家，始仪刑文、武之典章，用会合诸侯，迎立小子，继续汝君之统绪，于以追孝于尔之前文人，而不忝其昭事先王之绩焉。且我新立，在艰难之中，汝多所修完捍卫，王室赖以再造。若汝之功，诚我之所嘉美者也。”

王曰：“父义和，其归视尔师，宁尔邦。用赉尔秬鬯一卣，彤弓一，彤矢百，卢弓一，卢矢百，马四匹。父往哉！柔远能迩，惠康小民，无荒宁。简恤尔都，用成尔显德。”

师，是众。赉，是赐。彤，是赤。卢，是黑。康，是安。简，是阅视。

平王敕遣文侯说：“王室已安，汝其归于晋国，抚视汝民众，安宁汝邦家。我用赐汝秬鬯之酒一尊，以供汝祖庙祭飨之礼；又彤弓一张，彤矢百枝，卢弓一张，卢矢百枝，使汝得专征伐；又马四匹，以供征伐之用。父往就国，当修举职业，于远民则怀来之，于近民则驯习之。惠安远近的小民，无或怠荒以自安乐。又必简阅尔都之士马，以壮国威；惠恤尔都之人民，以固邦本。夫有功王室，汝之德已显矣。今又柔服远近，简恤士民，则德威宣著，勋业光明，岂不益成就汝之显德哉！汝其勉之。”

按：平王即位之后，但知晋侯立己之功，而不知有复仇讨贼之义，忘亲忍耻，无有为之志可知矣。此周之所以终于不振也。

费誓

费，是地名。昔周公之子伯禽，初封为鲁侯，因淮夷徐戎作乱，率师伐之，誓师于费地。记书者，因以“费誓”名篇。

公曰：“嗟！人无哗，听命！徂兹淮夷、徐戎并兴。

徂，是往。淮夷、徐戎，今淮安徐州地方。

鲁公誓师，先发叹说：“尔等从征的诸侯，无得喧哗，都静听我的命令。往日已叛的淮夷，今乘我始封，又结构徐戎，并起为寇。故我不得不率师以伐之。”

“善敹乃甲胄，敿乃干，无敢不吊。备乃弓矢，锻乃戈矛，砺乃锋刃，无敢不善。

敹，是缝缀。胄，即是盔。敿，是干上系的带。干，是楯。吊，是精制的意思。锻，是打造铁器。戈、矛，俱是枪。砺，是磨。

鲁公誓师说：“战莫先于治戎备。尔等须要好生缝缀那甲胄，系带着干楯，无敢有一件不精制者；多预备那弓矢，锻炼那戈矛，磨砺其锋刃，无敢有一件不铦利者，庶足以卫身而克敌也。”

“今惟淫舍牿牛马，杜乃擭，敜乃穽，无敢伤牿。牿之伤，汝则有常刑。

淫，是大。舍牿，是军中造作庐舍牧放牛马之所。杜，是闭绝。擭，是捕野兽的机槛。敜，是填塞。穽，是坑坎。

鲁公又戒行师所在之居民说：“凡军中的牛马，其止宿牧养之处，已大布于四野之中。尔居民凡在野外，有设为捕兽的机槛，便都闭绝了；有发掘陷兽的坑坎，便都填塞了，无致陷害伤损我牧放的牛马。若不预先除治，伤了我牛马，当加尔以常刑，决不赦宥也。”

“马牛其风，臣妾逋逃，勿敢越逐。祗复之，我商赉尔。乃越逐，不复，汝则有常刑。无敢寇攘，逾垣墙，窃马牛，诱臣妾，汝则有常刑。

风，是马牛牝牡相诱，因而狂走也。臣妾，是男女贱者之称。商，是度量。

鲁公又戒将士说："军出，部伍不可不严整。军中马牛，有牝牡相引诱，因而风狂奔走的；有役使的男子女人，弃家逃亡的，俱不许失主越过军垒去赶逐他。若有人收得这马牛男女，能敬惧小心，不敢藏匿，复还了人，我自商度尔所还之物多寡轻重之数，赏赐他。若不听誓戒，乱了部伍，越垒赶逐，或得了藏匿不还，这等的，都有一定之法，决不轻宥。也不许寇盗抢掠，或逾过垣墙，偷盗人牛马，引诱人男女。这等的，其情尤重，又自有一定之法，禁治于尔，必不宥也。"

"甲戌，我惟征徐戎。峙乃糗粮，无敢不逮，汝则有大刑。鲁人三郊三遂，峙乃桢干。甲戌，我惟筑。无敢不供，汝则有无余刑非杀。鲁人三郊三遂，峙乃刍茭，无敢不多，汝则有大刑。"

峙，是储备。糗粮，是干粮。不逮，是不及。大刑，是死罪。郊，是国门外之地。遂，是郊外之地。桢、干，都是筑墙的板木。有无余刑非杀，是说不止一件刑法，但罪不至死的意思。刍茭，是草束。

鲁公誓师又说："甲戌之日，我要率众往征徐戎之罪。盖徐戎尤近鲁境，故先加之兵。军行则粮饷为急，尔须要储备以供军食，毋得欠缺致误军机。如有不及，汝主馈之人，当加以死罪，不宥也。鲁国有四郊，那东郊之人，与徐戎对垒，难别用他。汝西南北三郊三遂的，当备着筑墙板木之类。我于甲戌进兵之日，要乘隙修筑城垣管垒，以防冲突之患，毋得失于供应，误了我的事。我所惩治汝的，不止一件刑法，但罪不至死耳。又汝三郊三遂的人民，不止供应板木，又要储备着喂养马牛的草束，不可不多备。倘或缺少，致使我马牛饥困，亦必加以死刑，不轻宥也。"

按：鲁公于初封之日，夷戎妄意其未更事，且乘新造之隙。今观其行师誓众，先后次第，整暇有序，虽一时御敌未足以尽其美，而治国规模亦略可见。盖周公为父，教习有素也。鲁侯其贤矣哉！

秦誓

昔秦穆公欲伐郑，其臣蹇叔以为不可。穆公不听，后晋襄公败之于崤，囚其三帅。穆公悔己不用蹇叔之言以致丧败，作为誓辞以告群臣，明己改过之意。史臣录其语，因以“秦誓”名篇。

公曰：“嗟！我士，听无哗！予誓告汝群言之首。古人有言曰：‘民讫自若，是多盘。责人斯无难，惟受责俾如流，是惟艰哉！’

哗，是喧哗。群言之首，譬如说众论中第一紧要的。讫字，解做尽字。自若是，是自以为是。盘，是安。

昔秦穆公悔己伐郑之失，乃集君臣而告之，先嗟叹说：“尔等群臣，无得喧哗，都静听我的言语。我今誓告于汝者，乃众论中第一紧要的，非是迂远不切之说，汝当专心听之可也。我闻前人说道：‘常人之情，重于责人，轻于责己。每自以为是，便有过差，多安于徇己，不肯受人的非责。殊不知责人非难，惟我有不是处，而能受人之责，如水之流，闻而即改，无一毫凝滞，斯为艰耳。’”古人斯言，切中人情，乃修身克己之要务，正所谓群言之首也。穆公悔不听蹇叔之谏，而深有味于古人之语，故先述以自警如此。

“我心之忧，日月逾迈，若弗云来。

逾，是过。迈，是往。

穆公悔过之意说：“我如今乃知前日拒谏之非，欲改其过。心里常怀忧悔，惟恐日月既往，年齿已衰，不复有将来之日，可以迁善补过。此所以急于图改，不敢自安也。”

“惟古之谋人，则曰未就予忌；惟今之谋人，姑将以为亲。虽则云然，尚猷询兹黄发，则罔所愆。

古之谋人，是前辈老成谋国的人。忌，是疾恶。今之谋人，是新进喜事之人。姑字，解做且字。猷，即是谋。询，是问。老人齿衰而发黄，故叫做黄发。愆，是过失。

穆公又追悔前非说道:“惟朝廷之上，那前一辈年老有谋的人，我非不知他老成谙练，但以其每事坚执，不肯迁就我意，遂忌疾疏远之，而不用其谋。(这是隐然指蹇叔劝他不要伐郑之事。)如今那新进喜事之人，非不知他少未更事，但以其每事顺从，能与我意相合，姑且以为可亲，而信用其计，以至于败谋而失事。(这是隐然指杞子哄他伐郑之事。)然既往之过，虽已如此，而将来之善，犹可改图。自今以后，凡国有大事，尚当谋度询问于老成黄发之人，与他商量可否。则其深虑远谋，既足以断国事;忠言谠论，又足以服人心。庶几他日所行之事，亦可以无过矣。岂敢自讳其过，而不复为自新之计哉!”

“番番良士，旅力既愆，我尚有之;仡仡勇夫，射御不违，我尚不欲。惟截截善谝言，俾君子易辞，我皇多有之。

番番，是衰老的模样。旅字，与腰膂的膂字同。旅力既愆，是少壮有膂力时都过去了。有，是任用的意思。仡仡，是强勇的模样。不违，是无失。截截，是口舌辩给的模样。谝字，解做巧字。易辞，是变乱是非。

穆公告群臣说:“我前日之过，已不可追。如今要改过迁善，只是亲贤臣、远小人而已。如番番然衰老的良士，虽少壮有膂力时都过去了，他却老成练达，计虑深长，是可与谋国者。这等的人，我今后却要任用他。若仡仡武勇之夫，虽善于射御，无有违失，他却有勇无谋，智虑疏浅，多足以败事。这等的人，我今后再不用了。勇夫且不可用，况那截截辩给，善为巧言的小人。颠倒是非，能使君子变易其辞说，虽有直言正论，也被他摇夺了。这样人，最能败坏国家，我何暇多用之哉!”穆公悔过之词如此。其任用老成，斥远邪佞，乃人君图治之要道。此孔子取之以示万世也。

“昧昧我思之，如有一介臣，断断猗，无他技，其心休休焉，其如有容。人之有技，若已有之;人之彦圣，其心好之。不啻若自其口出，是能容之。以保我子孙黎民，亦职有利哉!

昧昧，是默默。介，是独。断断，是诚一的模样。技，是才能。休休，是平易宽洪的意思。彦，是俊美。圣，是通明。不啻，是不但。职字，解做主字。

穆公说："我尝默默然深思，用人之得失，系国之安危，不可不谨。假如有一个介然独立之臣，看他断断然诚实专一，无他技能，恰似没用的人一般，但其心地和平，度量广大，休休然如大器之能容受，有不可得而测度者。见人有才能的，便心里爱他如自己有才能一般；见人之俊美通明的，便心里真切喜好，不但如其口中之所称扬而已。这是他实是能容受天下的贤才，非有勉强矫饰之意。这样大臣既有德，又有量，人君若肯一心信任他，必能广致群贤，共图国事，为社稷苍生造福。用能保佑我子孙，使长享富贵；保安我黎民，使长享太平。斯人也，亦主有利于国哉！此我所以欲用老成之士也。"

"人之有技，冒疾以恶之；人之彦圣，而违之俾不达。是不能容。以不能保我子孙黎民，亦曰殆哉！

冒疾，是妒忌。违之俾不达，是故意阻抑之，使不得通达。殆，是危。

穆公说："为人臣的，若无断断之诚、休休之量，见人有技能的，道他强过自己，却妒忌憎嫌之，不肯称扬；见人是个俊美通明的，怕他不次进用，却百般阻抑之，使不得通达。这等的人，心私量狭，实不能容受天下的贤才。人君若误用了他，将使君子丧气，小人得志，把天下的事，件件都坏了。如何能保我的子孙，使之长久；保我的黎民，使之安乐。乱亡之祸，将由此而起矣，不亦岌岌乎危殆哉！故我于截截巧言之人，不遑用之也。"

"邦之杌陧，曰由一人；邦之荣怀，亦尚一人之庆。"

杌陧，是危动不安的意思。怀，是安。

穆公誓告群臣篇终，又说："用一妒贤疾能的大臣，便使子孙黎民并受其害。可见国家之杌陧不安，不在乎他，只由用着一个不好的人，遂贻无穷之祸尔。岂必小人之多乎？用一休休好善的大臣，便使子孙黎民并受其利。可见国家之荣显安宁，亦不在乎他，只由用得一个好人，遂贻无穷之庆尔。岂必君子之多乎？夫一人之善恶，足以系一国之安危如此。然则番番之良士，其可以不用，而截截谝言之人，尚可以不去哉！"

按：穆公因轻信杞子之言，不听蹇叔之谏，以至大败于崤。故此篇悔过之辞，惟惓惓于用人之得失，其亦善补过者矣。大抵老成之人，膂力既衰，近于无用；而仡仡勇夫，其驰骋足以快意，谋虑深长，近于迂阔；而截截谝言者，其辩论足以动人，断断纯朴，近于无能；而媢疾之人，露才扬己，足以取重。所以人主谋事，常忽老成之君子，而喜轻薄之小人，为是故也。然则《秦誓》之书，岂非万世用人者之明监哉！

四书直解　上

赖文婷　点校

大学

大学，是大人之学。这一本书中说的都是大人修己治人的大道理，故书名为《大学》。

大学之道，在明明德，在亲民，在止于至善。

这一章是孔子的经文，这一节是经文中的纲领。

孔子说，大人为学的道理有三件：

一件在"明明德"。上"明"字，是用功夫去明他；明德，是人心虚灵不昧，以具众理而应万事的本体。但有生以后，为气禀所拘，物欲所蔽，则有时而昏。故必加学问之功，以充开气禀之拘，克去物欲之蔽，使心之本体依旧光明。譬如镜子昏了，磨得还明一般。这才是有本之学。所以大学之道"在明明德"。

一件在"亲民"。亲字，当作新字，是鼓舞作兴的意思。民，是天下的人。天下之人，也都有这明德，但被习俗染坏了。我既自明其明德，又当推以及人，鼓舞作兴，使之革去旧染之污，亦有以明其明德。譬如衣服涴了，洗得重新一般。这才是有用之学。所以大学之道"在新民"。

一件在"止于至善"。止，是住到个处所不迁动的意思。至善，是事理当然之极。大人明己德、新民德，不可苟且便了，务使己德无一毫之不明，民德无一人之不新，到那极好的去处，方才住了。譬如赴家的一般，必要走到家里才住。这才是学之成处。所以大学之道"在止于至善"。

这三件在《大学》，如网之有纲，衣之有领，乃学者之要务，而有天下之责者，尤当究心也。

知止而后有定，定而后能静，静而后能安，安而后能虑，虑而后能得。

这一节是承上文说明德、新民所以得止至善之由。

止，就是“止于至善”的“止”字。定，是志有定向。人若能先晓得那所当止的去处，其志便有定向，无所疑惑，所以说“知止而后有定”。静，是心不乱动。所向既定，心里便自有个主张，不乱动了，所以说“定而后能静”。安，是安稳的意思。心里既不乱动，自然随处皆安，凡物都动摇他不得，所以说“静而后能安”。虑，是处事精详。心里既是安闲，则遇事之来，便能仔细思量，不忙不错，所以说“安而后能虑”。得，是得其所止。既能处事精详，则事事自然停当，凡明德、新民，都得了所当止的至善，所以说“虑而后能得”。夫由知止而后至于能得，可见欲止至善者，必当先知所止也。

物有本末，事有终始。知所先后，则近道矣。

这一节是总结上面两节的意思。

物，指明德、新民而言。本，是根本。末，是末梢。明德了才可新民，便是明德为本，新民为末，恰似树有根梢一般。事，指知止、能得而言。终，是临了。始，是起头。知止了，方才能得，便是知止为始，能得为终，如凡事都有个头尾一般。这本与始，是第一要紧的，该先做；末与终，是第二节功夫，该后面做。人能晓得这先后的次序顺着做去，则路分不差，自然可以明德新民，可以知止能得，而于大学之道，为不远矣。

古之欲明明德于天下者，先治其国。欲治其国者，先齐其家。欲齐其家者，先修其身。欲修其身者，先正其心。欲正其心者，先诚其意。欲诚其意者，先致其知。致知在格物。

这一节是《大学》的条目功夫，其序如此。

诚，是实。致，是推及。知，是识。格，是至。物，是事物。

孔子说，明德、新民，固大人分内之事，而功夫条目，则有所当先。在昔古之人君，任治教之责，要使天下之人，都有以明其明德者，必先施教化，治了一国的人，然后由近以及远。盖天下之本在国，故欲明明德于天下者，先治其国也。然要治一国的人，又必先整齐其家人，以为一国之观法。盖国之本在家，故欲治其国者，先齐其家也。然要齐一家的人，又必先修治己身，以为一家之观法。盖家之本在身，故欲齐其家者，先修其身也。身不易修，而心乃身之主宰，若要修身，又必先持守得心里端正，无一些偏邪，然后身之所行，能当于理。所以说，欲修其身者，先正其心。心不易正，而意乃心之发动，若要心正，又必先实其意念之所发不少涉于欺妄，然后心之本体能得其正。所以说，欲正其心者，先诚其意。至于心之明觉谓之知，若要诚实其意，又必先推及吾心之知，见得道理无不明白，然后意之所发或真或妄，不致错杂。所以说，欲诚其意者，先致其知。理之散见寓于物，若要推及其知，在于穷究事物之理，直到那至极的去处，然后所知无有不尽。所以说，致知在格物。

这格物、致知、诚意、正心、修身，是明明德的条目；齐家、治国、明明德于天下，是新民的条目。人能知所先后，而循序为功，则己德明、民德新，而止至善在其中矣。大学之道，岂有外于此哉！

物格而后知至，知至而后意诚，意诚而后心正，心正而后身修，身修而后家齐，家齐而后国治，国治而后天下平。

这一节是覆说上文的意思。

至，是尽处。人能于天下事物的道理，一一都穷究到极处，然后心里通明洞达，无少亏蔽，而知于是乎可至。夫“物格而后知至”，可见致知在于格物也。知既到了至处，然后善恶真妄，见得分明，心上发出来的念虑，都是真实，无些虚假，而意于是乎可诚。夫“知至而后意诚”，可见欲诚其意者，当先致其知也。意诚，然后能去得私欲，还得天理，而虚灵之本体，可以端正而无偏。夫“意诚而后心正”，可见欲正其心者，当先诚其意也。心正，然后能检束其身，以就规矩，凡所举动，皆合道理，而身无不修。夫“心正而后身修”，可见欲修其身者，当先正其心也。身修，然后能感化那一家的人，都遵我的约束，家可得而齐矣。夫“身修而后家齐”，可见欲齐其家者，当先修其身也。家齐，然后能感化那一国的人，都听我的教训，国可得而治矣。夫“家齐而后国治”，可见欲治其国者，当先齐其家也。国治，然后能感化那天下的人，都做良民善众，与国人一般，天下可得而平矣。夫“国治而后天下平”，可见欲明明德于天下者，当先治其国也。

物格知至，是知所止了。意诚、心正、身修，是明德得其所止的事。家齐、国治、天下平，是新民得其所止的事。圣经反复言之，一以见其次第不可紊乱，一以见其功夫不可缺略，此入大学者之所当知也。

自天子以至于庶人，壹是皆以修身为本。

壹是，解做一切。

孔子说，大学的条目虽有八件，其实上自天子，下至庶人，尽天下的人，一切都要把修身做个根本。盖格物致知、诚意正心，都是修身的功夫。齐家、治国、平天下，都是从修身上推去。所以人之尊卑，虽有不同，都该以修身为本也。

其本乱而末治者，否矣。其所厚者薄，而其所薄者厚，未之有也。

本，指身说。末，指家国天下说。否，是不然。身既为家国天下的根本，必修了身，才可以齐家、治国、平天下。若不能修身，是根本先乱了，却要使家齐、国治、天下平，就如那树根既枯了，却要他枝叶茂盛，必无此理，所以说“否矣”。厚，指家人说。薄，指国与天下之人说。家国天下之人，虽都是当爱的，然家亲而国与天下疏，亲的在所厚，疏的在所薄，必厚其所厚，而后能及其所薄也。若不能齐家，是所厚的且先薄了，却要治国、平天下，将那所薄的，反得加厚，必无此理，所以说“未之有也”。

前一节，是就八条目中指出修身最为紧要；这一节，是明修身之所以为要，而因言齐家又为治国、平天下之要，皆所以结上文两节之意也。

右经一章。

右，是指以前说。经字，解做常字。一章，是一篇。

这以前说的自“大学之道”至“未之有也”一篇，是孔子所作的，备言修己治人的道理，乃万世不可易者，所以谓之经文。

《康诰》曰：“克明德。”《太甲》曰：“顾諟天之明命。”《帝典》曰：“克

明峻德。”皆自明也。

这一章是曾子解释经文“明明德”的说话。

《康诰》，是《周书》篇名。克，是能。德，是人生所得之理。武王作书告康叔说：“人皆有德，但为气禀物欲拘蔽，以致昏昧不明，惟文王能明之，无一毫之昏昧，所以为周之圣君。”《太甲》，是《商书》篇名。顾，是常常地看着。諟字，解作此字。明命，即是明德，以其为天所赋予之理，所以又叫做明命。伊尹作书告太甲说：“人皆有此明命，而心志放逸忽忘者多，惟成汤能心上时时存着，恰似眼中时常看着的一般，无一时之怠玩，所以为商之圣君。”《帝典》，是《书经》中《尧典》。峻，是大。《尧典》中说：“人皆有这大德，被私欲狭小了，惟尧能明之，至于光四表而格上下，所以为唐之圣君。”自，是自己。曾子解说：“这三书所言，虽是不同，然曰德、曰明命、曰峻德，即是经文所谓明德也。曰克明、曰顾諟，又曰克明，即是经文所谓明明德也。”总来都是自明己德的意思，所以说皆自明也。

右传之首章，释“明明德”。

传，是训解其义、以传于世的意思。首章，是头一章。释字，即是解字。

曾子将上面孔子的经文，逐件解释其义，分为十章。这首章是解“明明德”。后九章仿此。

汤之《盘铭》曰：“苟日新，日日新，又日新。”

这一章，是解释经文“新民”的说话。

盘，是沐浴的盘。铭，是刻在盘上以自警的言语。苟字，解做诚字。

商王成汤以人心本自清明，却被私欲污了，必须洗去那私欲，使其从新清明，就如人身本自干净，却被尘垢污了，必须洗去那尘垢，使其从新干净一般。乃刻铭于沐浴的盘上说道：为人君者，诚能一日之间，着实用力洗去那旧染之污，而复其本然之善。这功夫却不可间断了，必当因其已新者，而日日新之，又日新之，务使私欲净尽，心地极其清明，如沐浴的一般，洗得身子极其干净方可。这是自新的事，曾子引此，以明新民之本。

《康诰》曰:“作新民。”

《康诰》,是《周书》篇名,武王告弟康叔的说话。作,是振作。

《康诰》中说:“百姓每,旧日虽为不善,而今若能从新为善,为人君者,就当设法去鼓舞振作他,使之欢喜踊跃,乐于为善。”曾子引此,以明新民之事。

《诗》曰:“周虽旧邦,其命维新。”

《诗》,是《大雅·文王》篇。邦,是国都。命,是天命。

诗人说:“周自后稷以来,千有余年,皆为诸侯之国,到文王能新其德,以及于民,乃始受天命而有天下。是其邦虽旧,而其命则新也。”曾子引此,以明自新新民之极。

是故,君子无所不用其极。

是故,是承上文说。君子,是大人成德之名。极,即是至善。

曾子说:由上文盘铭、《康诰》、文王之诗观之,可见自新新民,必要到那极处才好,所以君子无所不用其极。新自家的德,与新民的德,都要到那至善的去处而后已也。

这一章虽是释“新民”,然起头说“日新”,便是明德的事;末后说“无所不用其极”,便是止至善的事,而大学之道,备在是矣。

右传之二章,释“新民”。

《诗》云:“邦畿千里,惟民所止。”

这一章是释经文“止于至善”的说话。

《诗》,是《商颂·玄鸟》篇。

诗人说:“王者所都的京畿,地方其广千里,百姓每都居止于此。”曾子引此,以见凡物各有所当止之处也。

《诗》云:“缗蛮黄鸟,止于丘隅。”子曰:“于止,知其所止,可以人而不如鸟乎?”

《诗》,是《小雅·缗蛮》篇。缗蛮,是鸟声。丘隅,是山阜树多的所在。

诗人说："那缗蛮的黄鸟，都栖止于山阜树多的所在。"孔子读这两句诗，因有感而说："黄鸟是个微物，于其止也，尚晓得所当止的好处。人为万物之灵，岂可反昧其所止，而禽鸟之不如乎？"夫鸟所当止的是林木，人所当止的是至善。孔子借鸟以警人，而曾子引之，以见人当知所止也。

《诗》云："穆穆文王，於缉熙敬止！"为人君，止于仁；为人臣，止于敬；为人子，止于孝；为人父，止于慈；与国人交，止于信。

上节既说人不可不知所止。这一节因说圣人能得所止。

《诗》，是《大雅・文王》篇。穆穆，是深远的意思。於，是叹美辞。缉，是继续。熙，是光明。敬止，是无不敬而安所止。

诗人说："穆穆深远的文王，其德则继续光明，无不敬而安所止。"曾子引此诗而释之说："所谓文王之敬止者何如？如为君的道理在于仁，文王之为人君，所存的是仁心，所行的是仁政，尽所以为君之道，而无一毫之不仁，这是止于仁；为臣的道理在于敬，文王之为人臣，忠诚以立心，谨恪以奉职，尽所以为臣之道，而无一毫之不敬，这是止于敬；为子道理在于孝，文王之为人子，事奉他父母，常怀着爱慕的意念，于那为子的道理，竭尽而无所遗，这是止于孝；为父的道理在于慈，文王之为人父，教诲他儿子，都成了继述的好人，于那为父的道理，曲尽而无以加，这是止于慈；与人交的道理在于信，文王之与国人交，言语句句都是诚实，政事件件都有始终，尽得那交结的道理，而无一毫之不信，这是止于信。文王之能得其止如此，诗人所谓敬止者也。"夫文王之敬止，盖不止至此五件，而五者乃其大端。学者诚能体察于此，而推类以尽其余，则至善可得而止矣。

《诗》云："瞻彼淇澳，菉竹猗猗。有斐君子，如切如磋，如琢如磨。瑟兮僩兮，赫兮喧兮。有斐君子，终不可喧兮。""如切如磋"者，道学也。"如琢如磨"者，自修也。"瑟兮僩兮"者，恂栗也。"赫兮喧兮"者，威仪也。"有斐君子，终不可喧兮"者，道盛德至善，民之不能忘也。

《诗》，是《卫风·淇澳》之篇，盖卫人作之以美其君武公者也。

淇，是水名。澳，是水边的弯曲处。猗猗，是美盛的模样。斐，有文采的模样。君子，就指武公。诗人说："瞻望那淇水弯曲的去处，绿色之竹，猗猗然美盛。我斐然有文的君子，抑何其学问之精密，而德容之盛美乎。"切磋，是治骨角的事。治骨角者，既用刀锯切了，又用鑢鐋磋它，是已精而益求其精也。君子用功之精，与那治骨角的一般。琢磨，是治玉石的事。治玉石者，既用椎凿琢了，又用沙石磨它，是已密而益求其密也。君子用功之密，与那治玉石的一般。既有这等的工夫，所以德之存于心者，便瑟然严密而不粗疏，僩然武毅而不怠弛；形于身者，便赫然宣著而不暗昧，喧然盛大而不局促。喧字，解作忘字。君子为学，既造到这等样去处，自能感人，而人皆爱慕，终身不能忘也。

这是卫人美武公之诗如此。

道，是言。学，是讲习讨论之事。自修，是省察克治的功夫。恂栗，是战惧。威，是有威可畏。仪，是有仪可象。盛德，指理之得于身者说。至善，指理之极处。

曾子引诗而解释其义说道：所谓"如切如磋"者，是说卫武公勤学的事。他将古人的书籍与古人的行事，既自家探讨，又与人辩论，务要穷究到极精透的去处然后已，便与那治骨角的，既切了又磋的一般，所以说"如切如磋"。所谓"如琢如磨"者，是说卫武公自修的事。他省察自己的身心，或性情偏与不偏，或意念正与不正，或行事善与不善，务要见得分明，治得干净，不肯有一些瑕玷，便与那治玉石的，既琢了又磨的一般，所以说"如琢如磨"。所谓"瑟兮僩兮"者，是说卫武公学既有得，自然敬心常存，战战兢兢，无一时懈惰，无一时苟且，这便见他严密武毅处，所以说"瑟兮僩兮"。所谓"赫兮喧兮"者，盖言卫武公有敬德在心，其见于外者，自然有威严，人都畏惧他；有仪容，人都效法他，这便见他宣著盛大处，所以说"赫兮喧兮"。所谓"有斐君子，终不可喧兮"者，盖言卫武公尽学问自修之功，有恂栗威仪之验，由是德极全备而为盛德，善极精纯而为至善，所以百姓都感仰爱戴他，而终身不能忘也。此一节是说明明德之止于至善。

《诗》云："於戏！前王不忘！"君子贤其贤而亲其亲，小人乐其乐而利其利，此以没世不忘也。

《诗》，是《周颂·烈文》篇。於戏，是叹词。前王，指文王、武王。君子，指后贤、后王。小人，指后世的百姓。

诗人叹说："文王、武王虽去世已远，而天下之人至今犹思慕他，终不能忘。"曾子释诗说："文王、武王所以能使人思慕不忘者，盖因他有无穷的功德，留在后世耳。如垂谟烈以佑启后人，是其贤也。后来的贤人每，都守其模范，而贤其贤。创基业以传与子孙，是其亲也。后来的王者，都有所承藉而亲其亲。治安天下，使世世享太平之福，是他遗后人的乐处，而后民则含哺鼓腹，以享其所遗之乐。分田制里，使百姓每永远为业，是他与后人的利益，而后民则安居粒食，以享其所遗之利。夫贤贤亲亲，是君子得其所矣。乐乐利利，是小人得其所矣。此所以文王、武王去世虽远，而人心追思之，终不能忘也。"

此一节是说新民之止于至善。

右传之三章，释"止于至善"。

子曰："听讼，吾犹人也。必也使无讼乎？"无情者不得尽其辞。大畏民志，此谓知本。

这一章是释经文"物有本末"的说话。

听，是听断。讼，是争讼。犹人，是与人一般。情，是情实。辞，是争讼的言辞。畏，是畏服。

曾子引孔子之言说道："若论听断词讼，使他曲直分明，我也能与人一般，不为难事。必是使那百姓每相敬相爱，自然无有争讼，乃为可贵耳。"孔子之言如此。曾子又申解之说："那争讼的人，心中刁诈不实，他的言辞多有虚诞。圣人能使那不实的人，不敢尽其虚诞之辞者，岂是刑法以制之哉！"盖由圣人盛德在上，大能畏服民之心志，使之化诈伪而为诚实，自然无有颠倒曲直以虚辞相争讼的，所以讼不待听而自无也。夫无讼，是民德之新。所以使民无讼，是己德之明也。必己德明了，然后可使民无讼，则明德为本而在所当先，新民为末而在所当后矣。所以说此谓"知本"，而经文所谓"物有本末"者盖以此。

右传之四章，释“本末”。

此谓知本。此谓知之至也。

上一句，前面已有了。此是错误重出。后一句，是个结语的口气，上面必有说话，是古人传流失落了。

右传之五章，盖释“格物”“致知”之义，而今亡矣。间尝窃取程子之意以补之曰：“所谓致知在格物者，言欲致吾之知，在即物而穷其理也。盖人心之灵莫不有知，而天下之物莫不有理，惟于理有未穷，故其知有不尽也。是以大学始教，必使学者即凡天下之物，莫不因其已知之理而益穷之，以求至乎其极。至于用力之久，而一旦豁然贯通焉，则众物之表里精粗无不到，而吾心之全体大用无不明矣。此谓物格，此谓知之至也。”

这是宋儒朱子的说话。

间，是近日。表，是外面，指道理易见处说。里，是里面，指道理难见处说。精，是道理精微的。粗，是道理粗浅的。

朱子说：“这传文第五章，盖曾子解释经文‘格物致知’的说话，而今简编残缺，不可考矣。然格物致知，是大学第一段功夫，最为紧要。若少此一节，则诚意正心、修齐治平都做不得了，岂可缺而不备？所以我近时曾私取程子的意思，做一章书以补之。说道：‘经文所谓致知在格物者，是说人要推及吾心的知识，使无一些不明，当随事随物而穷究其理，使其无一处不到可也。所以然者何故？盖人心之本体，至虚至灵，都有个自然的知识，而天下的万事万物，都有个当然的道理，这心虽在内，而其理实周于物，那物虽在外，而其理实据于心，惟于事物的道理有未穷，故其心上的知识有不尽也。所以大学起初教人，必使那为学的，把天下事物的道理，无大无小，各就着心上那明白的去处，益加穷究之功，就天下事无一件不穷，就一件内无一毫不尽，务到个极处而后已。如此日积月累，至于久后，功夫到了，忽觉一旦之间，豁然开悟，都贯穿通透得来，则众物之理，或在表的，或在里的，或精微的，或粗浅的，无一件不晓得到，而吾心具众理的全体，以应万事的大用，也无一些不光明了。夫众物之表里精粗无不到，便是物格；吾心之全体大用无不明，便是知至。’经文所谓‘物格知至’者，盖如此。”

所谓诚其意者，毋自欺也。如恶恶臭，如好好色，此之谓自谦。故君子必慎其独也。

这一章是解释经文“诚意”的说话。

毋，是禁止之辞。自欺，是自己欺谩，不肯着实。谦字，读做慊字，慊是心中快足。独，是心上念虑发动，独自知道的去处。

曾子说：“经文所谓诚其意者，是要人于意念发动之时，就真真实实禁止了那自己欺谩的意思。使其恶恶如恶恶臭的一般，是真心恶他，而于恶之所在，务要决去；好善如好好色的一般，是真心好他，而于善之所在，务要必得。这等才是好善恶恶的本心，无有亏欠，才得个自己心上快足，所以谓之自慊。然欺曰自欺，慊曰自慊，是意之实与不实，人不及知，我心里独自知道。这个去处，虽甚隐微，却是善恶之所由分，不可不谨。所以君子在此处，极要谨慎，看是自欺，便就禁止，看是自慊，便加培植，不敢有一毫苟且，亦不待发现于声色事为之际，而后用力也。”经文之所谓“诚意”者，盖如此。

小人闲居为不善，无所不至，见君子而后厌然，掩其不善，而著其善。人之视己，如见其肺肝然，则何益矣。此谓诚于中，形于外，故君子必慎其独也。

闲居，是没人看见的去处。厌然，是消沮闭藏的模样。独，是人所不知而己所独知之地。

曾子说：“小人独居时，只说没人看见，把各样不好的事，件件都做出来；及至见了君子，也知惶恐，却消沮闭藏，遮盖了他的不善，假装出个为善的模样，只说哄得过人，殊不知人心至灵，自不可欺。我方这等掩饰，人看得我已是件件明白，恰与看见那腹里的肺肝相似。似这等恶不可掩，而善不可诈，岂不枉费了那机巧之心，有甚好处？所以说‘则何益矣’。夫掩恶诈善，如此无益，这便是实有那不好的心在里面，自然有不好的形迹露在外面，独知之地可不慎哉！此君子所以必谨慎于己所独知之地，而不敢以自欺也。”既能慎独，则其发见于外者，自无不善矣。

曾子曰：“十目所视，十手所指，其严乎！”

这是门人引曾子平日的言语，以发明上文之意。

严。是可畏的意思。

曾子说："那幽独去处所干的事，人只说无人看见，无人指摘，可以苟且，岂知天下之事，有迹必露，无微不彰。那为善的，虽不必求知，毕竟人自然晓得；那为恶的，虽要遮盖，毕竟也被人识破，一些掩不得。莫说无人看见，乃十目之所共视也；莫说无人指摘，乃十手之所共指也。幽独之中不可掩，一至于此，岂不甚可畏乎？"知其可畏，则慎独之功，自不容已矣。

富润屋，德润身，心广体胖，故君子必诚其意。

这是说能慎其独的好处。

润，是华美。广，是宽大。胖，是舒展的意思。

人若富足，自然用度充裕，而华美其屋。人若有德，自然诚中形外，而华美其身。盖有德的人，他心里没些惭沮，便自然广大宽平，其发于四体，亦自然从容舒展，身心内外之间，浑然是个有德的气象，所谓德润身者如此。然德自诚意中来，所以为学的君子，必慎独以诚其意，好善则如好好色，恶恶则如恶恶臭，必到那自慊去处，则德全而有润身之效矣。

这一章是为学功夫极要紧处。盖克念作圣，罔念作狂，与治同道，与乱同事，都在这一念上分，是个初发动的机括，诚不可不慎也。

右传之六章，释"诚意"。

所谓修身在正其心者：身有所忿懥，则不得其正；有所恐惧，则不得其正；有所好乐，则不得其正；有所忧患，则不得其正。

这一章是解释经文正心修身的说话。

"身有"的身字，当作心字。忿懥，是心里恼怒。恐惧，是心里畏怕。好乐，是心里喜好。忧患，是心里愁虑。有所，是有那一件事在心里执着，如不当怒而怒，或虽当怒，却又怒得过了。着这一件恼怒的事横在胸中，便是有所忿懥。下面三句，都是此意。

曾子说："经文'所谓修身在正其心者'，盖言心是一身的主宰，而心体至虚，原着不得一物，一有所着，则心即为所累，而不得其正。着在怒的一边，而有所忿懥，则心为忿懥所累，而不得其正矣。着在畏的一边，而有所恐惧，则心为恐惧所累，而不得其正矣。着在喜的一边，而有所好乐，则心为好乐所累，而不得其正矣。着在忧的一边，而有所忧患，则心为忧患所累，而不得其正矣。”盖忿懥、恐惧、好乐、忧患，乃心之用，人情之所不能免也。但四者在人，本有当然之则，若能随事顺应，而各中其则，事已即化，而不留于中，则心之本体，湛然常虚，如明镜一般，何累之有？唯其欲动情胜，或发之过当，而留滞于中，如明镜上着了尘垢一般，由是虚灵之体为其所累，而不得其正矣。心不能正，而欲身之修，岂可得乎？下文视听饮食之失其职，便是身不修处。

心不在焉，视而不见，听而不闻，食而不知其味。

承上文说，人心为一身之主，必天君泰然而后众体从令，各得其职，若有所忿懥、恐惧、好乐、忧患，则这心便被那一件事牵引去了，不在里面。心既不在，则眼虽看着，也如不见；耳虽听着，也如不闻；口内虽吃着饮食，也不晓得是什么滋味。盖目之于视，耳之于听，口之于味，皆吾身之用，而所以视，所以听，所以知味者，皆心也。故心不在，而众体皆失其职矣。这是心不能正，身便不修如此。

此谓修身在正其心。

这是结上文两节的意思，说人心有所忿懥、恐惧、好乐、忧患而不得其正，则虽视听食味至切近处，尚不能辨，况于出入起居、应事接物之际，岂能得其理乎？可见心为一身之主，不能正心者，必不可以修身也。经文所谓“欲修其身，先正其心”者，意盖如此。君子诚能静而存养，动而省察，务使此心湛然虚明，随事顺应，而喜怒忧惧，各中其则，则心正身修，而家国天下皆从而理矣。岂特视听食味之间，能得其正而已哉。

右传之七章，释“正心修身”。

所谓齐其家在修其身者：人之其所亲爱而辟焉，之其所贱恶而辟焉，之其所畏敬而辟焉，之其所哀矜而辟焉，之其所敖惰而辟焉。故好而知其恶，恶而知其美者，天下鲜矣。

这一章是解释经文修身齐家的说话。

之字，解做于字。辟，是偏。

曾子说："经文所谓'齐其家在修其身者'，盖言一家的根本，在我一身。此身与人相接，情之所向，各有个当然的道理。但人多任情好恶，不能检察，所以陷于一偏，而身不修也。如骨肉之间，固当亲爱，然父有过，也当谏诤；子有过也，也当教训。若只管任情去亲爱，更不论义理上可否，这亲爱的便偏了。卑污之人，固可贱恶，然其人若有可取处，也不该全弃他；有可教处，也不该终绝他。若只管任情去贱恶，更不肯宽恕一些，这贱恶的便偏了。畏是畏惧，敬是恭敬。人于尊长，固当畏敬，然自有个畏敬的正理。若是不察其理，或有过于畏惧，过于恭敬，不合乎中，这畏敬便偏了。哀矜，是怜悯的意思。困苦的人，固当怜悯，然自有个哀矜的正理。若其中有不当怜悯处，也只管去怜悯他，却又成了姑息，这哀矜便偏了。敖惰，是简慢的意思。平常的人，简慢些也不为过，然亦有个简慢的正理。若其中有不当简慢处，也只管去简慢他，却又流于骄肆，这敖惰便偏了。"人情陷于一偏如此。所以好一个人，只见他件件都是好的，就有不善，也不知了。恶一个人，只见他件件都是不好的，就有善，也不知了。若是所好的人，却能知其恶，所恶的人，却能知其美者，这是平日能用克己的功夫，到个至公至明的去处，才能如此。似这等人，世上少有，所以说"天下鲜矣"。

故谚有之曰："人莫知其子之恶，莫知其苗之硕。"

谚，是俗语。苗，是田苗。硕，是茂盛。

言人情既陷于一偏，便随处偏了，都见不得。所以俗语说：人之溺爱者不明，他的儿子虽是不肖，也不知道，只说是好；贪得者心无厌足，他的田苗虽是茂盛，也不见得，只嫌不茂盛。偏之为害，一至于此。

此谓身不修不可以齐其家。

即上文说偏之为害上看来，可见欲齐家者，必须先修其身。若果情有所偏，事皆任意，却要感化得一家的人，使其无小无大，都在伦理之中，而无有参差不齐者，断无此理。所以说"身不修不可以齐其家"。

右传之八章，释“修身”“齐家”。

所谓治国必先齐其家者，其家不可教而能教人者，无之。故君子不出家而成教于国：孝者，所以事君也；弟者，所以事长也；慈者，所以使众也。

这是解释经文齐家治国的说话。

曾子说：“经文所谓‘欲治其国，必先齐其家者’谓何？盖家乃国之本，若不能修身以教其家，使一家之人有所观法，却能教训那一国之人，使之感化，绝无此理。所以在上的君子，只修身以教于家，使父子、兄弟、夫妇各尽其道，则身虽不出家庭，而标准之立，风声之传，那一国的百姓，自然感化，也都各尽其道，而教成矣。所以然者何也？盖家国虽异，其理则同。如善事其亲之谓孝，然国之有君，与家之有亲一般，这事亲的道理，即是那事君的道理。善事其兄之谓弟，然国之有长，与家之有兄一般，这事兄的道理，即是那事长的道理。抚爱卑幼之谓慈，然国之有众百姓每，与家之有卑幼一般，这抚爱卑幼的道理，即是那使众百姓的道理。”夫孝、弟、慈三件，是君子修身以教于家的。然而国之所以事君、事长、使众之道，不外乎此。此君子所以不出家而教自成于国也。

《康诰》曰：“如保赤子。”心诚求之，虽不中，不远矣。未有学养子而后嫁者也。

这一节是承上文说，见孝、弟、慈之理，是人心原有，不待强为的意思。

《康诰》，是《周书》篇名。赤子，是初生的小儿。

武王作书告康叔说：“为人君者，保爱那百姓，当如慈母保爱那初生的小儿一般。”曾子引此言而解释之说：“初生的小儿，不会说话，要保爱他，怎能够晓得他的意思？只是为母的爱子之心，诚切恳至。以其诚切恳至之心，而忖度赤子之意，虽不能一一都合着他，也差不远矣。然这个保赤子之心，人人自又不学自会。几曾见为女子的，先学会了抚养孩子的方法，然后才去嫁人？可见皆出于自然，而不待于勉强也。”夫慈幼之心，既出于自然，则孝弟之心，亦未有不出于自然者。但能识其端而推广之，则所以“不出家而成教于国”者，在是矣。

一家仁，一国兴仁；一家让，一国兴让；一人贪戾，一国作乱：其机如此。此谓一言偾事，一人定国。

这一节是言教成于国之效。

仁，是以恩相亲。让，是以礼相敬。一人，指君说。贪，是好利。戾，是背理。机，是机关发动处。偾，是覆败。

曾子承上文说：“‘君子不出家而成教于国’者，既本乎一理，又出于自然。人君果能以仁教于家，使一家之中，父慈子孝，欢然有恩以相亲，则一国之为父子的，得于观感，也都兴起于仁矣。能以让教于家，使一家之中，兄友弟恭，秩然有礼以相敬，则一国之为兄弟的，得于观感，也都兴起于让矣。若为君的，不仁不让，好利而取民无制，背理而行事乖方，则一国之人，也都仿效，而悖乱之事由此而起矣。夫一国之仁让，由于一家；一国之作乱，由于一人。可见上以此感，则下以此应，其机关发动处，自然止遏不住有如此。所以古人说道：一句言语说得差失，便至于坏事；人君一身行得好时，便能安定其国。正此之谓也。”为人上者，可不戒贪戾以绝祸乱之端，而躬行仁让以为定国之本哉？

尧、舜帅天下以仁，而民从之。桀、纣帅天下以暴，而民从之。其所令，反其所好，而民不从。是故君子有诸己而后求诸人，无诸己而后非诸人。所藏乎身不恕，而能喻诸人者，未之有也。

帅，是率领。令，是政令。恕，是推己及人的道理。藏，是存。喻，是晓喻。

此承上文说，尧、舜之为君，存的是仁心，行的是仁政，是以仁率领天下也。那时百姓看着尧、舜的样子，也都感化，相亲相让，而从其为仁。桀、纣之为君，存心惨刻，行政残虐，是以暴率领天下也。那时百姓看着桀、纣的样子，他也都效尤，欺弱凌寡，而从其为暴。即此看来，可见人君一身，是百姓的表率，上行下效，理势自然。若使人君所好的是暴，而出令以教天下者却是仁，这便是“所令反其所好”了，那百姓每谁肯从他？惟其如此，所以在上位的君子虽教人为善去恶，是其职分，必先反诸其身。自家有这善，然后责成人，使他劝勉于善；自家无这恶，然后说人不是，使他改正其恶。这是推己及人，恕之道也。然后人才肯顺从我，我才能晓喻得人。若自家不能有善而无恶，恶却责人之善，正人之恶，这便是存乎己身者不恕了。如此而能晓喻人，使之从我为善而去恶，绝无此理，所以说“未之有也”。

故治国在齐其家。

这一句是通结上文。

曾子又说：“看来一身之举动，一家之趋向所关；一家之习尚，一国之观瞻所系。人若不能修身而教于家，必不能成教于国。故人要治那一国的百姓，不必远求，只在乎修身以教于家而已，盖齐家是治国的根本也。”

《诗》云：“桃之夭夭，其叶蓁蓁。之子于归，宜其家人。”宜其家人，而后可以教国人。

前面释齐家治国之意已尽，此以下又引《诗》而咏叹之，以足其意。《诗》，是《周南·桃夭》篇。夭夭，是少好貌。蓁蓁，是美盛貌。之子，指出嫁的女子。妇人以夫为家，故谓嫁曰归。宜，是善。

诗人说：“桃树夭夭然少好，其叶蓁蓁然美盛，以兴女子之归于夫家，必能事舅姑以孝，事夫子以敬，处妯娌以和，待下人以惠，而一家之人无不相宜者。”曾子引之说道：“为人君者，必能处得那一家之人个个停当，如此诗所谓‘宜其家人’，方才可以教那一国的人，使之各有以宜其家也。不然，家人且不相宜，何以教国人乎？”

《诗》云：“宜兄宜弟。”宜兄宜弟，而后可以教国人。

《诗》，是《小雅·蓼萧》篇。

诗人说：“一家之中，有长于我的是兄，我能尽其恭敬而善事之，感得为兄的也常常爱我，这便是‘宜兄’。有少于我的是弟，我能尽其友爱而善抚之，感得为弟的也常常敬我，这便是‘宜弟’。”曾子引之说道：“为人君者，必能善处自家的兄弟，如此诗所谓‘宜兄宜弟’，然后可以教那一国之人，使之亦有以宜其兄弟也。不然自家的骨肉尚不能相容，又何以教国人乎？”

《诗》云：“其仪不忒，正是四国。”其为父子兄弟足法，而后民法之也。

《诗》，是《曹风·鸤鸠》篇。仪，是礼仪。忒字，解做差字。四国，是四方之国。

诗人说：“人君一身所行的礼仪，没有一件差错，便能表正那四国的百姓，而为下民之观法。”曾子引之说道：“为人君者，必是自家为父能慈，为子能孝，为兄能友，为弟能恭，所行的件件都足以为人的法则，如《诗》所谓‘其仪不忒’，然后百姓每皆取法他，父也去慈，子也去孝，兄也去友，弟也去恭，而四国无不正也。不然，自家一身且有差忒，又何以正国人乎？”

此谓治国在齐其家。

曾子既引三诗，又总结说：“观这三诗所言，虽有不同，皆是说‘治国在齐其家’之意。然则人君若欲治其国者，可不先齐家以为之本哉？”

右传之九章，释“齐家”“治国”。

所谓平天下在治其国者：上老老而民兴孝，上长长而民兴弟，上恤孤而民不倍。是以君子有絜矩之道也。

这是解释经文治国平天下的说话。

下“老”字，是指父母；上“老”字，是尽事父母之道。下“长”字，是指兄长；上“长”字，是尽事兄长之道。兴，是兴起。恤，是怜爱。孤，是孤幼。倍，是违背。絜，是度。矩，是为方的器具。

曾子说：“经文所谓欲平天下在先治其国者，谓何？盖言天下无不同之心，人心无不同之理，惟人君之倡导何如耳。如上能以事老之道，孝顺自家的父母，则国人便都兴起于孝，而善事其父母矣。上能以事长之道，恭敬自家的兄长，则国人便都兴起于弟，而善事其兄长矣。上能怜爱自家的孤幼，则国人也都如君上一般，慈其孤幼，而无有违背之者矣。这孝、弟、慈三件，上行下效如此，可见人心之理无不同也。一国之人心，既无异于一家，则天下之人心，又岂有异于国乎？所以在上的君子，因此有个絜矩之道，度其必同之心，处以各足之理，使天下凡有孝、弟、慈之愿者，皆得随分以自尽而无有不齐，就如那匠人制器的一般，度之以矩而使其无不方也。”这絜矩是平天下之要道（解见下文）。

所恶于上，毋以使下；所恶于下，毋以事上；所恶于前，毋以先后；所恶于后，毋以从前；所恶于右，毋以交于左；所恶于左，毋以交于右：此之谓絜矩之道。

恶，是憎恶，心里不欲的意思。

曾子复解“絜矩”二字之义，说道：“人之相处，有在我上面的，有在我下面的，有在我前后左右的，其心都是一般。假如上面的人以无礼使我，我所不欲也，便以我的心度量在下面的人，知他的心与我一般，亦不可以无礼使之。如下面的人以不忠事我，我所憎恶也，便以我的心度量在上面的人，知他的心与我一般，亦不敢以不忠事之。以此心往前后度量，或在我前面的人，我恶其以不善待我，便不以前人之加于我者而先加于后；在我后面的人，我恶其以不善待我，便不以后人之及于我者而施及于前。以此心往左右度量，或在我右边的人，我有所恶，便不以此交之于左；在我左边的人，我有所恶，便不以此交之于右。这是将人比己，体之无不周，以己处人，施之无不当，上下四方，均齐方正，就如那匠人之制方器，度之以矩而无有不方的一般，所以叫做‘絜矩之道’。”人君用此道以治天下，则天下之人，虽有万万不齐，而于天下之心，皆能一一不拂，天下有不得其平者乎？上文所谓“君子有絜矩之道”者，盖如此。

《诗》云：“乐只君子，民之父母。”民之所好好之，民之所恶恶之，此之谓民之父母。

《诗》，是《小雅·南山有台》篇。只，是语助词。

诗人说：“在上位可嘉可乐的君子，即是百姓每的父母。”曾子即引此诗而释之，说道：“君子居民之上，有君之尊，何以说做父母？盖言君子能以民心为己心。如饱暖安逸之类，是百姓每心里所喜好的，君子便因其所好而好之，务要区处使他各得其所。如饥寒劳苦之类，是百姓每心里所憎恶的，君子便因其所恶而恶之，务要体悉，使他得免于患。是君子之与民同其好恶，如父母之爱其子矣。所以百姓每爱戴君子，亦如爱自家的父母一般。”这是能絜矩的，其效如此。

《诗》云：“节彼南山，维石岩岩。赫赫师尹，民具尔瞻。”有国者不可以不慎，辟则为天下僇矣。

《诗》，是《小雅·节南山》之篇。师尹，是周太师尹氏。辟，是偏僻。僇字，与刑戮的戮字同义。

诗人说：“望着那南山，截然高大，山上的石头岩岩然堆起。如今尹氏做着太师，其势位之赫赫显盛，便与那高山一般，百姓每都瞻仰着他，却乃好恶不公，罔上行私，以致天下之乱。”这是诗人讥尹氏之辞。曾子解说：“有国家者，既为民所瞻仰，必须常常谨慎，凡事要合乎人心，若是不能絜矩，只徇一己之偏，民所好的不从民便，民所恶的不肯体恤，致得那天下之人都生怨恨，必然众叛亲离，而身与国家不能保守，所以说‘辟则为天下僇矣’。”这是不能絜矩的，其害如此。

《诗》云：“殷之未丧师，克配上帝。仪监于殷，峻命不易。”道得众则得国，失众则失国。

《诗》，是《大雅·文王》篇。丧，是失。师，是众。配，是对。上帝，是天。仪字，当作宜字。监，是看着他的意思。道字，解做言字。

诗人说：“如今殷家失了天下，便是我周家得了。当初殷家祖宗，不曾失了众人的时节，也曾受天眷命，君主天下，能与天作对来。因他后世子孙行的不好，失了人心，那天命便去了。今后我周家的子孙，就宜看着殷家的事，以为监戒，不可像他子孙行的不好。这上天峻大之命，去留无常，岂是容易保守的？曾子解说：“诗人所云，盖言为人君者，若能絜矩，而与民同其好恶，便得了众人的心，为民父母而得国；若不能絜矩，而好恶徇一己之偏，便失了众人的心，为天下僇而失国。”盖信乎峻命之难保也，有天下者可不兢兢业业，思所以得人心而保天命乎？

是故君子先慎乎德。有德此有人，有人此有土，有土此有财，有财

此有用。

是故，是承上起下之辞。慎，是谨慎。德，即经文所谓明德。财，是货财。用，是用度。

观上文说的，凡天命人心之得失，皆由于能絜矩与不能絜矩如此，可见有家国者，第一要紧的是修德。所以在上位的君子，虽事事都该谨慎，尤先要格物、致知、诚意、正心、修身的功夫，以谨慎在己之德，不使有一些怠忽昏昧，则己德克修，而絜矩之本立矣。既有了德，那百姓每个个都感化归顺，岂不是有人？既有了人，那百姓每所住的地方，处处都属其管辖，岂不是有土？既有了土，那土地中所出的诸般货物，自然都来贡献，岂不是有财？既有了财，则国家所需的诸般用度，自然足以供给，岂不是有用？盖君德既慎，则民心自归，其得众得国而有财用，固理之必然者也。

德者，本也。财者，末也。

本，是根本。末，是末梢。

承上文说："有德则有人，有土而有财用。可见德是为国的根本，第一紧要。财虽日用之不可缺，而有德则自然有财。譬之草木，根本既固，则枝梢自然茂盛，但当培其根本可也。夫知德为本，则在所当先；知财为末，则在所当后矣。"君子之所以先慎乎德者，其以是哉！

外本内末，争民施夺。

争民，是使民争斗。施夺，是教民劫夺。

夫德既是本，乃所当重；财既是末，乃所当轻。若或将这德来看做外事，不思谨慎；将那财来看做自家的，专去聚敛，百姓每见在上的人如此，也都仿效，人人以争斗为心，劫夺为务，就如在上的教他一般，所以说"争民施夺"。这是财货不能絜矩的，其害如此。

是故财聚则民散，财散则民聚。

承上文说，外本内末，民便争夺。民既争夺，必致离散。可见义与利不可并行，民与财不可兼得。若是外本内末，聚财于上，财虽聚了，却失了天下的心，那百姓每都离心离德而怨叛之，未有财聚而民亦聚者也。若是内本外末，散财于下，财虽散了，却得了天下的心，那百姓每都同心爱戴而自然归聚，未有财散而民亦散者也。这两样孰损孰益，有天下者当知所辨矣。

是故言悖而出者，亦悖而入；货悖而入者，亦悖而出。

言，是言语。悖，是违悖不顺理。货，是财货。

曾子承上文说："财散则民聚，其实民之聚者，财不终散；财聚则民散，其实民之散者，财也不终聚。就如言语一般，若将不顺道理的言语加于人，人定也把那不顺道理的言语来回我，是悖而出者亦必悖而入也。若那财货是暴征、横敛，不顺道理取将进来的，终须也还散将出去，保守不得，是悖而入者亦必悖而出也。"不义之财，既是难守，积之何益？为人君者岂可以财为内，而不知所以慎其德乎！

《康诰》曰："惟命不于常。"道善则得之，不善则失之矣。

前面说先慎乎德，则有人有土，是能絜矩的；外本内末，则悖入悖出，是不能絜矩的。这一节又总结其意。

《康诰》，是《周书》篇名。命，是天命。道字，解做言字。

武王作书告康叔说："惟是上天之命，或去或留，不可为常。"曾子解说："这一句话是说为人君的，若能絜矩，而散财以得民心，便得了天命，所谓得众则得国也；若不能絜矩，而聚财以失民心，便失了天命，所谓失众则失国也。"天命不常如此，人君诚欲保之，岂可外本内末，而不知慎德以尽絜矩之道哉！

《楚书》曰："楚国无以为宝，惟善以为宝。"

以下两节，是明不外本而内末之意。

《楚书》，是楚国史官记事的书。宝，是贵重的物。

《楚书》说："昔楚国王孙圉聘于晋，晋大夫赵简子问他说：'你楚国中有什么宝贝？'王孙圉对说：'我楚国也没有什么宝，凡金玉珠石之类，皆不以为贵，只是有德的善人，能利生民，能安社稷，便以他为宝也。'"

按史，当时楚有臣名观射父，能作命辞，取重于诸侯；又有臣名左史倚相，多读古书，练达典故，使主君能保先世之业，故楚国宝之。夫楚之所宝，不在金玉而在善人，是能不外本而内末者矣。

舅犯曰："亡人无以为宝，仁亲以为宝。"

舅犯，是晋文公的母舅，名狐偃，字子犯。亡人，指晋文公说。

在先晋文公做公子时，避骊姬之难，逃出在外，故称亡人。后来又遍历曹、卫、齐、楚，至于秦国。到秦国时，他父亲献公薨逝，秦穆公劝文公兴兵复国以为晋君。舅犯教文公对说："我出亡之人，不以富贵为宝，只以爱亲为宝。若是有亲之丧，而无哀伤思慕之心，却去兴兵争国，便是不爱亲了。虽得国，不足为宝也。"夫晋之所宝，不在得国而在仁亲，是亦不外本而内末者矣。

《秦誓》曰："若有一个臣，断断兮无他技，其心休休焉，其如有容焉。人之有技，若已有之；人之彦圣，其心好之，不啻若自其口出。寔能容之，以能保我子孙黎民，尚亦有利哉！人之有技，媢嫉以恶之；人之彦圣，而违之俾不通：寔不能容，以不能保我子孙黎民，亦曰殆哉！"

《秦誓》，是秦穆公誓告群臣的说话。断断，是诚一之貌。技，是才能。休休，是平易宽弘的意思。彦，是俊美。圣，是通明。不啻，解做不但。媢嫉，是妒忌。违，是拂戾。殆，是危。

曾子以平天下之道，要紧在于公好恶，用贤才。而欲贤才之进用，又须得一个好大臣，付之以进退人才之任，然后用舍得宜，而国家蒙利也。故引用《周书》秦穆公之言说道："我若有一个臣，断断然真诚纯一，他也不逞一己的才能，只是其心休休焉，平易正直，广大宽弘，能容受天下之善，见人有才能的，则心里爱他，如自己有才能一般；见人之俊美通明的，则其心喜好之，肫肫恳切，不但如其口中称扬之语而已。这等的人，着实能容受天下的贤才，没有虚假。若用他做大臣，将使君子在位，展布效用，把天下的事，件件都做得好，必能保我子孙，使长享富贵，保我黎民，使长享太平，而社稷受无穷之福矣。不庶几有利于国哉？若是个不良之臣，只要逞自己的才能，全无断断之诚，休休之量，见人有才能的，恐他强过自己，便妒忌憎嫌；见人是个俊美通明的，便百般计较，拂抑阻滞，使他不得通达。这等的人，心私量狭，实是不能容受天下的贤才。若误用他做大臣，将使君子丧气，小人得志，把天下的事，件件都做坏了，如何能保我的子孙，使他长久？又如何能保我黎民，使他安乐？乱亡之祸，将由此而致矣。不亦岌岌乎危殆哉！”夫国家之治乱，系于大臣之公私如此，则任用大臣者，可以知所择矣。然必人君自公其好恶，方能择任公好恶之大臣，而诚意正心之学，又自公其好恶之本也。欲保其子孙黎民者，不可不知。

唯仁人放流之，迸诸四夷，不与同中国。此谓“唯仁人为能爱人，能恶人”。

放流，是发遣。迸，是驱逐的意思。四夷，是四方夷狄之地。

曾子说：“那嫉贤妒能的人，若是用他在位，善人必受其害；纵是不用，只与他同处在一国，他也会造谗结党倾陷善人，不可不遣之远去。但人君牵于私意，姑息了他，所以国家终受其害。独是仁德之君，至公至明，见得这样人为害不浅，即便放弃流徙之，驱逐在四夷边远地面，不许他同住在中国，以为善人之害，盖深恶痛绝，必除根而后已。这正是孔子所谓唯仁人能爱人、能恶人也。”盖仁人之心，至公无私，如明镜之不混于妍媸，如权衡之不爽夫轻重，故能使彦圣有技之人，皆得尽其用，而媢嫉之害，不及于国家。盖好恶之极其公，而能絜矩者如此。

见贤而不能举，举而不能先，命也。见不善而不能退，退而不能远，过也。

命字，当作慢字。过，是过失。

曾子说：“贤人能利国家，举之不可不先也。彼人君之不知其贤者，固不足言矣。若明知他是贤人，却不能举用，或虽举用，又迟疑延缓，不能早先用他，这是以怠忽之心待贤人了，岂不是慢？不善之人，妨贤病国，去之不可不远也。彼人君之不知其恶者，固不足言矣。若明知他是不善的人，却不能退黜，或虽退黜，又优柔容隐，不能迸诸远方，是以姑息之心待恶人了，岂不是过？”夫善善而不能用，则何贵于知其善？恶恶而不能远，则何贵于知其恶？故人君之用舍，必任贤勿贰，去邪勿疑而后可。此曾子立言之意也。

好人之所恶，恶人之所好，是谓拂人之性，灾必逮夫身。

前面说仁人能爱人，能恶人，是尽絜矩之道的。见贤不能举而先，见不善不能退而远，是未尽絜矩之道的。这一节是说不仁之人，与絜矩相反的。

拂，是违拂。灾，是灾害。逮，是及。

曾子说："那谗邪乱政的恶人，是人所共恶的，本该退而远之，却乃喜其便己之私，反去信用他，这便是好人之所恶。尽忠为国的善人，是人所共好的，本该举而先之，却乃嫌其拂己之欲，反去疏弃他，这便是恶人之所好。夫好善恶恶乃人生的本性，今人之所恶，却去好他，人之所好，却去恶他，岂不违拂了人生的本性？既拂人性，必失人心；既失人心，必失天命，将见丧家败国，而灾害必及其身。"所谓"辟则为天下僇者"，此也。盖好恶乃人君最要紧处，若好恶不公，举措失当，不止民心不服，亦且那爱民的都去了，害民的都在位，天下实受无穷之祸。毒既流于天下，怨必归于一人，乃自然之理也。好恶之极其私，而不能絜矩者如此。

是故君子有大道，必忠信以得之，骄泰以失之。

君子，是有位的人。大道，是絜矩之道。其端发于吾心，而其为用，能使天下之人各得其所，是个荡荡平平的大道理。

曾子承上文说："人之好恶，所以有公私之不同者，以其存心有不同也。是以君子有这絜矩的大道，其得其失，只看他存心何如。盖必忠以尽己而不欺，信以循物而无伪，则一心之中，浑然天理，于那好恶所在，才能以己度人而不差，推己及人而各当，便得了这絜矩的大道。仁人所以能爱人能恶人，而为民父母者此也。若或骄焉而矜夸自尊，泰焉而纵侈自恣，则一心之中私意障塞，于那好恶所在，不惟不肯同于人，且将任己之情，拂人之性，而流于偏僻之归矣，岂不失了这絜矩的大道。"不仁之人，所以好人所恶，恶人所好，而灾逮夫身者，此也。其得失之几如此，欲平天下者，可不存忠信而戒骄泰哉？

生财有大道。生之者众，食之者寡，为之者疾，用之者舒，则财恒足矣。

生，是发生。疾，是急忙的意思。舒，是宽裕。

曾子说："财用乃国家百务所需，当经理发生，使常有余，而所以发生之者，自有个正大的道理。盖货财皆产于地，若务农者少，则地力不尽，财何能生？必严禁那游惰之人，使他们都去务农，这是"生之者众"。凡官员人役的俸禄，都出于百姓每供给，若冗食者多，则钱粮未免虚耗，必将那冗滥的员役裁革了，惟是紧要不可省的方才存留，则冗食者少，百姓易于供给，这是"食之者寡"。农事各有时候，若差使不时，便迟误了他的农事，须轻省差徭，禁止工作，纵不得已而用民之力，亦必待冬间农隙之时，使百姓每都得以急忙去及时田作，这是"为之者疾"。财用出入，当有定规，若不樽节，未免匮乏，必须算计一年所入之数，以为所出之数，务于三年之中，积出一年的用度，九年之中，积出三年的用度，愈积愈多，使常有宽裕，这是"用之者舒"。夫生之众，为之疾，则有以开财之源，而其入也无穷。食之寡，用之舒，则有以节财之流，而其出也有限，闾阎不困于聚敛，而府库日见其盈余，常常足用，而不至于缺乏矣。"这是经国久远的规模，非一切权宜之小术可比，所以谓之大道也。然则有国者，岂必外本内末，而后财可聚哉？

仁者以财发身，不仁者以身发财。

发，是生发兴旺的意思。

曾子说："仁德之君，知道那生财的大道，只要使百姓富足，不肯专利于上，由是天下归心，而安处富贵崇高之位。这便是舍了那货财，去发达自己的身子。不仁之君，不知生财的大道，只要聚财于上，不管百姓贫苦，由是天下离心，有败国亡身之祸。这便是舍着自己的身子，去生发那财货。"夫以财发身者，本不求财也，而民心既得，实未尝无财；以身发财者，本以奉身也，而乃至于丧身，则财将何用哉！其利害之迥绝，不待较而知者也。

未有上好仁，而下不好义者也。未有好义，其事不终者也。未有府

库财，非其财者也。

上，是君上。下，指百姓说。终，是成就的意思。

曾子承上文“仁者以财发身”说：“君之爱民，仁也；民之忠于上，义也。上不好仁，而下不好义者有矣。若为人上者，轻徭薄赋，节用爱民，使百姓每都得其所，则那百姓每便都感激爱戴，如人子之于父母，手足之于腹心，各输忠悃以自效矣。岂有不好义以忠其上者哉？下不好义，固有不终其君之事者。今下既好义，则事使之分明，而爱戴之情切，把君上的事，就如自己的家事一般，皆为之踊跃趋赴，而竭力以图成矣。岂有有始无终使不能成就者哉？下不好义而人心离畔，固有不能保其府库之财者。今下既好义，则民供给于下，而君安富于上，把府库的财货就如自家的财货一般，皆为之防护保守，而长保其所有矣。岂有争夺悖出，使不能受享者哉？”下之好义而能忠于上者，其效如此，莫非上之好仁启之也。然则为人上者，可不以志仁为务哉！

孟献子曰：“畜马乘，不察于鸡豚。伐冰之家，不畜牛羊。百乘之家，不畜聚敛之臣。与其有聚敛之臣，宁有盗臣。”此谓国不以利为利，以义为利也。

孟献子，是鲁国的贤大夫。畜，是畜养。马四匹为乘，古时为大夫的，君赐之车，得用四马驾之。畜马乘，是士初试为大夫者也。察，是料理的意思。伐，是凿而取之。伐冰之家，是卿大夫以上丧祭得用冰者。百乘之家，是诸侯之卿有采地十里，可出兵车百辆的。

孟献子说：“畜马乘的人家，已自有了俸禄，不当又理论那鸡豚小事，以侵民之利。伐冰的人家，俸禄越发厚了，不当又畜养牛羊，以侵民之利。百乘的人家，他的俸禄用度，既有百姓每的赋税供给，不当又畜养那聚敛之臣，额外设法，以夺取民财。比似有聚敛财货之臣，宁可有盗窃府库之臣。盖盗臣，止于伤己之财，而聚敛之臣，则至于伤民之命，其何忍畜之以为民害耶？”孟献子之言如此。曾子解说：“孟献子这几句言语，正是说有国家者，不当私利于己，而以利为利；只当公利于民，而以义为利也。”盖以利为利，则失了人心，败了国家，本是求利，却反有害；以义为利，则有人、有土而有财用，虽不求利，而利在其中矣。人君欲利其国家者，宜辨于斯。

长国家而务财用者，必自小人矣。彼为善之，小人之使为国家，灾害并至，虽有善者，亦无如之何矣。此谓国不以利为利，以义为利也。

上一节言为国者当以义为利，此又言求利之有害也。

长国家，是一国的君长。自字，解做由字。“彼为善之”一句，疑有阙误，其义未详。灾是天灾，害是人害。

曾子说：“长国家者，当以义制利，而乃有专务聚敛财用者，岂是那为君上的本意要这等做，必是有奸利小人，欲借此以希宠干进，乃倡为敛财富国之说，以投其君之所好，人君不察而信用之，是以外本内末，专务财用，自此始矣。这等小人，若使他治国家，则必以聚敛为长策，以掊克为善谋，夺民之财以奉君之欲，将使民穷财尽，怨詈号呼，伤天地之和，生离畔之心，天灾人害，纷然并至，到这时节，虽有善人君子，也救不得了。求利之害如此。所以说，有国家者，必不可以利为利，但当以义为利也。”

通看这一章书，可见治平之要，只是一个絜矩。絜矩之事，不止一端，而其大者，则在用人理财。用人理财皆与民同，不私一己，便是絜矩。然其本，则曰慎德、曰忠信。又在人君自明其德，自诚其意，方才知得千万人之心即一人之心，而能以我一人之心为千万人之心，此又絜矩之本，惟圣明留意焉。

右传之十章，释“治国”“平天下”。

此章之义，务在与民同好恶而不专其利，皆推广絜矩之意也。能如是，则亲贤乐利，各得其所，而天下平矣。

凡传十章，前四章统论纲领指趣，后六章细论条目功夫。其第五章乃明善之要，第六章乃诚身之本，在初学尤为当务之急，读者不可以其近而忽之也。

中庸

卷一

中是无所偏，庸是不可易。这书是孔伋所作。伋字子思，孔子之孙，伯鱼之子也。受业于曾子。尝适宋，被困；居卫，卫君不能用；又适齐，返卫，复归鲁。因作《中庸》三十三章。子思以天下的道理，本是中正而无所偏倚，平常而不可改易。但世教衰微，学术不明，往往流于偏僻，好为奇怪，而自失其中庸之理，故作此书以发明之，就名为《中庸》。

天命之谓性，率性之谓道，修道之谓教。

这是《中庸》首章，子思发明道之本原如此。

命字，解做令字。率，是循。修，是品节裁成的意思。

子思说："天下之人，莫不有性，然性何由而得名也？盖天之生人，既与之气以成形，必赋之理以成性，在天为元亨利贞，在人为仁义礼智，其禀受付畀，就如天命令他一般，所以说"天命之谓性"。天下之事，莫不有道，然道何由而得名也？盖人物各循其性之自然，则其日用事物之间，莫不各有当行的道路，仁而为父子之亲，义而为君臣之分，礼而为恭敬辞让之节，智而为是非邪正之辨，其运用应酬，不过依顺着那性中所本有的，所以说"率性之谓道"。若夫圣人敷教以化天下，教又何由名也？盖人之性，道虽同而气禀不齐，习染易坏，则有不能尽率其性者。圣人于是因其当行之道，而修治之，以为法于天下，节之以礼，和之以乐，齐之以政，禁之以刑，使人皆遵道而行，以复其性，亦只是即其固有者裁之耳，而非有所加损也，所以说"修道之谓教"。夫教修乎道，道率于性，性命于天，可见道之大原出于天矣。知其为天之所命，而率性修道之功，其容已乎？

道也者，不可须臾离也；可离，非道也。是故君子戒慎乎其所不睹，恐惧乎其所不闻。

须臾，是顷刻之间。睹，是看见。闻，是听闻。戒慎、恐惧，都是敬畏的意思。

承上文说，道既源于天、率于性，可见这个道与我身子合而为一，就是顷刻之间，也不可离了他。此心此身方才离了，心便不正，身便不修；一事一物方才离了，事也不成，物也不就，如何可以须臾离得？若说可离，便是身外的物，不是我心上的道，道决不可须臾离也。夫惟道不可离，是以君子之心常存敬畏，不待目有所睹见而后戒慎，虽至静之中，未与物接，目无所睹，而其心亦常常戒慎而不敢忽；不待耳有所听闻而后恐惧，虽至静之中，未与物接，耳无所闻，而其心亦常常恐惧而不敢忘。这是静而存养的功夫。所以存天理之本然，而不使离道于须臾之顷也。

莫见乎隐，莫显乎微，故君子慎其独也。

这一节是说君子于戒慎恐惧中，又有一段省察的功夫。

隐，是幽暗之处。微，是细微之事。独，是人不知而己独知的去处。

子思说："人于众人看见的去处，才叫做著见明显，殊不知他人看着自家，只是见了个外面，而其中纤悉委曲，反有不能尽知者。若夫幽暗之中，细微之事，形迹虽未彰露，然意念一发，则其机已动了。或要为善，或要为恶，自家看得甚是明白。是天下之至见者，莫过于隐，而天下之至显者，莫过于微也。这个便是人所不知而自己独知的去处，乃善恶之所由分，最为要紧。所以体道君子，于静时虽已尝戒慎恐惧，而于此独知之地，更加谨慎，不使一念之不善者，得以潜滋暗长于隐微之中，以至于离道之远也。"夫存养省察，动静无间，道岂有须臾之离哉！

喜怒哀乐之未发，谓之中。发而皆中节，谓之和。中也者，天下之大本也。和也者，天下之达道也。

中节，是合着当然的节度。本，是根本。达，是通行的意思。道，是道路。

子思承上文发明道不可离之意，说道:“凡人每日间与事物相接，顺着意便欢喜，拂着意便恼怒，失其所欲便悲哀，得其所欲便快乐，这都是人情之常。当其事物未接之时，这情未曾发动，也不着在喜一边，也不着在怒一边，也不着在哀与乐一边，无所偏倚，这叫做中。及其与事物相接，发动出来，当喜而喜，当怒而怒，当哀而哀，当乐而乐，一一都合着当然的节度，无所乖戾，这叫做和。然这中即是天命之性，乃道之体也，虽是未发，而天下之理皆具，凡见于日用彝伦之际，礼乐刑政之间，千变万化，莫不以此为根柢，譬如树木的根本一般，枝枝叶叶都从这里发生，所以说‘天下之大本’也。这和，即是率性之道，乃道之用也，四达不悖，而天下古今之人，皆所共由，盖人虽不同，而其处事皆当顺正，其应物皆当合理，譬如通行的大路一般，人人都在上面往来，所以说‘天下之达道也’。”夫道之体用，不外于心之性情如此。若静而不知所以存之，则失其中而大本不立，动而不知所以察之，则失其和而达道不行矣。此道之所以不可须臾离也。

致中和，天地位焉，万物育焉。

这一节是体道的功效。

致，是推到极处。位，是安其所。育，是遂其生。

子思说:“中固为天下之大本，然使其所存者少有偏倚，则其中犹有所未至也。和固为天下之达道，然使其所发者少有乖戾，则其和犹有所未至也。故必自不睹不闻之时，所以戒慎恐惧者，愈严愈敬，以至于至静之中，无有一些偏倚，是能推到中之极处，而大本立矣。尤于隐微幽独之际，所以谨其善恶之几者，愈精愈密，以至于应物之处，无有一些差谬，是能推到和之极处，而达道行矣。由是吾之心正，而天地之心亦正，吾之气顺，而天地之气亦顺，七政不愆，四时不忒，山川岳渎各得其常，而天地莫不安其所矣。少有所长，老有所终，动植飞潜成若其性，而万物莫不遂其生矣。”盖天地万物，本吾一体，而中和之理，相为流通，故其效验至于如此。然则尽性之功夫，人可不勉哉?

右第一章。

仲尼曰："君子中庸，小人反中庸。"

仲尼，是孔子的字。反，是违背。

子思引孔子之言说道："中庸是不偏不倚，无过不及，平常的道理。虽为人所同有，然惟君子方能体之，其日用常行无不是这中庸的道理；若彼小人便不能了，其日用常行都与这中庸的道理相违背矣。"

"君子之中庸也，君子而时中；小人之反中庸也，小人而无忌惮也。"

时中，是随时处中。

子思解释孔子之言说道："中庸之理，人所同得，而惟君子能之，小人不能者何故？盖人之体道，不过动静之间。君子所以能中庸者，以其戒慎不睹，恐惧不闻，既有了君子之德，而应事接物之际，又能随时处中，此其所以能中庸也。小人之所以反中庸者，以其静时不知戒慎恐惧，所存者既是小人之心，而应事接物之际，又肆欲妄行，无所忌惮，此其所以反中庸也。"君子小人，只在敬肆之间而已。

右第二章。

子曰："中庸其至矣乎！民鲜能久矣。"

至，是极至。鲜，是少。

子思引孔子之言说："天下之事，但做的过了些，便为失中；不及些，亦为未至，皆非尽善之道。惟中庸之理，既无太过，亦无不及，只是日用常行，而其理自不可易，乃天理人情之极致，尽善尽美而无以复加者也。然这道理，人人都有，本无难事，但世教衰微，人各拘于气禀，囿于习俗，而所知所行，不流于太过，则失之不及，少有能此中庸者，今已久矣。"

右第三章。

子曰："道之不行也，我知之矣:知者过之，愚者不及也。道之不明也，我知之矣：贤者过之，不肖者不及也。"

子思引孔子之言以明中庸鲜能之故，说道："这中庸的道理，就如大路一般，本是常行的，今乃不行于天下，我知道这缘故。盖人须是认得这道路，方才依着去行，而今人的资质，有生得明智的，深求隐僻，其知过乎中道，既以中庸为不足行；那生得愚昧的，安于浅陋，其知不及乎中道，又看这道理是我不能行的：此道之所以常不行也。这道又如白日一般，本是常明的，今乃不明于天下，我知道这缘故。盖人须是行过这道路，方才晓得明白，而今人的资质，有生得贤能的，好为诡异，其行过乎中道，既以中庸为不足知；那生得不肖的，安于卑下，其行不及乎中道，又看这道理是我不能知的：此道之所以常不明也。”

“人莫不饮食也，鲜能知味也。”

孔子又说：“那知愚贤不肖之过、不及，虽是他资质如此，却也是不察之过。盖道率于性，乃人生日用之不能外者，其中事事物物都有个当然之理，便叫做中。但人由之而不察，是以陷于太过、不及而失其中。譬如饮食一般，人于每日间谁不饮食，只是少有能知其滋味之正者。”若饮食而能察，则不出饮食之外而自得其味之正。由道者而能察，则亦不出乎日用之外，而自得乎道之中矣。

右第四章。

子曰：“道其不行矣夫！”

孔子说：“中庸之道因是不明于天下，是以不行于天下。”子思引之，盖承上章起下章之意。

右第五章。

子曰：“舜其大知也与！舜好问而好察迩言，隐恶而扬善，执其两端，用其中于民，其斯以为舜乎！”

前章说道之所以不明不行，此章举大舜之事，以见其能知能行也。

察，是审察。迩言，是浅近的言语。隐，是隐匿。扬，是播扬。执，是持。两端，是众论不同的极处。中，是恰好的道理。民字，解做人字，古民、人字通用，如先民、天民、逸民之类。

子思引孔子之言说："人非明知无以见天下的道理，然有大知有小知，若古之帝舜，其为大知也与！何以见之？盖天下之义理无穷，而一人之知识有限，若自用而不取诸人，其知便小了。舜则不然。但凡要处一件事，不肯自谓这件事情我已知道了，必切切然访问于人，说这事该如何处；问来的言语，不但深远的去加察，虽是极浅近的，也细细的审察，恐其中亦有可采处，不敢忽也。于所问所察之中，虽有说得不当理的，只是不用他便了，初未尝宣露于人，恐沮其来告之意。若说得当理的，则不但用其言，又向人称述嘉奖他，以坚其乐告之心。然其言之当理者，固在所称许，而其中或有说得太过些的，或有不及些的，未必合于中也。于是就众论不同之中，持其两端而权衡量度，以求其至当归一者而后用之。这至当归一处，叫做中。然这中亦只是就众人所说的，裁择而用之，舜未尝以一毫之己意与其间也，所以说'用其中于民'。夫舜，大圣人也。今之言舜者，必将谓其聪明睿智，有高天下而不可及者。今观舜之处事，始终只是用人之长，无所意必。盖不持一己之聪明，而以天下之聪明为聪明，故其聪明愈广；不持一己之智识，而以天下之智识为智识，故其智识愈大。舜之所以为舜者，其以是乎？"此知之所以无过、不及，而道之所以行也。

右第六章。

子曰："人皆曰'予知'，驱而纳诸罟擭陷阱之中，而莫之知辟也。人皆曰'予知'，择乎中庸，而不能期月守也。"

驱，是逐。罟，是网；擭，是机槛；陷阱，是掘的坑坎，皆所以掩取禽兽者。期月，是满一月。

子思引孔子之言说："如今的人，与他论利害，个个都说我聪明有知，既是有知，则祸机在前自然晓得避了，却乃见利而不见害，知安而不知危，被人驱逐在祸败之地，如禽兽落在网罟陷阱里一般，尚自恬然不知避去，岂得为知？就如而今的人，与他论道理，也都说我聪明有知，既是有知，便有定见，有定见便有定守，今于处事之时，才能辨别出个中庸的道理来，却又持守不定，到不得一月之间，那前面的意思就都遗失了。如此，便与不能择的一般，岂得为知？”惟其知之不明，是以守之不固，此道之所以不明也。

右第七章。

子曰：“回之为人也，择乎中庸，得一善，则拳拳服膺而弗失之矣。”

回，是孔子弟子，姓颜名回。择，是辨别。善，即是中庸之理。拳拳，是恭敬奉持的意思。服，是着。膺，是胸。

孔子说：“天下事事物物都有个中庸的道理，只是人不能择；那能择的，又不能守。独有颜回之为人，他每日间就事事物物上仔细详审，务要辨别个至当恰好的道理，但得了这一件道理，便去躬行实践，拳拳然恭敬奉持，着在心胸之间，守得坚定，不肯顷刻忘失了。”这是颜回知得中庸道理明白，故择之精而守之固如此。此行之所以无过、不及，而道之所以明也。

右第八章。

子曰：“天下国家可均也，爵禄可辞也，白刃可蹈也，中庸不可能也。”

均，是平治。蹈，是践履的意思。

孔子说：“天下国家，事体繁难，人民众多，虽是难于平治，然人有资质明敏，近于知的，也就可以平治得，这个不为难事。爵禄，人所系恋，虽是难于辞却，然人有资质廉洁，近于仁的，也可以辞得，这个亦不为难事。白刃在前，死生所系，虽是难于冒犯，然人有资质强毅，近于勇的，他也能冒白刃而不惧，这个也不为难事。惟是中庸的道理，不偏不倚，无过、不及，本是人日用常行的，看着恰似容易，然非义精仁熟，而无一毫人欲之私者，则知之未真，守之未定，不是太过，便是不及，求其不偏不倚，而至当精一，岂易能哉！所以说‘中庸不可能也’。”惟其难能，此民之所以鲜能，而有志于是者，不可不实用其力矣。

右第九章。

子路问强。子曰：“南方之强与？北方之强与？抑而强与？”

此承上章“中庸不可能”而言，须是有君子之强，方才能得。

子路，是孔子弟子。而字，解做汝字。

子路平日好勇，故问孔子说：“如何叫做刚强？”孔子答他说：“这强有三样，有一样是南方人的强，有一样是北方人的强，有一样是汝等学者的强。不知你所问的，是南方人之强与？是北方人的强与？抑或是汝学者之所当强者与？”

“宽柔以教，不报无道，南方之强也，君子居之。”

宽，是含容。柔，是巽顺。无道，是横逆不循道理的。居，是处。

孔子告子路说：“如何是南方之强？彼人有不及的，我教诲之，就是他不率教，也只含容巽顺慢慢地化导他；人有以横逆加我的，我但直受之，虽被耻辱，也不去报复他，这便是南方之强。盖南方风气柔弱，故其人能忍人之所不能忍，而以含忍之力胜人为强，然犹近于义理，有君子之道焉，故君子居之。这一样强，是不及乎中庸者，非汝之所当强也。”

“衽金革，死而不厌，北方之强也，而强者居之。”

衽，是卧的席。金，是刀枪之类。革，是盔甲之类。

孔子又告子路说：“如何是北方之强？那刀枪盔甲是征战厮杀的凶器，人所畏怕的，今乃做卧席一般，恬然安处，就是战斗而死，也无厌悔之意，这便是北方之强。盖北方风气刚劲，故其人能为人之所不敢为，而以果敢之力胜人为强。然纯任血气，不顾义理，乃强者之事也，故强者居之。这一样强，是过乎中庸者，亦非汝之所当强也。”

“故君子和而不流，强哉矫！中立而不倚，强哉矫！国有道，不变塞焉，强哉矫！国无道，至死不变，强哉矫！”

这一节是说学者之所当强。

矫，是强健的模样。强哉矫，是赞叹之辞。倚，是偏着。变，是改变。塞，是未达。

孔子说：“常人之所谓强者，在能胜人，而君子之所谓强者，在能以义理自胜其私欲，使义理常伸，而不为私欲所屈，才是君子之强，而非如南方、北方之囿于风气者可比也。且如处人贵和，而和者易至于流，而君子之处人，蔼然可亲，而其中自有个主张，决不肯随着人做一些不好的事。此非以义理自胜其私欲者不能也，所以说'强哉矫'。处己贵于中立，而中立易至于倚。君子处己卓然守正，而始终极其坚定，决不致攲邪倾侧，倚靠在一边。此非以义理自胜其私欲者不能也，所以说'强哉矫'。人于未达时，也有能自守的，及其既达，便或改变了。君子当国家有道，达而富贵，必以行道济时为心，不肯便生骄溢，变了未达时的志行。此非以义理自胜其私欲者不能也，所以说'强哉矫'。人处顺境时，也有能自守的，及至困厄，便或改变了。君子当国家无道，穷而困厄，只以守义安命为主，便遇着大祸患至于死地，也不肯改了平生的节操。此非以义理自胜其私欲者不能也，所以说'强哉矫'。君子之强如此，天下之物无有能屈之者矣，岂非汝等学者之所当强者哉！"子思引孔子之言如此，以见必有此强然后能体中庸之道也。

右第十章。

子曰："素隐行怪，后世有述焉：吾弗为之矣。"

素字当作索字，索是求。隐，是隐僻。怪，是怪异。述，是称述。

子思引孔子之言说："世间有一等好高的人，于日用所当知的道理，以为寻常不足知，却别求一样深僻之理，要知人之所不能知。于日用所当行的道理，以为寻常不足行，却别做一样诡异之行，要行人之所不能行，以此欺哄世上没见识的人，而窃取名誉。所以后世也有称述之者。此其知之过而不择乎善，行之过而不用乎中，不当强而强者也。若我则知吾之所当知，行吾之所能行，这素隐行怪之事，何必为之哉！所以说'吾弗为之矣'。"

"君子遵道而行，半途而废，吾弗能已矣。"

遵，是循。道，是中庸之道。途，是路。废，是弃。已，是止。

孔子说："那索隐行怪的人，固不足论，至于君子，择乎中庸之道，遵而行之，已自在平正的大路上走了，却乃不能实用其力，行到半路里，便废弃而不进，此其智虽足以及之，而仁有不逮，当强而不强者也。若我则行之于始，必要其终，务要到那尽头的去处，岂以半途而自止乎？所以说‘吾弗能已’矣。”

“君子依乎中庸，遁世不见知而不悔，唯圣者能之。”

依，是随顺不违的意思。遁，是隐遁。悔，是怨悔。

孔子说：“前面太过、不及的，都非君子之道。若是君子，他也不去索隐，也不去行怪，所知所行，一惟依顺着这中庸的道理，终身居之以为安。又不肯半途便废了，虽至于隐居避世，全不见知于人，他心里确然自信，并无怨悔之意。此乃智之尽，仁之至，不赖勇而裕如者，这才是中庸之成德。然岂我之所能哉！惟是德造其极的圣人，然后能之耳。”然夫子既不为索隐行怪，则是能依乎中庸矣。既不半途而止，则自能遁世不见知而不悔矣。圣虽不以自居，而其实岂可得而辞哉！

右第十一章。

君子之道费而隐。

道，即是中庸之道，惟君子为能体之，所以说君子之道。费，是用之广。隐，是体之微。

子思说：“君子之道，有体有用，其用广大而无穷，其体则微密不可见也。”

夫妇之愚，可以与知焉；及其至也，虽圣人亦有所不知焉。夫妇之不肖，可以能行焉；及其至也，虽圣人亦有所不能焉。天地之大也，人犹有所憾。故君子语大，天下莫能载焉；语小，天下莫能破焉。

子思承上文说：“这中庸之道，虽不出乎日用事物之常，而实通极乎性命精微之奥。以知而言，虽匹夫匹妇之昏愚者，也有个本然的良知，于凡日用常行的道理，他也能知道，若论到精微的去处，则虽生知的圣人，亦不能穷其妙也。以行而言，虽匹夫匹妇之不肖者，也有个本然的良能，于凡日用常行的道理，他也能行得，若论到高远的去处，则虽安行的圣人，亦不能造其极也。不但圣人，虽天地如此其大也，然而或覆载生成之有偏，或寒暑灾祥之失正，亦不能尽如人意，而人犹有怨憾之者。夫近自夫妇之所能知能行，远而至于圣人天地之所不能尽，可见道无所不在矣。故就其大处说，则其大无外，天下莫能承载得起。盖虽天地之覆载，亦莫非斯道之所运用也，岂复有出于其外而能载之者乎？就其小处说，则其小无内，天下莫能剖破得开。盖虽事物之细微，亦莫非斯道之所贯彻也，又孰有入于其内而能破之者乎？”君子之道如此，可谓费矣。而其所以然者，则隐而莫之见也，所以说“君子之道费而隐”。

《诗》云：“鸢飞戾天，鱼跃于渊。”言其上下察也。

《诗》，是《大雅·旱麓》篇。鸢，是鸱鸟之类。戾，是至。渊，是水深处。其字，指此理说。察，是昭著。

诗人说：“至高莫如天，而鸢之飞，则至于天;至深莫如渊，而鱼之跃，则在于渊。”子思解说：“天地之间无非物，天地之物无非道，《诗》所谓‘鸢飞戾天’者，是说道之昭著于上也；鱼跃于渊者，是说道之昭著于下也。盖化育流行，充满宇宙，无高不届，无深不入。举一鸢，而凡成象于天者皆道也；举一鱼，而凡成形于地者皆道也。道无所不在如此，可谓费矣。”而其所以然者，则非见闻所及，岂不隐乎？

君子之道，造端乎夫妇；及其至也，察乎天地。

造端，是起头的意思。至，是尽头的意思。

子思又总结上文说：“道之在天下，虽以夫妇之愚不肖，也有能知能行的；虽以圣人天地之大，也有不能尽的。这等看来，可见君子之道自其近小而言，则起自夫妇居室之间而无所遗；若论到尽头的去处，则昭著于天高地下之际而无所不有。所以君子戒谨慎独，从夫妇知能的做起，以至于位天地育万物，则道之察乎天地者在我矣。”

右第十二章。

子曰：“道不远人。人之为道而远人，不可以为道。”

子思引孔子之言说：“所谓率性之道，只在君臣、父子、夫妇、长幼、朋友之间，固众人之所能知能行而未尝远于人也。人之为道者，能即此而求，便是道了。若或厌其卑近，以为不足为，却乃离了君臣、父子、夫妇、长幼、朋友之间，而务为高远难行之事，则所知所行皆失真过当。而不由夫自然，岂所谓率性之道哉？所以说，'不可以为道'。"

"《诗》云：'伐柯伐柯，其则不远。'执柯以伐柯，睨而视之，犹以为远。故君子以人治人，改而止。"

《诗》，是《豳风·伐柯》篇。伐，是砍木。柯，是斧柄。则，是样子。睨，是邪视。以，是用。

诗人说："手中执着斧柯，去砍木做斧柄，其长短法则，不必远求，只手中所执的便是。"孔子说："执着斧柄去砍斧柄，法则虽是不远，然毕竟手里执的是一件，木上砍的又是一件，自伐柯者看来犹以为远。若君子之治人则不然。盖为人的道理就在各人身上，是天赋他原有的，所以君子就用人身上原有的道理去责成人。如责人之不孝，只使之尽他本身上所有的孝道；责人之不弟，只使之尽他本身上所有的弟道，其人改而能孝能弟。君子便就罢了，更不去分外过求他。推之凡事，莫不如此。这是责之以其所能知能行，非欲其远人以为道也。"

"忠恕违道不远。施诸己而不愿，亦勿施于人。"

尽己之心叫做忠，推己及人叫做恕。违，是彼此相去的意思。道，是率性之道。

孔子说："道不远人，但人多蔽于私意，惟知有己而不知有人，所以施于人者，不得其当，而去道远矣。若能尽己之心，而推以及人，虽是物我之间，未能浑化而两忘，然其克己忘私，去道亦不相远矣。忠恕之事何如？如人以非礼加于我，我心所不愿也；则以己之心度人之心，知其与我一般，亦不以非礼加之于人，这便是忠恕之事。以此求道，则施无不当，而其去道不远矣。"

"君子之道四，丘未能一焉：所求乎子，以事父，未能也；所求乎臣，以事君，未能也；所求乎弟，以事兄，未能也；所求乎朋友，先施之，未

能也。庸德之行，庸言之谨；有所不足，不敢不勉；有余，不敢尽。言顾行，行顾言，君子胡不慥慥尔。”

求，是责望人的意思。先施，是先加于人。庸，是平常。行，是践其实。谨，是择其可。慥慥，是笃实的模样。

孔子说：“君子之道有四件，我于这四件道理，一件也不能尽得。四者谓何如？为子之道在于孝，我之所责乎子者固欲其孝，然反求诸己，所以事吾父者，却未能尽其孝也。为臣之道在于忠，我之所责乎臣者固欲其忠，然反求诸己，所以事吾君者，却未能尽其忠也。为弟之道在于恭，我之所责乎弟者，固欲其尽恭于我，然反求诸己，所以事吾兄者，却未能尽出于恭也。朋友之道在于信，我之所责乎朋友者，固欲其加信于我，然反求诸己，所以先施于彼者，却未能尽出于信也。君子之道我固未能矣，然亦不敢不以此自修。盖这孝弟忠信，本是日月平常的道理。以是道而体诸身，谓之庸德。庸德则行之，而皆践其实。以是道而发于口，谓之庸言。庸言则谨之，而惟择其可。然行常失于不足，有不足处不敢不勉力做将去，如此则行亦力。言常失于有余，若有余处不敢尽底说将出来，如此则谨益至。谨之至，则说出来的，都与所行的相照顾，无有言过其实者矣。行之力，则行将去的，都与所言的相照顾，无有行不逮言者矣。言行相顾如此，岂不是慥慥笃实之君子乎？此我之所当自修者也。”

这一节说道只在子、臣、弟、友、庸言、庸行之间，是道不远人。说以责人者责己，要言行相顾，是不远人以为道之事。

右第十三章。

君子素其位而行，不愿乎其外。

素，是见在的意思。位，是所居的地位。愿，是愿慕。外，是本分之外。

子思说：“人之地位不同，然各有所当行的道理，若不能自尽其道，而分外妄想，便不是君子了。君子但因其见在所居的地位，而行其所当行的道理，未尝于本分之外，别有所愿慕。”盖本分之内，其道皆不易尽，既欲尽道其间，自不暇及乎其外也。

素富贵，行乎富贵；素贫贱，行乎贫贱；素夷狄，行乎夷狄；素患难，行乎患难：君子无入而不自得焉。

自得，是安舒的意思。

子思说："人之所遇，有顺逆之不同，唯君子能随寓而尽其道。如见在富贵，便行处富贵所当为的事，而不至于淫；见在贫贱，便行处贫贱所当为的事，而不至于滥；或见在夷狄，便行处夷狄所当为的事，而不改其行；或见在患难，便行处患难所当为的事，而不变其守。身之所处虽有不同，而君子皆尽其当为之道，道在此则乐亦在此，盖随在而皆宽平安舒之所也。所以说'无入而不自得焉'。"上文所谓素位而行者盖如此。

在上位，不陵下；在下位，不援上；正己而不求于人，则无怨。上不怨天，下不尤人。

陵，是陵虐。援，是攀援。怨，是怨恨。尤，是归罪于人的意思。

子思说："所谓君子之心不愿乎其外者，何以见之？大凡人居上位，则好作威以陵乎下；居下位，则好附势以援乎上。君子则不然。他虽在上位，也不肯陵虐那在下的人；虽在下位，也不肯攀援那在上的人。夫陵下不从，必怨其下；援上不得，必怨其上。今在上在下但知正己而无所求取于人，如此则又何怨之有？但见心中泰然，虽上而不得于天，也只顺受其正，而无所怨憾于天；虽下而不合于人，也只安于所遇，而无所罪尤于人。"盖既无所求，则自不见其相违，既不见其相违，则自无所怨尤矣。君子之心不愿乎其外如此。

故君子居易以俟命，小人行险以徼幸。

易，是平地。俟，是等候。命，是天命。险，是不平稳的去处。徼，是求。幸，是不当得而得的。

子思承上文说："君子惟素位而行，故随其所寓，都安居在平易的去处，其穷通得丧，一听候着天命，无有慕外的心。小人却有许多机巧变诈，常行着险阻不平稳的去处，而妄意分外趋利避害，以求理之不当得者。君子小人，其不同有如此。"

子曰："射有似乎君子。失诸正鹄，反求诸其身。"

正、鹄，都是射箭的靶子：画在布上叫做正，栖在皮上叫做鹄。

孔子说："射箭虽是曲艺，然有似乎君子，何以见之？盖君子凡事，只是'正己而不求于人'。那射箭的，若失了正鹄不中，只是反求诸己射的不好，更不怨那胜己的人，这即是'正己而无求于人'的意思，所以说'射有似乎君子'。"子思引此以结上文"素位而行，不愿乎外"之意。

右第十四章。

君子之道，辟如行远必自迩，辟如登高必自卑。

迩，是近处。卑，是低处。

子思说："君子之道，虽无所不在，而求道之功，则必以渐而进，谨于日用常行之间，而后可造于尽性至命之妙，审于隐微幽独之际，而后可收夫中和位育之功。譬如人要往远处去，不能便到那远处，必先从近处起，一程一程行去，然后可以至于远。譬如人要上高处去，不能便到那高处，必先从低处起，一步一步上去，然后可以升于高。"君子之道，正与行远登高的相似，未有目前日用隐微处有不合道理，而于高远之事方能合道者也。然则有志于高远者，当知所用力矣。

《诗》曰："妻子好合，如鼓瑟琴。兄弟既翕，和乐且耽。宜尔室家，乐尔妻孥。"子曰："父母其顺矣乎！"

鼓，是弹。瑟、琴，都是乐器。翕，是合。耽，是久。孥是子孙。顺，是安乐的意思。

子思承上文说进道有序，故引《小雅》之诗说道："人能于闺门之内，妻子情好契合，如鼓瑟琴一般，无有不调合处。兄弟之间，翕然友爱，既极其和乐，又且久而不变，则能宜尔之室家，乐尔之妻孥矣。"诗之所言如此。孔子读而赞叹之说道："人惟妻子不和，兄弟不宜，多贻父母之忧。今能和于妻子，宜于兄弟，一家之中，欢欣和睦如此，则父母之心，其亦安乐而无忧矣乎。"夫以一家言之，父母是在上的，妻子兄弟是在下的，今由妻子兄弟之和谐，遂致父母之安乐，是亦行远自迩、登高自卑之一验也。然则学者之于道，岂可不循序而渐进哉！

右第十五章。

子曰："鬼神之为德，其盛矣乎！"

鬼神，即是祭祀的鬼神，如天神、地祇、人鬼之类。为德，犹言性情功效。

孔子说："鬼神之在天地间，微妙莫测，神应无方，其为德也，其至盛而无以加乎。"其义见下文。

视之而弗见，听之而弗闻，体物而不可遗。

孔子说："何以见鬼神之德之盛？盖天下之物，凡有形者皆可见，惟鬼神无形，虽视之不可得而见也；凡有声者，皆可闻，惟鬼神无声，虽听之不可得而闻也。然鬼神虽无形无声，而其精爽灵气昭著于人心目之间，若有形之可见、声之可闻者，不可得而遗忘之也。夫天下之物涉于虚者，则终于无而已矣；滞于迹者，则终于有而已矣。若鬼神者，自其不见不闻者言之，虽入于天下之至无；自其体物不遗者言之，又妙乎天下之至有。其德之盛为何如哉！"然其所以然者，一实理之所为也。

使天下之人齐明盛服，以承祭祀。洋洋乎如在其上，如在其左右。

齐，是斋戒。明，是明洁。盛，是盛美的祭服。洋洋，是流动充满的意思。左右，是两旁。

孔子说："何以见鬼神之体物而不可遗？观于祭祀的时节，能使天下的人，不论尊卑上下，莫不齐明以肃其内，盛服以肃其外，恭敬奉承以供祭祀。当此之时，但见那鬼神的精灵，洋洋乎流动充满，仰瞻于上，便恰似在上面的一般；顾瞻于旁，便恰似在左右的一般。"夫鬼神无形与声，岂真在其上下左右哉？但其精灵昭著，能使天下之人肃恭敬畏，俨然如在如此。所谓体物不遗者，于此可验矣。

《诗》曰："神之格思，不可度思！矧可射思？"

《诗》，是《大雅·抑》之篇。格，是来。度，是测度。矧字，解做况字。射，是厌怠。三个思字，都是助语词。

孔子又引《大雅·抑》之诗说道："神明之来也，不可得而测度。虽极其诚敬以承祭祀，尚未知享与不享，况可厌怠而不敬乎？"观于此诗，则鬼神能使人畏敬奉承，而发见昭著者，为有征矣。

夫微之显，诚之不可揜如此夫。

诚，是实理。

孔子说："鬼神不见不闻，可谓微矣。然能体物不遗，又如是之显，何哉？盖凡天下之物，涉于虚伪而无实者，到底只是虚无，何以能显？惟是鬼神，则实有是理，流行于天地之间，而司其福善祸淫之柄，故其精爽灵气，发见昭著，而不可揜也如此夫。"

看来《中庸》一篇书，只是要人以实心而体实理，以实功而图实效，故此章借鬼神之事以明之。盖天下之至幽者，莫如鬼神，而其实亦不可揜如此。可见天下之事，诚则必形，不诚则无物矣。然则人之体道者，可容有一念一事之不实哉？

右第十六章。

子曰："舜其大孝也与！德为圣人，尊为天子，富有四海之内。宗庙飨之，子孙保之。"

子思引孔子之言说："凡为人子者，皆当尽孝道以事其亲。然孝有大有小，若古之帝舜，其为大孝也与！何以见其孝之大？夫为人子者，非德不足以显亲，舜则生知安行，德为圣人，是所以显其亲者，何其至也。非贵不足以尊亲，舜则受尧之禅，尊为天子，是所以尊其亲者，何其至也。非富不足以养亲，而舜则富有四海之内，以天下养，是所以养其亲者，何其至也。又且上祀祖考以天子之礼，而宗庙之歆飨无已，所以光乎其前者又如是之隆。下封子孙为诸侯之国，而基业之传续无穷，所以裕乎其后者，又如是之远。"夫舜之德福兼隆如此，则所以孝其亲者，实有出于常情愿望之外者矣。此其所以为大孝与！

“故大德必得其位，必得其禄，必得其名，必得其寿。”

孔子说：“舜之德福兼隆，固所以为大孝。然自常人看来，福是天所付与，却似偶然得之，不可取必的一般。不知德乃福之本，福乃德之验，如影之随形，响之应声，盖理之必然者也。故舜既有圣人的大德，感格于天，必然贵为天子，得天下至尊之位；必然富有四海，得天下至厚之禄；必然人人称颂，得显著的声名；必然多历年所，得长久的寿数。”盖舜虽无心于求福，而福自应之如此。此所以能成其大孝也。

“故天之生物，必因其材而笃焉。故栽者培之，倾者覆之。”

材，是材质。笃，是加厚。栽，是栽植。培，是滋养。倾，是倾仆。覆，是覆败。

孔子说：“舜以大德而获诸福之隆，非天有私于舜，乃理之自然者耳。观于天道之生万物，必各因其本然之材质而异其所加。如根本完固，栽植而有生意的，便从而培养之，雨露之所润，日月之所照，未有不滋长者；根本摇动，倾仆而无生意的，便从而覆败之，雪霜之所被，风雷之所折，未有不覆败者。”或培或覆，岂是天有意于其间？皆物之自取耳。

“《诗》曰：‘嘉乐君子，宪宪令德，宜民宜人。受禄于天。保佑命之，自天申之。’”

《诗》，是《大雅·假乐》之篇。令，是善。申，是重。

孔子又引诗说：“可嘉可乐的君子，有显显昭著的美德，既宜于在下之民，又宜于在上位之人。以此能受天之禄，而为天下之主。天既从而保佑之，又从而申重之，使他长享福禄于无穷也。”

“故大德者必受命。”

受命，是受天命为天子。

孔子承上文又总论说：“由天生物之理，与诗人之言观之，可见有大德的圣人，必然受皇天的眷命而为天子。今舜既是有大德，正所谓物之栽者也，君子之嘉乐者也。则其受上天笃厚申重之命，而享禄位名寿之全，固理之必然者耳。尚可疑哉？”

右第十七章。

子曰："无忧者，其惟文王乎！以王季为父，以武王为子。父作之，子述之。"

这一节是说周文王的事。

作，是创始。述，是继述。

子思引孔子之言说："自古帝王创业守成，皆未免有不足于心的去处，有所不足，则生忧虑。若是无所忧虑者，其惟周之文王乎！何以见之？凡前人不曾造作，自己便有开创之劳；后人不堪承继，将来便有废坠之患。二者皆可忧也。惟是文王以王季之贤为之父，以武王之圣为之子，王季积功累仁，造周家之基业，将文王要做的事预先做了，这是'父作之'；武王继志述事，集周家之大统，将文王未成的事，都成就了，这是'子述之'。"既有贤父以作之于前，又有圣子以述之于后，文王之心更无有一些不足处，此其所以无忧也。

"武王缵大王、王季、文王之绪，壹戎衣而有天下。身不失天下之显名，尊为天子，富有四海之内。宗庙飨之，子孙保之。"

这一节是说武王的事。

缵，是继。大王是武王的曾祖，王季是武王的祖，文王是武王的父。绪，是功业。戎衣，是盔甲之类。

孔子说："周自大王始基王迹，王季勤劳王家，文王三分天下有其二，那时天命人心，去商归周，王业已是有端绪了，但未得成就。及至武王，能继志述事，缵承大王、王季、文王的功业，因商纣之无道，举兵而伐之，以除暴救民，只壹着戎衣遂定了天下。夫以下伐上，其事不顺，其名不美，宜乎失了天下的显名，然那时诸侯率从，万姓悦服，人人爱戴称美他，并不曾失了光显的名誉，其得人心如此。以言其尊，则居天子之位，天下的臣民都仰戴他。以言其富，则尽有四海之内，天下的贡赋都供奉他。上而祖宗，则隆以王者之称，祀以天子之礼，自文王以前，都得歆飨其祭祀。下而子孙，则传世三十，历年八百，自成康以后，都得保守其基业，其得天眷又如此。"盖武王之有天下，一则承祖宗之业而不敢废，一则顺天人之心而不敢违。此则善述之孝，丕承之烈，所以后世莫及也。

“武王末受命，周公成文、武之德。追王大王、王季，上祀先公以天子之礼。斯礼也，达乎诸侯大夫，及士庶人。父为大夫，子为士，葬以大夫，祭以士。父为士，子为大夫，葬以士，祭以大夫。期之丧，达乎大夫；三年之丧，达乎天子；父母之丧，无贵贱，一也。”

这一节是说周公的事。

末，是老年。

孔子说：“先时文王未为天子，于一应礼制，拘于势分而不得为。武王年老，才受天命，日不暇给，虽得为而不及为，是文王、武王尊祖孝亲之德，尚有所欲为而未遂者。至周公辅佐成王，才一一都成就之。如古公、季历，是文王的父、祖，周公于是推文、武之意而追王之，尊古公为大王，尊季历为王季。生前只是侯爵，如今加称尊号，则文王、武王之心至是而慰矣。周之先公自组绀以上以至后稷，又是大王、王季的父祖，于是又推大王、王季之意，以天子之礼祀之，礼陈九献之仪，舞用八佾之数。当初祭以诸侯，如今祭以天子，则大王、王季之心至是而慰矣。然不惟自尽其孝而已。又以天下之人虽名分不同，贵贱有等，他那孝亲报本之心，也与我一般，于是以所制之礼，推而下达乎诸侯、大夫及士、庶人，使人皆得随分以尽其孝。如父做大夫，子做士，父殁之时，葬固以大夫之礼，而祭则以士之礼。如父做士，子做大夫，父殁之时，葬固以士之礼，而祭则以大夫之礼。盖葬从其爵，贻死者以安也；祭从其禄，伸生者之情也。又制为丧服之礼，期年的丧服，下自庶人，上达乎大夫，犹通行之。天子诸侯便不行了，盖伯叔昆弟之丧，犹可伸以贵贵之义，所谓亲不敌贵也。若三年之丧服，则下自庶人，上达乎天子，皆通行之。何也？三年之丧，父母之丧也。子生三年，然后免于父母之怀，恩义至重，无贵无贱，都是一般，所谓贵不敌亲也。”夫追崇之礼，行于王朝；丧祭之礼，达乎天下。孝心上下融彻，礼制上下通行，周公之所以成文、武之德者如此。

右第十八章。

子曰:“武王、周公,其达孝矣乎!”

达,是通达。达孝,是通天下之人都谓之孝。

子思引孔子之言说:“凡人之孝,止于一身一家,而未必能通乎天下。惟是武王、周公,不惟自己能尽孝亲的道理,又能推以及人之亲,礼制大备,使人人皆得以尽其孝,所以通天下之人,都称他孝,而无有间然者,岂不谓之达孝矣乎!”

“夫孝者,善继人之志,善述人之事者也。”

善,是能。继,是继续。志,是心之所欲者。述,是传述。事,是所已行者。两个人字,都是指前人而言。

孔子说:“武王、周公所以为达孝者,无他,以其能继志而述事也。盖前人之心志,有所欲为的,虽是不曾遂意,也望后人去承继他。武王、周公便能委曲成就,念念要接续前人的意向,不使他泯灭了,这是善继其志。前人之行事,有所已为的,虽是不曾成功,也望后人去传述他。武王、周公便能斟酌遵守,件件要敷衍前人的功绪,不使他废坠了,这是善述其事。”武王、周公之孝如此,所以达乎天下,而无一人不称其孝也。

“春秋修其祖庙,陈其宗器,设其裳衣,荐其时食。”

春秋,是祭祀之时,四时皆有祭,举春秋则冬夏可知。修,是修整。陈,是陈设。宗器,是先世所藏的重器。裳衣,是先王所遗的衣服。荐,是供献。时食,是四时该用的品物。

孔子说:“武王、周公所以善继志而述事者,何以见得?今以所制祭祀之礼言之:到春秋祭享的时节,于祖庙中门堂寝室,皆及时修整,以致其严洁而不敢亵渎;于先祖所藏的重器,都陈设出来,以示其能守而不敢失坠;于先王所遗的裳衣,必设之以授尸,不惟使神有所依,亦以系如在之思也;于四时该用的品物,必荐之以致敬,不惟使神有所享,亦以告时序之变也。”武王、周公所制祭祀之礼,通于上下者如此。

“宗庙之礼,所以序昭穆也。序爵,所以辨贵贱也。序事,所以辨贤也。旅酬,下为上,所以逮贱也。燕毛,所以序齿也。”

序，是次序。昭穆，是宗庙的位次：在左边的为昭，取阳明之义；在右边的为穆，取阴幽之义。旅，是众。酬，是以酒相劝酬。燕，是燕饮。毛，是毛发。齿，是年齿。

当祭于宗庙之日，群庙的子孙皆来与祭。其排列的班次，或在左、或在右，各照依其主而不紊者，所以序其何者为昭，何者为穆，使等辈先后之不至于混乱也。陪祀之臣，有公、有侯、有卿大夫，其爵不同。于祭之时，而序其或在前、或在后，都有个次第者，所以分辨其孰为贵、孰为贱，使尊卑不至于搀越也。祭必有事，如宗是掌管祠祭的，祝是读祝文的，又有司尊的、执爵的及奠帛赞礼的，皆事也。于祭之时，而序次其执事者，盖祭以任事为贤，所以分别其人之贤，择其德行之优、威仪之美、趋事之纯熟者为之，使非贤者不得与也。祭毕之时，同姓的兄弟与异姓的宾众人饮酒，互相劝酬，其各家子弟，都着他举觯于其父兄，而供事于左右。所以然者，盖宗庙之中，以有事为荣，正所以逮及那子弟之贱者，使他亦有所事，而因事以申其敬也。饮宴之后，异姓之宾皆退之，又独宴同姓之亲。到这时节，不论爵位之崇卑，但以毛发之黑白为座次之上下。若此者，盖同姓比之异姓为亲，故专论年齿以定座次，使长幼不至于失序也。夫序昭穆者，亲亲也；序爵者，贵贵也；序事者，贤贤也；逮贱者，下下也；序齿者，老老也。武王、周公一祭祀之间，其意义之周悉如此。

“践其位，行其礼，奏其乐，敬其所尊，爱其所亲，事死如事生，事亡如事存，孝之至也。”

这一节是总结上文。

践，是践履。所尊是先王的祖考，所亲是先王的子孙臣庶，五个其字都指先王而言。

孔子说：“武王、周公所制祭祀之礼，既善且备如此，可以见其善继而善述矣。何也？先王之对越神明必有位，所行必有礼，所奏必有乐。今武王、周公祭祀之时，所践履的就是先王对越祖考的位次，所行的就是先王升降周旋的礼仪，所奏的就是先王感格神人的音乐。祖考是先王所尊崇也，今祭祀一举，致其诚敬，而祖考来格，是能敬先王之所尊矣。子孙臣庶是先王所亲厚也，今祭祀一行，笃其恩爱，而情义联属，是能爱先王之所亲矣。以此观之，可见武王、周公事奉先王无所不至：先王虽死，事他如在生的一般；先王虽亡，事他如尚存的一般。真可谓善继人之志，善述人之事，而为孝之极至者也。”称曰达孝，不亦宜乎？

“郊社之礼，所以事上帝也。宗庙之礼，所以祀乎其先也。明乎郊社之礼、禘尝之义，治国其如示诸掌乎。”

郊，是祭天。社，是祭地。上帝，即是天，言上帝则后土在其中。禘，是五年的大祭。尝，是秋祭，言秋祭则其余在其中。示字与视字同。掌，是手掌。示诸掌，是说看得明白。

孔子又说：“武王、周公所制祭祀之礼，不但如上文所言而已。总而言之，有郊社之礼焉，有宗庙禘尝之礼焉。郊社之礼，或行于圜丘，或行于方泽，盖所以事奉上帝与后土，答其覆载生成之德也。宗庙之礼，或五年一举，或一年四祭，盖所以祭祀其祖先，尽吾报本追远之诚也。这郊社禘尝，是国家极大的礼仪，其中义理微妙，难于测识。若能明此礼仪而无疑，则理无不明，诚无不格，治天下国家的道理即此而在，就如看自家的手掌一般，何等明白。”盖幽明一理，而幽为难知；神人一道，而神为难格。既能通乎幽而感乎神，则明而治人，又何难之有哉？夫武王周公之制礼，不惟善体乎先王，而又可通于治道，此所以尽伦尽制，而又合于中庸之道也。

右第十九章。

哀公问政。子曰：“文武之政，布在方策。其人存，则其政举；其人亡，则其政息。”

哀公，是鲁国之君。方，是木版。简，是竹简。古时无纸，有事只写在木版、竹简上，所以叫做方策。

哀公问于孔子说：“人君为政的道理当如何？”孔子对说：“君欲行政，不必远有所求，惟在法祖而已。比我周文王、武王，是开国的圣君，那时又有周公、召公诸贤臣辅佐，所行的政事都是酌古准今，尽善尽美的。如今布列于木版、竹简之中，如《周官》《立政》诸书，及《周礼》所载，纪纲法度，固班班可考也。只是那一时的君臣，今已不存了。若使当今之时，上焉有文、武这样的君，下焉有周、召这样的臣，则当时立下的政事，如今件件都可举行，而文、武之治，亦可复见于今日也。若是没有那样的君臣，则那政事便都灭息了。”载在方策者，不过陈迹而已，徒法岂能以自行哉？可见立政非难，得人为贵。上有励精求治之主，下有实心任事之臣，则立纲陈纪，修废举坠，只在反掌之间而已。不然，虽有良法美意，譬之有车而无人以推挽之，车岂能以自行哉？此图治者所当留意也。

“人道敏政，地道敏树。夫政也者，蒲卢也。”

人，指君臣说。敏，是快速的意思。树，是栽植。蒲卢，是蒲苇，草之最易生者。

孔子说：“上有明君，下有良臣，便是得人。这人的道理，最能敏政。君臣一德，上下一心，一整饬间而废者即兴、坠者即举，一修为间而近无不服、远无不从，可以大明作之功，可以收综核之效，何等的快速，就似那地的道理一般，土脉所滋，凡有所栽植者，随植随长，无不快速也。夫人能敏政，则但得其人，则可以行政矣。而况这文武之政也者，是圣人行下的，合乎人情，宜于土俗，尽善尽美，至精至备，又是最易行者，就似那草中蒲苇一般，比之他物，尤为易生者也。”夫人道既能敏政，而王政又甚易行如此，苟得其人以举之，其于为治何有？

“故为政在人，取人以身，修身以道，修道以仁。”

人，是贤臣。身，指君身说。道，即是天下之达道。仁，是本心之全德。

孔子说：“由人存政举之易观之，可见天下有治人，无治法。所以为人君者，要举文武之政，只在择贤臣而任用之。惟得其人，然后纪纲法度，件件振举，而政事自无不行也。然人君一身，又是臣下的表率，如欲取人，必须先修自己的身；能修其身，然后好恶取舍，皆得其宜，而贤才乐为之用也。然要修身，又必于君臣、父子、夫妇、兄弟、朋友的道理，各尽其当然之实，则一身的举动，都从纲常伦理上周旋，身自无不修矣。然要修道，又必全尽本心之天德，使慈爱恻怛周流而无间，则五伦之间，都是真心实意去运用，道自无不修矣。”夫以仁修道，以道修身，则上有贤君；以身取人，则下有贤臣，由是而举文武之政，何难之有哉！

“仁者，人也，亲亲为大。义者，宜也，尊贤为大。亲亲之杀，尊贤之等，礼所生也。”

人，指人身而言。上一个亲字，是亲爱；下一个亲字，指亲族说。尊贤，是尊敬有德的人。杀，是降杀。等，是等级。礼，是天理之节文。

承上文说：“修道固必以仁，而仁非外物，乃有生之初所具恻怛慈爱之理，是即所以为人也。然仁虽无所不爱，而惟亲爱自己的亲族，乃能推以及人，而爱无不周，故以‘亲亲为大’。有仁必有义，而义非强为，凡事物之中，各有当然不易的道理，是即所以为宜也。然义虽无所不宜，而惟尊敬那有道德的贤人，乃能讲明此理，而施无不当，故以‘尊贤为大’。然这亲亲中间，又有不同，如父母则当孝敬，宗族则当和睦，自有个降杀。这尊贤中间，也有不同，如大贤则以师傅待之，小贤则以朋友处之，自有个等级。这降杀、等级，都从天理节文上生发出来，所以说‘礼所生也’。”曰仁、曰义、曰礼，三者并行而不悖，则道德兼体于身，而修身之能事毕矣。

“故君子不可以不修身。思修身，不可以不事亲。思事亲，不可以不知人。思知人，不可以不知天。”

承上文说：“为政在人，取人以身。可见君子一身，关系最重。若不能修治其身，则其本不端，何以为取人的法则？所以君子不可不先修其身。修身以道，修道以仁，亲亲为仁之大。可见事亲是修身的先务，若不能善事其亲，则所厚者薄，无所不薄，身不可得而修矣。所以思修其身者，不可以不善事其亲。欲尽亲亲之仁，又必尊礼贤人，与之共处，然后亲亲的道理，讲究得明白。若不能尊贤取友以知人，则义理谁与讲明，是非无由辨白，以致辱身危亲者亦有之矣。所以思尽事亲之道者，又不可以不知人也。至若亲亲则有降杀，尊贤则有等级，都是天理之自然。若于这天叙天秩的道理，知之不明，则恩或至于滥施，敬或至于妄加，所尊所亲，处之皆失其当矣。所以思知人以为事亲之助者，又不可以不知天也。”由知天以知人，知人以事亲，则身修而有君矣；以身取人，则有臣矣。有君有臣，而文武之政焉有不举者哉！

“天下之达道五，所以行之者三。曰：君臣也，父子也，夫妇也，昆弟也，朋友之交也。五者，天下之达道也。知、仁、勇三者，天下之达德也。所以行之者一也。”

达，是通达。昆弟，即是兄弟。德，是所得于天之理。一字，指诚说。

孔子说：“天下古今人所共由的道理有五件，所以行这道理的有三件。五者何？一曰君臣，二曰父子，三曰夫妇，四曰兄弟，五曰朋友之交。在君臣则主于义，在父子则主于亲，在夫妇则主于别，在兄弟则主于序，在朋友则主于信。这五件是人之大伦，从古及今，天下人所共由的道理不外乎此，就如人所通行的大路一般，所以说是‘天下之达道也’。三者何？一曰知，二曰仁，三曰勇。知则明睿，所以知此道者。仁则无私，所以体此道者。勇则果确，所以强此道者。这三件是天命之性，从古至今，天下人所同得的，无少欠缺，所以说是‘天下之达德也’。然达道固必待达德而后行，而其所以行之者，又只在一诚而已。”盖诚则真实无伪，故知为实知，仁为实仁，勇为实勇，而达道自无不行。苟一有不诚，则虚诈矫伪，而德非其德矣，其如达道何哉？故曰“所以行之者一也”。

“或生而知之，或学而知之，或困而知之：及其知之，一也。或安而行之，或利而行之，或勉强而行之：及其成功，一也。”

这一节是说造道的等级。

知之，是知此达道。困，是困苦。行之，是行此达道。利，是贪利。

孔子说：“人性虽同，而气禀或异。以知此理而言，或有生来天性聪明，不待学习自然就知之的；或有讲习讨论，从事于学问然后知之的；或有学而未能，困苦其心，发愤强求然后知之的。这三等人，闻道虽有先后，然到那豁然贯通义理明白的去处，都是一般，所以说‘及其知之，一也’。以行此理而言，或有生的德性纯粹，不待着力，安然自能行的；或有真知笃好，只见得这道理好，往前贪着去行的；或有力未能到，必待勉强奋发，而后能行的。这三等人，行道虽有难易，然到那践履纯熟，功夫成就的时节，也都一般，所以说‘及其成功，一也’。”

“子曰：好学近乎知。力行近乎仁。知耻近乎勇。”

这一节是未及乎达德而求以入德的事。

孔子说:“人之气质虽有不同，然未尝无变化之术。如智以明道，固非愚者之所能，然若肯笃志好学，凡古今事物之理，时时去讲习讨论，不肯自安于不知，将闻见日广，聪明日开，虽未必全然是智，也就不堕于昏愚了，岂不近于智乎！仁以体道，固非自私者之所能，然若能勤励自强，事事去省察克治，实用其力，将见本心收敛，天理复还，虽未必纯然是仁，也就不蔽于私欲了，岂不近于仁乎！勇以任道，固非懦者之所能，然若能知己之不如人，而常存愧耻之心，不肯自暴自弃，将见耻心一萌，志气必奋，虽未必便是大勇，也就不终于懦弱了，岂不近于勇乎！”

“知斯三者，则知所以修身。知所以修身，则知所以治人。知所以治人，则知所以治天下国家矣。”

斯字，解做此字。三者，指上文“三近”而言。

孔子说:“修身以道，而知、仁、勇之德，则所以行此道者，人若能知得好学、力行、知耻这三件，足以近之，便可以入于达德、行乎达道，所以修治其身之理，无不知矣。既知所以修身，则所以治人而使之尽其道者，即此而在。盖以己观人，虽有物我之间，然在我的道理，即是在人的道理，故知所以修身，便知所以治人也。既知所以治人，则所以治天下国家而使之皆尽其道者，亦即此而在。盖以一人观万人，虽有众寡之殊，然一个人的道理，即是千万人的道理，故知所以治人，便知所以治天下国家也。”夫以天下国家之治，而要之不外于修身，可见修身为致治之本矣。

“凡为天下国家有九经，曰:修身也，尊贤也，亲亲也，敬大臣也，体群臣也，子庶民也，来百工也，柔远人也，怀诸侯也。”

经，是常道。

孔子说:“大凡人君治天下国家，有九件经常的道理，可以行之万世而不易者。第一件，要修治自己的身，使吾身之一动一静，皆足以为天下之表率。第二件，要尊礼贤人，使之讲明治道，以为修己治人之助。第三件，要亲爱同姓的宗族，凡施予恩泽都宜加厚，不可同于众人。第四件，要敬礼大臣，凡体貌恩泽，都宜加隆，不可同于小臣。第五件，要体悉群臣，以己之心度人之心，委曲周悉，把群臣每都看得如自己的身子一般。第六件，要子爱庶民，乐民之乐，忧民之忧，爱养保护，把百姓每都看得如自己的儿子一般。第七件，要招来百样的工匠，集于国都，使他通工易事，以资国用。第八件，要绥柔远方来的使客人等，加意款待，使他离乡去国，不致失所。第九件，要怀服四方的诸侯，使他常为国家的藩屏，无有离叛之意。这九件乃治天下国家经常之道。从古及今，欲兴道致治者，决不能舍此而别有所修为也，所以叫做九经。”然此九者之中，又有自然之序，盖天下国家之本在身，故修身为九经之首。然必亲师取友，而后修身之道进，故尊贤即次之。道之所进莫先于家，故亲亲又次之。由家以及朝廷，故敬大臣、体群臣次之。由朝廷以及其国，故子庶民、来百工次之。由其国以及天下，故柔远人、怀诸侯次之。九经之序如此，而其本则惟在于修身，其要莫急于尊贤也。

“修身，则道立。尊贤，则不惑。亲亲，则诸父昆弟不怨。敬大臣，则不眩。体群臣，则士之报礼重。子庶民，则百姓劝。来百工，则财用足。柔远人，则四方归之。怀诸侯，则天下畏之。”

这一节是说九经的效验。

道即是达道。诸父是伯父叔父。眩字解做迷字。

孔子说：“治天下国家的九经，人君若能着实行之，则件件都有效验，如能修治自己的身，则达道达德，浑然全备，便足以为百姓每的表率，而人皆有所观法矣。能尊礼有德的贤人，则薰陶启沃，聪明日开，闻见日广，于那修己治人的道理，都明白贯通，无所疑惑矣。能亲爱同姓的宗族，则为伯叔诸父的，为兄弟的，都得以保守其富贵，欢然和睦，而无有怨恨矣。能敬礼大臣，则信任专一，他得以展布其能，临大事、决大议，皆有所资而不至于迷眩矣。能体悉群臣，则为士的感激思奋，皆务竭力尽忠，以报答君上之恩矣。能子爱国中的庶民，则百姓每蒙其恩泽，都欢欣爱戴，有尊君亲上之心矣。能招来百工技艺的人，则有无相易，农末相资，便能替国家生聚货财，而用度自然充足矣。能抚恤远方的使客，则四方宾旅闻风而慕义者，皆倾心归向，而愿出于其途矣。能绥怀天下的诸侯，则德之所施者博，而威之所及者广，天下的诸侯皆畏威怀德，而为我之藩屏矣。”九经之效验如此。

“齐明盛服，非礼不动，所以修身也。去谗远色，贱货而贵德，所以劝贤也。尊其位，重其禄，同其好恶，所以劝亲亲也。官盛任使，所以劝大臣也。忠信重禄，所以劝士也。时使薄敛，所以劝百姓也。日省月试，既禀称事，所以劝百工也。送往迎来，嘉善而矜不能，所以柔远人也。继绝世，举废国，治乱持危，朝聘以时，厚往而薄来，所以怀诸侯也。”

这一段是说九经之事。

齐，是斋戒。明，是明洁。盛服，是衣服整肃。谗，是谗佞的人，颠倒是非，最能伤害君子。色，是美色；货，是财利，最能移易人心。

孔子说：“人君惟惮于拘束，乐于放纵，是以其身不能修治。必须内而斋明以收敛其心志，外而盛服以整肃其容仪，凡事都依着礼法行，非礼之事绝不去干。如此，则内外交养，动静不违，而此身常在规矩之内，乃所以修身也。人君惟听信谗言，徇于货色，那好贤的意思，便就轻了。必须屏去那谗邪，疏远那美色，轻贱那货财，只专心一意贵重有德的人。如此，则纯心用贤，而贤者乐为之用，乃所以劝贤也。同姓的宗族，常恐恩礼衰薄，所以怨望易生。必须体念宗室，尊其爵位，重其俸禄，他心里喜好的与他同好，心里憎恶的与他同恶，不至违拂其情。如此，则诸父昆弟自然感悦，乃所以劝亲亲也。做大臣的，若教他亲理细事，便失了大体。必须多设官属，替他分头干办，足任他使令之役。如此，则为大臣者得以从容论道，经理天下的大事，乃所以劝大臣也。于群臣每，待之不诚，则各生疑畏，而不肯尽心；养之不厚，则自顾不暇，而不肯尽力。必须待之以忠信，开心见诚，不去猜疑他；养之以重禄，使他父母妻子皆有所仰赖。如此，则士无仰事俯育之累，而乐趋事功以报效朝廷，乃所以劝士也。于百姓每，使之不以其时，则劳民之力；敛之过于太重，则伤民之财。故虽有不容已之事，亦必待农工既毕之后，然后役使他；征敛他的税粮，又皆从轻而不过于厚。则百姓既有余财，又有余力，皆将欢欣爱戴，以亲其君上，乃所以劝百姓也。既字读做饩字。饩是牲口，禀是廪米。百工技艺的人，执事有勤惰之不同，必须日日省视他，月月考较他，以验其工程如何。勤的便多与他些廪饩，以偿其劳；惰的则少与他些，务与他的事功相称。如此，则不惟勤者益知所勉，而惰者亦皆劝于勤矣，乃所以劝百工也。远方使客人等，于其回还时节，则授之旌节以送之，使关津不得阻滞；于其来的时节，则丰其委积以迎之，使百凡有所资给。其人之善者，则嘉美之，而因能以授之任；其不能者，则矜恕之，而亦不强其所不欲。如此，则款待周悉，天下之旅皆悦而愿出于其途，乃所以柔远人也。至若四方诸侯，有子孙绝嗣的，寻他旁枝来继续，使不绝其宗祀；有失了土地的，举其子孙而封之，使得复其爵土。治其坏乱，教他国中上下相安；持其危殆，教他国中大小相恤。每年使其大夫一小聘，三年使其卿一大聘，五年则诸侯自来一朝。朝聘各有其时，不劳其力也。我之燕赐于彼者则厚而礼节之有加，彼之纳贡于我者则薄而方物之不计，厚往而薄来，恐匮其财也。如此，则天下诸侯皆将竭其忠力，以藩卫王室，而无倍畔之心，乃所以怀诸侯也。”九经之事如此。

“凡为天下国家有九经，所以行之者一也。”

孔子既详言九经之事，又总结之说道：“人君治天下国家，有这九件经常的道理，其事与效验固各不同，然所以行那九经，只是一件，曰诚而已矣。”盖天下之事，必真实而无妄，乃能常久而不易。若存的是实心，行的是实事，则九经件件修举，便可以治天下国家。若一有不诚，则节目虽详，法制虽具，到底是粉饰的虚文而已，如何可以为治乎？故曰：“所以行之者一也。”

“凡事豫则立，不豫则废。言前定，则不跲。事前定，则不困。行前定，则不疚。道前定，则不穷。”

凡事，指达道、达德、九经以及日用大小的事务皆是。豫，是素定。跲，是颠踬，如人行路跌倒的一般。困，是窘迫。疚，是病。

承上文说：“九经之行，固贵于诚，然不但九经而已。但凡天下之事，能素定乎诚，则凡事都有实地，便能成立；若不能素定乎诚，则凡事都是虚文，必致废坏。何以言之？如人于言语先定乎诚，不肯妄发，则说的都是实话，自然顺理成章，不至于蹉跌矣。人于事务先定乎诚，不肯妄动，则临事便有斟酌，自然随事中节，不至于窘迫矣。身之所行者先定乎诚，则其行有常，自然光明正大，而无歉于心，何疚之有？道之当然者先定乎诚，则其道有源，自然泛应曲当，而用之不竭，何穷之有？”所谓“凡事豫则立”者如此。苟为不诚，则言必至于跲，事必至于困，行必至于疚，道必至于穷矣。

“在下位不获乎上，民不可得而治矣。获乎上有道，不信乎朋友，不获乎上矣。信乎朋友有道，不顺乎亲，不信乎朋友矣。顺乎亲有道，反诸身不诚，不顺乎亲矣。诚身有道，不明乎善，不诚乎身矣。”

这一节承上文推言素定的意思。

获字，解做得字。

孔子说：“凡事皆当素定乎诚。如在下位的人，若要治民，必须得了君上的心，肯信用他，方才行得。若不能得君上的心，则无以安其位而行其志，要行些政事，人都不肯听从，民岂可得而治乎？故欲治民者，当获乎上也。然要获乎上，不在乎谀悦以取容，自有个道理，只看他处朋友如何。若是平昔为人，不见信于朋友，则志行不孚，名誉不著，要见知于在上的人，岂可得乎？故欲获乎上者，必信于朋友也。然要朋友相信，不在乎交结以取名，自有个道理，只看他事父母如何。若平日不能承顺父母，得其欢心，则孝行不修，大节已亏，岂能取信于朋友之间乎？故欲信友者，当顺乎亲也。然要顺亲，亦不在乎阿意以曲从，也有个道理，只在能诚其身。若反求诸身，未能真实而无妄，则外有承顺之虚文，内无爱敬之实意，岂能得父母之欢心乎？故欲顺亲者，当诚乎身也。然诚身功夫，又不是一时袭取得的，也有个道理，只在能明乎善。若不能格物致知，先明乎至善之所在，则好善未必是实好，恶恶未必是实恶，岂能使所存所发皆真实而无妄乎？”故欲诚身者，当明乎善也。能明善以诚身，则顺亲、信友、获上、治民，何难之有？即在下位者欲获上治民而推之一本于诚，则凡事可知矣。

“诚者，天之道也。诚之者，人之道也。诚者，不勉而中，不思而得，从容中道，圣人也。诚之者，择善而固执之者也。”

诚，是真实无妄。从容，是自然的意思。择，是拣择。固，是坚固。执，是执守。

承上文诚身说：“这诚之为道，原是天赋与人的。盖天以实理生万物，人以实理成之为性，率其性而行之，本无间杂，不假修为，乃天与人的道理，自然而然，所以说是天之道也。若为气禀物欲所累，未能真实无妄，而用力以求到那真实无妄的去处，这是人事所当然者，乃人之道也。诚者之事何如？其行则安而行之，不待勉强而于道自无不中；其知则生而知之，不待思索而于道自无不得。此乃从容合道的圣人，全其天而无所假于人为者也。诚之者之事何如？其知则未能不思而得，必拣择众理以明善；其行则未能不勉而中，必坚守其善以诚身。此乃用力修为的贤人，尽人以合天者也。”然自古虽生知安行之圣，亦必加学问之功夫。其得之于天者既全，而修之于人者又力，此所以圣而益圣与？

“博学之，审问之，慎思之，明辨之，笃行之。”

承上文说：“择善而固执之，固诚之者之事。然其用功之节目，又不止一端。第一要博学，盖天下之理无穷，必学而后能知。然学而不博，则亦无以尽事物之理。故必旁搜远览，凡古今事物之变，无不考求，庶乎可以广吾之闻见也。这是‘博学之’。所学之中有未知者，必须问之于人。然问而不审，则苟且粗略，而无以解中心之惑。故必与明师好友尽情讲论，仔细穷究，庶乎可以释吾之疑惑也。这是‘审问之’。虽是问的明白了，又必经自家思索一番，然后有得。然思而不慎，又恐失之泛滥，过于穿凿，虽思无益矣。故必本之以平易之心，求之于真切之处，而慎以思之，庶乎潜玩之久而无不通也。既思索了，又以义理精微，其义利公私之间，必加辨别。然辨而不明，则毫厘之差，谬以千里，虽辨无益矣。故必条分缕析，辨其何者为是，何者为非，何者似是实非，何者似非而实是，一一都明以辨之，庶乎尽其精微而不差也。夫既学而又问之、思之、辨之，则于天下之义理，皆已明白洞达而无所疑，可以见之于行矣。然行而不笃，则所行者徒为虚文，而终无所成就。又必真心实意，敦笃而行，无一时之间断，无一念之懈怠，则所知者皆见于实事，而不徒为空言矣。所以又说‘笃行之’。”夫博学、审问、慎思、明辨，所以择善也；笃行，所以固执也。五者，皆诚之者的功夫，学知利行之事也。

“有弗学，学之弗能，弗措也；有弗问，问之弗知，弗措也；有弗思，思之弗得，弗措也；有弗辨，辨之弗明，弗措也；有弗行，行之弗笃，弗

措也。人一能之，己百之；人十能之，己千之。”

弗字，解做不字。措字，解做止字。

承上文说：“学、问、思、辨、笃行，固是求诚之事，然有一样资禀庸下的，未能便成，必须专心致志着实用功，乃能有成。如古今事物之理，不学则已，但去学时，便要博闻强记，件件都理会得过才罢，若有不能，不止也；有疑惑的，不问则已，但去问时，便反复讲究，件件都要知道才罢，若有不知，不止也；有该思索的，不思则已，但去寻思，则必再三筹度，务要融会贯通才罢，若有不得，不止也；有该辨别的，不辨则已，但去分辨，则必细细剖析，务要明白不差才罢，若有不明，不止也；及其见诸躬行，不行则已，但行的时节，务要践履笃实，底于有成才罢，若有不笃，不止也。他人一遍就会了，自己必下百遍的功夫；他人十遍就会了，自己必下千遍的功夫，务求其能而后已。”这是困知勉行者之事也。

“果能此道矣，虽愚必明，虽柔必强。”

此道，指上一节说。

“常人有志者少，无志者多。未有能实用其力者，若果能于那学、问、思、辨、笃行，用了百倍的功夫，则义理自然浑融，气质自然变化。虽是生来愚昧的，久之亦将豁然贯通，而进于明矣。虽是生来柔弱的，久之亦能毅然自守，而进于强矣。”况本是聪明强毅的，而又能加勤励不息之功，有不为大知大勇者乎？

右第二十章。

谨案，此章言帝王治天下之大经大法，极其详备。首言举行文武之政，在于有君有臣，而尤归重于君身，盖有君则自然有臣也。中言以三达德而行五达道，皆修身之事；九经则自身而推之家国天下。终言修己治人，必本于一诚，而学、问、思、辨、笃行之功，则所以求立乎诚者也。夫至诚者，天德也；九经之事，王道也。有天德而后可以行王道，其要在于典学，伏惟圣明留意焉。

卷二

自诚明，谓之性。自明诚，谓之教。诚则明矣，明则诚矣。

诚，是真实无妄。明，是事理洞达。

子思承孔子天道人道之意以立言，说道："人之造道，等级虽有相悬，及其成功，则无二致。固有德无不实，而明无不照，由诚而明的，这叫做性。盖圣人之德，不勉而中，不思而得，天性本来有的，故谓之性。性，即天道也。有先明乎善，而后能实其善，由明而诚的，这叫做教。盖贤人之学，以择而精，以执而固，由教而后能入的，故谓之教。教，即人道也。夫曰性曰教，虽有天道人道之殊，然德无不实者，固自然清明在躬，无有不诚；而先明乎善者，也可以到那诚的地位，及其成功，则一而已矣。"所以说"诚则明矣，明则诚矣"。

右第二十一章。

唯天下至诚，为能尽其性；能尽其性，则能尽人之性；能尽人之性，则能尽物之性；能尽物之性，则可以赞天地之化育；可以赞天地之化育，则可以与天地参矣。

天下至诚，是说圣人之德，极诚无妄，天下莫能过他。赞，是助。化育，是变化生育。参，是并立为三的意思。

子思说："天命之性，本自真实无妄，只为私欲蔽了，见得不明，行得不到，所以不能尽性。独有天下至诚的圣人，其知生知，其行安行，纯乎天理而不杂于人欲，故能于所性之理，察之极其精，行之极其至，而无毫发之不尽也。然天下的人，虽有智愚贤不肖，其性也与我一般。圣人既能尽己之性，由是推之于人，便能设立政教，以整齐化导之，使人人都复其性之本然，而能尽人之性矣。天下的物，虽飞潜动植不同，其性也与人一般。圣人既能尽人之性，由是推之于物，便能修立法制，以樽节爱养之，使物物各遂其性之自然，而能尽物之性矣。夫人、物皆天地之所生，而不能使之各尽其性，是化育也有不到的。今圣人能尽人、物之性，则是能裁成辅相，补助天地之所不及矣，岂不可以赞天地之化育乎！既能赞天地之化育，则是有天地不可无圣人。天位乎上而覆物，地位乎下而载物，圣人位乎中而成物。以一人之身，与天地并立而为三矣，岂不可与天地参乎！”至诚之功用，其大如此。然天地万物之理，皆具于所性之中；参赞位育之功，不出于尽性之外。学圣人者，但当于吾性中求之。

右第二十二章。

其次致曲。曲能有诚，诚则形，形则著，著则明，明则动，动则变，变则化。唯天下至诚为能化。

其次，是指贤人以下说。致，是推及。曲，是善之一偏处。盖人之心，虽为物欲所蔽，然良心未曾泯灭，必有一端发见的去处，这叫做曲；若能就此扩充之，到那至极的去处，叫做致曲。形，是发见于外。著，是显著。明，是光明。动，是感动。变，是改变。化，是浑化。

子思说：“天下至诚的圣人，固能尽其性之全体，而能尽人、物之性，以收参赞之功矣。其次若贤人以下，诚有未至者，却当何如用功？盖必由那善端发见之一偏处，悉推致之以各造其极，如一念恻隐之发，则推之以至于无所不仁；一念羞恶之发，则推之以至于无所不义，而曰礼曰智莫不皆然。这便是能致曲了。夫一偏之曲，既无不致，则有以通贯乎全体，而无不实矣，所以说‘曲能有诚’。诚既积于中，则必发于外，将见动作威仪之间，莫非此德之形见矣。既形，则自然日新月盛，而愈显著矣。既著，则自然赫喧盛大，而有光明矣。盖实德之积于中者日盛，故德容之见于外者愈光，内外相符之机，有不容掩者如此。诚既发于外而有光明，则人之望其德容者，自然感动，而兴起其好善之心矣。既动，则必改过自新，变其不善以从吾之善矣。既变，则久之皆相忘于善，浑化而无迹矣。盖诚之动乎物者既久，则人之被其化者愈深，人己相符之机，有莫知所以然者如此。夫感人而至于化，岂是容易到得的？惟是天下至诚的圣人，才能感人到那化的去处。今致曲者积而至于能化，则亦天下至诚而已矣。”夫由诚而形、而著、而明，所谓能尽其性者也；由动而变、而化，所谓能尽人、物之性者也，而参赞在其中矣。虽由致曲而入，及其成功则一也。

右第二十三章。

至诚之道，可以前知。国家将兴，必有祯祥；国家将亡，必有妖孽。见乎蓍龟，动乎四体。祸福将至，善，必先知之；不善，必先知之。故至诚如神。

前知，是预先知未来的事。祯祥，是福之兆，如麒麟、凤凰、景星、庆云，各样的祥瑞都是。妖孽，是祸之萌，如山崩、川竭、地震、星陨，各样的灾异都是。蓍，是蓍草；龟，是灵龟：皆用以占卜者。四体，指动作威仪说。神，是鬼神。

子思说："人之德有不实，则理有不明，虽目前的事尚不能知，况未来者乎？独有极诚无妄的圣人，天理浑然，无一毫私伪，故其心至虚至灵，于那未来的事都预先知道。然此岂有术数以推测之哉？盖自有可知之理耳。如国家将要兴隆，必先有祯祥的好事出来；国家将要败亡，必先有妖孽不好的事出来。或著见于蓍龟占卜之间，而有吉有凶；或发动于四体威仪之际，而有得有失。凡此皆祸福将至，理之先见者也。惟至诚圣人，则有以察其几：善，必先知之，不待其福既至而后知也；不善，必先知之，不待其祸既至而后知也。所以至诚之妙，就如鬼神一般。"盖凡幽远之事，耳目心思所不及者，人不能知，除是鬼神知得。今圣人虚灵洞达，能知未来，则与鬼神何异，所以说"至诚如神"。然天地间只是一个实理，既有是理，便有预先形见之几；圣人只是一个实心，心体既全，自有神明不测之用，岂若后世谶纬术数之学，穿凿附会，以为知者哉！

右第二十四章。

诚者，自成也；而道，自道也。

子思说："真实无妄之谓诚。这'诚'是人所以自成其身的道理，如实心尽孝，才成个人子；实心尽忠，才成个人臣，所以说是'自成'也。体此诚而见于人伦日用之间，则谓之道。这'道'乃人所当自行的，如事亲之孝，为子的当自尽；事君之忠，为臣的当自尽，所以说是‘自道’也。”

诚者，物之终始。不诚无物。是故，君子诚之为贵。

物，是事物。

子思说：“何以见得诚为自成，而道当自道？盖天下事物，莫不有终，莫不有始。终不自终，是这实理为之归结；始不自始，是这实理为之发端。彻首彻尾，都是实理之所为，是诚为物之终始，而物所不能外也。人若不诚，则虽有所作为，到底只是虚文，恰似不曾干那一件事的一般。如不诚心以为孝，则非孝；不诚心以为忠，则非忠。所以君子必以诚之为贵，而择善固执，以求到那真实之地也。若然，则能有以自成，而道亦无不行矣。”

诚者，非自成己而已也，所以成物也。成己，仁也；成物，知也。性之德也，合外内之道也，故时措之宜也。

时措，是随时而行无不当理。

子思说：“诚固所以自成，然又不止成就自家一身而已。天下的人同有此心，同有此理，既有以自成，则自然有以化导他人，而使之皆有所成就，亦所以成物也。成己，则私意不杂，全体混然，叫做仁。成物，则因物裁处，各得其当，叫做知。然是仁、知二者，非从外来，乃原于天命，是性分中固有之德也。亦不是判然为两物的，与生俱生，乃内外合一的道理。君子特患吾心有未诚耳。心既诚，则仁、知兼得；一以贯之，将见见于事者。不论处己处物，以时措之，而皆得其当矣。”此可见仁知一道，得则俱得；物我一理，成不独成，岂有能成己而不能成物者乎？所以说“诚者，非自成己而已也，所以成物也”。

右第二十五章。

故至诚无息。不息则久，久则征。征则悠远，悠远则博厚，博厚则高明。

息，是间断。久，是常于中。征，是验于外。悠，是悠长。远，是久远。博厚，是广博深厚。高明，是高大光明。

子思说："人之德有不实，则为私欲所间杂，而其心不纯，不纯则有止息之时。圣人之德，既极其真实，而无一毫之虚伪，则此心之内，纯是天理流行，而私欲不得以间之，自无有止息矣。既无止息，则心体浑全，德性坚定，自然始终如一，常久而不变矣。存诸中者既久，则必形见于威仪，发挥于事业，自然征验而不可掩矣。既由久而征，则凡所设施，都是纯王之政，自然悠裕而不迫，绵远而无穷矣。惟其悠远，则积累之至，自然充塞乎宇宙，浃洽于人心，广博而深厚矣。惟其博厚，则发见之极，自然巍乎有成功，焕乎有文章，高大而光明矣。"盖德之存诸中者，既极其纯，故业之验于外者，自极其盛。此至诚之妙，所以能赞化育而参天地者也。

博厚，所以载物也；高明，所以覆物也；悠久，所以成物也。

这一节是说圣人与天地同用。

子思说："至诚之功用，所积者既广博而深厚，则天下之物，无不在其包括承受之中，而咸被其泽，是固所以载物也。所发者既高大而光明，则天下之物，无不在其丕冒照临之下，而咸仰其光，是固所以覆物也。其博厚高明者，又皆悠长而久远，则天下之物，常为其所覆载，而得以各遂其生，各复其性，是固所以成物也。"

博厚配地，高明配天，悠久无疆。

这一节是说圣人与天地同体。

配，是配合。疆，是疆界。

子思说："承载万物者莫如地。今至诚之博厚，也能载物，则其博厚就与地道之博厚者，配合而无间矣。覆冒万物者莫如天。今至诚之高明，也能覆物，则其高明就与天道之高明者，配合而无间矣。天地之博厚高明，亘古亘今，无有穷尽，故能成物。今至诚之悠久，也能成物，则其悠久之功，就与天地之无疆界者，通一而无二矣。"

如此者，不见而章，不动而变，无为而成。

如此，指上文说。见字，解做示字。章，是显。

子思说："圣人能覆载成物，而配天地之无疆，其功业之盛如此，然岂待于强为哉？亦自然而然者耳。观其博厚的功业，固灿然而成章，然亦积久蓄极，自然显著的，不待表暴以示人而后章也，此其所以能配地也。其高明的功业，固能使人翕然而丕变，然亦存神过化，自然感应的，不待鼓舞动作而后变也，此其所以能配天也。其博厚高明之悠久，固能使治功有成，万世无敝，然亦不识不知，自然成就的，不待安排布置，有所作为而后成也，此所以能配天地之无疆也。"

天地之道，可一言而尽也：其为物不贰，则其生物不测。

上面既说圣人之功用，同乎天地，此以下文又即天地之道以明之。

贰，是参杂。

子思说："天地之道虽大，要之可以一言包括得尽，只是个诚而已。盖天地之间，气化流行，全是实理以为之运用，更无一毫参杂。惟其不贰，所以能长久不息而化生万物，形形色色充满于覆载之间。有莫知其所以然者，岂可得而测度之哉？"观此，则圣人之至诚不息，久而必征可知矣。

天地之道：博也，厚也，高也，明也，悠也，久也。

天地之道，惟其诚一不贰，故能各极其盛。地之道惟诚，是以不但极其广博，而又极其深厚也。天之道惟诚，是以不惟极其高大，而又极其光明也；且其博厚高明，又极其悠长，极其久远，而不可以终穷也。观此，则圣人之悠远、博厚、高明，皆本于诚，又可知矣。

今夫天，斯昭昭之多，及其无穷也，日月星辰系焉，万物覆焉。今夫地，一撮土之多，及其广厚，载华岳而不重，振河海而不泄，万物载焉。今夫山，一卷石之多，及其广大，草木生之，禽兽居之，宝藏兴焉。今夫水，一勺之多，及其不测，鼋、鼍、蛟、龙、鱼、鳖生焉，货财殖焉。

昭昭，是小小的明处。系，是系属。以手指取物叫做撮。一撮，言其至少。华岳，是西岳华山，山之最大者。振，是收。泄，是渗漏。一卷石，是一块小石。宝藏，是世间宝重藏蓄的，如金玉之类都是。一勺，是一升。鼋，似鳖而大；鼍，似鱼有足；鲛，似龙无角，都是水中之物。殖，是滋长。

子思说：“天地之道，惟诚一不贰，故能各极其盛，而有生物不测之功用。何以见之？今夫天，指其一处而言，就是昭昭然罅隙透明的去处，也叫做天；若论其全体，则高大光明，无有穷尽，日月之运行，星辰之布列，都系属于其上，凡万有不齐之物，亦无不在其覆冒之下焉，天之生物不测如此。今夫地，指其一处而言，就是一撮之土，也叫做地；若论其全体，则广博深厚，无有限量，华岳之山虽大，也能承载之而不见其为重，河海之水虽广，也能收摄之而不见其漏泄，凡万有不齐之物，亦无不在其持载之中焉。地之生物不测如此。今夫山，指其一处而言，便是一卷石之多，也叫做山；若论其全体广阔高大的去处，则各样的草木都于此发生，诸般的禽兽都于此居止，凡世间宝重蓄藏之物，可以为服饰器用的，都从此兴发出来，山之生物如此。今夫水，指其一处而言，便是一勺之多，也叫做水；若论其全体，深广不测的去处，则鼋、鼍、蛟、龙、鱼、鳖都生聚于其中，凡有用之物，可以生致货利的，都滋长于其中，水之生物如此。”夫天地之间，物之最大者莫如山川，观山川之生物如此，则天地之大可知矣。观天地之道如此，则圣人之功可知矣。

《诗》曰：“惟天之命，於穆不已。”盖曰天之所以为天也。“於乎不显，文王之德之纯。”盖曰文王之所以为文也，纯亦不已。

《诗》，是《周颂·维天之命》篇。天命，即是天道。於，是赞美之辞。穆，是幽深玄远的意思。不已，是无止息。不显，譬如说岂不显著也。文王，是周文王。纯，是不杂。

子思于此章之末，又引《诗》以明至诚无息之意，说道：“诗人叹息说：‘维天道之运行，幽深玄远而无有一时之止息。’这是说天之所以为天，正以其无止息也；不然则四时不行，百物不生，将何以为天乎？诗人又叹息说：‘岂不显著哉，文王之德，纯一而不杂。’这是说文王之所以为文，正以其德之不杂也；不然，则积之不实，发之无本，将何以为文乎！”然在天说不已，在文王说纯，岂是文王与天有不同处？盖天道无有止息，固是不已；文王之德之纯也没有止息，亦不已焉：文王与天一也。这纯即是至诚，这不已即是无息，观此则圣人之至诚无息可知矣。

右第二十六章。

大哉圣人之道！

道，即是率性之道，惟圣人能全之，所以说“圣人之道”。

子思赞叹说：“大矣哉，其惟圣人之道乎！”言其广阔周遍，无所不包，无所不在，天下无有大于此者。如下文两节便是。

洋洋乎，发育万物，峻极于天。

洋洋，是流动充满的意思。发育，是发生长育。峻，是高大。极，是至。

子思说：“何以见圣道之大？以其全体言之，则见其洋洋乎流动充满，无有限量。如万物虽多，都是这道理发生长育，大以成大，小以成小，无一物而非道也；天虽高大，这道理之高大，上至于天，日月所照，霜露所坠，无一处而非道也。”其极于至大而无外如此。

优优大哉！礼仪三百，威仪三千。

优优，是充足有余的意思。礼仪，是经礼，如冠婚丧祭之类。威仪，是曲礼，如升降揖逊之类。

子思说：“圣人之道，以其散殊而言，则见其优优然充足有余，广大悉备。如人伦日用之间，有经常不易的礼仪，而礼仪之目则有三百，品节限制，都是这个道理；有周旋进退的威仪，而威仪之目则有三千，细微曲折，也都是这个道理。”其入于至小而无间如此。

待其人而后行。故曰：“苟不至德，至道不凝焉。”

其人，指圣人说。至道，指上两节。凝，是聚会的意思。

承上文说：“道之全体，既洋洋乎无所不包；道之散殊，又优优乎无所不在。其大如此，是岂可以易行者哉？必待那有至德的圣人，为能参赞化育、周旋中礼，这个道理方才行得。若不是这等的至德，则胸襟浅狭，既不足以会其全；识见粗疏，又不足以尽其细。要使这道理凝聚于身心，岂可得乎？”所以说“苟不至德，至道不凝焉”。然则欲凝至道，必先尽修德之功而后可。

故君子尊德性而道问学，致广大而尽精微，极高明而道中庸，温故而知新，敦厚以崇礼。

这是说修德凝道的功夫。

尊，是恭敬奉持的意思。德性，是人所受于天的正理。道，是由。致，是推及。广大高明，是说心之本体。精微，是理之精细微妙处。温，是温习。故，是旧所知的。敦，是敦笃。厚，是旧所能的。崇，是积累的意思。礼，是天理之节文。

子思说：“至道必待至德而后凝，是以君子为学，知这道理至大，凝道的功夫至难，胸次浅陋的固做不得，识见粗略的也做不得，必于所受于天的正理，恭敬奉持，保守之而不至于失坠。其尊德性如此。又于那古今的事变，审问博学，务有以穷其理而无遗，而率由夫问学之功焉。这是修德凝道的纲领，然非可以一端尽也。心体本自广大，有以蔽之则狭小矣，必扩充其广大，而不以一毫私意自蔽，然于事物之理，又必析其精微，不使有毫厘之差，而广大者不流于空疏也。心体本自高明，有以累之则卑污矣，必穷极其高明，而不以一毫私欲自累，然于处事之际，又必依乎中庸，不使有过之不及之谬，而高明者不入于虚远也。于旧日所已知者，则时加温习，不使其遗忘，然义理无穷，又必求有新得，而日知其所未知焉。于旧日所已能者，则益加敦笃，不使其放逸，然节文无限，又必崇尚礼度，而日谨其所未谨焉。”夫致广大、极高明、温故、敦厚，皆是尊德性的事；尽精微、道中庸、知新、崇礼，皆是道问学的事。君子能尽乎此，则德无不修，而道无不凝矣。

是故居上不骄，为下不倍。国有道，其言足以兴；国无道，其默足以容。《诗》曰：“既明且哲，以保其身。”其此之谓与？

骄，是矜肆。倍，是违悖。兴，是兴起在位。明，是明于理。哲，是察于事。

子思承上文说："君子既修德以凝道，则圣人之道，全备于一身，自然无所处而不当矣。故使之居上位，便能兢兢业业，尽那为上的道理，必不肯恃其富贵，而至于骄矜；使之在下位，便能安分守己，尽那为下的道理，必不肯自干法纪，而至于违悖。国家有道之时，可以出而用世，他说的言语，便都是经济的事业，足以感动乎人，而兴起在位；国家无道之时，所当见机而作，他就隐默自守，不为危激的议论，足以远避灾祸而容其身。是为上为下、处治处乱，无所不宜如此。《大雅·烝民》之诗说：'周之贤臣仲山甫，既能明于理，又能察于事，故能保全其身，无有灾害。'这就是说修德君子，随所处而无不宜的意思。所以说'其此之谓与'。"

右第二十七章。

子曰："愚而好自用，贱而好自专，生乎今之世，反古之道：如此者，裁及其身者也。"

这是子思引孔子之言，以明"为下不倍"的意思。

反，是复。裁字，与灾字同，是灾祸。

孔子说："昏愚无德的人，不可自用，他却强作聪明而执己见以妄作。卑贱无位的人，不可自专，他却不安本分而逞私智以僭为。生乎今之世，只当遵守当今的法度，他却要复行前代的古道。这等的人，越理犯分，王法之所不容，灾祸必及其身矣。"即夫子此言观之，然则为下者，焉可倍上也哉！

非天子，不议礼，不制度，不考文。

此以下都是子思的说话。

礼，是亲疏贵贱相接的礼节。度，是宫室车服器用的等级。考，是考正。文，是文字的点画形象。

子思推明孔子之意说："自用自专，与生今反古之人，皆足以取祸者，何哉？盖制礼作乐，是国家极大的事体，必是圣天子在上，既有德位，又当其时，然后可以定一代之典章，齐万民之心志。如亲疏贵贱，须有相接的礼体，然惟天子得以议之，非天子不敢议也；宫室车服器用，须有一定的等级，然惟天子得以制之，非天子不敢制也；书写的文字，都有点画形象，然惟天子得以考之，非天子不敢考也。”盖政教出于朝廷，事权统于君上，非臣下所能干预者如此。

今天下，车同轨，书同文，行同伦。

今，是子思自指周时说。轨，是车的辙迹。书，是写的字。行，是行出来的礼。伦，是次序。

子思说：“议礼、制度、考文，惟其皆出于天子，所以当今的天下，虽不是文武成康之时，然其法制典章，世世遵守，无敢有异同者。以车而言，造者固非一人，而其辙迹之广狭，都是一般，是天子所制之度，至今不敢更变也。以字而言，写者固非一人，而其点画形象，都是一般，是天子所考之文，至今不敢差错也。以礼而言，行者固非一人，而其亲疏贵贱的次序，都是一般，是天子所议之礼，至今不敢逾越也。”当今一统之盛如此，则愚贱之人与生今之世者，岂可得而违倍哉？

虽有其位，苟无其德，不敢作礼乐焉；虽有其德，苟无其位，亦不敢作礼乐焉。

子思又说：“欲制礼作乐以治天下者，必是圣人在天子之位而后可。虽有天子之位，苟无圣人之德，则人品凡庸，而无制作之本，如何敢轻易便为制礼作乐之事？虽有圣人之德，苟无天子之位，则名分卑下，而无制作之权，也不敢擅便为制礼作乐之事。”盖无德而欲作礼乐，便是愚而自用；无位而欲作礼乐，便是贱而自专。故必有圣人之德，而又在天子之位，然后可以任制作之事，而垂法于天下也。然则为下者，又安敢以或倍哉！

子曰：“吾说夏礼，杞不足征也。吾学殷礼，有宋存焉。吾学周礼，今用之，吾从周。”

礼，即上文议礼、制度、考文之事。杞、宋，是二国名。杞，是夏之后代。宋，是殷之后代。征，是证。

子思又引孔子之言说：“有一代之兴，必有一代之礼。比先夏禹之有天下，所制之礼，我尝向慕而诵说之，但他后代子孙衰微，今见存者止有个杞国，典籍散失，旧臣凋谢，不足以取证吾言矣。既无可证，则我虽知之，岂可得而从之乎？殷汤之有天下，所制之礼我亦尝考求而学习之，虽则殷之子孙尚有宋国，他文献也有存的，不至尽泯，然皆前代之事，而非当世之法，则我虽习之，亦岂可得而从之乎？惟有我周之礼，是文武之所讲画，至精至备。凡方策之所存，与贤人之所记，吾皆学之。这正是当今之所用，天下臣民都奉行遵守、不敢违越，既可考证，又合时宜，与夏、殷的不同。然则吾之所从，亦惟在此周礼而已。”夫以孔子之圣，生于周时，且不敢舍周而从夏、殷之礼，然则生今反古者，是岂“为下不倍”之义哉？

右第二十八章。

王天下有三重焉，其寡过矣乎！

王天下，是兴王而君主天下者。三重指议礼、制度、考文说，以其为至重之事，故曰三重。

子思说：“王天下的君子，有议礼、制度、考文三件重大的事。行于天下，则有以新天下之耳目，一天下之心志。由是诸侯奉其法，而国不异政；百姓从其化，而家不殊俗。天下之人，其皆得以寡其过失矣乎。”

上焉者虽善无征，无征不信，不信，民弗从。下焉者虽善不尊，不尊不信，不信，民弗从。

征，是考证。尊，是尊位。

子思又说：“所谓王天下者，乃身有其德，居其位，而又当其时者也。如时王以前，远在上世的，其礼虽善，然世远人亡，于今已无可考证，既无可考，则不足以取信于人，不足取信于人，则人不从之矣。又如圣人穷而在下的，虽善于礼，然身屈道穷，而不在尊位，位不尊，则不足以取信于人，不足取信于人，则人不从之矣。”故三重之道，惟当世之圣人，而又在天子之位，然后乃可行也。

故君子之道，本诸身，征诸庶民，考诸三王而不缪，建诸天地而不悖，质诸鬼神而无疑，百世以俟圣人而不惑。

君子，指王天下者而言。道，即议礼、制度、考文之事。征，是验。三王，是夏禹、商汤、周文武。缪，是差缪。建，是建立。悖，是违背。质，是质证。俟，是等待。

承上文说："制礼作乐，必有德、有位、有时，乃为尽善。所以王天下的君子，行那议礼、制度、考文之事，非可苟然而已。必本之于身，凡所制作，一一都躬行实践，从自己身上立个标准，固非有位而无德者也。由是以之征验于庶民，则人人都奉行遵守，不敢违越，又非不信而不从者也。以今日所行的考验于三代之圣王，则因革损益，都合着三王已然的成法，无有差缪。以我所建立的，与天地相参，则裁成辅相，都依着天地自然的道理，无有违背。鬼神虽至幽而难知，然我的制作已到那微妙的去处，就是质证于鬼神，他那屈伸变化，也不过是这道理，何疑之有？百世以后的圣人，虽至远而难料，然我的制作，已至极而无以加，就等待后边的圣人出来，他那作为运用，也不过是这道理，何惑之有？"夫君子之道，出之既有其本，而验之又无不合，此所以尽善尽美，而能使民得寡其过也。

质鬼神而无疑，知天也；百世以俟圣人而不惑，知人也。

承上文说："鬼神幽而难明，君子之制作所以能质之而无疑者，由其知天之理也。盖天之理尽于鬼神，君子穷神知化，于天道所以然之理，既明通之而不蔽，故其见于制作者，皆有以合乎屈伸动静之机，鬼神虽幽，自可质之而无疑也。言鬼神，则天地可知矣。后圣远而难料，君子之制作所以能俟之而不惑者，由其知人之理也。盖人之理尽于圣人，君子明物察伦，于人心所同然之理，既洞彻之无疑，故其见于制作者，自有以符乎旷世相感之神，后圣虽远，自可俟之而不惑也。言后圣，则三王可知矣。"此可见，心思必通乎性命，才可以兴礼乐；学术必贯乎天人，才可以言经济。君子所以能此，亦自尊德性、道问学中来也。有三重之责者，可不以务学为急哉？

是故，君子动而世为天下道，行而世为天下法，言而世为天下则。远之则有望，近之则不厌。

动，是动作，兼下面行与言说。道，是由，兼下面法与则说。法，是法度。则，是准则。望，是仰慕。厌，是厌恶。

子思说："君子议礼、制度、考文，既通乎天人之理，而兼有六事之善，则可以立天下万世之极矣。所以凡有动作，不但一世之人由之，而世世为天下之所共由。如动而见诸行事，则凡政教之施，都是经常不易的典章，世世的人皆守之以为法度，而不敢纷更；动而见于言语，则凡号令之布，都是明征定保的圣谟，世世的人皆取之以为准则，而不敢违悖。在远方的百姓，悦其德之广被，则人人向风慕义，都有仰望之心；在近处的百姓，习其行之有常，则人人欢欣鼓舞，无有厌恶之意。"是君子之道，垂之万世而无弊，推之四海而皆准者如此。民之寡过，不亦宜乎！

《诗》曰："在彼无恶，在此无射。庶几夙夜，以永终誉。"君子未有不如此，而蚤有誉于天下者也。

《诗》，是《周颂·振鹭》之篇。恶，是憎恶。射，是厌射。夙，是早。永终，是长久的意思。誉，是名誉。蚤，是先。

子思引《诗》说："'人能在彼处，也无人憎恶他；在此处，也无人厌射他，彼此皆善，无往不宜，则庶几早夜之间，得以永终其美誉矣。'观《诗》所言，可见致誉之有本也。是以三重君子，必备六事之善，而后可以得令名于天下。固未有道德不本于身，信从未协于民，三王后圣不能合，天地鬼神不能通，而能垂法则，服远近，先有声名于天下者也。"然则为人上者，岂可不自尽其道也哉！

右第二十九章。

仲尼祖述尧舜，宪章文武；上律天时，下袭水土。

仲尼，是孔子的字。祖述，是远宗其道。宪章，是近守其法。律，是法。袭字，解做因字。

子思说："古之帝天下者，其道莫盛于尧舜。仲尼则远而祖述其道，如博约之训，一贯之旨，都是从精一、执中敷衍出来的，以接续其道统之传。这是'祖述尧舜'。古之王天下者，其法莫备于文武。仲尼则近而谨守其法，如礼乐则从先进，梦寐欲为东周，遵守着祖宗的成宪，不敢自用自专。这是‘宪章文武’。至若春夏秋冬，运行而不滞者，天之时也。仲尼仰观于天，便法其自然之运，如曰仕、曰止、曰久、曰速，都随时变易，各当其可。这是‘上律天时’。东西南北，殊风而异俗者，地之理也。仲尼俯察于地，便因其一定之理，如居鲁、居宋、之齐、之楚，都随寓而安，无所不宜。这是‘下袭水土’。”

辟如天地之无不持载，无不覆帱；辟如四时之错行，如日月之代明。

辟，是比喻。持载，是承载。覆帱，是覆冒。错行，是错综而行。代，是代替。

子思说：“仲尼之祖述宪章，上律下袭，有以会帝王天地之全，则其于天下之理，巨细精粗，察之由之，无毫发之不尽，而自始至终，无顷刻之间断矣。自其大无不包者言之，就譬如那地之广博深厚，无不持载；天之高大光明，无不覆帱的一般。自其运而不息者言之，就譬如那四时之错行，一往一来，迭运而不已；日月之代明，一升一沉，更代而常明的一般。”圣人之道德，直与天地参，而日月四时同如此。

万物并育而不相害，道并行而不相悖，小德川流，大德敦化，此天地之所以为大也。

育，是生育。害，是侵害。道，指日月四时而言，一阴一阳之谓道，四时日月之推迁流行，不过阴阳而已，所以叫做道。悖，是相反。小德，是天地造化之分散处。川流，是说如川水之流行。大德，是天地造化之总会处。敦，是厚。化，是化育。

子思说：“天覆地载，万物并生于其间，却似有相害者，然大以成大，小以成小，各得其所，而不相侵害焉。四时日月并行于天地之内，却似有相悖者，然一寒一暑，一昼一夜，各循其度，而不相违悖焉。夫同者难乎其异，而乃不害不悖者为何？盖天地有分散的小德，无物不有，无时不然，就如川水之流，千支万派，脉络分明，而不见其止息，此其所以不害不悖也。异者难乎其同，而乃并育并行者为何？盖天地有总会的大德，为万物之根抵，为万化之本原，但见其敦厚盛大，自然生化出来，无有穷尽，此其所以并育并行也。有小德以为用，有大德以为体，天地之所以为大者，正在于此。”今仲尼祖述宪章，上律下袭，其泛应曲当，即是小德之川流；其一理浑然，即是大德之敦化。则圣道之所以为大，又何以异于天地哉！

右第三十章。

唯天下至圣，为能聪明睿知，足以有临也；宽裕温柔，足以有容也；发强刚毅，足以有执也；齐庄中正，足以有敬也；文理密察，足以有别也。

临，是居上临下。

子思说：“居上位而临下民，不是凡庸之人可以做得的，独有天下的至圣，他是天之笃生，时之间出，为能聪无不闻，明无不见，睿无不通，知无不知，高过于一世之人，足以尊居上位，而临御天下也。其生知之质如此。以其德言之，为能宽广而不狭隘，优裕而不急迫，温和而不惨刻，柔顺而不乖戾，足以容蓄天下，而包含遍覆之无外。其仁之德如此。又能奋发而不废弛，强健而不畏缩，刚断而不屈挠，果毅而不间断，足以操守执持，而不为外物之所夺。其义之德如此。又能齐焉而极其纯一，庄焉而极其端严，中焉而无少偏倚，正焉而无少邪僻，而凡处己行事，皆足以有敬而无一毫之慢。其礼之德如此。又能文焉而章美内蕴，理焉而脉络中存，密焉而极其详细，察焉而极其明辨，于凡是非邪正，皆足以分别而无一毫之差。其智之德又如此。”既独禀聪明睿知之资，而又兼备仁义礼智之德，所以为天下之至圣也。

溥博渊泉，而时出之。

溥博，是周遍而广阔。渊泉，是静深而有本。出，是发见于外。

子思说：“天下至圣，既有聪明睿知之资，又兼仁义礼智之德，其充积之盛，则周遍广阔，备万物之理而不可限量，何溥博也；静深有本，涵万化之原而不可测度，何渊泉也。及其事至物来，有所感触的时节，则聪明睿知、仁义礼智之德，自然发见于外，随时应接而用之不穷焉。”盖体无不具，故用无不周如此。

溥博如天，渊泉如渊。见而民莫不敬，言而民莫不信，行而民莫

不说。

渊，是水深处。

子思又形容圣人之德说："凡物之溥博者，莫过于天。今圣德之溥博，不可限量，就如天之溥博一般，盖非寻常之所谓溥博而已。物之渊泉者，莫过于渊。今圣德之渊泉，不可测度，就如渊之渊泉一般，盖非寻常之所谓渊泉而已。由是，时而著见于容貌，则百姓每便都钦敬之，而无有亵慢者；时而发之于言语，则百姓每便都尊信之，而无有违疑者；时而措之于行事，则百姓每便都喜悦之，而无有怨恶者。"夫如天如渊，可见其充积之盛矣；民莫不敬信且说，可见其时出之妙矣。非至圣而能若是乎！

是以声名洋溢乎中国，施及蛮貊。舟车所至，人力所通，天之所覆，地之所载，日月所照，霜露所队：凡有血气者莫不尊亲，故曰配天。

声名，是圣德的名声。洋溢，是充满。施，是传播。队，是落。凡有血气者，指人类说。配，是配合。

子思说："圣人之德，充积既极其盛，发见又当其可，是以休声美名，充满乎中华之国，而传播遍及乎蛮貊之邦，华夷之人皆敬信而悦之焉。极而言之，凡水陆舟车之所可到，人力之所可通，天之所覆盖，地之所持载，日月之所照临，霜露之所坠落的去处，凡有血气而为人类者，一皆尊之为元后，而无有不敬者；亲之如父母，而无有不爱者。即此可见圣德之广大，就与天一般。"盖天之所以为大者，以其无所不覆也。今圣人之德，既光四表而格上下，则与天配合而无间矣，所以说"配天"。

右第三十一章。

唯天下至诚，为能经纶天下之大经，立天下之大本，知天地之化育。夫焉有所倚？

经纶，都是治丝的事。经，是理其绪而分之。纶，是比其类而合之。大经，是五品之人伦。大本，是所性之全体。化育，是天地所以化生万物的道理。倚，是倚靠。

子思说："实理之在天下，散于人伦，原于性命，非可容易尽者，独有天下至诚的圣人，德极其实，而无一毫之私伪。故于君臣、父子、夫妇、兄弟、朋友之伦，为能各尽其道，分别其理而不乱，联合其性而不离，足以为天下后世之法，就如治丝的一般，既理其绪而分之，又比其类而合之，所以说经纶天下之大经；于所性中仁义理智之德，浑然全体，无少亏欠，而凡所以应事接物千变万化而不穷者，其理莫不包括于其中，就如树木一般，根本牢固而不动，枝叶发生而不穷，所以说立天下之大本；至于天地之所以化生长育，只是元亨利贞这四件实理，至诚之仁义礼智既与之契合而无间，故能融会贯通，知之洞达而无疑，盖不但闻见之知而已。”夫经纶大经、立大本、知化育，这都是至诚自然之能事，不思而自得，不勉而自中者也，何尝倚着于物而后能哉？所以说“夫焉有所倚”。

肫肫其仁！渊渊其渊！浩浩其天！

肫肫，是恳至。渊渊，是静深。浩浩，是广大。

上文说至诚之德，至此又极赞其盛，说道:“至诚，圣人之经纶、立本、知化，既皆出于自然，则其德之盛，非可寻常论者也。自其经纶言之，则于人伦日用之间，一皆恩意之浃洽，慈爱之周流，何其肫肫然而恳至也。自其立本言之，则性真澄彻，而万理空涵，就与那渊泉之不竭一般，何其渊渊然而静深也。自其知化言之，则阴阳并运，而上下同流，就与那天之无穷一般，又何其浩浩然而广大也。”至诚之德，其至矣乎！

苟不固聪明圣知达天德者，其孰能知之？

固字，解做实字。天德，指仁义礼智说。

子思总结上文说:“至诚之功用，其盛如此，则其妙未易知也。若不是实有聪明圣知之资，通达仁义礼智之天德的圣人，则见犹滞于凡近，而知不免于推测，其欲所谓经纶、立本而知化者，何足以知之哉？”此可见惟圣人然后能知圣人也。

右第三十二章。

《诗》曰“衣锦尚䌹”，恶其文之著也。故君子之道，暗然而日章；小

人之道，的然而日亡。君子之道：淡而不厌，简而文，温而理，知远之近，知风之自，知微之显，可与入德矣。

锦，是五彩织成的衣服。尚，是加。絅，是禅衣。暗然，是韬晦不露的意思。的然，是用意表见的意思。风，是动。凡人行事之得失，都足以感动乎人，所以叫做风。自字，解做由字。

子思前章既说圣人德极其盛，又恐人务于高远，而无近里着己之功，故此章复自下学立心之始而推之以至其极，说道："《国风》之诗有言，人穿了锦绣的衣服，外面却又加一件朴素的禅衣盖着，这是为何？盖以锦绣之衣，文采太露，故加以禅衣，乃是恶其文采之太著也。学者之立心，也要如此。所以君子之为学，专务为己，不求人知，外面虽暗然韬晦，然实德在中，自不能藏，而日见其彰显；小人之为学，专事文饰，外面虽的然表见，然虚伪无实，久则不继，而日见其消亡矣。然所谓暗然而日彰者如何？盖君子之道，外虽淡素，其中自有旨趣，味之而不厌；外若简略，其中自有文采，灿然而可观；外虽温厚浑沦，其中自有条理，井然而不乱。夫淡、简、温，就如絅之袭于外的一般。不厌而文且理，就如锦之美在其中的一般，这是君子为己之心如此。然用功时节，又有当谨的去处，若使知之不明，则何所据以为用力之地乎？又要随时精察，知道远处传播的，必从近处发端，在彼之是非，由于在此之得失也。知道自己的行事能感人动物的，都有个缘由，吾身之得失，本于吾心之邪正也。又知道隐微的去处，必然到显著的去处，念虑既发于中，形迹必露于外也。这三件都是当谨之几，既知乎此，然后可以着实用功，循序渐进，而入于圣人之德矣。"然则下学而上达者，可不以立心为要哉！

《诗》云："潜虽伏矣，亦孔之昭。"故君子内省不疚，无恶于志。君子之所不可及者，其唯人之所不见乎！

《诗》，是《小雅·正月》之篇。潜，是幽暗的去处。伏，是隐伏。孔字解做甚字。疚，是病。无恶于志，是说无愧于心。

子思引《诗》说："幽暗的去处虽是隐伏难见，然其善恶之几，甚是昭然明白。《诗》之所言如此，可见独之不可不谨也。是故君子于己所独知之地，内自省察，使念虑之动皆合乎理，而无一些疚病，方能无愧怍于心也。夫人皆能致饰于显著，而君子独严于隐微，即是而观，则君子之所不可及者，其在人所不见之地乎！”若夫人之所见，则人皆能谨之，不独君子为然矣。这是说君子谨独之事，为己之功也。

《诗》云：“相在尔室，尚不愧于屋漏。”故君子不动而敬，不言而信。

《诗》，是《大雅·抑》之篇。相，是看视。屋漏，是室西北隅深密的去处。

子思引《诗》说：“看尔在居室之中，虽屋漏深密的去处，莫说是未与物接，便可怠忽了，尚当常存敬畏，使心里无一些愧怍才好。诗人之言如此，可见静之不可不慎也。所以君子之心，不待有所动作，方才敬慎。便是不动的时节，已自敬慎了；不待言语既发，方才诚信，便是不言的时节，已自诚信了。”这是戒慎不睹，恐惧不闻的功夫。君子为己之功，至是而益加密矣。

《诗》曰：“奏假无言，时靡有争。”是故君子不赏而民劝，不怒而民威于鈇钺。

《诗》是《商颂·烈祖》之篇。奏，是进。假字，与格字同，是感格。靡字，解做无字。鈇，是莝斫刀。钺，是斧。

子思又引《诗》说：“主祭者进而感格于神明之际，极其诚敬，不待有所言说告戒，而凡在庙之人，亦皆化之，自无有争竞失礼者。此可见有是德，则有是化矣。是故君子既能动而省察，又能静而存养，则诚敬之德，足以感人。而人之被其德者，不待爵赏之及，而兴起感发，乐于为善，自切夫劝勉之意；不待嗔怒之加，而自然畏惧，不敢为恶，有甚于鈇钺之威。”盖德成而民化，其效如此。是以君子惟密为己之功，以造于成德之地也。

《诗》曰：“不显惟德，百辟其刑之。”是故君子笃恭而天下平。

《诗》，是《周颂·烈文》之篇。不显，是幽深玄远，无迹可见的意思。百辟，是天下的诸侯。刑，是法。笃，是厚。恭，是敬。

子思说：“君子不赏不怒而民劝民威，其德虽足以化民，然犹未造其极也。《周颂·烈文》之诗说：天子有幽深玄远之德，无有形迹之可见，而天下的诸侯，人人向慕而法则之，则不特民劝民威而已。所以有德的君子，由戒惧谨独之功，到那收敛退藏之密，其心浑然天理，念念是敬，时时是敬，但见其笃厚深潜，不可窥测，而天下的人自然感慕其德，服从其化，不识不知，而翕然平治焉。”这“笃恭”正是不显之德，“天下平”即是百辟刑之，此中和化育之能事，圣神功化之极致也。

《诗》曰：“予怀明德，不大声以色。”子曰：“声色之于以化民，末也。”《诗》曰：“德輶如毛。”毛犹有伦。“上天之载，无声无臭。”至矣！

这一节是子思三引诗，以形容不显笃恭之妙。

予，是诗人托为上帝的言语。怀，是念。輶字，解做轻字。伦，是比方。载，是事。

子思说：“君子不显笃恭，而天下自平，则其德之微妙，岂易言哉？《大雅·皇矣》之诗说：上帝自言我眷念文王之明德，深微邃密，不大著于声音颜色之间。这诗似可以形容不显之德矣。然孔子曾说：为政有本，若将声音颜色去化民，也不过是末务。今但言不大而已，则犹有声色者存，岂足以形容之乎？《大雅·烝民》之诗说：德之微妙，其轻如毛。这诗似可以形容不显之德矣。然毛虽细微，也还有一物比方得他，亦岂足以形容之乎？惟文王之诗说：上天之事，无有声音之可听，无有气臭之可闻。夫声臭有气无形，比之色与毛，已是微妙了，而又皆谓之无，则天下之至微至妙，不见其迹，莫知其然者，无过于此。以此形容君子不显之德，才可谓至矣尽矣，不可以有加矣。”子思既极其形容，而又赞叹其妙，以见君子之学，必如是而后为至也。其示人之意，何其切哉！

大抵《中庸》一书，首言天命之性，是说道之大原，皆出于天。终言上天之载，是说君子之学，当达诸天。然必由戒慎恐惧之功，而后可以驯致于中和化育之极；尽为己慎独之事，而后可以渐进于不显笃恭之妙。可见尽人以合天，下学而上达，其要只是一敬而已。先儒说：敬者，圣学始终之要。读者不可不深察而体验也。

右第三十三章。

论语

卷一

论，是议论。语，是答述。这书是记孔子平日与门弟子论学论治相问答的言语，故名《论语》。分上下两篇。

学而第一

子曰：“学而时习之，不亦说乎？

学，是仿效。凡致知力行，皆仿效圣贤之所为，以明善而复其初也。习，是温习。说，是喜悦。

孔子说道：“人之为学，常苦其难而不悦者，以其学之不熟，而未见意趣也。若既学矣，又能时时温习而不间断其功，则所学者熟，义理浃洽，中心喜好，而其进自不能已矣，所以说不亦说乎！”

“有朋自远方来，不亦乐乎？

朋，是朋友。乐，是欢乐。

“夫学既有得，人自信从，将见那同类的朋友皆自远方而来，以求吾之教诲。夫然则吾德不孤，斯道有传，得英才而教育之，自然情意宣畅可乐，莫大乎此也。所以说不亦乐乎！”

“人不知而不愠，不亦君子乎？”

愠，是含怒的意思。君子，是成德的人。

“夫以善及人，固为可乐，苟以人或不见知，而遂有不乐焉，则犹有近名之累，其德未完，未足以为君子也。是以虽名誉不著而人不知我，亦惟处之泰然，略无一毫含怒之意。如此，则其心纯乎为己，而不求人知，其学诚在于内，而不愿乎外，识趣广大，志向高明，盖粹然成德之人也。所以说不亦君子乎！”夫学由说以进于乐，而至于能为君子，则希贤希圣，学之能事毕矣！

有子曰：“其为人也孝弟，而好犯上者，鲜矣；不好犯上，而好作乱者，未之有也。

有子，是孔子弟子，姓有，名若。善事父母，叫作孝；善事兄长，叫作弟。犯，是干犯。鲜，是少。作乱，是悖逆争斗的事。

有子说：“天下的人莫不有父母兄长，则莫不有孝弟的良心。人惟不能孝弟，则其心不和不顺，小而犯上，大而作乱，无所不至矣。若使他平昔为人，于父母则能孝，尽得为子的道理；于兄长则能弟，尽得卑幼的道理，则心里常是和顺，而所为自然循礼，若说他敢去干犯那在上的人，这样事断然少矣。”夫犯上是不顺之小者，且不肯为，却乃好为悖逆争斗大不顺的事，天下岂有是理哉！夫人能孝弟而自不为非如此，可以见孝弟之当务矣。

“君子务本，本立而道生。孝弟也者，其为仁之本与！”

务，是专力。本，是根本。为仁，是行仁。

有子又说：“天下之事，有本有末，若徒务其末，则博而寡要，劳而无功。所以君子凡事只在根本切要处专用其力。根本既立，则事事物物处之各当，道理自然发生。譬如树木一般，根本牢固，则枝叶未有不茂盛者。本之当务如此。则吾所谓孝弟也者，乃是行仁之本与。盖仁具于心，只是恻怛慈爱的道理，施之爱亲敬长，固是此心；推之仁民爱物，亦是此心。人能孝弟，则亲吾之亲，可以及人之亲；长吾之长，可以及人之长。至于抚安万民，养育万物，都从此充拓出来，而仁不可胜用矣！然则行仁之本，岂有外于孝弟乎！”学者务此，则仁道自此而生矣！《孝经》孔子说：“爱敬尽于事亲，而德教加于百姓，刑于四海，此天子之孝也。”有若之言，其有得于孔子之训欤？

子曰："巧言令色，鲜矣仁。"

巧，是好。令，是善。鲜字，解作少字。仁，是心之德。

孔子说："辞气容色，皆心之符，最可以观人。那有德的人，辞色自无不正。若乃善为甘美之辞，迁就是非，便佞阿谀，而使听之者喜，这便是巧言；务为卑谄之色，柔顺侧媚，迎合人意，而使见之者悦，这便是令色。这等的人，其仁必然少矣。"盖仁乃本心之德，心存，则仁存也。今徒致饰于外，务以悦人，则心驰于外，而天理之斫丧者多矣，岂不鲜仁矣乎！然孔子所谓鲜仁，特言其丧德于己耳。若究其害，则又足以丧人之德。盖人之常情，莫不喜于顺己，彼巧言令色之人，最能逢迎取悦，阿徇取容，人之听其言，见其貌者，未有不喜而近之者也。既喜之而不觉其奸，由是变乱是非，中伤善类，以至覆人之邦家者，往往有之矣！夫以尧舜至圣，尚畏夫巧言令色之孔壬，况其他乎！用人者不可不察也。

曾子曰："吾日三省吾身：为人谋而不忠乎？与朋友交而不信乎？传不习乎？"

曾子，是孔子弟子，名参。省，是省察。忠，是尽心的意思。信，是诚实。传，是传授。习，是习熟。

曾子说："我于一日之间，常以三件事省察己身。三者维何？凡人自己谋事，未有不尽其心者，至于为他人谋，便苟且粗略，而不肯尽心，是不忠也。我尝自省，为人谋事，或亦有不尽其心者乎？交友之道，贵于信，若徒面交，而不以实心相与，是不信也。我尝自省，与朋友交，或亦有虚情假意，而不信于人者乎？受业于师，便当习熟于己，若徒面听，而不肯着实学习，是负师之教也。我尝自省，受之于师者，或亦有因循怠惰，而不加学习者乎？以此三者，自省察其身，有则改之，无则加勉，盖未尝敢以一日而少懈者也。"盖曾子之学，随事精察而力行之，故其用功之密如此。然古之帝王，若尧之兢兢，舜之业业，成汤之日新又新，检身不及，亦此心也，此学也。故《大学》曰："自天子以至于庶人，壹是皆以修身为本。"从事于圣学者，可不知所务哉！

子曰："道千乘之国，敬事而信，节用而爱人，使民以时。"

道，是治。乘，是兵车。四马驾一车，叫作一乘。千乘之国，是地方百里，可出兵车千乘的大国。时，是农功间暇之时。

孔子说："千乘的大国，事务繁难，人民众多，不易治也。若欲治之，其要道有五件，其一要敬事。盖人君日有万几，一念不敬，或贻四海之忧；一时不敬，或致千百年之患。必须兢兢业业，事无大小，皆极其敬慎，不敢有怠忽之心，则所处皆当，而自无有于败事矣。其一要信。盖信者，人君之大宝。若赏罚不信，则人不服从；号令不信，则人难遵守。必须诚实不贰，凡一言一动都要内外相孚，始终一致，而足以取信于人，则人皆用情，而自不至于欺罔矣。其一要节用。盖天地生财止有此数，用若不节，岂能常盈？必须量入为出，加意樽节，凡奢侈的用度，冗滥的廪禄，不急的兴作，无名的赏赐都裁省了。只是用其所当用，则财常有余，而不至于匮乏矣。其一要爱人。盖君者，民之父母，不能爱人，何以使众？必须视之如伤，保之如子，凡鳏寡孤独、穷苦无依的，水旱灾伤、饥寒失所的，都加意周恤，使皆得遂其生，则人心爱戴，而仰上如父母矣。其一要使民以时。盖国家有造作营建，兴师动众的事，固不免于使民，然使之不以其时，则妨民之业，而竭民之力矣。必待那农事已毕之后，才役使他，不误他的耕种，不碍他的收成，则务本之民，皆得以尽力于田亩，而五谷不可胜食矣。"这五者都是治国的要道，若能体而行之，则四海之广，兆民之众，治之无难，岂特千乘之国而已哉！为人君者，所当深念也。

子曰："弟子入则孝，出则弟，谨而信，泛爱众，而亲仁。行有余力，则以学文。"

弟子，是指凡为弟为子的说。谨，是行的有常。信，是言的有实。泛字，解作广字。众，是众人。亲，是亲近。仁，是仁厚有德的人。余力，是余剩的工夫。文，是《诗》《书》六艺之文。

孔子教人说："但凡为人弟为人子的，入在家庭之内，要善事父母以尽其孝；出在宗族乡党之间，要善事兄长以尽其弟。凡行一件事，必慎始慎终，而行之有常。凡说一句话，必由中达外，而发之信实。于那寻常的众人都一体爱之，不要有憎嫌忌刻之心。于那有德的仁人却更加亲厚，务资其熏陶切磋之益。这六件是身心切要的工夫，学者须要着实用力，而不可少有一时之懈。若六事之外尚有余力，则学夫《诗》《书》六艺之文。”盖《诗》《书》所载，皆圣贤教人为人之道，而礼、乐、射、御、书、数亦日用之不可阙者。未有余力，固不暇为此；既有余工，则又不可不博求广览，以为修德之助也。先德行而后文艺，弟子之职当如此矣。然孔子此言，虽泛为弟子者说，要之上下皆通。古之帝王，自为世子时，而问安视膳，入学让齿，以至前后左右，莫非正人，礼乐诗书，皆有正业，亦不过孝弟、谨信、爱众、亲仁与夫学文之事也。至其习与性成，而元良之德具，万邦之贞由此出矣。孔子之言，岂非万世之明训哉！

子夏曰："贤贤易色；事父母，能竭其力；事君，能致其身；与朋友交，言而有信：虽曰未学，吾必谓之学也。"

子夏，是孔子弟子，姓卜，名商，字子夏。上一个贤字，解作好字；下一个贤字，是有德的贤人。易，是移易。竭，是尽。致其身，是委弃其身，不肯爱惜的意思。

子夏说："人之为学，只在纲常伦理上见得明白，才是根本切要的工夫。如人之见贤，谁不知好，但不能着实去好他。若使贤人之贤，而能移易其好色之心，大贤则事之为师，次贤则亲之为友，真知笃信，就如好好色的一般，则好善极其诚矣。人于父母，谁无孝心，但未能着实去尽孝。若使委曲承顺，尽那为子的道理，凡力量到得的去处，都竭尽而无遗，则事亲极其诚矣。事君不可以不忠，但人都自爱其身，则其忠必不尽。若能实心任事，把自家的身子，委弃于君，虽烦剧也不辞，虽患难也不避，一心只是要忠君报国，而不肯求便其身图，则事君极其诚矣。交友不可以不信，但轻诺者多，全信者少。若能诚心相与，但与朋友说的都是着实的言语，内不欺己，外不欺人，虽久远而不至于失信，则交友极其诚矣。这四件都是人伦之大者，而行之皆尽其诚，这就是见道分明，践履笃实的去处，学问之道不过如此。人虽说他未曾为学，我必谓之已学矣。”若使未尝学问，而但出于资性之聪明，则不过一事之偶合，一时之袭取而已，岂能事事尽美，而厚于人伦如是乎？此可见古人之为学，皆用力于根本切要之地，而不专在于言语文字之末也。

子曰："君子不重则不威，学则不固。主忠信。毋友不如己者。过则勿惮改。"

重，是厚重。威，是威严。固，是坚固。忠信，是诚实。无字、勿字，都是禁止之辞。惮，是畏难的意思。

孔子说："君子为学，必养成个深厚凝重的气质，然后外貌威严，而所学的道理自然坚固。若是轻浮浅露，不能厚重，则见于外者，无威之可畏，而其所学者亦不能实有诸己，虽得之，必失之矣。岂能以坚固乎！然立身固要厚重，而存心又在忠信。人不忠信，则事皆无实，何以为学？故又当以诚实不欺为主，而无有一毫之虚伪，然后可以进德也。所交的朋友必胜过我的人，方为有益。若是不如我的，或便佞善柔之类，这样的人不但无益而且有损，切不可与之为友也。人不能无过，而贵于能改，过而惮改则过将日甚矣。所以但遇有过，或闻人谏正，或自家知觉，便当急急改之，不可畏其难改而苟且以自安也。以厚重为质，以忠信为主，又辅之以胜己之人，行之以改过之勇，则内外人己交养互发，而自修之功全矣。学者可不勉哉！"

曾子曰："慎终追远，民德归厚矣。"

慎，是谨慎。终，是亲之既没。追，是追思。

曾子说："人伦以亲为重。人之事生，或有能孝者，至于送终，则以亲为既死也，而丧葬之事不能尽礼者多矣。初丧之时，或有能思念者，至于岁时既远，则其心遂忘，而祭祀之礼不能尽诚者多矣。此皆民心之薄，由在上之人无以倡之也。若为上者能致谨于亲终之时，不徒哀而已，而每事尽礼，不使少有后日之悔；又能追思于久远之后，不徒祭而已，而致其诚敬，不敢少有玩怠之心，则己之德厚矣。由是百姓每自然感化，皆兴仁孝之心。丧也，尽其礼；祭也，尽其诚，而其德亦归于厚矣。此可见孝者，人心之所同。君者，下民之表率。欲化民成俗者，可不知所以自尽也哉！"

子禽问于子贡曰："夫子至于是邦也，必闻其政，求之与，抑与之与？"

子禽，姓陈名亢；子贡，姓端木名赐，都是孔子弟子。抑，是反语词。与，是疑词。

子禽问于子贡说："夫子周流四方，每到一国必然就知这一国的政事，果是夫子访求于人，然后得而闻之与？或是各国的君自以其政事说与夫子而知之与？"子禽之问，盖亦不善观圣人者矣！

子贡曰："夫子温、良、恭、俭、让以得之。夫子之求之也，其诸异乎人之求之与？"

其诸，是语词。

子贡答子禽说："夫子所以得闻国政，不是夫子有心去求，也不是时君无故而与。盖夫子盛德充积于中，而光辉自发于外，故其容貌词气之间，但见其温而和厚，无一些粗暴；良而易直，无一些矫饰；恭而庄敬，无一些惰慢；俭而节制，无一些纵弛；让而谦逊，无一些骄傲。有这五者德容之盛，感动于人，所以各国的君自然敬之而不忽，信之而不疑，都把他国中的政事，可因可革的，来访问于夫子，故夫子因而闻之耳。就汝所谓求者而论之，这等样求，岂不异于他人之求之者与？盖他人之求，必待访问于人而后得；夫子之闻政，则以盛德感人而自致，岂可以一概论哉！"子贡之言，不惟足以破子禽之疑，而使万世之下，犹可以想见圣人之气象，此所以为善言德行也。

子曰："父在，观其志。父没，观其行；三年无改于父之道，可谓孝矣。"

志，是志向。行，是行事。三年，是言其久。

孔子说："人子事亲，有承受而无专擅，有巽顺而无违拂。故当其父在之日，凡事都禀命而行，不敢自专，即欲知其人，亦但观其志向何如耳，其行事不可概见也。至于父没之后，则分得以自专，然后其行事昭然可见，得就其行而观之焉。然父没之后，虽凡事得以自专，而其所行犹如父在之时，至于三年之久，亦不敢有所改易。斯则思亲之念，不渝于始终；顺亲之心，无间于存殁，如是而后可谓之为孝也。否则虽能致敬于亲在之时，而不能不变于亲终之后，岂所谓终身而慕者乎？"抑孔子所谓无改于父之道，亦自其合于道而可以未改者言之耳。若于道有未合焉，则虽速改可也，何待三年！故善述其事孝也，克盖前愆亦孝也。观圣人之言者，不可以执一求之。

有子曰："礼之用，和为贵。先王之道，斯为美，小大由之。"

礼，是尊卑上下的礼节。和，是从容不迫的意思。斯字，解作此字，指和说。小大，是小事大事。由，是行。

有子说："礼之在人，如尊卑上下，等级隆杀，一定而不可易。其体固是至严，然其为用必和顺从容，无勉强乖戾之意，乃为可贵。如君尊臣卑，固有定分，然情意也要流通；父坐子立，固有常规，然欢爱也要浃洽。这才是顺乎天理，合乎人情，而为礼之所贵者也。古先圣王之制礼，惟其皆出于和，此所以尽善尽美，万事无弊。凡天下之事，小而动静食息之间，大而纲常伦理之际，都率而行之，无所阻滞，礼之贵于和如此。"

"有所不行，知和而和，不以礼节之，亦不可行也。"

承上文说，礼贵于和，则宜无不可行者。然也有行不得的，这是为何？盖所谓和者，是在品节限制之中，有从容自然之意，所以可行。若但知和之为贵而一于和，率意任情，侈然自肆，全不把那礼体来节制他，则是流荡忘返，而尊卑上下皆失其伦矣。如何可以行之哉？此可见礼之体虽严，而不至于拘迫；其用虽和，而亦不至于放纵。古之圣王，能以礼治身，而又能推之以治天下者，用此道也。

有子曰："信近于义，言可复也。恭近于礼，远耻辱也。因不失其亲，亦可宗也。"

信，是约信。义，是事理之宜。复，是践言。恭，是恭敬。礼，是礼节。因，是依倚人的意思。亲，是有道义可亲近的人。宗，是主。

有子说："天下之事，必须谨之于初，而后可善其后。如与人以言语相约，本是要践行其言，但其所言者，若不合于义理之宜，将来行不将去，则必至爽约失信矣！故起初与人相约之时，就要思量，必其所言者皆合乎天理之宜，而与义相近，则今日所言的，他日皆可见之于行，而自不至于失信矣。所以说‘言可复也’。待人之礼，固当恭敬，然亦自有当然之节。若恭不中礼，则为足恭，而反以致人之轻贱矣。故凡施敬于人之时，就要斟酌，务合乎礼之节文，而不过其则，则内不失己，外不失人，自不至于卑贱而取羞辱矣。所以说‘远耻辱也’。与人相依，本图交久，但所依的不是好人，则始虽暂合，终必乖离。故当其结交之初，就要审择，不可失了那有道义可亲近的人，则不但一时相依，自后亦倚靠得着，可以为宗而主之矣。所以说‘亦可宗也’。”此可见人之言行交际皆当谨之于始，而虑其所终。不然，则因循苟且之间，将有不胜其自失之悔者矣。

子曰：“君子食无求饱，居无求安，敏于事而慎于言，就有道而正焉，可谓好学也已。”

敏，是急速的意思。就，是亲近。有道，是有德的贤人。正，是考正。

孔子说：“凡人之为学，厌怠者多，笃好者少，所以不能成就。惟君子之于学，专心致志，无一毫外慕之私。就是食以养生，也不去求饱；居以容身，也不去求安，盖志有所在而不暇及也。行事常患其不足，则勉力自强，汲汲然见之于行，不敢有一些怠缓。言语常患其有余，则谨慎收敛，讷讷然如不出口，不敢有一些放肆。这等样着实用功，必然有所得了。然犹不敢自以为是，又必亲近那有道德的贤人，以考正吾之是非，凡一言一行都要讲究得道理明白，不至于差谬而后已焉。夫志向已是精专，功夫已是切实，而又加以谦抑之心，常存不足之虑，盖真见夫义理之无穷，学问之有趣，其心欣慕爱乐，有不能自已者，这才是好学的人，所以说‘可谓好学也已’。”学而至于能好，则聪明日开，闻见日广，进而为贤为圣，何难之有哉！《商书·说命篇》：“惟学逊志，务时敏。”《周颂》说：“学有缉熙于光明。”皆是此意。可见“好学”二字，不但学者之所当知，为人君者尤不可不加之意也。

子贡曰：“贫而无谄，富而无骄，何如？”子曰：“可也。未若贫而乐，富而好礼者也。”

谄，是卑屈。骄，是矜肆。可，是仅可而有所未尽之辞。乐，是安乐。好礼，是喜好礼节，自然循理的意思。

子贡问于孔子说："凡人贫者易至于卑谄，富者易至于矜骄，此人情之常也。若能处贫而无卑屈之意，处富而无矜肆之心，这等的人其所得为何如？"孔子答说："常人溺于贫富之中，多不能有以自守，故必有谄骄之病。今日无谄无骄，则能自守，而于学亦有得矣，是亦可也。然而非其至者。盖贫而无谄，虽不为贫所困，然犹知有贫也。不如那贫而乐的人，心广体胖，欣然自忘其贫，是身虽处乎贫之中，而心已超于贫之外也。此岂无谄者之可及乎！富而无骄，虽不为富所溺，然犹知有富也。不如那富而好礼的人，乐善循理，初不自知其富，是身虽处乎富之中，而心已超乎富之外也。此岂无骄者之可及乎？"夫子答子贡之问如此，盖许其所已能，而勉其所未至也。

子贡曰："《诗》云：'如切如磋，如琢如磨。'其斯之谓与？"

《诗》，是《卫风·淇澳》之篇。

孔子既教子贡以贫而无谄者之不如贫而乐，富而无骄者之不如好礼。子贡闻言而悟，遂引《诗》以证之，说道："《卫风·淇澳》之诗有言，君子之学，就如治骨角的，既切以刀锯，又磋以鑢钖，是已精而益求其精也。又如治玉石的，既琢以椎凿，又磨以沙石，是已密而益求其密也。诗人之言如此，其即夫子所言之谓与？盖贫而无谄，我固自以为至矣，岂知无谄之外，更有所谓乐乎；富而无骄，我亦自以为足矣，岂知无骄之外，更有所谓好礼乎！可见道理本无终穷，学问不可自足，必如治骨角玉石者，求到至精至密之地而后可。《诗》言、圣教何以异乎！"子贡因论学而知《诗》如此，真可谓善悟者矣。

子曰："赐也，始可与言《诗》已矣！告诸往而知来者。"

赐，是子贡的名。往，是已曾说过的。来，是未曾言及的。

孔子因子贡引《诗》证学，遂称许之说："《诗》有三百篇之多，其言词微婉，意味深长，非有颖悟之资者，不足以语此也。如赐也才可与言《诗》也已矣。盖处贫处富的道理，是我所已言的；切磋琢磨的意思，是我所未言的，今因我已言的道理，就知我未言的意思，这等样聪明的人，与之论《诗》，必能触类旁通，而不至于以词害意矣！岂不可与言《诗》矣乎？”然子贡悟性虽高，而学力未至，犹不得闻性与天道之妙，此可见美质之难恃，而学问之当勉也。

子曰：“不患人之不己知，患不知人也。”

患，是忧患。

孔子说：“君子之学，专务为己，而不求人知。如上不见知于君，而爵位不显；下不见知于友，而名誉不彰。此务外好名者之所忧患也。君子则以为学问在己，知与不知在人，何患之有。惟是我不知人，则贤否混淆，是非颠倒。在上而用人，则不能辨其孰为可进，孰为可退；在下而交友，则不能辨其孰为有损，孰为有益。这是理有不明，心有所蔽，岂非人之所当深患者乎？”然人才固未易知，知人最为难事，必居敬穷理，使此心至公至明，然后如镜之照物，好丑毕呈；如秤之称物，低昂自定。欲知人者，尤当以清心为本也。

为政第二

子曰：“为政以德，譬如北辰，居其所而众星共之。”

政，是法令，所以正人之不正者。德，是躬行心得的道理。北辰，是天上的北极。共，是向。

孔子说：“人君居万民之上，要使那不正的人都归于正，必有法制禁令以统治之。这叫作政。然使不务修德以为行政之本，则己身不正，安能正人？虽令而不从矣。所以人君为政，惟要躬行实践，以身先之。如纲常伦理，先自家体备于身，然后敷教以化导天下；纪纲法度，先自家持守于上，然后立法以整齐天下。这才是以德而为政。如此，则出治有本，感化有机。由是身不出乎九重，而天下的百姓，自然心悦诚服，率从其教化。譬如北极，居天下之中，凝然不动，只见那天上许多星宿，四面旋绕，都拱向他。是人君修德于上，而恭己南面，就如北辰之居所一般；万民之观感于下，而倾心向化，就如那众星之拱极一般。”此古之帝王所以笃恭而天下平者，用此道也。图治者可不务修德，以端出治之本哉！

子曰："《诗》三百，一言以蔽之，曰思无邪。"

《诗》，是《诗经》。蔽字，解作盖字。思，是心思。无邪，是心思之正。

孔子说："《诗》之为经，凡三百篇。一篇自为一事，一事自有一义，可谓多矣。然就中一句言语，足以尽盖其义而无余。《鲁颂·駉》篇之词有曰'思无邪'，是说人之思念皆出于天理之正，而无人欲之邪曲也。只这一言就足以尽盖三百篇之义。盖诗人之言有美有刺，善者美之，所以感发人之善心；恶者刺之，所以惩创人之恶念。只是要人为善去恶，得其性情之正而已。人之心若能念念皆正，而无邪曲之私，则其所为，自然有善而无恶，有可美而无可刺，而诗人之所为以劝以惩者，包括而无遗矣。然则思无邪之一言，岂不可以尽盖三百篇之义乎？"此可见学者必务知要，而其功莫切于慎思也。

子曰："道之以政，齐之以刑，民免而无耻。"

道，是率先引导的意思。政，是法制禁令。齐，是齐一。刑，是刑罚。

孔子说："人君之治天下，不过是要人为善，禁人为恶而已。但出之有本，而致之有机。若不知本原所在，只把法制禁令去开导他，如事亲则禁约他不孝，事长则禁约他不弟，使之奉行遵守。其有不从教令的，便加之以刑罚，使一齐都归于孝弟，无有违犯。这等样治民，虽则能使民不敢为恶，然只是惧怕刑罚，苟免于一时，而其中不知愧耻，为恶的心依旧还在，岂能久而不犯乎！所以说'民免而无耻'。"

"道之以德，齐之以礼，有耻且格。"

德，是行道而有得。礼，是制度品节。耻，是愧耻。格字，解作至字。

孔子说："治以政刑，民固苟免而无耻矣。若使君之导民，不徒以其法也，而皆本于躬行之实，如欲民兴孝，必先自尽孝道以事亲；欲民兴弟，必先自尽弟道以事长，如此则民既有所观感而兴起矣。而其间所得，有浅深厚薄之不一者，则又有礼以齐之。亲疏上下，都有个节文；日用云为，都有个仪则，使贤者不得以太过，不肖者不得以不及，而皆协于一焉。这等样治民，将见那百姓每良心自然感发，不但知恶之可耻，而绝不肯为；又且知善之当为，而皆力行以至于善矣。岂特求免刑罚而已乎！所以说'有耻且格'。"盖德礼政刑，固皆所以适于治之路，而出之有本末，获效有浅深，故孔子第而言之。欲为人君者，审其本末轻重之辨也。

子曰："吾十有五而志于学，三十而立，四十而不惑，五十而知天命，六十而耳顺，七十而从心所欲，不逾矩。"

从字，解作随字。逾，是过。矩，是为方的器具。

孔子自叙其从少至老进学的次第，说道："我从十五岁的时节，就有志于圣贤大学之道，凡致知力行之事，修己治人之方，都着实用功，至忘寝食，盖念念在此，而为之不厌矣。到三十的时节，学既有得，自家把捉得定，世间外物都动摇我不得，盖守之固，而无所事志矣。进而至于四十，则于事物当然之理，表里精粗，了然明白，无所疑惑，盖见之明，而无所事守矣。进而至于五十，则于天所赋的性命之理，有以充其精微，探其本原，而知乎所以然之故矣。又进而至于六十，则涵养愈久，而智能通微，闻人之言方入于耳，而所言之理即契于心，随感随悟，无有违逆而不通者矣。又进而至于七十，则工夫愈熟而行能入妙，凡有所为，随其心之所欲，不待检点，无所持循而自然不越于规矩法度之外，盖庶几乎浑化而无迹者矣。是吾自少至老，无一念而不在于学，无一时而不在于学，故其所得与年而俱进，过此以往，未之或知矣。"夫圣人生知安行，本无积累之渐，犹自言其进德之序如此，然则希圣希天者，岂可少懈于日新之功哉！

孟懿子问孝。子曰："无违。"

孟懿子，是鲁国的大夫。违，是违悖。

孟懿子尝问于孔子说："人子事亲，如何才叫作孝？"孔子答说："孝亲之道，只在无违而已。"孔子所谓无违，是说人子事亲，有个当然不易的道理，不可有一些违悖；不是说从亲之令，便谓之孝也。只因懿子不能再问，故孔子未及明言其意耳。

樊迟御，子告之曰："孟孙问孝于我，我对曰'无违'。"

樊迟，是孔子弟子。御，是御车。孟孙，即是懿子。

孔子因懿子不能再问，怕他错认作'从亲之令，便是无违'，故因樊迟御车，乃告他说："孟孙曾问孝于我，我对说'孝在无违'。"盖欲启樊迟之问，以发明所言之意也。

樊迟曰："何谓也？"子曰："生，事之以礼。死，葬之以礼，祭之以礼。"

礼，是天理之节文。

樊迟闻孔子之言，就问说，如何叫作无违？孔子答说："所谓无违，只是不违乎礼而已。"盖人子事亲，心虽无穷，而分则有限，随其尊卑上下，各有一定的礼节。如父母在生之时，凡朝夕定省，左右奉养，都依着这礼。亲殁之时，凡殡葬之具，必诚必信，也都依着这礼。到祭祀之时，外则备物，内则尽志，又都依着这礼。自始至终，无一毫苟且之意，这才是无违，才叫作孝。若礼所当为而不肯为，则谓之简，而不敬其亲；礼不当为而必欲为，则谓之僭，而陷亲于有过。是岂得谓之孝哉！当时鲁国大夫僭用君上之礼，故孔子以是警之。盖自天子以至于庶人，皆当以孝为本，以礼为节，不可有太过、不及之弊也。

孟武伯问孝。子曰："父母惟其疾之忧。"

孟武伯，是孟懿子之子，名彘。

问于孔子说："人子事亲，如何才是孝？"孔子说："欲知人子事亲之理，当观父母爱子之心。凡人父母，未有不爱其子者，惟爱之也切，故忧之也深。常恐其有疾病，或起居之不时，或饮食之不节，或风寒暑湿之见侵，与夫少之未戒于色，壮之未戒于斗之类。凡足以致疾者，皆切切然以为忧。若为子者能体父母之心，慎起居，节饮食，戒色戒斗，兢兢焉不至于疾，以贻父母之忧，则自然身体康宁，而有以慰亲之心矣。岂不可谓之孝乎！"孔子之意，盖以武伯生于富贵之家，长于逸乐之地，易以致疾而忧其亲，故因问而警之如此。至若天子以一身而为天地神人之主，其所以培养寿命而昌延国祚者，又当万倍于此矣。孔子之言，岂特为孟武伯告哉！

子游问孝。子曰："今之孝者，是谓能养。至于犬马，皆能有养；不敬，何以别乎？"

子游，是孔子弟子，姓言名偃。养，是饮食供奉。别，是分别。

子游问于孔子说："人子事亲，如何叫作孝？"孔子答说："子之事亲，固要饮食供奉，以养其口体。然必内有尊敬的诚心，外有恭敬的礼节，然后可以言孝。如今世俗之所谓孝者，只是说能以饮食供奉父母便了。殊不知饮食供奉，岂但父母为然，虽至于犬马之贱，一般与他饮食，都能有以养之。若事亲者，不能尽尊敬奉承的道理，而徒以饮食供奉为事，则与那养犬马的何所分别乎？"然则世俗之所谓孝者，不足以为孝也。夫子游圣门高弟，何至以犬马待其亲，而孔子犹告戒之如此者？盖凡父母之于子，怜悯姑息之情常胜，故子之于父母狎恩恃爱之意常多，其始虽无轻慢之心，其后渐成骄傲之习，遂至于无所忌惮，不顾父母者有之。孔子之言，实以深究人情之偏，而预防其渐也。若推其极，则必如帝舜之以天下养而夔夔齐栗，文王之问安视膳而翼翼小心，然后谓之能养能敬，而为天下之大孝欤！

子夏问孝。子曰："色难。有事，弟子服其劳；有酒食，先生馔：曾是以为孝乎？"

色，是容。先生，是父兄之称。

子夏问于孔子说："人子事亲，如何才叫作孝？"孔子答说："事亲之际，惟是有那愉悦和婉的容色，最为难能。盖人之色，生于心者也。子于父母，必有深爱笃孝之心根于中，而后有愉悦和婉之色著于外。是凡事皆可以勉强，而色不可以伪为，所以为最难。事亲有此，而后可谓之真孝也。若夫父兄有事，为子弟的替他代劳；子弟有酒饭，将来与父兄饮馔，此则力之所可勉，而事之无难为者，曾是而可以为孝乎？"前章子游问孝，夫子教以敬亲。此章子夏问孝，夫子教以爱亲。盖子游、子夏都是圣门高弟，其于服劳供奉之礼，不患其不尽，但恐其爱敬之心未能真切恳挚耳，故皆言此以警之。使知事亲之道不在于文，而在于实；不当求之于外，而当求之于心也。凡为人子者，宜深思焉。

子曰:“吾与回言终日，不违如愚。退而省其私，亦足以发。回也不愚。”

回，是孔子弟子颜回。不违，是意不相背。愚，是昏愚。退，是退去。省，是察。私，是私居。发，是发明。

孔门弟子，惟颜回最能悟道。故孔子抑扬其词，以称之说:“世间有上等聪明的人，凡事无所疑惑，不须问难也。有昏愚的人，心里不会疑惑，不知问难。这两等人，其心虽异，其迹则同。今我与颜回，终日间讲论道理，不止一端。他只是默然听受，不曾有一些相背，也未尝有一语问难。看他气象，却似那昏愚无知的一般。及其退去之时，我省察他闲居独处的去处，但见他一动一静、一语一默，都是我所言的道理，躬行实践，件件都发挥出来。乃知回之不违者，是其心领神会，见道分明，无所疑而不必问，非不能疑而不知问也。”然则回也岂真昏愚者哉！然颜子既是上智，又能好学，故其悟道之妙，至于如此。若未及颜子者，必须能疑而知问，然后可以讲明义理，开发聪明，而进于圣贤之域也。

子曰:“视其所以，观其所由，察其所安。人焉廋哉？人焉廋哉？”

以字，解作为字。由，是意所从来。安，是心所喜乐。廋，是藏匿。

孔子说:“人不可以不知人，而知之甚难，然亦自有个法则。盖人之所为，非善则恶，必须先看他所为的何如。为善的便是君子，若为恶便是小人，其大略可知也。所以说‘视其所以’。夫所为之不善者，固不必言，而所为善者，亦未知其出于诚实否也。故又当观其意之所从来者如何。果真心实意而为己者欤？抑饰貌伪言以欺人者欤？果出于心之真实则善矣，不然则亦伪耳，岂得为君子哉！夫所由之不善者，固不足言，而所谓善者，亦未知其出于自然否也。故又当察其心之所乐者如何。果中心好之而无所矫强者欤？抑或畏威怀利而有不得不然者欤？果出于心之所乐则善矣，不然则亦暂为之耳，岂能久而不变哉！夫自以而由而安，在人者既从外而深探其内；自视而观而察，在我者又因略而渐致其详。虽是人藏其心，不可测度，然能饰所以而逃吾之视，必不能饰所由而逃吾之观；能饰所由而逃吾之观，必不能饰所安而逃吾之察。人何得而藏匿之哉？人何得而藏匿之哉？”重言之者，以见其必不能隐也。孔子观人之法如此。人君明此以观察臣下之行事心术，则凡为正为邪，为忠为佞皆莫逃于坐照之下矣。

子曰：“温故而知新，可以为师矣。”

温，是温习。故，是旧所闻。新，是今所得。师，是师范。

孔子说：“天下之义理无穷，而人之闻见有限。若专靠记问，则胸中所得，能有几何？若能于旧日所闻的时时温习，如读过的《诗》《书》，听过的讲论，都要反复玩味，而不使遗忘，又能触类旁通，每有新得，就是未曾知道的，也都渐渐理会过来。将见义理日益贯通，学问日益充足。人有来问的，便能与之应答而不竭；有疑惑的，便能与之剖析而无遗矣。岂不可以为人之师矣乎？”此可见君子之学，不以记诵为工，而在于能明乎理；不以闻见为博，而在于善反诸心。学者不可以不勉也。

子曰：“君子不器。”

器，是器皿。

孔子说：“人有一材一艺的，非无可用，然或宜于小，不宜于大；能于此，不能于彼。譬如器皿一般，虽各有用处，终是不能相通，非全才也。惟是君子的人，识见高明，涵养深邃，其体既无所不具，故其用自无所不周。大之可以任经纶匡济之业，小之可以理钱谷甲兵之事，守常达变，无往不宜，岂若器之各适于用而不能相通者哉！所以说‘君子不器’。”夫此不器之君子，是乃天下之全才，人君得之固当大任；至于一材一艺者，亦必因人而器使之，不可过于求备也。

子贡问君子。子曰：“先行其言，而后从之。”

子贡问于孔子说：“君子是成德之人。学者如何用功才到得这个地位？”孔子答说：“凡人言常有余，行常不足。若未行而先言，则言行不相照顾，如何成得君子？惟君子的人，凡事务躬行实践，如子臣弟友之道、仁义礼智之德，凡是口所欲言的，一一先见之于行，无一毫亏欠，然后举其所行者从而言之，议论所发，件件都实有诸己，而不为空言也。是行常在于言前，言常在于行后，岂不为笃实之君子乎！”孔子因子贡多言，故警之以此。其实躬行君子常少，言不顾行者常多。学者之省身固当敏于行而慎于言，人君之用人亦当听其言而观其行也。

子曰：“君子周而不比，小人比而不周。”

周，是普遍。比，是偏党。

孔子说：“君子、小人，固皆有所亲厚，但其立心不同，故其所亲厚亦异。盖君子之心公，惟其公也，故能视天下犹一家，视众人犹一身，理所当爱的，皆有以爱之，而不必其附于己；恩所当施的，即有以施之，而不待其求于己。是其与人亲厚周遍广阔，而不为偏党之私，此所以为君子也。至于小人则不然。盖小人之心私，惟其私也，故惟有势者则附之，有利者则趋之，或喜其意见之偶同，而任情以为好；或乐其同恶之相济，而交结以为援。是其与人亲厚偏党私昵，而无有乎普遍之公，此所以为小人也。”夫周与比其迹相似，而其实不同，只在此心公私之间而已。欲辨君子、小人者，可不慎察于此哉！

子曰：“学而不思则罔，思而不学则殆。”

罔，是昏而无得。殆，是危而不安。

孔子教人说：“天下的道理，散在万事，而统会于吾心。惟其散于万事，故必加致知格物、躬行实践的工夫，而后能实有诸己，这叫作学。惟其会于一心，故必加沉潜反复、研究求索的工夫，而后能穷其精微，这叫作思。这两件阙一不可。若徒知务学，而不思索其义，则理不明于心，其所学者，不过卤莽之粗迹，终于昏昧而已，所以说‘学而不思则罔’。若徒知思索，而不用力于学，则功不究其实，其所思者不过想象之虚见，终于危殆而已，所以说‘思而不学则殆’。”可见学必要思，学了又能思，则所学的方才透彻；思必要学，思了又能学，则所思的方才着实。二者偏废，则各有其弊矣。求道者可不知所务哉！

子曰：“攻乎异端，斯害也已。”

攻，是专治。非圣人之道而别为一端者，叫作异端，如杨氏、墨氏，及今道家、佛家之类皆是。害，是伤害。

孔子说："自古圣人继往开来，只是一个平正通达的道理，其伦则君臣、父子、夫妇、长幼、朋友，其德则仁、义、礼、智、信，其民则士、农、工、商，其事则礼、乐、刑、政。可以修己，可以治人。世道所以太平，人心所以归正，都由于此。舍此之外，便是异端，便与圣人之道相悖。人若惑于其术，专治而欲精之，造出一种议论要高过于人，别立一个教门要大行于世，将见其心既已陷溺，其说必然偏邪。以之修已，便坏了自己的性情；以之治人，便坏了天下的风俗：世道必不太平，人心必不归正，其害有不可胜言者，所以说'斯害也已'。"当时杨、墨之道，犹未盛行，然孔子深恶而预绝之如此。至于后世道家之说，全似杨朱；佛家之说，全似墨翟，尤足以眩惑人心而伤害世道。深信而笃好，如宋徽宗、梁武帝者，不免丧身亡国，为后世之所非笑。则异端之为害，岂非万世之所当深戒哉！

子曰："由，诲汝知之乎！知之为知之，不知为不知，是知也。"

由，是孔子弟子仲由，字子路。诲，是教诲。

子路好勇，凡事只要胜人，盖有强不知以为知者。故孔子呼其名而告之，说："由也有志于知，我今教汝，以求知之道乎。盖人于天下之义理，有所知，必有所不知，自家心里本是明白，有不可得而自昧者。若但以有所不知为耻，而遮护隐讳，不论知不知，都强以为知，这便是欺了自家的心，而知有所蔽矣。汝但于所知的，即认以为已知；于所不知的，即说是我尚未知，则虽不能尽知天下之理，而此心不敢自欺，于真知的本体不曾昏昧，这就是知的道理了。何必无所不知而后谓之知乎？所以说'是知也'。"此可见天下之道理无穷，虽圣人亦有不能尽知者，但圣人之心至虚至明，固不以不知者自强，亦不以已知者自是，故稽众从人，好问好察，此尧、舜之知所以为大也。

子张学干禄。

子张，是孔子弟子，姓颛孙，名师。干，是求。昔子张从学于圣门，以干求俸禄为意。

子曰："多闻阙疑，慎言其余，则寡尤;多见阙殆，慎行其余，则寡悔。言寡尤，行寡悔，禄在其中矣。"

疑，是所未信者。尤，是罪过。殆，是所未安者。悔，是懊悔。

凡言在其中者，皆不求而自至之辞。孔子教子张说道："君子学以为己，不可有干禄之心，且学自有得禄之理，亦不必容心以求之也。若能多闻天下之理，以为所言之资，而于多闻之中，有疑惑而未信的，姑阙之而不敢言，其余已信的，又慎言而不敢轻忽，则所言皆当，而人无厌恶，外来的罪过自然少了，岂不寡尤？多见天下之事，以为所行之资，而于多见之中，有危殆而未安的，姑阙之而不敢行，其余已安的，又慎行而不敢怠肆，则所行皆当，而已无愧怍，心里的懊悔自然少了，岂不寡悔？言能寡尤，行能寡悔，便是有德的贤人。名誉昭彰，必有举而用之者，虽不去干求那俸禄，而俸禄自在其中矣。又何必先有求之之心哉！"尝观古之学者，修其言行，而禄自从之，是以世多敬事后食之臣；后之学者，言行不修，而庸心干禄，是以世少先劳后禄之士，然则学术之所系，诚非细故矣。做民君师者，可不以正士习为先务乎！

哀公问曰："何为则民服？"孔子对曰："举直错诸枉，则民服；举枉错诸直，则民不服。"

哀公，是鲁国之君。举，是举用。直，是正直的君子。错，是舍置而不用。诸字，解作众字。枉，是邪枉的小人。

鲁哀公问于孔子说："人君以一身而居乎群臣百姓之上，不知何所作为才能使众人每个个都心服。"孔子对说："人君若要服民，不是严刑可以驱之、小惠可以结之者，只要顺民好恶之公心而已。大凡臣下有心术光明、行事端慎的，便是正直君子，必然人人爱敬他，望他得位行道。有心地奸险、行事乖张的，便是邪枉小人，必然人人憎恶他，怕他误国害民。这是好善恶恶的良心，人之所同有也。人君若能举用那正直的君子，授之以政，而凡邪枉的小人都舍置之，不使参于其间，则用舍各当，正合了人心好恶之公，百姓每自然欢欣爱戴，无一人之不服矣！若人君举用了邪枉的小人，使之在位，而凡正直的君子却舍置之，不能有所简拔，则用舍颠倒，便拂了人心好恶之公，百姓每必然心非口议，虽欲强其服从而不可得矣！”夫民之服与不服，只在用舍之公与不公，然则人君于用人之际，可不慎哉？

季康子问：“使民敬、忠以劝，如之何？”子曰：“临之以庄则敬，孝慈则忠，举善而教不能则劝。”

季康子，是鲁国的大夫。敬，是恭敬。忠，是尽心不欺的意思。劝，是劝勉。

季康子问于孔子说：“为人上者要使百姓每敬事于我而不敢慢，尽忠于我而不敢欺，相劝于为善而不敢为恶，果何道以使之乎？”孔子答说：“为民上者，不可要诸在人，只当尽其在我。诚能于临民之时，容貌端庄，而无有惰慢，则有威可畏，有仪可象，民之得于瞻仰者，自然敬畏而不敢怠慢矣。孝以事亲，而无有悖违；慈以使众，而无有残刻，则其德既足以为民之表，而其恩又足以结民之心。民之得观感者，自能尽忠于我，而不敢欺悖矣。于那为善的，举而用之，使他得行其志；不能的，教诲他，使之为善，不要轻弃绝之。如此，则善者益进于善，而不怠、不能者亦将勉强企及，而无有不劝者矣。”是则季康子之问，专求诸民；孔子之答，专求诸己。盖人同此理，吾能自尽其理，而人岂有不感化者哉？

或谓孔子曰：“子奚不为政？”

奚字，解作何字。为政，是出仕而理国政。

鲁定公初年，孔子不仕，或人问于孔子说：“夫子有这等抱负，正当乘时有为，何故不肯出仕而理国政乎？”盖当时季氏擅权，阳货作乱，不能尊信孔子，故孔子不肯轻于求仕，而或人不知也。

子曰：“《书》云：‘孝乎惟孝，友于兄弟，施于有政。’是亦为政，奚其为为政？”

《书》，是《周书·君陈》篇。友，相亲爱的意思。

孔子不仕之意有难以告或人者，故只托词以答之，说：“汝疑我之不肯为政，岂不闻《周书》所言之孝乎？他说‘君陈’能孝顺父母，友爱兄弟，又能推此孝友之心，以为一家之政，使长幼尊卑都欢然和睦，肃然整齐，无有不归于正者。《书》之所言如此。这等看来，人处家庭之间，能帅人以正，就是为政了。何必居官任职，乃谓之为政乎？盖所谓政者，只是正人之不正而已。施之于国，使一国的人服从教化，固是为政，修之于家，使一家之人遵守礼法，也是为政。”这虽是孔子托词，其实道理不过如此。所以《大学》说：“欲治其国者，先齐其家。”亦是此意。然则人君之为政，若能以孝友之德，修身正家，则治国平天下之道，岂外是哉！

子曰：“人而无信，不知其可也。大车无輗，小车无軏，其何以行之哉？”

信，是诚实。大车，是平地任载的车。輗，是辕前的横木，缚轭以驾牛者。小车，是田车、兵车、乘车。軏，是辕上的曲木，钩衡以驾马者。

孔子说：“立心诚实，乃万事的根本。人若无了信实，便事事都是虚妄，吾不知其如何而可也。何也？人必有信而后可行，譬如车必有輗軏，而后可行也。若大车无輗，则无以驾牛；小车无軏，则无以驾马。轮辕虽具，一步也运动不得，其何以行之哉？人若存心不诚，言语无实，则人皆贱恶之，在家则不可行于家，在国则不可行于国，盖无所往而不见阻矣。与车无輗軏者，何以异哉？”孔子此言，只是要人言行相顾，事事着实，不可少有虚妄的意思。然信之一字，尤为人君之大宝。是以为治者，必使政教号令之出，皆信如四时，无或朝更而夕改，然后民信从而天下治也。孔子之言，岂非万世之明训哉？

子张问：“十世可知也？”

凡朝代更换，叫作一世。子张问于孔子说：“有一代之兴，必有一代的事迹。但已往者易见，将来者难知，不知自今以后，朝代兴亡至于十世之远，其事迹亦可得而前知否乎？”

子曰：“殷因于夏礼，所损益可知也；周因于殷礼，所损益可知也；其或继周者，虽百世可知也。”

因，是相袭而不改。礼，是君臣、父子、夫妇之三纲，仁、义、礼、智、信之五常，这其中都有节文，故叫作礼。损，是减损。益，是增益。

孔子答子张说:"后之视今，亦犹今之视昔。要知将来，但观既往便可知矣。比先夏有天下四百余年，而殷汤继之。殷家所行之礼，如修人纪以正万邦，都只是因袭夏家的，不曾改易。至于制度文为，有余不足的，则或损或益，稍有不同。如殷道尚质，殷正建丑之类，是其所因与所损益，可考而知也。殷有天下六百余年，而周文武继之。周家所行之礼，如建皇极以锡庶民，也只是依着殷家的，不曾变更。至于制度文为，太过不及的，则或损或益，也有不同。如周道尚文，周正建子之类，是其所因与所损益，亦可考而知也。此可见纲常伦理，是立国的根本，万世不可改易；制度文为，是为治的节目，随时可以变通。自今以后，或有继我周而王天下的，其所因与所损益，不过如此。虽百世之远，无不可知，岂但十世而已哉！"

子曰:"非其鬼而祭之，谄也。见义不为，无勇也。"

非其鬼，是所不当祭的鬼神。谄，是求媚的意思。义，是事之宜，凡道理上所当行的便是。勇，是勇敢。

孔子说:"人之祭享鬼神，各有其分。如天子祭天地，诸侯祭山川，大夫祭五祀，庶人祭其先，是乃当然之分，祭之可也。若是不当祭的鬼神也去祭他，这便是谄媚鬼神以求福利，不是孝享的正礼，所以谓之谄也。人于道理上当为的事，便着实做将去，这才是有勇。若真见得这事是道理所当为的，却乃因循退缩，不能毅然为之，这是委靡不振，无勇往直前之气，怯懦甚矣，所以谓之无勇也。"夫此二者，一则不当为而为，一则当为而不为。孔子并举而言之者，盖欲人不惑于鬼神之难知，而专用力于人道之所宜也。

卷二

八佾第三

孔子谓季氏："八佾舞于庭，是可忍，孰不可忍也？"

季氏，是鲁国大夫。佾，是乐舞的行列。

古者乐舞之数，天子用八行，每行八人，叫作八佾。诸侯六佾，大夫四佾。各有等差，不容僭越。当初成王以周公有大勋劳，特赐天子礼乐以祭周公之庙，其后世群公都因循僭用，已是失礼。季氏，是鲁桓公子孙，他在家庙中祭祖，也僭用八佾之舞于庭，故孔子非之，说："礼莫严于名分，罪莫大于僭窃。夫祭用生者之爵禄，乃我王朝一定之礼。季氏本是大夫，只该用四佾之舞，而今乃用八佾之舞于家庙之庭，则是以大夫而僭天子礼，法之所不容诛，罚之所必及，人臣之罪孰有大于此者？这等大罪也都容忍过了，不加纠正，则别样的小罪，孰不可忍乎？"盖鲁以相忍为国，凡事惟务姑息含忍，而其弊乃至于下陵其上，臣僭其君，礼法荡然，冠屦倒置如此。盖优柔姑息之过也，故孔子非之。其后孔子为司寇，摄相事，即堕三都以强公室；陈恒弑其君，则沐浴而朝，请兵讨之。此可以观圣人之志矣，而鲁终不能用。卒之三家共分公室，政在陪臣，而周公之祚遂衰矣。然则纪纲法度，有国者其可一日而不振举之乎？

三家者以《雍》彻。子曰："'相维辟公，天子穆穆'，奚取于三家之堂？"

三家，是鲁国的大夫孟孙、叔孙、季孙之家。雍，是《周颂》篇名。彻，是彻馔。相，是助祭。辟公，是诸侯。穆穆，是深远的意思。"相维辟公，天子穆穆"，是《雍》诗中两句话。

昔者周天子祭祀宗庙，祭毕之时，则歌《雍》诗以彻馔。及鲁大夫孟孙、叔孙、季孙祭其家庙，于收俎豆的时节，也歌《雍》诗，是僭用天子之礼矣。故孔子讥之，说道:“《雍》诗中有云:‘相维辟公，天子穆穆。’是说天子宗庙之中，助祭的是列国的诸侯，主祭者是天子，其敬德之容，则穆穆然幽深而玄远。盖本天子之事，故于彻馔歌之，道其实也。今三家之堂，助祭者不过陪臣，亦有辟公之相助乎？主祭者不过大夫，亦有天子之穆穆乎？既无此事，则何取于此义而歌之于堂乎？是不惟僭妄可恶，而其无谓亦甚矣。”盖礼所以辨上下之分，不可毫发僭差，人臣而敢僭用君上之礼，则妄心一生，何所不至？攘夺之祸，必由此起。孔子前一节非季氏之舞八佾，此一节讥三家之歌《雍》诗，皆所以立万世人臣之大防也。

子曰:“人而不仁，如礼何？人而不仁，如乐何？”

仁，是心之德。敬而将之以仪文，叫作礼;和而达之于声容，叫作乐。如礼何，如乐何，譬如说没奈他何一般，是不相为用的意思。

孔子说:“仁之在人，乃本心之全德。人能全此心德，使心里常是恭敬，则行出来的仪文便都是礼;心里常是和平，则播之于声容，便都是乐。是礼不虚行，必仁人而后可行也。人而不仁，则其心放逸而不能敬。礼之本先失了，那陈设的玉帛，升降的威仪，不过是虚文耳，礼岂为之用乎？所以说‘如礼何’。乐不徒作，必仁人而后能作也。人而不仁，则其心乖戾而不和。乐之本先失了，那钟鼓之声，羽旄之舞不过是虚器耳，乐岂为之用乎？所以说‘如乐何’。”盖礼乐不可斯须而或去，人心不可顷刻而不存。欲用礼乐者，求之心焉可也。

林放问礼之本。子曰:“大哉问！礼，与其奢也，宁俭。丧，与其易也，宁戚。”

林放，是鲁国人。易，是节文习熟。戚，是哀痛。

鲁人有林放者，见世人行礼，繁文太盛，以为制礼之初意恐不如此，故问礼之本于孔子。孔子以时俗方逐末，而放独究心于礼之本，可谓不为习俗所移，而有志于返本复古者矣。所以称美之，说:“大哉汝之问也。夫礼之全体有质有文。譬如饮食之礼，起初只是太羹、玄酒，汙尊杯饮而已，这叫作本质；先王以为太简，始制为笾豆簠簋之器，揖让周旋之仪，这叫作文。又如居丧之礼，起初只是伤痛哭泣，思慕悲哀而已，这叫作本质；先王以为太直，始制为擗踊哭泣之节，衰麻服制之等，这叫作文。文质得中，乃礼之全体。到后来习俗日侈，却只在仪文节度上究心，而制礼之初意，荡然无存矣。然则今之礼者，与其趋尚繁华而流为奢侈，宁可敦崇朴素而失于俭啬。盖俭啬无文，虽未合于礼之中，而犹不失为淳古之风，是即本之所在也。所以说'与其奢也，宁俭'。居丧者，与其习熟于仪节而无惨怛之诚，宁可过于哀痛而少品节之制。盖徒戚虽未合于礼之中，而犹自率其天性之真，是即本之所在也，所以说'与其易也，宁戚'。"夫曰"宁俭"，曰"宁戚"，皆孔子不得已而矫俗之意。盖天下事物，每自质而趋文，而世之将衰，必多文而灭质。故孔子他日赞易，又以"用过乎俭"，"丧过乎哀"为言，而其论礼乐则曰"吾从先进"，皆厌周末文盛而欲矫之以合于中也。有维持世教之责者，尚鉴兹哉！

子曰："夷狄之有君，不如诸夏之亡也。"

夷狄，是化外之地。东夷、西戎、南蛮、北狄，总叫作夷狄。诸夏，是中国。诸，是众；夏，是大，以其人民众而地方大，故称诸夏。亡字，与有无的无字同。

当孔子时，季氏以大夫僭用八佾，三家以大夫僭歌《雍》诗，上下陵夷，不知有君臣之分。故孔子一日叹息说道："中国所以尊于夷狄者，以其名分定而上下不乱也。今夷狄之国，在上的统领其下，在下的顺从其上，尚且有个君长，倒不似我中夏之国，君弱臣强，以诸侯胁天子者有之，以陪臣专国政者有之，恣为僭窃，反无上下之分也。"夫以中国同于夷狄，犹且不可，况反不如乎？可慨也已。孔子此言，岂真轻中国而称夷狄哉？盖甚为之词，以见上下之分，不可一日不明于天下也。

季氏旅于泰山。子谓冉有曰："女弗能救与？"对曰："不能。"子曰："呜呼！曾谓泰山不如林放乎？"

旅，是祭告。泰山，是东岳泰山，在鲁地。冉有，是孔子弟子冉求。救，是救正。

古者祭祀之礼，天子祭天地，诸侯祭山川。泰山在鲁国境内，惟鲁君当祭。季氏是鲁大夫，也要行祭告之礼于泰山之神，则其越礼犯分，僭上无君甚矣。孔子以冉求是他的家臣，有匡救之责，故问他说："季氏此一事，甚为非礼，汝为家臣，固宜尽言匡正。今乃坐视其失礼而不能救之与？"冉求对说："他的意思已定，吾力不能挽回之也。"孔子于是叹息说："季氏此举只要谄事鬼神，以求福佑，殊不知礼不可僭，神不可欺。且如林放，鲁人，也知问礼之本，不肯随俗，况泰山是五岳之尊，其神聪明正直，必然知礼，岂肯享季氏非礼之祭，而反不如林放之知礼乎？"是季氏之祭泰山，非惟分不当为，而且神必不享，则亦何益之有哉！孔子此言，一则要使季氏知其无益，犹可中止；一则要使冉求以不如林放为耻，而知所以自励也。

子曰："君子无所争，必也射乎！揖让而升，下而饮，其争也君子。"

争，是争竞。射，是大射之礼。升，是升堂。饮，是饮酒。

孔子说："有德行的君子，他心平气和，与人恭逊，无有争竞。求他有争竞处，必也观之于行射礼之时乎！盖射有中者，有不中者，中有多者，有少者，胜负相形，似乎有所争也。然观其将射之初，则三揖三让而后升堂；既射之后，则与那同射的人，都下堂来，胜者却揖那不胜者，使他升堂，自取爵盏，立饮罚酒。射礼之行如此。是虽有胜负之相较量，然自始至终，雍容揖逊。是其争也，乃君子之争，非若小人专以血气相尚，而为角力之争也。夫以射才有争，而其争又如此，则君子之无所争可见矣。"

子夏问曰："'巧笑倩兮，美目盼兮，素以为绚兮。'何谓也？"

"巧笑倩兮"这三句都是逸诗之词。倩，是好口辅。盼，是黑白分明。素，是粉地。绚，是采色。

逸诗上说："人于笑时，口辅端好，其眼目黑白分明，有此自然的美质，而又妆饰以华采，就如素地上加以采色的一般，愈为美好矣！"子夏未达素以为绚之旨，疑其反以素为饰。乃问于孔子说："逸诗有言：'巧笑倩兮，美目盼兮，素以为绚兮。'夫素则无文，绚乃华饰，今言素以为绚，其言果何谓也？"

子曰："绘事后素。"

绘，是绘画。

孔子答子夏说："诗言'素以为绚'，不是说素即是绚，乃是说因素为绚耳。如今绘画之工，必先有了质素的粉地，然后加以各样采色。是素在于先，绚在于后。犹人之相貌，必先生得自然美好，然后可加以华饰也。"

曰："礼后乎？"子曰："起予者商也！始可与言《诗》已矣。"

起予，是启发我之志意。商，是子夏的名。

子夏一闻孔子之言，遂有悟于心，说道："观绘画之事，素地在先，采色在后，可见素而非绘，固无以备其文采；绘而非素，则虽有采色亦将安施？然则世之所谓礼文者，其犹在于后乎？必有为之先者矣。"盖礼也者，因人情而为之节文者也。如玉帛交错，揖让周旋，宾礼也。然必先有恭敬之实心，而后以是将之。是敬在于先，礼在于后矣。又如擗踊哭泣，衰麻服制，丧礼也。然必先有哀痛之本情，而后以是节之。是哀在于先，礼在于后矣。故情实者素地也，礼文者采色也，非礼，固无以为人情之节文。然苟情不至而徒求之于礼焉，是犹画者不先布素地，而欲施文采也，有是理乎？夫孔子以绘画明素绚之意，不过只就书旨上发挥，而子夏"礼后"之言，则圣言之所未及者，可谓闻一知二，触类旁通者矣。故孔子喜而称之，说道："能起发我之志意者，是汝商也。盖诗人之言，其旨甚微，而寓意深远。善说《诗》者，能求之于言语之外，而不拘泥于文字之末，乃为得之。似你这等聪明颖悟，才可与论《诗》也已。"盖深喜之辞也。

按，此章之旨，与前章林放问礼之意大略相同。林放求礼之本，而子夏以礼为后，皆有反本尚质、挽回世道之意，故孔子于林放则以"大哉"称之，于子夏则以"起予"许之。此又圣贤未发之旨也。学者宜致思焉。

子曰："夏礼吾能言之，杞不足征也；殷礼吾能言之，宋不足征也。文献不足故也。足，则吾能征之矣。"

杞、宋是二国名。杞，是夏之后。宋，是殷之后。文，是书籍。献，是贤人。征字，解作证字。

孔子说："昔者禹有天下，其制度文章为有夏一代之礼者，我能言其大略，然必有证而后人信之。今夏之后代，虽有杞国尚存，然不足取以为证矣。汤有天下，其制度文章为有殷一代之礼者，我亦能言其大略，然亦必有证而后人信之。今殷之后代，虽有宋国尚存，然亦不足取以为证矣。盖礼非书籍不能记载，非贤人不能诵习。今夏、殷二代，传世久远，杞、宋两国，世祚衰微，既无书籍可以考究，又无贤人可以咨访，将何所取以证吾之言耶？若使二国之书籍尚存，贤人未谢，则考究咨访皆有所据，而吾能取之以为证，人皆信之矣。惜乎！今之不能也。"盖孔子当时，欲斟酌三代之礼，以立万世常行之法，而夏、殷不可考，故为是叹息之词如此。然三纲五常，古今不易，所损所益，百世可知，则二代之礼又不以杞、宋无征而遂泯也。有议礼制度之责者，宜究心焉。

子曰："禘，自既灌而往者，吾不欲观之矣。"

禘，是祭祀之名。古者天子既祭其始祖，又推始祖所自出之帝，祭于太庙，而以始祖配之，这礼五年一举，叫作禘。成王以周公有大勋劳，赐鲁重祭，使鲁国以周公为始祖，以文王为所自出之帝，而以周公配之，故鲁国得禘祭其先。然以诸侯而僭行天子之祭，实为非礼也。灌，是奠酒于地以降神。往字，解作后字。

孔子说："我鲁国君臣举行禘祭，我也曾在太庙中，观其行礼何如。但见他未曾降神之先，诚敬尚在，犹有可观。及到那灌地降神之后，君臣之间都懈怠了，虽有陈设的俎豆，升降的威仪，全是虚文，无一些恭敬诚恪的意思。到这时节，我之心不欲观之矣。"夫鲁国本是诸侯，僭用王者之大祭，已是失礼，及举祭之时，又不诚敬，是失礼之中又失礼焉。故孔子叹之如此。

或问禘之说。子曰："不知也。知其说者之于天下也，其如示诸斯乎！"指其掌。

示，与看视的视字同。斯字，解作此字。掌，是手掌。

或人见鲁国尝行禘祭之礼，而不知当初制礼之意，故以禘之说问于孔子。孔子以禘乃国家之重典，先王所以报本追远之意，其妙固未易言。

况又是王者之大祭，鲁国因循而僭用之，其失又所当讳。这意思有难以显言者，故只答他说："不知也。盖以禘之为祭，礼仪重大，意义深远，知之甚不易也。若有能知其说的，则理无不明，诚无不格，识见自是广阔，精神自会运量，看得天下的道理，灿然都在目前，岂不如视诸斯之至易乎！"门人遂记说："夫子所谓'视诸斯'者，乃自指其手掌而言，以其明白易见，就如看自家的手掌一般，初无难事也。"此可见幽明只是一理，神人本无二道，幽而知所以事神，则明而治人，亦何难之有哉！然非先王不能作，亦非圣人不能知，如或人者何足以语此，此孔子所以不轻告之也。

祭如在，祭神如神在。子曰："吾不与祭，如不祭。"

祭，是祭先祖。祭神，是祭外神。

"吾不与祭，如不祭"，是孔子平日的言语。门人记说："祭以诚为主，而他人则不能，惟吾夫子。观其在家祭先祖的时节，则孝心纯笃，就如先祖在上的一般；其在官祭外神的时节，则敬心专一，就如神明在上的一般。夫鬼神无形与声，岂真有所见？乃心极其诚，故如有所见耳。考其平日尝说：'吾于祭祀，必亲行之，乃慊于心。若或有故，不得已而使人代之，则不得以伸吾之孝敬，故礼虽已行，而此心缺然，还似不曾祭的一般。'即此言观之，则其祭祀必致如在之诚可知矣。"这是门人记孔子祭祀之诚敬如此。若天子一身，为天地宗庙百神之主，尤不可不致其诚。所以古之帝王，郊庙之祭，必躬必亲，致斋之日，或存或著，然后郊则天神格，庙则人鬼享，而实受其福也。承大祭者，宜致谨焉。

王孙贾问曰："'与其媚于奥，宁媚于灶'，何谓也？"

王孙贾，是卫大夫。媚，是亲顺，奥，是室之西南隅。灶，是灶神。

古者夏月祭灶，必先祭主于灶陉，然后迎尸入奥，而设馔以祭。是祭于奥则似尊崇，祭于灶则似卑亵。故当时俗语说："奥虽有常尊，而非祭之主；灶虽卑贱，然日用饮食所司，当时用事，所以说媚奥不如媚灶。"盖奥以比君之势分崇高，难以自结；灶以比臣之专权用事，容易干求。时俗之见，浅陋如此。王孙贾乃问孔子说："俗语有云：'与其求媚于奥，宁可求媚于灶。’夫奥本尊崇，灶甚卑亵，今乃言媚奥不如媚灶，其意果何谓也？”贾疑孔子在卫，有求仕之心，欲求附己以进用，故以此讽之耳。

子曰：“不然。获罪于天，无所祷也。”

获字，解作得字。祷，是祈祷。

孔子答王孙贾说：“俗语所谓媚奥不如媚灶，我甚不以为然。盖天下之至尊而无对者，惟天而已。做善则降之以福，做不善则降之以祸，感应之理毫发不差。顺理而行，自然获福；若是立心行事，逆了天理，便是得罪于天矣。天之所祸，谁能逃之？岂祈祷于奥、灶所能免乎！”此可见人当顺理以事天，非惟不当媚灶，亦不可媚于奥也。孔子此言，逊而不迫，正而不阿，世之欲以祷祀而求福者，视此可以为鉴矣！

子曰：“周监于二代，郁郁乎文哉！吾从周。”

监字，解作视字。二代，指夏、商。郁郁，是文盛的模样。

孔子说：“比先夏、商之有天下，固皆有一代的典章法度，但其立法未能尽善尽美，而其流弊亦皆偏向失中。自我周之兴，有文、武为之君，周公为之相，于是监视夏、商之礼，或损其太过，或益其不足，是以制度仪章纤悉具备，凡行于朝廷，施于邦国，达于闺门闾巷之间者，皆尽善尽美。郁郁乎文采之盛，殆非夏、商所能及也。我也生周之世，为周之民，时王之制固当遵承而不悖，况其礼文之盛又如此。然则吾之当从者，舍周其何适哉？所以说‘吾从周’。”尝观孔子之在当时，礼乐则从先进，梦寐不忘周公，与夫修鲁史而尊天王，此其从周之志，有未尝一日忘者，所谓圣人之为下不倍也。然则生今之世而欲反古之道者，岂不谬哉！

子入太庙，每事问。或曰：“孰谓鄹人之子知礼乎？入太庙，每事问。”子闻之，曰：“是礼也。”

太庙，是鲁周公之庙。鄹，是邑名。鄹人之子，指孔子说。孔子父叔梁纥，曾为鄹邑大夫，故当时叫孔子为鄹人之子。

昔孔子仕鲁之时，尝陪祭于周公之庙，与执事焉。那庙中陈设的器数，如笾豆、玉帛之类，周旋的仪节，如灌献酬酢之类，每事都详细访问，却似不曾知道的一般，盖惟其敬之至，故其问之详如此。或人不知而疑之，说道："鄹人之子孔丘，素以知礼见称于人，如今看来，谁说他知礼？盖知者不待于问，问者必有不知。观他在太庙之中，事事都问过，则其不知礼也明矣。世固有无其实而有其名者乎？"孔子闻而解之，说道："礼莫大于祭，祭莫先于敬。今太庙之中陈设的都是礼器，周旋的都是礼仪，若一毫知得不真，行得不当，便是轻忽放肆，而非所以为敬矣！今我每事访问者，正以对越奔走之际，当有恭敬严肃之心，固不敢强其所不知以为知，亦不敢恃其所已知而不问，是乃所以为礼也。或人之言，岂知我者哉！"此可见圣人之心极其敬慎，故祭祀之礼尤加谨严；圣人之心极其谦虚，故每事问人不厌详细，其与尧之钦明、舜之问察，一而已矣。学圣人者，当于此求之。

子曰："射不主皮，为力不同科，古之道也。"

射，是射箭。皮，是皮革。射不主皮，这一句是《乡射礼》中的说话。科字，解作等字。

孔子说："《乡射礼》有云：射以观德。但主于中的，不必穿透皮革，然后为能。所以然者，盖为人之气力，有强有弱，其等不同。若必主皮，则惟强者能之，而弱者必不能矣。此所以不主皮也。然这是古昔盛时，尚德而不尚力，其道如此。今世衰礼废，列国兵争，惟以强力为尚，虽礼射亦主于贯革，而尚德之风不可复见矣，可胜叹哉！"孔子思古伤今之意如此。

子贡欲去告朔之饩羊。

告，是告庙。朔，是正朔。饩，是牲牢。

古时天子以季冬颁来岁十二月之朔于诸侯，诸侯受而藏之祖庙。每遇月朔，则以特羊告庙，请而行之。鲁自文公以后，把这告朔之礼废而不行了，而有司每月犹照常办备此羊。子贡以此礼今既不行，饩羊徒为靡费，故欲去之，以省费焉。是徒知一羊之可惜，而不知制礼之初意矣。

子曰："赐也！尔爱其羊，我爱其礼。"

爱，是爱惜。

孔子呼子贡之名而晓之说："赐也，尔之欲去乎饩羊者，岂以告朔之礼既废，饩羊之供无实，爱惜此羊而欲去之矣乎？自我观之，所爱尤有甚于羊者。盖正朔颁于天子，所以示天下之有君；告朔行于诸侯，所以示天下之有亲，最为礼之大者。今此礼虽废，而饩羊犹存，后之人或有因羊以求礼，举而行之者。若将此羊一并去了，则告朔之礼随羊以亡，自此天子不复颁朔，而人不知有君，诸侯不复视朔，而人不知有亲矣。是礼之亡不尤为可惜耶？"夫孔子之意在于存礼，而子贡之言唯求省费。圣贤度量之广狭，用心之大小，区以别矣。

子曰："事君尽礼，人以为谄也。"

礼，是恭敬之见于仪文者，乃道理当然的去处。谄，是求媚。

孔子说："臣之于君，既有尊卑上下的定分，便自有恭敬奉承的定礼。这礼是先王所制，万世通行，不可违越者也。今我之事君，心里极其敬谨，不敢有一毫轻慢，故每事依着礼节，不敢有一些差失。这不过尽那礼之当然者而已，非有加于礼之外也。时人不知，乃以为求媚取悦而然，是岂知事君之礼者乎？"盖当时公室衰微，强臣僭窃，上下之际多不循礼，惟孔子欲明礼法以挽回之，如过位则色勃，升堂则屏气，违众而拜堂下，闻命而不俟车。这等循礼，当时反以为谄，则礼法之不明于天下可知。故孔子之言如此。然尽礼与谄，其迹相似，而其心不同。君子之事君，其礼固无不尽，然却不肯阿谀顺从，如责难以为恭，陈善以为敬，一心只要成就君上的美名，干办国家的大事，这便真是尽礼。小人之事君，外面虽似尽礼，然心里未必忠实，如阿顺以为容，逢迎以为悦，一心只要干求君上的恩宠，保全自家的官爵，这便真是谄媚。君子尽礼，小人以为谄；小人谄媚，亦自以为尽礼。心术之邪正，迥然不同，人君不可不察也。

定公问："君使臣，臣事君，如之何？"孔子对曰："君使臣以礼，臣事君以忠。"

定公，是鲁国之君。礼，是有节文、不简慢的意思。忠，是竭尽己心、不欺罔的意思。

定公一日问于孔子说："为人君的使令臣下，为人臣的奉事君上，都有个道理，不知当如之何。"孔子对说："为人君者，以尊临卑，易至于简慢忽略。若简慢忽略，便失了为君的道理，是以人君之于臣下，使之须要以礼。如使之为大臣，则待之如股肱；使之居言责，则待之如耳目；使之为将帅，则有推毂命将之礼；使之为使臣，则有皇华遣使之礼。务加以礼貌，待以至诚，这乃是使臣的道理。为人臣者，以下事上，易至于欺罔隐蔽。若欺罔隐蔽，便失了为臣的道理，是以人臣之于君上，事之须要以忠。如居辅导赞襄之职，则尽心以启沃，而一毫无所隐；有官守言责之寄，则尽心以纳忠，而一事不敢欺。遇有难处之事，则虽劳瘁而不辞；遇有患难之日，则虽致命而不避。务内尽其心，外尽其力，这乃是事君的道理。"君尽君道，固非有私于臣，而所以劝下之忠者，亦在是矣。臣尽臣道，固非有要于君，而所以报上之礼者，亦在是矣。上下交而德业成，天下其有不治者哉！

子曰："《关雎》，乐而不淫，哀而不伤。"

《关雎》，是《国风》诗之首篇。

孔子说："凡乐音不和乐，则不足以畅意；不哀婉，则不能以感人。然又贵于得中。若乐之过，则有淫荡邪僻之声；哀之过，则有忧思焦杀之病，而失其性情之正矣。惟有《关雎》之诗，其发之咏歌，而被之管弦者，优柔平中，虽欣然和乐，而不至于淫荡，虽凄然哀婉，而不至于悲伤。听之使人欲心平，躁心释，而足以为养德之助，诚盛世之遗音也。"盖诗本性情，乐以彰德。《关雎》之诗，咏后妃之德也。昔周文王之妃太姒，有圣德，不妒忌，忧在进贤，不淫于色。旁求淑女以配君子，求之未得，至于寤寐反侧而不能安；求之既得，则以钟鼓琴瑟乐之而致其喜。其德之盛如此，故其发为声诗，自然中正和平，而无过淫过伤之病。是乐音之和，本于后妃柔顺之德，后妃之德，又本之文王刑于之化。学者玩其辞，审其音，则所以基化闺门，而御于家邦者，必有得于言意之表矣。

哀公问社于宰我。宰我对曰："夏后氏以松，殷人以柏，周人以栗，曰：使民战栗。"

哀公，是鲁君。社，是为坛以祭地。宰我，是孔子弟子。战栗，是恐惧的模样。

哀公问于宰我说："有国家者，必有社以祭地，不知其义何如？"宰我对说："古之立社者，必栽树木。夏后氏立社，则以松树；殷人立社，则以柏树；周人立社，则以栗树。然所以用栗树者，取于战栗之义。盖戮人必于社，欲使民见之而战栗恐惧也。"夫祭地以报其功，乃立社之本意，至于所栽的树木，则各因其土之所宜，而非有取义于其间也。宰我不知而对，谬妄甚矣。

子闻之，曰："成事不说，遂事不谏，既往不咎。"

遂事，是事虽未成，而势不能已者。谏，是谏正。咎，是罪责。

孔子闻宰我"使民战栗"之言，以其所对，既非先王立社之本意，又启鲁君杀伐之心，因厉言以责之，曰："大凡事之未成者，犹可以言语说之，若事既成者，说之何益？所以不说。事之未遂者，犹可以谏诤止之，若事既遂者，谏之何益？所以不谏。事之未往者，犹可咎而罪之，若事之既往，咎之何益？所以不复追咎。今汝'使民战栗'之言，已出之于口，而告之于君，是事之已成、已遂、已往者也。吾又何以责汝乎！"孔子以为不足责者，正所以深责之，欲其知言之不可妄发，而致谨于将来耳。

子曰："管仲之器小哉！"

管仲，是齐大夫，名夷吾。器，指人之局量规模说。器小，譬如说小家样。

管仲相齐桓公，九合诸侯，一匡天下，当时皆以为莫大之功。然出于权谋功利之私，而不本于圣贤大学之道，故孔子讥之说："管仲虽有大功，然其为人，局量褊浅，规模狭隘，没有正大光明的气象，其器不亦小哉！"盖深责备之词也。

或曰："管仲俭乎？"曰："管氏有三归，官事不摄，焉得俭？"

三归，是台名。摄字，解作兼字。

孔子以管仲为器小，或人不知而疑之，说道："吾闻俭约之人，凡事吝啬，却似器小的模样。夫子以管仲为器小，得非以其俭约而然乎？"孔子答说："凡人俭约者，必能制节谨度。今管仲筑三归之台，以为游观之所，其兴作之靡费可知；又多设官属，使每人各治一事，不相兼摄，其廪禄之冗滥可知。观其行事如此，岂得谓之俭乎？夫以俭为器小，失之远矣。"

"然则管仲知礼乎？"曰："邦君树塞门，管氏亦树塞门；邦君为两君之好，有反坫，管氏亦有反坫。管氏而知礼，孰不知礼？"

邦君，是有国的诸侯。树，是门屏。塞，是遮蔽。好，是宴会。坫，是放酒杯的案。凡宾主献酬饮毕，必反置酒杯于此，故谓之反坫。

孔子斥管仲为非俭，或人又不知而疑之，说道："吾闻知礼之人，凡事备具，不肯苟简，却似奢侈的模样。然则管仲之不俭，得非以知礼而然乎？"孔子答说："礼莫大于名分，分莫大于君臣，不可一毫僭差者也。且如有国的诸侯，才得设屏于门，以蔽内外，非大夫所宜有者，今管氏也设屏于门以蔽内外，与邦君一般，其僭礼一也。诸侯为两国的宴会，那时献酬，有反爵之坫，非大夫所宜用者，今管氏也有反爵之坫，与邦君一般，其僭礼二也。这等僭上，决不是知礼的人。若说管氏知礼，则天下之人，谁是不知礼者乎？"盖人之器量大小，固不在于行事之广狭。大禹恶衣菲食，不害为圣；周公之富，不病其奢。或人既以器小为俭，又以不俭为知礼，其心愈惑，而失之愈远矣。然孔子竟亦未明言器小之意，岂或人之浅陋，不足以语此欤？

子语鲁太师乐。曰："乐其可知也：始作，翕如也；从之，纯如也，皦如也，绎如也，以成。"

语，是告语。鲁太师，是鲁国掌乐之官。翕，是合。从，是放。纯，是和。皦，是明白。绎，是相续不绝的意思。成，是乐之一终。

当时鲁国衰微，音乐废阙，乐官多失其职者。故孔子告鲁太师以作乐之道，说："汝为典乐之官，必知道乐之节奏，然后可以作乐。今先王之乐，犹未尽亡，其始终条理之妙，可得而知也。吾试为汝言之：盖乐有六律、五声、八音，有一不备，不足以言乐。故始作之时，必须声音律吕，件件都全，而翕然其合焉。然备而不和，亦不足以言乐。故乐之既放，必须清浊高下，皆中其节，而纯然其和焉。和，则易至于混乱，又必一音自为一音，而皦然其明白。皦，则易至于间断，又必众音相为起伏，而绎然其连续。夫翕合之后有纯和，纯和之中有明白，明白之中无间断，自始至终，曲尽条理节奏之妙，是乃乐之一成也。由此而至于九成，其道理不过如此，汝太师岂可以不知乎？”盖声音之道，与政相通，不但可以养人之性情，而亦可以移易天下之风俗，所系甚重。故孔子自卫反鲁，既汲汲于正乐，而其于太师，又谆谆以告诫之如此。

仪封人请见。曰："君子之至于斯也，吾未尝不得见也。"从者见之。出，曰："二三子何患于丧乎？天下之无道也久矣，天将以夫子为木铎。"

仪，是卫邑名。封人，是掌封疆之官。见，是相见。从者，是随从，孔子的门人。丧，是失位去国。木铎，是古人施政教时，用以警众的器具。其器金口木舌，摇之则有声，即今之铃是也。

昔孔子周流四方，到卫国之仪邑，有个掌封疆的官，来请见，说："敬贤者，吾之素心。凡贤人君子来到这地方，我必求见，未尝拒我而不得见也。今夫子幸至于此，独不容我一见乎？"门人以其求见之诚，为之引见于孔子。封人既见孔子而出，乃对门人说："夫子之失位去国，固其一时之不遇，然二三子何必以此为忧乎？盖治乱相因，是乃必然之数，而易乱为治，必待非常之人。今世教陵夷，人心陷溺，天下之无道亦已久矣。世无终乱之理，必当复治。吾观夫子之道德，正可以易乱而为治者。天生斯人，岂是偶然？必将使之得位行道，施政教于四方，以开生民之耳目，以觉天下之愚昧，就如那警众的木铎一般，岂终于不遇也哉！"夫圣人盛德感人，能使封人尊敬而笃信之如此。然当时列国之君，不能委国而授之以政，至于辙环天下，卒老于行。此春秋之时，所以终不能挽而为唐虞之世也欤！

子谓《韶》："尽美矣，又尽善也。"谓《武》："尽美矣，未尽善也。"

《韶》，是舜的乐名。《武》，是武王的乐名。尽美，是说声容到极盛的去处。尽善，是说盛美之中到极妙的去处。

门人记说："自古帝王有成功盛德于天下，则必作乐以宣之，故观乐之情文，便可以知其功德，然其间自有不同。吾夫子尝说：帝舜之乐，叫作《大韶》。他作于绍尧致治之后，其声音舞蹈至于九成，固极其盛美而可观矣。然不但尽美，而美之中又极其善焉。盖舜以生知安行之圣人，雍容揖逊而有天下，故心和气和，而天地之和应之，至于格神人，舞鸟兽，其妙有不可形容者，所以说又尽善也。武王之乐，叫作《大武》。他作于伐暴救民之日，其节奏行列，至于六成，固极其盛美而可观矣。然就其美之中而求之，则有未极其善者焉。盖武王以反身修德之圣人，征诛杀戮而得天下，故虽顺成和动之内，未免有发扬蹈厉之情，比于《韶》乐，则微有所不足者，所以说未尽善也。"然孔子此言，虽评论古乐之不同，而二圣之优劣亦可概见矣。

子曰："居上不宽，为礼不敬，临丧不哀，吾何以观之哉？"

孔子说："凡事有本，必得其本，而后其末有可观。且如宽弘简重，乃居上之体也；恭敬严肃，乃行礼之实也；伤痛悲哀，乃临丧之道也：这都是本之所在。有其本，则推之于行事者，自然可观。若使居上的苛刻琐碎，而不知宽弘之大体；行礼的怠惰简慢，而无恭敬之实意；临丧的专事矫饬，而无哀痛之真情，则其本已先失了。虽其政教号令之施、进退周旋之节、缞麻擗踊之文，未必尽无可观，然大本既失，则末节无可言者，吾何以观之哉？"盖甚言其不足取也。盖当时王道不举，而苛政至于残民，古礼不复，而繁文至于灭质。故孔子矫时之敝如此。

里仁第四

子曰："里仁为美。择不处仁，焉得智？"

二十五家为一里。仁，是仁厚的风俗。择，是拣择。处，是居处。

孔子说："人之居处甚有关系，不可不择。若使一里之中，人人都习于仁厚，在家庭则父子相亲，兄弟相爱；在邻舍则出入相依，患难相恤，没有残忍浮薄的人，此乃俗之至美者也。这等的去处，不但相观而喜，可以养德，亦且各守其业，可以保家。但有见识的人，必然择居于此。”若卜居者，不能拣择仁厚之里而居处之，则不知美恶，不辨是非，其心昏昧而不明甚矣，岂得谓之智乎？夫择居不于仁，尚谓之不智，况夫存不仁之心，行不仁之事，则其为害有不可胜言者矣，又岂非不智之尤乎？此圣人立言之意也。

子曰：“不仁者不可以久处约，不可以长处乐。仁者安仁，知者利仁。”

约，是穷困。乐，是安乐。安，是自然合理。利，是贪得的意思。

孔子说：“仁之在人，乃本心之天德。人能全此德，而后中心有主，不为外物所摇。若那不仁之人，私欲锢蔽，失其本心，中既无主，则外物得以移之。使处贫贱困穷之时，起初或能强制，久之则愁苦无聊，凡苟且邪僻之事无不为已，岂可以久处约乎？使处富贵安逸之地，暂时犹能矫饬，久之则意得志满，凡骄淫奢纵之事无不为已，岂可以长处乐乎？惟仁者之人，纯乎天理，无一毫私欲，其于这仁道，不待勉强，而心与之相安，处约、处乐皆相忘而不自知也，所以说‘仁者安仁’。知者之人，中有定见，无一毫昏昧，其于这仁道，深知笃好，而求必欲得之，处乐、处约皆确然不易其所守也，所以说‘知者利仁’。”仁、知之分量虽殊，而其能全乎仁则一，此所以久约而不滥，久乐而不淫也。

子曰：“唯仁者能好人，能恶人。”

惟字，解作独字。仁者，是纯乎天理而无一毫私意的人。好，是喜好。恶，是憎恶。

孔子说：“好善恶恶，天下之同情也。人惟心有私系，是以好恶鲜有当于理者。独是那仁人，其心至公而无私，故有所好也，必其人之贤而可好者而后好之。好，当于理而无私，这才是能好人。有所恶也，必其人之不肖而可恶者而后恶之。恶，当于理而无私，这才是能恶人。”夫好人、恶人惟仁者能之，可见人当以仁为务，克去己私而后可。至于人君之好恶，其于进退用舍关系匪细，尤不可不先纯其心于仁也。

子曰：“苟志于仁矣，无恶也。”

苟字，解作诚字。志，是心所专向的意思。

孔子说：“人性本善，而所为有不善者，皆不仁之念累之也。若其心能专向于仁，而欲以克去己私，复还天理，则一时察识虽未能精，践履虽未能熟，亦可保其必无为恶之事矣。”盖天理人欲，不容并立，心既专于天理，又岂有纵欲灭理之为乎？孔子勉人为仁之意如此。

子曰：“富与贵，是人之所欲也。不以其道得之，不处也。贫与贱，是人之所恶也。不以其道得之，不去也。”

道，是道理，当然。处，是居处。去，是避去。

孔子说：“人之所遇，有顺有逆，然取舍之间，贵于审择。且如富与贵这两件，是人人所愿欲，谁不要得而处之？然有义存焉，不可苟得。若是理上应得的，虽处之亦无不可，设使无功而受禄，无德而居位，不应得富贵而偶得之，这便是无故之获，有道者所深忧。君子见利思义，决然辞之而不处也，其能审富贵如此。贫与贱这两件，是人人所厌恶，谁不要避而去之？然有命存焉，不可苟免。若是理上该得的，其顺受固不待言，就是学成而人不见知，行修而人不我用，不应得贫贱而偶得之，这也是适然之数，于身心上无损。君子乐天知命，决然处之而不去也，其能安贫贱如此。”审富贵则可以处乐而不淫，安贫贱则可以处约而不滥，非修德体仁之君子，其孰能之？

“君子去仁，恶乎成名？”

孔子说：“审富贵，安贫贱，不徇欲恶之情，而惟要之于理，这是仁之道。而君子之所以为君子、异乎人者，以其有此实也。若于富贵则贪之，于贫贱则厌之，但徇欲恶之私情，则舍去此仁，而无君子之实矣。何以成其名叫作君子？仁之不可去也如此。”

“君子无终食之间违仁，造次必于是，颠沛必于是。”

终食之间，是一顿饭的时候。违，是违背。造次，是急遽苟且之时。颠沛，是倾覆流离之际。是字，解作此字，指仁而言。

孔子说："去仁不可以为君子。所以君子之为仁，不但处富贵贫贱而不去也，自至静之中，以至应物之处，自一时之近，以至终身之远，其心常在于仁，未尝有一顿饭的时候，敢背而去之。虽造次之时，急遽苟且，当那等忙迫，他的心也只在这仁上。虽颠沛之际，倾覆流离，遭那等患难，他的心也只在这仁上。夫当造次、颠沛而其心犹在于仁，则无一时而不仁矣！所以说'君子无终食之间违仁'。"夫君子存养之功，其密如此，由是以处富贵贫贱，又岂有不得其道者哉？此君子之所以成其名也。

子曰："我未见好仁者，恶不仁者。好仁者，无以尚之；恶不仁者，其为仁矣，不使不仁者加乎其身。"

尚字，解作加字。

孔子说："天下之道有二，只是仁与不仁而已。仁之当好，与不仁之当恶，谁不知之？然我看如今的人，都未见有好仁者与那恶不仁者。何以言之？盖我所谓好仁者，非寻常喜好而已，必是真知仁之可好而好之极其笃，凡天下可好之物无一毫可以加之者，这才是真能好仁的人。我所谓恶不仁者，非泛然憎恶而已，必其为仁也，惟恐不仁之为害而恶之极其深，务要私欲尽绝，不使一毫不仁之事加在他身上，这才是真能恶不仁的人。此皆成德之事，故难得而见之也。然为仁在我，欲之即至。有志于仁者，可不知所以用力哉！"

"有能一日用其力于仁矣乎？我未见力不足者。盖有之矣，我未之见也。"

孔子说："好仁，恶不仁，是成德之事，固难得而见之。然仁本各具于人，惟人不肯用力，故视之为难耳。若有人焉，当蔽痼之余，兴悔悟之念，一旦奋然用力于仁，凡仁之所在，务精以察之，而决以守之；凡不仁之所在，务精以察之，而决以去之。这等勇猛精进，则志之所至，气必至焉，自可驯致于成德之地，固未见有力量不足、做不将去的。然人之气禀不同，或者也有那昏弱之甚、力不足以副其心者。但人必求仁，而后能与不能者可见。当今之人都是因循怠惰，不肯求仁的人，则谓用力而力有不足者，果何从而见之哉？"孔子此言，所以责人之自弃者，词愈婉而意愈明矣！

子曰："人之过也，各于其党。观过，斯知仁矣。"

过，是差失。党，是类。

孔子说："凡人心术之邪正难知，而行事之差失易见。世之观人者，但知以无过为仁，岂知有过亦可以观仁乎？盖人有君子，有小人。君子的人，存心宽厚，就有过失，只在那厚的一边，必不苛刻。小人的人，立心奸险，他的过失，只在那薄的一边，必不宽恕。其党类各自不同如此。人惟律之以正，而不察其心，固皆谓之过而已。若观人者，因其过而察之，则过于厚的，必是忠爱的君子，而其为仁可知矣；若过于薄的，便是残忍的小人，而其为不仁，又何疑哉？"此可见取人者，固不可以无过而苛求，亦不可以有过而轻弃也。是道也，在人君尤所当知。盖人材识有短长，气质有纯驳，自非上圣大贤，孰能无过，顾其立心何如耳。小人回互隐伏，有过却会弥缝；君子磊落光明，有过不肯遮饰。故小人常以欺诈而见容，君子或以真率而得罪。是不可不察也。且如汉之汲黯，面折武帝，是他狂戆之过，然其心本是爱君；矫诏发粟，是他专擅之过，然其心本是爱民。仁者之过，大概如此。人君若以此体察群臣，优容小过，则人人得尽其用，而天下无弃才矣。

子曰："朝闻道，夕死可矣！"

闻，是闻知。道，是事物当然之理。

孔子说："道原于天而赋于人。人生下来，便有日用常行的道理，如为子便要孝，为臣便要忠，一毫亏欠不得。若不曾知得这道理明白，便是枉过了一生，虽死犹有所憾。若是平日间，着意去讲求，竭力去体认，一旦豁然贯通，无所疑惑，则凡性分之所固有，与夫职分之所当为，事事完全，无少亏欠，就是晚上没了，其心亦安，而可以无遗恨矣。"孔子此言，盖甚言道之不可不闻，欲人知所以用力也。然人不学不知道，欲闻道者，可不以务学为急哉？

子曰："士志于道，而耻恶衣恶食者，未足与议也。"

士，是为学之人。道，是事物当然之理，即学之所求者也。恶衣，是粗恶的衣服。恶食，是粗恶的饮食。议，是议论。

孔子说："人之为学，有志于斯道者，必是识见高明，见得自己性分为重，外物为轻，凡富贵贫贱都动他不得，而后于道为有得也。若夫士而为学，其志将以求道也，却乃愧耻其衣服饮食之不美，则是羞贫贱、慕富贵，其识趣之卑陋甚矣。与之论道，必不能知其味而信之，何足与议哉！"大抵衣服饮食，不过奉身之具，于性分原无加损。故大舜在贫贱之时，饭糗茹草，若将终身，及其为天子，被袗衣鼓瑟，若固有之。而禹之菲饮食，恶衣服，非徒以示俭，盖亦以口腹身体之欲不足留意于此耳。孔子之所谓志于道者，岂专为为士者警哉！

子曰："君子之于天下也，无适也，无莫也，义之与比。"

适，是必行的意思。莫，是必不行的意思。义，是事之宜。比字，解作从字。

孔子说："天下之事，都有至当不易的道理，但当随事顺应，不可先有意必之私。且如有一件事来，心里主于必行，这便是适。适则凡事之不可行的，都看作可行了，其弊必至于轻率而妄为。心里主于必不行，这便是莫。莫则凡事之可行的，都看作不可行了，其弊必至于拘滞而不通。这两件都是私心，必然害事。君子之人，其处心公而虚，其见理明而悉，故于天下之事，未尝主于必行而失之适，也未尝主于必不行而失之莫，只看于道理如何。若道理上当行的，便行，无所顾忌；道理上不可行的，便不行，不敢轻易。是非可否，一惟义之是从，而无容心于其间。"此君子之所以泛应曲当，而无有败事也。然必平时讲究得精明，而后临事乃能审处。有一日万几之责者，可不慎哉！

子曰："君子怀德，小人怀土；君子怀刑，小人怀惠。"

怀，是思念。德，是固有之善。土，是居处之所安者。刑，是刑法。惠，是货利。

孔子说："君子小人，为人不同，而其所思念者亦异。君子之所思念者，在于固有之善，立心则欲其无私，行事则欲其合理，惟恐悖德而为不肖之人。若夫小人，则不知德之可好也，而所思念者在于土。凡居之所安适处，即依依于此，恋而不舍，盖惟知适己自便，虽违德义而不恤矣。君子之所思念者，在于朝廷之法，循理而不敢放肆，奉上而不敢违越，惟恐犯法而为有罪之人。若夫小人，则不知法之可畏也，而所思念者在于惠。凡利之可歆羡者，即营营于此，求必得之，盖惟知贪得无厌，虽触刑法而不顾矣。”夫君子小人之所怀不同如此，观人者但看其意思何如，便可以知其为人之实矣。

子曰："放于利而行，多怨。"

放，是依仿。

孔子说："人能好义，则事皆公平，而人亦悦服。若其处心制行，只依着利的那边，物之有利者，必欲得于己，事之有利者，必欲专于己，这叫作放利而行。夫利既在己，害必归人，则不惟受其害者有所不堪，而不受害者亦有所不平也。岂不多取怨于人乎？"夫放利而行，本欲为身谋、为家计也。至于多怨，又岂保身全家之道哉？故君子不以利为利，以义为利也。

子曰："能以礼让为国乎？何有？不能以礼让为国，如礼何？"

礼，是尊卑上下的礼节。让，是逊让，即礼之实处。何有，是不难的意思。如礼何，譬如说没奈他何，言礼不为之用也。

孔子说："人君为国不可专倚着法制禁令，必须以礼让为先。盖礼以别尊卑、辨上下，固有许多仪文节目，然都是恭敬谦逊的真心生发出来。如君臣有朝廷之礼，然上不骄、下不僭，名分自然相安，这就是君臣间的礼让。父子有家庭之礼，然父慈子孝，情意自然相洽，这就是父子间的礼让。是让，乃行礼之实也。若是为人君的，能以礼让为国，或修之威仪言动之间，以示之标准，或严于名器等威之辨，以防其僭逾，凡所行的礼都出于恭敬谦逊之实，则礼教既足以训俗，诚意又足以感人，那百官万姓每自然都安份循理，相率而归于礼让，纪纲可正而风俗可淳，其于治国何难之有？若不能以礼让为国，都只在外面粉饰，没有恭敬谦逊的真心，则出之无本，行之无实，虽有许多仪文节目，都不是制礼的初意，虽欲用礼，亦无如之何矣。礼且不可行，而欲其治国，岂不难哉！此可见为国以礼，行礼以让，先王化民成俗之道，莫要于此。”

子曰：“不患无位，患所以立。不患莫己知，求为可知也。”

患，是忧患。位，是爵位。所以立，是所以居位之具。可知，是可以见知之实。

孔子说：“天下之事，有在于人者，不必忧；有系于己者，所当忧也。如爵位之不得，人常忧之，君子则以人不我用，其责在人，于我无预，何忧之有？惟所以立乎其位者，乃吾职分之所当为也。苟上不能致君，下不能泽民，而吾之职分有亏，即幸而居位，亦不免尸位之诮矣。故必以为忧焉。名誉之不著，人常忧之，君子则以人不我知，其失在人，于我无预，何忧之有？惟可以见知之实，乃吾性分之所固有也。苟知未至于高明，行未至于光大，而吾之性分有亏，即幸而得名，亦不免名胜之耻矣。故必以为求焉。”夫患所以立，非修此以觊得其位；求为可知，非务此以求知于人，盖君子为己之学如此也。不然，有为而为，则亦小人儒耳，奚足贵哉！

子曰：“参乎！吾道一以贯之。”曾子曰：“唯。”

参，是曾子的名。贯，是通。唯，是应之速。

曾子一日三省其身，其于斯道之用，固已随事精察而力行之矣。但于体用一原的去处，尚未能确然有见。故孔子呼其名而告之，说：“参乎，汝亦知吾之道乎？盖天下事有万变，物有万殊，其实总是一个道理。若在事物上一一去讲求，则头绪多而用力难，非根本切要之学也。我于天下的事物，只是一个道理贯通将去，随他千变万化，都能应之而不穷，处之而各当。譬如川水一般，虽千条万脉，只是一个泉源流行出来。譬如树木一般，虽千枝万叶，只是一个根本生发出来。散之则甚博，而操之则甚约，这便是我的道理。”曾子一闻孔子之言，豁然有悟，就答应说：“唯。”盖其工夫至到，识见高明，故不复有所疑问，而直应之如此。此圣人传授心法，惟曾子独得其宗也。

子出，门人问曰："何谓也？"曾子曰："夫子之道，忠恕而已矣。"

门人，是孔子弟子。实心自尽，叫作忠；推己之心以及人，叫作恕。

孔子一贯之旨，惟曾子为能默契，其余诸人都不能知。及孔子既出，门人私问于曾子说："夫子所谓一以贯之者，其说谓何？"曾子答说："夫子之道无他，只是忠恕而已矣。盖一人的心，就是千万人的心，我心里要尽的去处，就是人心所欲得的去处。若真实自尽，念念都出于忠，便能推以及人，事事都出于恕，可见千万人的心，只是这一个心，便都通得，所谓一以贯之者，其意不过如此，岂复有他说哉！"夫以一贯万，是圣人传心的要诀；忠以行恕，是学者下手的工夫。其地位不同，而其易简切近，则未尝有二。若曾子者，可谓善发圣人之蕴矣。

子曰："君子喻于义，小人喻于利。"

喻字，解作晓得。义，是天理之所宜。利，是人情之所欲。

孔子说："天下之道二，义与利而已，而君子小人实于此辨焉。"君子循天理，有好义之心，又有精义之学，故其立身行己，只在义上见得分明：义当进则进，不然则退；义当受则受，不然则辞。虽有时不避形迹，而涉于为利者，亦不过委曲以成其义耳。是君子之心，惟知有义，而义之外皆非所知矣。小人徇人欲，有怀利之心，又有谋利之巧，故其立身行己，只在利上见得分明：有利则趋，无利则避；利于己则为，利于人则否。虽有时假托形迹，似乎为义者，亦不过借此以图其利耳。是小人之心，惟知有利，而利之外皆非所知矣。夫君子小人所喻不同如此，然喻义则君子固自成其君子，而天下之事亦因以济；喻利则小人固终陷于小人，而天下之事亦因以坏。修己用人者，可不慎择而深辨之哉！

子曰："见贤思齐焉，见不贤而内自省也。"

贤，是有德的人。齐，是齐一。不贤，是无德的人。省，是省察。

孔子说："人之自修者，砥砺之功，固当尽于己，观感之益，亦有资乎人。如见个有德的贤人，心必羡之，然不可徒羡之，又必自家思想说：'善本吾性，事在人为，他有这等贤德，我何为独不能？'必勉力奋发，定要与他一般才罢，这是'见贤思齐焉'。如见个无德不贤的人，心必恶之，然不可徒恶之，又必自家省察说：‘为恶甚易，自知甚难，他干的这等样事，莫不我身上也有？’一或有之，必当速改以复于善才罢，这是‘见不贤而内自省也’。”夫见贤思齐，则日进于高明；见不贤内省，则不流于污下。此君子之所以成其德也。然是道也，通乎上下者也。人君若能以古之圣哲自期，而务踵其芳规；以古之狂愚为鉴，而毋蹈其覆辙，则为圣君不难矣。

子曰："事父母几谏。见志不从，又敬不违，劳而不怨。"

几，是微。违，是违拂。劳，是劳苦。

孔子说："人子之事父母，固以承顺为孝。然遇着父母有过失，也当谏诤。但有个进谏的道理，不可直言面诤，以伤父母之心。必须和颜悦色，下气柔声，微微的谏他，或待其闲暇而谕之以理，或乘其喜悦而动之以情，务使父母乐从而后已。若见父母的志意未肯听从，必当愈加敬谨，不可因父母不从，就发露于声色，而有违拂之意。就是父母嗔怪，或加以怒责劳苦之事，亦当从容顺受，不可因父母折挫，遂怀怨恨之心。唯积诚以感动之，委曲而开导之，久之则父母亦以幡然悔悟而改图矣。所谓‘几谏’者如此。"昔大舜父顽母嚚，常欲杀舜。舜祗载见瞽瞍，夔夔齐栗，瞽瞍亦允若。夫以瞽瞍之恶，而大舜犹能以孝感之，况未至为瞽瞍者乎！然则孔子所谓"几谏"，惟大舜能之也。

子曰："父母在，不远游。游必有方。"

方，是方向。

孔子说："父母爱子无所不至，为人子者，必能体父母之心而后可也。若是有父母在堂，不可出外远游。盖凡为人子之礼，冬温而夏凊，昏定而晨省。若出外则定省旷而音问疏，不但己之思亲，亦恐亲之念己不忘也，所以不可远游。若或不得已而出游，亦必告父母以一定的方向，如往东则不更从西行，往南则不更从北行，使父母知我定在某处，可以无忧。若有呼唤，便可应期即至而无失也。"夫人子事亲，一出游而不敢轻易如此。又岂可纵肆逸乐，不惜其身，以贻父母之忧乎！所以古之孝子，不登高，不临深，出必告，反必面，无非欲安父母之心而已。为人子者不可不知。

子曰："父母之年，不可不知也。一则以喜，一则以惧。"

年，是年岁。

孔子说："父母的年岁，为人子者，须常记念在心，不可以不知也。盖寿数之长短，皆系于天而不可必。今父母寿考康宁，使人子得以承欢于膝下，这是难得之事，岂不可喜？然父母年纪衰迈，来日无多，安能保其长存？这又有不测之忧，岂不可惧？"若知道这一件可喜，又有这一件可惧，时常记念在心，则爱日之诚自不能已，而所以奉事之者，不敢有一毫之不尽矣！所以说"父母之年，不可不知也"。

子曰："古者言之不出，耻躬之不逮也。"

出，是发言。逮字，解作及字。

孔子说："人之言行，须要相顾，如今人说得行不得的甚多。若古之学者，沉静简默，不肯轻易出言，这是为何？盖其学务为己，志在躬行，言忠便要尽忠，言孝便要尽孝，句句言语都有下落，心里才安。若只是信口说了，都不能躬行，这便是行不及言，而为夸诞无实之人矣。古之人深以为耻而不肯为，此其所以慎于言而不轻出也。"古之人惟其尚行，故笃实之风行；今之人只是空言，故浮华之习胜。学术既异，而世道人心亦迥然不同。孔子之言，盖伤之也。

子曰："以约失之者鲜矣。"

约，是收敛不放肆的意思。鲜，是少。

孔子说："凡人立身行己，但是心里放肆，则其所行必有过差。若能收敛省约，件件都守着规矩，岂有差失？如在身心上省约，不为逸乐非礼之事，便不至于丧志而败德；如在用度上省约，不为奢侈无益之费，便不至于伤财而害民，过失断然少矣。"这"约"之一字最宜详玩。盖人情才放肆，则日就旷荡；自检束，则日就规矩。故成汤制事制心，只是一个懋敬；太甲败度败礼，只是一个纵欲。圣哲、狂愚之判，实系于此，可不慎哉！

子曰："君子欲讷于言，而敏于行。"

讷，是迟钝的意思。敏，是急速的意思。

孔子说："放言甚易，力行甚难，故言常失之有余，行常失之不足。惟是成德之君子，一心只要做笃实的工夫，其于言语则务欲其讷，非惟不当言的不敢言，就是当言的，亦必谨慎收敛，讷讷然却似迟钝的一般，不敢信口便说，以取失言之悔也；于行事则务欲其敏，除是有所不知则已，若知道当行的事，便奋发勇往，急急然惟恐失了的一般，不敢少有怠缓，以致废时而失事也。"欲讷于言，则言必能顾行；欲敏于行，则行必能顾言，岂非慥慥笃实之君子乎？

子曰："德不孤，必有邻。"

孤，是独立。邻，是邻舍。

孔子说："德乃人心之所固有，亦人情之所同好。人而无德，则人皆贱恶，固有独立而无与者。若是有德的人，则岂有孤立之理乎？必然同声相应，同气相求，见其德者，固愈加亲近，闻其风者，亦翕然信从，就似居处之有邻家一般，有不招而自来者矣。"故人君修德于上，则万姓归心，四夷向化，而天下为一家；不然，则众叛亲离，不免于孤立而已。可不慎哉！

子游曰："事君数，斯辱矣；朋友数，斯疏矣。"

子游，是孔子弟子言偃，字子游。数，是烦数。辱，是羞辱。疏，是疏远。

子游说："人臣以匡救为忠，朋友以切磋为义，固皆理之当然，然于言语之际，也要见几。且如君有过而谏诤，使其听焉，固可以尽吾心矣；若不肯听，便当去。苟或不识进退，而专务戆直，至于烦数而无已，则君必厌闻，不以为忠，而反以为谤，未免加之以斥辱矣。事君者可不戒哉！朋友有过而相规，使其听焉，固可以尽吾心矣；若不肯听，便当止。苟或不度可否，而徒好尽言，至于烦数而不止，则彼必厌听，不以为德，而反以为怨，必将日至于疏远矣。交友者可不戒哉！"然子游之说，特为进言者发耳。若夫为君为友者，又当思"毒药苦口利于病，忠言逆耳利于行"，优容褒奖，以来乐告之诚，虚心受善，以求切磋之益，庶德日进而过日寡，与圣贤同归矣。若一有厌恶之心，而加之以疏辱之罪，则在彼固以言为讳而不肯再言，他人亦以彼为戒而无复直言，上下隔绝，彼此蒙蔽，其害有不可胜言者矣。听言者，又可不戒哉！

卷三

公冶长第五

子谓公冶长:“可妻也。虽在缧绁之中,非其罪也。”以其子妻之。

公冶长,是孔子弟子。女嫁与人为妻,叫作妻。缧,是黑索。绁,是拘禁犯罪的人。以黑索拘系之于狱中,叫作缧绁。子,是所生的女,古人男女皆谓之子。

门人记孔子曾说:“人伦莫重于婚姻,匹配莫先于择德。吾门弟子若公冶长者,可以女配之而为妻也。他平日素有德行,虽曾为事拘系于狱中,乃是被人连累,而非其自致之罪,既非其罪,则固无害其为贤矣!”于是以所生之女而为之妻焉。此可见圣人之于婚嫁,不论门族,而惟其人;不拘形迹,而惟其行。非独谨于婚姻,亦可谓明于知人者矣!

子谓南容:“邦有道,不废;邦无道,免于刑戮。”以其兄之子妻之。

南容,是孔子弟子南宫绍,字子容。废,是弃而不用。戮,是杀戮。

门人又记孔子曾说:“吾门有南容者,尝三复白圭之诗,平日素能谨言慎行,是个有德的君子。若遇着国家有道,君子进用之时,他有这等抱负,必然人人荐举他,使之得位而行道,必不至于废弃而不用也。遇着国家无道,小人得志之日,他既言语谨慎,不致取怨于人,亦可以全身而远害,必不陷于刑戮之祸也。处治处乱,无所不宜,则其贤可知矣。”于是以其兄之女配之而为妻焉。前章以己女妻公冶长,此章以兄女妻南容,皆择贤而配,圣人致谨于婚配之礼如此。

子谓子贱:“君子哉若人!鲁无君子者,斯焉取斯?”

子贱,是孔子弟子宓不齐,字子贱。斯字,解做此字。上一个斯字,是说此人;下一个斯字,是说此德。

门人记孔子曾说:“人之为学,都要学做君子。然君子之德,未易成也。吾门若宓子贱者，他的学力已达到成德的地位，君子哉其若人乎！然子贱所以能为君子，虽是他自家向上，有志进修，亦由我鲁国多君子，人才众盛，故得以尊师取友而成其德耳。若使鲁没有许多君子，则虽要尊师，而无师之可尊；虽要取友，而无友之可取。斯人也，亦不免孤陋寡闻而已，将何所取以成此德乎？”此可见自修之功固不可废，而师友之益又不可无也。然师友之益，不但学者为然。古之圣帝明王，屈己下贤，虚心访道，尊崇师保，而资其启沃，慎择左右，而责之箴规，无非欲严惮切磋，养成君德而已。古语说：“师臣者帝，宾臣者王。”然则人君欲成其德者，当以好学亲贤为急。

子贡问曰：“赐也何如？”子曰：“女，器也。”曰：“何器也？”曰：“瑚琏也。”

赐，是子贡的名。器，是器皿。瑚琏，是宗庙中盛黍稷的器，以玉为之，夏时叫作瑚，商时叫作琏。

子贡平日好比方人物，因见孔子以君子许子贱，故以己为问，说道：“赐也学于夫子，亦尝有志于进修，但造诣之浅深，自家不能知道。夫子试说赐之为人何如？”孔子答说：“人之为学，以致用为贵，如世间器皿，以适用为宜。汝能告往知来，料事多中，既达于政事，又长于言语，是个有用的成材，就如器之适用一般，汝其已成之器乎！”子贡又问说：“器有贵贱之不同，夫子以赐为器，不知是何等样器？”孔子答说：“器中有瑚琏者，陈之于宗庙，而饰之以玉，最是贵重而华美的。以汝之才，试之于用，必然事功可就，文采可观，而足以为邦家之光，岂非器中之瑚琏矣乎！”然则子贡虽未能如君子之不器，其亦器之贵者矣。

或曰：“雍也仁而不佞。”

雍，是孔子弟子冉雍。仁，是有德。佞，是口才。

春秋之时，人皆以口才便利为尚。而冉雍为人，重厚简默，与时俗不同。故或人谓孔子说：“夫子之弟子有冉雍者，论其为人，可谓仁而有德者矣。但惜其素性简默，无有口才，而不能为佞也。”或人之言，非惟不知仁，亦不知冉雍者矣。

子曰："焉用佞？御人以口给，屡憎于人。不知其仁，焉用佞？"

御字，解作挡字，譬如说抵挡人一般。给，是取办。屡，是多的意思。憎，是恶。

孔子答或人说："汝以冉雍为不佞，是必以佞为贤矣。自我言之，人之立身行己，亦何用于佞乎？盖佞人所以应答搪抵人者，只是以口舌便利，取办一时。那甜言巧语，高谈阔论，外面虽似有才，其中都没有真实的意思，被人看破，却是个邪佞的小人，不足以取重，而徒多为人所憎恶耳，亦何益之有哉？今汝以雍为仁，我固不知他仁与不仁。但说他不佞，正是好处，要那口才何用乎，然则汝之所惜者，正吾之所取也。"

由孔子之言观之，可见学者当用力于仁，而不可不深戒夫佞矣。然佞人不只可憎，为害甚大。盖其言足以变乱黑白，颠倒是非，或逞其私智以纷更旧章，或巧为谗言以中伤善类。人君若不知而误听之，未有不败坏国家者。故大舜疾谗说之殄行，孔子恶利口之覆邦，皆所以垂戒于万世也。用人者可不以远佞人为急务哉！

子曰："道不行，乘桴浮于海。从我者，其由与？"子路闻之喜。子曰："由也好勇过我，无所取材。"

桴，是木筏。由，是子路的名。材，与裁字同，是量度的意思。

昔春秋之时，上无贤君，不能信用孔子，故孔子有感而叹说："吾之周流四方，本欲得位行道，以致君而泽民。今人不见知，世不我用，吾道已不行于天下矣！虽居在中国，亦何为乎！不如乘着木筏，浮于海中，可以绝人而逃世。吾门弟子中求其可以从我远去者，其惟仲由欤？"盖仲由勇于为义，是个临难不避的人，故孔子许其从己。然这说话也只是孔子自伤其不遇而假设之词，非真有浮海之意也。子路闻之，以为夫子不许他人而独许己，遂信以为实然，心中喜悦，盖过于信师而暗于事理者矣。故孔子教之说道："凡人懦弱者多惮于涉险。由也不以浮海为惧，而以得从为喜，这等好勇岂不胜过于我乎？然海岂可居之处，吾岂入海之人，不过伤时之意云尔。而由也遽以为信然，是徒知勇往直行，而不能裁度事理以适于宜矣。由也可不思所以进于是哉！"孔子教子路之言如此，此可见圣人虽有伤时之意，而终无忘世之心，但当时之君不能用其言而行其道耳。以孔子之圣而不能用，此春秋之所以终于乱也。

子使漆雕开仕。对曰：“吾斯之未能信。”子说。

漆雕开，是孔子弟子，姓漆雕，名开。仕，是出仕做官。斯，指此理说。信，是知之真的意思。说，是喜悦。

门人记，孔子使其弟子漆雕开者，出仕而为政，必是知其才足以用世矣。漆雕开对说：“人之为学，须是于这道理实得于心，知得十分透彻，深信不疑，然后出而居其位，行其志，才能事事停当。今我于这道理尚未能真知其如此，而无毫发之疑，是自己心里还有信不过处，正该力学以充之，岂可便出而治之乎！”观开此言，足征他所见者大、所期者远，其一念求道之心必欲至于精微之极，而不以小成自安。故孔子闻而喜悦，盖深嘉其笃志于学，而将来成就有不可量也。求之于古，如伊尹乐道畎亩，便自任以天下之重；傅说身居版筑，便一出为王者之师。这正是他信得过处，所以能成辅相之业。夏禹迪知忱恂于九德之行，周文、武克知灼见于三宅之心，这正是的知人之可信而后用之，所以能收得人之功。可见出仕者，固不可不自审其所长，而用人者尤不可不深考其所蕴也。

孟武伯问：“子路仁乎？”子曰：“不知也。”

孟武伯，是鲁大夫仲孙彘。仁，是本心之全德。

孟武伯问于孔子说：“夫子之门人如子路者，果能全其心德而为仁人矣乎？”孔子以仁道至大，不可轻许，故答他说：“仁具于各人之心，难以必其有无，仲由之仁与未仁，我所不知也。”

又问。子曰：“由也，千乘之国，可使治其赋也，不知其仁也。”

千乘之国，是诸侯大国，其地可出兵车千乘的。赋，是兵。古者军马都出于田赋中，故叫作赋。

孟武伯以知弟子者莫若师，子路之仁，夫子岂有不知的，故又以为问。孔子答说：“由也好勇而果断，便是千乘的大国，若用他管理那兵赋的重事，必能训练倡率，不但使军旅强盛而有勇，抑且使亲上死长而知方。其才之可见者如此。若其心之仁与不仁，吾不得而知也。”

"求也何如？"子曰："求也，千室之邑，百乘之家，可使为之宰也。不知其仁也，"

求，是孔子弟子冉求。室，是家。邑，是县邑。百乘，是卿大夫之家，有采地十里，可出兵车百乘的。邑长家臣，通叫作宰。

孟武伯又问夫子之门人若冉求者何如，抑能全其心德而为仁人矣乎？孔子答说："求也多才。虽是千家的大邑，百乘的大家，若用他做邑长，必能修政于其邑，而使人民无不安；用他做家臣，必能修职于其家，而使庶务无不举。其才之可见者如此。若其心之仁与不仁，吾不得而知也。"

"赤也何如？"子曰："赤也，束带立于朝，可使与宾客言也，不知其仁也。"

赤，是孔子弟子公西赤。束带，是着礼服而束带于其上。宾客，是四方来聘的使臣。

孟武伯又问："夫子之门人若公西赤者何如，抑能全其心德而为仁人矣乎？"孔子答说："赤也知礼。若使他束带立于朝廷之上，应对那四方来聘的宾客，必能通两国之情，达宾主之意，而不至于失礼。其才之可见者如此。若其心之仁与不仁，吾不得而知也。"

盖仁之为言，必纯乎天理，而无一私之杂，始终惟一，而无一息之间，才叫作仁。其心之纯与不纯，有非行事所可见，他人所能识者。故夫子于三子皆许其才，而未信其仁。盖以发于外者易见，而蕴于心者难知也。有志于求仁者，当省察于吾心独知之地而后可。

子谓子贡曰："汝与回也孰愈？"

愈字，解作胜字。

昔孔子因子贡好比较他人的短长，而或暗于自知，故问之说："你与颜回同游吾门，你自家说，比他所学，孰为胜乎？"

对曰："赐也何敢望回！回也闻一以知十，赐也闻一以知二。"

子贡对说："人之资质有高下，悟道有深浅。赐也何敢指望到得颜回。

盖回也是生知之亚，资禀既高，工夫又到，其于天下的义理，听得一件，就晓得十件，从头彻尾无不默识心通，盖闻一以知十者也。赐也学而知之，资禀既庸，工夫又浅，其于天下的义理，听得一件，只晓得两件，比类思索，因此识彼，不过闻一以知二而已。即此观之，回胜于赐远矣。赐也果何敢望回乎！”

子曰：“弗如也！吾与汝弗如也。”

与，是许。

孔子因子贡之言，遂激励引进之，说道：“汝自谓不如颜回，此言非虚，汝委实不及他。但人莫难于自知，而亦莫难于自屈。今汝自以为弗如，则是自知之明，而又不难于自屈矣。夫能自知，则必不安于所已知，能自屈则必益勉其所未至。今日之不如，安知他日之终不如乎？我诚取汝这弗如之说也。”其后子贡终闻性与天道，不止于闻一知二而已，岂非夫子激励造就之欤？然这弗如之一念，不但是学者上进的机栝，若使为人君者能以古之帝王为法，而自视以为不如，必欲仰慕思齐而后已，则其进于圣帝明王也不难矣。

宰予昼寝。子曰：“朽木不可雕也，粪土之墙不可杇也。于予与何诛？”

宰予，是孔子弟子，姓宰名予。昼寝是当昼而睡。朽木，是腐坏的木头。雕，是刻。墙壁上盖着泥粉，叫作杇。诛，是责。何诛，是说不足怪责。

昔孔门设教，只是要人好学。盖能好学，则志气精明，工夫勤密，然后可以入道。宰予学于孔子之门。一日当昼而寝，这便是昏昧怠惰，不肯好学的人。故孔子责之说：“凡木之坚者，然后可雕。若朽腐之木，虽欲雕刻成文，必然坏烂，岂可得而雕乎？凡墙之固者，然后可杇。若粪土之墙，虽欲饰以泥粉，必然剥落，岂可得而杇乎？譬如人必有志向学，然后可教，今予之昏惰如此，就似那朽腐之木、粪土之墙一般，虽欲教之，而无受教之地矣。然则我之于予，又何用于责备乎！”言不足责，乃所以深责之也。夫宰予以一昼寝之失，而孔子责之严切如此，可见人当以勤励不息自强，以怠惰荒宁为戒。故禹惜寸阴，成汤昧爽丕显，文王日昃不遑息，孔子发愤忘食，此皆生知之圣人，其勤如是，况未及圣人者乎？学者不可不深省也。

子曰：“始吾于人也，听其言而信其行。今吾于人也，听其言而观其行。于予与改是。”

宰予平日每自言其能学，今乃当昼而寝，志气昏惰，则行不及言甚矣！故孔子又警之说：“听言甚易，知人甚难。我始初与人相处，只道会说的便会行，故听人之言，就信其行，而不复疑其素履之何如。如今看来，凡人能言者多，躬行者少。若闻言便信，未免为人所欺，故自今以往，听人之言，必观其行，而不敢遽信其言行之相顾也。夫既听其言，又观其行，则虽善为词说者，无所用其欺，而可免于轻信之失矣。然我所以能改此失者，只为宰予能言而行不逮。我起初曾信其行，而今日始觉其非，故以此为戒，而改我之失耳。”

孔子此言，所以深警宰予，使之惕然而悔悟也。夫师弟子之间，朝夕相与，其为人贤否易见，而孔子犹谓以言取人，失之宰予。盖人之难知如此。况人君之于臣下，尊卑之分悬殊，接见之时甚少，欲尽知其心术之微，得其行事之实，岂不难哉？盖敷奏必以言，而明试必以功。此即听言观行之法，用人者所当加意也。

子曰：“吾未见刚者。”或对曰：“申枨。”子曰：“枨也欲，焉得刚？”

刚，是坚强不屈的意思。申枨，是孔子弟子，姓申名枨。欲，是贪欲。

孔子说：“凡人立身于天地间，须是有刚强之德，乃为可贵。然我看如今的人，都未见有刚强者。”孔子之所谓刚，不但是血气强勇而已，是说人得天地之正气，而又有理义以养成之，其中磊落光明，深沉果毅，凡富贵贫贱，祸福死生，件件都动他不得，然后能剖决大疑而无所眩惑，担当大事而不可屈挠。此乃大丈夫之所能，而非人之所易及者，故孔子叹其难见耳。或人不知其义，止见申枨血气强勇，就以为刚，乃对孔子说：“夫子之门人如申枨者，其为人岂不刚乎？”孔子答说：“凡刚强的人，必不屈于物欲。枨也多欲，不能以理义为主，则凡世间可欲之事，皆足以动其心。其心一动，则意见必为之眩惑，志气为之屈挠矣，焉得谓之刚乎？”观孔子此言，可见有欲则无刚，惟刚则能制欲。凡学为圣贤者，不可以不勉也。然先儒有言，君德以刚为主。盖人君若无刚德，则见声色必喜，闻谀佞必悦，虽知其为小人，或姑息而不能去，虽知其为弊政，或因循而不能革，至于优游不断，威福下移，其害有不可胜言者，欲求致治，岂可得哉？然则寡欲养气之功，在人君当知所务矣。

子贡曰："我不欲人之加诸我也，吾亦欲无加诸人。"子曰："赐也，非尔所及也。"

子贡自言其志于夫子，说道："天下之人，皆同此心。大凡非礼之事，我心固所不欲，度量他人的心也是不欲的。若以己所不欲者而加之于人，是知有己而不知有人者之所为也。赐则视人犹己，视己犹人。凡我不欲人加于我之事，我亦不以此而加之于人。"夫观子贡此言，固是他志量高处，然此乃仁者之事，子贡之学尚未能到此地位。夫子恐其自许太过，而行不逮言也，故呼其名而抑之，说道："最难克者己私，未易全者仁德。如汝所言，凡己之所不欲者，即不以加之于人，则是视天下为一人而略无形骸之间，以万物为一体而溥其兼利之仁，这非是心德纯全而己私克尽者不能。汝之所学，岂能遽及于此乎？"所以说"非尔所及也"。然孔子此言，不是言难以阻人之进，盖欲子贡知其难而加勉也。

子贡曰："夫子之文章，可得而闻也；夫子之言性与天道，不可得而闻也。"

文章，是德之见乎外者，指威仪文词说。性，是人所受于天之理。天道，是天理自然之本体。

子贡说："凡人学力有浅深，故其闻道有难易。吾夫子平日，凡动作威仪都有法度，言词议论都有条理，这是德之著见乎外的，所谓文章也。夫子固常以教人，无所隐秘，故不待深造者而后闻之，凡浅学之士、从游门墙者，皆可得而闻也。若夫仁义礼智，禀于有生之初的，叫作性；元亨利贞，运于於穆之中的，叫作天道。夫子亦尝言之矣。但道理极其微妙，言语难以形容，若不是学力既深，可与上达的人，决不轻告。故不但浅学之士不得而闻，虽久于门墙者亦不可得而闻也。”盖子贡晚年进德，乃始得闻性与天道，故叹之如此。然圣门教人，循序渐进，于此亦可见矣。

子路有闻，未之能行，唯恐有闻。

这是门人记子路之勇于为善，说道:“人固贵于闻善，然闻而不行，与不闻同；行而不力，与不行同。惟子路之为人，有兼人之才，负刚果之气，每闻一善言，必即时行之而后已，若或未之能行，则此心惕然不宁，惟恐复有所闻，而前闻者或壅滞而不得行焉。”曰“唯恐有闻”者，非不欲后闻之至也，乃其惟日不足之心，欲急行其所已闻，而预待其所未闻耳。观未行而惟恐有闻，则既行而惟恐不闻可知矣。子路之勇于体道如此。

子贡问曰:“孔文子何以谓之文也？”子曰:“敏而好学，不耻下问，是以谓之文也。”

孔文子，是卫国的大夫，姓孔名圉，谥文子。敏，是聪敏。下问，是问于在下的人。

古时生有爵位者，没必有谥。人有贤否，则其谥有美恶。孔圉得谥为文，是个美谥。子贡疑其为人不足以当之，乃问于孔子说:“卫大夫孔文子者，不知何以得谥为文也？”孔子答说:“凡人资性明敏的，便恃着他的聪明，不肯向学。孔圉虽有明敏之资，他却不敢自是，凡礼乐名物，古今事变，一一讲习讨论，而无有厌心。其勤学如此。爵位尊显的，便看得自己过高，耻于下问。孔圉虽居大夫之位，他却不敢自亢，凡事有未知的，一一访问于人，虽下僚之卑，小民之贱，也虚己问之，而不以为耻。其好问如此。盖谥法中有云：勤学好问曰‘文’。今孔圉之行正与之相合，此其所以得谥为‘文’也。”然勤学好问，不但是卿大夫之美行，虽古帝王之盛节亦不外此。盖人君有聪明睿智之资，尤易于自用；居崇高富贵之位，尤难于自谦。然不学，则义理无由而明；不问，则闻见无由而广。故虞舜好问好察，所以为圣；高宗逊志典学，所以为贤，真万世人君所当法也。

子谓子产有君子之道四焉：其行己也恭，其事上也敬，其养民也惠，其使民也义。

子产，是郑大夫公孙侨，字子产。恭，是谦逊。敬，是谨恪。惠，是恩惠。义，是裁制经画，事事都有条理的意思。

昔孔子尝称说："郑大夫子产之为人，有君子之道四件，何以见之？彼恭以持己，君子之道也。子产之行己也，则有善不矜，有劳不伐，推贤让能，退然恭逊以自居，是有君子之道一也。敬以事君，君子之道也。子产之事上也，则内修国政，外睦诸侯，小心尽职，始终敬谨而无怠，是有君子之道二也。仁以育民，君子之道也。子产之养民也，则利必为之兴，害必为之去，件件都替百姓留心，而有厚下之深恩，是有君子之道三也。义以正民，君子之道也。子产之使民也，则辨上下之等，均彼此之利，事事都有个限制，而无姑息之弊政，是有君子之道四也。"子产备这四美于上下人己之间，是以能尊主庇民，而郑国赖之，岂非春秋之贤大夫欤？然郑以区区小国，能用子产，故虽介于晋、楚二强国之间，而竟能杜其侵陵之患，若人君以天下之大，任用得人，则其长治久安之效，又当何如哉？此用人者所当加意也。

子曰："晏平仲善与人交，久而敬之。"

晏平仲，是齐大夫，姓晏名婴，字平仲。善与人交，是说能尽交友之道。

孔子说："朋友，五伦之一，人所必有者也。但交友者多，善交者少，惟晏平仲则善与人交，而能得其道焉。何也？人之交友，起初皆知相敬，至于既久，则习狎而怠忽矣。怠忽则必生嫌隙，嫌隙既生，交不能全矣。平仲之与人交也，始固相敬，至于久而亦然，不以其习狎而生怠忽之心，故交好之义始终无替，此平仲之所以为善与人交也。"

子曰："臧文仲居蔡，山节藻棁，何如其知也？"

臧文仲，是鲁大夫，姓臧名辰，谥为文仲，素以智名者也。居，是藏。蔡，是大龟，用以为卜者，以其获之于蔡地，遂名为蔡。节，是柱头斗拱。藻，是水草。棁，是梁上短柱。

孔子说："人都以臧文仲为智，然明智之人必然见理不惑，试举他一事言之。且鲁之有大龟，虽所以为占卜之用，然不过以决疑示兆而已，非能司其祸福之柄也。文仲乃为屋室以居之，又将那柱头斗拱上都刻为山形，梁上的短柱都画上水草，真若大龟居处于其中，而能降福于人者，斯不亦大惑矣乎？"盖人有人之理，神有神之理。人之理所当尽，而神之理，则幽昧而不可知。惟尽其所当务，而不取必于其所难知，斯可谓智矣。今文仲不务民义，而谄渎鬼神如此，则是不达幽明之理，而惑于祸福之说，其心之不明亦甚矣。何如谓之智乎？夫文仲之智，人皆称之，夫子独据实而断其不然。这正是"众好之，必察焉"者，所以为人物之权衡也。观人者宜取以为法。

子张问曰："令尹子文三仕为令尹，无喜色；三已之，无愠色。旧令尹之政，必以告新令尹。何如？"子曰："忠矣。"曰："仁矣乎？"曰："未知。焉得仁？"

令尹，是楚国执政的官。子文，是楚人。仕，是进用。已，是罢官。愠，是怒意。

子张问于孔子说："楚国之令尹，有子文者，曾三次进用而为令尹，人都羡他尊荣，他却无喜悦之色。及至三次罢官，人都替他称屈，他也无愠怒之色。其喜怒不形如此。他既罢了令尹，又把旧日所行的政事，一一告与新任的令尹，略无猜嫌妒忌之心。其物我无间如此，这等为人，夫子以为何如？"孔子答说："凡人患得患失、妒贤嫉能者，都是只顾自己，不为国家，此乃不忠者之所为也。子文这等行事，是不贪恋朝廷的名爵，只要干济国家的政事，是个实心为国的人，可以为忠矣。"子张又问说："制行如此，人所难能，亦可谓之仁人矣乎？"孔子答说："仁在于心，不在于事。子文之行虽忠，然未知他心里如何。若有一毫修名为人之意，便是私心，而非纯乎天理之公者矣。焉得便信其为仁矣乎？故不敢以轻许之也。"

"崔子弑齐君。陈文子有马十乘，弃而违之。至于他邦，则曰：'犹吾大夫崔子也。'违之。之一邦，则又曰：'犹吾大夫崔子也。'违之。何

如？”子曰：“清矣。”曰：“仁矣乎？”曰：“未知，焉得仁？”

崔子，是崔杼；陈文子，是陈须无，都是齐国的大夫。马四匹为一乘，十乘是四十匹。违，是去。犹，是相似。

子张又问说：“当初齐大夫崔子弑了齐君，那时也有同恶相济的，也有隐忍不去的。独有陈文子者，恶其为逆，不肯与之同列，虽以大夫之官，有马十乘之富，飘然弃而去之，略无贪恋顾惜之意。及到他国，见其臣皆不忠，便说道：‘这就与吾国大夫崔子一般，不可与之共事。’遂违而去之。又到一国，见其臣亦不忠，又说道：‘这也与吾国大夫崔子一般，亦不可与之共事。’又违而去之。其审于去就如此。夫子以为何如？”孔子答说：“凡人与恶人居，便要污坏了自己的名节，清者不为也。今陈文子不恋十乘之富，不居危乱之邦，是个洁白不污的人，可以为清矣。”子张又问说：“制行如此，人所难能，亦可谓之仁人矣乎？”孔子答说：“仁在于心，不在于事。文子之行虽清，未知他心里如何。若有一毫愤俗自高之意，而后来不免于怨悔，这也是私心，而非纯乎天理之公者矣。焉得遽信其为仁矣乎？故亦不敢轻许之也。”大抵人之行事易见，而心术难知。其念虑之纯与不纯，存主之实与不实，有非他人所能尽察者，故虽以子文之忠、文子之清，而夫子犹未肯以仁许之。观此，则仁之所以为仁，其义可知，而人之有志于仁者，当知所务矣。

季文子三思而后行。子闻之，曰：“再，斯可矣。”

季文子，是鲁大夫，名行父，谥为文子。三思，是思了又思，展转无已的意思。再，是两次思量。

昔鲁大夫季文子者，是个用心周密的人，每事必反复计虑，思了又思，展转数次，然后施行。孔子闻之，说道：“人之处事，固不可以不思，而亦不可以过思。故凡事到面前，造次未可轻动，从而仔细思量一番，及思之已得，犹恐见不的确，又平心易气再加斟酌一番。如此，则事理之可否从违，裁度已审，行出来自然停当，斯亦可矣。何必三思为哉！”盖天下之事，虽万变不齐，而其当然之理则一定不易，惟在义理上体察，则再思而已精，若用私意去揣摩，则多思而反惑。《中庸》教人以慎思者，意正如此。善应天下之事者，惟当以穷理为主，而济之以果断焉，则无所处而不当矣。

子曰：“宁武子，邦有道则知，邦无道则愚。其知可及也，其愚不可及也。”

宁武子，是卫大夫宁俞，谥武子。知，是明知。愚，是昏愚。

盖世有明知之人，有昏愚之人。又有一等明知之深，韬光用晦，权以济变，反似昏愚的，则所谓大智若愚者也。宁武子能然，故孔子称之说：“宁武子之为卫大夫也，当国家有道，治平无事之时，则明目张胆，知无不为，直道而行，无少委曲。他的才能智识，都昭然可见，真是个明智的人。及至国家无道，危急存亡之日，则韬晦隐默，不露形迹，而卒以济艰难之业，成国家之事。他的才能智识都暗然内用，却似个昏愚的人。夫观人者，但据其迹而未窥其深，则必以愚不如智矣。自我而言，治平之世，公道昭明，君子可以行其志，但有才能的都会干济，有见识的都会主张，武子之智犹或可得而及也。至于昏乱之朝，则国势倾危，人心疑忌，忠君为国之深意既难以自明，扶危定乱之微权又难于先泄，最人之所难处者。武子之愚，乃能上济其君，下保其身，正是他善藏其用的妙处，非天性忠义而才足以运之者，不能如此，人岂可得而及哉？”盖处常易，处变难；用其力以立功者易，藏其智而成功者难。所以说其智可及也，其愚不可及也。夫自人之分量而言，知固不如愚，然时乎无道，乃使君子不敢用知而用愚，则岂国家之幸哉？

子在陈曰：“归与！归与！吾党之小子狂简，斐然成章，不知所以裁之。”

陈，是陈国。党，是乡党。小子，指门人之在鲁者说。狂简，是志大而略于事的意思。斐，是有文采。裁，是裁正。

昔孔子周流四方，至于陈国，淹留既久，知道之终不能行，乃发叹说道：“吾之初心，本欲行其道于天下。今周流至此，而竟不一遇，是世终无用我者矣。我其归于鲁国欤！我其归于鲁国欤！然我之道虽不行于当时，犹当传于后世。今吾乡党后生中，尽有识见高明，志趣远大，不拘于小节的人，看他规模体段，已是斐然有文理之可观。但其志愿太高，学力未至，不知以中正之道自裁，而时出于规矩之外耳。若就其才性之所近者，因而抑其过，矫其偏，以归于中，则皆可以任斯道之重，而寄吾欲行之心，又何必栖栖遑遑以求用于世哉！此吾之所以欲归也。”是可见圣人为当时计，固欲其道之行；为后世计，又欲其道之传。其心真有视天下为一家，通古今为一息者。此所以继往圣、开来学，而教万世无穷也欤！

子曰：“伯夷、叔齐，不念旧恶，怨是用希。”

伯夷、叔齐，是孤竹君之二子，长曰伯夷，幼曰叔齐。念，是追念。怨，是恨。希字，解作少字。

孔子说：“伯夷、叔齐，古之至清介者也。大凡清介的人，疾恶太甚，其中多褊狭而不能容物，故人亦多有怨之者。惟伯夷、叔齐，持身虽介，处心甚平。人有不善，固尝恶而绝之矣，然只是恶其为恶，而非有心以绝其人也；若其人能改而从善，则止见其善，而不复追念其旧日之恶。其好恶之公，度量之广如此，所以人皆尊敬而悦服之。就是见恶的人，亦乐其后来之能恕，而谅其前日之无他，怨恨之心自然少矣。”此可见疾恶固不可以不严，而取善尤不可以不恕。古圣贤处己待人之道，莫善于此。若人君以此待下，尤为盛德。盖凡中材之人，孰能无过，惟事出故为，怙终不悛者，虽摈斥之，亦不足惜。然或一事偶失而大节无亏，初时有过而终能迁改，以至迹虽可议而情有可原，皆当舍短取长，优容爱惜，则人人乐于效用，而天下无弃才矣。虞舜宥过无大，成汤与人不求备，皆此道也。此可以为万世人君之法。

子曰：“孰谓微生高直？或乞醯焉，乞诸其邻而与之。”

鲁人有微生高者，素以直见称于时。人但慕其名而不察其实，故孔子举一事以断之说：“人皆以微生高为直，如今看来，谁说他是直人？盖所谓直者，必诚心直道，有便说有，无便说无，无一毫矫饰，而后谓之直。今微生高者，人曾问他求醋，其家本是没有，却不肯直说，乃转问邻家求来与他，这是曲意徇物，掠人之美以市己之恩矣。即此一事推之，则其心之私曲、行之虚伪可知，焉得谓之直乎？”夫微生高之直，人皆信其行，而孔子独断其非，所谓“众好之，必察焉”者如此。然当时似是而非、虚名无实者，不止一事，利口之人乱信，乡愿之人乱德，孔子皆深恶而痛绝之，盖欲人致谨于名实之辨也。然则用人者岂可徒采虚名而不考其实行哉！

子曰："巧言、令色、足恭，左丘明耻之，丘亦耻之。匿怨而友其人，左丘明耻之，丘亦耻之。"

巧言，是言词工巧。令色，是颜色和柔。足恭，是过于恭敬而不中礼者。左丘明，是当时贤人。耻，是羞愧。丘，是孔子的名。匿，是藏。怨，是恨。

孔子说："人莫善于诚心直道，莫不善于谄媚奸险。盖人之相接，词色体貌本自有个正礼，若乃巧好其言，务以悦人之听，令善其色，务以悦人之观，足过其恭，务以悦人之意，是谄媚之人也。左丘明为人方正，尝耻之而不为，我亦耻之而不为焉。人之相交，恩怨亲疏自有个真心，若心里本是怨恨其人，却深藏不露外面，佯与交好，是奸险之人也。左丘明存心诚笃，尝耻之而不为，我亦耻之而不为焉。"夫观此二者，为圣贤之所共耻，学者可不省察乎此，而立心以直哉！然此等人不止可耻，尤有害于国家。盖谄媚之人，阿谀逢迎，非道取悦，人情易为其所惑；奸险之人，内怀狡诈，外示恭谨，人情易为其所欺。若不识而误用之，则其流祸有不可胜言者。所以古之圣王，远佞防奸，如畏鸩毒而避蛇虺，盖为此也。

颜渊、季路侍。子曰："盍各言尔志？"

盍，是何不。志，是心之所向。

昔颜渊、季路尝侍于孔子之侧。孔子向他们说道："二子学于吾门，都各有个志向，何不各言尔之志于我乎？"

子路曰："愿车马、衣轻裘，与朋友共。敝之而无憾。"

衣，是着衣。裘，是皮服。敝，是坏。憾，是恨。

子路因孔子问其志，遂对说道："人不可以自私，且如乘的车马、着的轻裘，虽是我之所有，然天下之物当为天下用之，不得专之以为己私也。我若有此车马轻裘，则愿与朋友共之，虽至敝坏亦无所恨焉。"盖子路勇于为义，识见高明，不屑为鄙吝之事，故其言如此。

颜渊曰："愿无伐善，无施劳。"

伐，是矜夸。善，是有德。施，是张大的意思。劳，是有功。

颜渊因孔子问其志，遂对说道："人不可以自足，且如人能修德，虽有善可称，然亦不过复吾性分之所固有而已。我若有善，不欲矜夸于人，而自以为善焉。人能立功，虽有劳可录，然不过尽吾职，分之所当为而已。我若有劳，不欲张大于人，而自以为劳焉。"盖颜子几于无我，气象浑厚，无一毫满假之心，故其言如此。

子路曰："愿闻子之志！"子曰："老者安之，朋友信之，少者怀之。"

安，是安逸。怀，是抚恤的意思。

子路问于孔子说："吾二人之志，已各言于夫子矣。但不知夫子之志何如？愿有闻焉。"孔子答说："吾之志无他，只愿天下之人各得其所而已。盖天下之人不同，有老者焉，有朋友焉，有少者焉。老者当安，吾愿养之以安，而使之各享其逸。朋友当信，吾愿与之以信，而使之各全其交。少者当怀，吾愿抚恤之以恩，而使之各适其性。随其心之所欲得，而与之以理之所本然。此则吾之志也。"合而观之，子路公其物于人，而有难于兼济；颜子忘其善于己，而犹出于有心；惟夫子之志兼利万物而不知其功，仁覆天下而不见其迹，真与天地之量一般，又岂二子之所能及哉！使得君师之位，以行其政教，则时雍风动之化，当与尧舜比隆，惜乎不得其位，徒有志而未遂也。

子曰："已矣乎！吾未见能见其过而内自讼者也。"

已矣乎，是绝望之辞。内自讼，是心里自家悔责。

孔子说："人不能以无过，而能改则可为君子。然必自知其过，而内自讼责，则即其悔悟深切，而能改可必矣。我尝以此望于天下之人，自今看来，凡人有过，不是饰非以自文，便是委靡以自安，并未见有自家知所行的不是，而内自悔责者也。然则欲求其能改过，岂可得乎？昔之所望于人者，今则已矣。"这是孔子欲人悔过迁善，故为是绝望之辞，以激励天下人的意思。大抵悔之一字，乃为善之机。《易》曰："震无咎者存乎悔。"太甲悔过，自怨自艾，故终为有商之令主。然能居敬穷理以预养此心，则自然邪念不萌，动无过举。圣人所以能立无过之地者，其要在此。若待其有过而后悔之，不亦晚乎？孔子之言，盖为中人以下者发也。

子曰："十室之邑，必有忠信如丘者焉，不如丘之好学也。"

十室之邑，是十家的小邑。忠信，是资质纯实，可进于道者。丘，是孔子的名。

孔子说："人之造道，固在于天资，而尤须乎学力。我之得闻斯道，非徒以资质之美而已，实由好学以成之也。若但以资质言之，则岂必天下之广，就是那十家的小邑，也必有纯朴笃实，可进于道如我者焉。则天下之如我者，可胜言乎？但人皆恃其美质，不如我之勤敏好学以扩充其资，所以不能闻道，而有成者鲜也。"夫人乃不咎其学之不至，而徒诿于资之不美，岂不过哉？盖美质易得，至道难闻。故君如尧、舜，必孳孳于精一；圣如孔子，犹汲汲于敏求，况其他乎？欲法尧、舜、孔子者，当知所以自勉也。

雍也第六

子曰："雍也可使南面。"

雍，是孔子弟子冉雍。南面，是人君之位。

冉雍素以德行著名，故孔子称许他说："吾门弟子如冉雍者，其器宇识量，恢恢乎有人君之度，就使之居南面之位，以总理众务，统驭庶民，亦无不可者。"盖仲弓为人宽洪简重，惟宽洪则不失之苛刻，而有容物之量，惟简重则不失之琐碎，而得临下之体，故孔子称之。昔皋陶称帝舜临下以简，御众以宽，文王罔兼知于庶狱庶慎，亦是此意。读者合而观之，可以知君德矣！

仲弓问子桑伯子。子曰："可也，简。"

仲弓，是冉雍的字。子桑伯子，是鲁人。简，是不烦琐的意思。

仲弓知孔子许己南面之意，盖因其器度之简重而取之，而疑子桑伯子之为人，亦有与己近似者。故问说："子桑伯子之为人如何？"孔子答说："凡人立身行事，多有过于琐碎，自为烦扰者。伯子为人，简易不烦，盖亦有可取者焉。"

按《家语》记伯子不衣冠而处，是乃率意任情，轻世傲物之徒。而孔子以为可者，毋亦以其真率简略，独超于流俗而取之欤？斯仲弓之所以致疑也。

仲弓曰："居敬而行简，以临其民，不亦可乎？居简而行简，无乃大简乎？"

仲弓因孔子许子桑伯子之简，而不能无疑于心，乃遂评论之说："居上临下之道，固贵乎简，然有简当简，有苟简之简，不可不辨也。若能自处以敬，兢兢业业，无一怠惰放肆之心，则中有主而自治严矣。如是而行简以临其民，事事只举大纲，存大体，不至于琐屑纷更，则事有要而不烦，民相安而不扰，这才是简当之简，岂不为可贵乎？若先自处以简，恣意任情，无矜持收敛之意，则中无主而自治疏矣。而所行又概从简略，不分缓急，不论重轻，一味只是纵弛，则事无可据之规，民无可守之法，是则苟简之简而已，岂不失之过甚而为太简乎？"仲弓此言，盖以伯子为太简，而疑孔子之过许也。

子曰："雍之言然。"

然字，解作是字。

当时孔子许子桑伯子之简，特就其所可取者而许之，盖亦未暇深论。而仲弓之言则精确至当，诚居上临下不易之定论，故孔子深许之说："雍也以居敬之简为可，以居简之简为过，其言岂不诚然乎！"此可见仲弓平日盖能居敬而行简者。孔子许其可居南面，其意正在于此。为人君者，若能详味仲弓之言，而知敬简之义，则所谓"笃恭而天下平"者，亦不外是矣。

哀公问："弟子孰为好学？"孔子对曰："有颜回者好学，不迁怒，不

贰过。不幸短命死矣。今也则亡，未闻好学者也。”

迁，是移。本怒此人，而又移于他人，叫作迁怒。贰，是重复。已先差失了，后来重复差失，叫作贰过。

昔鲁哀公问于孔子说：“夫子之门人弟子甚众，不知谁是好学的人。”孔子答说：“人之为学，必是潜心克己，深造有得，然后谓之能好。吾门弟子中，独有颜回者，是个好学的人。何以见得他好学？夫人意有所拂，孰能无怒，但血气用事的，一有触发，便不能禁制，固有怒于此而移于彼者。颜回也有怒时，但心里养得和平，容易消释，不曾为着一人，连他人都嗔怪了，何迁怒之有乎？夫人气质有偏，不能无过，但私欲锢蔽的，虽有过差，不知悔改，固有过于前而复于后者。颜回也有过失，但心里养得虚明，随即省悟，不曾惮于更改，致后来重复差失，何贰过之有乎？回之潜心克己如此，岂不是真能好学的人？惜其寿数有限，不幸短命而死。如今弟子中，已无此人，求其着实好学如颜回者，吾未之闻矣。岂不深可惜哉！”

夫颜回之在圣门，未尝以辩博多闻称，而孔子乃独称之为好学；其所谓学者，又独举其不迁怒、不贰过言之。是可见圣贤之学不在词章记诵之末，而在身心性情之间矣。然是道也，在人君尤宜深省。盖人君之怒，譬如雷霆之震，谁不畏惧？若少有迁怒，岂不滥及于无辜？人君之过，譬如日月之食，谁不瞻睹？若惮于改过，岂不亏损乎大德？故惩忿窒欲之功，有不可一日而不谨者。惟能居敬穷理涵养此心，使方寸之内，如秤常平，自然轻重不差，如镜常明，自然尘垢不染，何有迁怒贰过之失哉！所以说，圣学以正心为要。

子华使于齐，冉子为其母请粟。子曰：“与之釜。”请益。曰：“与之庾。”冉子与之粟五秉。

这一章是门人记圣人用财的道理。

子华，是公西赤，字子华。冉子，是冉有。粟，粟谷。釜，是六斗四升。庾，是十六斗。秉，是十六斛。

门人记说：夫子用财，惟视义之可否。如子华为夫子出使于齐国，时有母在，冉有恐其缺于养赡，乃为之请粟于夫子。夫子说：“与他一釜。”

与之甚少者，所以示不当与也。冉有未达，又请增益。夫子说:“与他一庾。”益亦不多者，所以示不当益也。冉有犹未达，而终以为少，遂自以其粟与之五秉。一秉十六斛，五秉共为八十斛，则与之过多而伤惠矣。

子曰:“赤之适齐也，乘肥马，衣轻裘。吾闻之也，君子周急不济富。”

适，是往。裘，是皮服。周，是周济。急，是贫穷窘急。继，是续。

夫子因冉有之过与，乃教之说:“我非吝于财而不与之也。盖赤之往齐国也，所乘者肥壮之马，所衣者轻暖之裘，则其家之富足可知。吾尝闻之，君子但周济那贫难窘急之人，不继续那富足的人。今以赤之富足，而汝乃为之请粟，又多与之，是继富非周急也。夫岂用财之道哉？”这是不当与而与者，夫子教之以义如此。

原思为之宰，与之粟九百，辞。

原思，是原宪，字子思。宰，是邑长。粟，是宰的俸禄。

门人又记说:“夫子为鲁司寇时，弟子原思为属邑之宰。夫子与之粟九百，乃其常禄所当得者也，原思却乃辞而不受焉。”盖其素性狷介，故虽常禄亦辞而不受，则过于廉而非理之中矣。

子曰:“毋，以与尔邻里乡党乎！”

毋，是禁止之词。五家为邻，廿五家为里，万二千五百家为乡，五百家为党。

夫子因原思之辞禄，乃教之说:“尔毋辞也，盖官有常禄，乃国家之定制，安得以私意辞之。若俸禄有余，则尔之邻里乡党有贫乏者，推以与之，不亦可乎？而何以辞为也！”这是不当辞而辞者，夫子教之以义如此。大抵人之取与辞受，都有个当然的道理。当与而不与，固失之吝；不当与而与，则失之滥；当辞而不辞，固失之贪；不当辞而辞，则失之矫。夫惟圣人，一酌之于义理之中，而自不致有四者之失。视世之私恩小惠、小廉曲谨者，只见其陋而已。善用财者，当一以圣人为准可也。

子谓仲弓曰:“犁牛之子骍且角。虽欲勿用,山川其舍诸?”

仲弓,是孔子弟子冉雍,字仲弓。犁,是杂文。骍,是赤色。角,是头角周正。周人尚赤,故牛之赤色而又头角周正者,乃用于祭祀;若杂色之牛,则贱之而不用也。山川,是山川之神。

昔者仲弓之父贱而行恶,仲弓却为圣门高弟,以德行著名,当时有以其父病之者,故孔子取譬之说道:“牛之杂色者,固不可用为祭祀之牺牲。若其所生之子纯然赤色,而又头角周正,则正祭祀之所须者。人虽以其为犁牛所生,要不用它,然那山川之神岂能舍此而他享乎?今雍父之恶就如犁牛一般,雍之贤就如牛之骍且角的一般,人虽以其父恶而欲勿用,然有如此之德,自当见用于世,又岂能终废之哉!”是可见圣贤之生,不系乎世类;用人者但当取其才德,而不必问其世类之何如。古之帝王,立贤无方,盖为此也。

子曰:“回也,其心三月不违仁。其余,则日月至焉而已矣。”

回,是孔子弟子颜回。离此至彼,叫作违,从彼来此叫作至。

孔子说:“仁乃吾心之全德,必纯乎天理而无私欲之累者,乃足以为仁。若有一私之杂,一息之间,皆非仁也。吾门弟子有志于仁者多矣,其中独有颜回,天资既高,学力又到,真能克去己私,复还天理,至于三月之久,而其心之所存所发,未尝有一毫私欲之间杂,盖庶几乎中心安仁者焉。其余众弟子,一般也去求仁,也有到得仁的时候,但已得而复失,暂明而复蔽;或一日之内能至于仁,不能日日如此;或一月之内能至于仁,不能月月如此,欲如回之三月不违,岂可得乎!”观孔子此言,不惟知圣门弟子之优劣,亦可以见仁道之难成矣。然孔子他日又言:“我欲仁,斯仁至矣。”则亦岂言难以沮人之进者哉?盖仁具于心,故欲之而即至;心惟易放,故舍之而即失。欲求仁者,先收放心可也。

季康子问:“仲由可使从政也与?”子曰:“由也果,于从政乎何有?”曰:“赐也可使从政也与?”曰:“赐也达,于从政乎何有?”曰:“求也可使从政也与?”曰:“求也艺,于从政乎何有?”

季康子,是鲁大夫。从政,是为大夫而从事于政治。果,是有决断。

达，是通事理。艺，是多才能。何有，是说不难的意思。

季康子问于孔子说："夫子之门人若仲由者，可使为大夫而从政也与？"孔子答说："凡人优柔不断者，不足以从政。由也，勇于为义，是刚强果毅的人，使为大夫，必能决大疑，定大计，当断即断，有振作而无废弛矣！其于从政，何难之有？"季康子又问说："如端木赐者，可使为大夫而从政也与？"孔子答说："凡人执滞不通者，不足以从政。赐也闻一知二，是明敏通达的人，使为大夫，必能审事机，通物理，斟酌处置，有变通而无窒碍矣！其于从政，何难之有？"季康子又问说："如冉求者，可使为大夫而从政也与？"孔子答说："凡人才力空疏者，不足以从政。求也长于政事，是多才多艺的人，使为大夫，必能理繁治剧，区画周详，随事泛应，绰乎其有余裕矣！其于从政，何难之有？"夫三子之才，各有所长，而皆适于用如此。使季康子能劝鲁君尊信孔子，委任群贤，则何东周之治不可复哉！惜乎其不能用也。

季氏使闵子骞为费宰。闵子骞曰："善为我辞焉。如有复我者，则吾必在汶上矣。"

季氏，是鲁大夫。闵子骞，是孔子弟子闵损，字子骞。费，是季氏的属邑。辞，是言词。复是再来。汶，是水名，在鲁之北境上。

昔季氏为鲁大夫，专执国政。一日使人召闵子骞，着他做费邑之宰。闵子骞是个有德行的人，心恶季氏，不肯入于其党，而又不敢显言，乃对使者说："大夫虽欲用我，然我之心，不愿仕进，汝其为我从容委曲，善为说词，以达吾不仕之心，而止其用我之意，必不可再来召我也。若不肯见信，而再来召我，则吾当逃避于汶水之上，而不复居于鲁国矣。大夫岂能强我之必仕乎！"夫闵子隐而不仕，既不失身于权臣，其言逊而不阿，又能免祸于乱世，真可以为贤矣。然以闵子之贤，鲁君不能用之以匡公室，而使季氏欲引之以为私人，此鲁之所以微而不振也。

伯牛有疾，子问之，自牖执其手，曰："亡之，命矣夫，斯人也而有斯疾也！斯人也而有斯疾也！"

伯牛，是孔子弟子冉耕，字伯牛。牖，是窗。古之病者，卧于北窗下，若人君来视，则暂时移在南窗下，使人君得以南面视己，所以尊君也。亡，是丧亡。命，是天命。

昔者伯牛有疾，孔子往问之，伯牛乃迁于南牖下，使孔子南面视己。盖以尊君之礼尊之也。孔子不敢当，故不入其室，但自牖中执其手，而与之诀曰："病势危笃如此，其丧亡必矣。然此乃天之所命，非由于人者也。何则？人而无德，或不能谨疾，或有以召灾，固不足言矣。今以如此之贤人，而何乃有如此之恶疾也！以如此之贤人，而何乃有如此之恶疾也！岂非莫之致而至者耶！信乎其为命也已！"盖夫子痛惜之深，故重言以叹之如此。

子曰："贤哉，回也！一箪食，一瓢饮，在陋巷。人不堪其忧，回也不改其乐。贤哉，回也！"

贤，是有德之称。箪，是竹器。食，是饭。不堪，是受不得的意思。

孔子称许颜回说："凡人学道者多，得道者少。我看颜回是个有德的贤人。如何见得？盖人莫难于处贫，而回则贫之至者。他的饮食不过是一箪之饭、一瓢之饮，又居处于荒陋的巷中，其困穷一至于此。若使他人处之，有不胜其愁苦者。然颜回之心自有乐处，但见其优游自得，不以身之困穷而遂改其乐也。这是所见者大，故中心自无不足；所得者深，故外物自不能移。非贤而有德者能如是乎？所以说'贤哉，回也'！"大抵处富贵而佚乐，居贫贱而忧戚，乃人情之常。圣贤之所乐，盖有超于贫富之外者。舜、禹有天下而不与；孔子饭蔬饮水，乐在其中；颜子箪瓢陋巷，不改其乐：其心一也。善学者当自得之。

冉求曰："非不说子之道，力不足也。"子曰："力不足者，中道而废。今汝画。"

说，是喜悦。中道，是半途。废，是止。画，是自家限量的意思。

冉求自言于孔子说道："夫子之道高矣美矣，我非不欣慕而求以至之，但资禀昏弱，心虽欲进，而力有所不足，故不能至耳。"孔子教之说："所谓力不足者，非不用其力也，乃是心诚向道，尽其力以求之，至于中道，气力竭了，莫能前进，而不得不废，这才叫作力之不足。今汝本安于怠惰，不肯用力向前，譬如画地以自限的一般，乃能进而不欲，非欲进而不能者也。奚可自诿于力之不足哉？”大抵人之勇往力行，生于真知笃好，盖志之所至，气必至焉。若冉有者，还是不曾真知道中之味而悦之。使其果悦之深，则必如颜子之欲罢不能矣，而岂以力不足为患哉！学者不可不勉也。

子谓子夏曰：“女为君子儒，无为小人儒。”

儒，是学者之称。

孔子尝教门人卜子夏说：“如今为学的人，都谓之儒，不知儒者亦有分辨。有一样君子之儒，有一样小人之儒。所谓君子儒者，其学道固犹夫人也，但其心则专务为己，不求人知。理有未明，便着实去讲求，德有未修，便着实去体验，都只在自己身心上用力，而略无干禄、为名之心，此君子之儒也。所谓小人儒者，其学道亦犹夫人也，但其心专是为人，不肯务实。知得一理，便要人称之以为知，行得一事，便要人誉之以为能，都只在外面矫饰，而无近里着己之学，此小人之儒也。汝今但学那君子之儒，而专务为己，不可学那小人之儒，而专务为人。能审乎此，则趋向正而心术端，自然日进于高明，而不流于污下矣。可不谨哉！”这君子、小人之儒，不但学术所关，亦世道之所系。人君若得君子之儒而用之，则必能守正奉公，实心为国，而社稷苍生皆受其赐；若用了小人之儒，则背公营私，附下罔上，而蠹国殃民之祸，有不可胜言者。故用人者，既观其行事，而又察其心术，斯得之矣。

子游为武城宰。子曰：“女得人焉尔乎？”曰：“有澹台灭明者，行不由径。非公事，未尝至于偃之室也。”

子游，是孔子弟子，姓言，名偃，字子游。武城，是鲁国的邑名。宰，是邑长。人，指贤人。澹台，是姓；灭明，是名。径，是小路。公事，是官府中公举的事，如乡饮、乡射、读法之类。

昔者子游为武城宰。孔子问说：“为政以人才为先。武城一邑之中，必有德行道谊可以表正风俗者。汝今为宰，亦曾得这样人与之相处否乎？”子游对说：“有个澹台灭明者，乃武城之贤人也。其存心正直，制行端严，寻常行路，必由坦然之正途，而捷径之小路则不肯由；岁时谒见，必是为邑中的公事，而非公事则未尝轻至于偃之室。夫行不由径，则动必以正，而无欲速见小之心可知；非公事不见邑宰，则有以自守，而无枉己徇人之私可见。此灭明之所以为贤，而偃之所知者，唯斯人而已。”夫子游以一邑宰，其取人犹若是，等而上之，宰相为天子择百僚，人主为天下择宰相，必以此类观焉。则刚方正大之士进，而奔竞谄谀之风息矣。

子曰：“孟之反不伐。奔而殿，将入门，策其马，曰：‘非敢后也，马不进也。’”

孟之反，是鲁大夫。伐，是矜夸。奔，是败走。殿，是居后。策，是鞭。

孔子说：“凡人但有功劳未有不矜夸自足者。我看鲁大夫孟之反，是个谦退不伐的人。大凡进军，则以当先者为勇；军退，则以殿后者为功。当时齐与鲁战，鲁师败绩。众人都往前奔走，孟之反独在后面堵截敌人，保全士卒，可谓有功矣。他却不自以为功，及将入国门之时，正众人瞩目之地，乃鞭策其所乘之马，向众人说：‘我不是敢于拒敌，故意在后，只为马疲乏不能前进耳。’”盖归罪于马，正所以自掩其功，非有功而不伐者乎？此可以为贤大夫矣。大抵不伐二字最为美德，盖谦虚乃能受益，盈满必然招损。颜渊“无伐善、无施劳”，故孔子许之。大禹不矜不伐，故帝舜称之。读者所宜深玩也。

子曰：“不有祝鮀之佞，而有宋朝之美，难乎免于今之世矣。”

祝鮀，是鮀卫大夫。佞，是有口才。宋朝，是宋国的公子，名朝。美，是容色之美。难免，是说不免为人所恶。

孔子说：“方今世道不古，人情偷薄，不好直而好谀，不悦德而悦色。故必言词便佞如祝鮀，容色美好如宋朝，然后可以取人之悦。若不有祝鮀之佞口、宋朝之美色，则无以投时俗之好，人将厌而弃之，求免于今世之憎恶亦难矣。”夫巧言令色本尧、舜之世所深恶者，而春秋之时，乃以为好，则习俗之浇漓可知。圣人所以伤叹之也。有世道之责者，可不谨其所好尚哉！

子曰："谁能出不由户，何莫由斯道也？"

户，是门户。道，是人伦事物日用之理，人所当共由者也。何莫，是怪叹之辞。

孔子说："事必有道，譬如室必有户一般。人若能出不由户，则其行不由道可也。然天下之人，其谁有能出不由户者乎？何故乃不由此道也？"盖为人之道，各在当人之身，既非有所禁而不得由，又非有所难而不能由，则夫人独何为而不由乎？是诚可怪也已。圣人警人之意莫切于此，人能反而求之，道岂远乎哉！

子曰："质胜文则野，文胜质则史。文质彬彬，然后君子。"

质，是质实。文，是文采。野，是村鄙的人。掌管文书的，叫作史。彬彬，是匀称的意思。

孔子说："凡人固要质实，也要文采。二者可以相有，而不可以相胜。若专尚质实，胜过乎文，则诚朴有余，而华采不足，就似那村野的人一般，一味是粗鄙简略而已，岂君子之所贵乎？若专尚文采，胜过乎质，则外虽可观，而中无实意，就似那掌管文书的一般，不过是虚浮粉饰而已，亦岂君子之所贵乎？惟是内有忠信诚悫之心，外有威仪文词之饰，彬彬然文质相兼，本末相称，而无一毫太过不及之偏，这才是成德之君子。德至于君子，则岂有野与史之弊乎？"盖周末文胜，古道尽亡，孔子欲矫其偏而归之正，故其言如此。但当时之君，安于弊政而不能变更，公卿大夫习于流俗而不知救正，此周道之所以日衰也。有挽回世道之责者，其念之哉！

子曰："人之生也直，罔之生也幸而免。"

直，是真实公正的意思。罔，是虚罔不直。幸，是侥幸。

孔子说："人得天地之正理以生，其是是非非、善善恶恶存之于中，发之于外者，都有个本然的公心，当然的正理，所谓直也。人能全此道理，则生于天地之间乃为无愧。若使存心虚妄，行事私邪，或作伪以沽名，或昧心而徇物，则是矫罔不直，而失其有生之理矣。生理既失，便不可以为人，就是生在世间，不过侥幸而得免于死耳。岂不深可愧哉！譬之草木，或夭或乔，畅茂条达者，乃其生理也。今乃矫揉造作，或扭直以为曲，或移此以接彼，则戕其有生之理，其不死者幸耳。人之不直，何以异于是哉！”孔子深恶不直之人如此。故圣王在上，举用正直之士，斥远憸邪之徒，则举措当而人心服矣。

子曰：“知之者不如好之者，好之者不如乐之者。”

知之，是知此道。好之，是好此道。乐之，是乐此道。

孔子说：“人之造道，有浅深之不同，然必到那至极的去处，乃为有得。彼不知道者，固不足言，若能识其为当然不易之理，而不可以不求，是固胜于不知者矣。然这只是心里晓得，未能实用其力也。不如好之者悦其义理而爱慕之深，玩其旨趣而求为之力，然后可以进于道也。岂徒知者之可比乎？所以说‘知之者不如好之者’。夫好固胜于知，然这才是用力进修，未能实有诸己也。不如乐之者融会于心而充然自得，全体于身而浩然自适，然后乃为学之成也。岂徒好者之可比乎？所以说‘好之者不如乐之者’。”夫是三者，以地位言，则知不如好，好不如乐；以工夫言，则乐原于好，好原于知。盖非知则见道不明，非好则求道不切，非乐则体道不深。其节次亦有不可紊者。学者诚能逐渐用功，而又深造不已，则斯道之极，可驯至矣。此圣人勉人之意也。

子曰：“中人以上，可以语上也；中人以下，不可以语上也。”

中人，是中等的人。语，是告语。上，是上等精微的道理。

孔子说：“凡人资质有高下，学问有深浅。教人者，要看他力量如何。若是中等以上的人，其资禀既不凡，功夫又精熟，已是有上达之机了。然后告以精微的道理，则言者适当其可，而听者不苦其难，就似登山的一般，将到高处，才说与高处的景象，便理会得，所以说‘可以语上也’。若是中等以下的人，资质既是寻常，功夫又未积累，但当就其力之所及而引进之。若遽告以精微的道理，不惟强其所不能，亦终茫然而无得，就似行路的一般，才在近处，便说与远处的路途，如何知道？所以说‘不可以语上也’。”然则君子之教，但当因人而施，岂可躐等而进乎？然此为施教者言耳。若学者之学，又当自加勉励。盖奋发勇往，则下学皆可以上达；

因循怠惰，则中人亦流于下愚。是在人立志何如耳。孔子他日告鲁君说，果能此道矣，虽愚必明，虽柔必强。此又进学者所当加意也。

樊迟问知，子曰："务民之义，敬鬼神而远之，可谓知矣。"问仁，曰："仁者先难而后获，可谓仁矣。"

樊迟，是孔子弟子。务，是专用其力的意思。民义，是人所当为的道理。难，是切己难尽的工夫。获字，解作得字。

樊迟问于孔子说："如何叫作智？"孔子答说："所谓智者，见理之明而已。盖人生日用，自有当为的道理，若鬼神之福善祸淫，虽与人事相为感通，然其事则幽昧而难知者也。不可知而谄事以求之，惑之甚矣。今惟用力于人道之所宜，凡伦理所当尽，职分所当为者，一一着实去做。至于鬼神，则惟敬以事之而已，却不去亵近，而谄渎祷祀以求福也。这是他心有定见，故祸福之说不足以动其念，幽远之事不足以眩其明，岂不可谓之智乎？"樊迟又问："如何叫作仁？"孔子答说："所谓仁者，存心之公而已。盖为人之道，本是难尽，若为之而有所得，虽功效相因，理之自然，然不可有心以预期之也。有心以期之，则涉于私矣。今惟先其事之所难，凡身心之所切，性分之所关者，只管上紧去做。至于后来的效验，则惟俟其自至而已，却不去计较，而有意以期必之也。这是他心有定守，故能纯乎正谊明道之公，而绝无计功谋利之念，岂不可谓之仁乎？"按夫子此言，虽是分言仁智，其实只是一理。盖媚神之念，即是望效之心；先难之功，即是务民之义。人能用力于人道之所难，而祸福得失，皆置之于不计，则仁智之道，兼体而不遗矣。此又学者之所当知。

子曰："知者乐水，仁者乐山。知者动，仁者静。知者乐，仁者寿。"

知者，是明理的人。乐，是喜好。仁者，是全德的人。

孔子说："天下有明智之人，有仁德的人，人品不同，则其性情亦异。大凡知者之所喜好，常在于水；仁者之所喜好，常在于山。盖知者于天下之理见得明白，其圆融活泼，无一些凝滞，就似水之流动一般，此其所以乐水也；仁者于吾心之德养得纯粹，其端凝厚重，不可摇夺，就似山之镇静一般，此其所以乐山也。夫人惟心有拘系，所以多忧。知者既流动不拘，则胸次宽弘，遇事便能摆脱，凡世间可忧之事皆不足以累之矣，岂不乐乎？人惟嗜欲无节，所以损寿。仁者既安静寡欲，则精神完固，足以养寿命之源，凡伐性丧生之事皆不足以挠之矣，岂不寿乎？”夫人情莫不欲乐，亦莫不欲寿，而惟有知仁之德者为能得之。则反身修德之功，人当知所以自勉矣。

子曰："齐一变，至于鲁；鲁一变，至于道。"

齐、鲁，是二国名。变，是变易而作新之。道，是先王文武之治道。

孔子说："我周初有天下，封太公于齐，封周公于鲁。二国皆被圣人之治，其政教风俗固纯然文、武之盛也。至于今日，则齐、鲁皆与旧时不同。然齐经桓公霸政之后，其习俗相传，遂急功利，喜夸诈，而太公之治已荡然无存。鲁则无所变更，至今犹知重礼教，崇信义，而周公之遗风尚在，但人亡政息，不能无废坠耳。若齐之君臣能变其政而作新之，则仅可如今日之鲁。盖功利既革，方可望于礼教，夸作既去，方可望于信义，而文武之盛固难以遽复也。若鲁之君臣能变其政而作新之，则便可至于先王之道。"盖礼教信义莫非先王之旧，但修举其废坠，则纪纲制度焕然维新，而文武之盛可复见于今日矣，所以说"齐一变，至于鲁；鲁一变，至于道"耶？此可见夫子经纶的次第。使二国能用之，则虽至道有难易，而一变再变之余，治功无不成者。惜乎其不能也。

子曰："觚不觚，觚哉！觚哉！"

觚，是木简。古时未有纸札，唯削木为数方，书字其上，用以记事，以其器有棱角，故谓之觚。"觚哉！觚哉！"言不得为觚也。

孔子发叹说道："天下的事物有其实，乃可以称其名。如器之所以名为觚者，本因其有棱角，故名为觚也。若为觚而去其棱角，则失其觚之本制矣。既失其制，则名虽存而实已废，尚得谓之觚哉！尚得谓之觚哉！"然圣人之意，非为一觚，盖见世之有名无实者多，因感于觚而发叹也。故君尽君道，而后可以为君，臣尽臣道，而后可以为臣，不然亦皆觚而不觚者也。若其所关系，则又岂特一器之小而已哉！

宰我问曰："仁者，虽告之曰'井有仁焉'，其从之也？"子曰："何为其然也？君子可逝也，不可陷也；可欺也，不可罔也。"

宰我，是孔子弟子宰予。井有仁的仁字，当作人物的人字。从，是随。逝，是往救。陷，是陷溺。欺，是欺诳。罔，是诬罔。

宰我有志于仁，而不知为仁之道，乃问于孔子说："仁者既以爱人为心，则闻人有难便当往救，虽是人告他说，有人溺于井中，亦当随之入井而救之乎？不救，则无恻隐之心；救之，则有沉溺之患。然则为仁岂不难哉？"孔子答说："仁者虽切于救人，然必己身得生而后可以救人之死。若从人入井，则无益于彼，而先丧其身，愚亦甚矣！仁者何为而若此乎？大凡仁人君子闻人有难，便有恻然哀怜之心，使之奔走而往救则可，若使之入井而自陷其身则不可。盖凡事自有个道理须要斟酌，若是理之所有的，人虽欺诳他，也要信了；若是理所必无的，人虽欲诬罔而使之轻信，岂可得乎？然则井中有人，理之所有也，故可使之往救；入井救人，理所必无也，故不可使之陷溺。子欲为仁，亦详审于轻重缓急之间而已。"盖利济兼爱者，仁之心也；揆度事理者，智之事也。有智以行仁，而后仁为无蔽。宰我忧为仁之陷害，其不智可知，故孔子晓之如此。

子曰："君子博学于文，约之以礼，亦可以弗畔矣夫！"

博，是广。文，是《诗》《书》六艺之文。约字，解作要字，是敛束的意思。礼，是天理之节文。畔字，解作背字。

孔子说："君子之学，将以求道也。然道散于万变，而文则所以载之，使非博之以文，则闻见浅陋，而不能旁通。道本于身心，而礼则所以检之。若徒博而不能约之以礼，则工夫汗漫而无所归宿，便与这道理相背了。"所以君子之学，务要旁搜远览，凡天地民物之理，《诗》《书》六艺之文，一一去讲习讨论，以广吾之闻见。这是博学于文。然又不徒博而已，必收敛约束，于凡视听言动之间，都守着天理之节文，不敢少有放肆，这是约之以礼。夫博学于文，则闻见日多，既不病于孤陋；约之以礼，则身心有据，又不涉于支离。如此用工，虽未必便能与道为一，然由此进之，则亦可以至于道矣，何相背之有乎？圣人示人为学之方，莫切于此。若就君道上说，则凡亲贤纳谏，读书穷理，即是博文的工夫；以其所闻所见者而检束其身心，体验于政事，即是约礼的工夫。人主务此，则二帝三王之治可几而至矣。

子见南子，子路不说。夫子矢之，曰："予所否者，天厌之！天厌之！"

南子，是卫灵公的夫人。矢字，解作誓字。否，是不合道理。厌，是弃绝。

昔孔子曾到卫国，卫君之夫人有南子者，素知尊敬孔子之道德，要与相见。孔子辞谢不得已而见之。盖古人仕于其国，有见小君之礼，南子据礼以求见，故孔子不轻绝之。圣人所为，无一而非礼之所在也。子路不知此义，只说南子是个淫乱的人，不该见他，心里不悦。孔子也不明言其意，但出誓言以告之说："凡人立身行事，须是依着道理，不愧于天，则天必佑之。若使我之所为不合于礼，不由于道，有一毫得罪于天，天必将弃绝我矣！天必将弃绝我矣！"重言之者，欲使子路笃信乎此，而深思以得之也。盖孔子道大德宏，不为已甚，故其待南子者如此。至于灵公问陈，则明日遂行，孔子岂屈己以徇人者哉？合而观之，可以知圣人之心矣。

子曰："中庸之为德也，其至矣乎！民鲜久矣。"

中，是无过不及。庸，是平常。人所同得的道理，叫作德。至，是极致。鲜，是少。

孔子说："天下之事但有一毫太过，便可减损；有一毫不及，便可增益，都不是至善的道理。惟是中庸之为德，本于天命人心之正，而不离乎民生日用之常，既不偏于太过，亦不偏于不及，而其理经久可行，乃是至精至粹，尽善尽美的道理，岂非极致而无以加者乎！然这道理是人人之所同得，亦人人之所当行，自古圣贤所以治世修身都不外此。但如今的人，或拘于气禀之偏，或安于习俗之敝，贤智的则失之太过，而不能裁抑以合乎中；愚不肖的则终于不及，而不能黾勉以求其至，少有此德者，亦已久矣。"孔子深有感于世道之衰，故叹之如此。

子贡曰："如有博施于民而能济众，何如？可谓仁乎？"子曰："何事于仁？必也圣乎！尧、舜其犹病诸。

博，是广。施，是施恩于人。济众，是济度众人，使各得其所。何事，是说不止如此。病，是心里不足的意思。

子贡未得为仁之方，而徒志于高远，乃问于孔子说："吾闻无所不爱之谓仁。如有人焉，广施恩惠于天下之民，能使万民之众各得其所，而无有不济，这等为人，夫子以为何如，亦可以谓之仁矣乎？"孔子答说："仁者之心无穷，而分量亦有限。如必博施而济众，则岂止于仁而已？必是圣人全体仁道而造其极者，然后能之乎？然圣如尧、舜，可谓至矣，而尧、舜之治天下，犹有下民其咨之叹，黎民阻饥之忧，其心歉然常若有所不足也。况他人乎？"夫圣人且以为难，而子以是求仁，失之远矣。

"夫仁者，己欲立而立人，己欲达而达人。"

立，是成立。达，是通达。

孔子告子贡说："汝以博施济众为仁，只为未识仁体故耳。夫所谓仁者，只是纯乎天理之公而无私欲之间，看得天下的人就如自己一般，疾痛疴痒都有相关的意思。如自己要成立，便不忍他人之颠危，必思以扶持调护，使之同归于成立而后已；自己要通达，便不忍他人之穷困，必思以开导引掖，使之同归于通达而后已。这等立心就是天下一家，万物一体的气象，虽不必遍物而爱之，而本体已具，则功用在其中矣。此乃所以为仁，而非博施济众之谓也。"

"能近取譬，可谓仁之方也已。"

譬字，解作喻字，是比方较量的意思。方，是术。

承上文说："仁之本体，只是一个公心，则为仁者亦不必求之于远矣。若能近取诸身，将自己的心比方他人的心，如自己欲立，便知人之欲立与我一般，即推之以立人；自己欲达，便知人之欲达与我一般，即推之以达人。这就是为仁的方法。所谓纯乎天理之公而无私欲之间者，不过如此。岂复有他术哉？"盖子贡之说，是在功用上求仁，故其效愈难而愈远。孔子之论，只在心体上求仁，故其术至简而至易。况能知为仁之方，则虽尧、舜之所以为圣，亦不外此。盖尧、舜之圣岂能遍物而爱之？只是其心常在安民而已。人君若能以安民为心，而推之以治天下，则仁圣之事一以贯之，而何尧、舜之不可及哉！

卷四

述而第七

子曰:“‘述而不作，信而好古。’窃比于我老彭。”

述，是传旧。作，是创始。窃字，解作私字。比，是仿效。老彭是商时的贤大夫。

昔孔子删《诗》《书》，定《礼》《乐》，赞《周易》，修《春秋》，传先王之道，以教万世。然犹不敢以作者之圣自居，乃谦逊说道:“大凡天下之事，有前人已为，而后人传之者，谓之述；有前人未为，而自我创始者，谓之作。作非圣人不能，而述则贤者可及也。我今虽有所修为，只是传述先王之旧，或考之方册而重加发明，或闻之故老而更为裁定，实未尝重新创造而有所作也。盖天地间的道理，哪一件不是古人说过的？就中讲求，自有无穷的妙处。我则深信而笃好之，惟日孜孜不能自已，故但见其可述，而无容于复作也。然此岂我之独见哉？比先商时贤大夫有老彭者，他能信古而传述，我尝慕其为人，今我所为不过私自仿效我老彭耳！”夫孔子于古之贤人，犹不敢显然自附如此！其德愈盛而心愈下，盖可见矣！

子曰:“默而识之，学而不厌，诲人不倦，何有于我哉？”

默，是不言。识，是记。诲人，是教人。

孔子说:“人之求道，如徒务口语而不能存之于心，则闻见虽多，终非实得。必须沉静简默，只在心上去理会，凡所闻所见的都不费辞说，而自无所遗忘，然后能深造而自得也。人之为学，若只是始初奋发，到后来便厌烦了，则工夫间断，岂能有成？必须深信义理之无穷，而实用其力，自始至终都只是这等勤学，无一毫厌怠之意，然后谓之好学也。人之设教，若不能尽心开导，到费力去处，便都倦了，则私意未忘，岂能成物？必须真知物我之无间，而有教无隐，随人问难，都因材而造就之，无一毫倦怠之心，然后谓之善教也。这三件都是成德之事，而我之尝所致力者。

然反而求之，何者能有于我哉？”夫圣人会道全体而曲成不遗，乃犹自以为不能，其谦己诲人之意至深切矣。

子曰：“德之不修，学之不讲，闻义不能徙，不善不能改，是吾忧也。”

义，是理之所当为者。徙字，解作迁字。

孔子说：“德必修而后成，学必讲而后明。闻义能徙而后善可积，不善能改而后恶可去。这四件是切实紧要的功夫，凡欲为圣贤者皆当用力于此也。今我之于德，未能省察克治，以涵养其本源；我之于学，未能讲习讨论而研究其精奥；义有当为的，未能闻斯行之而迁徙以从其新；不善当改的，未能务于决去而惩创以革其旧。则是德有不成，学有不明，善不能积，恶不能去，将日流于污下，而不可进于高明矣。岂非吾之深忧者乎？”夫以夫子之圣，非真有所不能也，亦非自知其能而故为是言也。盖其好学无已之心，自视常若有不能耳。然此四者，在人君尤为切要。古之帝王或懋敬厥德，终始典学，或取人为善，改过不吝，皆是道也。欲法古帝王者，宜三复孔子之言。

子之燕居，申申如也，夭夭如也。

燕居，是闲居无事之时。申申，是舒畅的意思。夭夭，是和悦的意思。

门人记说：“凡人在闲暇之时，有怠惰放肆的，便自亵其威仪；有矜持矫饰的，或反过于严厉，皆非盛德之气象也。惟吾夫子，在闲居无事之日，以四体则从容舒展而略无拘迫，何其申申如也；以颜色则融和润泽而自然愉悦，何其夭夭如也。盖德性极其纯粹，故容貌合于中和者如此。”门人此言，可谓善形容有道气象者矣。

子曰：“甚矣吾衰也！久矣吾不复梦见周公。”

衰，是血气既衰。

孔子发叹说：“凡人年有老少，则血气有盛衰。甚矣，我血气之衰也！如何见得？盖我当强壮之年，常常梦见周公，恍然若与之相遇。到如今来，许久不复梦见周公矣，则吾之衰岂不甚乎？”盖孔子生于周时，一心要做周公的事业。方其精力壮盛，寤寐不忘，故常形之于梦。及其既老，则自谅其力不能为，无复是心，而亦无复是梦矣，故其发叹如此。可见贤才之生于世，其可以有为者，每在其强壮之时；而人君之用贤，亦当趁其强壮而任之。若精力既衰，则事功所就，已不能副其初心矣，况于终不用乎？然则孔子之自叹其衰，固为可惜，而当时之君不能及时用之，以再见周公之化，而使之卒老于下位，则尤为可惜也。

子曰：“志于道，据于德，依于仁，游于艺。”

这一章是孔子示人为学之全功。志，是心之所向。据，是执守。依，是依止。游，是游衍玩习的意思。

孔子说：“学莫先于立志，而道乃人伦事物当然之理，志不于是，则趋向差矣。故必以道为终身之准的，而专心致志以求之，则所适者正，而无他歧之惑矣。行此道而有得于心，叫作德。德而不据，则持守之功不继，能保得者之不失乎？必拳拳服膺，务使此德常有诸己，而日积月累，不至于若存若亡而后可。体此道而心德纯全，叫作仁。仁而不依，则私欲有时复萌，能保全者之不亏乎？必念兹在兹，务使此仁存养愈熟而周流贯彻，无一毫间断错杂而后可。夫志道、据德、依仁，是本之在内者，无不尽矣。至于礼、乐、射、御、书、数之事，虽艺文之末，非德行之本，然亦至理所寓，而日用之不可缺者，亦必游息于藏修之余，从容而玩味其理，用以收敛身心，调养性情，而成其道德焉。则本末兼该，内外交养，而忽不自知其入于圣贤之域矣。”学之全功，何以加此？然此章之旨，不但是学者所当知，在人君尤为切要。盖道、德、仁，乃人君修身治天下之本，必当深造其极，方可无歉，而凡游心于艺文者，又须务求实用，始为有益。古之帝王所以学古有获，道积厥躬，德修罔觉者，正是如此。善学者当以圣言为法程可也。

子曰：“自行束脩以上，吾未尝无诲焉。”

脩，是脯，乃干肉也。十脡为一束。古人初相见，必执贽以为礼，一束之脩乃其至薄者。自行束脩以上，言随其厚薄之不同也。诲，是教诲。

孔子说:“无不善者，人之性；而无不欲其入于善者，吾之心。但人不知来学，吾固无往教之理。苟知求教，自行束脩以上之礼而来者，即是可与为学之人，吾则未尝不教诲之焉。”盖天生圣人，非徒使自圣而已，正欲其以先知觉后知，以先觉觉后觉，而为时人之耳目也。所以圣人教人之心，倦倦无已如此。使其得君师之位，则必能大行其政教，使人人皆为君子而后已。惜乎不得其位，但能成就后学，以传道于来世也。

子曰:“不愤不启，不悱不发。举一隅不以三隅反，则不复也。”

愤，是心求通而未得的意思。启，是开其意。悱，是口欲言而未能的模样。发，是达其词。隅，是四方转角处。反，是反复问难。复，是再告。

孔子说:“君子之教人，固当尽言而无隐，然必其人有受教之地，而后可以施吾造就之方。且如人之求道，有用心思索而未能即通者，谓之愤。愤则有可通之机，吾因而为之开其意，彼将豁然而无疑矣。若未至于愤，则在彼本无求通之心，我何从而开之乎？此所以不启也。有心知其意而口未能言者，谓之悱。悱则有可达之势，吾因而为之达其词，彼将沛然而莫御矣。若未至于悱，则在彼本无欲言之心，我何从而达之乎？此所以不发也。至于我之所启发者，又看他了悟如何。若能于我所言，触类旁通，因此识破，我举其一隅，而彼即能以三隅反。譬如，提起东方一角的事，他就并西、南、北方的道理都晓得了，提起西方一角的事，他就并东、南、北方的道理都晓得了，一一回答将来，相与质证。这等的人是其机圆而不滞，其心通而无碍，然后详以告之，则彼此相契，而其言易入矣。若示之以一隅，而不能以三隅反复问难，则是资禀庸下而不能推测，意见凝滞而未能旁通，虽谆谆而语之，亦终茫然而无得耳。我何为而强聒乎？此吾所以不复告也。”夫以孔子之诲人不倦，犹必因人而施如此。然则学者可不勉于用力，以为受教之地哉？

子食于有丧者之侧，未尝饱也。子于是日哭，则不歌。

侧，是边傍。哭，是吊丧而哭。歌，是咏歌，盖古人以歌咏养性情，遇心有所乐则歌也。

门人记说:“夫子哀死之心真切而不能自已。如人有死丧之事,而夫子食于其侧,则未尝饱。盖临丧哀,故食之而不能甘也。又如夫子于是日吊丧而哭,则其一日之间不复咏歌。盖余哀未忘,而自不能为乐也。”然此乃是不忍之心。古之帝王见百姓之饥寒困苦、流离死亡,则必为之减膳、撤乐,急急救恤,即是此心。有天下者能推此心以仁民,则无一夫不得其所,而仁覆天下矣。

子谓颜渊曰:“用之则行,舍之则藏,唯我与尔有是夫!”

行,是出而行道。舍,是不用。藏,是隐而不出。

昔颜子深潜纯粹,学已几于圣人。故孔子称许他说:“吾人出处进退,只看时之所遇何如。或以仕为通,而至于枉己徇人固不可;或以隐为高,而务于绝人逃世亦不可。惟是人能用我,时可以有为,则出而行道,以图济世之功;人舍我而不用,时不可以有为,则隐而不出,以全高尚之志。或出或处,无一毫意必于其间,这才是随时处中的道理。此惟我与尔为能有之,在他人则不敢以轻许也。”盖孔子为时中之圣,自然合乎仕止久速之宜。颜子具圣人之体,能不失乎出处进退之正。观孔子有东周之志,而疏食饮水,乐在其中;颜子有为邦之向,而箪瓢陋巷,不改其乐,盖可见矣。然以大圣大贤而皆不遇于春秋之世,则岂非世道之不幸哉!

子路曰:“子行三军,则谁与?”子曰:“暴虎冯河,死而无悔者,吾不与也。必也临事而惧,好谋而成者也。”

一万二千五百人叫作一军;大国则有三军。暴虎,是不用兵器而徒手搏虎。冯河,是不用舟楫而徒步涉河。

子路见孔子独美颜渊,乃就问说:“用舍行藏,夫子固与颜回共之矣。设使夫子统领三军,而行战伐之事,则将与谁共事乎?”盖自负其勇,意夫子行军必与己同也。孔子答说:“君子之所贵者,在乎义理之勇,而不在乎血气之刚。若是徒手搏虎,徒步涉河,甘心必死而无怨悔,这是轻举妄动、有勇无谋的人。使之用兵,必然取败,吾不与之行三军也。必是平昔为人不敢轻忽以误事,亦不敢苟且以成事,但事到面前常有兢兢业业、凛然危惧的意思。又好用计谋，预先斟酌停当，然后果决以成之，这才是持重详审、智勇兼备的人。使之用兵，必能全胜，吾方与之行三军耳！亦何取于徒勇哉？”子路好勇而无所取材，故孔子以是抑而教之。其实行军之道，亦不外此。故赵括好谈兵而致长平之败，充国善持重而收金城之功。任将者当知所择矣。

子曰：“富而可求也，虽执鞭之士，吾亦为之；如不可求，从吾所好。”

这是孔子设词以警人的说话。

执鞭，是贱者之事。

孔子说：“人之所以役役焉以求富者，意以富为可求也。若使富而可以人力求之，则虽执鞭之事，吾亦为之。盖执鞭虽贱者之役，而苟足以致富，则亦无不可为者。但人之富贵贫贱，莫不有命存焉，决非人力所能强求者。如其不可强求，则在我自有义理可好，吾惟从吾所好而安于命耳。何必终日营营，为是无益之求，以徒取辱哉？”夫孔子之圣，非真屑为执鞭之士也，特见当世之人，多自决其礼义之防，而甘心于苟贱之羞，故甚言以警人之妄求耳。所以他日又曰：“不义而富且贵，于我如浮云。”观此，则自修者固不当愿乎其外，而取人者尤必先观其所守可也。

子之所慎：齐，战，疾。

齐，是将祭时斋戒。战，是统兵而行战阵之事。疾，是疾病。

门人记说：“夫子之所最谨慎者有三件事。其一曰齐。盖齐以交神，苟有不慎，则志意涣散，神必不享。所以夫子之于斋也，内秉寅恭，外敦俨恪，务致其精诚，而后承祭以交于神焉。其一曰战。盖战者众之死生，国之存亡系焉，苟有不慎，则机宜不审，何以能胜？所以夫子之于战也，临事而惧，好谋而成，务出于万全，而不敢轻率以取败焉。其一曰疾。盖疾乃吾身之所以死生存亡者，苟有不慎，能无伤乎？所以夫子于无疾之时，则薄滋味，寡嗜欲，时节其起居，而不敢宴游无度；和平其性气，而不敢喜怒过当。不幸有疾，则加意调养，审择医药，而不敢有一毫之忽略焉。”盖圣人无所不慎，而此三者关系尤大，故谨之又谨如此。

子在齐闻《韶》，三月不知肉味。曰："不图为乐之至于斯也！"

《韶》，是舜乐名。不图，是不意。

古者圣王作乐以象德。帝舜以至圣之德，当极治之时，故所作《韶》乐最为美盛。舜之后封于陈，犹传其乐。至陈敬仲奔齐，而《韶》乐遂在齐矣。夫子周流至齐，得闻其音，乃从而学之，至于三月之久，一心只在乐上，虽当食之时，有不知肉味之为甘者。盖不特习其声容节奏之末，而其契合之深，就如亲见虞舜之圣，身在雍熙之时者矣。遂不觉发叹说道："吾向也但知《韶》乐之美，犹未能得于亲闻；今也始得闻而学之，不意其所作之乐至于如此之美也。"盖夫子中和之蕴本自与舜合德，故一闻《韶》乐而叹息之深如此。他日又称其"尽善尽美"，而颜渊问为邦，则以《韶》《舞》告之，其上嘉于虞舜者至矣。

冉有曰："夫子为卫君乎？"子贡曰："诺。吾将问之。"

为字，解作助字。卫君，名辄，是灵公之孙、世子蒯聩之子。诺，是应答之词。

昔卫灵公时，世子蒯聩得罪出奔。灵公薨，国人遂立蒯聩之子辄。及晋人送蒯聩归国，辄拒之不受。当时卫国之人都说道："蒯聩得罪于父，于义当绝。辄以嫡孙嗣立，于礼为宜。未有明言拒父争国之非者。"那时孔子在卫，冉有疑孔子亦以为宜，乃私问子贡说："卫君之立，国人固皆助之矣，不知夫子亦以为当然而助之否乎？"子贡即诺而应之说："吾将入见夫子而问之。"盖未能深谅孔子之心，而不敢遽答冉有之问也。

入，曰："伯夷、叔齐何人也？"曰："古之贤人也。"曰："怨乎？"曰："求仁而得仁，又何怨！"出，曰："夫子不为也。"

伯夷、叔齐，是孤竹君之二子，长子叫作伯夷，第三子叫作叔齐。

孤竹君曾有遗命，要立叔齐为君。及卒，叔齐又逊伯夷而不肯立。伯夷说父命不可违，叔齐说伦序不可乱，两人互相推让，都逃去了。这是兄弟逊国的事，正与卫君父子争国的相反。子贡不敢直斥卫君，乃入而问孔子说："伯夷、叔齐是何等人也？"子贡之问，是要看孔子之取舍何如。若以争国为是，则必以让国为非；若以让国为当然，则必以争国为不可矣。

孔子答说:“二子逊国而逃,制行高洁,是乃古之贤人也。”子贡又问说:“二子固是贤人,不知让国之后,其心亦有所怨悔否乎?”子贡之意,盖以让国之事,人所难能,若贤如二子者,尤出于一时之矫激,而未免于他日之怨悔。则不可概责之他人,而卫君犹或可恕也。孔子答说:“凡人有所求而不得则怨。今伯夷以父命为尊,叔齐以天伦为重,只要合乎天理之正,即乎人心之安,所以求尽乎人也。今既不违父命,不悖天伦,是求仁而得仁矣。求之而得,则其心已遂,又何怨悔之有乎?”夫孔子之于夷、齐,既许其贤而又谅其心如此,则让国之事乃孔子之所深取也。以让国为是,则必以争国为非,而其不为卫君之意不问可知矣。故子贡出而谓冉有说:“夫子不助卫君也。”盖惟孔子为能谅夷、齐之心,惟子贡为能谅孔子之心。一问答之间,而父子兄弟之伦,昭然于天下矣。为国者可不以正名为先乎?

子曰:“饭疏食,饮水,曲肱而枕之,乐亦在其中矣。不义而富且贵,于我如浮云。”

饭,是吃。疏食,是粗饭。肱,是手臂。

孔子自叙其安贫乐道之事,说道:“人生日用之间,无不欲饮食充足,居处安逸者。我所食的不过是粗饭,所饮的不过是水,其奉养之菲薄如此;夜卧无枕,但曲其肱而枕之,其寝处之荒凉如此:贫困可谓极矣!只是我心中的真乐,初不因是而有所损,亦自在其中焉。若彼不义而富且贵,苟且侥幸以得之,虽胜于疏食饮水,以我视之,漠然如浮云之无有,何尝以此而动其心耶!”盖圣人之心,浑然天理,故不以贫贱而有慕乎外,不以富贵而有动于中如此。

子曰:“加我数年,五十以学《易》,可以无大过矣。”

加字,当作假字。五十字,当作卒字。假是借,卒是终。《易》,即是如今《易经》所载的道理。

孔子说:“《易》之为书,广大悉备。凡天道之吉凶消长,人事之进退存亡,都具载于其中,学者所当深察而玩味也。但其理深奥精微,我尝欲学之而尽其妙,然今则老矣。天若假借我数年,使我得终其学《易》之功，或观其象而玩其辞，或观其变而玩其占，凡道理精微的去处一一都讲究得明白，则吉凶消长之理，进退存亡之道，我皆能融会于一心。由是见诸行事，必能审动静之时，得趋避之正。虽未必全然无过，而亦可以无大过矣。”夫圣人全体易道，行不逾矩，岂待假以数年而学《易》，亦岂待学《易》而后能免过？正谓易理无穷，欲人当及时以勉学耳。欲寡过者，当以讲学穷理为先也。

子所雅言：《诗》、《书》、执礼，皆雅言也。

雅字，解作常字。执，是执持。人能事事循礼，才有执持，所以叫作执礼。

门人记说：“夫子之设教，固必因人而施。然平日所常言者，则有三件：一是《诗》。盖《诗》之为言有美有刺，美者可以劝人为善，刺者可以戒人为恶。吾人所以养性情者，莫切于此。一是《书》。盖《书》之所载有治有乱，与治同道则无有不兴，与乱同事则无有不亡。吾人所以考政事者，莫切于此。一是执礼。盖礼主恭敬而有节文，既可以防闲其心志，又可检饬其威仪。吾人欲养其德性，使有所执持者，莫切于此。这三件都是切实的道理，紧要的功夫，故夫子常以为言，欲人念念在此而不忘，时时用力而不懈也。”夫以孔子之圣，犹汲汲于学《易》，而于《诗》、《书》、执礼则雅言之，可见圣人之道具在六经。学者必讨论讲习，乃可以明理；人君必体验推行，乃可以致治。读者宜致思焉。

叶公问孔子于子路，子路不对。子曰：“女奚不曰：‘其为人也，发愤忘食，乐以忘忧，不知老之将至云尔。’”

叶公，是叶县的令尹，僭称公。奚字，解作何字。愤，是急于求通之意。

昔者叶公问孔子之为人于子路，子路不对。盖圣人之德未易名言，故子路不敢轻对也。孔子闻而教之说：“叶公之问，盖欲知我也。而汝之不对，何也？汝何不说：‘其为人也，惟知好学而已。方其理之未得，则发愤以求之，虽终日不食，有不知者。愤而至于忘食，是其愤至极也。及其既得，则欣然自乐，虽事之可忧，有不知者。乐而至于忘忧，是其乐之至也。然天下之义理无穷，未得而求之以至于得，则愤者又未尝不乐也；有得而尚有所未得，则乐者又未尝不愤也。二者循还，日有孜孜，而无所止息，虽老年将至，有不自知焉者。是乃我之为人也。’汝何不以告叶公乎？”这是孔子自言其好学之笃如此。然其全体至极，纯一不已之心，于此亦可见矣。欲学圣人者，其可不以勤励不息自勉哉？

子曰："我非生而知之者，好古，敏以求之者也。"

古，是古人的典籍。敏，是急速的意思。

孔子说："天地间的道理，凡精粗小大，哪一件不是吾人之所当知。但人之气禀不同，有天生上智，自然知此道理者。我今虽有所知，岂是聪明睿智，生来自然能知而不待学习者乎？只是见得这个道理，都具于古人之典籍，若非心里喜好，则志向不专，非上紧讲求，则功夫有间，所以笃信好古，汲汲焉勉力以求之。将古人的言语，字字去体认，将古人的行事，件件去思索，就似饥之求食，渴之求饮一般，惟日孜孜，不敢有一毫之懈怠。是以学力至到，义理固然贯通，而能有所知耳，岂真生而知之者哉！"此虽孔子自谦之辞，其实学问之功，虽圣人亦不能废。故尧、舜舍己从人，大禹不自满假，成汤之得师，武王之访道，皆不敢自恃其聪明，而必从事于学问也。傅说说学，以古训"逊志，务时敏"，正与"好古敏求"之言相合，为人君者不可不知。

子不语怪、力、乱、神。

语，是言语。怪，是怪异。力，是勇力。乱，是悖乱。神，是鬼神。

门人记说："夫子教人，固无所隐，然亦有所不语者，怪、力、乱、神是也。"夫怪者，诡异无据，虚诞不经，最能骇人之听闻，惑人之心志者也。力者，以强凌弱，以众暴寡，专用血气而不顾义理者也。乱者，臣子叛君父，妻妾弃其夫，乃人伦之大变，天理所不容者也。鬼神者，视之而弗见，听之而弗闻，其应感之理幽远而难测者也。前三件非理之正，后一件非理之常，言之则有以启人好奇不道之心，渺昧荒唐之想，故夫子绝不以为言。其所雅言者，不过《诗》、《书》、执礼；其所立教者，不过文、行、忠、信而已。

子曰："三人行，必有我师焉。择其善者而从之，其不善者而改之。"

师，是师范。

孔子说："学无常师，道在有益。人能存心于为己，斯无往而非进德之地，便是三人同行，亦必有我之师范存焉。盖人之所为非善则恶，而师也者，所以引人为善，教人去恶者也。今三人虽寡，而观其所行，岂无合于义理而为善者乎？亦岂无悖于义理而为不善者乎？善者我则景仰欣慕，取法其善而从之；不善者我则反观内省，恐己亦有是恶而改之。"夫择善而从，则足以长吾之善，是善固我之师也。见不善而改，则足以救我之失，是不善亦我之师也。所以说"三人行，必有我师焉"。三人且如此，则天下之人无往而非师矣。人能随处而自考，触类以求益，进善岂有穷乎？即此推之，可见人君之学，尤须广求博采。凡臣下之忠言嘉谟，古今之治乱得失，盖无非身心治理之助者。诚能以圣哲为芳规而思与之齐，狂愚为覆辙而深用为戒，是谓能自得师而德修于罔觉矣。

子曰："天生德于予，桓魋其如予何？"

桓魋，是宋之司马。如予何，是说没奈我何，言不能害己也。

昔孔子周流四方，行到宋国，那时宋国的司马有桓魋者，忌孔子而欲杀之，门人都惧其不免。孔子晓之说："人之死生祸福皆系于天。若天无意于我，必不生我以如是之德。天既生我以如是之德，则我之命，天实主之，必将佑我于冥冥之中矣。桓魋亦人耳，其将奈我何哉？盖必不能违天而害我也。"然孔子虽知天意之有在，而犹必微服过宋以避之，则可见天命固不可以不安，而人事亦不可以不尽。故知祸而避，则为保身之哲；以义安命，则为乐天之仁。观圣人者，于此求之可也。

子曰："二三子以我为隐乎？吾无隐乎尔。吾无行而不与二三子者，是丘也。"

二三子，指众弟子说。隐，是隐讳而不言。与字，解作示字。

昔孔门弟子专以言语求圣人，以为夫子之道本自高深，而其教人则甚平易，必有秘而不传者，故以有隐为疑。孔子乃教之说："二三子之学于吾门久矣，其将以我为吝教，有所隐讳而不言乎？不知吾之于尔初未尝有所隐也。盖道理在人，本自明白简易，固不待言而显，亦不可执一而求。我今一动一静、一语一默，凡身之所行都依着道理，这是二三子所共见共闻的，则是以身立教，无一事不以昭示于二三子者。此乃丘之为人也，何尝有隐于尔哉？二三子不能随处体认，而徒以言语求之，非惟不知我，抑亦不善学矣。"然孔子之道，不但晓然昭示于门人，而亦灿然大明于万世。善学圣人者，若能反之身心之间，而不徒泥于言语之末，则何圣道之不可及哉？

子以四教：文、行、忠、信。

文，是《诗》《书》六艺之文。行，是体道于身。尽己之心叫作忠。待物以实叫作信。

门人记说："夫子以成就后学为心，其为教虽无所隐，然大要不过四件。四者何？文、行、忠、信是也。"盖天下之义理无穷，皆载于《诗》《书》六艺之文，使不有以讲明之，则无以为闻见之资，而广聪明之益，故夫子每教人以学文也。然道本于身，使徒讲明，而不一一见之于躬行，则所学者不过口耳之虚，而非践履之实，故夫子每教人以修行也。然道原于心，使发乎己者有不忠，应乎物者有不信，则所知所行皆为虚伪，而卒无所得矣。故夫子每教人以忠，使其发于心者肫肫恳至，而无一念之欺；教人以信，使其应乎物者，慥慥笃实，而无一事之诈。苟能此四者，则知行并尽，表里如一，而德无不成矣。为学之道，岂有加于此哉？此夫子所以为善教也。

子曰："圣人，吾不得而见之矣；得见君子者，斯可矣。"子曰："善人，吾不得而见之矣；得见有恒者，斯可矣。亡而为有，虚而为盈，约而为泰，难乎有恒矣。"

圣人，是神明不测之号。君子，是才德出众之名。善人，是志仁无恶的人。有恒，是存心有常的人。亡字，即是有无的无字。虚，是空虚。盈，是充满。约，是寡少。泰，是侈泰。

孔子说："天下之人品等第，每有不同，而随其才器造诣，皆可上进。彼神明不测、大而化之的圣人，乃人之至者，吾不得而见之矣；得见才德出众而为君子者，斯亦可矣。然君子去圣人不远，岂易得哉？不惟君子不可得而见，至于天资粹美、志仁无恶的善人，吾亦不得而见之矣；得见存心之有常者，斯亦可矣。夫有恒者之与圣人，高下固为悬绝，而实为入德之门，然谓之有恒，不过质实无伪耳。盖天下之事，必有其实，乃能常久，若是存心虚伪，本无也，却做个有的模样；本空虚也，却做出个盈满的模样；本寡少也，却做个侈泰的模样，似这等虚夸无实，虽一时伪为以欺人，而本之则无，自将不继于后，欲其终始如一，守常而不变，岂可得乎？所以说'难乎有恒矣'。夫无恒者如此，则所谓有恒者可知。人若能纯实无伪而充之以学，则固可由善人而为君子，由君子而为圣人，不止于有恒而已。此吾所以思见其人也。"然《中庸》言：达道、达德，九经而归本于一诚。先儒说：诚者，圣人之本。孔子此言，岂徒以引进学者哉？要其极则参赞位育之化，亦不过自有恒之实心以充之耳。欲学二帝三王者，宜体验于此。

子钓而不纲，弋不射宿。

钓，是钓鱼。以大绳系网，截水取鱼叫作纲。弋，是以丝系矢而射。宿，是鸟之栖者。

门人记说："吾夫子在贫贱时，为奉养、祭祀亦尝取鱼、鸟以为用矣。但常人都有贪得之念，而夫子每存好生之心。其取鱼也，只用钓饵以钓之而已，不曾以大绳系纲拦截水中而尽取之也；其射鸟也，只以丝系矢，射其飞者而已，如鸟之宿者，则未尝出其不意而射取之也。"盖于取物之中，而寓爱物之意，圣人之仁如此。古之圣王，网罟之目必以四寸，田猎之法止于三驱，皆以养其不忍之心，而使万物各得其所也。人君能举斯心以加诸民，则人人各遂其生而天下治矣。

子曰："盖有不知而作之者，我无是也。多闻，择其善者而从之，多见而识之，知之次也。"

不知而作，是不知其理而妄有作为。识字，解作记字。

孔子说："天下之事，莫不有理，必先知得此理明白，然后处事停当而无有过差。今天下之人，盖有不知其理而妄有所作为者，若我则无是也。然吾所以无不知而作者，岂是生来便晓得许多道理？盖我以天下之义理无穷，非闻见广博，则无以开聪明而扩智虑。于是多闻天下之理，择其善者而体之于身，务使有得而不敢不勉；又多见天下之事，不论善恶皆记之于心，以备参考而不敢遗忘。夫闻见既多，而又有所抉择参考，则得于人者无穷，而裁于己者有据。虽是闻见之知与生而知之者不同，然自此进之，则智虑日广，义理日明，亦可次于知之者矣。知之既明，则处之自当，又何妄作之有哉？”夫圣人本生知安行，而其自谦之词如此。则知学为圣人者，必先造其理，而后可以履其事。此讲学穷理之功，不可一日而不勉也。

互乡难与言。童子见，门人惑。

互乡，是地名。

昔孔子时，有地名互乡者，其人都习于不善，难于言善。那时有道之君子皆恶而绝之。一日，有个童子慕孔子而求见。孔子许其进见，不加拒绝。门人都疑惑说道：“君子持身贵正，疾恶贵严。今互乡童子乃不善之人，夫子何为见之？”此所以疑而未解也。

子曰：“与其进也，不与其退也，唯何甚？人洁己以进，与其洁也，不保其往也。”

与字，解作取字。洁，是舍旧从新的意思。往，是前日。

孔子因门人之惑而晓之，说道：“君子之处己固当谨严，至于待人也要宽恕。今互乡虽不善之俗，而童子之求见，是乃向善之初。我今特取其进而求见耳，非取其退而为不善也。若因其习俗而峻拒之，则太甚矣。我何为而绝人于已甚乎？盖凡天下之人，不患其旧习之污染，而患其终身之迷惑。若能幡然悔悟，舍旧从新，而洁己以求进，这就是改过迁善。可与入道的人，但取其能自洁耳，不能保其前日所为之善恶也。盖来者不拒，往者不追，君子待人之道固当如此。今互乡童子正洁己以进者，我又何为而拒之？二三子亦可以无疑矣。”当时教化陵夷，风俗颓败，孔子欲化导天下之人，以挽回天下之风俗，故其不轻绝人，不为已甚如此！惜乎有志未遂，非惟时君莫能用，而门人亦莫能尽知也。

子曰："仁远乎哉？我欲仁，斯仁至矣。"

仁，是本心之全德。

孔子因人不肯用力于求仁，故言此以勉之，说道："世之惮于求仁者，盖将以仁为远于人也。自我观之，仁之为德也，果远于人乎哉？不远也。何以见其不远？盖凡物之远者，求之或未必得，得之或未必速。若夫仁者乃心之德，有此人即有此心，有此心即具此仁，本非在外之物也。人但迷于私欲而不知反求，故遂流于不仁，而视以为远耳。我若欲仁，反而自思曰：仁在吾心，不可失也，而求以得之，则一念方动，本体具见，仁固即此而在矣，何远之有？"夫以仁本不远如此，则人而不仁者，岂非自离其仁也哉？然仁具于心，至之虽甚易，而失之亦不难，必须于既至之后常加操存之功，则心德渐以纯全，而可造于中心安仁之地矣。此又求仁者所当知。

陈司败问："昭公知礼乎？"孔子曰："知礼。"

陈，是国名。司败，是官名，即司寇也。昭公，是鲁君。

昔者鲁昭公习于威仪之节，当时以为知礼。陈司败以昭公娶同姓为夫人是失礼之大者，而乃负知礼之名，有所不足于心。故问于孔子，说："人皆以鲁君为知礼，果知礼乎？"孔子答说："知礼。"盖人臣于君，称美不称恶，而陈司败亦未显言所以不知礼之事，故夫子直以知礼答之。

孔子退。揖巫马期而进之，曰："吾闻君子不党，君子亦党乎？君取于吴，为同姓，谓之吴孟子。君而知礼，孰不知礼？"

巫马期，是孔子弟子，姓巫马，名施，字子期。党，是庇护的意思。孟，是长。子，是宋国的姓。

陈司败因孔子以昭公为知礼，心中不以为然。及孔子既退，适遇其弟子巫马期在前，乃迎揖而进之，与他说道："吾闻君子之为人，平心直道而公其是非贤否于人，不私其人而为之党也。由今观之，君子亦阿党于人乎？何以言之？盖周家礼制，同姓不得为婚姻。吴，泰伯之后；鲁，周公之后，同是姬姓，而鲁君乃娶吴国之女为夫人，正犯此礼，却乃假辞遮饰，不称之曰吴孟姬，而称之曰吴孟子。夫子是宋姓也，娶吴国之女而冒宋国之姓，其能掩乎？是其任情越礼，明知故为，鲁君之不知礼甚矣！若君而可谓之知礼，则人人皆可谓之知礼矣！谁为不知礼者乎？”夫君不知礼，而夫子以知礼与之，是私之而为掩其过也，非党而何？司败品评昭公，固为确论。但疑孔子为党，则圣人用意之忠厚，彼盖有所不知也。

巫马期以告。子曰：“丘也幸，苟有过，人必知之。”

巫马期述司败之言，以告孔子。孔子既不可自谓讳君之恶，又不可以娶同姓为知礼，乃自引以为己之过失，说道：“这委实是我说差了。然凡人有过不得闻，则过无由改，此不幸之大者也。丘也可谓幸矣，苟有过失，人必知之。既知于人，则得闻于己，而可以改图于后日矣，岂非幸乎？”夫善则称君，过则归己，本理之当然。然孔子既自任以为过，则昭公之不知礼亦自有不可讳者。一则不昧天下是非之公，一则不失臣子忠厚之至。圣人问答之间，真可以为万世法矣。

子与人歌而善，必使反之，而后和之。

歌，是歌咏。善，是歌得好。反，是反复再歌。自歌以应人之歌，叫作和。

门人记说：“夫子好善之心无穷，不惟取人之善，而又以助人之善。如与人同歌，而其人之所歌，或辞意相协，音律相和，是歌之善者也。此时夫子之心，与之契合，要与之相和而歌，然不遽和也。必使之反复再歌，凡其辞意、音律所以为善处，皆审察而详味之。既得其善矣，然后自歌以和之，使彼此迭奏，而同声相应焉。盖不但取彼之善为我之善，而又以我之善助彼之善矣。”夫孔子一咏歌之间，而气象从容，诚意恳至如此。其心与舜之取人为善，汤之用人惟己一般。此其所以为至圣也。

子曰：“文，莫吾犹人也。躬行君子，则吾未之有得。”

言语成章叫作文。莫，是疑词。犹人，是说犹可以及人。

孔子说：“人之所以为君子者，不在于言，而在于行。世间有能言的人，或讲论道理，或敷陈政事，焕然有文采之可观，这不过在言语上求工而已。我虽未能过人，而犹或可以及人也。惟是身体力行，事事都实有诸己，而不为空言，这乃是成德之君子。我反而求之，则全未有得，虽欲勉焉以求至，而力有所不及矣。”观孔子此言，可见言易而行难，文在所缓，而行在所急。进德者固当先行而后言，用人者尤当听言而观行也。

子曰：“若圣与仁，则吾岂敢？抑为之不厌，诲人不倦，则可谓云尔已矣。”公西华曰：“正唯弟子不能学也。”

大而化之叫作圣。心德浑全叫作仁。抑，是反语辞。公西华，是孔子弟子。

昔孔子至圣至仁，当时必有以是称之者。故孔子谦说：“人各有能，有不能。若是那道德浑化的圣人与那心德纯全的仁人，则吾岂敢当乎？只是以仁圣之道而为之于己，则孜孜焉以求之，未尝以少有所得而遂生厌足之心；以仁圣之道而教诲乎人，则谆谆焉以语之，未尝以劳于开导而或萌倦怠之意，这便是我之所能，不过如此而已矣。若圣与仁，则吾岂敢乎？”门人中有公西华者，闻夫子之言，乃仰而叹之说：“夫子辞仁圣之名，而自任夫不厌不倦者，岂以不厌不倦为易能乎？殊不知这正是弟子不能学处。”盖为之可能也，使非全体仁圣，而至诚无息者，孰能无厌乎？诲人可能也，使非全体仁圣，而善与人同者，孰能无倦乎？然则夫子虽欲辞仁圣之名，而其实自有不容掩者矣。昔祗德如大禹，而不自满假；缉熙如文王，而望道未见。孔子之心即禹、文之心也。圣人且然，况其他乎？欲学为圣人者，诚不可以自足矣。

子疾病，子路请祷。子曰：“有诸？”子路对曰：“有之。《诔》曰：祷尔于上下神祇。’”子曰：“丘之祷久矣。”

祷，是祈祷。诔，是哀词。上下神祇，是天神地祇。

昔孔子曾有疾病，门弟子都以为忧。于是子路请命于孔子，欲祷祀鬼神以祈福佑。盖疾病行祷虽弟子事师迫切之至情，然不达于人鬼之理，而溺于祸福之说，惑亦甚矣。孔子不直斥其非，乃先问说：“疾病行祷，果有此理否乎？”子路对说：“于理有之。吾闻诔词中有云：‘祷尔于上下神祇。’是说人有疾时曾祷告于天地神祇，欲以转祸而为福，则是古人有行之者矣。今以病请祷，于理何妨？”于是孔子晓之说：“夫所谓祷者，是说平日所为不善，如今告于鬼神，忏悔前非，以求解灾降福耳。若我平生，一言一动不敢得罪于鬼神，有善则迁，有过即改，则我之祷于鬼神者，盖已久矣。其在今日，又何以祷为哉？”盖圣人德于天合，虽鬼神不能违，岂待于祷？至于死生修短，则有命存焉。虽圣人亦惟安之而已，祷祀亦奚益乎？观孔子晓子路之言，可见当修德以事天，不必祷祀以求福；当用力于人道之所当务，不必谄渎于鬼神之不可知矣。

子曰：“奢则不孙，俭则固。与其不孙也，宁固。”

奢，是奢侈。孙字，与逊顺的逊字同。不孙，是僭越不循理的意思。俭，是省约。固，是鄙陋。

孔子说：“先王制礼，自有个中道，不可加损。若专尚侈靡而过乎中者，谓之奢。奢则意志骄盈，纵肆无节。虽理之所不当为者，亦将僭越而为之，其弊必至于不孙。若专务省约，而不及乎中者，谓之俭。俭则悭吝鄙啬，规模狭小。虽理之所当为者，亦将惜费而不为，其弊必至于固。这不逊与固，皆不免于失中。但就这两样较来，则与其为不逊也，宁可为固。”盖奢而不逊，则越礼犯分，将至于乱国家之纪纲，坏天下之风俗，为害甚大。若俭而固，则不过鄙陋朴野而已。原其意犹有尚质之风，究其弊亦无僭越之罪，不犹愈于不孙者乎？盖周末文胜，孔子欲救时之弊，故其言如此。然俭乃德之共，奢乃恶之大，二者之相去岂特过与不及之间而已哉？帝尧茅茨土阶、大禹恶衣菲食，而万世称圣；汉之文帝、宋之仁宗皆以恭俭化民，号为贤主。至如骄奢纵欲，横征暴敛，以败坏国家者，往往有之。然则去奢崇俭乃帝王为治之先务，有国家者所当深念也。

子曰：“君子坦荡荡，小人常戚戚。”

坦，是平坦。荡荡，是宽广貌。戚戚，是忧愁不宁的意思。

孔子说：“欲知君子、小人之分，但观其心术气象，自然不同。盖君子心循乎天理，素位而行，不愿乎外，故仰焉不愧于天，俯焉不怍于人，利害不能为之惊，毁誉不能为之惑，但见其坦然荡荡，无适而不宽舒自得也。小人心役于物欲，行险侥幸，惟日不足，故非切切以谋利禄，则汲汲以干名誉，其未得也患得之，其既得也患失之，但见其长是戚戚，无时而不忧虑愁苦也。”夫坦荡荡者，作德心逸日休也；长戚戚者，作伪心劳日拙也。一念既差，而人品遂顿殊矣。可不慎辨之哉！

子温而厉，威而不猛，恭而安。

温，是和厚。厉，是严肃。威，是有威可畏。猛，是暴戾。恭，是庄敬。安，是安舒。

门人记说：“容貌乃德之符。人惟气质各有所偏，故其见于容貌者亦偏。惟夫子则容貌随时不同，而无有不出于中和者。如人之温者，难于厉也。夫子和厚可亲，是固温矣。然和厚之中自有严肃者在，可亲也，而不可犯也，又何其厉乎？温而厉，是温之得其中也。人之威者，易于猛也。夫子尊严可畏，是固威矣。然尊严之内自无暴戾者存，可畏也，亦可近也，何至于猛乎？威而不猛，是威之得其中也。人之恭者，难于安也。夫子庄敬自持，是固恭矣。然舒泰而不拘迫，自然而非勉强，盖周旋中礼而有忘其恭者焉，又何其安乎？恭而安，是恭之得其中也。”盖圣人全体浑然，阴阳合德，故其中和之气见于容貌之间者如此。欲取法其盛德之容者，当先涵养其中和之蕴可也。

泰伯第八

子曰：“泰伯，其可谓至德也已矣。三以天下让，民无得而称焉。”

泰伯，是周太王之子。昔周太王古公生三子，长的即泰伯，次的是仲雍，少的是季历。季历生子昌，乃文王也。太王因见昌有盛德，欲传位季历以及昌。泰伯知之，遂与其弟仲雍，托名采药，逃去于荆、蛮地方，断发文身，自毁其形，从夷之俗，以示不可用。于是太王乃立季历，传国至文、武而有天下焉。三让，是固让。

孔子追原周家王业之所由起，因见泰伯之事历世久远，几于泯灭，故特表而出之，说道：“人但知我周太王肇基王迹，王季勤劳王家，至于文、武，遂成王业，都是周家贤圣之君。不知太王之长子泰伯者，其德可谓极至而无以复加也已矣。何以言之？周家王业之兴，实始于太王，而泰伯嫡长当立，则后来的天下乃泰伯之所宜有者也。泰伯因见太王意在贤子圣孙，即与仲雍逃去不返。因此，王季、文王承其统绪，遂开八百年之周。是名虽让国，实以天下固让其弟侄而不居也。然却托为采药，毁体自废，其让隐微泯然，无迹可见，故人莫得以窥其心事而称颂之焉。夫以天下让，其让大矣。三以天下让，其让诚矣。而又隐晦其迹，使民无得而称，是能曲全于父子兄弟之间，而绝无一毫为名之累，其德岂非至极而不可加者乎？”然要之太王之欲立贤子圣孙，为其道足以济天下，非有爱憎利欲之私也。是以泰伯去之不为狷，王季受之不为贪，亲终不赴、毁伤肢体，不为不孝。盖处君臣父子之变，而不失乎中庸，此所以为至德也。夫子叹息而赞美之，宜哉！

子曰：“恭而无礼则劳，慎而无礼则葸，勇而无礼则乱，直而无礼则绞。”

礼，是节文。劳，是烦劳。葸，是畏惧的模样。乱，是悖乱。直，是径直。绞，是急切的意思。

孔子说：“人之立身行事，必合乎天理之节文，而后可以无太过不及之弊。如待人固以恭敬为贵，然亦有中正之准则，若恭敬而无礼以为限制，则仪节烦多，奉承过当，而不免于劳矣。处事固以谨慎为贵，然亦有事理之当然，若谨慎而无礼以为裁度，则逡逡畏缩，小心太过，而不免于葸矣。勇敢而不可屈挠，固是美德，然不能以礼自守，则不顾名分，而逞其血气之刚，必将至于悖乱矣。径直而无所私曲，固是善行，然不能以礼自防，则任情喜怒，而略无含容之意，必将至于急切矣。”夫恭、慎、勇、直，四者皆人之所难，而无礼则各有其弊如此。可见君子当动必以礼，而不可须臾离也。

“君子笃于亲，则民兴于仁；故旧不遗，则民不偷。”

君子，是在上位的人。笃，是厚。兴，是起。故旧，是平日相与或有功劳的旧人。遗，是弃。偷字，解作薄字。

孔子说：“在上位的君子，凡有举动，百姓每都瞻仰而仿效之，不可不慎也。若能孝顺父母，友爱兄弟，和睦宗族，笃厚于一家之亲，则自己能尽乎仁矣。将见百姓每都感发兴起，而各亲其亲，自然伦理正而恩义笃，岂不兴于仁矣乎？若能信用老成，尊礼耆旧，凡平时相与的旧人，皆不以其迹之疏远，年之衰迈而遗弃之，则自己能处于厚矣。将见百姓们都欢欣联属，而各厚于故旧，自然教化行而风俗美，又岂有偷薄者乎？”夫一处亲故之间，而上行下效，其应如响如此。为人君者可不正心修身，以为化导斯民之本哉？

曾子有疾，召门弟子曰："启予足！启予手！《诗》云:'战战兢兢，如临深渊，如履薄冰。'而今而后，吾知免夫！小子！"

召，是呼喊。门弟子，是曾子的门人。启，是开。《诗》，是《诗经·小是》之篇。小子，就指门弟子说。

曾子在圣门素以孝称，平日所以守身事亲者，不但正心修德为圣贤之学，以求显亲扬名，虽至于身体发肤之微，亦以其受之父母加以谨守，不敢毁伤。至于有疾将终，追思平生守身之道，至此可以无愧。故呼其在门弟子而教之，说："父母全而生之，子全而归之，不亏体、不辱亲才叫作孝。汝辈试开衣衾而视吾之足，视吾之手，曾有一之伤毁不全者乎？然所以得全此身者，亦非容易！盖我平日所以保守之者，就是《诗经》上所谓战战然恐惧，兢兢然戒谨，如临在深渊之上，常恐坠下去一般；如行于薄冰之上，常恐陷下去的一般。我惟是这等谨慎，所以得保其全也。夫使吾生尚存，则犹未敢必他日之何如。今则已矣，自今以后，吾始知其得终免于污玷，而可以无恐矣。汝小子其念之哉？”语毕而又呼小子者，盖所以致丁宁之意，亦欲其如己之戒谨恐惧，一举足而不敢忘亲也。夫以曾子之保身如此，则凡纵欲以伤其本，亏行以辱其亲者，固在所必无矣。为人子者，宜以曾子为法，庶可以体亲心而尽子道也。

曾子有疾，孟敬子问之。曾子言曰："鸟之将死，其鸣也哀;人之将死，其言也善。"

孟敬子，是鲁大夫仲孙捷。

昔曾子有疾，孟敬子往问其疾。曾子将有言以告之，恐其忽略而不加之意，故先发言说道："大凡鸟之将死，恐惧迫切，故其鸣叫必哀；人之将死，本然之良心发见，故其言语必善。今我即将死矣，有言则善言也，子其听而念之哉！”

“君子所贵乎道者三：动容貌，斯远暴慢矣；正颜色，斯近信矣；出辞气，斯远鄙倍矣。笾豆之事，则有司存。”

贵，是贵重。道，是道理。暴，是粗厉。慢，是放肆。信，是信实。辞，是言词。气，是声气。鄙，是凡陋。倍字，与违背的背字同。笾，是竹器；豆，是木器：都是祭祀所用的。有司，是执事之人。

曾子因孟敬子平日好琐屑于细务，而忽略了大体，故告之说：“道虽无所不在，然有紧要的，有可缓的，不可以泛求也。吾观君子于日用之间，所贵重的道理，只有三件。三者何？盖人之容貌彰于一身，易至于粗暴放肆，此所以多失容也。惟君子不动容貌则已，才动容貌便雅饬恭谨，而远于暴慢。人之颜色形于面，对人多勉为端正，而中心不然，此所以多失色也。惟君子不正颜色则已，才正颜色便表里如一，而近于信实。辞气宣于口，易至于凡陋背理，此所以多失言也。惟君子不出辞气则已，才出辞气便成章顺理，而远于鄙背。此三者乃修身之要、为政之本，所当操存省察，而不可顷刻违者，故君子所重在此而已。若夫用笾豆以供祭祀之事，如此类者，不过器数仪文之末，则自有执事者司之，君子亦何用屑屑留心于此哉？”盖人之为学，贵识其大。大行既无不善，而小节亦无所遗，固为全德。若舍其大而务其小，则大本既失，小者亦不足观矣。况于帝王之学，又与士庶人不同，则凡正心修身以立天下之极者，又岂在于仪文度数之末哉？有志于圣贤者，当知所务矣。

曾子曰：“以能问于不能，以多问于寡，有若无，实若虚；犯而不校，昔者吾友尝从事于斯矣。”

犯，是触犯。校，是计校。吾友，指颜渊说。从事，是用功。

昔颜子既殁，曾子追思其贤而称之，说道：“凡人志意盈满的少有所得，便说自己有余，他人不足，谁肯下问？度量狭小的，遇有触犯，便说自己的是，他人的不是，谁肯容忍？若是自己学力至到，本是能的，乃问于不能的人；自己学问充足，本是多的，乃问于寡少的人，其心歉然自视，虽有也，却似无的一般；虽充实也，却似空虚的一般，略无一毫自满之意，其谦虚如此。人有触犯于我，我则以情恕人，以理自遣，初未尝发露于颜色、藏蓄于胸中而有一毫计较之心，其宽恕如此。这等的人不可多见，惟旧日我友颜渊，乃尝用力于此。盖其真知义理之无穷，而有善不伐；不见物我之有间，而有怒不迁。其所以潜心好学，拳拳服膺者，惟此而已。今也则亡，岂不重可惜哉！”夫孔门传授心法，颜子独得其宗，而其平日用功，不过如此。盖谦虚以受人，则闻见多而学问日广；宽恕以容物，则私意泯而德性益纯。凡为贤为圣，皆不出此二者。善学者当致力于斯。

曾子说：“可以托六尺之孤，可以寄百里之命，临大节而不可夺也，君子人与？君子人也。”

托，是付托。六尺之孤，是幼君。寄，也是付托的意思。百里，是侯国。命，是政令。大节，是大关系处。与，是疑词，也是决词。

曾子说：“天下之言成德者，期于君子。然才者德之用，节者德之守，二者兼备，而后为德之成也。若有人于此，不但可辅长君而已，虽亲受顾命，把六尺幼冲之君付托与他，亦可以承受而辅佐之，既能保卫其国家，而又能养成其令德，不但可共国政而已；虽侯国无君，把一国之政令委寄与他，亦可以担当而总摄之，既能安定其社稷，而又能抚辑其人民，其才之过人如此。至于事变之来，国势仓皇，人心摇动，其从违趋避，乃大节之所关也。其人临此时，而所以辅幼君、摄国政者，卓乎见理之精明，确乎持志之坚定，惟以义所当然为主，虽议论纷沓，终不能摇；虽死生在前，亦不能夺，其节之过人又如此。若此人者，果可谓之君子人乎？吾知既有其才，又有其节，信非君子不能也。”然是人也，自学者言，则为君子；自国家言，则所谓社稷之臣者也。盖有才无节，则平居虽有干济之能，而一遇有事，将诡随而不能振；有节无才，则虽有所执持，而识见不远，经济无方，亦何益于国家之事哉？所以人君用人，于有才而未必有节者，则止用之以理繁治剧；于有节而未必有才者，则止用之以安常守法；至于重大艰难之任，则非才、节兼备之君子，不可以轻授也。

曾子曰：“士不可以不弘毅，任重而道远。仁以为己任，不亦重乎？死而后已，不亦远乎？”

弘，是宽广。毅，是强忍。任，是责任。道字，解作路字。

曾子说："士立身于天地间，要为圣为贤，必须有大涵养，方才做得。故规模广大，心不安于自足，叫作弘；不弘则隘矣。执守坚定，事必期于有终，叫作毅；不毅则馁矣。士岂可以隘焉而不弘，馁焉而不毅哉？所以然者为何？盖以士所负之任甚重，而其所行之路又甚远也。惟其任之重，必弘而后能胜其重；惟其道之远，必毅而后能致其远，此所以不可不弘毅也。然果何以见其任之重而道之远？盖仁者，人心之全德，兼众理，备万善者也。士乃以之为己任，必欲身体而力行之，则是举天下之善，尽万物之理，皆在于我之一身，其任不亦重乎？且其任是仁也，直至没身而后已，若一息尚存，此志亦有不容少懈者，则是向前策励，再无可驻足之时，其道不亦远乎？"夫其任重而道远如此，此士之所以贵弘毅也。大抵孔门为学，莫要于求仁。而仁之为道，则非全体不息者，不足以当之。惟其全体也，则无一理之不该，所以不可不弘；惟其不息也，则无一念之间断，所以不可不毅。这正是曾子平生所学得力处，故其示人亲切如此。

子曰："兴于《诗》，立于礼，成于乐。"

兴，是兴起。立，是卓立。成，是成就。

昔孔子删《诗》《书》，定礼乐，以教学者，正欲其实体于身而有所得，故特举以示人说道："君子立教，不过要人为善去恶而已。然所以兴起其好善恶恶之良心者，每得之于《诗》。"盖《诗》本性情，有邪有正，其言词明白易知，而吟咏之间，抑扬反复，其感人又易入。于此学之，则其好善恶恶之心，有油然感发而不能自已者，所以说"兴于《诗》"。此可见《诗》之当学也。"善念既兴，又必卓然有以自立，然后善在所必为，恶在所必去。而其立也，则得之于礼。"盖礼以恭敬辞让为本，而有节文度数之详，可以敛束人之身心，坚定人之德性。于此学之，则自能卓立持守，而不为外物之所摇夺，所以说"立于礼"。此可见礼之当学也。"既能自立，又必达到那纯粹至善的地位，乃为成就。而其成也，则得之于乐。"盖乐以和为主，其声容节奏可以养人之性情，而荡涤其邪秽，消融其渣滓。于此学之，则自然义精仁熟，而和顺于道德矣，所以说"成于乐"。此可见乐之当学也。然古人《诗》、礼、乐之教，皆发于性情之正，本于中和之德，故能成就人才如此。若后世以吟咏声韵为诗，而无关于性情；以虚饰仪文为礼，而不本于恭敬；以嬉戏淫哇为乐，而反乖于中和，则于《诗》、礼、乐之本然者失之远矣，亦何足务哉？善学者辨之。

子曰："民可使由之，不可使知之。"

民，是凡民。由，是身行其事。知，是心悟其理。

孔子说："道理在天地间，件件都是人所当知的。然为人上者之于凡民，但可使之由于是理之当然，而不能使之知其所以然。"盖所当然者，如父当慈、子当孝之类，皆民生日用之事，就是寻常庸众的人也都行得，故能使由之。若其所以当然之故，则皆出于天命人心之本然，其理精微奥妙，必须资质高明，学力至到者，乃能脱然有悟。其在凡民，如何便会晓得？所以不能使之知也。然知之之理，亦不外于所由之中。圣人在上以先知觉后知，以先觉觉后觉，至于渐摩既久，天下自然化成矣，亦何不可知之有哉！

子曰："好勇疾贫，乱也。人而不仁，疾之已甚，乱也。"

勇，是勇敢。两个疾字，都是疾恶的意思。乱，是悖乱。已甚，是过甚。

孔子说："柔懦之人虽恶贫，无能为也；安贫之人虽好勇，固无害人。惟是那好勇尚气的人，身处穷困，乃疾恶其贫，而不肯安分守己，则必以其血气之强而济其苟得之念，虽为盗贼、从悖逆皆不顾矣，岂不至于为乱乎？至若不仁的人，本心已失，如其恶未著，尚可容恕，则化之以善可也。若其罪当诛，而吾又得以诛之，则遂诛之可也。不然而徒疾恶过甚，使之无所容其身，则事穷势迫，必将求泄其忿恨，而逞凶肆暴，无所不至矣，岂不足以致乱乎？"夫好勇疾贫者，是身自为乱，固为天下之首恶；至于恶不仁者，本为正理，特以处之不善，乃亦足以致乱，而徒为祸阶。则君子之待小人，岂可以轻发而不审处哉？

子曰："如有周公之才之美，使骄且吝，其余不足观也矣。"

骄，是以人皆不能，而夸己独能的意思。吝，是但欲己有是能，而不欲人之皆能的意思。

孔子说："人之处世，固贵于有才，而不可自恃其才。自古言才能技艺之美者，莫如周公。如或真有周公之才之美，固是难及，然须持之以谦虚可也。设使以己有是才也，而忲然自骄，谓人皆不如己，又忌人有是才也，而执吝自私，不欲善于人同，则无其德而大本失矣，其余才艺之美，亦何足观哉？"夫有周公之才之美，而一涉骄吝，尚不足观，况无周公之才而骄吝者乎？人当常加自省而存抑畏之心可也。故圣如帝舜，而舍己从人；功如大禹，而不自满假。诚知谦虚之受益，而骄吝之丧德也。然则孔子之言，岂徒在下位者所当知哉？

子曰："三年学，不至于谷，不易得也。"

至字，当作心志的志字。谷，是俸禄。

孔子说："古人之学将以明善诚身，求尽其为人之理而已。然学既成矣，则君必见用，而养之以禄。此乃理之自然，而其本心则不为此也。后世人心不古，见学之可以得禄，乃遂有为干禄而后学者；亦有学问之功始加，而利禄之念随之者。此不惟失学之本意，而心逐于利，其学亦无所得，乃天下之通患也。若有人焉专精为学，至于三年之久，而其心不志于谷禄，则是谋道而不谋食，为己而不为人，志高识大，超出乎时俗之表者也。这等的人岂易得哉？"所以人君用人，于那有实学的必录用而尊显之，使得以展尽底蕴；若夫假学以沽名干进者，则摈抑而不用。庶乎贪位慕禄之徒，不至于滥窃名器，而无补于国家也。

子曰："笃信好学，守死善道。危邦不入，乱邦不居。天下有道则见，无道则隐。"

笃，是深厚牢固的意思。

孔子说："君子之修身处世，必须学问、操守兼造其极，乃为尽善，甚不可苟也。若有人焉于道理的确有见，则信之极其诚笃，虽议论纷纭，一毫都动移他不得。其志向之专如此，而又能孜孜务学，格物穷理，以求其是非之真，而尽其精微之奥，则讲究明而辨别审，所信者一出于正矣。遇事心里主定在此，则守之极其坚固，虽死生利害，一切都摇夺他不得。

其执持之果如此，而又能事必由理，行必合义，初未尝效匹夫之小信，而乖中庸之大道，则关天常而扶人纪，所守者允得其当矣。夫笃信好学是有学也，守死善道是有守也。为君子而有学有守，则知之必明，行之必勇，出处去就焉往而不善哉？故其遇危邦也，则避之而不入；其在乱邦也，则去之而不居。当天下之有道也，则显身而仕；天下无道也，则退藏而隐。"此其去就之义洁，出处之分明，非有学有守者，何足以与此？然这样人，不但可以善一己之行藏而已，使人君得而用之，则有大涵养，自有大设施。平时必能尊主庇民，建功立业；有事必能砥砺名节，匡扶世运，所补殆非浅浅矣。学问、操守之系于人也，大矣哉！

"邦有道，贫且贱焉，耻也。邦无道，富且贵焉，耻也。"

耻，是愧耻。

孔子说："士之处世，既贵有可用之才，又贵有能守之节。若乃邦国有道，有明君以出治于上，有贤臣以辅治于下，贤者必使之在位，能者必使之在职，正君子向用之时也。当此时而乃为世所弃，困处于贫贱之中，则其无善可称，无才可录可知矣，岂不可愧耻乎？至若邦国无道，上无明君，下无贤臣，非贿赂不可得官，非谄佞不能固宠，正小人向用之时也。当此时而乃与世相合，致身于富贵之地，则其贪位慕禄，卑污苟贱可知矣，岂不可愧耻乎？"盖惟其不能"笃信好学，守死善道"，故世治而无可行之道，世乱而无能守之节，乃碌碌庸人而已，何足取哉？士之不可以无养也如是夫！

子曰："不在其位，不谋其政。"

谋，是图议。政，是政事。

孔子说："凡人有是职位，则有是责任；有是责任，则有是谋为。如任公卿大夫之职，则当谋公卿大夫之政。若不在其位，则其政事本与我无与者，而乃商度其可否之宜，条陈其利害之故，是为思出其位，犯非其分矣，奚可乎？故凡不在其位，则当介然自守，虽知识见得到，才力干得来，亦不可图谋其政事。"盖所以安本然之分，而远侵越之嫌，人之自处当如是也。然士人之学，期于用世，则匹夫而怀天下之忧，穷居而抱当世之虑，亦有所不容已者。要之，潜心讲究，则为豫养；非分干涉，则为出位。豫养者待用于不穷，出位者轻冒以取咎。此又不可不辨也。

子曰："师挚之始，《关雎》之乱，洋洋乎盈耳哉！"

师，是太师，掌乐之官。挚，是太师之名。《关雎》，是《诗经・国风》首篇。乱，是乐之卒章。洋洋，是美盛的意思。盈，是满。

孔子说："昔吾自卫反鲁之时，既曾正乐，适遇师挚在官之始，又能审音，故其时乐之残缺者已为之补，失次者已为之序。但见大乐之作，自其始奏之时，直至于《关雎》之卒章，一皆清浊相济，高下相宜，洋洋乎极其美盛，满耳而可听也。惜乎！今也不得而复闻矣。"盖以孔子之圣而正乐，以师挚之贤而掌乐，故一时音节美盛如此。自师挚适齐，继者皆不能及，圣人所以追思而叹美之也。

子曰："狂而不直，侗而不愿，悾悾而不信，吾不知之矣。"

狂，是疏狂。侗，是昏昧无知的模样。愿，是谨愿。悾悾，是愚拙无能的模样。信，是诚实。"吾不知之"者，是甚绝之之词。

孔子说："赋性疏狂的人，宜乎行事直率方好，今却只好高夸大，及至到那有利害处，自家要讨便宜，外面却以道理责人，这等样奸狡不直。赋性昏昧的人，凡事既不知道，宜乎谨厚方好，今却轻举妄动，又不谨慎重厚。赋性愚拙的人，凡事既不能干办，宜乎诚实方好，今却诡谲虚诈，又不诚信笃实。这三样人，我也不知道他是何等的人。"盖狂而直，侗而愿，悾悾而信，虽是气质有偏，然犹不失其本然之真，尚可以陶镕。若不直、不愿、不信，则本真已失，而习染愈蔽，终不可以化诲者也，故孔子绝之。

子曰："学如不及，犹恐失之。"

如不及，是如有所追而不能及的意思。

孔子说："人之为学，将以致知力行，而求进乎圣人之道也。然使无勤敏之功，则其心徒劳而无益；使无警醒之心，则其功终怠而不前。所以君子之为学也，研究以求进其知，体验以求进其行，孜孜汲汲，惟日不足，常如有所追而不能及的一般。其用功之勤如此，而其心犹不敢有一时之或惰：当日进之时，怀日退之惧，惟恐失其所学，而果有所不及也。”夫以君子之学，其勤励警惕有如此者，此所以能成其学也。不然，则心不在焉，或作或辍，终亦岂能有成也哉？

子曰：“巍巍乎！舜、禹之有天下也，而不私有焉。”

巍巍，是高大的模样。不与，是不相关的意思。

孔子说：“圣人之识见度量，迥与常人不同。常人之情，即有一命一爵之荣，未免自视侈然，志得意满，何其卑小也！若乃巍巍乎识量高大而不可及者，其惟舜、禹乎？盖舜、禹二圣人，本以匹夫之微，一旦有天下为天子，其崇高富贵可谓极矣，乃舜、禹则视之漠然，不以为乐，全似与己不相干涉的一般。此其心直超乎万物之上，而众人以为可欲而不可得者，举无一足以动其中，其胸襟气象视寻常真不啻万倍矣，是何其巍巍矣乎！”盖舜、禹之心只知天位之难居，虑四海之不治，日惟兢业万机，忧劳百姓而已。若夫有天下之可乐，奚暇计哉？此万世颂圣明者，必归之也。后世人君诚能以其不与天下之心，而尽其忧勤天下之实，则二圣人之巍巍不难及矣。

子曰：“大哉尧之为君也！巍巍乎！唯天为大，唯尧则之。荡荡乎！民无能名焉。巍巍乎其有成功也，焕乎其有文章！”

则字，解作准字。荡荡，是广远之称。名，是名状。成功，指勋业说。焕，是光明。文章，是礼乐法度之类。

孔子说：“自古帝王多矣，然莫有过于尧者。大矣哉，尧之为君乎！何以见其大？盖巍巍乎极其高大而无不覆冒者，唯天而已，谁能并之？独有帝尧之德高不可及，大而无外，能与之准。其包涵遍覆，就与天一般，故其德之广远，荡荡无涯，而形迹俱泯。当时之民一皆涵咏盛德而不识其功，鼓舞神化而莫测其妙，无有能指而名之者。其与天之不可以言语形容，又何异哉？惟其不可名，此所以为大也。然亦岂无可见者乎？就其治功之成就处观之，则黎民吾见其时雍，万邦吾见其协和，巍巍乎功业之隆盛，有莫可得而尚者焉。又就其治功之有文采处观之，以礼乐则极其明备，以法度则极其修明，焕乎文章之光显，有不可得而掩者焉。尧之所可见者如此。若其德之不显者，则终不可名也。大哉尧之为君，非冠古今而独盛者乎？”

舜有臣五人而天下治。武王曰：“予有乱臣十人。”孔子曰：“才难，不其然乎？唐、虞之际，于斯为盛。有妇人焉，九人而已。”

乱字，解作治字。际，是交会之时。妇人，指武王之妃邑姜。

昔门人将述孔子评论人才之言，先记说：“自昔君天下者，治莫胜于虞舜。其时有圣哲之臣五人，如禹平水土，稷播百谷，契敷五教，皋陶明刑，益掌山泽。凡虞舜所欲为的，五人都代为之，故能使四方风动从欲以治焉。是虞舜得人之盛如此。继夏、商而王者，治莫胜于周武王。武王尝自言曰：‘予有致治之臣十人。在外有周公旦、召公奭、太公望、毕公、荣公、太颠、闳夭、散宜生、南公适为之辅理，在内有贤妃邑姜为之赞助，故能使四海永清，垂拱而治焉。’是有周得人之盛如此。”孔子有感而叹之说道：“吾闻古语说：‘人才之生，最为难得。’以今观之，岂不信然矣乎？盖自古圣贤相承，如唐虞交会之际，其时气运方隆，人才辈出，固极盛而无以加矣；自此以后，则惟我周为盛焉。唐虞固有五人，以赞成风动之功；我周亦有十人，以夹辅永清之烈。是我周真与唐虞比隆，而非夏、商之所能及也。然数止十人，已为少矣，而中间有妇人焉，其实奔走御侮之臣不过九人而已。以我周之盛而贤臣止于九人，岂不为难得哉？然则，才难之一言，信乎其不诬矣。”大抵得人固难，而知人与用人尤难，虞舜、武王惟其知之明而用之当，故能成天下之治如此。若知有未真，则取舍犹有所眩惑；用之未尽，则底蕴无由以展布，何以收得人之效乎？故知人善任，尤人君治天下之本，不可不慎也。

“三分天下有其二，以服事殷。周之德，其可谓至德也已矣。”

服事，是臣服敬事。

孔子说：“人臣事君，固有一定之分，然使国家全盛，君德休明而为之臣者，能敬顺守职乃是常事，不足称也。惟殷纣暴虐无道，国祚日益衰微，文王发政施仁，人心日益归向，以天下大势计之，三分之内，二分都归于文王，盖有天下之大半矣。当是时以仁伐暴，以周代殷，特一反掌之间耳。乃文王则坚守臣节，以服事殷纣，初不以盛衰强弱二其心。则是时可为而不为，势可取而不取，非盛德之极，能如是乎？然则我周文王之德，其可谓至极而无以加者矣。”夫孔子之称“至德”者二，于泰伯则以其让天下，于文王则以其服事殷，皆所以明君臣之义，立万世之防，而惧乱臣贼子之心也。读者宜致思焉。

子曰：“禹，吾无间然矣。菲饮食，而致孝乎鬼神；恶衣服，而致美乎黻冕；卑宫室，而尽力乎沟洫。禹，吾无间然矣！”

间，是有罅隙可非议处。菲，是薄。鬼神，是天神、地祇、人鬼。恶字，解作粗字。沟洫，是田间水道，旱时蓄水，涝时泄水，以便百姓每耕种的。

孔子说：“帝王之治天下，事无大小，莫不各有至当不易的道理。少有未合，人即得指其罅隙而议之。我观大禹所行的事，件件合宜，无一些罅隙可以非议。如饮食所以养生，禹之时，九州作贡，玉食非不足也，乃却珍馐而进粗粝，其自用之淡薄如此。至于奉祀郊庙鬼神，则牺牲粢盛务极丰洁，又致其诚孝而无敢简焉。衣服所以蔽体，禹之时，玉帛万国，文绣非不足也，乃舍华绮而衣粗恶，其被服之朴素如此。至于临朝承祭所尚的黻冕，则服物采章务求尽制，又极其华美而无所吝惜焉。宫室所以居身，禹之时，四海为家，非不可备壮丽之观也，乃安卑隘而戒峻宇，其自处之简陋如此。至于百姓每备水旱的沟洫，则又胼手胝足以经理之，而竭尽其力，不以为劳焉。夫礼有所当丰，事有所宜俭。当丰而俭则过于陋，宜俭而丰则失之奢，皆未免于可议也。今观大禹，他自己身上一些不肯享用，至于事神勤民，却又这等周悉。丰所当丰，而不可谓之奢；俭所当俭，而不可谓之陋。虽欲议之，曾何罅隙之可窥哉？”所以又说：“禹，吾无间然矣！”盖深赞其美，以示万世为君之法也。

然孔子之称赞大禹，固以其丰、俭适宜，其实还重在俭德上。盖人之常情，奉身之念每厚于事神为民，而人君富有四海，其势又得以自遂其欲，故致孝鬼神可能也，菲饮食不可能也；致美黻冕可能也，恶衣服不可能也；尽力沟洫可能也，卑宫室不可能也。《书》称禹克勤于邦，克俭于家，盖必俭而后能勤。若一有奉身之念，则虽以天下奉一人而犹恐不足，又焉能勤民而致力于神哉？欲法大禹者，尤当师其俭德可也。

卷五

子罕第九

子罕言利与命与仁。

罕，是少。利，是人情之所欲。命，是气运之流行，如死生祸福之类，幽远而难必者。仁，是心之德。

门人记说："夫子平日教人，虽言无不尽，然亦有所少言者，则有三件：利与命与仁是已。盖利与义相反，学者而谋利，则廉耻之道乖；有国家者而好利，则争夺之祸起。其端甚微，其害甚大。故夫子罕言之，欲人知所戒也。天命靡常，其生死祸福、寿夭穷通之理，窈冥而难知，幽远而难必。人惟宜尽人道之所当为者，而默以听之，若语人以命，则人将一一取必于天，而怨尤之心生矣。故夫子亦罕言，欲人之自修也。仁具于心，乃四端万善之统体，其道至大而难尽，若强以示人，则未免有躐等之患矣。故夫子亦罕言之，欲人之渐进也。"夫观圣人之所罕言，则吾人之所当务者可知矣。

达巷党人曰："大哉孔子！博学而无所成名。"

五百家叫作一党。达巷，是党名。

孔子道全德备，其学无所不通，当时无有知之者。有个达巷党人曾私议说："凡人知识有限，常患于狭小，今观孔子大矣哉，其学之博乎！大而道德性命之奥，细而礼乐名物之微，靡不究其旨归，析其条理。今虽欲指其一事而名之，但见其无所不通，无所不能，诚不可以一善之成名者目之也。何其大矣哉！"夫党人以"大哉"称孔子，盖庶几乎知言，而其所以为大者，乃徒以博学称之，则亦非深知圣人者矣。

子闻之，谓门弟子曰："吾何执？执御乎？执射乎？吾执御矣。"

执，是专执。御，是御车。

孔子闻党人之言，乃对门弟子谦逊说道："党人称我之'博学'，以吾之多能鄙事也。其谓我'无所成名'，是欲我专执一艺以自见也。然则吾将何所执乎？夫六艺之中有所谓御与射者，守着一件，皆足以成名。我将执御者之事乎？抑将执射者之事乎？就这两样较来，则御乃卑贱之役，执守尤易。然则，我将执御以成名矣。"盖闻人誉己，承之以谦也。夫孔子之圣，生而知之，其道以一贯之，固不待于博学，而亦非有意于求名者。惜乎党人不足以语此。若夫观人之法，则不可以概求，或全德之士可以大受，或偏长之士可以小知。随材善用，此又为治者之先务也。

子曰："麻冕，礼也；今也纯，俭。吾从众。拜下，礼也；今拜乎上，泰也。虽违众，吾从下。"

古时布皆用麻。麻冕，是用麻布染作缁色以为冠者也。纯，是丝。俭，是省约。泰，是骄慢。

孔子说："大凡事之无害于义者，或可以随俗；若有害于义者，断不可以苟从。如古者之冕，以细麻缉成的缁布为之礼也。今也以其细密难成而改用丝为之。用丝比之用麻较为省约，是之谓俭。俭虽非礼，然不过制度节文之小，无害于义，犹可以随时者也。故吾亦从众，不必于立异焉。若夫臣之拜君而必于堂下者，亦古制之礼也。而今也则皆拜于堂上，是流于骄慢而为泰矣。泰则有亏于君臣之义，乃纲常伦理所关，非细故也。故虽违背众人之所行，吾宁从下而不顾焉。"此可见圣人之处世，不论流俗之好尚，而惟以义理为权衡，或从或违，惟其是而已。此所以为万世礼义之中正也。

子绝四：毋意，毋必，毋固，毋我。

绝，是绝无。四个"毋"字，都与有无的"无"字同。意，是私意。必，是期必。固，是执滞。我，是私己。

门人记说："吾夫子应事接物，其所绝无者有四件。四者为何？'意''必''固''我'是已。盖人心本自虚明，只为物欲牵引，便不能随事顺应。如事之未来，先有个臆度的心，这叫作意。又有个专主的心，这叫作必。事已过去，却留滞于胸中不能摆脱，这叫作固。只要自己便利，不顾天下之公理，这叫作我。此四者，人情之所不能无也。若我夫子，则廓然大公，物来顺应。未事之先，无有私意，亦无有期必；既事之后，未尝固执，亦未尝私己；其心如镜之常明，略无一些蔽障；如称之常平，略无一毫偏着。”所谓绝四者如此。然是四者，非圣人不能尽无。若人能随事省察，克人欲而存天理，则亦可由寡以至于无，而入于圣人之域矣。先儒说：“忘私则明，观理则顺。”此学圣人者所当知。

子畏于匡。曰：“文王既没，文不在兹乎？天之将丧斯文也，后死者不得与于斯文也；天之未丧斯文也，匡人其如予何？”

遇难而有戒心，叫作畏。匡，是地名。文，是道之显然者。后死者，是孔子自称之词。

昔鲁有乱臣阳虎，曾为暴虐于匡，匡人恨之。孔子一日适陈，经过其地，匡人见夫子貌似阳虎，遂误认而举兵围之。夫子因此有戒心于匡，而弟子之从者皆惧。故夫子解之说：“道每因文而显，亦必得人而传。昔也文王未没，则前乎群圣人之文，传在文王。今也文王既没，则斯文独不在我乎？夫斯文之兴丧皆天也。若使天将丧斯文也，则所以赋于我者，必有所靳，而我为后死者，且将道无所见，学失其宗，自不得与于斯文矣。今天之所以与我者如此。而我既得与于斯文，则是天未欲丧斯文也。天既未欲丧斯文，则我命在天，匡人其能违天而害我乎？吾于此盖有以自信，而二三子亦不必忧患矣。”夫圣人当不测之变，而处之泰然如此，真所谓“卒然临之而不惊，无故加之而不慑”者。学者观此，不惟可征其见理之明，任道之勇，而亦足为养心不动气之法矣。

太宰问于子贡曰：“夫子圣者与？何其多能也？”

太宰，是官名。

当时有个太宰，曾问于子贡说：“吾闻无所不通之谓圣。今观夫子，其殆所谓圣者与？不然何其多才多艺，而无所不能也？”夫以多能为圣，则其知圣人亦浅矣。

子贡曰：“固天纵之将圣，又多能也。”

纵字，与肆字一般，是无所限量的意思。将字，解作使字。又，是兼而有之。

子贡答太宰说："汝以多能为圣乎？不知圣之所以为圣者，固在德而不在多能也。且如天生圣贤都各有个分量，独吾夫子则德配天地，道冠古今，自生民以来未有如其盛者。是乃天纵之而使圣，未尝有所限量。德既造于至圣，则其才自无所不通，所以又兼乎多能耳。然则多能乃圣之余事，而岂足以尽夫子之圣哉？"子贡之言，盖知足以知圣人者也。

子闻之，曰："太宰知我乎？吾少也贱，故多能鄙事。君子多乎哉？不多也。"

孔子闻太宰、子贡问答之言，固不敢以圣自居，又恐人遂以多能为圣，乃自明其意说："太宰谓我多能，其知我所以多能之故乎？盖我少时贫贱，既无官守，又无言责，故得以从容游艺，于凡礼、乐、射、御、钓弋、猎较之类，一一皆习而通之，遂多能此鄙细之事耳，非以圣而无不通也。且君子之道其果贵于多能乎哉？夫世间有大学问，有大事业，君子惟于其大者求之，必不以此多能为贵也。君子既不贵于多能，又何以是为圣哉？然则以我为圣，固不敢当，而以圣在多能，尤失之远矣。"

牢曰："子云：'吾不试，故艺。'"

牢，是孔子弟子琴牢，字子张。试，是用。艺，即是多能。

门人因记琴牢之言说道："夫子平日尝云：'我少时人不见知，未尝试用于当时，故得以习于艺而通之。'夫子此言，其即'吾少也贱，故多能鄙事'之谓也。然则多能非君子之所贵，而夫子之所以为圣，诚不在于多能矣。太宰恶足以知之？"

按，此章太宰之言与达巷党人之言相似。孔子一则以执御自居，一则以多能为鄙，固皆自谦之词。其实圣学之要，不在于此。盖修己有大本大原，治天下有大经大法，自尧、舜以至于孔子皆然，不以博学多能为急也。学圣人者，宜详味乎斯言。

子曰："吾有知乎哉？无知也。有鄙夫问于我，空空如也，我叩其两

端而竭焉。”

鄙，是凡陋。空空，是无能的模样。叩，是发动。两端，譬如说两头，言备举其理也。竭，是尽。

孔子之圣，无所不知，当时必有以是称之者。孔子闻而辞之说：“人固谓我为有知，我果有知乎哉？实无所知也。但我平日告人，不敢不尽，固不待贤者问之而后告也。就是个鄙陋之夫来问于我，在他虽然空空然其无能也，我却不敢以其愚而忽之，务必罄我所知，发动其两端以告之，始终本末、上下精粗，无有不尽者焉。夫以我之告人，必尽其诚如此。所以时人遂以我为有知，而我实则无所知也。”此乃圣人之谦辞。然谓之“叩两端而竭”，则其无所不知，与夫诲人不倦，皆可见矣。

子曰：“凤鸟不至，河不出图，吾已矣夫！”

凤鸟、河图，都是盛世的祥瑞。昔虞舜时凤凰来仪于庭；文王时凤凰鸣于岐山；伏羲时河中有龙马负图而出，其数自一至十，伏羲则之，以画八卦。盖圣王在上，则和气充溢于天地之间，故其祥瑞之应如此。已矣夫，是绝望之词。

春秋之时，圣王不作，孔子之道不行，故有感而叹说：“吾闻圣王之世，凤鸟感德而至，河图应期而出。今凤鸟不至，则非虞舜、文王之时矣；河不出图，则非伏羲之时矣。时无圣王，谁能知我而用之？则吾之道其终已矣夫，不复望其能行矣。”此可见圣人之进退，关世运之盛衰。以春秋之世，有孔子生于其间，而终莫能用，此衰周之所以不复振也。

子见齐衰者、冕衣裳者与瞽者，见之，虽少，必作；过之，必趋。

齐衰，是丧服。冕，是冠冕。冕衣裳，是贵者之命服也。“虽少”二字，当在“冕衣裳”者之下，盖简编之误也。瞽，是无目之人。作，是起。趋，是急行。

门人记说：“吾夫子平日但见有丧而服齐衰的人、有爵位而冕衣裳的人，便肃然起敬，矍然改容。其人虽年少，或瞽而无目，如遇见之，亦必为之起立；如过其前，则必急趋而行。盖有丧的人方抱悲痛之意，于情可哀；有爵的人既受朝廷之命，于礼当尊。夫子但见其可哀、可尊，即为之改容致敬，却不因其少与瞽而遂忽之也。”然有爵之当尊，有丧之可矜，人皆知之。惟少者，人之所易忽；瞽者，人之所易欺，而夫子哀敬之容不为之少异。此所以为圣德之至也。

颜渊喟然叹曰：“仰之弥高，钻之弥坚；瞻之在前，忽焉在后。”

喟然，是叹声。弥，是愈甚的意思。

昔颜渊游于圣门，学既有得，乃喟然发叹说道：“甚矣！夫子之道无穷尽、无方体也。始吾见其甚高也，固尝仰之，以为庶几其可及也，然但觉进得一级，又有一级，仰之而愈见其高焉。始吾见其深也，固尝钻之，以为庶几其可入也，然但觉透得一层，又有一层，钻之而愈见其坚焉。吾又尝瞻之，见圣人之道若在吾前，我固不及。待去勇猛赶上，则恍惚之间却又在后，而我反过之。其流动不拘，变化莫测，有不可以为象者焉。夫子之道高妙，一至于是，回将何所从事乎？”其始之难如此。

“夫子循循然善诱人，博我以文，约我以礼。”

循循，是有次序。诱，是引进。博，是广博。文，是载道之具。约，是约束。礼，是天理之节文。

颜渊说：“夫子之道高妙如此，使不有善教之施，则学者亦何由而入哉？幸而夫子则循循有序，而善于引入之进焉。以这道理散见于天地间的，叫作文。文有不博，则无以见道之万殊而得其真。乃博我以文，使我通古今、达事变，把天下的道理都渐次去贯通融会，而聪明日开，不病于寡陋矣。以道理散殊中，各有个天理自然的节文，叫作礼。礼有不约，则无以会道之一本而体其实。又约我以礼，使我尊所闻、行所知，把天下的道理都逐渐去操持敛束，而依据有地，不苦于汗漫矣。博以开约之始，既非径约者之无得；约以收博之功，又非徒博者之无归。夫子之循循善诱如此，回之得知所从事者，不有赖于此乎？”

“欲罢不能，即竭吾才，如有所立卓尔。虽欲从之，末由也已。”

卓尔，是卓然有见的模样。末字，解作无字。

颜子又说：“回既领夫子博约之教，乃知所向往，实下功夫。博文约礼，交进互发，遂日见得这道理趣味本无终穷，工夫不容间断，虽欲住歇，自不能已，而尽心尽力，既竭吾才以求之。至于用力之久，一旦豁然贯通，向之高坚前后无处捉摸者，今皆有以识其本原，见其定体，分明的确，若有象焉，卓然立在我面前，只是就要跟上，与之为一，却又无由便到得。”盖圣人之道圆活周流，从心不逾，神无方而易无体，一切出于自然，有非思勉所可为，智力所可到者。当此之时，惟当勿忘勿助，以俟其自化而已，又安能容心着力，以强其速化哉？回于此盖深感圣教之为功，而益信圣道之为妙矣。

这篇中“博文约礼”，正是圣学切实下手处，盖学不外于知行二者。尧、舜以来，所谓“惟精以察之”，即是博文的工夫；“惟一以守之”，即是约礼的工夫。此孔子得统于尧、舜，而颜子为善发圣人之蕴者也。学者真能从事于此，而加竭才之功焉，则何帝王之不可为，圣贤之不可及哉？

子疾病，子路使门人为臣。

病，是疾甚。门人，是子路的弟子。臣，是家臣。

昔孔子有疾，其势甚危，子路虑及身后之事。以为夫子是道高德厚的圣人，倘有不测，其礼自当尊异，乃使其门弟子为孔子之家臣。盖古时为大夫者，皆有家臣治其家事，死则为之治丧，如以臣事君之礼，故子路以此尊孔子。然孔子时以去位，实不当有家臣。是未知所以尊之之道也。

病间，曰：“久矣哉，由之行诈也！无臣而为有臣，吾谁欺？欺天乎？”

病间，是病少可。诈，是不实。

子路使门人为孔子家臣，孔子时方病笃，不知其事。及病少可，乃知而责之说：“久矣哉！由之行事诈而不实也。昔我为大夫时，曾有家臣。今既去位，则不当有家臣矣。人皆知我之无家臣，而我乃为此不情之事，偃然自以为有家臣，则我将谁欺？无乃欲欺天乎？人而欺天，莫大之罪。况天不可欺，徒自为虚诈而已。”孔子归罪于己，乃所以深责子路也。

“且予与其死于臣之手也，无宁死于二三子之手乎？且予纵不得大

葬，予死于道路乎？”

二三子，指门人说。

孔子又晓子路说道：“汝之欲用家臣，岂欲以是而尊我乎？不知君子当爱人以德，处人以礼？且如我今日，与其死于家臣之手，而以非礼自处，岂如死于二三子之手，而以情义相与之为安乎？就是我无家臣，不得举行大葬之礼，岂至死于道路，终弃而不葬乎？一般是死，一般是葬，乃不待我以师弟之情，而欲强为君臣之礼，以至于行诈而欺天，亦独何心哉？由之此举盖非惟不当为，且亦不必为矣。”夫圣人于疾病危迫之中，而事天之诚，守礼之正，一毫不苟如此。此所以为万世法也。

子贡曰：“有美玉于斯，韫椟而藏诸？求善贾而沽诸？”子曰：“沽之哉！沽之哉！我待贾者也。”

韫，是藏。椟，是柜。两个“贾”字，即是价值的“价”字。沽，是卖。

昔子贡以孔子怀才抱德不出而求仕，故设言以问之，说：“天下有重宝，则必有重用。且如物之贵重者莫如玉，而美玉则尤贵者。今有美好之玉于此，果只自家爱惜，韫之于柜而藏之欤？抑将出售与人，求价值之相当者而卖之欤？”子贡之意盖以美玉比夫子，而以藏沽喻行藏也。孔子答说：“玉本有用之物，使不沽之，是使有用为无用也。吾其沽之哉！吾其沽之哉！盖天下之宝，当与天下共之，何可以自私也？然玉本至贵之物，使自沽之，则人将轻视而不以为宝，是使贵为贱也。吾必待夫以善价来求者而后与焉。”盖天下之宝，当为天下惜之，尤不可以自轻也。知玉之当沽，则知夫子之当仕。知玉之待价，则知夫子之待礼。如无礼而自往者，是衔玉而求售也，圣人岂为之乎？此可见士之出处，待则为自守之正，求则为奔竞之私，诚不可不慎辨矣。若夫人主之于贤才，又当精其选于未用之先，不使匪人得枉道以求合；专其任于既用之后，不使贤者舍所学而从我，然后为真好贤之明君也。

子欲居九夷。或曰：“陋，如之何？”子曰：“君子居之，何陋之有？”

九夷，是东方九种夷人。陋，是鄙陋。

昔孔子周流四方，本欲行道于天下，然当时上无贤君，不能信用。孔子知其道终不行，乃欲远去中国，而居九夷之地。是虽伤时愤世，有所激而云然，然孔子大圣，自能用夏以变夷，则虽夷狄亦无不可居者。或人不知，乃问孔子说："九夷之地，言语不通，嗜欲不同，其俗鄙陋，如之何其可居也？"孔子答说："天下无不可变之俗，亦无不可化之人。九夷虽是鄙陋，若使有道德的君子居于其间，则必有诗书礼乐以养其身心，有冠裳文物以新其耳目，自将化鄙陋而为文雅，与中国一般，又何陋之有哉？"此可见圣人道大德宏，存神过化，如帝舜耕于历山，而田者让畔；泰伯端委以化荆蛮，感应之妙，有不约而同者。使孔子得邦家而治之，则绥来动和之化，其功效岂小补哉？惜乎春秋之不能用也。

子曰："吾自卫反鲁，然后乐正，《雅》《颂》各得其所。"

《雅》，是《大雅》《小雅》；《颂》，是《周颂》《鲁颂》《商颂》，都是《诗经》的篇名。其中的诗词就是乐章。

孔子说："周之礼乐尽在我鲁国，音乐诗词本是全备的，但历年久远，那诗乐的篇章节奏都错乱了。我尝周流四方，参互考订，始知其说，故自卫归鲁，特为正之。残缺者悉为之补，失次者悉为之序，然后乐之始终条理皆得其正。而二《雅》三《颂》之诗被诸弦歌者，或用诸宗庙，或用诸朝廷，亦各得其所，而无有紊乱者矣。"这是孔子自叙其正乐之事如此。

子曰："出则事公卿，入则事父兄，丧事不敢不勉，不为酒困，何有于我哉？"

孔子说："人于日用伦理之间，起居饮食之际，每每视为近易。若必一一求尽其道，盖亦甚难。且如出而在邦国，则善事公卿，而上交有道，不失其尊贵之礼；入而在家庭，则善事父兄，而孝敬恳挚，克修其弟子之仪。遇有丧事则不敢不勉，不特三年之丧，然后竭诚尽慎，就是期功缌麻，亦必缘分敦礼。至于宴享饮酒，则不为所困，虽有时而饮，用以成礼合欢，却未尝多饮，至于昏神乱气。这四件虽不过是寻常的事，然前三件是能于天理之当为者，各尽其道；后一件是能于人情之易动者，不逾其则，亦非德盛礼恭、涵养绝粹者不能为也。反之于己，果何有于我哉？夫此四者，皆人伦日用、庸德之行，而我犹有所未能，况君子之学更有大于此者乎？此吾之进修所以惕然而不宁，汲汲然而匪懈也。”此圣人谦己诲人之词。然其至诚无息之心，躬行实践之学，于此亦可见矣。

子在川上曰：“逝者如斯夫！不舍昼夜。”

川，是水之流处。逝字，解作往字。不舍，是不息。

天地之间，气化流行，亘古今，彻日夜，而无一息之停，乃道体之本然也。但其机隐微难识，惟是水之流动最为易见。故孔子偶在川上有感而发叹说：“吾观此水，往者既过，来者复续，混混涛涛，曾无止息。盖天地之化推迁往来，相续而无穷有如是夫！昼固如是，夜亦如是，未尝有顷刻之暂停也。”夫天地之间，无物非道，即水流之不息，可以验化机之不滞；即化机之不滞，可以知道体之常存。观物者于此而察之，则自强不息，以尽道体之功者，不可有须臾之或间矣。

子曰：“吾未见好德如好色者也。”

孔子叹息说道：“常人之情但见有美色，则未有不知好者。至若天所赋予的正理叫作德，德乃人之所本有，亦人之所当好也。然今天下之人，或气禀昏愚，不见其为美而莫之好；或物欲牵引，知其为美而不能好。或自己修德虽尝用力，而无勇往精进之功；或见人有德，虽尝羡慕而无尊贤敬士之实：吾未见有好德如好色之真诚者也。人若能以好色之心好德，则如《大学》所谓自慊而无自欺。推之以正心、修身、齐家、治国、平天下，又何难哉？”孔子此言，其勉人之意深矣。

子曰：“譬如为山，未成一篑，止，吾止也。譬如平地，虽覆一篑，进，吾往也。”

篑，是盛土的筐。覆，是加。

孔子说：“人之为学，不日进，则日退。然其进止之机皆系于己，非由于人。以言其止也，不但方进而遽已者才为无成，便是平日已用了九分的工夫，乃一旦止而不为，也就把前面的功夫都废弃了。譬如筑土为山，已是垒得高了，所少者仅一筐之土耳，于此成山岂不甚易？他却忽然中止，不肯加工，则向者所筑皆置之无用，而山终不可成矣。然其止也，岂是有人阻挡他来？只是自家心生懈怠，自弃其垂成之功耳。学者可不以是为戒哉？其进也，不但垂成而不已者才为有益，便是平日未曾下一些工夫，一旦奋发起来，则将来为圣为贤，也限量他不得。譬如在平地上要筑一座高山，所加者才一篑之土耳，指望成山岂不甚难？他却锐然奋进，不肯暂停，则日积月累，功深力到，山亦有时而成矣。然其进也，岂是有人撺掇他来？只是自家勇往向上，不肯安于卑近耳。学者可不以是加勉哉？"大抵人之为学，莫先于立志。所谓"止，吾止"者，其志隳也。志一隳，则何功不废？"进，吾往"者，其志笃也。志一笃，则何功不成？故汤圣人也，而仲虺犹以志自满为戒；高宗令主也，而傅说犹以逊志时敏为言；武王之学可谓成矣，召公犹防其玩物丧志，而譬之于"为山九仞，功亏一篑"。夫子之言盖防于此。有事于帝王之学者，可不坚持其志哉？

子曰："语之而不惰者，其回也与！"

语，是告语。惰，是怠惰。

孔子说："吾之教人，虽言无不尽，然受教者多，能体而行之者甚少。若我以道理告之，而彼即能心解力行、无怠惰之意者，其惟颜回也欤！盖回以睿智之资，务深潜之学，但有所闻，便能融会而贯通，其有所行，又能笃信而专确。如告以克己复礼，则请事斯语；告以博文约礼，则欲罢不能，无一言一动不是发明我所言的道理，何尝有一毫怠惰之心？我所见者，惟此人耳，其他弟子皆不能及也。"大抵"不惰"二字，最为学者之所难。以冉求之多艺，犹画而不进；以子贡之多识，犹倦而请息，况他人乎？观孔子以"不惰"称回，以"不厌"自处，可见圣贤造诣都自勤学中来，读者所当深玩也。

子谓颜渊曰："惜乎！吾见其进也，未见其止也。"

昔颜渊既没，孔子追思而叹息说道："惜乎颜氏之子！吾但见其进也，未见其止也。盖人或资禀有限，则欲进而不能；或立志不专，则进锐而退速。故能进为难，进而不止者为尤难。惟回之为学，真能勇往直前，惟日不足，必欲造乎精微纯粹之域而后已。吾未见其有止息也。夫进而不已，则其进未可量，虽至于圣人不难，而今不幸死矣！岂不深可惜乎？”孔子深惜颜回，亦勉励门弟子之深意义也。

子曰：“苗而不秀者有矣夫！秀而不实者有矣夫！”

谷之始生叫作苗，吐花叫作秀，结粒叫作实。

孔子说：“人之由始学而发达，由发达而成就，譬如谷之由苗而秀，由秀而实一般。然五谷虽为美种，苟培植灌溉之不至，则或但生苗而不开花秀发者有之矣，或虽开花秀发而不结实者有之矣。人有颖悟之资，从事于学而不能精进以发达其聪明，是亦苗而不秀者也；聪明虽已发达，而不能深造以至于成就，是亦秀而不实者也。岂不均可惜哉？诚能戒始勤终怠之失，为功深力到之图，则进退不已，未有不底于成者。是在自勉而已矣。”

子曰：“后生可畏，焉知来者之不如今也？四十五十而无闻焉，斯亦不足畏也矣！”

后生，是少年的人。畏，是敬畏。闻，是以善闻于人。

孔子说：“后生的人，其势可畏，盖其年纪富盛而为学有余日，精力强壮而为学有余功。若能进而不止，则为圣为贤皆未可量，安知其将来不如我之今日乎？此所以可畏也。然其可畏者，正以其他日之有进耳。若学力不加，蹉跎岁月，直到四十、五十之年，而尚不以善闻于人，则亦不足畏也已。盖四十、五十乃君子道明德立，学有成效之时，于此而犹无可称，则终不免为庸人之归而已，又何足畏之有？”可见人之进德修业，当在少壮之时。若少不加勉，则英锐之年不可常保，迟暮之期转眄而至，虽欲勉强向学，而年力已衰，非复向时之有得矣，悔之亦何及哉？古语说：“少壮不努力，老大徒伤悲。”是以大禹惜寸阴，高宗务时敏。欲为圣帝明王者，尤所当汲汲也。

子曰：“法语之言，能无从乎？改之为贵。巽与之言，能无说乎？绎之为贵。说而不绎，从而不改，吾末如之何也已矣。”

法语之言，是直言规谏。改，是改正。巽与之言，是委曲开导。绎，是寻思。末字，解作无字。

孔子说："进言者固当因人而施，听言者必当虚己而受。且如我见人有过，将直切的言语明白规正他，叫作'法语之言'。这样言语说得道理既明快，利害又激切，人之听之，必且肃然起敬，能不畏而从我乎？然不贵于徒从而已，必须因我之言一一反求，有不是处随即改正，不肯畏难苟安，这才是能受直言的人，所以可贵也。见人有过，将道理的言语委曲开导他，叫作'巽与之言'。这样的言语说得情意既婉转，词气又和平，人之听之，必且恍然有寤，能不说而受我乎？然不贵于徒说而已，必须因我之言细细寻思，想我的微意所在，时常体贴玩味，这才是乐闻善言的人，所以可贵也。若一时喜说而不能绎思其理，外面顺从而不能自改其过，则虽正直规谏之论日陈于前，委曲开导之语日接于耳，终不足以开其昏迷，救其过失。我亦将奈之何哉？"盖人有不闻善言的，犹望其闻而能悟，今既顺从喜说，有挽回开导之机了，却依旧不能改绎，与不曾闻的一般，则虽言亦何益乎？所以说"吾末如之何也已矣"，亦深绝之词也。

按，孔子此言，乃人君听言之法。盖人臣进言最难，若过于切直，则危言激论，徒以干不测之威；若过于和缓，则微文隐语，无以动君上之听。是以圣帝明王，虚怀求谏，和颜色而受之。视法言则如良药，虽苦口而利于病；视巽言则如五谷，虽冲淡而味无穷，岂有不能改绎者乎？人主能如舜之好察迩言，如成汤之从谏弗咈，则盛德日新，而万世称圣矣。

子曰："三军可夺帅也，匹夫不可夺志也。"

万二千五百人为军。大国则有三军。帅，是主将。匹夫，是一匹之夫，言其微也。

孔子说："人莫贵于立志，志苟能定，则主宰在我，天下莫之能夺。且以势之难夺者言之。今以三军之众，拥护一主将，若有不可犯者。然三军虽众，其勇在人，在人则势有时而不合，心有时而不齐。故能以智胜者，可以伐其谋；能以力胜者，可以挫其气。谋败气摧，则主将可擒矣。是至难夺者尚有可夺也。若乃一匹之夫，自持其志，势孤力独，似无难夺者。然匹夫虽微，其志在己，我自家所守要如此，虽千万人无所用其力。故欲困之以危辱，则不过屈其身耳，而心固不可回；欲临之以威武，则不过戕其生耳，而意固不可转，有终不得而夺之者矣。”夫以匹夫之志胜于三军之帅如此，则志之于人岂不大哉？所以为学而有志于圣贤，则便可以为圣贤；为君而有志于帝王，则便可以为帝王。盖其机在我，夫孰得而御之？是以君子贵立志也。

子曰：“衣敝缊袍，与衣狐貉者立而不耻者，其由也与？”

衣，是着衣。敝，是坏。缊袍，是絮麻的衣服，服之贱者。狐、貉，是二兽名，其皮可以为裘，乃服之贵者。

孔子说：“凡人不戚戚于处贫，则汲汲于求富，故贫富相形之际，未有不动心者。若是身上穿着敝坏的缊袍与那穿着狐貉贵服的人并立，而其心恬然不以为耻，其惟仲由之为人也与？”盖仲由识见已进于高明，志趣不安于卑陋，故能有以自重，而不动心于贫富之间如此。

“‘不忮不求，何用不臧？’”子路终身诵之。子曰：“是道也，何足以臧？”

忮，是妒忌的意思。求，是贪求。臧字，解作善字。

孔子称许仲由，又引诗词以证之，说道：“《卫风》之诗有云：‘人之处世，若能于人无所忮忌，于物无所贪求，则其心无累，而人已咸得矣，将何所用而不善乎？’若此诗者，仲由足以当之矣。”盖贫与富相形，强者必忮，弱者必求。今由也能不耻已之无，不慕人之有，则其无忮求之心可知，斯可以为善也已。然孔子以是许子路者，盖欲因是而益求其所未至也，乃子路则遂将这两句诗词常常讽咏，终身诵之，是自喜其能，而不复求进于道矣。故孔子又勉励之说：“道不容以易求，学不可以自足，这不忮不求，固是道理所在，然亦不过自守之一端耳。若论终身学问，自有广大高明、精微纯粹的道理，这诗人所言何足为善乎？汝当勉力进修，以求至于尽善之地可也。”昔子贡以无谄无骄为至，而夫子益之以“乐而好礼”；子路以不忮不求自足，而夫子抑之以“何足以臧”，皆取其所已能，而勉其所未至也。

子曰：“岁寒，然后知松柏之后凋也。”

岁寒，是岁暮之时，天气寒冷。凋，是凋零。

孔子有感于当时风俗颓靡，思见特立之君子，故比喻发叹以励学者，说道："春夏和暖之时，万物长养，草木无不畅茂，松柏也不过如此，未见其刚坚有操也。惟当隆冬岁暮之时，寒气凛冽，生意憔悴，草木无不萎死零落者，而松柏乃独挺然苍秀，不改其常。到这时候，然后知其有孤特之节，不与众草而俱凋也。"盖治平之世，人皆相安于无事，小人或与君子无异。至于遇事变、临利害，则或因祸患而屈身，或因困穷而改节，于是偷生背义，尽丧其生平者多矣。独君子挺然自持，不变其旧，威武不能挫其志，死生不能动其心，就是那后凋的松柏一般。所以说士穷见节义，世乱识忠臣，必至此而后知也。知松柏之后凋，则虽春夏之时，亦不可等松柏于他物。知君子之有守，则虽治平之世，亦不可视君子如常人。如必待有事，然后思得君子而用之，岂不晚哉？

子曰："智者不惑，仁者不忧，勇者不惧。"

惑，是疑惑。忧，是忧患。惧，是恐惧。

孔子说："人之不免有疑惑者，凡以见理不明故也。惟夫智者，平日把天下的道理都讲究研穷，明白透彻于心，故事物之来，其是非可否、隐微曲折，无不洞达分晓，便是疑难的事情、巧诈的言语也一毫眩乱他不得，何惑之有？人之不能无忧患者，凡以私心为累故也。惟夫仁者，克己复礼，涵养纯熟，浑然天理之公，绝无私欲之累，故能顺理安行，心广体胖，外慕之念不萌，忧戚之心自泯，便是贫贱、夷狄、患难，一切拂意之事临于吾前，也安然素位而行，无入而不自得，何忧之有？人之不免于恐惧者，凡以正气不充、不足以配道义故也。惟夫勇者，直养此气，至大至刚，浩然塞于天地之间，故能执守坚定，不可屈挠。遇事奋发果敢，当行便行，当断便断，有始有终，略无逡巡畏缩之意，便是利害切身，毁誉乱真，也一毫摧沮他不得，何惧之有？"盖智、仁、勇三者，乃天下之达德，学者之修己，帝王之治天下国家，皆本于此。故智至于不惑，然后足以照临四海；仁至于不忧，然后足以并包九有；勇至于不惧，然后足以裁决万机。欲学为帝王者，可不勉哉？

子曰："可与共学，未可与适道；可与适道，未可与立；可与立，未可与权。"

可与，是说可与同为此事。适字，解作往字。适道，是向道而行。立，是有执持的意思。权，是秤锤，所以称物之轻重者。学至乎圣人，则能随时应变，而不胶于一定，就如秤锤之称物一般，所以谓之权。

孔子说："人之造诣各有高下，君子亦当随其高下而与之，不可诬其所未至也。如人能有志向上，而不安于自弃，斯固可与共学矣。然学必以道为准的，为学而不知求道，则亦徒学而已。那初学的人，识见未定，能必其一心向道而不为他歧之所惑乎？故可与共学者，未可遽与之适道也。若能向道而行，不为他歧所惑，斯固可与适道矣。然学以践履为实地，必须躬行有得，才能有所执持。那适道的人，执德未固，能必其卓然自守而不为外诱之所夺乎？故可与适道者，未可遽与之立也。若能卓然自守，不为外诱所夺，斯固可与立矣。然应事接物，都各有当然的道理，惟圣人一理浑然，泛应曲当，各适其轻重之宜。那能立的人，守而未化，能必其圆活变通而适时措之宜乎？故可与立者，未可遽与之权也。"夫道以通权为极，学者固不容以躐等而进，而学必至于能权，然后可以裁制万变而为学之成也。况人君一日万机，要使裁决区处各得其当，尤不可不知权。然必平素讲求，时常体认，使义理明白，识见融通，乃可以称量事物之轻重而无有差失。然则学问之功岂可忽哉？

"唐棣之华，偏其反而。岂不尔思？室是远而。"子曰："未之思也。夫何远之有？"

唐棣，即今之郁李。偏字，当作翩翩然的翩字；反字，当作翻字，都是摇动的模样。这四句诗不在三百篇中，盖孔子删诗时已去此一章，故谓之逸诗也。

昔诗人托物起兴说道："我观唐棣之花，翩翩然摇动于春风扇和之时，因此感触，睹物怀人，岂不惟尔之思念乎？但所居之室相去隔远，不可得而见耳！"夫诗人之所思者，固未知其所指何在，孔子遂借其词而反之，说道："天下之事不患其难致，而患其不求。今诗之所言，既云思之，而复以室远为患者，是殆未之思耳。若果有心以思之，则求之而即得，欲之而即至，夫何远之有哉？如诚心以思贤，则虽在千古之前，万里之远，而精神之所感孚，自有潜通而冥会者，何病于时势之相隔乎？如诚心以思道，则其理虽极其精微，至为玄远，而吾之心力既到，自有豁然而贯通者，何病于扞格之难入乎？”这是孔子借诗词以勉人之意。然人心至灵，思在于善，则为善固不难；思在于恶，则为恶亦甚易。故先儒言：“哲人知几，诚之于思。”学者又不可不审察于念虑之萌也。

乡党第十

孔子于乡党，恂恂如也，似不能言者。其在宗庙、朝廷，便便言，唯谨尔。

《乡党》一篇，都是记孔子容貌威仪，起居动静之详。虽圣人之小德细行，然亦可见其盛德积中，有动容周旋，自然中礼之妙矣。这一章是记孔子处乡党、在朝廷之容。

恂恂，是信实的模样。便便，是详辩。

门人记说：“吾夫子居乡党之间，其容貌则恭敬诚恪，略无文饰，但见其恂恂然信实而已，且谦卑逊顺，不欲以贤智先人，却似不会说话的一般。”盖乡党乃父兄宗族之所在，与尊长相处，故礼恭而辞简如此。“至于与祭而在宗庙，居官而在朝廷，则便便然与人议论，或仪节有该讲究的，则问之必审，或事体有该商榷的，则辩之必明，但言所当言，常谨慎而不放肆尔。”盖宗庙乃礼法之所在，在朝廷乃政事之所出，又与处乡党之时不同，故言之不容不尽，而辩之不容不明如此。此圣人盛德之至，故随所处而皆合乎礼之中也。

朝，与下大夫言，侃侃如也；与上大夫言，訚訚如也。

这一章是记孔子在朝之容。

侃侃，是刚直。訚訚，是和悦中有持正的意思。

门人记说：“吾夫子在朝之时与众大夫相接，每视其位之尊卑，以为礼之隆杀。如与下大夫言，其势分犹卑，言或可以直遂，则当言即言，无所隐讳，但见其侃侃如也。若与上大夫言，其体貌尊重，言不可以径情，虽理之所在，持正不阿，然每出之以从容，导之以和悦，但见其訚訚如也。”盖朝廷之上，以爵为序，故虽直道而行，亦必因人而施如此。

君在，踧踖如也，与与如也。

君在，是君上临朝之时。踧踖，是恭敬不安的模样。与与，是从容自在的意思。

“夫子遇君上临朝之时，其心敬谨，不敢一毫怠忽。看他进退周旋，却似踧踖不安的模样。但常人过于矜持，未免失之拘迫，夫子则从容和缓，自然有威仪之可观，但见其与与然中适也。”盖不惟可以见盛德之仪容，亦可以知其事君之尽礼矣。

君召使摈，色勃如也，足躩如也。

这一章是记孔子为君摈相之容。

古者列国诸侯，朝聘往来，其相见之时，都选平日礼仪习熟的人为之摈相。主谓之摈，言其接待宾客也。客谓之相，言其辅相行礼也。色勃如，是颜色变动。足躩如，是步履盘旋。

门人记说：“吾夫子当君命有召，使之为摈迎接宾客，此乃两君交好，大礼所系。故夫子一闻君命，敬慎之至，顿改常容。观其颜色，则勃然变动，不比平时之安和自如；观其步履，则盘旋退避，有似欲前进而不能的模样。”这是承命之初，其敬有如此者。

揖所与立，左右手。衣前后，襜如也。

推手向前叫作揖。所与立，是同为摈的人。襜，是整齐的模样。

“凡摈用三人，有上摈，有次摈，有末摈。摈主有命，则递传以相达。夫子此时适为次摈，则末摈、上摈居乎身之左右矣。故揖所与同为摈者，或揖左人，传命而出，则以手向左；或揖右人，传命而入，则以手向右。然手虽有左右，而身则端正自如，未尝随之而动。但见其衣之前后，襜如其整齐也。”

趋进，翼如也。

趋，是疾走。

“宾主相见之后，主君延宾而入，则为摈者当入而有事。夫子当疾趋而进之时，张拱端好，如鸟之展舒两翼然。”这二节是行礼之时，其敬有如此者。

宾退，必复命曰：“宾不顾矣。”

“行礼既毕，主君送宾以出。宾方退出之际，主君之敬未解，夫子必复命于君说道：‘宾已去，不复回头矣。’所以纾君之敬也。”这是礼毕之后，其敬有如此者。夫以为摈之事，自始至终动容周旋，无不中礼。非盛德之至，其孰能之哉？

入公门，鞠躬如也，如不容。立不中门，行不履阈。

这一章是记孔子在朝之容。

公门，是朝门。中门，是当门而立。履，是践。阈，是门限。

门人记说：“吾夫子趋朝之时，一入公门，便肃然起敬，但见其曲身而行，虽公门高大，却似容不得他的模样，何其敬之至也。其站立的去处，必不敢当门之正中，盖恐当尊而失之僭也；其行过的去处，必不敢践着门限，盖恐违礼而失之肆也。”此时尚未面君，而敬谨之心已无所不至矣。

过位，色勃如也，足躩如也，其言似不足者。

位，是人君所坐的虚位。不足，是不敢出声。

“夫子既入内朝，行过君之虚位，就如君在上面的一般，其颜色则勃然而变动，其行步则躩然而盘旋，其言语则讷讷然谨慎收敛，如不能出声者。”盖去君渐近，故其敬渐加，与入门之初不同矣。

摄齐升堂，鞠躬如也，屏气似不息者。

摄齐，是两手抠衣。屏字，解作藏字。息，是鼻息。

“夫子既已面君而行朝礼，乃两手抠衣，使之离地，以防倾跌之患。历阶升堂，曲身而行，不敢仰视，其鼻息出入亦屏藏收敛，恰似没有鼻息的一般。”盖愈近君则愈敬慎，其视过位之时又不同矣。

出，降一等，逞颜色，怡怡如也。没阶，趋进，翼如也。复其位，踧踖如也。

等，是阶级。逞，是舒放。怡怡，是和悦。没阶，是下尽阶级。进字是多了的。复位，是复班。

“夫子升堂见君，行礼已毕，出了降阶一等，则渐远于君矣，此时颜色才稍稍舒放，有怡怡然和悦之意，然其敬君之心有终不能忘者。但见其下阶而趋，则端拱如翼，而手容之恭如故也；复班之后，犹踧踖不宁，而身容之肃如故也。岂以既远于君，而遂有怠忽之心乎？”夫臣子见君，未有不敬畏者。至于未见君之先而敬已至，既见君之后而敬不忘，此所以为事君尽礼，而非常人之所能及也。

执圭，鞠躬如也，如不胜。上如揖，下如授。勃如战色，足蹜蹜，如有循。

这一章是记孔子为君聘于邻国之容。

圭，是诸侯的命圭，所受于天子者也，聘问邻国则使大夫执以通信。不胜，是力不能举。授，是以物予人。战色，是战惧之色。蹜蹜，是行步促狭。循，是缘物。

门人记说：“夫子为鲁大夫时，承君命以聘问邻国。其行礼之时，执着国君的命圭，曲身而行，如其力有不能举者。有时举手向上，则如与人相揖者然，而不失之太高；有时俯手向下，则如以物与人者然，而不失之太卑。其见于面者，则勃然变动，而有战惧之色；其见于步履者，则举足促狭，曳地而行，譬如缘物一般。”盖君之命圭乃国之大宝，圣人之心极其敬慎，故见于容色者如此。

享礼，有容色。私觌，愉愉如也。

凡聘问之后，复陈圭币舆马之类以献其君，谓之享礼。公享之后，使臣又有私礼以见其君，谓之私觌。

“夫子既聘而行享献之礼，此正展尽情意之时，故有至和之容色。既享而用私礼以见于君，所以将己之诚，又与公礼不同，故益愉愉然其和悦焉。”夫一聘礼之行也，方执圭将事，则致其敬而敬焉者，所以尽聘问之礼；及享与私觌，则致其和而和焉者，所以通聘问之情。和敬兼至，各当其可，非圣人其孰能之？

君子不以绀緅饰，红紫不以为亵服。

这一章是记孔子的衣服之制。

君子，就指孔子说。绀，是深青带赤色，即今之闪色也。緅，是青赤色。饰，是领缘。红，是浅红色。亵服，是私居之服。

门人记说：“吾夫子之衣服各有定制。如常服则不用绀緅二色以为领缘，盖绀乃斋服之饰，緅乃练服之饰，用之则恐与丧服无别也。私居之服不用红紫二色，盖正色有五，红紫皆间色不正，用之则恐以似而乱真也。”其致谨于服色之辨如此。

当暑，袗絺绤，必表而出之。缁衣，羔裘；素衣，麑裘；黄衣，狐裘。

袗字，解作单字。絺、绤，都是葛布，精者为絺，粗者为绤。表，是外见。缁，是黑色。羔，是黑羊皮。麑，是白色的小鹿。

“夫子当暑月则衣葛，或精而为絺，粗而为绤，皆单服之。然必先着里衣，表絺、绤而出之于外，盖不欲其见体而近于亵也。当冬月则衣裘，裘必有衣以裼之于外。如黑色之衣，则以裼夫黑羊之裘；白色之衣，则以裼夫白麑之裘；黄色之衣，则以裼夫黄狐之裘。盖取其色之相称也。”其致详于裘葛之制如此。

亵裘长，短右袂。必有寝衣，长一身有半。

亵裘，是私居之裘。袂，是袖。寝衣，是卧时所着之衣。

“夫子私居之裘，其制则长，取其温暖。然必短其右边之袖，盖做事常用右手，取其便于举动也。至于斋戒之时，既不可解衣而寝，又不可着明衣而寝，故必别有寝衣。其制则周身之外，仍长有一半，使其可以覆足也。”其长短各适于用如此。

狐貉之厚以居。去丧，无所不佩。非帷裳，必杀之。

狐、貉，是二兽名，其皮可以为裘。居，是私居。佩，是佩玉。朝祭之服，其下裳皆用正幅，如帷幔一般，叫作帷裳。杀，是斜裁的衣缝。

“夫子私居之裘，则用狐、貉为之，以其毛深温厚，可以御寒而适体也。居丧不用佩。若既除丧，则凡当所佩者皆佩之。盖古人凡用物皆佩之于身，如玉与刀觿之类。夫子居丧则解佩以示变，除丧乃佩之也。朝祭之服，其下裳则用正幅如帷，腰有衣折而旁无杀缝。若非朝祭之服，不用帷裳，则斜裁其幅而有杀缝。其制上窄下宽，取其省约而不妄费也。”其丰俭各有所宜如此。

羔裘玄冠不以吊。吉月，必朝服而朝。

玄，是黑色。吉月，是每月朔日。

“夫子见人有丧，则变服以往吊。若羔裘玄冠乃是吉服，必不用之以吊丧，所以致其哀也。夫子当致仕之时，虽已不在其位，至于每月朔日，犹必衣朝服以朝见鲁君，所以致其敬也。”其谨于吉凶之礼又如此。

齐，必有明衣，布。齐，必变食，居必迁坐。

这一章是记孔子谨斋之事。

明衣，是洁净的衣服。变食，是变其常日之食。迁坐，是移其常处之地。

门人记说：“夫子将祭祀而斋戒，沐浴既毕，必更明衣，而衣以布为之，不但内志之精明，而且外体之纯洁也。至于斋之所食，必变其常，不饮酒茹荤，盖淡泊以致其诚也。其居止宿歇，必别有斋居，不在平日常处之处，盖洁净以致其敬也。”圣人祭神如在，故其谨于斋戒如此。

食不厌精，脍不厌细。

这一章是记孔子饮食之节。

食，是饭。米舂的熟叫精。脍，是鱼肉之细切者。

门人记说：“吾夫子日用饮食，虽未尝必求精美，然于饭则不厌其精，于脍则不厌其细。”盖食精脍细皆足以养人，故不嫌于过也。

食饐而餲，鱼馁而肉败，不食。色恶，不食。臭恶，不食。失饪，不食。不时，不食。

饭伤于热湿叫作“饐”。餲，是味变。馁，是烂。败，是腐。色恶、臭恶，是颜色、气味变动者。饪，是烹调生熟之节。不时，是五谷果实不该成熟之时。

“夫子于饭，若伤于热湿而味变者，鱼馁烂而肉腐败者，则不食。物虽未败，而颜色已变者亦不食，气味已变者亦不食。失其烹调生熟之节者不食。五谷果实之类尚未成熟，气味不全者不食。”盖以上数者，食之皆足以伤生，故夫子谨之。

割不正，不食。不得其酱，不食。肉虽多，不使胜食气。唯酒无量，不及乱。

割，是切肉。量，是限量。乱，是醉乱。

“夫子食肉必须方正，若割切不方正者，则不食之。凡食物用酱各有所宜，若不得其酱者，则不食之。至于肉虽多，然不使之胜乎食气。盖食以谷为主，以肉为辅，若肉胜食气，则滋味太厚，反失养生之道，故必节之而不多也。有事而饮酒，则不为限量，但取其浃洽而已，而不至于醉乱。盖酒虽为人合欢，若饮之太多，则既能昏性而丧德，又能致疾而伤生，故必节之而不过也。”

沽酒市脯，不食。不撤姜食。不多食。

沽、市，都是买。脯，是干肉。

门人又记：“夫子于沽来之酒、市买之脯恐不精洁，或至伤人，故皆不食。惟姜能通神明，去秽恶，故每食常设，未尝撤去。然适可而止，亦未尝多食也。”

祭于公，不宿肉。祭肉不出三日。出三日，不食之矣。

“夫子当助祭于公廷，所得的胙肉，即以颁赐，不待经宿。盖重神惠，而尊君赐，故不敢迟。至于家之祭肉，虽可以少缓，未能当日分赐，然亦不过三日，皆以颁之于人。若过三日，则肉败而人不食之。是亵神之余矣，故亦不久留矣。”

食不言，寝不语。虽疏食菜羹，瓜祭，必齐如也。

语，是答述。言，是自言。疏，是粗。祭，是当食之时，每品各出少许，置之豆间之地，以祭先代始为饮食之人，盖古礼也。齐如，是严敬的模样。

“夫子当食之时，不与人语。盖人喉中有食、气二管，食管以纳饮食，气管以出声音。当食而语，则气管为食所碍，或致哽咽之患，故慎之也。当寝之时，不自发言，盖人脏腑虚悬，然后声气之发，出而无窒。当寝而言，或致损气，故亦慎之也。其食也，虽是粗饭菜汤，亦必每种各出少许，以祭先代始为饮食之人。其祭虽小，亦必齐如其严敬，有若神明在上者焉。这都是圣人饮食之节，无不中礼者如此，盖不止于养身，而亦所以养德。”学者能随事而体察焉，固莫非道之所在也。

席不正，不坐。

席，是坐席。古人皆席地而坐。

门人记说：“夫子心存至正，事事都整齐严肃。如设席也要端正，若少有不正，则不肯就座也。”观其一坐之不苟，而其出入起居之无不正可知矣。

乡人饮酒，杖者出，斯出矣。

这一章是记孔子居乡之事。

杖者，是年老的人。古人六十岁以上，则用杖以出入，以其血气既衰，必用扶持故也。

门人记说：“夫子居乡之时，或与乡人宴会饮酒，其中有年老的人，必加尊敬。宴毕之后，老者既出，夫子即随之而出。未出故不敢先，既出亦不敢后也。盖乡党尚齿，长幼有序，故夫子之恭谨如此。”

乡人傩，朝服而立于阼阶。

傩，是古时逐疫之礼。《周礼》方相氏，主索疫鬼而驱除之。季冬之月，则命有司大傩以驱除鬼祟，而迎纳吉祥也。阼阶，是主阶。

“夫子家居，遇乡人行大傩之礼。此时乡俗皆欲驱除鬼邪，恐家中先祖五祀之神或致惊动，乃致其诚敬，穿着朝服，立于主阶之上，使之依己而安也。”

问人于他邦，再拜而送之。康子馈药，拜而受之，曰:“丘未达，不敢尝。”

这一章是记孔子与人交之诚意。

康子，是鲁大夫季康子。达，是通晓。

门人记说:“夫子交人，一出于至诚而不欺。如所交的人在于他邦，遣使去问候他，使者临行，则必从后再拜而送之，如亲见其人一般，不以其在远而废敬也。季康子曾馈之以药，夫子因尊者有赐，则拜而受之，又对来使说:‘丘未晓此药所用何品，所疗何病，不敢尝也。’盖药有未达，自不可尝。然受而不饮，则又虚人之赐，故直以‘不敢尝’告之。”圣人交人，无往而非诚意之流通如此。

厩焚。子退朝，曰:“伤人乎？”不问马。

厩，是马房，焚，是烧。

门人记说:“夫子养马之厩为火所焚。夫子退朝，闻之，即问说:‘火得无伤人矣乎？’不复问马，是非不爱马也，心切于爱人，故不暇问马耳。”盖贵人贱畜，理当如此，而仓卒之际，尤见圣人用爱之真心也。

君赐食，必正席先尝之。君赐腥，必熟而荐之。君赐生，必畜之。

这一章是记孔子事君之礼。

腥，是生肉。荐，是献于祖考。畜，是养。

门人记说:“夫子为大夫时，鲁君或赐之以食，则俨然如对君上，必正席致敬而先尝之，然后颁之于人，所以尊君之赐也。君或赐之以生肉，则必烹调使熟而荐之于祖考，不敢私以为食，所以荣君之赐也。君或赐之以生物，如羊豕之类，则必畜之于家，无故不敢轻杀，所以仁君之赐也。”其受赐之尽礼如此。

侍食于君，君祭，先饭。

侍食，是赐食于君侧。饭，即是食。

“夫子或侍君侧而赐之以食，则其心尤加敬慎。君若已祭而置品物于豆间，则已不待君食而先食，恰似为君尝食的一般。”盖每食必祭者，礼之常，然食于君前，则不敢以客礼自处。况君已先祭，自当统于所尊，此夫子所以不祭也。为君尝食者，膳夫之职，然敬君之至，则不嫌以膳夫自居，此夫子所以先饭也。其侍食之尽礼如此。

疾，君视之，东首，加朝服，拖绅。

东首，是首在东。拖字，解作引字。绅，是大带。

“夫子时或寝疾，鲁君临视之于家，则首必居东以受生气。此时卧病不能着衣束带，则必加朝服于其身，又引大带于其上，盖不敢以亵服见君也。”其敬君之至，不以疾而废礼如此。

君命召，不俟驾行矣。

俟，是待。驾，是以马驾车。

“夫子为大夫时，或君有命召之，则其心急于趋命，即时徒步而往，不待既驾而后行也。”其敬君之命，不敢以劳而废礼如此。盖春秋之世，君臣之义不明，至于仪节简略，名分倒置，反以尽礼为谄，孔子伤之。故虽纤悉委曲，无所不用其诚敬，非独明事君之义，亦以维衰世之风也。

朋友死，无所归，曰：“于我殡。”朋友之馈，虽车马，非祭肉，不拜。

这一章是记孔子交朋友之义。

门人记说：“朋友，五伦之一。遇死丧而能收之，人情所难也。夫子于朋友不幸而死，别无亲属可以依归者，即自任说：‘当于我而殡殓之。’盖不忍其暴露而转于沟壑也。至若朋友有通财之义，常情鲜有不以物为轻重者。夫子于朋友所馈之物，虽是车马之重，若非祭祀的胙肉，则以直受而不拜。盖必祭肉然后拜者，敬其祖考同于己亲，非车马所得比也。”此可见圣人之交朋友，一于道义。义所当殡而殡，不以凶为嫌；义所不当拜而不拜，不以财为重也。

寝不尸，居不容。

这一章是记孔子容貌变于平时之事。

尸，是偃卧如尸。居，是私居。容，是容仪。

门人记说："夫子心存庄敬，无一毫惰慢之气。虽寝处之时，亦自收敛，未尝偃卧如尸也。承祭见宾，乃修容仪。如私居之时，则申申夭夭，安舒自在，而不为容仪也。盖寝而尸则过于肆，居而容则过于拘。夫子不然，所以为有道之气象也。"

见齐衰者，虽狎，必变。见冕者与瞽者，虽亵，必以貌。

狎，是平素亲近的人。变，是变色。亵，是私见。貌，是礼貌。

"夫子见有丧而服齐衰的人，虽素所亲狎，必变色以待之。见冠冕有爵的人与无目的人，虽私居燕见，必加之以礼貌。盖有丧之人，所当哀怜；有爵之人，所当尊敬。无目之人，人每因其不见而忽之，不加礼貌，而圣人待之各中其节如此。"

凶服者，式之。式负版者。

凶服，是丧服。古人乘车时，遇有所敬，则俯而凭于车前之横木，这叫作式。版，是户口人民的版籍，如今之黄册一般。

"夫子或在车中，见有穿着凶服的，便恻然不宁而为之式，亦所以哀有丧也。见有负着版籍的，便肃然起敬而为之式，盖所以重民数也。"

有盛馔，必变色而作。迅雷风烈，必变。

盛馔，是肴馔丰盛。作，是起。迅，是疾。烈，是猛。

"夫子当宴享之时，见主人肴馔丰盛，则必变色而起，以致其敬，盖馔为己设，所以答其礼也。遇有疾雷猛风，则必变色改容，惕然恐惧，盖畏天之威，不敢逸豫也。"

夫圣人一动容之间，皆各攸当如此。至如负版必式，则知邦本之当重；风雷必变，则知天威之当畏，尤治道君德所关，读者不可以为细事而忽之也。

升车，必正立，执绥。车中，不内顾，不疾言，不亲指。

这一章是记孔子升车之容。

绥，是六辔之总索。内顾，是回看。疾，是急遽。亲指，是以手指物。

门人记说："升车者必立而执绥，但人情容易忽略，或至偏倚。若夫子之升车，亦必庄敬严肃，正立执绥，而无所偏倚焉。其在车中，则瞻视有常，不回头观看；言语必慎，不急遽发言；手容必恭，不以手指物。"盖三者不但失己之容仪，且足以惑人之视听，故夫子谨之如此。

色斯举矣，翔而后集。曰："山梁雌雉，时哉！时哉！"子路共之。三嗅而作。

举，是飞起。翔，是回翔。集，是栖止。山梁，是山脊。雉，是野鸡。时，是饮啄得时。共，是向。嗅字，古代戛字，雉鸣之声。

门人记说："鸟之为物，但见人颜色不善，将欲取之，则飞而远去，必回翔审视，择可止之地，而后集焉。盖虽蠢然无知之物，而犹能见几知止如此。昔夫子偶见山脊上有个雌雉，因叹说：'这山梁之雌雉，时哉！时哉！'言其时饮而饮，时啄而啄，能适其性之自然也。此时子路在侧，共而向之，若有取之之意，雉乃三鸣而起焉。"此正"色斯举矣"之一证也。故人必见几而作，如鸟之见色而举；审择所处，如鸟之翔而后集，则去就不失其正，而有合于时中之道矣。不然，可以人而不如鸟乎？此记者之深意也。

卷六

先进第十一

子曰:“先进于礼乐，野人也；后进于礼乐，君子也。如用之，则吾从先进。”

先进、后进，譬如说前辈、后辈。礼乐，不专是仪节声容，凡人之言、动、交际，与施之政治者，但敬处都是礼，和处都是乐。野人，是村野的人，言其朴陋也。君子，是贤士大夫之美称。用之，是用礼乐。

孔子说:“礼乐贵于得中，但世道既殊，而人之习尚亦异。由今日观之，前辈之于礼乐，专尚简质，不事浮华，恂恂然却似郊外野人的模样，何其朴也。后辈之于礼乐，威仪习熟，文采可观，彬彬然却似贤人君子的气象，何其美也。今时之人，固皆愿为君子，而不屑为野人矣。若我之用礼乐则不然。盖前辈的人，存心淳厚，行事质实，与浮薄虚夸的不同。我今但欲反薄归厚，敛华就实，一一依着前辈的规模，虽冒野人之名，有所不恤也。”盖周末文胜，古道寖薄，孔子伤今思古，欲损过以就中，故其言如此。其后汉儒董仲舒劝武帝损周之文，用夏之忠，亦是此意。故人君之治天下，若能因时救敝，返朴还淳，行政则敦本实而不为虚文，用人则重老成而不取浮薄，庶几先进之风可追，而先王之治可复矣。

子曰:“从我于陈、蔡者，皆不及门也。”

从，是随从。陈、蔡，是二国名。

昔楚昭王聘孔子，欲委之以国政，孔子往应其聘。行到陈、蔡二国之间，那时二国大夫谋说:“楚用孔子，必然强大，不利于我小国，不如阻绝了他。”乃发兵围困孔子，至有绝粮之厄。其后孔子还归鲁国，追思前事，因发叹说:“我当初厄于陈、蔡之间，弟子多从我者。至于今日，或散之四方，或出仕他国，不但有隐显之异，亦且有存没之殊，皆不在吾门矣。”盖以其相从于患难之中，故念之而不忘也。

德行：颜渊、闵子骞、冉伯牛、仲弓。言语：宰我、子贡。政事：冉有、季路。文学：子游、子夏。

颜渊以下十人，都是孔子弟子。门人因孔子追思陈、蔡诸贤，遂详记之说道："当时从夫子于陈、蔡者，都是师门高弟，各有所长。有践履笃实，长于德行的，是颜渊、闵子骞、冉伯牛、仲弓；有应对明敏，长于言语的，是宰我、子贡；有才识疏通，长于政事的，是冉有、季路；有闻见博洽，长于文学的，是子游、子夏。此皆平时受教于门墙，相从于患难者也。"然观此四科之目，则夫子之因材造就，亦可见矣。使得邦家而治之，则随才授任，必有可观，惜乎其终不遇也。

子曰："回也非助我者也，于吾言无所不说。"

助我，是有益于我，譬如帮助的一般。说，是喜悦。

孔子说："门弟子于问辩之际，常有发吾之所未发者，是有助于我矣。若颜回，则非助我者也。何也？人必疑而后有所问，问而后有所发。回也，于凡吾之所言，无不契合于心，欣然领受而无疑。夫既无所疑，自无所问，又安得有助于我哉？"盖颜子于圣人之言，默识心融，有非群弟子所可及者，夫子盖深喜之，故抑扬其词以称之如此。

子曰："孝哉闵子骞！人不间于其父母昆弟之言。"

闵子骞，是孔子弟子闵损，字子骞。昆弟，是兄弟。

孔子说："百行莫大于孝，然而能尽孝道者鲜矣。以今观之，孝哉其闵子骞乎？"盖凡人之孝，见称于父母兄弟者有矣，然或溺于爱、蔽于私，而外人未必以为然也。今闵子骞之孝，不独父母兄弟称之，而外人亦皆称之，初无异于其父母兄弟之言，使非孝友之实，积于中而著于外，何以得此乎？此闵子骞所以为纯孝也。

南容三复白圭，孔子以其兄之子妻之。

南容，是孔子弟子。三复，是再三反复，佩服不忘之意。白圭，是《诗经》篇中的说话。其诗说："白圭若玷缺了，尚可磨得；若言语差了，则不可追悔矣。"乃是要谨言的意思。子，是女子。妻，是为之妻。

门人记说：南容之为人，常再三反复佩服白圭之诗而不忘，盖深有意于谨言也。夫惟君子为能谨言，南容之欲谨言如此，可谓君子矣。故孔子以兄之女而为之妻，盖择配而取其贤也。

颜渊死，颜路请子之车以为之椁。子曰："才不才，亦各言其子也。鲤也死，有棺而无椁。吾不徒行以为之椁。以吾从大夫之后，不可徒行也。"

颜路，是颜渊之父。椁，是外棺。鲤，是孔子之子孔鲤。徒行，是步行。孔子尝为大夫，与闻国政，其曰"从大夫之后"，是谦词。

昔颜渊死，其父颜路以贫不能具葬，乃请孔子所乘之车，欲卖之以买椁。孔子答说："人之生子，虽有贤愚不等，然以其父视之，都谓之子，其恩爱之情，初未尝异也。孔鲤固不及颜渊之才，然亦吾之子耳。当初死时，也只有棺而无椁，吾未尝徒步而行，为之卖车买椁。岂吾爱子之情，独异于汝乎？盖以吾尝受命鲁君，从大夫之后，体统有在，不当舍车而徒行故也。昔吾既不为孔鲤而舍车，今岂得为颜渊而舍车乎？"夫颜渊死，孔子至有丧予之叹，岂吝一车而不以周之乎？盖义有所不可故耳。此可以观圣人之用情矣。

颜渊死，子曰："噫！天丧予！天丧予！"

噫，是伤痛声。

昔者颜渊死，夫子伤痛叹息说道："吾之道，实赖颜回以传。今颜回死，则吾身虽存，而道已无传，就如丧了的一般。是天之丧予也！是天之丧予也！"重言以发叹，盖深惜之也。

颜渊死，子哭之恸。从者曰："子恸矣。"曰："有恸乎？非夫人之为恸而谁为？"

恸，是哀之过。夫人，是说此人，即指颜渊也。

昔颜渊死，夫子哭之而过于哀，门人之从夫子者说："夫子之哭恸矣。"欲其节哀也。是时夫子哀伤之至，殊不自知，乃问说："果有恸乎？即有恸也，乃亦理所宜然者。吾非为此人恸，而更为谁人恸乎？"明其哭颜渊非他人比也。

颜渊死，门人欲厚葬之。子曰："不可。"门人厚葬之。子曰："回也视予犹父也，予不得视犹子也。非我也，夫二三子也。"

门人，是孔门弟子。二三子，即指门人说。

昔颜渊既没，其家甚贫，不能具葬事，于是孔门弟子以朋友之义，欲相与厚葬之。孔子止之说："不可。"盖丧具称家之有无，若贫而厚葬，则无财而强以为悦，非礼之当然也。门人不听孔子之言，竟厚葬之。孔子责之说："颜回虽我之门人，然平日与我恩义兼尽，视我如父一般。我今日乃不得视之如子一般。盖鲤也死，衣衾棺椁，事事合礼，于心无有不安。今回之葬，则不合于礼，不安于心矣。是吾不得以视鲤者而视回也。然此非我之所为，乃二三子自为之耳。其以非礼处回，而使之不安于地下者，是谁之过欤？"盖以深责门人也。

季路问事鬼神。子曰："未能事人，焉能事鬼？"曰："敢问死？"曰："未知生，焉知死？"

季路，即是子路。事鬼神，是所以奉祭祀之道。

季路问说："鬼神者，人之所当事，不知事之之道何如？"孔子答说："明则为人，幽则为鬼。若未能事人，而得父兄长上之欢心，又安能事鬼，而使之来格来享乎？汝当先求尽其所以事人者可也。"季路又问说："死者，人之所必有，不知其道何如？"孔子答说："人必有生而后有死，若未能原始而知所以生，又安能反终而知所以死乎？汝当先求知其所以生者可也。"然事人之道，即是事鬼之道，不过一诚之感通而已；生之理，即是死之理，不过一气之聚散而已。果能明所以事人之道，则事神者可以兼举；果能尽所以有生之理，则全归者可以无愧。是夫子虽不明言以告子路，实所以深告之也。

闵子侍侧，訚訚如也；子路，行行如也；冉有、子贡，侃侃如也。子乐。"若由也，不得其死然。"

侍侧，是侍立于旁。訚訚，是和悦而又正直的模样。行行，是强勇的模样。侃侃，是刚直的模样。不得其死，是不得正命而死。

门人记说：昔闵子骞侍立于夫子之旁，其气象则外和内刚，德器深厚，但见其訚訚如也。子路的气象，则多强勇而少含蓄，但见其行行如也。冉有、子贡的气象，则和顺不足，而刚直有余，但见其侃侃如也。四子气象虽不同，然皆禀刚明正直之资，而绝无阴邪柔暗之病。这等的人，熏陶造就，将来皆可以副传道之寄，而入于圣贤之域者。故夫子见之欣然而乐，盖喜其得英才而教育之也。然四子之中，惟子路过于刚强，有取祸之理。夫子亦尝警之说道："我看仲由的气象，却似不得正命而死的一般。若能克其气质之偏，则庶乎可以免祸矣。"其后子路死于孔悝之难，果如孔子之言。此可以见圣人知人之哲矣。

鲁人为长府。闵子骞曰："仍旧贯，如之何？何必改作？"子曰："夫人不言，言必有中。"

为，是兴造。长府，是藏货财的府库。仍，是因。贯，是事。夫人，指闵子骞说。中，是当于理。

昔鲁国有藏货财的长府，鲁人要将旧制拆毁，重新改造一番。闵子骞见其事在得已，乃婉词以劝之说道："这长府之设，相沿已久，未至大坏。且只因其旧制，稍加修整，以藏货财，似亦无不可者。何必创新改造，而为此劳费之事乎？"闵子之言，其意甚善，故孔子闻而喜之，乃称美说道："此人不言则已，言则必当于理。"盖治国以节用爱人为要，而土木之工，乃劳民伤财之大者，苟非甚不得已，不可兴也。长府之作，本事之可已者，使鲁之君臣因其言而止之，一可以省费，二可以恤民，三可以昭恭俭之德，其为益也不亦大乎？所以说"夫人不言，言必有中"。夫子之称闵子者，所以警鲁人也。夫府库乃国家规制之当备者，在圣贤犹以为可省，况为寝宫、瑶台、芳林、别苑而纵游佚之欲者乎？有国家者，可以深长思矣。

子曰："由之瑟，奚为于丘之门？"门人不敬子路。子曰："由也升堂矣，未入于室也。"

瑟，是乐器。古之为士者，无故不去琴瑟，所以养性情也。奚字，解作何字。堂，是厅堂。室，是房室。

昔子路好勇，故其鼓瑟常有北鄙杀伐之声。孔子闻而儆之说:“吾之教人，以变化气质、涵养德性为要。而乐之为道，审声可以知人。今听由之瑟声如此，则其气质未变，德性未纯可知。何为而鼓瑟于我之门乎?”孔子此言，盖欲子路深自警省，以克其刚勇之偏，非遽绝之也。门人闻孔子之言，乃遂不敬子路。孔子晓之说:“汝等岂以仲由为不足敬耶?凡人之学识，其正大高明的去处，譬如厅堂一般;其精微深邃的去处，譬如房屋一般。今由之学识，已造于高明之域，而未入于精微之奥，就似人已升到厅堂，但未入于房室耳。使能勉力进修，所至固不可量，安可以是而遽轻忽之哉?”然观孔门入室之徒，自颜、曾之外，盖亦无几。以是知圣学精微之奥，诚未易窥，而人既知所趋向，又不可不勉其所未至也。

子贡问:“师与商也孰贤?”子曰:“师也过，商也不及。”曰:“然则师愈与?”子曰:“过犹不及。”

师，是颛孙师;商，是卜商，都是孔子弟子。愈字，解作胜字。

子贡问于孔子说:“门弟子中，若颛孙师、卜商者，二人所造，果谁为贤?”孔子答说:“师也才高意广，而好为苟难，其学每至于太过;商也笃信谨守，而规模狭隘，其学每失之不及，是二人之所造也。”子贡不达过与不及之义，乃问说:“师既是过，商既是不及，然则师固胜于商欤?”孔子答说:“不然。道以中庸为至，不及的固不是中道，那太过的也不是中道，是太过也与不及的一般。若能各矫其偏，固皆可至于中，不然，则其失均耳。吾未见师之胜于商也。”

季氏富于周公，而求也为之聚敛而附益之。子曰:“非吾徒也。小子鸣鼓而攻之，可也。”

聚敛，是多方征敛，以取民财。附益，是增加的意思。非吾徒，是说不是我的门人，绝之之词也。小子，指门人说。鸣鼓而攻之，是齐声攻击其过失。

古之圣人有周公者，亲则成王之叔父，尊则天子之冢宰，又有安定社稷之功，食禄最多，赏赉最厚，其富乃分所当然也。季氏以鲁国之卿，而其富乃过于周公，则必有攘夺公家、刻剥小民之事。为家臣者，从而匡救其恶可也。冉求为季氏家臣，不惟不能匡救，又为之设法征求，多方聚敛，以增益其富，其党恶害民甚矣。故孔子绝之说道："若冉求者，非我之门人也。盖我以仁义道德为教，则凡为吾徒者，皆当以直道事人，而不为阿谀；以惠政养民，而不为掊克。今求乃党恶害民，得罪于名教，则岂吾之门人乎？汝等小子与之同学，有过失相规之义，须明正其罪，齐声以攻击之，使知省改可也。"夫人之为恶，若党与不众，则其为害犹小，惟夫身据权要，而人又从而附丽之，则其虐焰滋甚，不可扑灭。故圣人于党恶之人，拒绝之严如此。

柴也愚，参也鲁，师也辟，由也喭。

柴，是高柴；参，是曾参；师，是颛孙师；由，是仲由，都是孔子弟子。愚，是明智不足。鲁，是迟钝。辟，是务外少诚。喭，是粗俗。

昔圣门教人，专以变化气质为先，故孔子各举四子气质之偏而教之说："高柴为人，谨厚有余，而明智不足，是其愚也。曾参迟钝而少警敏，是其鲁也。颛孙师务为容止，而少至诚恻怛之意，是其辟也。仲由粗鄙凡陋，而少温润文雅之美，是其喭也。"愚与鲁者，必须充之以学问；辟者，必须本之以忠信；喭者，必须文之以礼乐，然后可进于圣人之道。不然，亦卒偏而不得其中矣。可不知所自励哉！

子曰："回也其庶乎，屡空。赐不受命，而货殖焉，亿则屡中。"

庶，是相近的意思。屡，是数。空，是匮乏。不受命，是不安于天命。货殖，是生聚货财。亿，是度。中，是得其理。

孔子说："士志于道，而以贫乏累其心，则立志不高，信道不笃，其去道也远矣。惟颜回以明睿之资，务深潜之学，其于道盖庶几相近矣乎。盖常人在贫困之中，有不堪其忧者，而回则处之泰然。其家数至匮乏，一无所有，初不改其所性之乐焉。是其所见者大，所得者深，骎骎乎与道为一矣。若端木赐之为人则不然。贫富自有定命，不容强求者也。彼则不肯安受天命，而务欲生财以致富，其不如回之安贫乐道多矣。然才识明敏，其亿度事情，每每切中，如其所料，则亦有过人者。使由此而充之，亦可以进于道矣。此二子之优劣也。”夫颜渊亚圣，而孔子特称其屡空；子贡高才，而孔子犹讥其货殖。则洁廉自守之士，与嗜利无耻之人，岂可同日而语哉！用人者当知所辨矣。

子张问善人之道。子曰："不践迹，亦不入于室。"

践，是践履。迹，是圣贤之成法。入室，是造乎精微之域，譬如入于室内一般。

子张问于孔子说："世有一等自然有善而无恶的人，其所行何如？"孔子答说："善人者，质美而未学者也。惟其质美，故生来暗与道合，虽不必循途守辙以践圣贤之成法，而自不至于为恶。惟其未学，故亦不能涵养扩充，以造乎精微之域，而入圣人之室也。"夫其不践迹而自不为恶，此善人之所以为善人；不践迹而亦不能入室，此善人之所以止于善人也。然则夫人岂可徒恃其生质之美，而不加学问之功哉！

子曰："论笃是与，君子者乎？色庄者乎？"

论，如论官论才之“论”。笃，是笃实。与，是许可的意思。君子，是有德的人。色庄，是内无实德，矜饰外貌的小人。

孔子说："忠信之人，可以学道。故器质之敦笃而不虚华，朴实而无文饰者，乃君子之所与也。然人藏其心，情伪难测，外貌未足以尽人也。若不加深察，只论人于容貌词气之间，见以为笃实而遽许之，则斯人也，其果表里相符，而为有德之君子乎？抑亦矫饰外貌，假做个老实的模样，而为色庄者乎？使其为君子之人，则与之诚是也。若是个色庄之人，而亦与之，不几于失人乎？"然知人实难。以帝尧之圣，而犹见欺于象恭之共工，况其他乎？夫子之言，盖有所感也。

子路问："闻斯行诸？"子曰："有父兄在，如之何其闻斯行之？"冉有问："闻斯行诸？"子曰："闻斯行之。"公西华曰："由也问'闻斯行诸'，子曰'有父兄在'；求也问'闻斯行诸'，子曰'闻斯行之'。赤也惑，敢问。"子曰："求也退，故进之；由也兼人，故退之。"

诸，是语词。求也退，这“退”字是怯弱的意思。故退之，这“退”

字是裁抑的意思。兼人，是胜过乎人。

昔子路问于孔子说：“由尝闻道而患于未之能行也，自今一有所闻，即断然行之，可乎？”孔子答说：“闻义固当勇为，然父兄在上，有不得以自专者，若不禀命而行，则反伤于义矣。如何可以闻斯行之乎？”冉有问说：“求尝悦道而患于力之不足也，自今但有所闻，即勉而行之，可乎？”孔子答说：“学莫贵于力行。若见义不为，是无勇矣。汝其闻斯行之乎。”公西华疑而问说：“由也问‘闻斯行诸’？夫子告他说‘有父兄在’，则既以禀命为恭。及求也问‘闻斯行诸’？夫子又告他说‘闻斯行之’，则又以必行为是。由、求之问本同，而夫子之答迥异如此。赤也不能无惑，敢问其说如何？”孔子答说：“人之材质不同，教人者，当因材而造就之，不可执一也。冉求是个怯弱的人，凡事每逡巡畏缩不肯前进，故我告以‘闻斯行之’，使知勇往力行，以变其柔懦之习，所以引其不及而归之中也。仲由是个刚强的人，凡事都径情直遂，只要胜过乎人。故我告以‘有父兄在’，使知安分循理，不流于妄动之失，所以抑其太过而归之中也。其问同而答异者以此，汝何疑之有哉？”

按《洪范》有云：“沉潜刚克，高明柔克。”沉潜而治之以刚，即所谓退而进之者也。高明而治之以柔，即所谓兼人而退之者也。可见圣人立教，与帝王出治，其斟酌化裁，操纵阖辟，皆不出此二者，所以能甄陶一世，而尽君师治教之责也。

子畏于匡，颜渊后。子曰：“吾以女为死矣。”曰：“子在，回何敢死？”

畏，是恐惧。后，是相失在后。

昔孔子被围于匡而有畏心，一时仓卒。遇难之际，颜渊偶相失在后。方其相失之时，夫子惧其为匡人所害，心正悬虑，及其至也，不胜其喜幸之意，乃迎而谓之说：“吾只以汝为死矣。今乃幸而无恙乎？”颜渊对说：“回于夫子，分则师生，恩犹父子，生死患难，相与共之者也。若夫子不幸而遇难，回必不爱其生，捐躯以赴之矣。今夫子既喜得以保全，回亦何敢轻于赴斗，以犯匡人之锋而死乎？”于此不独见其师生相与，恩谊甚深，抑且死生在前，审处不苟。盖由平日涵养纯粹，见理分明故耳。所谓

“笃信好学，守死善道”，若颜渊者，真其人矣。

季子然问：“仲由、冉求可谓大臣与？”子曰：“吾以子为异之问，曾由与求之问。所谓大臣者，以道事君，不可则止。今由与求也，可谓具臣矣。”

季子然，是季孙意如之子。异，是非常。不可，是君不信从。止，是去位。具臣，是备数为臣，无可称述的意思。

昔仲由、冉求为季氏家臣，故季子然问于孔子说：“臣一也，然有大臣，有小臣，职任既有崇卑，则其称之亦有难易。夫子之门人，若仲由、冉求者，其德器才识，可以谓之大臣与？”盖夸二子之贤，以见季氏之得人也。然季氏乃僭窃之臣，由、求既不能谏，又不能去，正孔子之所深恶者，故答之说：“汝之问我，我以为必有非常之事与非常之人。乃今以由、求二子为问，则汝之问亦卑矣。且汝以由、求为大臣，是岂知大臣之道乎？盖所谓大臣者，乃君德成败之所关，国家安危之所系，其责任隆重，与群臣不同。若只是阿意曲从，不顾道理，与夫贪位慕禄，不识进退，则何以成就君德，表率百僚？必须学术纯明，忠诚恳至，凡事都以道理辅佐其君。如君之所行有合道理的，便为之赞助于中，为之宣布于外，以成其美。如君之所行有不合道理的，便为之正言匡救，为之尽力扶持，以补其阙，必欲引其君于当道而已。若使君不向道，而吾之言或不从，谏或不听，则虽居官食禄亦是尸位素餐，便当引过自归，奉身而退，必不可枉道以辱其身也。盖大臣以正君为职，故志在必行；以旷职为耻，故身在必退，其道固当如此。今由、求之为家臣，既不能直道事人，以尽责难陈善之忠；又不能安分知止，以全难进易退之节，是乃备数为臣者耳，何足道哉！”夫子之轻由、求，所以抑季然也。

曰：“然则从之者与？”子曰：“弑父与君，亦不从也。”

季子然又问说：“由、求既不可以为大臣，则凡事只听命于所事，唯唯诺诺，而无所是非者与？”孔子答说：“由、求虽不知大臣之道，然君臣之义，明白易见者，彼亦晓然知之。至于弑父与君，大逆无道之事，必不肯党恶以从人也。”盖季氏素有不臣之心，欲借二子以为羽翼，故孔子阴折其心如此。此可见天下有大臣、有具臣、有乱臣，若人君能尊德乐道，则大臣得以尽其忠；能随材器使，则具臣得以勉其职；能防微杜渐，则乱臣无所容其奸。此又明主所当加意也。

子路使子羔为费宰。子曰："贼夫人之子。"子路曰："有民人焉，有社稷焉。何必读书，然后为学？"子曰："是故恶夫佞者。"

子羔，是高柴的字。宰，是邑宰。贼，是害。夫人之子，就指子羔说。佞，是强辩饰非。

昔子路为季氏宰，因欲举子羔为费邑之宰，孔子责之说："凡人学优斯可以登仕，明体乃足以适用。今子羔资质虽美，而所学尚浅。若遽使为宰，则内有妨于修己，而学问无由以成；外有妨于治人，而功业必不能就。这不是爱他，实所以害之也，如之何其可乎？"子路因夫子之责，乃不自以为过，又强词以应之说道："费邑之中，有民人焉，所当治也；有社稷焉，所当事也。若于民人而求所以治民之理，于社稷而尽所以事神之道，这便是学了，何必读书，拘拘于章句之末，然后谓之学耶？"夫治民事神，固学者事，要必学之已成，然后可仕以行其学。若初未尝学，而使之即仕以为学，则道理不明，施为欠当，其不至于慢神而虐民者几稀矣。子路此言，非其本意，但不肯自认已错，而取辩于口给以御人耳。夫子乃直言以责之说："我平日所以恶那佞口的人，正谓其不论理之是非，而惟逞口辩以求胜耳。由也自今可不戒哉！"夫漆雕开必已信而后仕，则夫子喜之；子路于未学而使仕，则夫子责之。可见出治有本，务学为先。凡有天下国家之责者，其职任愈大，则其学当愈充；其关系愈重，则其学当愈勤，诚不可一时而少闲也。

子路、曾皙、冉有、公西华侍坐。子曰："以吾一日长乎尔，毋吾以也。居则曰：'不吾知也！'如或知尔，则何以哉？"

曾皙，名点，是曾参之父。

门人记子路、曾皙、冉有、公西华，一日侍坐于夫子之侧，夫子欲使尽言以观其志，乃先开诱之说："人情若拘于少长之分，则心生严畏，意不展舒，虽欲知其心之所存，不可得矣。今我之年齿，虽有一日少长于汝辈，而为汝等之师，然汝勿以我长而难于尽言，务当有怀必吐，有言必尽，可也。盖汝辈方平居之时，固皆自负说：'吾之才，本足以为世用，但人莫能知我耳。'如或有人知汝，举而用之，则汝将何所设施，以展其生平之蕴哉？试为我言其所以待用之具何如？"夫子此问，盖欲考见四子自知之明，而因以施其裁成之教也。

子路率尔而对曰："千乘之国，摄乎大国之间，加之以师旅，因之以饥馑，由也为之，比及三年，可使有勇，且知方也。"夫子哂之。

率尔，是轻遽的模样。千乘之国，是地方百里，可出兵车千乘的侯国。摄，是管束。二千五百人为师，五百人为旅。加以师旅，是说有兵战之事。因，是频仍。谷不熟叫作饥，菜不熟叫作馑。勇，是强勇。方，是向。知方，是知向于义。哂，是微笑。

子路一承夫子之问，更不逊让，便轻遽而对说："今有千乘之国，两边都是大国管束于其间；又加之以师旅，而调发不宁，常有兵战之事；又因之以饥馑，而荒歉频仍，每有匮乏之忧，时势之难为也如此。若使由也为之，外当事变之冲，内修政教之实;务农积谷于其先，简阅训练于其后；果锐以作其气，忠信以结其心。将及三年之久，可使民皆强勇，而敌忾御侮之争先；又且皆知向义，而亲上死长之无二。是则由之志也。"于是夫子微笑之。盖笑其言词轻率，非谓其所志之不大也。

"求，尔何如？"对曰："方六七十，如五六十，求也为之，比及三年，可使足民。如其礼乐，以俟君子。"

孔子既闻子路之志，遂以次问于冉求说："尔之志何如？"冉求对说："千乘大国，非求所堪也。但方六七十里，或五六十里的小国，若使求也为之，制田里，教树畜，以开其源；薄赋敛，敦节俭，以导其流。将及三年之久，可使民皆富足，不惟仰事俯育之有资，亦且水旱凶荒之有备。求之志，如斯而已。若夫礼以节民性，乐以和民心，使化行而俗美，则必俟夫才全德备之君子，然后能行之，非求之所敢当也。"盖冉有之资，本自谦退，又因子路见哂，故其词益逊如此。

“赤，尔何如？”对曰：“非曰能之，愿学焉。宗庙之事，如会同，端章甫，愿为小相焉。”

宗庙之事，是祭祀祖考。诸侯时见叫作会，众俯叫作同。端，是玄端，礼服。章甫，是礼冠。相，是赞礼者。谓之小者，谦词。

夫子又呼公西赤而问说：“尔之志何如？”公西赤对说：“礼乐之事，非敢说我便能之，诚愿即其事而学焉。彼宗庙之中，有祭祀之事，至如诸侯修好，则有会同之事，皆礼乐之所在也。赤当斯时，若得周旋供事于其间，服玄端之服，冠章甫之冠，愿为赞礼之小相焉。序其仪节，使君不失礼于神明；审其应对，使君不失礼于邻国。赤之志，如斯而已矣。”盖礼乐本公西华之所优为，其曰“愿学”，曰“小相”，亦因问而承之以谦也。

“点，尔何如？”鼓瑟希，铿尔，舍瑟而作，对曰：“异乎三子者之撰。”子曰：“何伤乎？亦各言其志也。”曰：“莫春者，春服既成，冠者五六人，童子六七人，浴乎沂，风乎舞雩，咏而归。”夫子喟然叹曰：“吾与点也！”

希，是间歇。铿尔，是瑟之余音。作，是起。撰，是具。莫春，是三月的时候。春服，是单夹之衣。风，是乘凉。沂，是水名。舞雩，是祭天祷雨有坛墠、树木的去处，都在鲁城之南。咏，是歌咏。喟然，是叹息之声。与，是许。

方三子言志之时，曾点正在鼓瑟。三子言志既毕，夫子乃呼曾点问说：“尔之志何如？”点承夫子之问，鼓瑟之声方才间歇，余音尚铿然可听，乃舍瑟而起，从容对说：“点之志，与三子之所具者不同，有难言者。”夫子开导之说：“汝但言之，庸何伤乎？人各有志，亦惟各言其志而已，不必同也。”曾点乃对说：“点之志，非有他也，亦以性分之中，自有真乐，随寓而在，无事旁求。就如今暮春之时，天气和煦，景物固足以畅怀；冬衣已解，单夹之服既成，又足以适体，因而偕那同志之徒，冠而成人者五六人，年少的童子六七人，少长有序，气类相投，油油然往游于鲁城南之胜处。沂水有温泉，其洁可濯也，则相与洗浴乎沂水之滨；舞雩有坛墠树木，其阴可庇也，则相与乘凉于舞雩之下；兴寄有时而可止也，则相与歌咏而归。唱和交适，舒卷自如，是亦足以自乐矣，而他尚何慕焉？

点之志，所以异乎三子者如此。”夫子一闻曾点之言，有契于心，乃喟然叹息说道：“吾与点也。”其深嘉乐予之意，溢于言表矣。盖君子所性，万物皆备，人惟见道不明，未免有慕于外，始以得失为欣戚耳。若是反身而诚，无所愧怍，此心泰然，纯是天理，则无往而不得其乐矣。故蔬食水饮，箪瓢陋巷，此乐也；用于国而安富尊荣，达之天下而老安少怀，施诸后世而亲贤乐利，亦此乐也。大行不加，穷居不损，用行舍藏，惟其所遇，而我无心焉。盖圣门学术如此，曾点知之，故为夫子所深许也。

三子者出，曾皙后。曾皙曰：“夫三子者之言何如？”子曰：“亦各言其志也已矣。”曰：“夫子何哂由也？”曰：“为国以礼，其言不让，是故哂之。”

礼，是天理之节文。让，是谦逊。

昔诸子言志已毕，曾皙以夫子独与己之志，而于子路则哂之，于冉有、公西华则无言，不能无疑，乃俟三子皆出，独留身在后，问于夫子说：“适间三子所言之志，其是非得失何如？”夫子说：“也只是各言其志而已，无他说也。”曾皙又问说：“夫子何为独笑仲由也？”夫子说：“凡为国者，必以礼让为先，则上下雍睦，示民不争，而后国可治也。今由也，言辞急遽，自负有才，直任之而不让，则失乎恭敬辞逊之道，而有悖于礼矣，将何以为国哉？此吾所以笑之也。”

“唯求则非邦也与？”“安见方六七十如五六十而非邦也者？”“唯赤则非邦也与？”“宗庙会同，非诸侯而何？赤也为之小，孰能为之大？”

曾皙又问说：“冉求之志，虽在足民，而其所治不过六七十、五六十之小，其无乃非为邦也欤？”夫子说：“先王之建万国，亲诸侯，虽有百里、七十里、五十里之不同，而分封之典则一也。百里固为大邦矣，安见方六七十与五六十之小而遂非邦也者？盖土地虽云狭小，然一般有封疆社稷，一般有人民政事，岂可谓之非邦乎？是求之所任，固为邦之事也。汝何疑哉？”曾皙又问说：“公西赤之志，虽在于礼乐，而其所愿不过为小相耳，其无乃非为邦也欤？”夫子说：“自诸侯享亲，然后有宗庙；睦邻，然后有会同。赤既志于宗庙会同矣，谓非诸侯之事而何？且赤本素具礼乐之才，而顾愿为小相，特其谦退之意耳。若以赤为不足于大，而仅可以为其小，则谁有能优于礼乐，出乎其右而为之大者乎？是赤之所任，亦为邦之事也。汝又何疑哉？”

合而观之，三子言志，固亦夫子之所取者，乃独许曾点，何也？盖君子藏器于身，待时而动，穷不失意，达不离道，乃出处之大节也。若负其才能，汲汲然欲以自见于世，则出处之际，必有不能以义命自安而苟于所就者。子路仕卫辄，冉有从季氏，病皆在此。故夫子独与曾点，以其所见超于三子也。

颜渊第十二

颜渊问仁。子曰：“克己复礼为仁。一日克己复礼，天下归仁焉。为仁由己，而由人乎哉？”

仁，是本心之全德。克，是胜。己，是人心之私欲。礼，是天理之节文。归字，解作与字。

昔孔门之学，以求仁为要，故颜渊问于孔子说：“如何可以为仁？”孔子教之说：“仁，心德也。心德在人，本无不具。就中件件都有个天理当然之则，所谓礼也。人惟累于己私，不能自克，把这礼丧失了，故流于不仁耳。为仁者，必须从心上做工夫。但有一些己私，便都着力克去，务使一私不存，而念念事事，依旧复还乎天理当然之则，则本心之德全，而仁不外是矣。然这个道理，乃天下人心所同具的，果能于一日之间，己无不克，礼无不复，而先得乎人心之所同然，则天下莫不翕然称许其仁。盖秉彝好德，其理固有然者，其效之甚速而至大也如此。然事之由己者易，由人者难。今己是自家的私欲，礼是自家的天理，其克其复，皆由于我亦为之而已，而岂由人乎哉？其机之在我而无难也如此。”孔子以是告颜渊，所以勉之者至矣。然要之尧、舜相传心法，亦不过如此。盖所谓“人心惟危”，即是己也；所谓“道心惟微”，即是礼也；所谓“精一执中”，即是克复为仁之功，初无二理也。然则欲纯全乎尧、舜之仁者，可不服膺于孔子之训哉！

颜渊曰："请问其目。"子曰："非礼勿视，非礼勿听，非礼勿言，非礼勿动。"颜渊曰："回虽不敏，请事斯语矣。"

目，是条件。勿，是禁止之词。敏，是明敏。请事，是奉行的意思。斯语，指"非礼勿视"四句说。

颜渊闻孔子克己复礼之训，其于天理人欲之际，已判然矣，故不复有疑，而直请问说："克己复礼，用功的条目何如？"孔子告之说："人生而静，天之性也。感物而动，则不能不发见于视听言动之间。然视听言动，皆有个自然的天则，是即所谓礼也。才涉非礼，便是己私，故必谨于萌动之初，制于未发之始。视必以礼，而一毫非礼，即禁止之于心而勿视；听必以礼，而一毫非礼，即禁止之于心而勿听；言必以礼，而一毫非礼，即禁止之于心而勿言；动必以礼，而一毫非礼，即禁止之于心而勿动。夫非礼皆己也，于此而禁之，皆克己也。己克，则礼复，而仁在是矣。所谓'克己复礼为仁'者如此。"颜渊一闻孔子之教，便直任之说道："人必才质明敏，方能造道。回虽不敏，然夫子之教可循也。请从事此言，务克去其视听言动之私，以复于天理节文之内，使本心之德，复全于我而后已，岂敢自诿于质之不敏，以负夫子之教哉！"盖颜子自量其力之可至，故直任之而不辞如此。

仲弓问仁。子曰："出门如见大宾，使民如承大祭；己所不欲，勿施于人；在邦无怨，在家无怨。"仲弓曰："雍虽不敏，请事斯语矣。"

仲弓，是孔子弟子冉雍的字。大宾，是有德有位的宾客。大祭，如郊祭、庙祭之类。

仲弓问于孔子说："如何可以为仁？"孔子教之说："为仁之道，不外于存心；存心之要，惟在于敬恕而已。夫人见大宾无不起敬者，若于出门易忽之时，也俨然如见大宾的一般，则无一时之敢忽可知；承大祭无不致敬者，若于使民易慢之际，也肃然如承大祭的一般，则无一事之敢慢可知，是之谓敬也。人以非礼之事加我，我不欲也，若我以此加人，人亦不欲也。必推己之心，度人之心，不欲人之加诸我者，亦不以之加诸人焉，是之谓恕也。夫能敬则私意无所容，而仁之体以立；能恕则私意无所杂，而仁之用以行。由是外而在邦，上下莫不相安，何怨之有？内而在家，宗族莫不相悦，何怨之有？主敬行恕，而至邦家无怨，则心存理得而仁在是矣。”仲弓闻夫子之教，遂直任之说道：“人须是才质明敏者，方能体道。雍虽不敏，然夫子之教切至如此，敢不以敬恕之功自尽，以无怨之效自考，而期无负于夫子之明训哉！”盖仲弓自量其力之可至，故勇于自任如此。

司马牛问仁。子曰：“仁者，其言也讱。”曰：“其言也讱，斯谓之仁已乎？”子曰：“为之难，言之得无讱乎？”

司马牛，是孔子的弟子，名犁。讱，是坚忍不轻发的意思。

司马牛问说：“如何可以为仁？”孔子教之说：“子欲知所以为仁，当自言不妄发始。盖人惟心有不存，故言语每有伤易伤烦之病。惟仁者涵养深沉，措词简默，其于言语若有所忍而不敢以轻发焉者。子欲为仁，亦惟致谨于斯可矣。”司马牛又问说：“仁道至大，只这言不轻发，便可以为仁矣乎？”孔子又告之说：“这讱言不是容易的事。盖人惟其心之放也，故率意而妄为；惟其为之妄也，故肆言而无忌。若夫仁者，则心存而不放，故于临事之际，必熟思审处其难其慎，不肯以苟且为之。是以言必虑其所终，行惟恐其不掩，出诸口者自然不敢轻易，又安得而不讱乎？是其言之讱者，由于为之难；为之难者，本于心之存。心存则理得，而仁不外是矣。岂可以为易而少之哉？”夫子以牛心放而言躁，故反复晓告如此，盖约之使求仁于心也。

司马牛问君子。子曰：“君子不忧不惧。”曰：“不忧不惧，斯谓之君子已乎？”子曰：“内省不疚，夫何忧何惧！”

君子，是成德之人。忧，是忧愁。惧，是恐惧。内省，是自家省察于心。疚，是病。

司马牛问于孔子说：“学也者，所以学为君子也。不知君子之人何如？”孔子告之说：“成德之人，心常舒泰，绝无忧愁恐惧之私。人能如是，斯可以为君子矣。”司马牛说：“君子之道大矣，只这不忧不惧，便可谓之君子矣乎？”夫子又教之说：“不忧不惧，未易能也。盖凡人涵养未纯，识见未定，祸福利害皆足以动其心。所以未事则多疑虑，临事则多畏缩，此忧惧之所由生也。惟君子平日为人，光明正大，无一事不可对人言，无一念不可与天知，内而省察于心，无有一毫疚病。故其理足以胜私，气足以配道义，纵有意外之患，亦惟安于命而已，夫何忧何惧之有？此非自修之功，已造于成德之地者不能。汝何疑其不足以尽君子乎？”按司马牛因其兄桓魋作乱，常怀忧惧，故孔子开慰之如此。然内省不疚，实是常存敬畏中来，非徒悍然不顾而已。况人君居艰难重大之任，自非忧勤庶政，治民祇惧，其何以永贻四海之安，长享天下之乐哉？故兢兢业业，人主不可不加内省之功也。

司马牛忧曰：“人皆有兄弟，我独亡。”子夏曰：“商闻之矣：死生有命，富贵在天。君子敬而无失，与人恭而有礼，四海之内，皆兄弟也。君子何患乎无兄弟也？”

商，是子夏的名。无失，是无间断。有礼，是有节文。

昔司马牛之兄桓魋，为乱于宋，而其弟子颀、子车，亦与之同恶。司马牛虑其得祸，故忧愁说道：“兄弟无故，乃天伦之真乐也。今人皆有兄弟，相安相乐于无事之天；而我之兄弟，独不得以相保，岂不大可忧乎？”子夏闻其言而宽解之，说道：“商也尝闻诸夫子矣，人之或死或生，是从命里生定的，非今之所能移；人之或富或贵，是皆天所付与的，非我之所能必，但当顺受之而已。若夫兄弟之有无，固天也、命也，忧之亦无益也。君子亦惟以天命自安，而修其在我所当自尽者耳。诚能持己以敬，而内外动静无间其功；接人以恭，而亲疏贵贱皆合乎礼，则盛德所感，人人皆知爱敬，四海之内相亲相保，就似同胞的一般，何所往而非兄弟也？然则君子患不能自修耳，又何患乎无兄弟耶？”子夏欲以宽司马牛之忧，故为是不得已之词。然要之至理，亦不外此。

子张问明。子曰：“浸润之谮，肤受之愬，不行焉，可谓明也已矣。浸润之谮，肤受之愬，不行焉，可谓远也已矣。”

明，是心中明白，无所蔽惑。浸润，谓如水之浸灌滋润，是形容毁人者入之以渐，使听者不觉得意思。谮，是毁人之短。肤受，谓肌肤上受害，是形容祸患切身的意思。愬，是诉己之冤。不行，是不听信。远，是明之至而不蔽于浅近。

子张问说："人情微暧而难知，物态纷纭而莫辨，苟非至明，何以察识？请问如何方可谓之明？"孔子告之说："凡见人之所易见者，未足以谓之明；惟察人之所难察者，乃可谓之明耳。如谗谮人者，若直将那人的不是处说将来，则情犹易窥也。惟夫谮而浸润焉者，或乘我喜怒而暗为中伤，或即其近似而巧为诬诋，微言冷语，积之以渐而不露形迹，譬如水之浸物的一般，则听者不觉其入而信之深矣。又如假诉冤者，若使其词少缓，则情犹可见也。惟夫诉而肤受焉者，或言人之害我若在至极，或言我之受祸就在目前，情状危急，事势迫切，譬如就加到身上的一般，则听者不及致详而发之暴矣。夫是二者设心甚狡，用机至深，皆人所难察者也。若能察其为伪而不行焉，则是确然有见，洞烛群情之隐，而人不得以售其奸矣，岂不谓之明乎？然不但可谓之明也，若能于浸润之谮、肤受之诉而不行焉，则是超然远识，明见万里之外，而非浅近之知可比矣，岂不谓之远乎？盖于难察者而能察焉，则凡人之所易见者，皆无足言也。其谓之明且远也，不亦宜哉！"

按，此章之旨，在人君尤为切要。盖人君以一人之耳目，照临乎天下，使非明而且远，则憸邪之情状难明，谗谮之游言易入。苟听信少差，其关系治乱非小小矣。故必居敬穷理，使心有主持，而情伪毕照，然后人莫能欺，足称明且远也。明君宜三致意焉。

子贡问政。子曰："足食，足兵，民信之矣。"

子贡一日问政于孔子。孔子告之说："为政之要，惟视民生之最切者以为之所而已。食者，民所赖以为养。食有不足，则民生不遂，不可也。必须为之制田里，薄税敛，使闾阎有乃积乃仓之富，国家有九年六年之蓄，这等样足食才好。兵者，民所赖以为卫。兵有不足，则民生不安，不可也。必须为之比什伍，时简阅，使伍两卒旅之无缺，车马器械之咸备，这等样足兵才好。然米粟虽多，兵革虽利，苟信有未孚，则民心日离，又岂可乎？必须施教化，明礼义，使为吾之赤子者，皆有尊君亲上之心，无欺诈离叛之意，这方叫作民信之矣。夫食足，则导之而生养遂；兵足，则治之而争夺息；民信，则教之而伦理明。虽帝王之治，不过如此。兼是三者，政其有不举者乎？”

子贡曰：“必不得已而去，于斯三者何先？”曰：“去兵。”

子贡又问说：“三者兼全，固为善政。若事势穷蹙，难以兼得，必不得已，于三者之中姑去其一，则以何为先？”孔子说：“若不得已，宁可去兵。”盖食足而信孚，则民亲其上，死其长，虽无兵而守固矣。此兵之所以可去也。

子贡曰：“必不得已而去，于斯二者何先？”曰：“去食。自古皆有死，民无信不立。”

子贡又问说：“三者去兵，已是权宜，若事势愈蹙，虽食与信亦有难兼者，必不得已，于二者之中又当去一，则以何为先？”孔子说：“又不得已，宁可去食。”盖民无食必死，然自古及今，人皆有死，是死者人所必不能免。若夫信者乃本心之德，人之所以为人者也。民无信，则相欺相诈，无所不至，形虽人而质不异于禽兽，无以自立于天地之间，不若死之为安。故为政者，宁死而不可失信于民，则民亦宁死而不失信于我矣。此食所以可去，而信必不可无也。即此观之，可见国保于民，民保于信。是以古之王者不欺四海，善为国者不欺其民。盖必有爱民之真心，而后有教养之实政，自然国富兵强，民心团结而不可解矣。此信所以为人君之大宝也。

棘子成曰：“君子质而已矣，何以文为？”子贡曰：“惜乎！夫子之说，君子也。驷不及舌。文犹质也，质犹文也。虎豹之鞟犹犬羊之鞟。”

棘子成，是卫大夫。质，是质朴。文，是文采。驷，是四马。皮去毛的叫作鞟。

昔棘子成厌周末文盛，人皆习于利巧，而无忠信之意，故立论说：“君子之行已应务，惟当存其本质，不失了原来真意就是了，何必缘饰文采，以眩观美，反使实意之不存乎？”子贡闻而正之说：“今时方逐末，人皆不知有质。吾子之说，意在崇本抑末，乃君子之道也。惜乎发言太易，不无矫枉过正之失。既已出于舌，虽四马不能追及之矣。盖人之为道，无质不立，无文不行，是文也与质一般，质也与文一般，可相有而不可相无。君子小人之所以辨者，正在此也。若尽去其文，徒存其质，则君子小人混而无辨，就如虎豹之鞟和那犬羊之鞟，都是一般，看不出好歹了。盖虎豹之皮，所以异于犬羊者在于毛；君子之人，所以异于小人者在于文，然则文岂可以遂废哉？”夫棘子成矫当时之弊，固失之过，而子贡矫子成之弊，又无本末轻重之差，胥失之矣。若求其尽善而无弊，则必如孔子所谓“文质彬彬”，乃为定论也。

哀公问于有若曰:“年饥，用不足，如之何？”有若对曰:“盍彻乎？”曰:“二，吾犹不足，如之何其彻也？”对曰:“百姓足，君孰与不足？百姓不足，君孰与足？”

盍，是何不。彻字，解作通字，是周家什一取民之制。周行井田之法，取通同均匀之意，故叫作彻。

鲁哀公问于有若说:“如今年岁饥荒，国用不足，将如之何？”有若对说:“国家财赋，必取于民者有制，用于上者有经，然后岁之丰凶不足为患。君欲足用，何不复行我周彻法十一取民之旧乎？”哀公说:“我鲁自宣公税亩以来，已是十分取二了。今吾之用度尚然不足，如之何更行彻法，岂不愈加匮乏耶？”有若对说:“君民一体，休戚相关。如今朝廷上的费用，哪一件不是小民出办？若能轻徭薄赋，一毫不过取于民，使之丰衣足食，家家殷实，是百姓足矣。将见民之生计既饶，则钱粮易于措办，凡军国服御之需，莫不乐于输纳，自然仓廪实，府库充，人君百凡用度，取之沛然而有余矣，其孰与不足乎？若是井地不均，赋敛无度，使百姓每衣食不给，家家贫困，是百姓不足矣。将见小民生计既窘，必至流亡失所，不但赋税无从出办，亦将怨嗟疾视，而起离散争夺之患矣，人君又将安所取足乎？即此观之，吾君不当徒以足国为心，而当以厚下为念也。”

按，有若此言，深得君民一体之意，人主诚宜加念者。然足民固所以足国，而足国之道则在节用而已。能节，则薄取自见其有余；不节，则厚敛且见其不足矣。然则孔子“节用爱人”一言，岂非治天下者之龟鉴哉！

子张问崇德、辨惑。子曰："主忠信，徙义，崇德也。爱之欲其生，恶之欲其死；既欲其生，又欲其死：是惑也。"

崇，是日有增加的意思。行道而有得于心，叫作德。辨，是辨别。惑，是心有所蔽。忠，是尽心而不欺。信，是诚实而无伪。徙，是迁。义，是理之所当为者。

子张问于孔子说："得于心之谓德，所当崇也；蔽于心之谓惑，所当辨也。兹欲崇之、辨之，果何所用其力乎？"孔子告之说："德根于心而达于事者也，使内有伪妄之心，则善端充长之无基；外无迁善之勇，则培养滋益之无助，德何由崇耶？故必存于心者，常以忠信为主，而无一毫之虚伪。又能于理之所当为者，便迁改以从之，而事事欲其合宜。如此，则根本既固，而善行又有所积累，本心之德自将日进于高明矣，岂不是崇德之事？人之生死有命，本非吾所能张主也。今也爱其人，便要他生，恶其人，便要他死，既已溺于爱恶之私，而不达夫死生之定分矣。况此一人耳，方其爱之，既要他生，及其恶之，又要他死，易喜易嗔，变迁无定。然则造化死生之柄，岂在吾好恶中耶？甚矣其惑也。能于此而辨之，则惑可得而去矣。"盖惑虽多端，死生乃其大者，推之于一切理外之事，皆不必虚用其心，又何惑之有？

齐景公问政于孔子。孔子对曰："君君，臣臣，父父，子子。"

齐景公，名杵臼。一日问政于孔子，孔子对说："为政以叙彝伦为先，彝伦以君臣父子为大。必也君尽为君的道理而止于仁，臣尽为臣的道理而止于敬，父尽为父的道理而止于慈，子尽为子的道理而止于孝，君、臣、父、子各尽其道，则治理由此而举，国家由此而治，乃人道之大经，政事之根本也。若于此忽焉而不图，岂所以为政乎？"

按，是时景公失政，而大夫陈氏厚施于国，则君不君、臣不臣矣；又多内嬖，而不立太子，则父不父、子不子矣。故夫子告之如此，所以深儆之也。

公曰："善哉！信如君不君，臣不臣，父不父，子不子，虽有粟，吾得而食诸？"

景公闻孔子之言，深有契于心，遂称赞说道:“善哉此言，真切要之论也。如果君不成其为君，臣不成其为臣，而君臣失其道;父不成其为父，子不成其为子，而父子失其道，则纪纲颓败，法度废弛，国之灭亡无日矣。国家虽富，米粟虽多，吾岂得安享而食之乎？”景公知善夫子之言如此，亦可谓本心之暂明矣。然卒以继嗣不定，启陈氏篡弑之祸，岂非“悦而不绎，吾未如之何”者欤?

子曰:“片言可以折狱者，其由也与？”子路无宿诺。

片言，譬如说一言半句。折，是剖断。狱，是争讼。由，是子路的名。稽留隔夜叫作宿。诺，是有所许于人。“子路无宿诺”一句，是门人说的。

孔子说:“人之争讼者，各怀求胜之心，情伪多端，变诈百出;听讼者，虽极力以讯鞫之，尚有不得其情者矣。若能于片言之间，剖断曲直，使各当其情，而人无不输服者，其惟仲由也欤？”盖仲由为人忠信明决，惟其有忠信之心，故人不忍欺;惟其有明决之才，故人不能欺，此所以言出而人信服之，不待其辞之毕也。门人因夫子之言，遂记之说:子路平日为人，最有信行，若受人之托，已应承了，则必急于践其言，曾未有迟留经宿而不行者。其为人忠信如此，则其所以取信于人者，正由其养之有素也。夫子称之，岂无自哉。

子曰:“听讼，吾犹人也。必也使无讼乎！”

听讼，是听断狱讼。犹人，是不异于人。

孔子说:“为人上者，因民之争讼，而判其孰为曲、孰为直，此事我也可以及人，不为难也。然要不过治其末，塞其流而已。必也正其本，清其源，而道之以德，齐之以礼，使民知耻向化，兴于礼让，自然无讼之可听，乃为可贵耳。”这是门人因孔子称许子路，并记其平日之言如此。盖治民而至于使之无讼，则潜消默夺之机，有出于政刑教令之外者，视彼片言折狱，又不足言矣。明君观此，可不以德化为首务哉?

子张问政。子曰:“居之无倦，行之以忠。”

政，是治人之道。居，是存诸心者。倦，是倦怠。行，是施诸事者。忠，是尽心而无伪。两个之字都指政说。

子张问于孔子说:“如何是为政之道？”孔子告之说:“凡人心所存主叫作‘居’，设施于事叫作‘行’。为政者，孰无所存之心？但始虽如此，而其终不免于倦怠，则其为政不过苟且而已。必也居之无倦，如何养民而使之得所，如何教民而使之成俗，念念在兹，始如是，终亦如是，不以时之久远，而少有懈惰之意，则政自有恒，而治民可期其成效矣。为政者，孰无所行之事？但事虽如此，而未必出于真心，则其为政不过虚文而已。必也行之以忠，凡制田里以养民，兴学校以教民，肫肫切切，外如是，内亦如是，一皆本于真德实意，而不徒为粉饰之具，则政皆实事，而德泽自然及于民矣。”盖政虽多端，皆由一心以为之根本，未有始终表里一于诚，而政有不举者。是道也，小可以治一邑，大可以治一国，又大可以治天下，虽圣人之至诚无息亦不过此。有为政之责者，可不知所务哉！

子曰:“君子成人之美，不成人之恶；小人反是。”

这是孔子论君子、小人用心之不同。

说道:“君子见人行一件好事，便诱掖之以助其所不及，奖劝之以勉其所欲为，务期以成就其美而后已；若见人行不好的事，则规戒以晓其惑，沮抑以挽其失，务期以改易其恶而后已。盖君子之心，有善而无恶，故见人之善其心好之，惟恐其志之不坚而行之不力也；见人之恶，若身有之，惟恐其名之玷而身之辱也。小人则不然，见人之为恶，则迎合容养以成其为恶之事；见人之为善，则忌克诋毁以阻其为善之心。盖小人之心，有恶而无善，故见人之恶，即喜其与己同，惟恐其不党于己也；见人之善，即恶其与己异，惟恐其或胜于己也。其用心之相反如此。”是以国家用一君子，则不止独得其人之利，而其成就天下之善，为利更无穷也；用一小人，则不止独被其人之害，而其败坏天下之善，为害更无穷也。人君可不审察而慎用之哉！

季康子问政于孔子。孔子对曰:“政者，正也。子帅以正，孰敢不正？”

季康子，是鲁国大夫，名肥。帅，是表率的意思。

季康子问于孔子说："如何是为政之道？"孔子对说："子欲知为政之方，先须识'政'字之义。盖政之为言，所以正人之不正，以归于正也。然必先自正其身，而后可以正人之不正，固未有己不正而能正人者。今子为政，不宜责之于人，唯当求之于己。如欲人之以正事君，则先自笃其忠敬，以示为臣之则；如欲人之以正守官，则先自尽其职业，以为居官之准。所言者必天下之正言，侃侃乎守经据理，而无少涉于诡随；所行者必天下之正道，挺挺然持廉秉公，而无少动于私曲。能帅之以正如此，将见标准立而人知向方，模范端而众皆取则。凡望子之风采，仰子之仪刑者，皆将改心易虑，而相率以归于正矣，其孰有自逾于范围之外者乎？不然，则虽刑驱势迫，有不能强之使从者。子欲为政，亦惟本诸身焉可也。大抵下之应上，如影之随形，响之应声。立曲木而求影之直，为缓呼而求响之疾，此理之必无者。"孔子斯言，不独以告鲁大夫，实治天下之要道也。汉儒董仲舒有言："正心以正朝廷，正朝廷以正百官，正百官以正万民。"亦是此意。君天下者念之。

季康子患盗，问于孔子。孔子对曰："苟子之不欲，虽赏之不窃。"

欲，是贪欲。

昔季康子患国多盗贼，因问于孔子，求所以止盗之方。孔子对说："民之为盗，生于欲心，而所以启之者上也。诚使吾子清心克己，不事贪欲，则上行下效，廉耻风行，虽赏以诱之，使为盗窃，而其心愧耻，自不肯为之矣，尚何盗之患哉？"盖羞恶之心，人皆有之，未有上以不贪为宝，而下犹寇攘成俗者也，所以说"虽赏之不窃"。其实上不贪欲，则观法之地以善，诛求之扰以去，优恤之政以施。观法善则民良，诛求去则民安，优恤施则民足，虽外户不闭，比屋可封之俗将由此成矣，岂止不为盗而已耶？为人上者慎诸！

季康子问政于孔子，曰："如杀无道，以就有道，何如？"孔子对曰："子为政，焉用杀？子欲善，而民善矣。君子之德风，小人之德草。草上之风，必偃。"

无道，是为恶的人。有道，是为善的人。君子，指在上者说。小人，指在下者说。上字，解作加字。偃字，解作仆字，是颓靡倒倚的意思。

季康子问政于孔子说："稂莠不翦，则嘉禾不生；恶人不去，则善人受害。若将那为恶而无道的杀了，以成就那为善而有道者，何如？"孔子对说："民之善恶，顾所以倡之者何如耳。今以子之为政，则何用杀乎？子诚欲善，而躬行以率之，则民自然视效而归于善矣。何也？那在上的君子，其德能感乎人，譬如风一般；在下的小人，其德应上所感，譬如草一般。草而加之以风，无不偃仆，小人而被君子之化，无不顺从，此乃理之必然者也。然则欲民之善，亦反诸其身而已矣，而何以杀为哉？"

按，康子三问，皆是责之于人；夫子三答，皆使求之于己。盖正人必先于正己，而不欲，正也；欲善，亦正也。使康子能以其欲利之心欲善，则民岂特不为盗，而且皆为善矣。所谓"子帅以正，孰敢不正"者也。《大学》说："尧、舜帅天下以仁而民从之。"即是此意。人君可不以躬行德教为化民之本哉！

子张问："士何如斯可谓之达矣？"子曰："何哉，尔所谓达者？"子张对曰："在邦必闻，在家必闻。"子曰："是闻也，非达也。"

达，是所行通达。闻，是名誉著闻。

昔子张之在圣门，心驰于务外，而不肯着实为己，孔子亦每因事而裁抑之。一日问于孔子说："士何如斯可谓之达矣？"夫士君子处世，随其所往，而皆通达顺利，无有阻滞，乃人人所欲者。然必有实德于己，而后人皆信之，非可以袭取而幸致者也。夫子已知子张不识达字之义，乃故诘之说："何哉，汝之所谓达者？"盖将发其病而药之也。子张遂对说："人惟名誉不彰，是以行多窒碍。吾之所谓达者，惟欲声称播乎人耳，誉望服乎人心，在邦则必闻于邦，在家则必闻于家，如此而已。"是盖以闻为达，而忽于近里着己之功，正其平日受病处。夫子遂从而折之说："据子所言家邦必闻，是乃所谓闻也，非所谓达也。"盖闻之与达虽若相似而实不同。达则以实行动人，闻则以虚声鼓众，以闻为达，差之毫厘，谬以千里矣，岂可昧于所从而不知辨哉！

“夫达也者，质直而好义，察言而观色，虑以下人。在邦必达，在家必达。”

质，是质实。直，是正直。察言观色，是察人之言语，观人之颜色，以验在己之得失。虑以下人，是常思谦退，不敢以意气加人的意思。

孔子告子张说：“闻之与达，虽若相似而实不同。夫达也者，非有心于求人之知也。以言其内，则质实而无巧伪，正直而无私曲；以言其外，则动惟见其好义，事必求其当理。其立心行己之善如此。然犹不敢自是，而察人言语之从违，观人颜色之向背，以验在己之得失；又不敢以贤智先人，而常思谦抑退让，居人之下。其处己待物之谨又如此。夫是以盛德所感，人皆爱敬，随其所往，无不顺利。其在邦也，则上得乎君，下得乎民，而达于一邦焉；其在家也，则父兄安之，宗族悦之，而达于一家焉。盖所谓达者如此，岂偶然而致者哉。”

“夫闻也者，色取仁而行违，居之不疑。在邦必闻，在家必闻。”

色取仁，是外貌假作为善的模样。违，是背。

孔子又说：“德修于己，而人自信之，然后谓之达。若夫闻也者，存心虚妄，其中本非仁也，却乃矫情饰貌，做出个善人君子的模样；夷考其行，则素履多愆，全然相背，是与质直而好义者异矣。且又肆无忌惮，果于欺人，泰然处之，略无疑沮，恰似实有此仁的一般，是又与察言观色、虑以下人者异矣。夫深情厚貌，彼既巧于文其奸，而久假不归，人又无由窥其诈，则掩饰之际，疑似乱真，人有不被其欺而称誉之者乎？故其在邦也，则动辄见称于朝廷州里焉；其在家也，则动辄见称于父兄宗族焉，盖所谓闻者如此。”然声闻过情，君子所耻，况作伪之事，终必败露，比之于达，其相去何啻千里哉！是可见达者，为己而自孚于人；闻者，为人而终丧乎己。诚伪之间，学者固当深辨矣。若乃实行登庸，则邦家获无穷之益；虚名误采，则邦家贻莫大之忧。其关系又岂小小哉！用人者尤宜致慎于斯。

樊迟从游于舞雩之下，曰：“敢问崇德、修慝、辨惑。”子曰：“善哉问！先事后得，非崇德与？攻其恶，无攻人之恶，非修慝与？一朝之忿，

忘其身以及其亲，非惑与？”

舞雩，是鲁城南祭天祷雨的去处。修，是治而去之。慝，是恶之藏匿于心者。攻，是克伐。忿，是忿恨。

昔者孔子闲游于舞雩之下，樊迟从之，因问说：“理得于心之谓德，如何可崇？恶匿于心之谓慝，如何可修？事蔽于心之谓惑，如何可辨？”孔子以其问之切于为己也，故美之说：“善哉汝之问乎！夫人心不可以两用，使为其事而即计其功，则天理夺于人欲之私，德之所以不崇也。若能先其事之所难，而后其效之所得，则心志专一，功夫无间，本心之善将日积而不自知矣，这岂不是崇德的事？人惟轻于责己，而重于责人，则自家过恶卤莽而不暇治，慝之所以不修也。若能专于攻己之恶，一毫不肯放过，而无暇去攻人之恶，则自治诚切，而纤恶不留矣，这岂不是修慝的事？若夫一时之忿恨甚小，乃不能自制，而与人争斗，遂至于丧亡其身，因以连累父母，至于亏体辱亲，则其祸大矣。夫以小忿而致大祸，这岂不是愚惑之甚欤？能于此觉悟而惩创之，则心无所蔽，而惑可辨矣。”樊迟粗鄙近利，故夫子告之如此，所以救其失也。然工夫虽有三件，贯通只是一理。盖崇德者，所以存吾心之天理也，其事属之涵养；修慝、辨惑者，所以遏吾心之人欲也，其事属之省察克治。非涵养不足以培其源，非省察克治不足以去其累，善学者体验而密其功可也。

樊迟问仁。子曰：“爱人。”问知。子曰：“知人。”樊迟未达。子曰：“举直错诸枉，能使枉者直。”

达，是明其义。举，是举用。直，是正直的君子。错，是舍置。诸字，解作众字。枉，是邪枉的小人。

樊迟问说：“如何可以为仁？”孔子告之说：“仁主于爱，必也于人之亲疏厚薄皆在其所爱之中，斯可谓仁矣。”樊迟又问说：“如何可以为智？”孔子告之说：“智主于知，必也于人之邪正贤否莫逃其洞察之下，斯可谓智矣。”樊迟虽闻夫子之言，而未能通晓其义。盖以仁者爱无不周，而智者知有所择，有所拣择，必有伤于爱物之仁；混同兼爱，又恐昧夫知人之哲。夫子之言，恰似自相违背的一般，此所以疑而未达也。于是夫子解之说：“仁智虽有二用，其实只是一理。如立心正大，举动光明，此人之直者也。吾真知其为直，则举而用之。若夫立心偏陂，举动暧昧，此人之枉者也。吾真知其为枉，则舍而置之。由是那邪枉的人，见吾之所举者在于直，亦莫不有所感发，而去恶从善以求举用，是能使枉者直矣。甄别方行，而感化随之，道固有并行而不悖者，子何疑哉？”夫子之意，盖以举直错枉，智也；能使枉者直，仁也。于知人之中，自寓爱人之理，二者不惟不相悖，亦且相为用矣。何樊迟之终不悟耶！

樊迟退，见子夏，曰：“乡也吾见于夫子而问‘知’，子曰：‘举直错诸枉，能使枉者直。’何谓也？”子夏曰：“富哉言乎！舜有天下，选于众，举皋陶，不仁者远矣。汤有天下，选于众，举伊尹，不仁者远矣。”

乡也，譬如说前者一般。富，是所包者广。

昔樊迟未达仁智之旨，夫子既告以“举直错诸枉，能使枉者直”矣。迟尚未喻所以能使枉者直之理，退而见子夏，乃问说：“乡者吾见夫子而问智，夫子告以‘举直错诸枉，能使枉者直’，此言何谓也？”子夏笃信圣人者，就叹说：“富哉，夫子之言！其所包者广矣，岂止言智而已乎？昔者舜有天下，选于众人之中而得皋陶，乃举而任之为士师。由是天下之人感皋陶之见举，而耻己之不与也，遂皆化为仁，而不仁者若见其远去而无迹矣。汤有天下，选于众人之中而得伊尹，乃举而任之为阿衡。由是天下之人感伊尹之见举，而耻己之不与也，亦皆化为仁，而不仁者若见其远去而无迹矣。”

夫举皋陶、伊尹者，是举直错诸枉，智之事也；人皆化而为仁，则能使枉者直，仁之功也。即舜、汤之事以征夫子之言，信乎仁智兼举而无遗矣，是岂专为智而发哉？昔禹称帝尧亦曰：“知人则哲，能官人、安民则惠，黎民怀之。”可见仁智乃人君之全德，而知人、爱人，又王道之大端。圣贤相与讲明者，不过此理。欲学二帝三王者，当知所从事矣。

子贡问友。子曰：“忠告而善道之，不可则止，毋自辱焉。”

忠告，是见人有过，尽心以告戒之。善道之，是委曲开导。

子贡问处友之道，孔子告之说：“友所以辅仁者也。若见人有过，而不尽心以告诫之，则己之情有隐；忠告而非善道，则人之意不投，皆非善处友者也。故凡过失当规者，务用一点相爱的实心以告劝之，而又心平气和，委曲开导，不径直以取忤，如此则在我之心无不尽矣。至于听不听，则在彼也。若其蔽锢执迷，终不肯从，则当见几知止，无徒以数见疏，而自取辱焉。”盖朋友以义合者也。合则言，不合则止，乃理之当然者。处友者知此，交岂有不全者乎？

曾子曰："君子以文会友，以友辅仁。"

文，是《诗》、《书》、六艺之文。友，是朋友。辅，是相助的意思。仁，是心之全德。

曾子说："君子之学，所以求仁也。苟无朋友以辅助之，固不足以有成。然使会友而不以文，则群居终日，言不及义，亦不足以辅仁矣。故君子之会友也必以文，或相与读天下之书，以考圣贤之成法，或相与论古今之事，以识事理之当然，庶乎日有所讲明，不徒为会聚而已。于是乃以友而辅仁，过失赖其相规，德业赖其相劝，取彼之善，助我之善，务使吾德之修，因之而益进焉，庶乎相与以有成，不徒为虚文而已。"夫以士人之为学，尚必资于友如此，若夫人君资臣下以纳诲辅德，尤莫有要焉者。使能听之专而行之力，则其益当何如哉！

卷七

子路第十三

子路问政。子曰："先之，劳之。"请益。曰："无倦。"

先，是倡率的意思。劳，是以身勤劳其事。倦，是厌怠。

子路问为政之方，孔子告之说："为政有本，不宜徒责于人，惟当反求诸己。以兴民行，毋徒以言语教导之而已，必也以身先之。如欲民亲其亲，则先之以孝；欲民长其长，则先之以弟；欲民之忠，则先之以不欺；欲民之信，则先之以用情。件件都从己身上做个样子与他看，则民自有所观感兴起，而教无不行矣。以作民事，毋徒以政令驱使之而已，必也以身劳之。如欲民勤于耕，则春省以补其不足；欲民勤于敛，则秋省以助其不给。或劝课其树蓄，或巡行其阡陌，件件都亲自与百姓每料理，则民竞相劝勉，而事无不举矣。为政之道，不外此二端而已。"子路自负其兼人之勇，以为政亦多术，恐不止于先之、劳之二者而已，故复请增益焉。孔子以勇者喜于有为而不能持久，故又告之说："为政不在多言，前说已尽，无可益也。但天下之事，勤始者多，克终者少，子惟于此二者，持之有常，勿生倦怠。民行虽已兴矣，所以率先之者愈加；民事虽已举矣，所以勤劳之者愈力，则教思无穷、容保无疆，为政之能事毕矣。二者之外，更何所益乎？"然先劳无倦，不止居官任职者为然。人君之治天下，非躬行不足以率人，非久道不足以成化，尤当于此深加之意也。

仲弓为季氏宰，问政。子曰："先有司，赦小过，举贤才。"曰："焉知贤才而举之？"子曰："举尔所知。尔所不知，人其舍诸？"

季氏，是鲁大夫。宰，是邑长。有司，是众职。赦，是宽宥。

昔者仲弓为季氏属邑之宰，问政于孔子。孔子告之说："宰兼众职，若不分任于先，何以责成于后？故必先授其任于有司，使各专去办理，而后考其成功，则己不劳而事毕举矣。人有大过，固不可不惩，若小小差失一概苛责，则法太密而人无所容，故必于小过而宽宥之，则刑不滥而人心悦矣。至于贤才不举，则众务必至于废弛，故凡贤而有德、才而有能者，必举而用之，则有司皆得其人而政益修矣。这便是为政之道。”仲弓又问说：“先有司，可能也；赦小过，可能也；若夫贤才之伏无尽，我岂能以一人之智，尽知天下贤才而举之乎？”孔子说：“贤才之在世也，汝虽不能尽知，然岂一无所知者乎？汝虽有所不知，然人岂无知之者乎？汝但于汝之所知者，举而用之，则人见其诚心荐贤，莫不感动，凡汝之所不知者，亦皆将举之矣，其孰肯终舍之哉？”盖秉彝、好德，人心所同，举其所知者于己，而付其所不知者于人，自可无遗贤之患矣。若必自己尽知而尽举之，何其示人之不广耶？即此观之，圣贤用心之大小可见矣。

大抵夫子所言，皆为政之大体，虽古先帝王致治之盛，亦不外此。故狱慎罔兼，先有司也；眚灾肆赦，赦小过也；翕受旁招，举贤才也。三者之中，举贤为尤要；能举贤才，则政平讼理。凡先有司，赦小过，皆举之矣。所以说治天下者在得人，诚君道之首务也。

子路曰：“卫君待子为政，子将奚先？”子曰：“必也正名乎！”子路曰：“有是哉，子之迂也！奚其正？”子曰：“野哉由也！君子于其所不知，盖阙如也。”

卫君，是出公，名辄。

昔卫灵公逐其世子蒯聩，出奔于晋。灵公卒，立蒯聩之子辄为君。其后蒯聩欲返国，辄拒而不纳，凡宗庙祭祀，与夫出政施令于国，都只称灵公为父，不认蒯聩。是统嗣不明，名实乖乱甚矣。此时孔子自楚反乎卫，子路方仕于卫，因问于孔子说：“卫君慕夫子之道德久矣，今见夫子之来，必且虚己隆礼，以待子而为政。不知子之为政，其所设施者，以何为先乎？”夫子答之说：“君臣、父子，人之大伦，未有彝伦不叙，而可以为国者。今卫君乃不以其父为父，而以其祖为父，彝伦斁而名实爽矣。若使我行政于卫，必也先正其名，使君臣、父子之间，伦理昭然，名实不紊。此乃政事之根本，有国者之急务也。”子路识见未能到此，乃不深思其意，率尔妄言说：“有是哉，夫子之迂阔而不达于时务也。夫为政者，惟取今日可以安国治民者而急图之可矣。至于父子称谓之间，乃是小节，何关于国之治乱、事之得失，而必以正名为先乎？”子路之言，粗野甚矣，故孔子直责之说：“野哉仲由！何其识见之鄙陋，而言词之粗俗也。夫君子于事理有不通晓处，则姑阙其疑，以俟考问。今汝于我之言有所未知，不妨从容辩问，乃率尔妄对，直以为非，不亦野哉！”夫子盖将详示子路以正名之说，故先折其粗心浮气如此。

“名不正，则言不顺；言不顺，则事不成；事不成，则礼乐不兴；礼乐不兴，则刑罚不中；刑罚不中，则民无所措手足。”

事得其序便是礼。物得其和便是乐。措，是安置的意思。

孔子告子路说：“吾之所以欲先正名者，岂故为是之迂哉！盖以为政之道，必名分先正，而后百凡施为皆有条理。若使名有不正，非君臣而强为君臣，非父子而强为父子，则发号施令，称谓之间必然有碍，而言不顺矣。言不顺，则名实乖错，言行相违，所为之事如何得成？事不成，则动皆苟且，必然无序而不和，礼乐如何可兴？礼乐不兴，则法度乖张，小人得以幸免，君子反罹于罪，刑罚如何可中？刑罚不中，则民莫知所趋避，而无安身之地，何所措其手足？”夫以名之不正，其弊遂至于此，可见大纲一隳，万目瓦裂，而国非其国矣。为政者，乌得不以正名为先乎？

“故君子名之必可言也，言之必可行也。君子于其言，无所苟而已矣。”

孔子又告子路说：“名一不正，则言不顺，事不成，其流弊有不可胜言者。是以君子之于名也，必其称谓之间，皆当其实而无爽，而后以为名；若不可言者，则不敢以为名也。其于言也，必其出诸口者，皆可见之行而无窒，而后以为言；若不可行者，则不敢以为言也。夫名必可言，则名正而言顺；言必可行，则言顺而事成，而礼乐兴，而刑罚中，皆在是矣。所以君子为政，凡于言之称名者，务求当其实，无所苟且，盖以是耳。盖一事得，则其余皆得；一事苟，则其余皆苟。吾之欲先正名者，意正为此。子乃反以为迂，岂知治体者哉！”

樊迟请学稼。子曰：“吾不如老农。”请学为圃。曰：“吾不如老圃。”

樊迟出。子曰:“小人哉，樊须也！”

稼，是稼穑，播种五谷之事。圃，是园圃，种蔬菜之事。小人，是识见狭小之人。

昔樊迟以务本力农，乃治生之常道，故请问于孔子，欲学为播种稼穑之事。孔子说:“稼穑之事，惟年老的农夫知道，吾不如老农。子欲学稼，问之于老农可也。”樊迟以种植园圃之事，比之稼穑为易，故又请学为圃。孔子说:“园圃之事，惟年老种圃的人知道，吾不如老圃。子欲学圃，问之于老圃可也。”夫樊迟再问，而夫子再拒之如此，是不足之意概可见矣。及其既出，又责之说:“小人哉，樊须也！”盖天下有大人之事，有小人之事:修身齐家以治国平天下，大人之事也；务农种圃以自食其力，小人之事也。樊迟游于圣门，乃不务学为大人，而留心于农圃之事，何其识见之浅小，而志意之卑陋哉。故夫子以小人责之，盖将勉之以大人之学也。

“上好礼，则民莫敢不敬；上好义，则民莫敢不服；上好信，则民莫敢不用情。夫如是，则四方之民襁负其子而至矣，焉用稼？”

情，是情实。襁负其子，是以布裹小儿于背，而负之以行也。

孔子因樊迟之问稼圃，既以小人责之，此又以大人之事晓之，说道:“小人劳力，大人劳心；劳力者居下而听令于上，劳心者修己以倡率于下，此天下之大义也。如使为上者，能好礼，而动容周旋皆中其节，则民之得于观瞻者，自将俨然畏之，谁敢不敬乎？能好义，而设施措置皆合其宜，则民之得于承顺者，自将帖然守之，谁敢不服乎？能好信，而以实心实意待人，则至诚动物，而民亦以实心实意应之，谁敢不以其情实归上者乎？能如是，则四方之民闻风向化，皆将襁负其子而至矣。民归既众，则皆任土作贡，以奉其上。上虽安享其奉而不为泰也，又安用身亲为稼穑之事哉？”此所谓大人之事也。樊迟不此之务，而顾请为稼圃，何其陋哉！夫周公陈《无逸》以告成王，要先知稼穑之艰难，而樊迟请学稼，孔子乃鄙之为小人者，盖人君深居九重，小民疾苦常患不得上闻，故周公惓惓以此为言，若学者所志，当以大人自期，又不宜屑屑于农圃之事。周、孔之言，夫各有所当也。

子曰："诵《诗》三百，授之以政，不达；使于四方，不能专对；虽多，亦奚以为？"

诵，是读。《诗》三百，是《诗经》三百篇。授之以政，是与之以位，而使其行政。达，是通晓。使于四方，是将君之命，出使于他国。专对，是自以己意应对诸侯，不烦指授也。奚字，解作何字。以，是用。为，是语词。

孔子说："《诗》之为经也，本乎人情，该乎物理，可以验风俗之美恶、政治之得失，故读之者，必达于政。且其言温厚和平而不激亢，多所讽喻而不直率，故读之者必长于言。若有人焉读《诗》三百篇，可谓多矣。乃授之以政务，而漫不知所设施；出使于四方，而不能自为应对，则是徒有记诵之勤，全无心得之益，读诗虽多，有何用处？亦与不读者同矣。所以说虽多亦奚以为？"盖穷经必先明理，明理方能适用，若不能明理，不过记问口耳之学而已，何足贵哉！然不止三百篇为然，大凡经书所载，莫非经世之典，修齐治平之理备在其中，读者须逐一体验而推行之，乃为有益。不然，则是求多闻而不能建事，学古训而不能有获，虽多而无用矣。善学者，可不知所究心乎？

子曰："其身正，不令而行；其身不正，虽令不从。"

令，是教戒。

孔子说："上之导下，以身不以言。若使伦理无不尽，言动无不谨，淫声美色不以乱其聪明，便嬖谀佞不以惑其心志，则身正矣。由是民皆感化，虽不待教令以驱使之，而自然迁善敏德，无敢有违背者。若其身不正，伦理不能尽，言动不能谨，声色乱其聪明，便佞惑其心志，则民心不服，虽教令谆切，使之为善，亦有不从者矣。"盖上之一身，下所视效，不能正己，焉能正人？所以《大学》论齐治均平，皆以修身为本，即是此意。有天下国家者，可不求端于身哉？

子曰："鲁卫之政，兄弟也。"

孔子说："鲁乃周公之后，卫乃康叔之后，本是兄弟之国。以今日观之，两国之政，也正是兄弟一般。以鲁，则三家僭窃而公室微；以卫，则不父其父而祢其祖。纪纲同一陵替，法度同一纵弛，何其衰乱之适相类也！”盖夫子思拨二国之乱以反之治，而时不我用，力莫能挽，故徒付之慨叹如此。

子谓卫公子荆善居室。“始有，曰：‘苟合矣。’少有，曰：‘苟完矣。’富有，曰：‘苟美矣。’”

公子荆，是卫大夫。居室，是处家。合，是聚合。完，是齐备。美，是精美。三个苟字，是聊且粗略的意思。

孔子说：“人之嗜欲无涯，则其贪求无厌。若卫公子荆之处家，可谓善矣。盖公子荆先贫后富，方其贫时，居处服食之类，草草初具而已。在他人处此，必将求其尽有而后为快也。彼则曰：‘吾今已苟且聚合矣。’推其心，使其止于始有，则亦以是为足而不复望矣。既而渐渐少有，在他人处此，必将求其尽备而后为快也。彼则曰：‘吾今已苟且完备矣。’推其心，使其止于少有，则亦以是为足而不复求矣。其后饶裕充足，虽到富有的时节，然未必至于精美，彼则曰：‘吾今已苟且精美矣。’推其心，盖不啻尽美极备而无以复加矣。是则由合而完，由完而美，可见其随处而安，而无贪求之想。合曰苟合，完曰苟完，美曰苟美，可见其所欲有节，而无尽美之心。公子荆之居室如此，亦贤矣哉。”大抵人之处世，莫病于贪求，莫贵于知足。然所谓知足者，谓其当下便足，非谓有所期限而止也。若有所期限，则亦不免于求矣。子荆当始有之时，不慕少有；当少有之时，不求富有，随时便足，无事营求。非其心清欲寡，不以外物累其中者，讵能之乎？故孔子贤之，谓其近于道也。

子适卫，冉有仆。子曰：“庶矣哉！”冉有曰：“既庶矣，又何加焉？”曰：“富之。”曰：“既富矣，又何加焉？”曰：“教之。”

适字，解作往字。卫，是卫国。冉有，是孔子弟子。仆，是御车。庶，是众多的意思。

昔者孔子周流四方，行到卫国，时冉有为孔子御车而行。孔子看见那百姓每众多，因叹说：“众矣哉！此卫国之民也。”冉有问说：“有国者，固欲民之蕃庶。然不知既庶之后，又何道以加之？”孔子告之说：“庶而不富，则生养不遂，终必离散，安能长保其庶乎？必也制为田里，薄其赋敛，使百姓每丰衣足食，无贫乏之患，则庶者长庶，而可以为充实之国矣。这是王者厚生之政，所当加于既庶之后者也。”冉有又问说：“有国者，固欲民之富足。然不知既富之后，又何道以加之？”孔子又告之说：“富而不教，则饱暖逸居，乖争易起，安能长保其富乎？必也设为学校，教之礼义，使百姓们孝亲敬长，兴仁让之俗，则富不徒富，而可以为有道之国矣。这是王者正德之政，所当加于既富之后者也。”圣贤一问答之间，而王道之规模、施为之次第，皆具于此。岂非万世之法程哉！

子曰：“苟有用我者，期月而已可也，三年有成。”

期月，是周一年之月。可，是治理可观。成，是治功成就。

昔孔子怀匡世之志，抱经纶之具，而不得试，故感而叹说：“当今之世，无用我者耳。诚使有人委我以国政而用我焉，虽至于周一年之月而已，将见弊者革，废者兴，纪纲法度渐次就理，皆有可观者矣。若至于三年之久，则化行俗美，礼备乐和，民生以厚，民德以新，而治功成矣。”惜乎不得少试，而使其徒托诸空言也。

子曰：“‘善人为邦百年，亦可以胜残去杀矣。’诚哉是言也！”

善人，是天资仁厚的人。胜残，是化残暴之人。去杀，是不用刑戮。

孔子说：“古语有云：‘善人治国，累代相继，至于百年之久，则世德积久，和气薰蒸，亦可以化残暴之人，使之同归于善，不用刑杀而天下自治矣。’古语如此，诚哉是言，信有此理也。”盖凡民之心，有善无恶，其所以放辟邪侈而陷于刑辟者，岂无仁义之良哉？惟上之人无以感之耳。善人为政，虽未必德业全备、礼乐修明，只以其一念醇厚之心，积之而化，便可使刑措不用，但须先后相承，迟以岁月耳。若夫圣人之治天下，何待百年，其效亦岂止此而已哉。

子曰：“如有王者，必世而后仁。”

王者，是圣人受命而兴，以君主天下者。三十年为一世。仁，是教化浃洽。

孔子说："善人为邦百年，仅可以胜残去杀，不过小康之国而已。若乃至治之世，仁恩渗漉，教化浃洽，举天下之大，如人一身血气周流，无不贯彻，才叫作仁。今明主不作，民之不被其泽久矣。如有圣人受命而起，欲纳天下于同仁之域，恐亦未可遽期其效。必是积之以渐，仁心仁政，涵育熏陶，至于三十年之久，然后深仁厚泽，浃于肌肤，沦于骨髓，天下之人皆涵濡于德化之内，而相忘于熙皞之天也。夫岂一时可致者哉！"此可见非王道不足以成至治，非悠久不足以行王道。盖惟唐虞之万邦时雍，成周之宇宙泰和，可以语此。愿治者当知所从事矣。

子曰："苟正其身矣，于从政乎何有？不能正其身，如正人何？"

从政，是为大夫而从事于政治。

孔子说："为政所以正人也，而其本在于正身。苟能居仁由义，动遵礼法，先自正其身矣，则上行下效，捷于影响，其于从政而正人也，何难之有？若立身行己，一有未善，不能自正其身，则表仪不端，焉能率下，其如正人何哉？"

冉子退朝。子曰："何晏也？"对曰："有政。"子曰："其事也。如有政，虽不吾以，吾其与闻之。"

朝，是鲁大夫季氏私家之朝。晏，是晚。政，是国政。事，是家事。以，是用。

古者大夫虽致仕，犹得与闻国政。昔者冉子为季氏宰，朝于季氏而退，来见孔子。孔子问说："今日何退朝之晚也？"冉子对说："适有国政，相与商议，所以来迟。"孔子说："此必是季氏私家之事耳，非国政也。若是国政，则我旧日曾为大夫，虽已致仕不用，于礼犹得与闻之。今既不闻，则非鲁国之政明矣。"是时季氏专鲁，其于国政，盖有不与同列议于公朝，而独与家臣谋于私室者。故夫子阳为不知而言，所以正名分，抑季氏，而教冉子之意深矣。

定公问："一言而可以兴邦，有诸？"孔子对曰："言不可以若是其几也。人之言曰：'为君难，为臣不易。'如知为君之难也，不几乎一言而兴

邦乎？”

定公，是鲁君。几，是期必的意思。

鲁定公问于孔子说：“为治有要，不在多言。紧要的只一句言语，便可以兴起国家，果有之乎？”孔子对说：“兴邦，大功也。一言之微，便未可若是而必期其效，然亦有之。今时人有句话说道：‘为君难，为臣不易。’夫人君势分崇高，威福由己，若无难为者。殊不知君之一身，上焉天命去留所系，下焉人心向背所关，一念不谨，或贻四海之忧；一日不谨，或致无穷之患，为君岂不难乎？人臣职守有常，随分自尽，若可易为者。殊不知臣之事君，上焉辅之以凝承天命，下焉辅之以固结人心，致君之道少亏，则有瘝官之咎；泽民之方未备，则有旷职之愆，为臣亦岂易乎？时人之言如此，人君惟不知其难，固无望于兴邦耳。诚使真知为君之难，而兢业以图之，处己则不敢有一念之或肆，治民则不敢有一事之或忽，由是以倡率臣工，皆务勤修职业，以共尽克艰之责，如此将见君德日以清明，政事日以修治，上而天命于是乎眷佑，下而人心于是乎爱戴，国家之兴，端可必矣。然则为君难一言，不几乎为兴邦之明训乎？吾君有志于兴邦，亦于斯言加之意而已。”

曰：“一言而丧邦，有诸？”孔子对曰：“言不可以若是其几也。人之言曰：‘予无乐乎为君，唯其言而莫予违也。’如其善而莫之违也，不亦善乎？如不善而莫之违也，不几乎一言而丧邦乎？”

定公又问说：“一言兴邦，既闻之矣。若说一句言语便可以丧亡其国者，亦有之乎？”孔子对说：“丧邦，大祸也。一言之间，便未可若是而必期其祸，然亦有之。今时人有言说道：‘我不是喜乐为君，只是为君时，随我所言，臣下都遵奉而行，无敢违背，此乃其所乐也。’时人之言如此。自今言之，君令臣从，固无敢有违者，然也看君之所言何如。如其所言而善，有益于生民，有利于社稷，那臣下每都依着行，不敢违背，则生民必受其福，社稷必得其安，岂不是好事？如其所言不善，有害于生民，有损于社稷，也都要臣下每依着行，不敢违背，则生民必受其祸，社稷必为之危，而国不可以为国矣。然则惟言莫违之一言，岂不可期于丧邦乎？”夫邦之兴亡，非细故也，而皆始于一言。《大学》所谓“一人定国”“一言偾事”，意亦如此。人君审其所以兴，鉴其所以亡，则可以永保天命而长守其社稷矣。

叶公问政。子曰：“近者悦，远者来。”

叶公，是楚大夫。

叶公问政于孔子。孔子说：“为政之道，在得民心。若能使民之近者被其泽而喜悦，远者闻其风而来归，则为政之道得矣。然人心至愚而神，苟非有实心实政足以感人，而欲以欢虞小术违道干誉，则四境之内且不能服，况其远者乎？”此盖夫子言外之意也。

子夏为莒父宰，问政。子曰：“无欲速，无见小利。欲速，则不达；见小利，则大事不成。”

莒父，是鲁邑。速，是急速。小利，是小小便宜。达，是通达。

昔者子夏为莒父邑宰，问政于孔子。孔子说：“为政之弊有二，躁急之人，方为其事而遽责其效，这是欲速之弊。子之为政，必须推行有渐，不可欲速以求目前之效。浅狭之人，狃于浅近而昧于远大，这是见小之弊。子之为政，必须志量广大，不可见些小事功便以为得。何也？盖政以能达为贵，然必有渐而后可以达也。若欲速，则求治太急而无次第，欲其通达，反不能达矣。此所以不可欲速也。政以大成为期，所志者大，则小者有所弗顾也。若见小利，则其心已足而无远图，所得者小，而所失者大矣。此所以不可见小利也。”盖子夏素有近小之病，故孔子以此教之。其实为政之道，不外于此矣。

叶公语孔子曰：“吾党有直躬者，其父攘羊，而子证之。”孔子曰：“吾党之直者异于是：父为子隐，子为父隐，直在其中矣。”

党，是乡党。直躬，是直身而行者。攘，是窃盗。证，是证明。

昔楚大夫叶公与孔子说道：“吾乡党之中，有直身而行，无所私曲的人。其父盗人之羊，而已为之子，乃从而证明其事。夫父子至亲，尚且不能隐，则其直可知矣。”孔子说：“我乡党中亦有直身而行者，与此不同。子有过也，而父为之隐，不使闻之于人；父有过也，而子为之隐，不使闻之于人。夫父子相隐，虽不得为直，然于天理为顺，于人情为安，迹虽枉而理则直，虽不求为直，而直自在其中矣。若父子相证，则于天理、人情两有所乖，岂得为直哉？”此可见道不远于人情，事必求夫当理。矫情以沽誉，立异以为高，流俗之所慕，而圣人之所不取也。后世论道与论人者，宜以孔子之言为准。

樊迟问仁。子曰：“居处恭，执事敬，与人忠。虽之夷狄，不可弃也。”

仁，是心之德。恭，是敬之见于外者。敬，是恭之主于中者。忠，是尽心而不欺。之字，解作往字。弃，是舍去的意思。

樊迟问说：“如何可以为仁？”孔子告之说：“仁具于心，本体事而无所不在。故为仁之道，须随事而检束其心。大凡日用之间，不是闲居，即是应事，不是应事，便是接人。若此心一有不存，即失其本然之理，而不足以为仁矣。故必静而居处，便要俨然恭庄，而不敢惰慢，则心存于居处之时矣；动而应事，便要肃然敬谨，而不敢怠忽，则心存于执事之时矣；以至与人相处，又要忠实而不敢欺诈，则心存于与人之时矣。然又不可少有间断，必须以此三者拳拳服膺，而无须臾之违。不但安常处顺之时为然，虽到那夷狄患难之中，居处也是这般样恭，执事也是这般样敬，与人也是这般样忠，确然固守而不可弃失，则此心无往不存，将至于全体不息，而浑然天理之周流矣，岂非为仁之道乎？”

子贡问曰：“何如斯可谓之士矣？”子曰：“行己有耻；使于四方，不辱君命：可谓士矣。”曰：“敢问其次？”曰：“宗族称孝焉，乡党称弟焉。”曰：“敢问其次？”曰：“言必信，行必果，硁硁然小人哉！抑亦可以为次矣。”曰：“今之从政者何如？”子曰：“噫！斗筲之人，何足算也！”

耻，是羞耻。硁硁，是小石之坚确者。小人，是局量浅狭的人，非为恶之小人也。斗筲，是器名，所容不多。何足算，是说不足数。

昔子贡问于孔子说：“民生有四，士为之首，士之名亦难称矣。必何如然后可以谓之士乎？”孔子说：“节行乃立身之本，才略为用世之具。若于行己之间，以道义为大闲，凡非义之事皆羞耻而不为，是大本已立矣。及其奉君命而出使于四方，则又能应对诸侯，随机达变，不致辱了君命，是其志既有所不为，而其才又足以有为，若此者始可以谓之士也。”子贡又问说：“全才不容以多得，取人不可以求备，亦有次于此而可以称为士者乎？”孔子说：“士固以才行相兼为贵，然与其行之不足，宁可才之不足。若有人焉，善事其亲，而宗族皆称其为孝；善事其长，而乡党皆称其为弟，此其才虽有不足，而大本不失，亦可以为次一等之士矣。”子贡又问说：“人之品类不同，一节非无可取，又有下此一等而可称为士者乎？”孔子说：“人之言行，本不可以意必，然与其失之放恣，宁可失之固执。若有人焉，所言者不择理之是非而必期于信，所行者不问其事之可否而必期于果，是乃识量浅狭，硁硁然坚固拘小之人也。此其本末虽无足观，而亦不害其为自守之固，抑亦可以为又一等之士矣。”子贡又问说：“今之从政而为大夫者何如，亦有可取者乎？”夫子叹息而鄙之说道：“此辈乃猥琐之徒，譬如斗筲小器，所容无几，何足置之谈论哉！”此可见论士以才行为准，而取人以实行为先。苟有其行，则虽硁硁之小人，尤为圣门之所不弃，不然，则市井无行之徒虽有小才，不可以称为士矣。有用人之责者，宜致辨于斯。

子曰：“不得中行而与之，必也狂狷乎！狂者进取，狷者有所不为也。”

中行，是资质既高，学力又到，无过不及，中道而行者。与，是传授。狂，是有志的人。狷，是有守的人。进取，是进而取法乎上。有所不为，是不为非礼之事。

孔子说：“道以中庸为至。若得那无过不及、中道而行之士以传授之，固吾之所深愿者。但中庸之道，民之鲜能已久，斯人不可得而见之矣。然道不可终无所寄，下此而求其可教者，必也狂与狷乎！夫狂者志大而略于事，狷者孤介而违于俗，皆性禀之失中者，而吾反有取焉，何也？盖天下有一种谨厚的人，其行已检饬，而不见其过差，其处人和易，而动谐于流俗，恰似个中行的模样，然其识趣凡近而无向上之志，行履卑陋而鲜特立之操，这等的人未可以进于道也。惟夫狂者，进而取法于上，动以远大自期，虽其行有所不逮，而迈往之志则有骎骎乎不可以限量者；狷者，自爱其身，非礼之事断然不为，虽其知有所未及，而能守之节则有皎皎乎不可以少缁者。吾于是因其志节而激励裁抑之，狂者使之践履笃实，以充其进取之志；狷者使之恢弘通达，以扩其不为之节，则今日之狂狷，固他日之中行也。传道之托，庶几其有望乎？若夫谨厚拘挛之士，非吾之所愿与者矣。”

按，孔子所谓“中行”，即《洪范》所谓“平康正直”；“狂狷”，即《洪范》所谓高明沉潜之人也。中行之士不可以易得，故不得不有取于狂狷；平康之世不可以常见，故不得不用刚柔以克治之。圣人之教人，与帝王之治世，其道一而已。有君师治教之责者，宜留意焉。

子曰：“南人有言曰：‘人而无恒，不可以做巫医。’善夫！”“不恒其德，或承之羞。”子曰：“不占而已矣。”

南人，是南国之人。恒，是常久。巫，是巫祝，祝鬼的人。医，是行医的人。承，是进。占，是占卜。

孔子说：“南国之人，有常言说道：‘凡人之处己处人，皆当有恒久之心。若使人而无恒，处事则或做或辍，而有始无终；处人则一反一覆，而多变难测。这等的人，虽巫医贱役亦不可以为。’盖巫所以交鬼神，不恒，则诚意不足，而神必不享；医所以寄死生，不恒，则术业不精，而医必不效。南人之言如此。此虽常言，实有至理，不亦善乎！”然不独南人有此言，《易经》中《恒》卦九三爻辞也说道：“人而不恒其德，则内省多疚，而外侮将至，人皆得以羞辱进之矣。”孔子既引此辞，又说道：“《大易》之戒，明显如此，人但不曾玩其占而已矣，苟玩其占，岂不惕然省悟哉？”此可见天下无难为之事，而人贵有专一之心。君子恒其德，则可以为圣贤；圣人久其道，则可以化天下。若以卤莽灭裂之心，而尝试漫为天下之事，是百为而百不成者也。

子曰：“君子和而不同，小人同而不和。”

和，是以道相济，而心无乖戾。同，是以私相徇，而务为雷同。

孔子说：“君子、小人，心术不同，故其处人亦异。君子之心公，其与人也，同寅协恭，而绝无乖戾之心。既不挟势以相倾，亦不争利以相害，何其和也。然虽与人和，而不与人同。事当持正，则执朝廷之法，而不可屈挠；理有未当，则守圣贤之道，而不肯迁就，固未尝不问是非而雷同无别也。小人之心私，其与人也，曲意徇物，而每怀阿比之意。屈法以合己之党，背道以顺人之情，何其同也。然外若相同，而内实不和。势之所在，则挟势以相倾；利之所在，则争利以相害，固未尝一德一心而和衷相与也。”此可见和之与同，迹同而心异。公则为和，私则为同，此君子、小人之攸分，而世道污隆之所系。欲进退人才者，所宜慎辨于斯也。

子贡问曰：“乡人皆好之，何如？”子曰：“未可也。”“乡人皆恶之，何如？”子曰：“未可也。不如乡人之善者好之，其不善者恶之。”

子贡问于孔子说：“公道每出于众论。今有人焉，一乡之人都道他好，果可以为贤乎？”夫子答说：“一乡未必尽善人也，而皆好此人，安知其非同流合污者乎？未可便信其为贤也。”子贡又问说：“正人多忤于流俗。今有人焉，一乡之人都憎恶他，抑可以为贤乎？”夫子答说：“一乡未必尽不善人也，而皆恶此人，安知其非诡世戾俗者乎？亦未可便信其为贤也。盖好恶之公，不在于同，而善恶之分，各以其类。与其以乡人皆好为贤，不如只以乡人之善者好之之为得也；与其以乡人皆恶为贤，不如只以乡人之不善者恶之之为得也。盖善者循乎天理，今从而好之，是必喜其与己同也；不善者狃于私欲，今从而恶之，是必嫉其与己异也。既能取信于君子，又不苟同于小人，其为贤也，复何疑哉！”此可见观人之法，徒取其同，则群情或有所蔽；各稽其类，则实行自不能掩。欲辨官论才者，尤当以圣言为准可也。

子曰：“君子易事而难说也。说之不以道，不说也；及其使人也，器之。小人难事而易说也。说之虽不以道，说也；及其使人也，求备焉。”

事，是服事。说，是喜悦。器之，是随才器使。求备，是求全责备。

孔子说：“君子之人，易于服事，却难取其喜悦，何也？盖君子之心，公而恕者也。公则好尚必以其正。人或以非理之事悦之，如声色货利之物，阿徇逢迎之事，彼必拒之而不为之悦，是悦之不亦难乎？恕则用舍各适其宜，故虽持己方严，而及其使人之际，则又随材任能，惟器是适，虽一才一艺者，皆得以进而效用于君子之前，其事之也不亦易乎？所以说‘君子易事而难说也’。若夫小人，则难于服事，而反易以取悦，何也？盖小人之心，私而刻者也。私则好尚不以其正，惟谄谀之是甘、慢游之是好。人以声色货利之物，阿徇逢迎之事，一投其心，彼即欣然而从之矣，是悦之不亦易乎？刻则用舍不适其宜，故虽易与亲狎，而及其使人之际，则又责望无已，取必太深，不录其所长，而惟攻其所短，必求其全备而后已，其事之也不亦难乎？所以说‘小人难事而易说也’。”要之君子悦人之顺理，小人悦人之顺己；君子则爱惜人才，故人乐为之用；小人则轻弃人才，故正人日远而邪人日亲。天理人欲之间，每相反而已矣，用人者可不辨哉！

子曰："君子泰而不骄，小人骄而不泰。"

泰，是安舒自得的模样。骄，是矜高放肆的模样。

孔子说："君子、小人，其存心不同，故其气象亦自有辨。君子以道德润身，是以内和而外平，心广而体胖，但见其安舒自得而已，何尝矜己傲物而或涉于骄乎？小人以才势自恃，是以志得而意满，心高而气盛，但见其矜夸自足而已，何尝从容不迫而有所谓泰乎？"盖泰若有似于骄，而有道之气象，与逞欲者自殊；骄若有似于泰，而负势之气习，与循理者迥别。欲知君子小人之分，观诸此而已矣。

子曰："刚、毅、木、讷，近仁。"

刚，是强劲。毅，是坚忍。木，是质朴。讷，是迟钝。

孔子说："仁为心德，本人人所固有者。但资禀柔懦而委靡者，不胜其物欲之私；文饰而口辩者，每蹈于外驰之失，其去仁也远矣。若夫刚者，强劲而不挠；毅者，坚忍而不馁；木者，质朴而无华；讷者，迟钝而不佞。这四样资质，虽未可便以为仁，而实与仁相近。"何也？刚毅则不屈于物欲，欲之分数少，自然理之分数多矣；木讷则不至于外驰，心不驰于外，自然能存于内矣，岂不与仁相近乎？有是质者，若能加以自强不息之学，则天理易于纯全，且将与仁为一矣，岂止于近而已哉！不然，亦徒有是美质，而终不足以为仁，良可惜也。

子路问曰:“何如斯可谓之士矣?”子曰:“切切,偲偲,怡怡如也,可谓士矣。朋友切切、偲偲,兄弟怡怡。”

切切,是情意恳到的意思。偲偲,是告戒详勉的意思。怡怡,是容貌和悦的意思。

昔子路问于孔子说:“士者,人之美称,然必何如而后可以谓之士乎?”孔子说:“士之质性,贵于中和。若于行己接人之时,或径情直行,或率意妄言,或过于严厉而使人难亲,皆非所以为士也。必也切切焉情意恳到,而竭诚以相与;偲偲焉告戒详勉,而尽言以相正;又且怡怡焉容貌温和,而蔼然其可亲,斯则恩义兼笃,刚柔不偏,非涵养之有素者不能也,可谓士矣。然是三者,又不可混于所施。于处朋友,则当切切偲偲以尽箴规之道;处兄弟,则当怡怡以敦天性之爱。盖朋友以义合者也,以义合者则可以善相责,苟以施之兄弟,其能免于贼恩之祸耶?兄弟以恩合者也,以恩合者则宜以情相好,苟以施之朋友,其能免于善柔之损耶?”此可见天下有一定之道,而无一定之用,虽知其道而不善用之,尤为德之累也。兼体而时出之,斯善矣。

子曰:“善人教民七年,亦可以即戎矣。”

即戎,是用之为兵。

孔子说:“善人之道,笃实无伪。故其教民也,存之内者皆实心,而能使其情意之流通;发之外者皆实政,而能使其纲纪之振举。或教之以孝弟忠信之行,使之知尊君亲上之义;或教之以务农讲武之法,使之知攻杀击刺之方。积而至于七年之久,亦可以使之披坚执锐,而从事于戎伍之间矣。”谓之“亦可”者,是仅可而有所未尽之辞。若夫圣人在上,以善教民,自将无敌于天下,岂但可以即戎,而又何待于七年哉。

子曰:“以不教民战,是谓弃之。”

孔子说:“兵者,死地;战者,危事。若平素不曾教民,则民不知尊君亲上之义、攻杀击刺之方,一旦驱之于战,适足以杀其躯而已,非弃其民而何?”此两章总是见兵不可以不慎之意。盖天下虽安,忘战则危,所以古之帝王,常于太平之日,不忘儆戒之心。讲武事,除戎器,以备不虞,盖为此也。

宪问第十四

宪问耻。子曰："邦有道，谷；邦无道，谷：耻也。"

宪，是孔子弟子，姓原，名宪。耻，是愧耻。谷，是居官的俸禄。

原宪问孔子说："人不可以无耻。不知何者为可耻之事？"孔子告之说："人之可耻者，莫过于无能而苟禄。如邦家有道，明君在上，言听计从，正君子有为之时也，乃不能有所建明，只空吃着俸禄。至若邦家无道，上无明君，言不听而计不从，虽卷而怀之可也，乃犹靦颜居位，只空吃着俸禄。夫君子居其位，则必尽其职；称其职，乃可食其禄。今世治而不能有为，世乱而不能引退，乃徒窃位以素餐，贪得而苟禄，则其志行之卑陋甚矣。人之可耻，孰大于是乎？"按，原宪为人狷介，其于邦无道，谷之可耻，盖已知之。至于济时行道，或短于设施之才，故夫子兼举以告之，乃因其所已能，而勉其所未至也。

"克、伐、怨、欲不行焉，可以为仁矣？"子曰："可以为难矣，仁则吾不知也。"

原宪又问说："人心至虚，物欲蔽之。好胜者谓之克，自矜者谓之伐，忿恨者谓之怨，贪求者谓之欲。有一于此，皆为心累。若能于此四者皆制之而不行焉，则人欲既遏，天理自存，斯可以为仁矣？"孔子说："克、伐、怨、欲，皆人情之易动者。今能制之而不行，是其力足以胜私，刚足以克欲，斯亦可以为难矣。若遂以为仁，则吾不知也。"盖仁者纯乎天理，自无四者之累。今但曰不行，则不过强制其情，暂时不发而已。譬之草根不除，终当复生；火种未灭，终当复燃。倘操持少懈，宁无潜滋暗长而不自觉者乎？是未可便谓之仁也。要之原宪之问，徒知制其流；夫子之答，是欲澄其源。惟能致力于本源，则天理渐以浑全，私欲自然退听矣。此求仁者所当知也。

子曰："士而怀居，不足以为士矣。"

怀，是思念。居，是意所便安处。

孔子说："士志于道，则居无求安焉。何也？其所志者大，故不暇为燕安计也。苟于意所便安处即恋恋不能舍，或怀于宫室器用之美，或怀于声色货利之私，则心为形役，而志以物损，处富贵则淫，处贫贱必移，其卑陋甚矣，恶足以为士乎？"

子曰："邦有道，危言危行；邦无道，危行言孙。"

危，是高峻的意思。孙，是卑顺的意思。

孔子说："君子处世，其言行固当一出于正，不可少贬以徇人，然也看时势何如。如君明臣良，公道大行，此邦家有道之时也，则当高峻其言，明是非，辨邪正，而侃然正论之不屈；高峻其行，慎取与，洁去就，而挺然劲气之不回。盖道与时合，无所顾忌，故言行俱高而无害也。若夫君骄臣谄，公道不明，此邦家无道之时也。当此之时，其行固当仍旧高峻，不可少屈以失己之常，言则不妨于卑顺，不可太直以取人之祸。盖道与时违，不得不为此委曲以避害耳。"此可见行无时而不危，君子守身之节也；言有时而可孙，君子保身之智也。然有国者而使人孙言以苟容，岂国之福也哉？

子曰："有德者必有言，有言者不必有德。仁者必有勇，勇者不必有仁。"

孔子说："人有存诸中的是根本，有发诸外的是枝叶。即其所存，固可以知其所发；据其所发，则未可信其所存。如行道而有得于心者谓之德。有德者虽不尚夫言，然和顺积中，而英华发外，敷之议论，必然顺理成章而可听。是言乃德之符也。若夫有言者，则未必其有德。盖言一也，有君子之言，有色庄之言，若但听其言而取之，则君子色庄，何从而辨别之乎？故未可遽信其为有德也。心德浑全之谓仁。仁者虽不期于勇，然心无私曲，则正气常伸，其临事之际，自然见义必为而有勇。是勇乃仁之发也。若夫有勇者，则未必其有仁。盖勇一也，有义理之勇，有血气之勇，若但从其勇而观之，则义理血气何从而辨别之乎？故未可遽信其有仁也。"此可见德可以兼言，言不可以兼德；仁可以兼勇，勇不可以兼仁。自修者固当知所以务本，而观人者亦乌可徒取其末哉？

南宫适问于孔子曰："羿善射，奡荡舟，俱不得其死然。禹、稷躬稼而有天下。"夫子不答。南宫适出。子曰："君子哉若人！尚德哉若人！"

南宫适，即南容。羿，是有穷国之君。奡，是羿臣寒浞之子。荡舟，是陆地行舟。

南宫适问于孔子说："羿善于射，奡能陆地行舟，以力言之，天下无有能过之者矣。然一则为其臣寒浞所杀，一则为夏后少康所诛，皆不得正命而死。禹平水土，稷播百谷，身亲稼穑之事，以势言之，亦甚微矣。然禹则亲受舜禅而有天下，稷之后至周武王亦有天下。夫以强则羿、奡之亡也如彼，以弱则禹、稷之兴也如此，其得失之故果安在哉？"南宫适之问，托意甚深，且或有感而发。夫子于此，盖有难于言者，故默然不答，但俟其既出而叹美之，说道："自世俗尚力而不尚德，此君子所以不可见，而知德者鲜也。今观适之所言，进禹、稷而退羿、奡，贵道德而贱权力，则其人品之高，心术之正，可知矣。君子哉，其此人乎！尚德哉，其此人乎！"再言以赞美之，盖深有味乎其言，且以寓慨世之意也。

子曰："君子而不仁者有矣夫，未有小人而仁者也。"

孔子说："仁者，心之德。心存则仁存，心放则仁失。然存之甚难，失之却易。如君子之心纯乎天理，固宜无不仁也。然毫忽之间，心不在焉，则人欲有时而窃发，天理有时而间断，间断即非仁矣。所以君子而不仁者尚有之也。若夫小人，则放僻邪侈之心滋，行险侥幸之机熟，纵有天理萌动之时，亦不胜其物欲攻取之累矣，岂有小人而仁者哉？"夫人而不仁，不可以为人，则小人固当为戒。然以君子而尚有不仁焉，则操存省察之功，盖不可一时而少懈矣。

子曰："爱之，能勿劳乎？忠焉，能勿诲乎？"

劳，是劳苦之事。诲，是规谏之言。

孔子说："天下有甚切之情，则有必至之事。父母之于子，有以姑息为爱而骄之者矣。骄则将纵其为恶，以取祸败。此乃所以害之，非所以爱之也。若慈亲之于子也，爱之也切，则其为虑也远，或苦其心志，或劳其筋骨，禁其骄奢淫佚之为，而责之以忧勤惕厉之事。盖其心诚望之以为圣为贤，故自不肯以姑息豢养而误之。是劳之者，正所以成其爱，爱之能勿劳乎？臣之于君，有以承顺为忠而谀之者矣。谀则将陷君于有过，以致覆亡。此乃所以戕之，非所以忠之也。若忠臣之事君也，其敬之也至，则其为谋也周，或陈说古今，或讥评时事，不避夫拂意犯颜之罪，而务竭其纳诲辅德之忱。盖其心诚望其君以为尧为舜，故自不忍以缄默取容事之。是诲之者，正所以忠之也，忠焉能勿诲乎？”夫知爱之必劳，则为子者不可以惮劳；惮劳，非所以自爱也。知忠之必诲，则为君者不可以拒诲；拒诲，非所以劝忠也。君臣父子之间，贵乎各尽其道而已。

子曰：“为命：裨谌草创之，世叔讨论之，行人子羽修饰之，东里子产润色之。”

命，是词命。裨谌、世叔、子羽、子产，都是郑大夫。草创，是造为草稿。讨，是寻究。论，是讲论。行人，是奉使的官。修饰，是增损其词。东里，是子产所居之地。润色，是加以文采。

孔子说：“郑以小国而介乎晋、楚大国之间，其势甚危。然能内抚百姓，外和诸侯，使国家安宁而强大莫之敢侵者，则以贤才众多，而用之又各当其任故也。试举一事言之。如词命乃有国之要务，况以小国之事大国，全赖以讲信修睦、解纷息争，则尤其要者。郑国之为词命也，以裨谌善谋，则使之创为草稿，而立其大意；然一人之识见未可以遽定也，世叔博通典故，则使之寻求故事，而以义理论断之；然虽经评驳，未必多寡适中也，又使行人子羽修饰之，而加以笔削焉；然虽经裁割，未必词藻可观也，又使东里子产润色之，而加以文采焉。一词命而成于四贤之手，此所以详审精密，而应对诸侯鲜有败事也。”即词命一事，而其他可知矣。众贤毕集而各效其长，郑之能国也宜哉！然四子之贤，亦自有不可及者。观其同心共济，略无猜嫌，此不以为矜所长，彼不以为形所短，仿佛虞廷师师相让之风，非同有体国之诚意、忘己之公心者，其能若是乎？真可为人臣事君之法矣。

或问子产。子曰："惠人也。"

子产，是郑大夫，名公孙侨。执郑国之政二十余年，当时以为贤。

故或人问于孔子说："子产之为人何如？"孔子说："子产听郑国之政，德泽浃洽于国人，乃惠爱之人也。"

按，子产为相，政尚威严，芟除强梗，又铸刑书以禁民之非，其迹近于寡恩。然其心切于爱民，修法度而使人知所守，严禁令而使人不陷于罪辟。三年之后，国人皆歌颂之。终子产之身，郑国大治，强于诸侯，盖其实爱之及于民者深矣，故孔子以"惠人"称之。及子产死，孔子又为之垂涕曰："古之遗爱也。"

问子西。曰："彼哉！彼哉！"

子西，是楚平王之庶长子，名申。平王卒，令尹子常以其贤，欲立之。子西不许，竟立嫡长子壬为王，又能改修其政，以定楚国，当时称之。

故或人又问说："子西之为人何如？"孔子无所可否，但应之说："彼哉！彼哉！"外之之辞也。按，楚僭称王号，凭陵周室。孔子做《春秋》，嘉桓、文之功，贬楚之王号而称子，盖以夷礼外之。子西虽贤，不过僭窃之臣耳，故曰"彼哉，彼哉"，盖置贤否于不足论也。

问管仲。曰："人也。夺伯氏骈邑三百，饭疏食，没齿无怨言。"

管仲，是齐大夫管夷吾，相桓公霸诸侯，一匡天下。人也，是说此人也。伯氏，亦齐大夫。骈，是伯氏所封之邑，有三百户，盖大邑也。疏食，是粗饭。没齿，是终身。

或人又问："管仲之为人何如？"孔子说："此人也，其功足以服人者也。昔齐大夫伯氏有罪，桓公夺其所封之骈邑三百户，以封管仲。伯氏后来穷约，饭食粗饭，以至终身，曾无怨言。夫夺人之有，人之所不堪也；夺之而致其穷约终身，尤人之所不堪也。乃伯氏安焉，终不以为怨，苟非有以深服其心，岂能如此？观此而管仲之功可知矣。是则管仲之为人也。"按，子产、子西、管仲三人，皆春秋之名臣，然当时议论犹有未定。子产以法严而掩其德爱，管仲以器小而昧其大功，子西以能让千乘之国而盗一时之名，非夫子一言以定其人品，则万世之公论几不白矣。此人之所以为难知，而论人者当以圣言为准也。

子曰："贫而无怨，难；富而无骄，易。"

孔子说："贫者多怨尤之心，富者多骄肆之失，此乃人情之常。若处贫而能安于义命，无所怨尤，斯善处贫者也。处富而能收敛谦抑，不为骄肆，斯善处富者也。然贫为逆境，非心无愧怍而真有所得者，必不堪其忧，故贫而无怨，实乃人之所难。富为顺境，但稍知义理而守其常分者，便可以自制，故富而无骄，犹为人之所易。知无怨之难，则人当勉其难；知无骄之易，则人又岂可忽其易哉！"

子曰："孟公绰为赵、魏老则优，不可以为滕、薛大夫。"

孟公绰，是鲁大夫。赵、魏，都是晋之世卿，最称大家者也。老，是家臣之长。优，是有余。滕、薛，都是小国。大夫，是任国政之官。

孔子说："人之材器，各有所宜，用人者必当因材而器使之。如孟公绰为人廉静寡欲，而才干则短，本宜于简，而不宜于繁者也。若使他做世家之长，就是赵、魏之大家，他也为之而有余。何也？家老之职，惟在端谨以领率群僚而已，公绰之廉静寡欲，固自优于此也。若使他做大夫，就是滕、薛小国，亦所不可。何也？大夫任一国之政，非有理繁治剧之才者不能，公绰短于才，则固不足以办此矣。夫一孟公绰也，以为家老，则赵、魏且优，况小于赵、魏者乎？以为大夫，则滕、薛且不可，况大于滕、薛者乎？"可见人各有能有不能，任当其才，皆可以奏功；用违其器，适足以偾事。图治者，可不以知人而善任之哉？

子路问成人。子曰："若臧武仲之知，公绰之不欲，卞庄子之勇，冉求之艺，文之以礼乐，亦可以为成人矣。"

成人，是完全成就的人。臧武仲，是鲁大夫，名纥。公绰，即前章孟公绰。不欲，是廉洁无欲。卞庄子，是卞邑大夫，力能刺虎。冉求，是孔子门人冉有。艺，是多才能。

子路问于孔子说："人以一身参于三才，必何如然后可以为全人，而立于天地之间乎？”孔子说：“人之资禀，庸常者多，高明者少，或虽有高明之资，而不学不知道，往往蔽于气禀之疵，而局于偏长之目，此世所以无全人也。若似臧武仲之智识精明、孟公绰之廉静寡欲、卞庄子之勇敢有为、冉求之多才多艺，其资禀才性固已有大过人者矣；又能各就其所长者，而节之以礼，去其过中失正之病；和之以乐，消其气禀驳杂之疵，则智足以穷理，而不流于苛察；廉足以养心，而不失于矫厉；勇足以力行，而不蔽于血气；艺足以泛应，而不伤于便巧，譬之美玉而又加之以砻琢，良金而又益之以磨炼，斯可以为成人矣。”惜乎四子之未能也。盖子路忠信勇敢，有兼人之才，所少者学问之功耳，故夫子以此勉之。

曰：“今之成人者何必然？见利思义，见危授命，久要不忘平生之言，亦可以为成人矣。”

曰字，还是孔子说。危，是危难。授命，是舍了性命。久要，是旧约。平生，是平日。

孔子既答子路之问，又说道：“吾所谓成人者，自人道之备者言之也。若夫今之所谓成人者，亦何必如此？但能见利思义，而临财无苟得；见危授命，而临难无苟免；与人有约，虽经历岁月之久，而亦不忘其平日之言。有是忠信之实如此，则虽才智礼乐有所未备，而大本不亏，亦可以为成人矣。”此又因子路之所可能者，而告之也。

子问公叔文子于公明贾，曰：“信乎夫子不言，不笑，不取乎？”公明贾对曰：“以告者过也。夫子时然后言，人不厌其言；乐然后笑，人不厌其笑；义然后取，人不厌其取。”子曰：“其然，岂其然乎？”

公叔文子，是卫大夫公孙枝。公明贾，是卫人。厌，是苦其多而恶之的意思。

昔卫大夫公叔文子是个简默廉洁的人，故当时以不言不笑不取称之。夫子闻而疑焉，乃问于卫人公明贾说：“人说汝夫子平日通不说话，不喜笑，又一毫无取于人，信有之乎？”公明贾对说：“言笑取予，乃吾人处己接物之常，岂有全然不言不笑不取者？此殆言者之过也。盖多言的人，则人厌其言，吾夫子非不言也，但时可以言而后言，言不妄发，发必当理，是以人不厌其言，而遂谓之不言也。苟笑的人，则人厌其笑，吾夫子非不笑也，但乐得其正而后笑，一颦一笑，不轻与人，是以人不厌其笑，而遂谓之不笑也。妄取的人，则人厌其取，吾夫子非不取也，但义所当得而后取，苟非其义，即却而不受，是以人不厌其取，而遂谓之不取也。岂诚不言不笑不取哉？”夫时人之论文子，固为不情之言，而公明贾至以时中称之，尤为过情之誉。故夫子疑而诘之，说道：“汝谓汝夫子时言、乐笑、义取，其果然乎？然此非义理充溢于中而得时措之宜者不能，汝夫子岂真能然乎？”夫不直言其非，而但致其疑信之词如此，圣人与人为善之心，含洪忠厚之道也。

子曰：“臧武仲以防求为后于鲁，虽曰不要君，吾不信也。”

臧武仲，是鲁大夫臧孙纥。防，是武仲所封之邑。要，是有挟而求。

武仲得罪于鲁，出奔于邾，既而自邾归防，使人请立臧氏之后于鲁而后去。孔子即其事而诛其心，说道：“臧武仲既已得罪出奔，虽欲请后，只宜使人陈词于鲁，以听处分，不当又入防以请。推其心，以为若不得请，则将据邑以叛矣。是盖挟不逞之心而劫之以不得不从之势，虽曰不要君，吾不信也。”夫人臣之罪，莫大于要君，武仲之所以敢于为此者，亦以鲁君失政故耳。使鲁之纪纲正，法度举，彼武仲者其敢蹈不轨之诛乎？图治者，宜慎鉴于斯。

子曰：“晋文公谲而不正，齐桓公正而不谲。”

晋文公，名重耳。齐桓公，名小白。谲，是诡谲，与正相反。

孔子说：“齐桓、晋文相继为诸侯之长，当时虽称为二霸，然文非桓比也。盖文公为人专尚诈谋，不由正道，是谲而不正者；桓公则犹知正道，不尚诈谋，是正而不谲者。即如伐楚一事，文公欲解宋围，乃伐曹卫以致楚，欲与楚战，又复曹卫以携楚，不能声罪致讨，只以阴谋取胜而已。若桓公伐楚，则以王祭不供而声其罪，又退师召陵而许其盟，名正言顺，举动光明。此桓之所以优于文也。”二公他事，亦多类此，其优劣判然矣。然夫子亦就二公之事论之耳，推其心，则皆假借仁义，同归于谲而已，其于王者之道岂可同日而语哉！

子路曰："桓公杀公子纠，召忽死之，管仲不死。"曰："未仁乎？"子曰："桓公九合诸侯，不以兵车，管仲之力也。如其仁！如其仁！"

公子纠，是齐桓公之弟。齐有襄公之乱，桓公出奔于莒，召忽、管仲奉子纠奔鲁，以与桓公争立。桓公既返国，使鲁杀子纠，而缚管、召以与齐。召忽死之，管仲请囚。既至，桓公释其缚，用以为相。九字，《春秋传》作纠，是督率的意思。

子路问说："桓公使鲁杀公子纠，召忽致命而死，于义得矣。彼管仲者，同为子纠之臣，乃独不死，而反臣事桓公，盖忘君事仇，忍心害理之人也，岂得为仁乎？"孔子说："稽古者当论其世，论人者勿求其全。彼桓公当王室微弱、夷狄交侵之时，乃能纠合列国诸侯，攘夷狄以尊周室，且又不假兵车之力、杀伐之威，只是仗大义以率之，昭大信以一之，而诸侯莫不服从，若是者皆管仲辅相之力也。使桓公不得管仲，则王室日卑，夷狄益横，其祸将有不可胜言者矣。夫仁者以济人利物为心，今观管仲之功，其大如此，则世之言仁者，孰有如管仲者乎？孰有如管仲者乎？殆未可以不死子纠之一节而遂病之也。"按《齐世家》，桓公兄也，子纠弟也，以弟夺兄，于义已悖。是以忽之于纠，虽有可死之义，而仲之于桓，亦无不可仕之理，况实有可称之功彰彰如是乎。圣人权衡而折衷之，其义精矣。

子贡曰："管仲非仁者与？桓公杀公子纠，不能死，又相之。"子曰："管仲相桓公，霸诸侯，一匡天下，民到于今受其赐。微管仲，吾其被发左衽矣。岂若匹夫匹妇之为谅也，自经于沟渎而莫之知也。"

霸诸侯，是为诸侯之长。匡，是正。微字，解作无字。衽，是衣衿。被发左衽，是夷狄之俗。谅，是小信。自经，是自缢。

昔子贡问于孔子说："管仲之为人，其非仁者欤？当桓公杀公子纠之时，仲为子纠之臣，义当有死无二。彼不能死，则亦已矣，乃又事桓公而为之相，其忘君事仇，忍心害理如此，是岂仁者之所为乎？"孔子答说："子徒知管仲之过，而不知管仲之功。自周之东迁，王室微弱，夷狄纵横，天下日入于乱矣。幸而有管仲者，辅相桓公为诸侯之长，攘夷狄以尊周室，天下之乱于是乎一正。非特当时赖之，至于今，吾民犹得以享安宁之福者，皆仲之赐也。使无管仲，则中华之地将沦为夷狄，吾其被发左衽矣，尚有今日衣冠文物之盛哉？夫仲之功如此，则其不死，亦何不可之有？岂若匹夫匹妇所见浅狭，守一己之小信，而忘终身之远图，意气感激，即自缢于沟渎之中，而竟无闻于天下后世者哉！”是可见豪杰之士，将建不世之大功，则不拘拘于一身之小节。然此不可以常理论、常情测也。彼管仲之可以无死，贤如由、赐尚或疑之，非圣人孰能定其论哉。

公叔文子之臣大夫僎，与文子同升诸公。子闻之，曰：“可以为文矣。”

公叔文子，是卫大夫公孙枝，其后谥为贞惠文子。公，是公朝。

昔卫之大夫有名僎者，先为公叔文子家臣，文子因其贤，遂荐之于君，而与己为同僚。夫子闻此事而称美之，说道：“谥法‘文’之一字，最为美称，非其平生有才德行美者，不足以当之。今公叔之得谥为文，我固不知其他，然只就这一件观之，是即可以为文矣。夫知贤而能荐，明也；拔之家臣之贱，而升之公朝之间，公也；惟知为国用贤，不嫌名位之逼，忠也。一事而三善备焉，谥之曰文，夫何愧乎？”按，臧文仲不荐柳下惠，则夫子讥其为窃位；公叔文子荐家臣僎，则夫子称其可为文。是可见荐贤为国乃人臣之盛节，以人事君者所当知也。

子言卫灵公之无道也，康子曰：“夫如是，奚而不丧？”孔子曰：“仲叔圉治宾客，祝鮀治宗庙，王孙贾治军旅。夫如是，奚其丧？”

康子，是鲁大夫季康子。

昔孔子在鲁，曾谈及卫灵公无道之事。盖其彝伦不叙，纲纪不张，在当时诸侯中最为失德，故夫子言之。季康子因问说：“人君有道则兴，无道则亡。卫灵公既无道如此，何故能终保其位，而不至于丧亡乎？”孔子答说：“灵公虽是无道，然却有件好处，他平生最善用人。如仲叔圉长于言语者也，则用之以接待宾客，应对诸侯；祝鮀熟于礼文者也，则用之管宗庙祭祀之事；王孙贾长于武事者也，则用之以治军旅，居将帅之任。夫治宾客得其人，则朝聘往来，无失礼于邻国，而不致启衅召祸矣；治宗庙得其人，则祀事精虔，神人胥悦，而人心有所系属矣；治军旅得其人，则缓急有备，而敌国不敢窥矣。这三件乃国之大事，皆择人以任之，而用之又各当其才，此所以内外咸理，而国家可保也。灵公虽无道，何由便至于丧亡哉？”夫卫灵以无道之君，得人而任之，尚可以保国，况于有道之世，得天下之贤才而善用之乎？所以说君子在朝，则天下必治。人主为社稷计者，宜知急亲贤之为务矣。

子曰：“其言之不怍，则为之也难。”

怍，是惭愧。

孔子说：“凡人放言易，力行难，故躬行君子每切其言而不敢易。若或轻肆大言，高自称许，略无惭愧之心，这等的人，考其所行，必不能相顾，徒妄言以欺人耳。其为之也，不亦难乎？”所以君子贵夫实胜，而听言者又当观其行也。

陈成子弑简公。孔子沐浴而朝，告于哀公曰：“陈恒弑其君，请讨之。”公曰：“告夫三子。”孔子曰：“以吾从大夫之后，不敢不告也。君曰‘告夫三子’者？”

陈成子，是齐大夫陈恒。简公，是齐君，名壬。讨，是兴兵以讨其罪。三子，是鲁三家：孟孙氏、叔孙氏、季孙氏。孔子尝为大夫，时已致仕，故谦言从大夫之后。

昔齐大夫陈成子，平日厚施于国，以邀人心，有篡齐之意。简公恶之，使其臣阚止图之，成子遂杀阚止而弑简公。此时孔子虽已致仕家居，犹沐浴斋戒而朝告于鲁哀公，说道：“陈恒不道，上弑其君，此人伦之大变，天理所不容，人人得而诛之者，请君兴兵以讨之。”当时鲁国政事都是孟孙、叔孙、季孙三家专擅，哀公不得自由，乃答说：“你去与三子计议何如？”孔子出而说道：“弑君之贼，法所必讨。我今虽不在位，然尝从大夫之后，此等大事，不敢不以告闻，亦以行吾义而已。君乃不能自命，而使我曰‘告夫三子’者，何耶？”夫子此言，所以伤其君者至矣。

之三子告，不可。孔子曰：“以吾从大夫之后，不敢不告也。”

之字，解作往字。

孔子奉君命而往三子之家，告以讨贼之义。彼三子者素有无君之心，实与陈氏声势相倚，故沮其谋以为不可。意以齐强鲁弱，势不相敌，且他国的事，与我何与？盖与逆臣为党，故以讨贼为非也。夫子乃应之说道："弑君乃齐之大变，讨贼实鲁之大义。吾之所以来告者，以吾从大夫之后，不敢不告也。三子以为不可，又独何心哉？"夫子此言，所以伤其臣者至矣。

按，此章所记齐简公、鲁哀公，皆衰世昏庸之君，不足道者。然亦可见人主独揽乾纲，深防祸本，不可使威福下移，而奸邪有僭逾之渐；不可使事权去己，而纪纲有陵替之忧，然后君臣相安，而国家永保矣。图治者尚鉴于兹。

子路问事君。子曰："勿欺也，而犯之。"

犯，是犯颜谏诤。

子路问说："人臣事君之道当何如？"孔子告之说："臣之于君，有匡弼之责。君有过，必当尽言以谏诤，虽至于冒犯威严，亦有不容自已者。然须本之以忠君爱国之诚心，不可有一毫欺罔之念。由是以进言于君，虽侃侃焉危言谠论，犯颜色、甘罪谴而不顾，而其一念忠爱之诚，实有溢于言词之外者，如是而后可以谓之纯臣也已。若外沽强谏之名，而内无纳诲之实意，徒避不言之责，而故为不切之虚谈，是欺也，非忠也。臣而欺君，其罪可胜诛乎！"盖子路刚直敢言，不患其不能犯，患其无忠爱之诚耳，故孔子以是勉之。然勿欺在于臣，而纳谏系于君。大舜舍己从人，闻一善言，即从之若决江河，惟求有裨于君德，有利于国家耳，何必问其心之诚与不诚乎？此又在上者所当知也。

子曰："君子上达，小人下达。"

达，是通透的意思。

孔子说："君子之所以为君子，小人之所以为小人，始焉不过一念之少殊，终焉遂至趋向之迥绝。何以言之？天理本自高明也。君子凡有所为，都只循着天理而行，故其心志清明，义理昭著，所知者日以精深，所行者日以纯熟，渐至于为圣为贤，而造位乎天德。譬之登山者，一步高似一步，将日进于高明矣，岂非上达者乎？人欲本自污下也。小人凡有所为，都是一团私欲，故其志气昏昧，物欲牵引，良心则日以丧失，邪行则日以恣肆，渐至于为愚为不肖，而与禽兽不远。譬之凿井者，一步低似一步，将日流于污下而已，岂非下达者乎？欲脱凡近以游高明者，当知所择矣。”

子曰：“古之学者为己，今之学者为人。”

为己，是欲得之于己。为人，是欲见知于人。

孔子说：“古今人所学之事虽同，而其用心则异。古之学者，其从事若与今同也。然学问思辨，只为道未明也，而孜孜焉以明其道；饬躬励行，只为德未立也，而孜孜焉以进其德，所知者性分之固有，所为者职分之当然，惟求尽其在我而已，所以说‘古之学者为己’。今之学者，其从事若与古同也。然学问思辨，未必其明道者如何，而汲汲焉欲见知于人；饬躬励行，未必其进德者如何，而汲汲焉欲求知于世，惟恐人之不知而已，所以说‘今之学者为人’。”为己者虽专于务内，而有诸中者形诸外，其终自至于成物。为人者虽心在务外，而虚誉隆者实德病，其终并至于丧己。学者不可不知省也。

蘧伯玉使人于孔子。孔子与之坐而问焉，曰：“夫子何为？”对曰：“夫子欲寡其过而未能也。”使者出。子曰：“使乎！使乎！”

蘧伯玉，是卫之贤大夫，名瑗。使，是差人。

昔孔子尝至卫，主于卫大夫蘧伯玉之家。既而返鲁，伯玉差人来问候孔子。孔子敬其主，以及其使，特命之坐而问之说道：“尔夫子近日在家干些甚事？”使者对说：“人不能无过，而贵于能寡。我主人之心时常战战兢兢，省事克己，欲其言皆顺理而寡尤，行皆合宜而寡悔。但人欲难于净尽，天理难于纯全，恒以为学问功疏，未免于有过，此则我主人之所为也。”使者之言虽愈自卑约，而伯玉好学力行之美，自有难掩者，盖亦善为说辞者矣。故夫子于其既出而称之说道：“斯人也，其真可谓使者乎，其真可谓使者乎！”重言而叹美之，盖亦以彰蘧伯玉之贤也。大抵天下之义理无穷，人心之出入无定，故“寡过未能”非使者为伯玉谦词，乃真实语也。尧、舜、禹之授受，以为人心惟危，道心惟微；成汤之检身若不及；文王之望道而未之见：古之圣贤未有不以此存心而成德者。善学者宜加意焉。

曾子曰："君子思不出其位。"

位，是职位。这一句是《易经》中间《艮》卦的象辞。

曾子尝称述之说道："凡人之居位，虽有大小尊卑之不同，莫不各有当尽之职。若舍其本职，而出位妄想，则在己为旷职，而于人为侵官矣。君子则身之所居在是，心之所思亦在是，凡夙夜之所图虑者，惟求以尽其本分所当为之事。如居乎仓库之位，则思以审会计，明出纳，而尽乎理财之职；如居乎军旅之任，则思以勤训练，饬军令，以尽乎诘戎之职，初未尝越位而有所思也。如是则众职毕举，而庶务成理矣。"

子曰："君子耻其言而过其行。"

耻，是羞耻。

孔子说："人之言行，贵于相顾。若喜为高论，轻肆大言，而考其所行未能如是，则为言过其行。究其归，不过便佞小人而已，故君子耻之。以是为耻，则勉不足而谨有余者，自不容不至矣。"

子曰："君子道者三，我无能焉：仁者不忧，知者不惑，勇者不惧。"子贡曰："夫子自道也。"

忧，是忧虑。惑，是疑惑。惧，是恐惧。自道，是自家说自家的事，言道其实也。

昔孔子以至圣之德，而常怀望道未见之心，说道："君子之道有三件，反之于我，一件也不能。三者何？曰仁、曰智、曰勇是也。仁则心德浑全，而私欲净尽，凡穷通得丧皆不足以累其心，故不忧；智则心体虚明，而思虑详审，凡是非邪正皆不足以蔽其心，故不惑；勇则浩然之气至大至刚，以之决大疑、任大事，自勇往直前，而无足以动其心，故不惧。此三者皆君子之全德，而我之所未能者也。"夫孔子道全德备，其于三者皆已各造其极而时出之，岂复有所未能者乎？故子贡闻其言而叹说："此乃夫子自言其实有者如是耳。”而乃以为未能，盖圣不自圣之心也。大抵圣人深见义理之无穷，其自视常以为不足，故圣而益圣。有志于希圣者，当知所惕励矣。

子贡方人。子曰：“赐也贤乎哉？夫我则不暇。”

方，是比方。

子贡平日好比方人物而较其短长。此虽穷理之一事，然专务为此，则心驰于外，而自治之功疏矣，故孔子反言以警之说：“赐也其贤乎哉？盖惟贤者，自家学问工夫极其精密，乃可以其余力而较量他人。若我则以义理无穷，工夫未到，日孜孜焉惟以进德修业、迁善改过为事，方自治之不暇，而何暇于方人哉？”夫方人之事，在圣人犹以为未暇，况学者乎？孔子言此，其所以警子贡者，至深切矣。

子曰：“不患人之不己知，患其不能也。”

孔子说：“人之处世，常患名誉不彰，人不知己，然此不足患也。惟夫学焉而未能明其理，行焉而未能践其实，此则在己本无可知之具，反之吾心而有歉者，正学者所当患也。今乃不以此为患，而徒患人之不知，何哉？”

子曰：“不逆诈，不亿不信，抑亦先觉者，是贤乎！”

逆，是事未来而逆料的意思。亿，是事未形而意度的意思。诈，是欺诈。不信，是不实。抑，是反语词。先觉，是无心而自然知觉。

孔子说：“人之于己，未必有欺诈之事也，而先意以料之，叫作逆诈。人之于己，未必有不信之心也，而先意以猜之，叫作亿不信。这等样有心防人，固有幸而中者，亦有诬而枉者，非诚心率物之道也。然虽不为逆亿，而人或得以欺之，则又忠厚太过，甘受人瞒，亦不足为贤也。惟于人之诈者，不必先意以迎之，于人之不信者，亦不先意以度之，而其诈与不信者之情伪，自能先知之而不为所眩，斯则虚以应物，知能通微。譬之明镜，虽未尝有心以索照，而人之美恶妍媸，自无遁形，是乃可谓之贤也已。”盖多疑生于不明，而明者自无所疑，逆诈、亿不信，皆由不明故耳。

至明之人，物至即知，孰得而欺之乎？然非有居敬穷理之功，讲学亲贤之助，则此心虚灵之体，未免为物所蔽，欲以坐照天下，亦未易能也。此又事心者所当知。

微生亩谓孔子曰："丘何为是栖栖者与？无乃为佞乎？"孔子曰："非敢为佞也，疾固也。"

微生亩是当时的隐士，盖年高有德之人也。栖栖，是依依不舍的意思。佞，是便佞。疾，是恶。固，是执一不通的意思。

昔孔子周流列国，欲行其道，而人皆不能用之。有隐士微生亩者，讥之说道："孔丘，我只见你今日之齐，明日之鲁，人不见知，则亦可以已矣；何故这等栖栖然依恋不舍欤？夫世之佞人，则务为口给，以希世取宠。你今所为，无乃为佞以求用于世乎？"孔子答说："君子立身行己，自有法度，丘岂敢为佞人之事。但以世道污浊，挽回在人，而康济民物，当有所寄。若是守拘滞之见，以隐为高，昧变通之宜，果于忘世，则执一不通的人，又我之所恶者也。其所以栖栖然而不能忘情于斯世，盖以此耳，岂敢为佞哉！"盖微生亩是齿德俱尊的人，但其所见偏执，故圣人对之礼恭而言直如此，其警之亦深矣。

子曰："骥不称其力，称其德也。"

骥，是良马之名。德，指马之调习驯良说。

孔子说："君子之所以见称于世者，不徒以其有可用之才，以其有可贵之德也。譬如马中有骥，其所以见称于世者，不徒以其有驰骤之力，以其有驯良之德也。"盖马之任重致远者存乎力，然使虽有力，而不免于蹄啮，难于控御，则亦凡品而已，何得为骥乎？人虽有才，而苟无其德，是亦小人而已，何得为君子乎？故人不可徒恃其才而不修其德；观人者，论其才而又当考其德也。

或曰："以德报怨，何如？"子曰："何以报德？以直报怨，以德报德。"

或人问于孔子说："人惟恩怨之心太明，故忠厚之风日薄。若于人之有仇怨于我者，我皆忘其怨，而惟以恩德报之，何如？”孔子说：“酬恩报怨，也是人道之常；称物平施，乃为事理之当。人有怨于我者，既以德报之，则人之有德于我者，又将何以报之乎？此于情理乖谬甚矣。必也，于人之有怨于我者，我则不计其怨，而爱憎取舍，一惟以直道处之。使其人之可爱可取欤，我固不以其私怨而昧其与善之公心；使其人之当恶当弃也，我亦不避私嫌而废夫除恶之公典：这是以直报怨。若于人之有德于我者，则必以德酬之，大而捐躯以图报，小而一饭之不忘。虽其中有委曲用情，屈法从厚者，若于直道有背，而揆之天理人情，固亦未为过也：这是以德报德。如是，而施报之间，庶为得其平乎？”夫观或人之言，非不近厚，而反不得其平；圣人之论，既得其平，而亦未尝不厚，诚权衡万事者之准也。

子曰：“莫我知也夫！”子贡曰：“何为其莫知子也？”子曰：“不怨天，不尤人。下学而上达。知我者其天乎！”

义理有本末精粗，从下面学起，才到得上面，所以说下学上达。

昔孔子道高德厚，不求人知，当时亦罕有知之者，故发叹说：“今之人，其莫我知也夫！”子贡问说：“夫子之道德高厚如此，何故人都不知夫子？”孔子答说：“人之学问，惟是高世绝俗，与众不同，乃可以致人之知，若我则无是也。如穷通得丧，系于天者，我虽不得于天，未尝怨天；用舍予夺，系于人者，我虽不合于人，未尝尤人，只是反己自修，循序渐进。如义理有本末精粗，我只在下面这一层着实用工，使功深力到，将上面这一层渐次通达。譬如登山的，只由卑以至高；如行路的，必自近以及远。这不过职分之当为，进修之常事，无以甚异于人，何足以致人之知哉？惟是心存为己，仰不愧天，或者上天于冥冥之中能知我耳，所以说‘知我者其天乎’。”盖甚言其必不见知于人也。夫圣人尽性至命，与天合一，其独得之妙，真有人不能知而天独知之者，然下学上达之一言，乃万世学者之准则。人于可知可能者，逐一讲求，则于难知难能者，自然通透，固不当躐等而进，亦不可畏难而止也。有志圣学者，宜究心焉。

公伯寮愬子路于季孙。子服景伯以告，曰：“夫子固有惑志于公伯寮，

吾力犹能肆诸市朝。”

公伯寮，是鲁人。愬，是谗谮。子服景伯，是鲁大夫子服何。夫子，指季孙说。杀人而陈其尸，叫作肆。

昔子路方仕于鲁，为季氏宰。鲁人有公伯寮者，乃谗愬之于季孙，而季孙信之。子服景伯心怀不平，因以其事告于孔子，说：“季孙之于子路，固因公伯寮之言而有疑心矣。谗邪害正，法不可容。以吾之力，犹能诛伯寮而陈其尸于市朝，以明子路之诬而报其怨。夫子以为何如？”

子曰：“道之将行也与？命也。道之将废也与？命也。公伯寮其如命何！”

孔子因子服景伯欲诛公伯寮，乃以理晓之，说道：“士君子之心，非不欲行其道于天下，而道之或行或废，实有非人所能为者。使其道之将行欤，则动见遇合，事事如意，是乃命之通也，固非人之所能使；使其道之将废欤，则动见阻滞，事事违心，是乃命之穷也，亦非人之所能厄。夫道之兴废，皆由于命如此。今仲由之或用或舍，固自有命存焉，使其命该亨通，虽有谗言何畏？若使谗说得行，则亦命之穷耳，于公伯寮何尤乎？吾子固不必深憾而欲诛之矣。”

按，圣人于得失利害之际，惟义是安，本不待决之于命而后泰然也。其言命者，特以晓景伯、安子路而警伯寮耳。然所谓不怨天、不尤人者，即此亦可见其一端矣。

子曰：“贤者辟世，其次辟地，其次辟色，其次辟言。”

孔子说：“贤者之心，未尝不欲有为于天下，然时不可为，则不得不高蹈远举，避而去之。故有见世之无道，即隐居不仕，而终身以避世者矣；其次，有见此邦无道，去而之他邦者，谓之避地；其次，有见君之礼貌既衰而去者，谓之避色；其次，有因君之议论不合而去者，谓之避言。”此皆不降其志、不辱其身者也。世有此人，世道之衰可知矣。

子曰：“作者七人矣。”

作，是隐遁。

孔子说："当时之君子，不见用于世，作而隐遁者，有七人矣。"七人，今不知其姓名。夫子叹之，盖深为世道虑也。

子路宿于石门。晨门曰："奚自？"子路曰："自孔氏。"曰："是知其不可而为之者与？"

石门，是地名。晨门，是管门启闭的官，盖贤而隐于下位者。奚字，解作何字。自，是从。

昔子路相从孔子周流四方，晚宿于石门。时有守门官问说："汝从何来？"子路说："我从孔氏而来。"晨门说："我闻君子相时而动，邦有道则仕，邦无道则隐。彼孔氏者，既已知时事之不可为，即卷而怀之可也；乃犹遑遑焉奔走四方，必欲有为于天下，其亦不智甚矣。子之所从者，得非此人乎？"盖讥孔子之不隐也。夫晨门之言，盖亦士君子进退之常。但圣人道高德大，视天下无不可为之时，特时君不能用耳，此又非晨门之所知也。

子击磬于卫。有荷蒉而过孔氏之门者，曰："有心哉！击磬乎！"

荷字，解作担字。蒉，是草器。

昔孔子处春秋衰乱之世，而其康济天下之心，有不能一日忘者。时在卫国，偶然击磬，以寓其忧世之心。适有一隐士，担着草器行过孔子之门，闻磬声而知之，说道："有心哉，斯人之击磬乎！"盖人心哀乐之感，每托之乐音以宣其意。夫子忧世之志，寓于磬声之中，隐士贤者，故能审音而识其心也。

既而曰："鄙哉！硁硁乎！莫己知也，斯已而已矣。深则厉，浅则揭。"

硁硁，是小石之坚确者。"深则厉"二句，是《卫风·匏有苦叶》之诗。带衣涉水叫作厉，褰衣涉水叫作揭。

昔荷蒉者闻孔子之击磬，既叹其为有心，乃又讥之，说道："斯人也，鄙哉！硁硁乎！何其专确固执而不达夫时宜也。夫君子相时而动，智者见几而作。今世莫我知，道与时违，则亦惟洁身以去乱而已，何为周流四方，可止而不止乎？观诸《卫风》之诗说道：‘凡徒步涉水者，遇着水深的去处，则穿起下体之衣而过之；遇着水浅的去处，则揭起下身之衣而过之。’夫涉水者，必视其水之浅深以为厉揭；则君子处世，当视其时之治乱以为进退。今斯人也，世不见知，犹栖栖然而不止，是深不知厉、浅不知揭矣，岂不鄙哉其硁硁乎？”荷蒉之讥孔子如此，是不知圣人之心者矣。

子曰：“果哉！末之难矣。”

孔子闻荷蒉之言而叹说：“观斯人之言，何其果于忘世哉！夫君子之欲行其道于天下，非以为利也，将以救世也。若只要洁其一身，委而去之，亦有何难？然则荷蒉者之果，我非不能为，直不忍为耳。”盖圣人心同天地，天地不以时之闭塞而废生物之心，圣人不以时之衰乱而忘行道之志，诚上畏天命，下悲人穷，非得已也。彼其荷蒉之流，何足以知之！

子张曰：“《书》云：‘高宗谅阴，三年不言。’何谓也？”子曰：“何必高宗？古之人皆然。君薨，百官总己以听于冢宰三年。”

《书》，是《商书·说命》篇。高宗，是商王武丁。谅阴字，当作梁暗，是天子居丧之处。总己，是总摄己职。冢宰，是宰臣之长。

昔子张问于孔子说：“《商书·说命》篇说，商王高宗武丁居其父小乙之丧，三年不亲政事，不发言语。夫人君一日万几，若三年不言，则臣下何所禀令乎？不识此书之旨，果何谓也？”孔子说：“亲丧乃人子之大变，哀慕乃人子之至情。三年不言，何必高宗为然，自古为君的都是如此。考之古礼：君薨，则嗣君居庐守丧，不亲政事，不发号令；百官各总摄己职，以听处分于冢宰，如此者三年。夫既有冢宰可托，则嗣君虽三年不言，何忧国之乱哉？”然托孤寄命，国家大事，必有忠贞不二心之臣，而后可使百官总己以听。苟非其人，又不若嗣君躬亲听览，以守先业之为大孝。故古今异时，宜此礼之不行于后世也。

子曰：“上好礼，则民易使也。”

礼，是尊卑上下的礼节。

孔子说："有国者常患民之难使，然民之难使，由其不知礼耳。盖礼所以别尊卑、辨上下，其节文度数之间，至严至肃。若为上的心诚好之，修之于身，而视听言动必以礼；达之于政，而教训正俗必以礼，则等威辨而纪纲振。那百姓每都安分循理而无敢抗违，不假刑驱势迫，而趋事赴工之恐后矣，岂不易使乎？若上之人，先自畏拘检而乐简傲，则下皆化之，而僭逾凌迫，固其所也，岂民之难治哉？"所以说礼达而分定，有天下者所宜深念也。

子路问君子。子曰："修己以敬。"曰："如斯而已乎？"曰："修己以安人。"曰："如斯而已乎？"曰："修己以安百姓。修己以安百姓，尧、舜其犹病诸？"

病，是有歉于心的意思。

子路问说："人必何如而后可以为君子？"孔子告之说："人之为学，不外乎一心而已。能庄敬，则此心惕励而日进于高明；才安肆，则此心放逸而日流于污下。必须静而存养，动而省察，使戒慎恐惧之心，无时而少懈，则身无不修，而德无不成矣。君子之所以为君子者，以此而已。"子路问说："君子之道大矣，乃止于如此而已乎？"盖以为未足也。孔子说："这敬不但可以成身，乃人己合一之理。诚能敬以修己，而至于充积之盛，则己正物格，此感彼通，虽推之而至于安人者，亦不外是矣。"子路又问说："君子之道大矣，乃止于如此而已乎？"盖犹以为未足也。孔子说："这敬不但可以安人，乃天下为公之理。诚能敬以修己，而至于充积之盛，则处无不当，感无不通。虽极之而至于安百姓者，亦不外是矣。夫功用至于安百姓，岂易能哉？虽尧、舜至圣，以钦明温恭之德，致时雍风动之休，而当时之民亦难保其无一夫之不获，在尧、舜之心，犹有歉然不能自宁者矣。夫观尧、舜且以为病，则修己以敬，岂不足以尽君子乎？"

按，修己以敬，乃千圣相传之要，而尧、舜犹病，实圣人无穷之心。人君诚能法尧、舜之敬以修身，而推尧、舜之心以图治，何患德不符于二帝而世不跻于唐虞哉！

原壤夷俟。子曰："幼而不孙弟，长而无述焉，老而不死，是为贼！"

以杖叩其胫。

原壤，是孔子的故人，平素从老氏之教，放荡于礼法者。夷，是蹲踞。俟，是待。叩，是击。胫，是足骨。

昔原壤见孔子之来，而蹲踞以待之，其疏放不检如此。孔子责之，说道："礼法乃检身之要，傲惰为恶德之尤。汝自年幼时，则任情傲物，而不知逊弟之道。及至长大，则蹉跎岁月，而无一善状之可称。今又老而不死，徒败常乱俗，为风化之蠹而已，非害人之贼而何？"孔子既责之，而以所曳之杖微击其胫，若使勿蹲踞然。圣人于败坏礼教之人，深恶而痛责之如此。

阙党童子将命。或问之曰："益者与？"子曰："吾见其居于位也，见其与先生并行也。非求益者也，欲速成者也。"

阙党，是地名。将命，是传宾主之言。益，是进益。

昔阙党之中有童子者，来学于孔子。孔子使之答应宾客，而传往来之命。或人问于孔子说："传命亦非易事也。此童子必学有进益，故夫子使之为此，以宠异之欤？"孔子答说："在礼，童子当隅坐随行。今此童子，吾见其居于长者之位，而不循夫隅坐之礼；见其与先生并行，而不循夫随行之礼。夫为童子而不安其分如此，是乃进修无渐，积德无基，非求益者也，但欲凌节躐等而速进于成人之列耳。故我使之给使令之役，观少长之序，而习揖逊之容，所以折其少年英锐之气，而令其日就于规矩法度之中也。岂宠而异之哉？"由是观之，可见圣门之教，虽以敏求为先，亦以躐等为戒。盖躐等则欲速而不达，循序则日益而不知。所以夫子亦自云"下学而上达"，为此故耳。学者宜知所从事焉。

卷八

卫灵公第十五

卫灵公问陈于孔子。孔子对曰："俎豆之事，则尝闻之矣；军旅之事，未之学也。"明日遂行。

陈，是军师行伍之列。俎豆，是礼器。

昔卫灵公好勇而无道，故以战阵之事问于孔子。孔子对说："吾自幼学礼，凡俎豆礼文之事，陈设祭飨之仪，盖尝闻其说矣；若夫军旅之事，则固未之学也。既未尝学，则岂敢妄对乎？"夫以孔子之圣，文事武备，孰非其所优为者？但灵公所问，乃军师行伍之列，攻杀击刺之方，此不过武夫战士之事耳，岂足以尽圣人之蕴乎？舍其大而究其小，其不足与有为可知矣。故孔子不对，而明日遂行。所谓见几而作，可以速则速者也。

在陈绝粮，从者病，莫能兴。子路愠见，曰："君子亦有穷乎？"子曰："君子固穷，小人穷斯滥矣。"

兴，是起。愠，是含怒的意思。滥，是泛滥，言人之放溢为非，如水之泛滥而不止也。

孔子既不对灵公之问，遂去卫适陈。至于陈国，粮食断绝，从者皆饥饿而病，莫能兴起。子路当此穷困之时，不胜愠怒之意，见于颜色，问说："君子之人，宜乎为天所佑，为人所助，不当得穷者也。乃亦有时而穷困若此乎？"孔子说："穷通得丧，系乎所遇，有不在我者。君子安能自必乎？盖亦有穷时也。但君子处穷，则能固守其穷，确然以义命自安，而其志不少移夺；若小人一遇困穷，则自放于礼法之外，而无所不至矣。然则今日之穷，但当固守，而不至于滥焉可矣，何必怨尤乎哉？"夫观圣贤之所遭如此，则春秋之世可知矣。

子曰："赐也，女以予为多学而识之者与？"对曰："然。非与？"曰：

“非也。予一以贯之。”

识字，解作记字。贯，是通。

子贡之学，多而能识，而于道之本原处，尚未能悟，故孔子呼其名而告之说：“赐也，汝见我于天下事物之理，无所不知，岂以我为件件穷究、事事学习而记识于心，故能如此乎？”子贡对说：“事物之理，不学则不能知。夫子之多知，故必由于多学也。”既而又忽疑说：“事物之理无穷，夫子虽好学，亦岂能一一而周知？”意者别有简易切要之方，无事于多学而识之者欤？盖子贡学将有得，故方信而忽疑也。孔子乃晓之说：“我非多学而识者也。盖天下义理，虽散见于事物之中，而实统具于吾心。吾惟涵养此心，使虚灵之体不为物欲所蔽，则事至而明觉，物来而顺应，自然触处洞然，无所疑惑。譬之镜体清明，则虽妍媸万状，自照见之而无遗；权衡平审，则虽轻重万殊，自称量之而不爽：盖一以贯之者也。若欲一一多学而识之，则事理无穷，而闻见有限，用力愈劳，而去道愈远矣，岂吾之所为学者哉？”

按，一贯之旨，即尧、舜以来相传心法，非子贡学将有得，孔子亦未遽以语之也。学圣人者，宜究心焉。

子曰：“由！知德者鲜矣。”

孔子呼子路之名而告之说：“义理之得于心者谓之德，非实有是德者，不能知其意味之真也。若人而至于知德，则性分之乐，充然自足，倘来之遇，何所加损？凡小而是非毁誉，大而用舍行藏，极而死生祸福，皆无足以动其中矣。顾今之人，能知德者几何人哉？”夫子此言，盖为子路愠见而发，所以深警之，使其勉进于德也。

子曰：“无为而治者，其舜也与？夫何为哉？恭己正南面而已矣。”

孔子说：“自古帝王以盛德而致至治者多矣。然或开创而前无所承，则不能无经始之劳；或主圣而臣莫能及，则不能得任人之逸，是皆未免于有为也。若夫躬修玄默，密运化机，不待有所作为而天下自治者，其惟虞舜之为君也与？盖舜之前有尧，凡经纶开创之事，尧固已先为之，舜承其后，不过遵守成法而已；下又得禹、稷、契、皋陶、伯益诸臣以为之辅，凡亮工熙载之事，诸臣皆已代为之，舜居其上，不过询事考成而已。以今考之，舜果何所为哉？但见其垂衣拱手，端居南面，穆穆然著其敬德之容而已。而当其时，庶绩咸熙，万邦自宁，后世称极治者，必归之有虞焉。所以说无为而治者，惟舜为然也。”然无为者，有虞之治；而无逸者，圣人之心。故书之称舜，不曰无怠无荒，则曰兢兢业业，一日二日万几。盖无逸者，正所以成其无为也。不然，而肆然民上，漫不经心，何以有从欲风动之治哉？善法舜者，尚于其敬德任贤求之。

子张问行。子曰：“言忠信，行笃敬，虽蛮貊之邦行矣；言不忠信，行不笃敬，虽州里行乎哉？”

行，是所行通利。二千五百家为州；二十五家为里。

子张问于孔子说：“人必何如，然后能使己之所行无往而不通利乎？”孔子说：“至诚乃能感人，君子求诸在己。如使所言者忠诚信实，而绝无虚诞之辞；所行者笃厚敬谨，而不为浅躁之行，似这等诚实无伪的人，自然见者爱敬，闻者向慕，虽南蛮北貊之邦，亦将通行而无碍矣，而况其近者乎？若使言不忠信，而徒务口给以御人；行不笃敬，而徒为饰貌以相与，似这等虚诈不实的人，必然动则招尤，言则启侮，虽州里乡党之近，亦将阻碍而难行矣，而况其远者乎？行之利与不利，惟视其心之诚与不诚而已。”

“立，则见其参于前也；在舆，则见其倚于衡也。夫然后行。”子张书诸绅。

参，是参对。倚，是倚靠。车轭叫作衡。绅，是大带之垂者。

孔子又告子张说：“感人以诚，固无有不动者。然这存诚工夫，不可少有间断。少有间断，则虚伪杂之，亦终不可行也。必须念念在此，而无顷刻之间断。站立则见忠信笃敬之理，参对在我面前；在舆则见忠信笃敬之理，倚靠在那衡上。这等样念兹在兹，无少间断，然后所言者句句都是忠信，所行者事事都是笃敬，而州里蛮貊皆可行也。”盖子张务外而不能有恒，故夫子勉之如此。于是子张即以夫子之言书写于大带之上，盖欲常接于目而警于心，亦可谓能佩服圣人之教矣。按此章之言，不独学者切己之事，在人君尤宜致谨。人君一言失，则天下议之；一行失，则天下背之，甚则怨之詈之，非细故也。诚能忠信笃敬，则所谓至诚与天地参者，亦不外此，而况于人乎？所以说王道本于诚意。

子曰："直哉史鱼！邦有道，如矢；邦无道，如矢。君子哉蘧伯玉！邦有道，则仕；邦无道，则可卷而怀之。"

史鱼、蘧伯玉，都是卫大夫。矢，是箭。如矢，言其正直如射的箭一般。卷，是收。怀字，解作藏字。

昔者，孔子周流四方，往来过卫，尝识其大夫史鱼、蘧伯玉，而知其贤，故称美之，说道："直矣哉，史鱼之为人也！盖人固有自守以正，而时异世殊，或不能不委曲以随俗者，未足以为直也。惟夫史鱼，当邦家有道，可以危言危行之时，彼之忠谠刚正，无所回护，固挺然如矢之直矣；及邦家无道，方当危行逊言之时，彼之忠谠刚正，无所委徇，亦挺然如矢之直焉。"时有变迁，而守无屈挠，是乃忠鲠性成，有死无二者也，所以说"直哉史鱼"。又称美蘧伯玉，说道："君子哉，蘧伯玉之为人也！盖人德有未成，则其进退出处之间，必有不能适当其可者，未足为君子也。今观蘧伯玉，当邦家有道，正君子道长之时也，彼则居位行志，出而见用于世；及邦家无道，乃君子道消之时也，彼则从容引去，卷而怀之焉。"随时进退，各适其宜，盖庶几于圣贤之大道者也，所以说"君子哉蘧伯玉"。夫以卫之小国，而得此二贤，亦可谓有人矣。惜乎！灵公无道而不能用也。是故惟圣主为能容直臣，惟治朝为能用君子。有世道之责者，当知所辨矣。

子曰："可与言而不与之言，失人；不可与言而与之言，失言。知者不失人，亦不失言。"

孔子说："人之识见，有浅深不同，而我之语默，贵施当其可。彼人有造诣精深，事理通达，这是可与言的人，却乃缄默而不与之言，是在彼有受言之地，而在我无知人之明。将这样好人不识得，岂不是失了人？若其人昏愚无识，或造诣未到，这是不可与言的人，却乃不择而与之言，在彼则不能听受，在我则徒为强聒。可惜好言语轻发了，岂不是失了言？惟夫明知之人，藻鉴素精，权衡素审，一语一默，咸适其宜。遇着可与言的人，即与之言，既不至于失人；遇着不可与言的人，即不与之言，亦不至于失言，此其所以可法也。”盖君子一言以为知，一言以为不知，知与不知，只在一言之间，言之不可不慎如此。

子曰：“志士仁人，无求生以害仁，有杀身以成仁。”

合乎天理而当于人心者，谓之仁。

孔子说：“好生恶死，人之常情。然有事关纲常之重，而适遭其穷者，又不得避死而偷生也。故有志之士，与夫成德之人，其处纲常伦理之间，惟求以合乎天理，当乎人心，以成就吾之仁而已。使其身可以无死，而于仁又无所害，固不必轻生以犯难矣。若身虽可免，而大节有亏，则为志士仁人者，决不肯偷生苟免以害吾之仁，宁可杀身授命以成吾之仁。”盖生固可欲，而仁之可欲有甚于生，故生有所不为也；死固可恶，而不仁之可恶有甚于死，故死有所不避也。然死生之义亦大矣，自非上为君亲之难而身系纲常之重，宁肯决死生之一旦哉？欲成其仁者，又当揆之以义可也。

子贡问为仁。子曰：“工欲善其事，必先利其器。居是邦也，事其大夫之贤者，友其士之仁者。”

子贡问于孔子说：“人之为学，必如何而后可以全其本心之德乎？”孔子说：“为仁之功，固当决之于己；为仁之资，亦必有取于人。譬如百工伎艺之人，将欲精善其所为之事，必先磨利其所用之器，器利而后事可精也。曲艺必有所资如此，况于为仁者乎？是以君子处于一邦之中，于大夫之贤者，则当执弟子之礼而事之，接其言论风采，以消吾之鄙吝；考其德行政事，以励吾之进修。如此，则为吾之标准者有其人，自然此心收敛，谨肃而不敢放肆矣。士之仁者，则当执交游之礼而友之。德业则相劝以日进于仁，过失则相规以日远于不仁。如此，则为吾之夹持者有其人，自然此心观感兴起，而不敢怠惰矣。为仁之道，孰有加于此哉？”然学者资师友以成其仁，人君赖贤臣以成其德，其道一也。所以古之帝王，左右前后莫非正人，侍御仆从皆得进谏，无非所以防此心之放逸耳。明主宜从事焉。

颜渊问为邦。子曰："行夏之时，乘殷之辂，服周之冕，乐则《韶》舞。放郑声，远佞人。郑声淫，佞人殆。"

时，是时令。辂，是大车。冕，是朝、祭服之冠。《韶》，是舜乐。郑声，是郑国之音。佞人，是卑谄辩给之人。

昔颜渊有志于用世，因问为邦之道于孔子。孔子答之说："治莫善于法古，道尤贵于用中。自昔帝王之兴，必改正朔。周正建子，盖取天开于子之义；商正建丑，盖取地辟于丑之义；夏时建寅，盖取人生于寅之义。然治历明时，本以为民，则夏以寅月为岁首，于人事切矣；故欲改正朔者，当行夏之时。大辂之制，其来久矣，后世饰以金玉，则过侈而易败。惟殷之辂，但以木为之，朴素浑坚，既可经久，而贵贱之间，等威又辨，此质而得中者也。故乘辂之制，有取于殷焉。冠冕之服，始于黄帝，而文采未著。惟周之冕，华不为靡，费不及奢，盖文而得中者也。故服冕之制，有取于周焉。帝王之兴，皆有乐舞，以象成功。历代作者非一，而尽善尽美，则莫有过于舜之《韶》乐者，故乐当用《韶》舞焉。至于郑国之声，则弃绝之，勿使其接于耳；便佞之人，则斥远之，勿使其近于前。何也？盖郑声邪辟淫佚，听之使人心志淫荡，故不可不放也；佞人变乱是非，近之足以覆人邦家，故不可不远也。"夫既酌三代之礼，而法其所当法；又严害治之防，而戒其所当戒，则治国之道，大备于此矣。颜子有王佐之才，故孔子以是告之。至于郑声、佞人，实万世之明戒。盖有治则有乱，世之治也，以礼乐法度维持之而不足；其乱也，以声色佞幸败坏之而有余。是以尧、舜犹畏孔壬，成汤不迩声色，诚所以绝祸本而塞乱源也。《书经》上说："不役耳目，百度维贞。"保治者宜留意焉。

子曰："人无远虑，必有近忧。"

孔子说："天下之事变无常，而夫人之思虑贵审。故智者能销患于未萌，弭祸于未形者，惟其有远虑也。若只安享于目前，而于身所不到处，通不去照管，苟且于一时；而于后来的事变，通不去想算，这等无远虑的人，其计事不审，防患必疏，自谓天下之事无复可忧，而不知大可忧者，固已伏于至近之地、几席之下，将有不测之虞，旦夕之间或起意外之变矣。"是故圣帝明王，身不下堂序，而虑周四海之外；事不离日用，而计安万年之久，正有见于此也。

子曰："已矣乎！吾未见好德如好色者也。"

已矣乎，是绝望之词。

孔子说："秉彝好德，人之良心，人固未有不好德者。然须见而好，好而乐，如好好色一般，方是心诚好德。乃今之人，见德者未必能好，好德者未必能乐。或外亲而内疏，或阳慕而阴忌，求其能如好色之诚者，已矣乎，吾终不得见其人矣！"孔子此言，所以激励天下，欲其移好色之心以好德也。

子曰："臧文仲其窃位者与？知柳下惠之贤，而不与立也。"

臧文仲，是鲁大夫。柳下惠，是鲁之贤人。窃位，是无德而居乎其位，如偷盗的一般。

孔子说："人臣居乎其位，当求无愧于心。若鲁大夫臧文仲者，其盗窃官位而据之者与？何也？盖朝廷官位，以待才贤。是以君子居其位，不但自己尽心供职，以求称其位；又当荐引天下贤才，以布列于有位，而后谓之忠。彼臧文仲者，明知柳下惠是个贤人，便当荐之于君，以为国家之用可也，却不能汲引荐拔，与己并立于公朝，而使之终身困厄于下位。夫不知其贤，犹可诿也；既知其贤，而故弃之，推其心，盖惟恐贤者进用，夺了他这位子一般，是以嫉贤妒能之私，为持禄固宠之计，非窃位而何？"夫人臣蔽贤而不举，则为窃位，使人臣举之而君不能用，岂不亦有负于大君之任哉？

子曰："躬自厚而薄责于人，则远怨矣。"

躬字，解作身字。躬自厚，是责己者厚。

孔子说："常人之情，恕己则昏，责人则明，此怨之所由生也。诚能厚于责己，而薄于责人，如道有未尽，只就自家身上点检，而于人则每存恕心，初不强其所未能；如行有不得，只就自家身上反求，而于人则曲为包容，初不责其所不及。夫责己厚，则其身益修；责人薄，则于人无忤。如是，人将爱敬之恐后矣，怨其有不远者哉？"此修己待人之法。古帝王检身若不及，与人不求备，正此意也。

子曰：“不曰‘如之何，如之何’者，吾末如之何也已矣。”

如之何，如之何，是熟思而审处之辞。末如之何，是无奈他何的意思。

孔子说：“人之于事，必须思之审，而后处之当。若于临事之际，不仔细思量、反覆裁度，说此事当如何处置、此事当如何处置，却只任意妄为，率尔酬应。似这等的人，于利害是非，全无算计。虽与之言，彼亦不知；任之以事，必至偾事。我将奈之何哉？”于此见天下之事，必虑善而后动，斯动罔弗臧；计定而后举，斯举无弗当。亦谋国者所当知也。

子曰：“群居终日，言不及义，好行小慧，难矣哉！”

小慧，是私智。

孔子说：“君子之取友，本以为讲学辅仁之资也。夫苟群聚而居，至于终日之久，所言者全不及于义理，而惟以游谈谑浪为亲；所行者全不关乎德业，而惟以小事聪明为好。夫然，则放辟邪侈之心滋，行险侥幸之机熟。不惟无以切磋而相成，且同归于污下而有损矣。欲以入德而免患，岂不难矣哉？”

子曰：“君子义以为质，礼以行之，孙以出之，信以成之。君子哉！”

质，是质干。孙，是谦逊。

孔子说：“人之处事，难于尽善。若既不失事理之宜，而又兼备众善之美，则惟君子能之。盖君子知事无定形，而有定理，故凡应事接物，以义为之质干，其是非可否，一惟视事理之当然者而处之。盖有不可以势夺，不可以利回者，其心有定见如此，然未尝径情而直行也。又行之以礼，而周旋曲折，灿然有品节之文焉，未尝自是而轻物也。又出之以逊，而谦卑退让，蔼然有和顺之美焉。且自始至终，全是一片真切诚实的心，以贯彻于应事接物之间，而绝无一毫虚伪矫饰之意，这是信以成之。夫以义为质，则固已得事理之当矣，而又备众善之美，以此处天下之事，将何往而不宜哉？盖非成德之君子，未易及也。”然此必学问深而涵养熟者，然后能之。有经世宰物之责者，当知所从事矣。

子曰：“君子病无能焉，不病人之不己知也。”

病字，解作患字。

孔子说：“今之学者为人，故每以人不己知为患。君子学以为己，其所患者，惟在道不加进，德不加修，碌碌焉一无所能而已。若身有道德之实，而人莫我知，于我本无所损，于人果何足尤？故君子不以为患焉。”此可见自修之道，当务实而毋务名矣。

子曰：“君子疾没世而名不称焉。”

疾，是疾恶。没世，是终身。

孔子说：“君子学以为己，固无意于求名。然实德有诸己，则名誉自彰，是名所以表其实者也。若从少到老，至于下世的时候，而其声名终不见称于人，则其无一善之实可知。这等的人，虚过了一生，与草木同腐焉耳，岂非君子之所恶者哉？”然则君子之所恶，非恶其无名也，恶其无实也。修己者当知所勉矣。

子曰：“君子求诸己，小人求诸人。”

孔子说：“君子、小人，人品不同，用心自异。君子以为己为心，故凡事皆反求诸己：如爱人不亲，则反求其仁；礼人不答，则反求其敬。即其省身之念，只恐阙失在己，而点检不容不详，何尝过望于人乎？小人则专以为人为心，故凡事惟责备于人：己不仁，而责人之我亲；己无礼，而责人之我敬。即其尤人之念，只见得阙失在人，而所求不遂不止，何尝内省诸己乎？”夫求诸己者，己无所失，而其德自足以感人；求诸人者，人未必从，而其弊徒足以丧己。观于君子、小人之分，而立心可不慎哉？

子曰：“君子矜而不争，群而不党。”

庄以持己，叫作矜。不争，是无乖戾的意思。和以处众，叫作群。不党，是无偏向的意思。

孔子说：“大凡处己严毅的人，易至于乖戾。惟君子之持己也，视听言动，无一事不在礼法之中，可谓矜矣。然其矜也，乃以理自律，而非以气陵人也，何尝矫世戾俗以至于争乎？凡处人和易的人，多流于阿党。惟君子之处众也，家国天下，无一人不在包容之内，可谓群矣。然其群也，乃以道相与，而非以情相徇也，何尝同流合污以至于党乎？”夫持己莫善于矜，而不争乃所以节矜之过；处众莫善于群，而不党乃所以制和之流。古之帝王，检身克己，而未尝忿嫉求备于人；容民蓄众，而不废旌淑别慝之典。其善处人己之间，亦用此道而已矣。

子曰："君子不以言举人，不以人废言。"

孔子说："君子听言贵审，取善贵弘。其言虽有可取，而其人或未可信，则君子亦惟取其言而已。至于其中之所存，则有不可以言尽者。敷奏而必试以功，听言而必观其行，何尝因言而遂举其人乎？”盖天下真才难辨，使以言举人，则饰言以求进者众矣，而可若是之易乎？“其人虽无足取，而其言或有可采，则君子亦姑置其人而已。至于其言之当理，则有不可以人弃者。狂夫或有可择，刍荛亦所当询，何尝因人而遂废其言乎？”盖善之所在无方，使以人废言，则嘉言之攸伏者多矣，而可若是之隘乎？夫用人审，既不至于失人；取善弘，又不至于失言，可以见君子至公之心矣。尧、舜静言是惩，迩言必察，正此意也。

子贡问曰："有一言而可以终身行之者乎？子曰："其'恕'乎！己所不欲，勿施于人。"

一言，是一字。

子贡问于孔子说："学者必务知要，今有一言之约，可以终身行之而无弊者乎？”孔子教之说："道虽不尽于一言，而实不外于一心。欲求终身可行之理，其惟'恕'之一言乎！”盖人己虽殊，其心则一。使把自己心上所不欲的事，却去施以及人，这便不是“恕”了。所谓“恕”者，以己度人，而知人之心不异于我，即不以己所不欲者加之于人。如不欲上之无礼于我，则亦不以此施之于下；不欲下之不忠于我，则亦不以此施之于上。斯则视人惟己，而知之无不明；以己及人，而处之无不当。不论远近亲疏，富贵贫贱，只是这个道理推将去，将随所处而皆宜矣。然则欲求终身可行，宁有外于"恕"之一言者哉？

按，此"恕"字与《大学》"絜矩"二字之义相同。盖平天下之道，亦不过与民同其好恶而已。推心之用，其大如此，不但学者之事也。

子曰："吾之于人也，谁毁谁誉？如有所誉者，其有所试矣。斯民也，三代之所以直道而行也。"

毁，是毁谤。誉，是夸奖。试，是验。直道，即公道。

孔子说："天下本有是非之公，而人多徇于好恶之私。吾之于人也，恶者固未尝不称之以示戒，然但指其恶之实迹而言之耳。若将人没有的事而肆为诬谤，便是作意去毁人，非公恶矣。吾于谁而有毁乎？善者固未尝不扬之以示劝，然亦据其善之实事而言之耳。若将人本无的事而过为夸许，便是作意去誉人，非公好矣。吾于谁而有誉乎？然毁誉固皆不可有，而誉犹不失夫与人为善之公。故我之于人，容或有誉之少过者，亦必试验其人，志向不凡，进修有序，即今日之所造，虽未必尽如吾言，料他日之有成，决可以不负所许者，然后从而誉之耳。夫誉且不敢轻易，而况于毁乎？然我之所以无此毁誉者，何哉？盖以天理之在人心，不以古今而有异者也。今之世虽非三代之世，而今之民所以善其善，恶其恶，一无所私曲者，固即三代直道之民也。民心不异于古如此，我安得枉其是非之实，而妄有毁誉哉？"孔子此言，盖深为世道虑，而欲挽之于三代之隆也。要之，公道在人，以之命德讨罪、褒善贬恶者，都是此理。使在上者持此以操赏罚之权，则天下以劝以惩，而公道大行；在下者持此以定是非之论，则天下以荣以辱，而公道大明，尚何古道之不可复哉？

子曰："吾犹及史之阙文也，有马者借人乘之。今亡矣夫！"

孔子说："观人心可以知世道。向当我生之初，去古虽远，然质朴真率之意，犹有存者。如作史者，或闻见未真，考据未确，即阙其文，而以疑传疑，未尝执己见以自是焉。有马者，或彼此相假，有无相通，即借诸人而忘物忘我，未尝挟所有以自私焉。这等风俗，犹为近古。今则不然矣！执己自用，不顾是非之实，能知史文之当阙者何人哉？悭吝自私，全无公利之意，能以马借人者何人哉？"盖人心日漓，而风俗日薄矣。有世道之虑者，岂不可慨也哉？

子曰："巧言乱德，小不忍则乱大谋。"

孔子说："凡持正论者，多尚实不尚文。惟那舌辩巧言的人，以是为非，以非为是；以贤为不肖，以不肖为贤。听其言，虽若有理，而实不出于天下之公。一或误听之，则真伪混淆，而聪明为其所眩；是非倒置，而心志为其所移，适足以乱德而已。至若谋大事者，必有忍乃有济。使或小有不忍，而任情动气，当断不断，而以妇人之姑息为仁；不当断而断，而以匹夫之果敢为勇：如此，则牵于私爱，或以优柔而养奸；激于小忿，或以轻躁而速祸，适足以乱大谋而已。"然则人之听言处事，可不戒其意向之偏，而约之义理之正哉？

子曰："众恶之，必察焉；众好之，必察焉。"

察，是审察。

孔子说："好善恶恶，虽人之公心，而同声附和之言，亦有未必尽实者。有人于此，众口一词，都说他是个不好的人，其所恶宜若公矣。然其中宁无特立独行而不合于流俗者乎？还要仔细审察，必真见其可恶，而后恶之可也。有人于此，众口一词，都说他是个好人，其所好宜若公矣。然其中宁无同流合污而取悦于流俗者乎？还要仔细审察，必真见其可好，而后好之可也。"盖天下有众论，有公论。众论未必尽出于公，公论未必尽出于众。能于此而加察焉，则朋党比周之人，不得以眩吾之明，而孤立无与之士，咸得见知于上矣。此用人者所当知。

子曰："人能弘道，非道弘人。"

弘，是廓大的意思。

孔子说："有此人，则有此道，道固不外于人。然人心有觉，而道体无为，故率其性分之所固有者，廓而大之，以修身、齐家、治国、平天下，极之而至于参天地、赞化育，都是这个道理发挥出来，所以说人能弘道也。若道则寓于形气之中，而泯乎见闻之迹，不得人以推行之，则虽有修齐治平之能，参赞弥纶之妙，亦无由而自见矣，道岂能以弘人乎哉？"

夫人能弘道，则道所当自尽；非道弘人，则人不可自诿矣。然弘之一字，其义甚大。理有一之未备，不叫作弘；化有一之未达，不叫作弘。故语修己，必尽性至命；语功业，必际天蟠地，斯足以尽弘字之义也。体道者可不勉哉？

子曰：“过而不改，是谓过矣。”

过，是过差。

孔子说：“人之学问工夫，未到精密的去处，其日用之间，岂能无一言之差、一事之失？但知道是自己的不是，随即改了，则可复于无过矣。若遂非文过，惮于悛改，则无心之差，反成有心之失；一时之误，遂贻终身之尤，其过将日积而不及改矣，可不戒哉？”于此见人固以无过为难，而尤以改过为贵。故大舜有“予违汝弼”之戒，成汤有“改过不吝”之勇，万世称圣帝明王者必归焉。自治者当以为法。

子曰：“吾尝终日不食，终夜不寝，以思，无益，不如学也。”

思，是思量。益，是补益。

孔子说：“我于天下之理，以为不思则不能得。固尝终日不吃饮食，终夜不去睡卧，于以研穷事物之理，探索性命之精，将谓道可以思而得也。然毕竟枉费了精神，而于道实无所得，何益之有！诚不若好古敏求，着实去用功，以从事于致知力行之学，久之工夫纯熟，义理自然贯通矣。其视徒思而无得者，岂不大相远哉？所以说‘不如学也’。”然孔子此言，特以警夫徒思而不学者耳。其实学与思二者，工夫相因，阙一不可，善学者当知有合一之功焉。

子曰：“君子谋道不谋食。耕也，馁在其中矣；学也，禄在其中矣。君子忧道不忧贫。”

谋，是图谋。馁，是饥馁。

孔子说：“人之所以终日营营而不息者，都只是谋图口食，干求利禄而已。乃若君子之人，其所图惟于念虑者，只在求得乎道焉耳；至于口食之求，则有所不暇计者。盖食之得与不得，不系于谋与不谋。如农夫耕田，本为谋食而求免于饥，然或遇着年岁荒歉，五谷不登，则无所得食，而饥馁在其中矣。君子为学，本为谋道，固无心于禄，然学成而见用于时，则居官食俸，而禄自在其中矣。夫求者未必得，而得者不必求，则人亦何用孳孳以谋食为哉？是以君子之心，惟忧不得乎道，无以成性而成身；不忧无禄而贫，而欲假此以求禄而致富也。”君子立心之纯有如此。人臣推此心以事君，敬事而后食，先劳而后禄，斯可以为纯臣矣。

子曰：“知及之，仁不能守之，虽得之，必失之。知及之，仁能守之，不庄以莅之，则民不敬。知及之，仁能守之，庄以莅之，动之不以礼，未善也。”

容貌端严叫作庄。莅字，解作临字。动，是鼓舞作兴的意思。

孔子说：“天下道理无穷，而君子之学，必求其尽善而后已。固有资质明敏，学问功深，于修己治人的道理，已是见到这分际了，即拳拳服膺而勿失之可也。却乃持守弗坚，以至于私欲混杂，有始无终，则向者所得，终亦必亡而已，虽知之何益乎？此有其智者，不可不体之以仁也。若夫智既及之，仁又能守之，则其德已全矣。乃于临民处事之际，容貌或有未端，不能庄以莅之，则自亵其居尊之体，而无威可畏，适以启民之慢而已。此有其德者，又不可不谨其容也。至若智及之，仁能守之，又能庄以莅之，斯则内外交修，宜无可议矣。然于化民动众之间，条教法令之设，犹有未能合天理之节文、约人情于中正者，则细行弗矜，终累大德，虽能使民敬，而不能使民化，亦岂足为尽善全美乎？是务其大者，亦不可不谨于小也。”此可见道合内外，兼本末，有一边不可缺一边，而德愈全则责愈备，进一步更当深一步。体道之功，庸可以自足乎哉！

子曰：“君子不可小知，而可大受也。小人不可大受，而可小知也。”

知，是我知其人。受，是彼所承受。

孔子说：“君子小人，人品不同，材器自异。君子所务者大，而不屑于小。若只把小事看他，则一才一艺，或非所长，未足以知其为人也。惟看他担当大事的去处，其德器凝重，投之至大而不惊；材识弘深，纳之至繁而不乱，以安国家，以定社稷，皆其力量之所优为者。观于此，而后君子之所蕴可知也已。至于小人，器量浅狭，识见卑陋，譬之杯勺之器，岂能与鼎鼐并容；朴樕之才，无以胜栋梁之任，托之天下国家的大事，彼必不能堪也。然略其大而取其小，则智或足以效一官，能或足以办一事，未必一无所长焉。观此，则虽小人亦有不可尽弃也已。”夫君子小人，才各有能有不能，则辨别固不可不精；而用各有适有不适，则任使尤不可不当矣。但大受之器，厚重而难窥；小知之才，便捷而易见，自非端好尚、识治体，则断断大臣或以无他技而见疏，碌碌庸人或以小有才而取宠，而蠹国偾事，有不可胜言者矣。欲鉴别人才者，必先有穷理正心之功焉。

子曰：“民之于仁也，甚于水火。水火，吾见蹈而死者矣，未见蹈仁而死者也。”

足所践履叫作蹈。

孔子说：“人之生理，莫切于仁；而养生之物，莫切于水火。然水火还是外物，没了水火，不过饥渴困苦，害及其身而已。若没了这仁，则本心丧失，虽有此身，亦无以自立矣。仁之切于人也，岂不尤甚于水火乎？况水火虽能养人，亦或有时而杀人。如蹈水而为水所溺，蹈火而为火所焚，吾尝见其有死者矣。仁则天之尊爵，人之安宅，得之者荣，全之者寿，何尝见有蹈仁而死者哉？夫仁至切于人，而又无害于人，人亦何惮而不为乎？”孔子此言，所以勉人之为仁者至矣！

子曰：“当仁，不让于师。”

当，是担当。仁，是心之全德。

孔子说：“人之为学，凡道理所当尽，职业所当修者，必须直任于己，勇往以图之，不宜因循退托而逊让于人。莫说凡人不必逊让，便是弟子之于师，他事固无所不让，至于担当为仁的去处，亦有不容让者。”盖仁者吾所自有而自为之，非夺诸彼而先之也，何让之有？故有颜子之请事，然后能克己而复礼；有曾子之弘毅，然后能任重而道远。此真足担当乎仁者也。况人君体仁以长人，将为天地立心，为生民立命，为万世开太平，又何让乎哉？

子曰:“君子贞而不谅。”

孔子说:“人固贵于持守之定,然守一也,有见理明确而守之不易者,叫做贞;有偏执己见而居之不移者,叫做谅。夫人察理不精,而体道不熟,鲜有不以谅为贞者。君子则审时措之宜,以端其贞一之守。”凡大而经纶显设,小而酬酢云为,义当行则勇往直前,义当止则特立不变,精明果确,惟归于至当而已。初未尝不顾是非,不达权变,言必于信,行必于果,而硁硁然执一己之小信也。盖贞若有似于谅,然任理而无所适莫,不可谓之谅也。谅若有似于贞,然任己而不知变通,反有害乎贞矣。贞而不谅,此君子之所以异乎人,而疑似之间,学者可不深辨乎?

子曰:“事君,敬其事而后其食。”

事,是职分之所当为。食,是居官的俸禄。

孔子说:“人臣之事君,职任虽有大小不同,莫不各有所司之事。若禄以劝功,则系乎上者,使才任其事,而即有得禄之心;或先治其事,而随有计禄之念:皆非忠也。必须一心敬谨,办理所管的事务。如有官守者,则兢兢焉思以尽其职;有言责者,则兢兢焉思以效其忠。惟求职业之无忝,委托之不负而已。至于所食之常禄,则不必以是为先,而汲汲以图之也。盖人臣志存立功,事专报主,虽死生患难有不暇计,而况爵禄能入其心乎?”知此义者,斯可谓之纯臣矣。

子曰:“有教无类。”

类,是等类。

孔子说:“人性虽同,而气禀或异。其中有智的,有愚的,有贤的,有不肖的,种种不齐。然君子之心,惟欲使人人皆复于善而后已。”智的、愚的、贤的、不肖的,都是一般样教训化导他,何尝分别等类而有所拣择于其间哉?盖天地无弃物,圣人无弃人。故尧、舜之世,比屋可封;文、武之民,遍为尔德,亦有教无类之一验也。

子曰:“道不同,不相为谋。”

谋,是谋议。

孔子说："人必道同而后其心同，心同而后可与谋议。若各人行的道路不同，则心术异趣，意见相反，与之商量计议，必乖违而阻隔矣。是岂可相与为谋哉？"凡图议国事与讲明学术者，皆不可以不慎矣。

子曰："辞达而已矣。"

辞，是词命之类。

孔子说："凡宣上达下，与夫聘问酬答之类，皆必有赖于文辞。然古之为辞者，但以其意有所在，无以相通，不能不发之而为言；言之无文，行之不远，不能不修饰而为辞。是辞也者，惟取其达吾之意而已。意尽而止，何必为虚谈浮辞，而以富丽为工哉？"盖是时周末文胜，真意日漓，故孔子言此以救其弊也。

师冕见，及阶，子曰："阶也。"及席，子曰："席也。"皆坐，子告之曰："某在斯，某在斯。"师冕出。子张问曰："与师言之道与？"子曰："然。固相师之道也。"

师，是掌乐之官。冕，是乐师之名，盖瞽目人也。古时乐师多用瞽者，以其听专，能审音也。

昔乐师名冕者来见孔子，孔子出而迎之。方其至阶，则告之说："这是阶。"使之知而升也。行到坐席边，则告之说："这是席。"使之知而坐也。及众皆坐定，又历举在座之人以告之说："某人在此，某人在此。"使之知同坐者姓名，便于酬对也。当时及门之徒，于夫子一言一动，无不用心省察。故师冕既出，而子张问说："师冕一瞽目之人，而夫子待之委曲周详如此，其所与之言者，岂亦有道存于其间与？"夫子告之说："然。古者瞽必有相，随事而告诏之，使不迷于所从。我之所言，固相师之道也。"要之，圣人矜不成人之情动于中，故扶持教导之宜详于外，乃其盛德之至，自然而然，岂作意而为之哉？而其范围曲成，欲使天下无一物不得其所之心，于此亦可见矣。

季氏第十六

季氏将伐颛臾。冉有、季路见于孔子，曰："季氏将有事于颛臾。"孔子曰："求！无乃尔是过与？夫颛臾，昔者先王以为东蒙主，且在邦域之中矣，是社稷之臣也。何以伐为？"

季氏，是鲁大夫。颛臾，是鲁附庸之国，盖伏羲氏之后裔也。东蒙，是山名，在鲁境内。社稷，譬如说公家。

昔鲁三家强横，四分公室，季氏取其二，孟孙、叔孙各有其一。独颛臾附庸之国，尚为公臣。季氏又欲举兵伐之，取以自益。时冉有、季路仕于季氏，来见孔子，说："季氏将有征伐之事于颛臾。"盖此事二子与谋，其心亦有不安者，故告于孔子，以微探其可否也。孔子以二子虽同仕季氏，而冉求为之聚敛，尤为用事，故独呼其名而责之说："此事无乃是尔之过失与？夫伐人必因其衅，兵出不可无名。今颛臾之为国，乃昔者周先王封之于东蒙山下，使主其祭。苗裔传于太皞，茅土受之天朝，是不可伐也。且在我封疆之内，原非敌国外患者比，是不必伐也。况附庸于鲁，又是公家之臣，而不在季氏管辖之内，尤非当伐也。不可伐而伐之，则不仁；不必伐而伐之，则不智；不当伐而伐之，则悖礼而犯义。然则季氏之伐之也，何为者哉？"夫子言此，所以罪季氏之不臣，而斥冉有之党恶者深矣。

冉有曰："夫子欲之，吾二臣者皆不欲也。"孔子曰："求！周任有言曰：'陈力就列，不能者止。'危而不持，颠而不扶，则将焉用彼相矣？且尔言过矣。虎兕出于柙，龟玉毁于椟中，是谁之过与？"

夫子，指季氏说。周任，是古之良史。陈字，解作布字。列，是位。相，是导引瞽目的人。兕，是野牛。柙，是关兽的栏槛。龟，是占卜的宝龟。椟，是柜。

冉有因夫子责其伐颛臾之非，遂为自解之词，说道："颛臾之伐，乃出于季氏之意，非我二臣所愿欲也。"夫既身与其事，而又归咎于人，冉求之文过饰非，其罪愈大矣。故夫子又呼其名而折之说："这事你如何推得？昔周任有言说道：'为人臣者，能展布其力，则可就其位。若有事不能赞襄，有过不能匡救，而力不得展，便当知止引去。’不宜觍颜居乎其位。譬如瞽目的人，全赖那相者为之扶持，而后能免于颠危，苟倾危而不能持，颠仆而不能扶，则何用彼相者为哉？今汝为季氏之臣，伐颛臾之事，若果不欲，便当谏；谏不听，便当去。乃既不能谏，又不能去，徒觍颜居位，坐视季氏之有过而不为扶持，亦将焉用汝为哉？且你推说这事情不干你事，此言差矣。比如虎兕猛兽，若不在栏槛中走了；龟玉重宝，若不在箱柜中坏了，固不干典守者之事。若虎兕已入于栏内，而致令走出；龟玉已收在柜中，而致令毁坏，此非典守者之责而谁欤？今汝既为季氏之臣，居中用事，就如典守器物的人一般，乃任其妄为胡做，不为匡救，到这时节，却推说不是我的意思，其罪将谁诿欤？”夫子欲冉有服罪而改图，故切责之如此。

冉有曰："今夫颛臾，固而近于费。今不取，后世必为子孙忧。"孔子曰："求！君子疾夫舍曰'欲之'，而必为之辞。丘也闻：有国有家者，不患寡而患不均，不患贫而患不安。盖均无贫，和无寡，安无倾。

费，是季氏的私邑。

冉有因夫子反覆折之，理屈词穷，又设词支吾说道："季氏之欲取颛臾，非有他也，只为颛臾的城郭完固，而又近于己之费邑耳。固则在彼有难克之势，近则在我有侵凌之虞。若夫今不取，后世子孙必有受其害者。此所以不得不伐也。"冉有此言，不惟自解，且欲为季氏遮饰矣。故孔子又呼其名而责之说："君子最恶那心里贪图利欲，却乃舍之不言，别为饰词以欺人的人。今季氏之伐颛臾，明是贪其土地人民之利，你却替他遮饰，说是为后世子孙忧，岂非君子之所深恶哉？且丘也尝闻：有国而为诸侯、有家而为大夫者，不患人民寡少，而患上下之分，不得均平；不患财用贫乏，而患上下离心，不能相安。盖贫由于不均，若上下之分既均平了，则君有君之入，臣有臣之入，各享其所当得，而彼此皆足，何贫之有？寡生于不和，若上下均平，既和睦了，则诸侯治其国，大夫治其家，各分其所当理，而不须增益，何寡之有？如此，则君之心安于上，而不疑其臣；臣之心安于下，而不疑其君。君臣相安，则衅孽不萌，祸乱不作，而自无倾覆之患矣。由此观之，有国家者，贫与寡不足患，而不均不和所当患也。汝为季氏谋，乃不务其所当务，而患其所不必患，岂计之得者哉？”

夫如是，故远人不服，则修文德以来之。既来之，则安之。今由与求也相夫子，远人不服而不能来也，邦分崩离析而不能守也，而谋动干戈于邦内。吾恐季孙之忧，不在颛臾，而在萧墙之内也。”

这“夫子”，也指季氏说。是时鲁国公室四分，家臣屡叛，所以说邦分崩离析。萧墙，是门内的屏墙，言其近也。

孔子说：“为国之道，内治既修，外患自息。若能均而无贫，和而无寡，安而无倾，则不但近者悦之，虽远方之人，亦将向风慕义而来服矣。设有不服，亦不必勤兵于远，但当布教化，明政刑，益修吾之文德以怀来之。及其来归，则顺其情，因其俗，抚绥爱养，以保安之。这是柔远能迩、安定国家的大道理。今由与求也，同为季氏之辅，全无匡弼之忠。外则远人不服，既不能修文德以来之；内则国势分崩，又不能修内治以守之，而乃谋动干戈于邦内，贪远利而忽近防，上下离心，内变将作。吾恐季孙之忧，不在颛臾，而在萧墙之内矣。可不戒哉？”

按，夫子此章，反覆论辩，虽明正门人长恶之罪，实阴折季氏不臣之心。所以强公室、杜私门者，意独至矣。

孔子曰：“天下有道，则礼乐征伐自天子出；天下无道，则礼乐征伐自诸侯出。自诸侯出，盖十世希不失矣；自大夫出，五世希不失矣；陪臣执国命，三世希不失矣。

希字，解作少字。陪臣，即家臣。国命，是国之命令。

孔子说：“天下，势而已。势在上则治，势在下则乱。礼乐征伐，乃人君御世之大柄。天下有道，君尊臣卑，体统不紊，则礼乐征伐之权都自天子而出：礼出于天子所制，乐出于天子所作。诸侯有罪者，天子乃命将而征伐之，为臣下者不过奉行其命而已，谁敢有变礼乐、专征伐者乎？惟是天下无道，君弱臣强，下陵上替，于是礼乐征伐之权不出自天子，而出自诸侯矣。夫上下之分明，然后民志定，而不敢相逾越。若诸侯既可以僭天子，则大夫亦可以僭诸侯。故政自诸侯出，则大夫必起而夺之，大约不过十世，鲜有不失其柄者也。大夫既可以僭诸侯，则陪臣亦可以僭大夫。故政自大夫出，则陪臣必起而夺之，大约不过五世，鲜有不失其柄者也。以陪臣之微，而操执国命，则悖逆愈甚，丧亡愈速，大约不过三世，鲜有不失其柄者矣。”考春秋之时，五伯迭兴，世主夏盟，是政自诸侯出矣；六卿专晋，三家分鲁，是政自大夫出矣；阳虎作乱，囚逐其主，是陪臣执国命矣。周天子徒拥虚名，政教号令不及于天下久矣。夫子言此，盖伤之也。然则人君威福之权，岂可使一日不在朝廷之上哉？

“天下有道，则政不在大夫。天下有道，则庶人不议。”

这是承上章说：“天下无道，而僭乱纷纷并起者，只因朝廷之上，政失其御而已。若天下有道，乾纲振举，凡政教号令，件件都在人君掌握之中，为大夫者虽佐理赞襄于下，然主张裁夺都请命于上，而非其所得专也。上下相维，体统不紊，有道之世固如此。然天下大权，固当归之于上，而上之御下，又不可徒恃其势之足以服人也，必有以服其心而后可。故天下有道，则朝政清明，凡用舍举措，事事都合乎天理，当乎人心，就是那庶民百姓，也都安其政令，服其教化，无有非议之言矣。议且不敢，而况敢有僭乱者乎？”然天下有公议，有私议，公议可畏也，私议不可徇也。在上者惟自反其所为，果有背于道理，有拂乎人心，则虽匹夫匹妇之言，犹有不可忽者焉。若使其所为一出于大公至正，而在下者敢为私议以沮挠摇惑之，是坏法乱纪之民，刑戮之所必加也，何徇之有？此又在上者所当知。

孔子曰：“禄之去公室，五世矣。政逮于大夫，四世矣。故夫三桓之子孙，微矣。”

禄，是国之赋税。公室，指鲁国说。逮，是及。三桓，是仲孙、叔孙、季孙三家。这三家都是鲁桓公的子孙，故叫作三桓。

孔子说：“天下之势，有盛必有衰，而国之大柄，下陵则上替。今以鲁事观之，自文公薨，公子遂杀了子赤，立宣公为君，自是君失其政，而国之赋税始不入于公室。历成公、襄公、昭公、定公，凡五世矣，公室衰而政权始下移于大夫。自季武子专国政以来，历悼子、平子、桓子，凡四世矣。夫政自大夫出，五世希不失者。今鲁之大夫专政，已及四世，以数计之，也是他当衰的时候了。故今三桓之子孙，都微弱而不振，固理势之必然者也。”不久，桓子果为家臣阳虎所执，孔子之言于是乎验矣。夫政逮于大夫，宜大夫之强也，而三桓以微，可见名分不可以僭逾，大权不可以窃据；而以僭逆得之者，终当以僭逆失之耳。《书》曰：臣之有作威作福，害于而家，凶于而国。诚万世人臣之永鉴也。

孔子曰："益者三友，损者三友。友直，友谅，友多闻，益矣。友便辟，友善柔，友便佞，损矣。"

谅，是信实。便，是习熟的意思。

孔子说："人之成德，必资于友，而交友贵知所择。有益于我的朋友有三样；有损于我的朋友也有三样。所谓三益者，一样是心直口快、无所回护的人；一样是信实不欺、表里如一的人；一样是博古通今、多闻广记的人。与直者为友，则可以攻我之过失，而日进于善矣；与谅者为友，则可以消吾之邪妄，而日进于诚矣；与多闻为友，则可以广吾之识见，而日进于明矣：岂不有益于我乎？所以说益者三友。所谓三损者，一样是威仪习熟、修饰外貌的人；一样是软熟柔媚、阿意奉承的人；一样是便佞口给、舌辩能言的人。与便僻为友，则无闻过之益，久之将日驰于浮荡矣；与善柔为友，则无长善之益，久之将日流于污下矣；与便佞为友，则无多闻之益，久之将日沦于寡陋矣：岂不有损于我乎？所以说损者三友。"人能审择所从，于益友则亲近之，于损友则斥远之，何患乎德之无成也哉？然友之为道，通乎上下，况君德成败，乃天下治忽所关，尤不可以不谨。故日与正人居，所闻者正言，所见者正行，亦所谓益友也；与不正人居，声色狗马之是娱，阿谀逢迎以为悦，亦所谓损友也。养德者可不辨哉？

孔子曰："益者三乐，损者三乐。乐节礼乐，乐道人之善，乐多贤友，益矣。乐骄乐，乐佚游，乐宴乐，损矣。"

乐，是喜好。节，是审辨。

孔子说："凡人意有所适，则喜好生焉。然所好不同，而损益或异。举其要者言之，喜好而有益于我的有三件；喜好而有损于我的也有三件。

所谓好之而有益者，一是好审辨那礼之制度与乐之声容，而求其中正和乐之则；一是见人有嘉言德行，便喜谈而乐道之；一是好广交那直谅多闻的好朋友。夫乐节礼乐，则外之可以治身，内之可以养心，而中和之德成矣；乐道人之善，则在人得为善之劝，在己有乐取之心，而人己同归于善矣；乐多贤友，则习与正人居，所闻者皆正言，所见者皆正行，而相规相劝之助多矣：岂不有益于我乎？所以说益者三乐。所谓好之而有损者，一是好骄惰淫荡，而任情于纵侈之事；一是好安佚遨游，而愉取乎一时之快；一是好宴饮戏耍，而沉酣于杯酒之中。夫好骄乐，则侈肆而不知节，将日入于放荡矣；好佚游，则惰慢而恶闻善，将日流于怠荒矣；好宴乐，则淫溺而狎小人，久将与之俱化矣：岂不有损于我乎？所以说损者三乐。”此三益者，学者好之，则为端人正士；人君好之，则为明君圣主，可不勉哉！此三损者，学者好之，则足以败德亡身；人君好之，则足以丧家亡国，可不戒哉！孔子此言，其警人之意切矣。

孔子曰：“侍于君子有三愆：言未及之而言，谓之躁；言及之而不言，谓之隐；未见颜色而言，谓之瞽。”

侍，是侍立。君子，是有德有位者之通称。愆，是过失。躁，是躁急。隐，是隐默。瞽，是无目的人。

孔子说：“凡卑幼者侍立于尊长之前，其言语应对，有三件过失，不可不知也。盖人之语默贵于当可，有问即对，无问即默，可也。若君子之言问未及于我，而我乃率尔妄言，不知谦谨，这是粗心浮气的人，所以叫作‘躁’，是一失也；如言问已及于我，而我乃缄默无言，不吐情实，这是机深内重的人，所以叫作‘隐’，是二失也；如或时虽可言，又要观其颜色，察其意向，然后应对不差；乃未见其颜色意向所在，只管任意肆言，这就与无目的人一般，所以叫作‘瞽’，是三失也。”此皆心失其养，故语默失宜，招尤致辱，皆由于此。学者可不加养心之功、以为慎言之地哉？

孔子曰：“君子有三戒：少之时，血气未定，戒之在色；及其壮也，血气方刚，戒之在斗；及其老也，血气既衰，戒之在得。”

色，是女色。斗，是争斗。得，是贪得。

孔子说："君子检束身心，固无所不致其戒慎;而其切要者，则有三件。方年少之时，血气未定，精神未完，其所当戒者，则在于女色。盖房帷之好，易以溺人，而年少之人，又易动于欲。此而不谨，则必有纵欲戕生之事。以此致疾，而伐其性命者有之；以此败德，而丧其国家者有之：故少之时所当戒者，一也。到壮盛的时节，血气方刚，其所当戒者，则在于争斗。盖好刚使气，最人之凶德，而壮年之人，易动于气。此而不谨，则必有好勇斗狠之事。小或以一朝之忿而亡其身，大或以穷兵黩武而亡其国：故壮之时所当戒者，又其一也。及其老也，血气既衰，精神亦倦，其所当戒者，则在于贪得。盖人当少壮之时，类当勉强自守，以要名誉；比其衰老，则日暮途穷，前无希望，而身家之念重矣。此而不谨，则必多孳孳为利之图。缙绅大夫，以晚节不终而丧其平生者有之；有土之君，以耄荒多欲而财匮民离者有之：故既老之所当戒者，又其一也。"盖人之嗜欲，每随血气以为盛衰。惟能以义理养其心，则志气为主，而血气每听命焉，故孔子随时而设戒如此。其实自天子以至于庶人，从少至老，皆当以三者为戒也。修己者可不警哉？

孔子曰："君子有三畏：畏天命，畏大人，畏圣人之言。小人不知天命而不畏也，狎大人，侮圣人之言。"

畏，是畏惮的意思。天命，是天所赋于人之正理。大人，是有德有位之人。圣人之言，是简册中所载圣人的言语。狎，是亵狎。侮，是戏玩。

孔子说："君子小人不同，只在敬肆之间而已。君子之心，恐恐然常存敬畏而不敢忽者，有三件事。三畏维何？彼天以民彝物则之理，付畀于人，这叫作天命。君子存心养性，惟恐不能全尽天理，孤负其付畀之重，故一言一动，亦必戒谨恐惧，常如上帝鉴临一般，此其所畏者一也；至若有德有位的大人，他是能全尽天理的人，君子则尊崇其德位，而致敬尽礼，不敢少有怠慢之意，此其所畏者二也；圣人之言，载在简册，句句是修身齐家治国平天下的大道理，君子则佩服其谟训，而诵说向慕，不敢少有违背之失，此其所畏者三也。这三事，都是立身行己切要的工夫，故君子常存敬畏而不敢忽焉。若夫小人冥顽无知，全不晓得义理为何物，恣情纵欲，无所不为，何知有天命之足畏乎？惟其不畏天命，故于有德位的大人，也不知其当尊，反狎视而慢待之；于圣人的言语，也不知当法，反非毁而戏玩之。”盖小人不务修身成己，甘心暴弃，故无所忌惮如此。此所以得罪于天地，得罪于圣贤，而终蹈于济恶不才之归也。然此三畏，分之虽有三事，总之只是敬天而已。盖人之所以勉于为善而不敢为恶者，只因有个天理的念头在心，所以凡事检点，而不敢妄为。若夫天理之心不存，则骄淫放逸，将何所不至乎？故尧、舜兢业，周文小心，惟此一敬耳。有志于事心之学者，不可不知也。

孔子曰：“生而知之者，上也；学而知之者，次也；困而学之，又其次也；困而不学，民斯为下矣！”

困，是窒塞不通的意思。

孔子说：“人之资禀，各有不同。有生来天性聪明，不待学习，自然知此道理的，这是清明在躬、志气如神的圣人，乃上等资质也；有生来未能便知，必待讲求习学，然后知此道理的，这样的人，禀天地清纯之气虽多，而未免少有渣滓之累，乃次一等资质也；又有始不知学，直待言动有差、困穷拂郁，然后愤悱激发而务学的，这是气质浊多清少、驳多粹少，必须着实费力，始得开明，盖又其次也；若到困穷拂郁的时节，犹安于蒙昧，不知务学以求通，这等昏愚蠢浊的人，虽圣贤与居，亦不能化，终归于凡庸而已，所以说民斯为下矣。”

孔子曰：“君子有九思：视思明，听思聪，色思温，貌思恭，言思忠，事思敬，疑思问，忿思难，见得思义。”

孔子说：“人之一身，自视听言动以至于待人接物，莫不各有当然的道理。但常人之情，粗疏卤莽，不思其理，故动有过差，而无以成德、成身。惟君子之人，自治详审，事事留心，约而言之，其所思者凡有九件。所谓九者：目之于视，则思视远惟明，而不为乱色所蔽；耳之于听，则思听德为聪，而不为奸声所壅；颜色则思温和，而暴戾之不形；容貌则思恭谨，而惰慢之不设；发言则思心口如一，忠实而不欺；行事则思举动万全，敬慎而无失；心中有疑，则思问之于师，辨之于友，以解其疑惑；与人忿争，则思不忍一朝之怒，或至于亡身及亲，而蹈于患难；至于临财之际，又必思其义之当得与否，如义所不当得，虽万钟不受，一介不取矣。”君子于此九者，随事而致其思如此，此所以持己接物之间，事事都合乎理，而非常人之可及也。然此九思者，其本在心，若能存养此心，使之湛然虚明，澄然宁静，则应事接物，自然当理。不然，本原之地，妄念夹杂，虽有所思，安能胜其物交之引哉？此正心诚意所以为修身之本也。

孔子曰："见善如不及，见不善如探汤。吾见其人矣，吾闻其语矣。"

孔子说："古语有云：见人有善，则欣慕爱乐之，如有所追而不及的一般，惟恐己之善不与之齐也。见人有不善，则深恶痛绝之，如以手探热汤的一般，惟恐彼之不善有浼乎己也。这样好善恶恶、极其诚实的君子，吾见今有此人矣，吾闻古有此语矣。"盖在当时，如颜、曾、冉、闵之徒，皆足以及之，故夫子闻其语而又见其人也。

"隐居以求其志，行义以达其道。吾闻其语矣，未见其人也。"

孔子说："古语又云：士方未遇而隐居之时，则立志卓然不苟，把将来经纶的事业，都一一讲求豫养，而备道于一身；及遭际而行义之日，则不肯小用其道，将平日抱负的才略，都一一设施展布，而不肯负其所学。这样出处合宜、体用全备的大人，吾但闻古有此语矣，未见今有此人也。"盖此必伊尹、太公之流乃足以当之，故夫子以未见其人为叹，其所感者深矣。

"齐景公有马千驷，死之日，民无德而称焉。伯夷、叔齐饿于首阳之下，民到于今称之。其斯之谓与？"

马四匹为驷。千驷，是四千匹也。伯夷、叔齐，是孤竹君之二子。

孔子说："世人多慕富贵而羞贫贱，不知富贵不足慕、贫贱不足羞也，只在人之自立何如耳。昔者齐景公以诸侯之尊享一国之奉，畜马至有千驷之多，可谓富厚之极矣。然而功业不著于时，德泽不施于众，身死之后，百姓通不思念他。考其平生，没有一善之可称，是其生为虚生，死为徒死而已，虽富贵何益乎？至若伯夷、叔齐兄弟二人，一匹夫耳。他以武王伐纣为不义，耻食周粟，逃之首阳山下，采薇而食，卒以饿死，可谓贫困之极矣。然而风节著于当时，名闻施于后世，直到于今，人还称颂他：是其身虽亡，而名则不朽矣。虽贫困何损乎？”于此见：富而无德，虽王侯不见称于时；贫而自立，虽匹夫亦可传于世，然岂独景公、夷、齐为然？自古君天下为天子者多矣，《书》《传》所载二帝、三王及汉、唐、宋英明的君主，可传于后世者，亦不过十数君而已，其余皆湮灭无闻，而孔、颜以匹夫为百世之师，其他闾巷韦布之贱，以道德行谊闻于世者，尤不可胜数也。然则人可徒恃其势位而不修德哉？

陈亢问于伯鱼曰：“子亦有异闻乎？”对曰：“未也。尝独立，鲤趋而过庭。曰：‘学《诗》乎？’对曰：‘未也。’‘不学《诗》，无以言。’鲤退而学《诗》。”

陈亢，是孔子弟子。鲤，是孔子之子，字伯鱼。

昔陈亢受学于孔子，不知圣人立教之公，妄以私意窥度圣人，谓必阴厚其子，因问于伯鱼说：“情莫亲于父子，教莫切于家庭。子为夫子之子，亦有传授心法，独得于所闻，而不同于群弟子者乎？”伯鱼对说：“我未尝有所异闻也。曾有一日，夫子闲居独立，我趋走而过于庭前，这时更没他人在旁，使有异教，正当于此时传授矣。夫子只问说：‘汝曾学《诗》否乎？’我对说：‘未曾学《诗》。’夫子因教说：‘《诗》之为教，温柔敦厚，学之则心气和平，而事理通达，必然长于言语。若不学《诗》，则无以养其心气而达于事理，欲言语应对之皆善，岂可得乎？’鲤于是受教而退，始学夫《诗》。凡《国风》《雅》《颂》，无不究其旨焉。”

“他日又独立，鲤趋而过庭。曰：‘学礼乎？’对曰：‘未也。’‘不学礼，无以立。’鲤退而学礼。闻斯二者。”陈亢退而喜曰：“问一得三：闻《诗》，闻礼，又闻君子之远其子也。”

二者，指《诗》、礼而言。远，只是不私厚的意思。

伯鱼又告陈亢说：“他日，夫子又尝闲居独立，我复趋走而过于庭前。这时也没他人在旁，使有异教，亦可于此时传授矣。乃夫子却又只问说：‘汝曾学礼否乎？’我对说：‘未曾学礼。’夫子因教我说：‘礼之为教，恭俭庄敬，学之，则品节详明，而德性坚定，必卓然有以自立；若不去学礼，则无以习其节文而养其德性，欲自立于规矩准绳之中，岂可得乎？’鲤于是受教而退，始学夫礼，凡礼仪、威仪，无不习其事焉。我之所闻于夫子者，一是学《诗》，一是学礼，惟此二者而已。夫《诗》、礼之教，固夫子之所常言者，我之所闻，亦群弟子之所共闻也，何尝有异闻乎？”于是陈亢闻言而退，深自喜幸，说：“问一得一，乃理之常。今我所问者，异闻之一事耳，而乃有三事之得：闻学《诗》之可以言，一也；闻学礼之可以立，二也；又闻君子之教其子，与门弟子一般，全无偏私之意，三也。一问之间，有得三之益，岂非可喜者哉？”夫圣人之心，至虚至公，其教子也，固未尝徇私而独有所传，亦非因避嫌而概无所异，惟随其资禀学力所至。可与言《诗》，则教之以《诗》；可与言礼，则教之以礼焉耳，岂得容心于其间哉？陈亢始则疑其有私，终则喜其能远，不惟不知圣人待子之心，且不知圣人教人之法，陋亦甚矣。

邦君之妻，君称之曰“夫人”，夫人自称曰“小童”；邦人称之曰“君夫人”，称诸异邦曰“寡小君”；异邦人称之，亦曰“君夫人”。

邦君之妻，是诸侯的正妻。寡，是谦言寡德的意思。

孔子尝引古礼说道：“一家之中，男正位乎外，女正位乎内，自有一定的名分。况邦君之妻，尤非常人比者，其称谓之间，岂可苟焉而已哉？故邦君称她叫作‘夫人’，言其与己敌体也。夫人在君前自称，叫作‘小童’，谦言幼无知识，不敢与君敌体也。国中的人称她，叫作‘君夫人’，言其相君以主内治者也。称之于邻国，谦作‘寡小君’，言其寡德，而忝为小君以治内者也。邻国的人称她，也叫‘君夫人’，以其为一国之主母，尊称之词，与本国同也。”夫以邦君之妻，一称谓之间，截然不紊如此，名实之际，可不谨哉？

卷九

阳货第十七

阳货欲见孔子，孔子不见，归孔子豚。孔子时其亡也，而往拜之，遇诸途。

阳货，名虎，是季氏家臣，尝囚季桓子而专国政者。因孔子是鲁国人望，欲其来见己。孔子以货是乱臣，义不往见。阳货乃馈送孔子以蒸豚。孔子以货既加礼于己，不得不往以拜谢之，而其本心，实不欲相见。于是趁他不在家的时节，乃亦往拜之。盖虽不废乎报施之礼，而亦终不亏其不见恶人之义也。乃不期与之相遇于途中。

谓孔子曰："来！予与尔言。"曰："怀其宝而迷其邦，可谓仁乎？"曰："不可。""好从事而亟失时，可谓知乎？"曰："不可。""日月逝矣，岁不我与。"孔子曰："诺。吾将仕矣。"

怀宝，是比人有道德，如怀藏着重宝一般。亟字，解作数字。

阳货遇见孔子，迎而谓之说："来，我与你说话。凡人有道德，则当摅其所蕴以济时艰。如有重宝，当售之于人，不可私也。苟徒怀藏其宝，而坐视国之迷乱，不为拯救，可以谓之仁乎？"孔子说："仁者心存于救世，怀宝迷邦，不可谓之仁也。"阳货又问："人之好有为者，则当乘时而出，以设施于当世。苟徒好从事，而每每坐失事机之会，可以谓之智乎？"孔子说："智者熟察乎事机，好从事而亟失时，不可谓之智也。"阳货又说："日月如流，一往不返，人之年岁日增，而不为我少留。及今不仕，更待何时？"孔子应之说："及时行道，实士君子之本心，吾将出而仕矣。"阳货所言，皆讥讽孔子的意思。不知夫子抱拯溺亨屯之志，本未尝怀宝失时，而亦非不欲仕也，但不仕于货耳。故直据理答之，不复与辩。盖圣人之待恶人，不激不随如此。

子曰："性相近也，习相远也。"

孔子说："天之生人，本同一性。虽气有清浊，质有纯驳，然本其有生之初而言，同一天地之精，五行之秀。其清而纯者，固可以为善；其浊而驳者，未必生成是恶人。彼此相去，未为大差，固相近也。及到形生神发之后，德性以情欲而迁，气质以渐染而变。习于善的，便为圣为贤；习于恶的，便为愚为不肖。于是善恶相去，或相什佰，或相千万，而人品始大相远矣。"夫以人之善恶，系于习而不系于性如此。则变化气质之功，乃人之所当自勉者也。岂可徒诿诸性而已哉？

子曰："唯上知与下愚不移。"

这是承上章说："人之初生，其性固为相近，然有一等气极其清、质极其粹，而为上知者；有一等气极其浊、质极其驳，而为下愚者。世间惟这两样人，美恶一定，非习之所能移。其在上知，是天生成的善人，虽与不善人居，不能诱之使为不善也。其在下愚，是天生成不善的人，虽与善人居，亦不能化之使为善也。善恶系于性而不系于习者，惟这两样人为然。"世间极智之人，固不常有；极愚之人，亦不多见。惟半清半浊、可善可恶者最多。此变化气习之功，在中人所不容已也。然尧舜犹谨危微之几，汤武不废反身之学，虽圣人不敢以上智自恃如此。桀纣恃其才智，荒淫暴虐，拒谏饰非，卒与下愚同辙，岂不悖哉？故曰："气质之用小，学问之功大。"

子之武城，闻弦歌之声。夫子莞尔而笑，曰："割鸡焉用牛刀？"子游对曰："昔者偃也闻诸夫子曰：'君子学道则爱人，小人学道则易使也。'"子曰："二三子，偃之言是也。前言戏之耳。"

武城，是邑名，在今山东兖州府地方。莞尔，是小笑的模样。偃，是子游的名。君子，是有位的人。小人，是细民。

昔孔子行到武城县中，听得处处琴瑟歌咏之声。盖是时子游为武城宰，方以礼乐为教，故邑人皆弦歌也。夫子见当时皆不能用礼乐为治，而子游独能行之，故骤闻而深喜之。遂莞尔而笑，说："言偃所治者小邑，何必用此礼乐之大道？譬如杀鸡者，何必用此屠牛之大刀乎？"子游不知夫子之意，乃对说："昔者尝闻夫子说道，道本切于身心，人能学之，则各有所益。如在上的君子，治人者也，若使学道而有得，则能养其民胞物与之心，而推以爱人，是君子不可以不学道也。在下的小人，治于人者也，若使学道而有得，则能明乎贵贱尊卑之分，而易于驱使，是小人不可以不学道也。夫子此言，偃常佩服之久矣。今日武城虽小，安敢鄙其民而不教之以礼乐乎？"夫子因子游未喻其意，遂呼门人而告之说："二三子听之，言偃之言，诚为当理，我前割鸡不用牛刀之言，特戏之耳。岂真谓小邑不可以大道治之哉？"盖深嘉子游之笃信，又以解门人之惑也。

公山弗扰以费畔，召，子欲往。子路不说，曰："末之也已，何必公山氏之之也？"子曰："夫召我者，而岂徒哉？如有用我者，吾其为东周乎！"

公山弗扰，是鲁大夫季氏之家臣，为费邑宰。末之之字，解作往字。

昔鲁自文公以来，季氏世执国政，公室衰弱，君反受制于臣，如此者四世矣。至季桓子之时，有公山弗扰者，与阳虎共执桓子，遂据费邑以叛。因使人聘召孔子。孔子尝愤宗国之陵替，疾季氏之不臣，而思以匡之久矣。今幸其家臣内叛，衅起私门，倘可因其可乘之隙，而运吾转移之术，则亦振鲁兴周之一机也，故因其来召而遂欲往应之。乃子路不达孔子之意，艴然不悦，说："夫子之齐之鲁，道既不行，身无所往，亦可以止矣。何必又往应公山之召，而徒取失身之辱乎？"是不知公山弗扰之叛，乃叛季氏，非叛鲁也。孔子之欲往，非为公山弗扰，乃为鲁也。故不得已而晓之说："今世莫我知，无能召我而用之者。今公山氏特来召我，斯其意岂徒然哉？殆必有以用我也。当此之时，如有委我以国、授我以政，而能用我者，我必将修纪纲之废坠，正名分之陵夷，举文武周公之治，而整顿于今日，使秉礼之宗国，复西京之旧俗，而鲁其为东周矣乎？"孔子自表其用世之志，以晓子路如此。而其拨乱反正之微权，转移化导之妙用，则有未易窥者。然考之《春秋传》，公山弗扰与季氏战，兵败奔齐，而孔子亦竟未应其召。道之将废，而鲁之终于不振也。可慨也夫！

子张问仁于孔子。孔子曰："能行五者于天下，为仁矣。"请问之。

曰："恭、宽、信、敏、惠。恭则不侮，宽则得众，信则人任焉，敏则有功，惠则足以使人。"

侮，是侮慢。任，是倚仗的意思。

子张问为仁的道理于孔子。孔子教之说："仁道虽大，不外于心。心德之要，凡有五件。若能于此五者，体验扩充于身心之间，推行运用于天下之大，则其心公平，其理周遍，天德全而仁在是矣。"子张因请问其目。孔子说："所谓五者，一是恭敬，二是宽容，三是信实，四是勤敏，五是惠爱。其名虽异，都是心德之所散见，缺一不可言仁者。然五者亦人所同具，有感必通的。诚能恭以持己，则在下的人，自然畏惮、尊仰，而无敢侮慢矣。宽以容众，则在下的人，自然心悦诚服，而归服于我矣。言行一于诚信，则人都倚靠着我，而无所疑贰矣。行事勤敏快当，则所为无不成就，而动必有功矣。恤人饥寒，悯人劳苦，而恩惠及人，则感吾之恩者，莫不尽心竭力，乐为我用矣，又岂不足以使人乎？五者之效如此，汝能兼体而力行之，则天德流通，物我无间，而仁之体用皆备矣，可不勉哉？"

佛肸召，子欲往。子路曰："昔者由也闻诸夫子曰：'亲于其身为不善者，君子不入也。'佛肸以中牟畔。子之往也，如之何？"子曰："然。有是言也。不曰坚乎，磨而不磷；不曰白乎，涅而不缁。吾岂匏瓜也哉？焉能系而不食？"

佛肸，是晋大夫赵简子的家臣，时为中牟宰。磷，是薄。涅，是染皂之物。缁，是黑色。匏，是大匏，味苦而不可食者。时晋室微弱，政在六卿。赵简子与范中行相攻，其家臣有佛肸者，因据中牟以叛。

一日，佛肸使人来召孔子，孔子即欲应其召而往见之，盖亦欲应公山弗扰之意也。子路不达而阻之，说："昔者我闻夫子有言：'凡人有悖理乱常，亲身为不善者，君子不入其党，惟恐其浼己故也。'今佛肸据中牟以畔，正是亲为不善的人，君子当远避之不暇，而夫子乃欲往应其召，是辱身而党恶也。何自背于昔日之言乎？"孔子晓之说："汝谓身为不善，君子不入，此言诚然，我诚有此言也。然人固有可浼者，有不可浼者。譬之于物，凡可磨而薄者，必其坚之未至者也。独不曰天下有至坚厚者，虽磨之，安能使之损而为薄乎？凡可染而黑者，必其白之未至者也。独不曰天下有至洁白者，虽染之，安能使之变而为黑乎？夫物有一定之质，尚不可变，我之志操，坚白自处固已审矣，彼虽不善，焉能浼我乎哉？且君子之学，贵适于用，我岂若彼匏瓜者哉？呺然徒尔悬系，而不见食于人，则亦弃物而已，何益于世哉？然则，佛肸之召，我固当有变通之微权，而君子不入之说，有不可以概论者矣。”

按：孔子前于公山之召，则以东周自期；此于佛肸之召，则以坚白自信。盖圣人道大德宏，故能化物而不为物所化。若使坚白不足而自试于磨涅，则己且不免于辱，何以能转移一世乎？君子处世，审己而动可也。

子曰："由也，汝闻六言六蔽矣乎？"对曰："未也。""居！吾语女。好仁不好学，其蔽也愚；好知不好学，其蔽也荡；好信不好学，其蔽也贼；好直不好学，其蔽也绞；好勇不好学，其蔽也乱；好刚不好学，其蔽也狂。"

有所遮掩叫作蔽。荡，是放荡。贼，是伤害于物。绞，是急迫的意思。

昔子路负直谅、刚勇之资，而少学问陶镕之力。故孔子呼其名而问之，说："人之偏于所向者，有一件好处，便有一样遮蔽，总之有六言，而六蔽随之。汝曾闻之否乎？"子路时方侍坐，遂起而对说："由未之闻也。"孔子说："汝复坐，我当一一告汝。盖天下之事，莫不有理，人必好学穷理，而后所行为无蔽。不然，则虽才质之美，制行之高，亦将有所遮蔽，而无以成其德矣。如仁主于爱，本美德也，而所以用其爱者，有理存焉；若但知爱人之为美，而不好学以明其理，则心为爱所蔽，将至于可陷可罔，而人己俱丧矣，岂不流而为愚乎？智主于知，亦美德也，而所以通其智者，有理存焉；若但知多智之为美，而不好学以明其理，则心为智所蔽，将至于穷高极远，而无所归着矣，岂不流而为荡乎？有言必信，亦美德也，而所以成其信者，有理存焉；若但知信实之为美，而不好学以明其理，则心为信所蔽，将至于期必固执，而伤害于物矣，岂不流而为贼乎？直而无隐，亦美德也，而所以行其直者，有理存焉；若但知直道之为美，而不好学以明其理，则心为直所蔽，将至于径情急迫，而无复含弘之度矣，岂不流而为绞乎？遇事勇敢，亦美德也，而所以奋其勇者，有理存焉；若但以勇敢为尚，而不好学以明其理，则心为勇所蔽，必将恃其血气之强，肆行而无忌矣，岂不流于乱乎？刚强不屈，亦美德也，而所以全其刚者，有理存焉；若但以刚强为尚，而不好学以明其理，则心为刚所蔽，必将逞其轻世之志，放旷而不羁矣，岂不流于狂乎？”夫仁、智、信、直、勇、刚六者，美行也；愚、荡、贼、绞、乱、狂六者，恶名也。人惟足己而不学，见理之不明，遂使美者化而为恶，而况其生质之不美者乎？于此见气质之用小，学问之功大。是以古之帝王，不恃其有聪明绝异之资，而必以讲学穷理为急，诚恐其流于过中失正而不自知也。

子曰："小子何莫学夫《诗》？《诗》，可以兴，可以观，可以群，可以怨。迩之事父，远之事君。多识于鸟兽草木之名。"

兴，是兴起。观，是观感。群，是群聚。怨，是怨恨。

孔子呼门弟子而教之，说："《诗》之为教，有益于人甚大，尔小子何不于《诗》而学之乎？盖《诗》之所言，有善有恶；学之，则善者可以为劝，恶者可以为惩，而吾心好恶之机，将有勃然不能自已者，故可以兴。《诗》之所载，有美有刺；学之，则美者可以考见其得，刺者可以考见其失，而吾身行事之实，将有惕然因之感动者，故可以观。其叙述情好，于和乐之中，不失庄敬之节；学之，则可以处群，虽和而不至于流矣。其发舒悲怨，于责望之下，犹存乎忠厚之情；学之，则可以处怨，虽怨而不至于怒矣。近而家庭之间所以事父的道理，远而朝廷之上所以事君的道理，莫不备载于中；学之，则可以为忠臣孝子，而大伦克尽矣。且其情景所发，或因鸟兽以起兴，或托草木以寓言，其中称名不一，取类至繁；学之，则可以多识鸟兽草木之名，而小物亦察矣。夫《诗》之有益于人如此，尔小子岂可以不学乎哉？”然《诗》之为教，不但学者所当诵习也，《关雎》《麟趾》为风化之原，《凫鹥》《既醉》乃太平之福。《天保》以上，所以治内；《采薇》以下，所以治外，王道莫备于斯矣。为人主者，亦不可以不究心焉。

子谓伯鱼曰："女为《周南》《召南》矣乎？人而不为《周南》、《召南》，其犹正墙面而立也与？"

为，是习学。《周南》《召南》，是《诗经·国风》之首篇。

昔周文王与其后妃俱有圣德，修身、齐家，以令于国中。又使周公治陕以西，召公治陕以东。由是风化自北而南，远被于江汉之域，故诗人咏歌其事。《周南》之诗，自《关雎》以下，言文王后妃闺门之化行于南国者也;《召南》之诗，自《鹊巢》以下，言南国诸侯夫人与大夫之妻，皆被文王后妃之化而成德也。孔子教其子伯鱼说:“汝尝学夫《周南》《召南》之诗矣乎？盖《周南》《召南》两篇所言，皆修身、齐家之事，于人伦日用最为切要。学者须把这两篇诗，讲诵玩味，身体力行，乃为有益。人若不学《周南》《召南》，则无以正性情、笃伦理。身且不知修，家且不知齐矣，安望其能经邦而济世、化民而移俗哉？譬如正对着墙面站立的一般，咫尺之地，隔碍障蔽，一物无所见，一步不可行矣，况其远者乎？”甚哉！二《南》之切于人，不可以不学也。然《大学》说:“自天子以至于庶人，壹是皆以修身为本。”人君一身，乃万国之仪刑，未有不修身齐家，而可以治国平天下者。则二《南》之诗，岂独为学者之所当习哉？

子曰:“礼云礼云，玉帛云乎哉？乐云乐云，钟鼓云乎哉？”

孔子见世之用礼乐者，专事其末，而不知探其本也，故发此论。说道:“先王制礼，以交神人、恰上下，固未有不用夫玉帛者。然必先有个恭敬、诚悫的意思存之于中，然后用玉帛以将之；若无是敬，则虽玉帛交错，不过虚文而已。然则所谓‘礼云礼云’者，岂徒玉帛云乎哉？先王作乐，以养民德、导民和，固未有不用夫钟鼓者。然必先有个欣喜欢爱的意思蕴之于心，而后用钟鼓以宣之；若无是和，则虽钟鼓铿锵，不过虚器而已。然则所谓‘乐云乐云’者，岂徒钟鼓云乎哉？”盖先王以礼乐教天下，皆本之和敬之实德，而发之于仪文节奏之间。后世徒事于文，而不求其本，故孔子叹之如此！

子曰:“色厉而内荏，譬诸小人，其犹穿窬之盗也与？”

厉，是威严。荏，是柔弱。穿窬，是剜墙凿壁为窃盗之事者。

孔子说:“人必表里相符，然后可谓之君子。今有人焉，观其外貌，则威严猛厉，似乎确然有守、毅然有为的人；而内实懦弱，见利而动，见害而惧，全无执持刚果的志气。这等的人，中实多欲，而貌与心违，譬之小人，就如盗窃一般。黑夜里剜墙凿壁，偷了人家财物，外面却假装个良善的模样，惟恐人知，岂不可耻之甚哉？”孔子深恶作伪之人，故儆之如此。

子曰：“乡原，德之贼也。”

原字，当作“愿悫”的愿字，是谨厚的意思。乡原，是乡俗中一样软滑的人。人都称他为谨厚，所以叫作乡愿。贼字，解作害字。

孔子说：“人之有德者为君子，悖德者为小人，不难辨也。惟有一样人，名为‘乡原’者，居之似忠信，而非忠信；行之似廉洁，而非廉洁。其自处柔佞而不肯立异，其待人软款而惟求取悦，是以人人都道他好。这样人似德非德，而反乱乎德，乃德之害也。”盖行合乎道之中，事出乎理之正，这才叫作德。今乡原不顾道理之是非，只图流俗之喜悦。人见他以此得人心、取声誉，便都慕效他，以是为德，而不复知有大中至正之道。其惑人心、坏风俗，岂不甚乎？所以说“乡原，德之贼也”。

子曰：“道听而途说，德之弃也！”

道、途，都是人行的路。

孔子说：“人之实心为学者，于凡天下道理，或得之师友之所传授，或考诸典籍之所记载，就便存之于心，身体而力行之，以求实得于己，方为有益。若有所闻而不体会于心，只把来放在口中谈论讲说，这是入耳出口之学。譬如道路上听了一句言语，就在途路上与人说了。如此，则虽闻善言，不过以资口说而已，何能有诸己哉？所以说德之弃也。”

子曰：“鄙夫可与事君也与哉？其未得之也，患得之;既得之，患失之。苟患失之，无所不至矣。”

鄙夫，是庸恶陋劣之人。患，是忧患。

孔子说：“为人臣者，必有忘身之诚，而后可以语事君之义。有一等鄙夫，其资性庸恶，全无忠义之心，识趣陋劣，又乏刚正之节，若此人者，终岂可使之立于朝廷之上，而与之事君也与哉？何也？盖所贵于事君者，惟知有君而不知有身也。乃鄙夫之心，止知有富贵权力而已。方其权位之未得，则千方百计徼幸营求，汲汲然惟恐其不能得之也。及其权位之既得，则千方百计系恋保守，兢兢然惟恐其或失之也。夫事君而一有患失之心，则凡可以阿意求容、要结固宠者，将何事不可为乎？小则卑污苟贱，丧其羞恶之良；大则攘夺凭陵，陷于悖逆之恶，皆生于此患失之一念而已。以此人而事君，其害可胜言哉？”然君臣之义，本无所逃，而忠君爱国之臣，亦鲜不以得君为念者。但忠臣志在得君，鄙夫志在得禄。忠臣得君，志在任事；鄙夫得君，志在窃权。心术之公私少异，而人品之忠奸顿殊，明主不可不察也。

子曰：“古者民有三疾，今也或是之亡也。古之狂也肆，今之狂也荡；古之矜也廉，今之矜也忿戾；古之愚也直，今之愚也诈而已矣。”

疾字，解作病字。凡人气失其平则致病，故人之气质有偏者，亦谓之病。亡字，与有无的无字同。狂，是志愿太高的人。肆，是不拘小节。荡，是放荡。矜，是持守太严的人，即狷者也。廉，是棱角峭厉。忿戾，是忿争乖戾。愚，是昏昧不明的人。直，是直戆。诈，是虚诈。

孔子叹说：“人之气禀中和者少，偏驳者多。一有偏驳，则行有疵病而谓之疾。然古之时，风气淳厚，其间虽有三样资禀偏驳、过中失正的人，然皆质任自然，本真犹未甚凿也。今则淳者日入于漓，厚者日趋于薄，不但气禀中和者绝不复见，就是那三样病痛的人，或者也没有了。盖古之人，有志愿太高、锐意进取的，这是狂之疾。然其狂也，不过志大言大，不拘小节，肆焉耳矣。若今之所谓狂者，则不顾礼义之大闲，纵放于规矩之外，而流于荡矣。古之人，有赋性狷介、持守太严的，这是矜之疾。然其矜也，不过立崖岸，有棱角，示人以难亲，廉焉耳矣。若今之所谓矜者，则逞其刚狠之气，动至与人乖忤，而流于忿戾矣。古之人，有资识鲁钝、暗昧不明的，这是愚之疾。然其愚也，不过任性率真，径行自遂，直焉耳矣。若今之所谓愚者，则反用机关，挟私妄作，而流于诈矣。”夫狂而肆焉，矜而廉焉，愚而直焉，此虽气质之偏，而本真未丧。若加以学问磨砻之功，其病犹可瘳也。至于肆变而荡，廉变而忿戾，直变而诈，则习与性成，将并其习之本然俱失之矣，欲复乎善，岂不难哉？所以说，古者民有三疾，今也或是之亡也。夫子此言，盖深叹时习之偷，而望人以学问变化之功者至矣。

子曰："恶紫之夺朱也，恶郑声之乱雅乐也，恶利口之覆邦家者。"

朱，是正色。紫，是间色。郑声，是郑国之音。雅，是正。利口，是巧言辩给之人。覆，是颠覆。

孔子说："天下之理，有正则有邪，而邪每足以害正。如色以朱为正，自紫色一出，其艳丽足以悦人之目，于是人皆贵紫而不贵朱，而朱色之美反为所夺，故所恶于紫者，为其能夺朱也。乐以雅为正，自郑声一出，其淫哇足以悦人之耳，于是人皆听郑声而不听雅乐，而雅音之善，反为所乱，故所恶于郑声者，为其能乱雅也。至若事理之是非，人品之贤不肖，本自有一定之论；乃有一种利口的人，把是的说作非，非的说作是，贤的说作不肖，不肖的说作贤，其巧言辩给，足以惑乱人意，耸动听闻；人主不察而误信之，必至于举动错乱，用舍倒置，正人远去，小人得志，而邦家之颠覆不难矣。然则利口之所以可恶者，岂非以其能覆邦家也哉？"

按，孔子此言，其意专恶利口之人，借紫与郑声为喻耳。从古至今，邪佞小人谗害正直、倾覆国家者不可悉数，如费无忌、江充之流，虽父子兄弟、骨肉至亲亦被其陷害，况臣下乎？是以大舜疾谗说殄行。《大学》说："屏诸四夷，不与同中国。"盖畏其流祸之惨毒，故深恶而痛绝之也。人君之听言，可不戒哉！可不畏哉！

子曰："予欲无言。"子贡曰："子如不言，则小子何述焉？"子曰："天何言哉？四时行焉，百物生焉，天何言哉？"

述，是传述。

昔孔门学者，多求圣人之道于言语之间，而不知体认于身心之实，故孔子警之，说道："天下之道，以有言而明，亦以多言而晦。我自今以后，要绝然无言矣。"子贡正以言语观圣人者，即疑而问之说："天下道理，全赖夫子讲明，然后门弟子得以传述。若夫子不言，则门人小子何所闻而传述之乎？"孔子晓之说："子谓道必以有言而后传，独不观诸天乎？今夫天，冲漠无朕，何尝有言哉？但见其流行而为四时，则春、夏、秋、冬，往来代谢，而未尝止息也。发生而为百物，则飞、潜、动、植，因物赋形，而无所限量也。是天虽不言，而其所以行，所以生，则冥冥者实主之。盖造化之机缄，固已毕露于覆载之间矣，亦何俟于言哉？观天道以无言而显，则我之教人，固亦无俟于言矣。”盖圣人一动一静，莫非妙道精义之发，正与天道不言而成化一般。学者熟察而默识之，自有心领而神会者，岂待求之于言语之间也？故孔子前既以无行不与之教示门人，此又以天道不言之妙喻子贡，其开示学者，可谓切矣。

孺悲欲见孔子，孔子辞以疾。将命者出户。取瑟而歌，使之闻之。

孺悲，是鲁人，尝学士丧礼于孔子。一日来求见孔子。想当时必有得罪处，故孔子不欲与之相见，而托言有疾以辞之。然既辞以疾矣，又恐其不悟，乃俟传命者方出户，即取瑟而弦歌之，使孺悲闻而知其非疾焉。夫孔子于孺悲之见，本非疾也，而辞以疾绝之也。既辞以疾矣，又使之知其非疾警之也。使孺悲苟能省其过而迁于善焉，圣人亦岂终绝之乎？此所谓不屑之教诲也。

宰我问:“三年之丧，期已久矣。君子三年不为礼，礼必坏；三年不为乐，乐必崩。旧谷既没，新谷既升，钻燧改火，期可已矣。”子曰:“食夫稻，衣夫锦，于女安乎？”曰:“安。”“女安则为之！夫君子之居丧，食旨不甘，闻乐不乐，居处不安，故不为也。今女安，则为之。”宰我出。子曰:“予之不仁也！子生三年，然后免于父母之怀。夫三年之丧，天下之通丧也。予也有三年之爱于其父母乎？”

宰我，是孔子弟子，名予。周一岁为期。燧，是钻火之木。古人钻木取火，四时各有所宜:春取榆柳之火，夏取枣杏之火，夏季取桑柘之火，秋取柞楢之火，冬取槐檀之火，故叫作钻燧改火。已，是止。怀，是抱。

宰我问于孔子说:“古礼，人子居父母之丧，必以三年为制。以予观之，礼贵通变，但持丧一年，亦已久矣，何必三年？盖君子三年在哀绖之中，不去习礼，则仪节疏旷，而礼必坏矣；三年在哀戚之中，不去习乐，则音律废弛，而乐必崩矣。以虚文而妨实学，何益之有哉？若以期年而言，谷之旧者既没，新者又登，而物候为之一变。钻木取火，木既更而火亦改，而天运为之一周。人子哀痛之情至是亦已尽矣，丧不可以止乎？”

夫短丧非宰我之本意，但有疑于古礼之难行，因设此问耳。孔子诘之，说："三年之丧，食必蔬食，衣必衰麻，礼也。你说期年可止，则自期年之后，便当舍蔬素而食稻，释衰麻而衣锦，于汝心能自安乎？"宰我不察而直应之说："安。"则昧其本心之良矣。孔子遂责之说："凡人有所不为，只为心上不安耳。汝既安于食稻衣锦，则期年之丧，任汝为之矣。夫礼因人情而生者也，君子居父母之丧，哀痛迫切，口食旨味而不以为甘，耳闻音乐而不以为乐，身之居处，卧苫枕块而不即安，正惟其心有所不忍，故不肯为食稻衣锦之事也。今汝既以食稻衣锦为安，则期年之丧，何不可为乎？"孔子此言，所以绝之者至矣。及宰我既出，孔子又惧其真以为可安而遂行之也，乃复深探其本而斥之说："人未有不爱其亲者，宰予何其爱亲之薄而不仁也！夫父母之丧，所以必三年者，正以子生三年，然后能免于父母之怀抱，故丧必以三年为期，以少尽其报称之情耳！自天子至于庶人，无一人不本于父母，则无一人不有此丧服，是三年之丧，乃天下之通丧也。予亦人子也，宁独无三年之恩爱于其父母乎？今乃谓亲丧可短，则何其薄亲之甚哉！"孔子此言，欲宰我闻之，反求而得其本心也。夫子于父母，终身慕之，岂谓三年之丧足以尽其心乎？盖先王因人情而为之节文，使贤者可以俯而就，不肖者得以企而及耳。宰予不求先王制礼之意，而徒欲任情以为礼，故孔子责之如此，盖以垂教万世之矣。

子曰："饱食终日，无所用心，难矣哉！不有博弈者乎，为之，犹贤乎已。"

博，是局戏。弈，是围棋。贤，是胜。已，是止。

孔子说："吾人日用之间，莫不各有当为之事，必知所用心而后能有成也。设使终日之间，优游放旷，惟知餍饱饮食而已，于凡义理所当讲求，职业所当修举者，一无所用其心。如此之人，神昏志惰，把光阴都虚度了，一事无成，百事皆废，欲以入德而成人，岂不难哉？不有局戏围棋而博弈者乎？这等的人，虽所为非正，然其心未尝无事也，较之悠悠荡荡，全然无所用心者，岂不犹为胜乎？"孔子此言，非以博弈为可为，特甚言无所用心之不可耳。盖人之一心，常运用斯常精明，是以尧舜兢业，大禹孜孜，文王日昃不遑暇食。古之圣人岂好为是焦劳哉？诚以心易放而难收，一念不谨，则庶事隳而天工旷，其关系治乱，非细故也。明主宜深省于斯。

子路曰:“君子尚勇乎？”子曰:“君子义以为上。君子有勇而无义为乱，小人有勇而无义为盗。”

尚，是崇尚。

昔子路好勇，故问于孔子说:“君子为人，亦尚刚勇否乎？”孔子教之说:“君子之人，惟以义为上而已。盖义者，事物之权衡，立身之主宰，是以君子尚之。义所当为则必为，义所不当为则不为。虽万钟千驷，有弗能诱；虽刀锯鼎镬，有所弗避：乃天下之大勇也。至于血气之勇，岂君子之所尚者乎？盖以血气为勇，非勇也。使在位的君子，徒知有勇，而无义以裁制之，则必将倚其强梁，逆理犯分，或无故而自启衅端，或任情而妄生暴横，至于悖乱不止矣。使在下的小人，徒知有勇，而无义以裁制之，则必将逞其凶狠，放荡为非，小而草窃奸宄，大而贼杀剽夺，不流于盗贼不止矣。是人之大小尊卑虽不同，苟不义而勇，无一可者也。然则勇何足尚乎哉？”孔子因子路好勇而无所取裁，故深救其失如此！

子贡曰:“君子亦有恶乎？”子曰:“有恶：恶称人之恶者，恶居下流而讪上者，恶勇而无礼者，恶果敢而窒者。”曰:“赐也亦有恶乎？”子贡曰:“恶徼以为知者，恶不孙以为勇者，恶讦以为直者。”

下流，是在下卑贱之人。讪，是谤毁。窒，是窒塞不通。徼，是伺察。讦，是攻发人之阴私。

子贡问于孔子说:“君子于人，无所不爱，岂亦有所恶者乎？”孔子教之说:“好恶人之同情，君子岂无所恶乎？其所恶者有四：其一，恶那样刻薄的人，专喜称扬人之过恶，全无仁厚之意者；其一，恶那样忿戾的人，身居污下之地，而谤讪君上，非毁尊长，无忠敬之心者；其一，恶那样强梁的人，好刚使气，徒恃其勇而不知礼让，至于犯上而作乱者；其一，恶那样执拗的人，临事果敢，率意妄为，而不顾义理，往往窒塞而不通者。凡此，皆人心之所公恶，故君子恶之也。”孔子因问子贡说:“汝赐也亦有所恶乎？”子贡对说:“赐之所恶者有三：其一，恶那样苛刻的人，本无照物之明，乃窃窃焉伺察人之动静，而自以为智者；其一，恶那样刚愎的人，本无兼人之勇，徒悻悻然凌人傲物，而自以为勇者；其一，恶那样褊急的人，本无正直之心，专好攻讦人之阴私，而自以为直者。赐之所恶如此而已。”由此观之，圣贤所恶虽有不同，而以忠顺长厚之道望天下，其意则一而已。盖天下之患，常始于轻薄恣睢之徒，横议凭陵，而纪纲风俗遂因之以大坏。明主知其然，故务崇浑厚以塞排诋之端，揽权纲以消悖慢之气。故谗慝无所容，而凶人自伏也。审治体者宜辨之。

子曰："唯女子与小人为难养也，近之则不孙，远之则怨。"

小人，是仆隶下人。近，是狎昵的意思。远，是疏斥的意思。

孔子说："天下的人，惟有妇人女子与仆隶下人最难畜养。何以言之？常情于这两样人，不是过于用恩，狎昵而近之；便是过于用严，疏斥而远之。若是昵近他，他便狎恩恃爱，不知恭逊之礼，是近之不可也；若是疏远他，他便失其所望，易生怨恨之心，是远之不可也：此其所以难养也。诚能庄以莅之，慈以畜之，则既有以消其怙恃之心，又有以弭其愤恨之意，何怨与不逊之足患乎？"

子曰："年四十而见恶焉，其终也已。"

孔子说："人年四十，乃是成德之时。前此而年力富强，正好加勉；过此则神志衰怠，少能精进矣。若于此时而犹有过恶，见憎恶于人，则善之未迁者终不及迁，过之未改者终不及改，亦终于此而已，可不惜哉！"这是孔子勉人及时进修的意思。人能以此自警于心，虽欲一时不汲汲学问，以求日新其德业，不可得矣。

微子第十八

微子去之，箕子为之奴，比干谏而死。孔子曰："殷有三仁焉。"

微子，是纣之庶兄。箕子、比干，是纣叔父。当理而无私心，叫作仁。

昔纣为无道，其国将亡。微子进谏不听，恐一旦被祸，绝了商家宗祀，遂引身而去之；箕子谏纣不听，被纣囚系为奴，因佯狂而受辱；比干直言极谏，犯纣之怒，被纣杀之，剖其心以死。此三人者，同为纣之亲臣，而或去，或不去，或以死，行各不同。孔子从而断之说：“殷有三仁焉！”盖论人者，不当泥其迹，而当原其心。三人者，就其迹而观之虽有不同，原其心而论之，则其忧君爱国之忠、至诚恻怛之意，一而已矣。其去者欲存宗祀，非忘君也；奴者欲忍死以有待，非惧祸也；死者欲正言而悟主，非沽名也：所以说“殷有三仁焉”。盖自孔子之论定，而三子之心始白于天下后世矣。大抵人臣之义，莫不愿世平主圣、服休宠而保荣名者，不得已而逃遁、而囚辱、而杀身，则所遇之不幸耳。向使纣有纳谏之美，而三仁者得效其进谏之忠，相与救过图存，则商祀未宜遽绝也，乃拒谏饰非，淫威以逞，卒之三仁去而殷国墟，岂不可为永鉴哉！

柳下惠为士师，三黜。人曰：“子未可以去乎？”曰：“直道而事人，焉往而不三黜？枉道而事人，何必去父母之邦？”

柳下惠，是鲁之贤人。士师，是掌刑狱之官。三黜，是屡遭罢斥。父母之邦，指鲁国说。

昔柳下惠为鲁士师之官，屡被退黜。人或有讽之者，说：“子屡摈不用如此，尚未可以去而之他国乎？”言其道不合则当去也。柳下惠答说：“我之所以屡被罢黜者，以因我直道而行，不能屈己以随人耳。今世之人，谁不悦佞而恶直？若我守定这正直之道以事人，则到处为人所恶，何所往而不被其退黜？若我肯阿意曲从，枉己以事人，则到处为人所喜，只在我鲁国亦自安其位了，又何必远去父母之邦乎？”柳下惠以此解或人之言，盖自信其直道而行，不以三黜为辱也。要之，衰世昏乱，故正直见忤于时；惟治朝清明，斯君子得行其志。是以有道之君于秉公持正者，必崇奖而保护之；倾险邪媚者，必防闲而斥远之。则众正之路开，而群枉之门杜矣！

齐景公待孔子，曰：“若季氏则吾不能，以季、孟之间待之。”曰：“吾老矣，不能用也。”孔子行。

昔孔子适齐。齐景公素知孔子之贤，因与其臣商量待孔子的礼节，说道:“鲁有三卿,季氏最贵,鲁君待之极隆。我今要把鲁君待季氏的礼待孔子,似乎过厚,则我有所不能;若把鲁君待孟氏的礼待他,于礼又简,有所不可。就中斟酌,当以季、孟之间待之,固不至如季氏之隆,亦不至如孟氏之简,庶几其可乎?但惜我年已衰老,不能用其道矣。”夫孔子至齐,本为行道。既不能用其道,而徒拟议于礼节之间,则亦虚拘焉耳。盖不合则去,亦重道之义也。

齐人归女乐。季桓子受之,三日不朝。孔子行。

季桓子,是鲁大夫,名斯。

鲁定公时,孔子为司寇,三月而鲁国大治。齐人惧其为霸,因设计选好女子八十人,皆衣文衣,乘文马,舞康乐,以馈送鲁君。欲以惑乱其心,阻坏其政。鲁君果中其计,与同季桓子再三游观,悦而受之。于是荒于声色,怠于政事,三日不复视朝。则其简贤弃礼,不足与有为可知,故孔子行。盖礼貌衰则去,一见几之明也。合前章而观,景公知好贤矣,而耄倦于勤,好之而不能用;定公能用之矣,而中荒于欲,用之而不能终:无怪乎二国之不振也。

楚狂接舆歌而过孔子,曰:“凤兮!凤兮!何德之衰?往者不可谏,来者犹可追。已而!已而!今之从政者殆而!”孔子下,欲与之言。趋而避之,不得与之言。

接舆,是楚之狂士。昔周之衰,贤人隐遁,接舆盖亦佯狂以避世者也。殆字,解作危字。下,是下车。辟,是躲避。

昔孔子周流,至于楚地。楚之狂人接舆者,口中唱歌而行过孔子之车前,说:“凤兮!凤兮!何德之衰?”说:“凤凰是灵鸟,能审时知世,有道则见,无道则隐,所以为稀有之祥瑞。如今是甚么时候,乃出现于世,是何其德之衰而不知自重耶?然既往之事,虽不可谏止,从今以后,尚可以改图。趁此之际,可以止而隐去矣。我观今之出仕而从政者,非惟不能建功,且将至于取祸,亦岌岌乎危殆而难保矣。于此不止,是安得谓之智乎?”接舆之意,盖以凤鸟比孔子,而讥其不能全身以远害也。然以避世为高,而不以救时为急,则其趋向之偏甚矣。孔子时在车中,闻其歌词，知其为贤人，故下车来，欲与之讲明君臣之大义、出处之微权。而接舆自以为是，不肯接谈，遂趋走避匿，孔子竟不得与之言焉。盖圣人抱拯溺亨屯之具，而又上畏天命，下悲人穷，是以周流列国，虽不一遇，而其心终不能一日忘天下也。彼接舆之徒，果于忘世，往而不返，何足以语此哉！

长沮、桀溺耦而耕，孔子过之，使子路问津焉。长沮曰："夫执舆者为谁？"子路曰："为孔丘。"曰："是鲁孔丘与？"曰："是也。"曰："是知津矣。"

长沮、桀溺，都是人姓名，盖亦贤而隐者也。二人相并为耦。津，是河边渡口。执舆，是执辔在车。

昔孔子自楚反蔡，子路御车而行。适遇隐士二人：一个叫作长沮，一个叫作桀溺，两人并耕于野。孔子经过其地，将欲过河，不知渡口所在，因使子路下车而问于长沮。长沮问说："那坐在车上执辔的是谁？"子路对说："是孔丘。"长沮素知孔子之名，因问说："是鲁国之孔丘与？"子路对说："是也。"长沮遂拒之，说："问者不知，知者不问。既是鲁之孔丘，他游遍天下，无一处而不到，于津渡所在，必已知之久矣，又何必问于我哉？"其意盖讥孔子周流而不止也。

问于桀溺。桀溺曰："子为谁？"曰："为仲由。"曰："是鲁孔丘之徒与？"对曰："然。"曰："滔滔者天下皆是也，而谁以易之？且而与其从辟人之士也，岂若从辟世之士哉？"耰而不辍。

滔滔，是流而不反之意。易，是变易。于此不合，去而之他国，叫作避人之士。高蹈远举，与世相违，叫作避世之士。耰，是田器，所以扒土覆种者。辍，是止。

子路问津于长沮，长沮不肯告，因又问于桀溺。桀溺问说："你是谁？"子路说："我是仲由。"桀溺素闻孔子弟子有仲由者，因问说："是鲁国孔丘之徒与？"子路对说："然。"桀溺遂责之，说："人贵识时。我看如今的世道，愈趋愈下，如流水滔滔，不可复反。举一世而皆然，其乱极矣！若要易乱为治，易危就安，将谁与转移之乎？今汝之师，今日之齐，明日之楚，不合于此，又求合于彼，是乃避人之士，亦徒劳而已。你与其从着那避人之士，奔走而无成，岂若从我辟世之士，离尘远俗，优游而自乐哉？”语毕，遂自治其田事，耰而不止，亦不告以津处。其拒之也深矣！

子路行以告。夫子怃然曰：“鸟兽不可与同群，吾非斯人之徒与而谁与？天下有道，丘不与易也。”

怃然，是怅然叹息的意思。

子路问津于长沮、桀溺而不见答，反被其讥讽，于是还以二人之言告于孔子。孔子惜其不喻己意，乃怃然叹息，说：“彼谓辟人不如辟世，则必高飞远举，不在人间方可耳。殊不知人生天地间，鸟兽既是异类，不可与之同群。若斯人者，固与我并生并育，同一气类，吾不与之为群而谁与哉？既与之为群，则不可绝人逃世以为洁也！他说天下无道，谁与易之？不知我之所以周流不息，正为天下无道，故欲出而变易之也。若使天下有道，世已治，民已安，则固无用我之变易，而我岂乐于多事哉？彼二子者，其亦不谅我之心矣！”盖天生圣贤，本为世道计。故古之圣人，民饥则曰己饥，民溺则曰己溺，一夫不获则曰己辜。其忧时悯世，非但其心之不容己，亦其责之不可辞耳。使如沮、溺之言，则安危理乱，邈不相关，生民将何所托命乎？有世道之责者，宜加意焉。

子路从而后，遇丈人，以杖荷蓧。子路问曰：“子见夫子乎？”丈人曰：“四体不勤，五谷不分。孰为夫子？”植其杖而芸。子路拱而立。止子路宿，杀鸡为黍而食之，见其二子焉。

丈人，是老人。蓧，是竹器。去草叫作芸。

昔孔子周流四方，子路随行，偶相失在后。于田间遇一老人，以拄杖挑着竹器。子路问说：“你曾见我师夫子否？”丈人不对，而直责之说：“汝于四体，则不知勤劳耕作以自食其力；于五谷，也不能分辨其孰为稻、孰为黍稷、孰为麦菽。舍其农业而从师远游，却来问汝夫子于我，我知谁是你的夫子？”遂植立其杖，而自于田间芸草，更不答他。子路闻丈人之言，知其为贤人也，遂竦然起敬，拱手而立。丈人见子路改容相待，亦为之感动，遂留子路宿于其家，杀鸡造饭以管待之；又令其二子出见，叙长幼之礼焉。盖春秋之时，天下无道，贤人隐遁。而孔氏之徒，独周游四方，欲以行道济时，故动而见沮如此，可以观世矣！

明日，子路行，以告。子曰："隐者也。"使子路反见之。至则行矣。子路曰："不仕无义。长幼之节，不可废也；君臣之义，如之何其废之？欲洁其身，而乱大伦？君子之仕也，行其义也。道之不行，已知之矣。"

子路遇丈人之次日，前行追及孔子。把丈人责己之言、相待之礼，一一告知。孔子说："观此人的言语行事，乃贤而隐遁者也。惜其不明出处之大道耳。"因使子路复回见之，欲晓然告以君臣之义。及至其家，而丈人已先出，不得见遇矣。子路乃就夫子之意说道："君臣之义，无所逃于天地之间。人臣事君，义所当然也。若不仕，则是无君臣之义矣。夫君臣、长幼并列于五伦，而君臣为尤大。丈人昨使其二子出见，是于长幼之节既知其不可废矣；至于君臣之大义，却如何其独废之耶？今汝以隐为高，不过欲全生避世、归洁其身而已。不知一身虽洁，而君臣之义从此遂废，实有乱乎人之大伦矣。大伦岂可乱者乎？故君子之出而事君，岂是要图富贵？盖欲行此君臣之义耳。若夫衰世难挽，明君难遇，道之不行，我岂不知？但恐废义而乱伦，有不忍恝然者耳。丈人何其见之固哉！"大抵接舆、沮、溺、丈人之徒，皆明于保身而昧于行义，故往往是己见而非圣人，不自知其陷于一偏，害义而伤教也。是以夫子每惓惓接引，各因其明以通其蔽，所以扶世教而正人心者，意独至哉！

逸民：伯夷，叔齐，虞仲，夷逸，朱张，柳下惠，少连。子曰："不降其志，不辱其身，伯夷、叔齐与？"谓柳下惠、少连："降志辱身矣。言中伦，行中虑，其斯而已矣。"谓虞仲、夷逸："隐居放言，身中清，废中权。""我则异于是，无可无不可。"

逸民，是隐逸高尚的人。虞仲，即周太王次子，仲雍与泰伯同窜荆蛮者。伦，是义理之次第。虑，是思虑。

记者说，古时隐逸高尚之士，可以考见者七人：如伯夷、叔齐、虞仲、夷逸、朱张、柳下惠、少连是也。然七人者，志节虽同，而制行则异。孔子一一而评品之，说："立志高而不肯少有贬屈，持身洁而不肯少有污染，其伯夷、叔齐与？观他非其君不仕，非其民不使；不立恶人之朝，不与恶人言。峻节清风，何凛凛也！若夫柳下惠、少连，则和同混俗，于人无忤。虽降屈其志，卑辱其身，有弗惜者，其出言则合乎伦理，行事必当乎人心，以之处世，如斯而已矣，不为过高绝俗之行也。至于虞仲、夷逸，则行不必其中虑，而隐居以自适；言不必其中伦，而放言以自废矣。然虽隐居独善，而洁身不污，合乎道之清；虽放言自废，而韬晦得宜，合乎道之权。盖与矫异之士、害义伤教者不同矣。然此七人者，其行虽洁，其志虽高，而未免有执一之病也。在夷、齐、虞仲、夷逸，则以绝世离俗为可，而以和光同尘为不可；在柳下惠、少连，则以和光同尘为可，而以绝世离俗为不可。各是其是，各非其非，都先有个主意在，其见偏矣。若我则异于是：可仕则仕，可止则止；用之斯行，舍之斯藏。因时制宜，不胶于一定，固无所谓可，亦无所谓不可也：此吾所以异于逸民与！"要之，七人之心有所倚，故止成其一节之高；圣人之心无所倚，故优入于时中之妙。所以说观乎圣人，则见贤人。凡行己处事者，当知所取法也。

太师挚适齐，亚饭干适楚，三饭缭适蔡，四饭缺适秦。鼓方叔入于河，播鼗武入于汉，少师阳、击磬襄入于海。

太师，是乐官之长。古时国君，每食必作乐以侑食，故有亚饭、三饭、四饭之名。少师，是乐官之佐。鼓、播鼗、击磬，都是掌乐器的官。齐、楚、蔡、秦、河、汉、海，都是地名。

鲁自三家僭乱，歌雍舞佾，私家日盛；而公室反微，音乐废阙，宗庙之祭，至不能备八佾之舞。于是典乐之官，皆失其职，散而之四方。有掌乐的太师名挚者，去而适齐；掌亚饭之乐名干者，去而之楚；掌三饭之乐名缭者，去而之蔡；掌四饭之乐名缺者，去而之秦；掌击鼓的官名方叔者，去而入居于河内；掌播摇鼗鼓的官名武者，去而入居于汉中；为乐官之佐名阳、与掌击磬的官名襄者，去而入居于海岛。夫礼乐所以为国者也，鲁失其政，下陵上替，礼坏乐崩，至使瞽师乐官皆不能守其职，而纷然四散，是尚可以为国乎？记者言此，盖伤鲁之衰也。

周公谓鲁公曰："君子不施其亲，不使大臣怨乎不以。故旧无大故，则不弃也。无求备于一人。"

鲁公，是周公之子伯禽也。施字，当作弛字，是废弃的意思。以，是用。

昔鲁公伯禽受封之国，周公训戒之，说道："立国以忠厚为本。忠厚之道，在于亲亲、任贤、录旧、用人而已。盖亲乃王家一体而分者，苟恩义不笃，则亲亲之道废矣。必也亲之欲其贵，爱之欲其富，使至亲不至于遗弃可也。大臣，国之所系以为安危者，苟大臣有怨，则任贤之礼薄矣。必也推心以厚其托，久任以展其才，不使大臣怨我之不见信用可也。故旧之家，皆先世之有功德于民者，苟弃其子孙，则念旧之意衰矣。必也官其贤者，其不贤者亦使之不失其禄；非有恶逆大故，则不弃也。人之才具，各有短长，在于因材而器使之。苟责备于一人，则用才之路狭矣。必也！因能授任，不强其所不能，无求全责备于一人焉。此四者，皆君子之事，忠厚之道也。汝之就封，可不勉而行之，以培植国家之根本哉？"

按，周家以忠厚立国，故周公训其子治鲁之道亦不外此。其后周祚八百，而鲁亦与周并传绵远，岂非德泽浃洽之深哉？此为国者所当法也。

周有八士：伯达，伯适，仲突，仲忽，叔夜，叔夏，季随，季娲。

伯、仲、叔、季，是兄弟次序。

记者说：贤才之生，关于气运。昔周室盛时，文武之德泽涵育者深，天地之精英蕴蓄者久，于时灵秀所钟，贤才辈出。其中最奇异者，兄弟八人同出一母，而又皆双生。其头一胎生二子，叫作伯达、伯适；第二胎生二子，叫作仲突、仲忽；第三胎生二子，叫作叔夜、叔夏；第四胎生二子，叫作季随、季娲。此八士者，产于一母，萃于一门，而又皆有过人之德、出众之才，多而且贤，真乃是盛世之瑞、邦家之光。其关系一代气运，岂偶然哉！考之尧、舜之时，有八元八恺；成周则有八士。盖天将祚帝王以太平之业，则必有多贤应运而生，一气数之自然耳！顾天能生才而不能用才，举而用之，责在人主。是以史称舜举十六相而天下治。《诗》云："济济多士，文王以宁。"言其能用之也。

卷十

子张第十九

子张曰："士见危致命，见得思义，祭思敬，丧思哀，其可已矣。"

子张说："论人当观其大节。若大节有亏，则其余不足观矣。若使今之为士者，能见危难则委致其命，以赴公家之急，而不求苟免；见财利则必思义之当得与否，而不为苟得；于祭则思敬以追远，而致其如在之诚；居丧则思哀之慎终，而极其思慕之笃。士能如此，则外著光明磊落之行，内存仁孝诚敬之心，大节无亏，其可谓士也已矣。"然此固修己之大闲，盖亦取人之要法。人君诚得是人而用之，以之当大任、托大事，何不宜哉？外此而求其才艺之美、智巧之优，抑末也已。

子张曰："执德不弘，信道不笃，焉能为有？焉能为亡？"

执，是执守。弘，是廓大。笃，是坚确的意思。

子张说："理得诸心谓之德。德有诸己，贵于能执，而执之又贵于扩充。若或器量浅狭，容受不多，才有片善寸长，便侈然自以为足，不复加扩充之功，这是'执德不弘'。理所当然谓之道。道有所闻，贵于能信，而信之尤贵于坚定。若或意念纷纭，把持不定，才遇事交物诱，便茫然失其所守，不复有的确之见，这是'信道不笃'。夫执德不弘，久则将并其所执者而失之矣；信道不笃，久则将并其所信者而亡之矣。此等之人，虽终身为学，毕竟无成。在世间有之不为多，无之不为少，一凡庸人等耳，何足贵乎？所以说'焉能为有？焉能为亡？'"言不足为有无也。

子夏之门人问交于子张。子张曰："子夏云何？"对曰："子夏曰：'可者与之，其不可者拒之。'"子张曰："异乎吾所闻：君子尊贤而容众，嘉善而矜不能。我之大贤与，于人何所不容？我之不贤与，人将拒我，如之何其拒人也？"

拒，是拒绝。矜，是怜悯。

昔子夏、子张都是圣门高弟，而两人规模不同：子夏笃信谨守，子张才高意广，故其所见亦各有异。一日，子夏的门人问交友之道于子张。子张说："你师子夏如何说？"门人对说："我师子夏说道：凡人直谅多闻，有益于我的，方可与他相交；若那便辟柔佞，无益于我的人，却宜拒绝之，不可与他相交。"子夏之论交如此。子张说："子夏此言，与我平日所闻全然不同。吾闻君子之人，心存大同，而与物无忤。于人之才德出众者，则从而尊敬之；至于庸常的众人，亦含容而不遽厌弃。于人之有善而可取者，则从而嘉尚之；至于一无所能的人，亦矜怜而不忍斥绝。可者固在所与，而不可者亦无所拒，君子之交当如此也。且反己而观之，我果大贤欤，则于人何所不容？固自不宜拒人；我若不贤欤，则人将拒我，而我何暇于拒人也？子夏之言，何其示人之不广乎！"要之，子夏之论，严择交之道矣，而乏待物之弘；子张之论，得待物之弘矣，而非择交之道。惟夫以主善为师之心辨贤否，以含弘光大之度待天下，则自无迫狭与泛滥之弊矣。此非但取友，亦用人者所当知也。

子夏曰："虽小道，必有可观者焉；致远恐泥，是以君子不为也。"

小道，如农圃医卜之属。泥，是窒塞不通的意思。

子夏说："理无往而不在。故虽日用事为之常、百工技艺之末这等小术，亦皆道之所寓，以之济民生而资世用，未必无可观者焉。然其体之所包涵者浅，用之所利济者微，就一事一物而用之可也。若要推而极之，以达于天下国家之远，则必有窒碍而难通者矣。是以君子之人，以天下国家为己责，而所志者远；以修齐治平为己事，而所务者大。于此区区之小道，自有所不屑为也，学者可不知所用心也哉？"盖道虽不遗于细微，而学贵知所当务，故孔子不以多能为圣，尧、舜不以百亩为忧。用心于大，自不暇及于其小耳。有志于帝王之大经、大法者，宜审图之。

子夏曰："日知其所亡，月无忘其所能，可谓好学也已矣。"

亡字，与有无的无字同。所亡，是未知的道理。所能，是已得的道理。

子夏说："人之为学，未得则患其有因循之心，而不知所以求之；既得则患其有遗忘之病，而不知所以守之。虽曰为学，不过入耳出口，玩时愒日而已，安得谓之好学乎？必须于每日之间，将那未知的道理，今日讲求一件，明日讲求一件，务使所知所闻者与日而俱进焉；然又恐其久而遗忘也，必于每月之间，将这已得了的道理时加温习，随事体验，尊其所闻，行其所知，拳拳服膺，而弗失之焉。似这等用功，方是真能好学的人。"盖能知其所亡，则既有知新之益；无忘其所能，则又加温故之功，日积月累，无时间断。非真知义理之可悦，而以远大自期者，能如是乎？所以说"可谓好学也已矣"。人能如是，则所知日进于高明，所行日就于光大，而为圣为贤不难矣。可不勉哉！

子夏曰："博学而笃志，切问而近思，仁在其中矣。"

子夏说："学莫先于求仁，而仁非由于外至。诚能博学于文，而多闻以广其识，使此心无一理之不明；笃信乎道，而坚心以要其成，使此心无一息之少懈；有所问辨，必关切义理，而不徒为浮泛之谈；有所思维，必体贴身心，而不徒为汗漫之想：此四者，皆学问思辨之事。虽未尝力行而为仁，然仁只是此心之理而已。今能从事于学，而有精实切近之功，则此心有所收敛，天理即此而存，妄念不得纷驰，人欲何由而肆？不期仁而仁自在其中矣。"于此见求仁之道，不外于存心；存心之功，不外于务学。学在是，则心在是；心在是，则仁在是矣。有志于仁者，可不勉哉！

子夏曰："百工居肆以成其事，君子学以致其道。"

肆，是工匠造作的公所。致，是造到极处的意思。

子夏说："天下事，居之必有定所，然后术业可专；为之必有成法，然后功效可集。彼百工匠作的人，要成就他一件手艺，必须往在那官府造作的处所，无别样事务相妨，尽力尽巧，用以专攻其事，然后成得那一般技艺。如梓匠则成其建屋之事，轮舆则成其造车之事，所以说'百工居肆以成其事'。君子之学道也，就如百工学艺的一般，必须终日修习，只在这学问上，志向更无分夺，工夫更无休歇。有一件道理未知，必孜孜然求以知之；有一件道理未行，必孜孜然求以行之。务使万理皆明，万善皆备，而道之具于我者无不有以诣其极焉，此方是君子真实学道之全功也。”若徒慕为学之名，而外夺于纷华之诱，或作或辍，有始无终，纵然从事于学，毕竟何所成就哉？是反百工之不如矣。

子夏曰：“小人之过也必文。”

文，是文饰。

子夏说：“人之处事，安能一一尽善？也有一时防检少疏，不觉差错了的，这叫作‘过’。惟能知其过而速改之，则固可复于无过：此君子修德迁善之事也。若夫小人之有过也则不然，分明意向差了，却乃多方回护，求以掩其差；分明举动错了，却乃巧计弥缝，求以掩其错。”盖其心中全是私欲蒙蔽，护短自是，不肯认错；反将无心差失，都做了有心罪恶，所谓“耻过作非”“心劳而日拙”也。小人所以徇欲忘返，卒至于败德亡身者，皆由于此，可不戒哉！

子夏曰：“君子有三变：望之俨然，即之也温，听其言也厉。”

俨然，是庄严的模样。即，是就。温，是和。厉，是刚正。

子夏说：“君子盛德积中，而发见当可。其容貌词气，夫人得于接见之顷者，有三样变态，不可以一端尽也：远而望之，则见其衣冠正、瞻视尊，俨然有威之可畏焉；俨然如此，若示人以不可近矣。及近而就之，则又见其温良乐易，蔼然和气之可亲也；其温如此，若可得而狎之矣。及听其言论，则又词严义正，是是非非，确有定执，初无一毫委曲迁就之意，听之使人悚然而可敬也。”始而俨然，中而温焉，既而厉焉。一接见之间，而容貌词气屡变而不可测如此，所以说“君子有三变”。然君子岂有意而为之者哉？盖其德备中和，动容出辞，无非盛德所发；而人之得于瞻仰听闻，见其变动不拘若此耳。君子何心哉？

子夏曰：“君子信而后劳其民，未信则以为厉己也；信而后谏，未信则以为谤己也。”

厉字，解作病字。

子夏说：“君子事上使下，皆必诚意交孚，而后其事可行。如劳民动众之事，本非民所乐为者。必其平日爱民之意至诚恻怛，民已相信了，然后不得已而至于劳民，则民亦谅其心之出于不得已，而踊跃以趋事矣。若未信于民而遽劳之，事虽当为而人心不悦，不以为伤财，则以为虐下而病己矣，事何由而成乎？谏诤违拂之言，本非君所乐听者。必其平日爱君之意至诚恳切，君已见信了，然后不得已而形之谏诤，则君亦谅其心之出于忠爱，而虚心以听纳矣。若未信于上而遽谏之，则意虽效忠，而上心不悦，不以为讪上，则以为卖直而谤己矣，言何从而入乎？”此可见君子欲有为于天下，非积诚以感动之，未有能济者也。然此特就事君使民者言之耳。若夫下之事上，趋事赴功，乃其常分；君之于臣，听言纳谏，乃为至明。上下各务自尽可也。

子夏曰：“大德不逾闲，小德出入可也。”

大德、小德，譬如说大节、小节。闲，是栏，所以限其出入者。

子夏说：“人之为学，贵识其大。若能于立身行己大关节处，如君臣父子之间、进退出处之际，一一皆尽其道而不越乎规矩之外，则大本立矣。至于小小节目，如动静语默、事物细微，或少有出入，未尽合理，亦无害也。若不务先立乎其大，而徒拘拘为小廉曲谨之行，亦奚足贵哉？”然不矜细行，终累大德。大者固所当谨，而小事亦岂可不慎哉？子夏此言，用以观人则可，用以律己则不可也。

子游曰：“子夏之门人小子，当洒扫、应对、进退，则可矣。抑末也，本之则无。如之何？”子夏闻之，曰：“噫！言游过矣！君子之道，孰先传焉？孰后倦焉？譬诸草木，区以别矣。君子之道，焉可诬也？有始有卒者，其惟圣人乎！”

洒扫、应对、进退，都是小学之事。噫，是叹息之声。倦，是厌倦。区，是类。诬，是罔。卒字，解作“终”字。

昔子夏以笃实为学，故教人先从下学用功。子游不知其意，而讥之说：“道有本有末。人之为道，不可徒事其末而忘其本。今子夏之门人小子，观其洒扫、应对、进退之间，其威仪习熟，容节周详，则信乎其可矣。然特小学之事，道之一节而已。律之以根本之学，如《大学》诚意、正心之事，则全未有得，如之何其可哉？”子夏闻其言而叹之，说：“言游以我之门人务末而遗本，恰似我不肯把至道传他每的一般，此言差矣！盖君子以大公无我之心，而施之为曲成不遗之教，何尝有意说某一样道理是浅近的，可以为先而传之；某一样道理是高深的，可以为后而倦教？定要立这等次第，但以学者所造，其分量自有浅深。譬诸草木之有大小一般，其区类判然有别，不得不分个先后，各因其才而施之耳。若不量其造诣之浅深、工夫之生熟，概以高远的道理教他，则是语之以所不能知，导之以所不能行，徒为诬之而已。焉有君子教人而可以诬罔后学如此也？若夫自洒扫、应对，以至于诚意、正心，彻首彻尾，本末一贯，全不假进修次序，这惟是聪明睿智、天纵的圣人，生知安行之能事也。今此门人小子，岂能便到得圣人地位？安得不先教以小学乎？子游讥我失教，其言信为过矣！”盖道有定体，教有成法。古人八岁入小学，十五而后入大学，其次第自应如此。宋儒程子说：“自洒扫应对上，便可到圣人事。”然非穷理之至，精义入神，何以知圣人事从洒扫应对中来？有志于成始成终之学者，不可无深造之功焉。

子夏曰：“仕而优则学，学而优则仕。”

优，是有余力的意思。

子夏说：“凡人为学，则以藏修为主；出仕则以尽职为忠，事固各有所专。然学所以求此理，而不仕，则学为无用；仕所以行此理，而不学，则仕为无本：乃相须以为用者也。故凡出仕而在位者，当夙夜匪懈，先尽其居官之事；待职业修举有余力之时，却不可闲过了光阴，仍须从事于学，以讲明义理、考究古今；则聪明日启，智虑日精，所以资其仕者，不益深乎？未仕而为学者，当朝夕黾勉，先尽其务学之事；待涵养纯熟，有余力之时，却不可虚负了所学，必须出仕从政，以致君泽民、行道济时；则抱负既宏，设施亦大，所以验其学者，不亦广乎？”要之，仕、学固不可偏废，而学尤终身受用之地。盖义理无穷，若不时时讲究，则临民治事之际，未免有差。此“念始终典于学”，古之贤臣所以惓惓为君告也。

子游曰：“丧致乎哀而止。”

致字，解作极字。

子游说："方今之世，文胜质衰。居丧者徒尚仪文之末节，而少哀戚之真情。以吾观之，人子执亲之丧，只须极尽乎哀而止，何以文饰为哉？盖哀恸有余，则真情已竭，虽礼文不足何伤乎？"考之《礼记》，子游平素究心于丧礼，非脱略于仪文者。此心盖为救时而发，即夫子"丧，与其易也，宁戚"之意也。

子游曰："吾友张也，为难能也。然而未仁。"

张，是子张。

子游说："吾友子张之为人也，才高意广。人所不能为者，彼却为之，是难能也。然少诚实恻怛之意，未免心驰于外，而天理之所存者寡矣。其于仁则未也。"盖仁者本心之德，实理具备，无假于外。人惟依著真心、本等做去，则事皆着己务内，乃所为仁，何必为所难能哉？是以圣门教人，专以求仁为本，而以徇外为戒也。

曾子曰："堂堂乎张也，难与并为仁矣。"

堂堂，是容貌之盛。

曾子说："朋友所以辅仁。故必有诚笃之资，专用心于内者，彼此讲习切磋，然后可相助以进于善。乃若堂堂乎吾友子张也，惟致饰于威仪，修整其容貌而已。其驰心于务外自高如此，以之为己，则无操存涵养之功；以之为人，则无箴规观感之助。人固不能辅他为仁，他也不能辅人之仁，所以说'难与并为仁'也。"曾子此言，盖救子张之失，欲其用心于内也。

曾子曰："吾闻诸夫子：人未有自致者也，必也亲丧乎？"

致，是推致其极的意思。

曾子说："吾尝闻夫子有言：常人之情，于凡应事接物之际，真切恳到处少，苟且忽略处多，未有能自尽其心、推之以至其极者也。求其能自尽者，必也于父母之丧乎？"盖子与父母，本天性之至亲；而况居丧之时，又人道之大变。惟是这个时候，其哀痛迫切之诚，发于至情而不容已，乃能内尽其心，无一毫之勉强；外尽其礼，无一毫之欠缺也。使于此而不尽其心，恶乎尽其心哉？于此见人心之良，随处发见，而最真切者，莫过于亲丧之时，能识其端而推广之，则此言无一念之不真，伦理无一件之不厚，而仁不可胜用矣。此曾子所以有感于圣人之言也。

曾子曰："吾闻诸夫子：孟庄子之孝也，其他可能也；其不改父之臣，与父之政，是难能也。"

孟庄子，名速，是鲁大夫。当时人皆称其有孝行。

曾子说："我闻诸夫子说：孟庄子之孝也，其他生事尽礼、死事尽哀，虽足为孝，然犹可能也；惟是那不改父之臣与父之政这两件，乃是人所难能。"盖庄子之父献子贤而相鲁，其所用之臣乃贤臣，所行之政乃善政，固皆可以不改。但献子既没，庄子得以自专；苟非卓然欲继父志而为善，则其臣与政必有与己相违拂者，焉能不改乎？庄子则以亲之心为心，略无适己自便之意：其于臣也，父用之，吾亦承而用之；其于政也，父行之，吾亦踵而行之。终身遵守，无少更变。是盖志在立身行道，世济其美，以显亲扬名，乃孝之大者，非但不忍死其亲而已。岂人所易及者哉？所以说是"难能"也。

孟氏使阳肤为士师，问于曾子。曾子曰："上失其道，民散久矣。如得其情，则哀矜而勿喜。"

阳肤，是曾子弟子。士师，是掌刑狱之官。散，是离散。哀矜，是哀怜的意思。

昔鲁大夫孟氏使阳肤为士师之官，着他断理刑狱。阳肤因问治狱之道于曾子。曾子告之说："刑罚之设，所以防民之奸。表率之而不从，教诏之而不入，乃用法以威之，非得已也。今也在上的人德教不修，既不足为民表仪；刑政无章，又无以示民趋避。将长民的道理都失了，以致百姓每情意乖离，无所维系，相率入于不善；若所当然，而不知陷于大戮也，其来非一日矣。尔为士师，当念犯法虽在于民，而所以致之则由于上。治狱之时，如或讯得其情，虽其行私干纪，信为有罪，而犹必哀怜之，矜悯之，视之有若无辜，而加恻隐之意焉。莫谓情伪微暧，而我能得其隐情，便欣然自喜其明察也。如此则用法必平，民可无冤，而士师之责任为无忝矣。”

子贡曰：“纣之不善，不如是之甚也。是以君子恶居下流，天下之恶皆归焉。”

下流，是地形卑下，为众流所归的去处。

子贡说：“古今言荒淫暴虐，一切不善之事，皆以商纣为称者。其实纣之不善，亦不至如此之甚也。只因他是个无道之君，恶名彰著，故今言人之为恶者，皆举而归之于纣。譬如地势洼下的去处，众水都流在里面的一般，盖其自处然也。是以君子常自警省，不肯一置其身于下流不善之地。”盖一自处于不善，则人遂从而指名之，凡天下不好的事都归于其身，不是他做的事，也说是他做的了。故纣以一时之凶德，而被千载之恶名，遗臭无穷，终莫能洗，岂非万世之明戒哉？古语说：“从善如登，从恶如崩。”甚言上达之难而下流之易也。自修者诚能朝乾夕惕，不以小善为无益而不为，不以小恶为无伤而不去，则日进于高明，而尧、舜亦可几及也。

子贡曰：“君子之过也，如日月之食焉：过也，人皆见之；更也，人皆仰之。”

更字，解作改字。

子贡说：“过者，人之所不能无。故虽以君子之人，防检少疏，也有一时差错。但常人有过，惟恐人知，所以遂成其过；君子有过，即自认说：‘这是我差错了。’明白昭示于人，绝无一毫遮饰。譬如日月之食一般，一分一杪人皆得而见之，不可得而掩也。既自认以为过差，随即就改了，复于无过。譬如日月亏而复圆，光明皎洁，人皆翕然仰之，不可得而议也。”盖日月以贞明为体，故虽暂食而无损于明；君子以迁善为心，故因有过而益新其德；若小人之遂非文过，只见其日流于卑暗而已，安望其能自新也哉？然过而使人见，更而使人仰，此其修德于昭昭者耳。若夫幽独之中，隐微之际，遏绝妄念，培养善端，此则君子慎独之功，修之于人所不见者也。欲立身于无过之地者，宜于此加谨焉。

卫公孙朝问于子贡曰:“仲尼焉学?”子贡曰:“文、武之道,未坠于地,在人。贤者识其大者,不贤者识其小者,莫不有文、武之道焉。夫子焉不学?而亦何常师之有?”

公孙朝,是卫大夫。识,是记。

卫大夫公孙朝问于子贡说:“汝夫子仲尼于天下事理,无大无小,莫不周知,果何所从学而能然耶?”子贡晓之说:“道之灿然者,莫备于文、武。其一代谟训功烈、礼乐文章之类,虽去今已远,然未至坠落于地,固尚在人也。世有贤而出众的人,其识见弘远,则能记其纲领之大;有不贤而平常的人,其识见浅近,亦能记其节目之小。是人之贤否虽不齐,而识大识小,莫不有文武之道存焉。文武之道既无所不在,夫子之学亦何所不周?如贤者识其大,夫子则于贤者而学其大;不贤者识其小,夫子则于不贤者而学其小。盖随处访求,无往而非学也;无往而非学,则亦无往而非师也,而又何常师之有?岂如他人之学有定在、师有常主者哉?”夫孔子以生知之圣,犹且学无常师如此,诚以义理无穷,而取善贵广也。况人君以一身而膺天下国家之寄,尤当以务学为急。故高宗则逊志时敏,成王则日就月将,所以称殷周之盛王也。

叔孙武叔语大夫于朝,曰:“子贡贤于仲尼。”子服景伯以告子贡。子贡曰:“譬之宫墙:赐之墙也及肩,窥见室家之好。夫子之墙数仞,不得其门而入,不见宗庙之美、百官之富。得其门者或寡矣。夫子之云,不亦宜乎?”

叔孙武叔、子服景伯,都是鲁大夫。七尺为仞。后面夫子,指武叔说。

昔孔子道德高深,时人不能窥测。一日,叔孙武叔在朝中对众大夫说:“人皆称孔子是圣人,以我观于子贡,其聪明才辩还过于仲尼,仲尼殆不及也。”时子服景伯适闻此言,因告于子贡。子贡说:“人惟见道而后可以言道。武叔以我为贤,由于所见者浅也。以赐之道上比于夫子,其高卑悬绝,譬如宫墙一般:赐也造诣未深,识见有限,比之于墙,不过及肩而已;其墙既卑,故人不必入其门也,但从外面窥之,于凡室家所有,一器一物之好,举目便看见了,是赐之道浅狭而易见如此。若吾夫子,道德尊崇，地位峻绝，比之于墙，其高数仞者也；其墙既高，若不得其门而入，则其中宗庙气象之美，百官威仪之富，何由而见之乎？是夫子之道深广而难窥如此。今之人，不过宫墙外望而已，能得其门而入者几何人哉？若武叔者，正不得其门而入者也。他于圣道之美富，本不曾见是何等模样，则谓我贤于仲尼，亦何足怪乎？”盖由其识见之未深，故其拟议之欠当耳。子贡以是而晓景伯，所以尊孔子、鄙武叔者，可谓至矣。

叔孙武叔毁仲尼。子贡曰：“无以为也，仲尼不可毁也。他人之贤者，丘陵也，犹可逾也。仲尼，日月也，无得而逾焉。人虽欲自绝，其何伤于日月乎？多见其不知量也！”

土坡高者叫作丘。冈阜大者叫作陵。逾，是逾越，量，是分量。

叔孙武叔前说仲尼不及子贡，至是又从而毁谤之，其诬圣之罪愈大矣。子贡晓之说：“尔无用此毁谤为也。盖仲尼之圣，非他人可比，不可得而毁也。何者？他人之贤者，虽异于人，然所造未至；就如丘陵一般，自平地下看着虽高，其高终是有限，犹可得而逾越也。若仲尼之道，冠绝群伦，高视千古；就如日月一般，悬象著明，与天同运，无一物不在其照临之下，谁得而逾越之乎？纵有不肖的人，欲自弃于圣人之教，横肆非毁；而圣人之道高德厚，岂彼浮言妄议所能污蔑？如日月之明，万古常新，非人所得而毁伤也。尔今之毁仲尼，正如要伤日月，只见其不揣自己的分量，于圣凡高下，懵然无辨，一天地间妄人而已，何足校哉？”

按，子贡前以宫墙喻圣道，此又以日月为喻，所以尊孔子而晓武叔者，其词愈峻而意愈切矣。

陈子禽谓子贡曰：“子为恭也，仲尼岂贤于子乎？”子贡曰：“君子一言以为知，一言以为不知，言不可不慎也。夫子之不可及也，犹天之不可阶而升也。”

陈子禽，即陈亢。恭，是推逊的意思。阶，是梯。

昔陈子禽虽学于孔子，而莫能窥其道之高大。一日，乃谓子贡说：“师不必贤于弟子。今汝推尊仲尼，极其恭敬，岂以仲尼之贤有过于子乎？”子贡以其轻于议圣，因斥其失言之非，说：“言语之发，不可不谨：

一句言语说的是，人便以为智；一句言语说的不是，人便以为不智。智与不智，但系于一言之微，如此可不谨哉？今汝谓仲尼不贤于我，其失言甚矣！知者固如是乎？盖人有可及、有不可及。若吾夫子，圣由天纵，道冠群伦，人虽欲企而及之，而化不可为，有非思勉之可至。殆如天之高高在上，所可仰者轻清之象而已，岂有阶梯之具可攀跻而上升者乎？知登天之难，则知希圣之不易矣。子乃以我为贤，真日囿于天之中而不知其高者也，何其惑之甚哉！”

“夫子之得邦家者，所谓立之斯立，道之斯行，绥之斯来，动之斯和。其生也荣，其死也哀。如之何其可及也！”

立，是植其生。道，是引导。绥，是安。动，是鼓舞的意思。四个斯字，言其随感而应，见效之速也。荣，是尊荣。

承上文说：“夫子之所以不可及者，盖有非常之道德，自有非常之事功，惟其穷而在下，故无由见其设施耳。使其得邦家而治之，其感人动物之效，岂小小哉？正所谓民生未遂，为之分田制里，以扶植其生，那百姓每即耕食凿饮，并立于生养之中矣；民行未兴，为之建学明伦，以倡导于善，那百姓每即遵道遵路，率由于教化之内矣；民居有未安，一抚绥之，使之得所，那百姓每即闻风向化，群然而来归矣；民俗有未化，一鼓舞之，使之自新，那百姓每即兴仁兴让，蔼然相亲睦矣。其在生之时，人皆欢欣爱戴，莫不尊亲，而极其荣显；既没之后，人皆悲伤思慕，如丧考妣，而极其哀诚。其德化感人之速，而入人之深如此，就如天道发育万物，以生以长，曾莫测其所以然也。如之何其可及也哉？”子禽不知而妄议之，陋亦甚矣！

按，古帝王致治之盛，莫如尧、舜。尧、舜之治，以时雍风动为极；而孔子之化，以绥来动和为成。于此见圣神功用，其感通变化之机一而已矣。故史臣赞尧之德曰“如天”，舜曰“协帝”；而子贡推尊孔子则曰“犹天之不可阶而升”，诚见其道之同也。有君师治教之责者，不可不深探其本焉。

尧曰第二十

尧曰:“咨!尔舜!天之历数在尔躬。允执其中。四海困穷,天禄永终。”舜亦以命禹。

咨,是嗟叹声。历数,是帝王相承的次序,如岁节气先后一般,故谓之历数。允,是信。天禄,即天位。

这是记者历叙帝王之道,以见孔子授受都只是这个道理。

首举帝尧将禅位于舜而戒命之说:“咨!尔舜!自古帝王代兴,莫非天之所命。如今天命在汝,将帝王相传的历数付托于汝舜之身矣。夫天以天下授汝,汝必能安天下之民,然后可以克享天心,而其道无他也。天下之事,虽日有万机,莫不各有个自然恰好的道理,这叫作‘中’。必是此心廓然大公,无为守正,事至物来皆因其本然之理,顺而应之,各当其可;兢兢持守,不使一有偏倚,而或流于过与不及之差。则民心悦而天位可常保矣。苟或不能执中,则政乖民乱,将使四海之人危困穷苦,心生怨叛,而人君所受于天之禄位,亦永绝而不可复享矣,可不戒哉!”其后帝舜禅位于禹也,就把帝尧这几句话丁宁而告语之。凡执中之训、永终之戒,一如尧之所命,无异词也。夫尧、舜、禹相授受,独举“中”之一字为言,盖即《洪范》所谓“建用皇极”者也。自非好恶不作,偏党反侧不形,鲜有能允执此道者。唐、虞、夏后致治之盛,皆由此一言基之,岂非万世之标准哉?

曰:“予小子履,敢用玄牡,敢昭告于皇皇后帝:有罪不敢赦。帝臣不蔽,简在帝心。朕躬有罪,无以万方;万方有罪,罪在朕躬。”

履,是汤之名。玄牡,是黑色的牛。皇,是大。皇皇后帝,即皇天后土。蔽,是隐蔽。简字,解作阅字,是一一监察的意思。

这一节是记成汤受命之事。

汤既放桀,作书以告诸侯,因述其初时请命于天说:“我小子履,敢用玄牡之牲,敢昭告于皇天后土之神:今夏王无道,得罪于天,乃天讨所必加,我当明正其罪而不敢赦。其贤人君子为上天所眷命者,这都是帝臣,我当显扬于朝而不敢隐。盖凡此有罪、有德的人,都一一简在上帝之心，或诛或赏，我惟奉顺天意而已，岂得容私于其间乎？使我受天之托，所为或有不公不正，不能替天行道，这是我自家的罪过，于万方小民有何干涉？我当甘受上天之罚；若万方小民有罪犯法，却是我统御乖方，表率无状所致，其罪实在于朕之一身，不可逭也。”盖人君以奉天子民为责，故汤于命讨之典，则听命于天；于下民之罪，则引咎于己：乃真知为君之难者。其视三圣之“允执厥中”，殆异代同符矣。

周有大赉，善人是富。“虽有周亲，不如仁人。百姓有过，在予一人。”

大赉，是大施恩惠。周亲，是至亲。

这是记武王受命之事。

武王初克商而有天下，他务未遑，首先散财发粟，以赈穷恤困，而大施恩泽于四方；又于其中拣那为善的人，特加优赉，不但补助其不足，尤使之丰给而有余也。其赏善之公如此！始初誓师说：“商纣至亲虽多，忠良者少；不如我周家臣子，个个是仁厚有德之人，贤而可恃也。我今既获仁人之助，若不往正商罪，则百姓每嗟怨日甚，把罪过都归于我之一身矣。”其责己之厚如此。夫利则公之于下，过则引之于己，则武王伐纣之举，无非为除暴安民计耳，岂有一毫自私自利之心哉？

谨权量，审法度，修废官，四方之政行焉。兴灭国，继绝世，举逸民，天下之民归心焉。所重民食、丧、祭。

权，是秤。量，是斗斛。

武王既定天下，见得商家旧政都坏乱了，乃扫除其积弊，从新整顿之。于权量则谨定其规则，而轻重大小无复参差；于法度则审酌于时宜，而礼乐刑政无复混淆；于官职则修举其废坠，而百司庶府无复旷闲。由是法纪所颁，在在遵守，而四方之政无有壅遏而不行者矣。至于前代帝王之后，国土已灭者则兴之，使复有其国；世系已绝者则续之，使不失其祀；贤人废弃在下者则举用之，使野无遗贤。由是德意所感，人人欣戴，而天下之民无不倾心而归服者矣。至其加意民事，所最慎重者，则有三件：曰食；曰丧；曰祭。盖食以养生；丧以送死；祭以追远：乃人道之大经。故制为田里，以厚民生；定为丧葬、祭祀之礼，以教民孝。所以重王业之本、风化之原者，又如此。由武王所行之政，而观其德泽周遍：既有以固结一代之人心，政教修明；又有以恢张一代之治体。所以能建中于民，而副上天宠绥之命，有由然矣。谓非上接尧、舜、禹、汤之统者哉？

宽则得众，信则民任焉，敏则有功，公则说。

任，是依靠的意思。

记者历叙尧、舜、禹、汤、武之事，因总结之说：帝王御世，虽因时立政，各有不同。而保民致治之大端，总之只有四件：曰宽、信、敏、公而已。盖人君以天下为度，若专尚严急，则人无所容，而下有怨畔之心；若能宽以御众，而胸襟广大，如天地之量一般，则包涵遍覆，众庶皆仰其恩泽，而莫不尊亲矣。君道以至诚为本，若虚文无实，则人无适从，而下有疑贰之心；惟能信以布令，而始终惟一，如四时之运一般，则实政实心，下民皆有所倚仗，而莫不归附矣。人君总理万机，一或怠缓，则易以废事；惟能励精图治，而孜孜汲汲，宵旰常若不遑，则纪纲法度，件件修举，而事功于是乎有成矣。人君宰制万国，一或偏私，则无以服人；惟能大公顺应，而荡荡平平，好恶有所不作，则赏罚举措，事事合宜，而人心于是乎悦服矣。凡此四者，皆人君治天下之要术。自尧、舜、禹、汤、武，交修而并用之，此所以成唐虞三代之盛也。然要其致治之本，则皆不外乎一“中”之传。盖道具于心则为中，措诸政事则为宽、信、敏、公，亦如《洪范》“皇极”以立本，“三德”以致用。故刚柔正直，而“建极”之化始全；宽、信、敏、公，而“执中”之道斯备：其义一也。有志于帝王之治者，宜究心焉。

子张问于孔子曰：“何如斯可以从政矣？”子曰：“尊五美，屏四恶，斯可以从政矣。”子张曰：“何谓五美？”曰：“君子惠而不费，劳而不怨，欲而不贪，泰而不骄，威而不猛。”

尊，是崇尚。屏，是屏绝。泰，是安舒。猛，是刚厉的意思。

子张问于孔子说：“君子出而用世，当何作为，斯可以居位而为政乎？”孔子告之说：“治道不止一端，惟在审所取舍而已。凡政之美而有益于治者有五件，汝必尊敬而奉行之；政之恶而有害于治者有四件，汝必惩戒而屏绝之。夫善政行则百姓蒙其福，恶政去则百姓远于害，取舍当而治道可举矣。于从政何有哉？”子张因问说：“何谓五美？”孔子举其目而告之说：“凡施惠于人者，未免有所费；君子则不必捐己之所有，而人自然蒙其利于无穷。夫于下既有所益，而于上又无所损，此所以为美者一也。劳民之力者，多致民之怨；君子虽有役以劳民，而人皆乐于趋事，未尝见其怨哉！夫既以劳民之力，而又能得民之心，此所以为美者二也。常人心有所欲，易至于贪；君子虽亦有所欲，然于己有所得，于人无所求。欲而不贪，此所以为美者三也。常人志意舒泰，易至于骄；君子虽若泰然自得，却无一毫矜肆之意。泰而不骄，此所以为美者四也。常人以威临民，易至于猛；君子虽若有威可畏，却不至于暴厉而使人难堪。威而不猛，此所以为美者五也。”

子张曰：“何谓惠而不费？”子曰：“因民之所利而利之，斯不亦惠而不费乎？择可劳而劳之，又谁怨？欲仁而得仁，又焉贪？君子无众寡、无小大、无敢慢，斯不亦泰而不骄乎？君子正其衣冠，尊其瞻视，俨然人望而畏之，斯不亦威而不猛乎？”

子张闻五美之目，而未知其实。因问说：“惠则必费，如何叫作‘惠而不费’？”孔子乃备举其事而告之说：“凡施惠而捐己之财，这便费了；君子因天下之利利天下之民，如田里树畜，但就百姓本等的生理与之区画而已，本非分我所有以与民，岂非‘惠而不费’乎？劳民而不量其力，民就怨了；君子用民之力，不夺民之时，如城池、仓库，但择国家紧要的工程，间一驱使之而已，固不肯泛兴工役以劳民，其谁得而怨之乎？欲其所不当欲，斯谓之贪；君子心之所欲惟在于仁，而仁本固有，欲之即至，自然合乎天理之正，即乎人心之安，这是‘近取诸身’‘无慕乎外’者，谁得而议其贪乎？安舒的人，其志意多疏放，故失之骄；君子不论人之众寡、事之小大，一惟兢兢业业，临之以敬慎，而不敢有慢易之心，这是宽裕之中，常自检束，非有心于简傲也，此岂非‘泰而不骄’乎？威严的人，其气象多粗厉，故失之猛；君子衣冠整肃，瞻视端庄，俨然恭己于上，而人之望其容色者莫不敬畏，这是临御之体，自然尊重，非有意于作威也，此岂非‘威而不猛’乎？”这五件，施之于民，则为善政；修之于身，则为令德。所谓五美之当尊者如此！

子张曰：“何谓四恶？”子曰：“不教而杀谓之虐；不戒视成谓之暴；慢令致期谓之贼；犹之与人也，出纳之吝，谓之有司。”

虐，是残酷。暴，是急躁。贼，是伤害。犹之，譬如说一般样的。

子张又问说：“何事谓之四恶？”孔子告之说：“为人上者欲民为善，须要时常教导；如其不从，乃可加刑。若平素不能教民，使知善之当为，恶之当去；一旦有罪，便加之以刑杀，是其用刑残酷，全无恻隐之心，这叫作‘虐’。欲民趋事，须要预先戒饬，使知警省，乃可责成；若常时不加戒饬，令其着实奉行，渐次整理；一日省视，骤然责其效，是其举动躁急，殊无宽裕之体，这叫作‘暴’。有所征求于民，必先期出令，而后民知所从；若稽慢诏令，故意耽延，却乃刻定日期，严限追并，则势有难于卒办，刑必至于妄加，是其伤人害物，有不可胜言者，不谓之‘贼’而何？至若有功当赏，即断然赏之，而人始蒙其惠；若迟回顾惜，一般样地与了人，而于出纳之际，却乃欲与不与，悭吝而不决，则虽以与人，而人亦不怀其惠，此乃有司为人守财，不得自专者之所为。为人上者岂宜如此？凡此四者，为政之所当屏也，汝其戒哉！”

按，《论语》一书，孔子告问政者多矣。而美恶并陈，法戒具备，未如此章之明切者。故记者列此以继帝王之治，见圣人修身立政之道，一而已矣。

子曰：“不知命，无以为君子也。不知礼，无以立也。不知言，无以知人也。”

孔子说：“君子修身处世，其道固不止一端。然其要只在于天人物我之理见得分明而已。盖人之有生吉凶祸福，皆有一定之命。必知命，乃能安分循理而为君子也；若不知命，则见害必避，见利必趋，行险侥幸，将无所不为，而陷于小人之归矣，其何以为君子乎？此命之不可不知也。礼为持身之具。故必知礼，乃能检摄威仪而有以自立；若不知礼，则进退周旋茫无准则，耳目手足惶惑失措，欲德性坚定而卓然自立，难矣！此礼之不可不知也。人心之动，因言以宣。故必知其言之美恶，斯人品之高下可概而知也；若不知言，则众言淆乱，漫无折衷，得失无由而分，邪正无由而辨，人不可得而知之矣，此言之不可不知也。知此三者，则天人物我之理洞察无遗，而君子修身处世之道备矣。”

按，《大学》一书，首先“致知”；《中庸》一书，要在“明善”；而《论语》一书，则以三“知”终焉。诚以天下之理，必知之明，而后能行之至。尧、舜、禹相授受，其大指亦不过曰“惟精惟一”而已。有志于圣道者，可不以讲学明理为急务哉？